Heiße Fleischwurst mit *Kakao*

Eine fast wahre Story aus Oberhessen

von

Carola van Daxx

In Erinnerung an Oma Hermine

Impressum:

Copyright: © 2013 Carola van Daxx, Autorin

Kontakt: carol-van-daxx@ web.de

ISBN-13: 978-1492950813
ISBN-10: 1492950815

Alle Rechte vorbehalten.
Das Werk sowie die hierin verwendeten Bilder
sind urheberrechtlich geschütztes Material.
Kein Teil des Werks darf in irgendeiner Form ohne schriftliche
Genehmigung reproduziert, vervielfältigt oder verbreitetet werden.

Bildrechte: Carola van Daxx
Cover: Skyline am Main, Mischtechnik auf Leinwand – 2011
Rückseite: 1. Blick vom Keltenberg, Öl auf Leinwand - 2011
Rückseite: 2. Blumen für Vincent, Öl auf Leinwand - 2009

Erstveröffentlichung: 08.08.2013 (Ebook)

bei neobooks.com (Verlagsgruppe Droemer Knaur)

Alle Rechte vorbehalten.

INHALT

„Sturmfreie Bude" 7
„Alstereis und Valentin" 25
„Wie Hein will" 37
„Heimgang mal anders" 49
„Alsgradaus, Mädels!" 55
„Crossover" 70
„Der Mann ohne Namen" 83
„Der Sandwegbäcker" 93
„Nockherberg Reloaded" 101
"Krach im Treppenhaus" 106
„Hein kocht" 112
„Hamburg, Ahoi!" 124
„Durchatmen statt Grüner Soße" 132
„Ziemlich dicke Eier" 143
„Äbbelwoianstich" 155
„Schwarzer Freitag" 165
„Angrillen" 176
„Alles neu, macht der Mai" 183
„Muttertag!" 192
„Frühsommerliche Frustrationen" 202
„Auf, auf, in die Berge!" 215
„Zoff und Tor!" 225

„Schweinchen und Streusel" 237

„Und hell erklingen die Sirenen" 247

„Es braut sich was zusammen" 257

„Die Stunde Null" 274

„Auf der Flucht" 281

„Persönliche Gründe" 293

„Good Hair Days" 299

„Vendetta ist süß" 312

„Der Engel des Feuers" 320

„Spätsommerliche Sendungen" 331

„Herbstkaffee" 349

„Das Haus der Orchideen" 361

„Wie angeflogen" 370

„Blümchen und Lambrusco" 378

„Wüstenfuchspelze" 385

„On Air" 398

„Maya, der Kalender ist alle!" 409

„Die Rückkehr der Marlene H." 418

„Merry Christmas" 421

„Endspurt" 424

NACHWORT und Über die Autorin 438

„Sturmfreie Bude"

Lina Siebenborn lag nicht ordnungsgemäß im Bett – sondern quer.
„Ei, ei, ei, der letzte Wein war bestimmt zu warm…"
Vor ein paar Jahren noch, das musste sie zugeben, wäre sie nach einem feuchtfröhlichen Abend eindeutig fitter gewesen…
Ihr richtiger Name war eigentlich Angelina. Aber irgendwann wollte sie nicht mehr „die Angie" für jedermann sein. Deshalb war sie vor ein paar Jahren auf eine andere Kurzform umgestiegen: Lina!
Doch in Frankfurt hat das niemanden so wirklich interessiert…

Die Sonne schien an diesem Februarmorgen ebenso wenig in Form zu sein wie Lina selbst. Ins Schlafzimmer ihrer Altbauwohnung kam jedenfalls nur trübes Licht. Naja, wenigstens hatte kein Wecker geklingelt. Es war ja Sonntag. Der einzige Lichtblick!
Sie kniff die Augen trotzdem wieder zusammen.
„Viel zu grell für Nachteulen. Und so ein halbleeres Doppelbett ist auch nicht mein Ding. Verdammt, wo ist hier eigentlich oben und unten?" Ihre Stimme klang schwer nach versoffenem Rockstar…
Was war noch gleich gestern Abend gewesen? Ach, ja das erste jährliche Gipfeltreffen mit den Flaggenmädels beim Italiener. Genauer gesagt: Pizzeria UNO, Ecke Berger Straße, Bornheim, Frankfurt am Main, Hessen, Deutschland, Planet Erde.
Vollzählig erschienen waren: Susi, Marie-Anne, Ines und Lina.
Volltrunken gegangen sind: Susi, Marie-Anne, Ines und Lina.
Püh! Ihr Kopf! Das Brummkonzert lief mittlerweile auf Hochtouren. Angeblich sollten soziale Kontakte doch der Gesundheit zuträglich sein, stand kürzlich erst im Apothekenmagazin. Von dröhnenden Nebenwirkungen war da aber keine Rede gewesen…
Na, das war wohl ein Quantum Prost zuviel.
Lina robbte sich in Position und lag nun endlich richtig herum. Gemäß der allgemein gültigen Bettordnung: *Kopf oben, Füße unten, pro Bett nur ein Mensch*… Genüsslich zog sie sich die Decke wieder über den Kopf, döste prompt ein und landete genau da, wo Traum und Wirklichkeit sich manchmal die Hand reichen. Und dann flog sie in rasantem Tempo über die Frankfurter Skyline, zwischen Wolkenkratzern hindurch bis hin zur Alten Oper. Huiiiiiii!!! Ein kleiner Schlenker zur Fressgass', und dann sah sie eine fast menschenleere Zeil unter sich.

Sowas bekam man in Frankfurt sonst nie zu sehen! „Endlich mal ganz in Ruhe shoppen. Yippieh!" Einkaufstouren auf der überfüllten Meile waren ihr ein Graus, und auf die üblichen Schnäppchenjäger mit Tunnelblick, die die Zeil normalerweise bevölkerten, konnte sie gerne verzichten.

Auf einmal befand sie sich direkt über dem Main, wo sie mit einer unglaublichen Leichtigkeit zwischen Frachtschiffen, Touristendampfern und Ruderbooten umher schwebte.

„Herrlich, so eine frische Brise! Genau das Richtige, wenn man einen Kater hat." Lina schaute unter sich und sah, dass sie tatsächlich auf einem Besen unterwegs war.

In goldenen Lettern stand da: *Superfeger 2012 Automatik.*
Hey, das war richtig großes Kino. Nur viel, viel besser! Sie hätte ewig so weiterfliegen können... Also gab sie nochmal richtig Gas und steuerte todesmutig Offenbach an. „Mal sehen, was da so los ist!"
Normalerweise war die Nachbarstadt nicht unbedingt das klassische Ausflugsziel für Frankfurter – eine Freundschaft mehr wie Kölsch und Alt – aber im Traum konnte man ja manchmal die merkwürdigsten Dinge erleben...
Doch schnell war der Zauber wieder vorbei. Lina musste mal dringend für kleine Bornheimerinnen. Also nix mit den Offenbach-Adventure-Tours... Und vorbei war es auch mit einer Extra-Portion Schlaf.

„Hundsgemein!", motzte sie vor sich hin. So ganz war sie wohl noch nicht wieder in ihrem bodenständigen Leben gelandet. Müde rieb sie sich ihre Augen. Die brannten nämlich wie Feuer.

„Mist, die Wimperntusche von gestern..." Das Abschminken war wohl auch wieder ausgefallen. Jetzt aber Wasser und Creme marsch!
Lina versuchte, die Uhrzeit zu erspähen, was ihr jedoch ohne Brille einfach nicht gelingen wollte.

„Es werden einem aber auch nur noch Steine in den Weg gelegt, wenn man die vierzig erst einmal überschritten hat."
Beim Aufstehen kamen dann komische Knackgeräusche aus der Kniegegend. „Morsche Knochen", analysierte sie messerscharf.
„Naja, taufrisch ist echt was anderes."

Im Geiste hörte sie ihre Oma Hermine, Gott hab' sie selig, zu ihr sagen: „Angelina, glaub' nur, die besde Beer'n sinn schonn geleese..."
Was in Oberhessen so viel heißt wie: *Der Lack ist ab!*

Mordsmäßig motivierend.

Aber eigentlich war damit alles gesagt. Omas Universalspruch passte fast in jeder Lebenslage. Weitere Weisheiten überflüssig. Kein Bedarf an TV-Philosophen oder Teilzeit-Psychiatern, die den Menschen die Welt erklären – das alles gab es ja zu Oma Hermines Zeit noch nicht. Immerhin, sie war Jahrgang 1910 – da ging man abends noch in die Dämmerstunde!
Wahrscheinlich eine frühe Form von dörflicher Gruppentherapie.
„Sollen die morschen Knochen halt knacken." Davon wollte sich Lina ihren Sonntag jedenfalls nicht verderben lassen.

Auf dem Weg Richtung Badezimmer erhaschte sie im Flurspiegel einen Blick auf ihre Silhouette. „Hoppala!!!" Abrupt blieb sie stehen. Dann schaute sie sich ihre Rückseite noch einmal genauer an. Was vielleicht ein Fehler war... Denn dieser Hintern war absolut zu breit für eine einzelne Lina. Und das konnte ihr keinesfalls am Arsch vorbei gehen!
„Lina Siebenborn!!!", im Geiste klang Jan Johannsen so streng wie Fräulein Rottenmeier persönlich. „In diesem schwerwiegenden Fall schlage ich vor: Ab morgen wieder strengste Diät!"
In Gedanken stimmte sie ihrem Liebsten auch gleich zu.
„Jaaa, ich sehe es ein. Du hast ja so recht..."

Er war für ein paar Tage zurück in seine Heimatstadt Hamburg gefahren – turnusmäßiger Besuch bei Mutter Gisela, und ein Arzttermin stand auch wieder an. Am Samstag in aller Herrgottsfrüh' war er gen Norden gestartet. In seinem heißgeliebten „ollen Kombi". Die Sache war diesmal ernst: Der entzündete Zehennagel musste wohl tatsächlich raus!!! Lina hoffte, Dr. Gutbein würde seinem Namen dabei alle Ehre machen. An diesem *Nomen est omen* musste doch irgendwas dran sein...
Schließlich gab es kaum Lästigeres als einen wehleidigen Mann!

Und jetzt war sie Kurzzeit-Strohwitwe. Mit halbleerem Doppelbett! Aber sie sah es positiv: Manchmal konnten so ein paar Kilometer Distanz für eine Beziehung, die den Hormonrausch schon ein Weilchen hinter sich gelassen hatte, ja ein wahrer Segen sein.
Ganz im Gegensatz zum Badezimmerspiegel, der wenig segensreich schien. Er brachte weitere Wahrheiten unbarmherzig ans Licht: schulterlanges blondes, aber fürchterlich dünnes Haar (das Einzige, was an

Lina wirklich dünn war), dazu ein gerötetes Gesicht. Etwa Couperose? Außerdem sah sie etwas verquollen aus. Unterm Strich eher unbefriedigend in der Gesamtnote. Nicht zu vergessen: die Knitterfältchen rund um die übernächtigten Äuglein. Kein wirklich strahlender Anblick…

Lina lachte sich trotzdem selbst im Spiegel an. Ein Trick, mit dem man sein Gehirn angeblich kurzerhand zu einer Superlaune überlisten konnte. Bislang hatte es dummerweise noch nie funktioniert, aber Lina wollte die Hoffnung nicht zu voreilig aufgeben. Momentan kam sie sich jedenfalls uralt vor. Und das mit dreiundvierzig!

Naja, sie musste sich wohl oder übel einfach damit abfinden: Eines dieser feenartigen Wesen, die wahlweise und mit schöner Regelmäßigkeit in der Kaffee-, Margarine- oder Marmeladen-Werbung auftauchten, würde aus ihr nie mehr werden. Jedenfalls nicht in diesem Leben. Sie dachte an all die Superfrauen, die morgens bereits frisch frisiert und dezent geschminkt – ohne jegliches Brennen! – die Augen öffnen, topfit und energiegeladen aus dem Bett hüpfen, elfenhaft zu einem harmonischen Familien-Frühstück an den liebevoll gedeckten Tisch schweben, wo ein tip-top duftender, frisch rasierter und gutgelaunter Mann mit zwei blonden Bilderbuchkindern die schöne Mutti schon sehnsüchtig erwarten. „Mensch, Lina!", schimpfte sie ihr Spiegelbild, „solche Superweiber gibt es doch nur im Fernsehen!"

Und eigentlich wusste sie es doch schon lange:

Die heile Frühstückswelt war eine Scheißerfindung!

Sie warf einen Blick hinaus auf die Arnsburger Straße.

Der kleine Stadtteil Bornheim im Nordosten von Frankfurt war ungewöhnlich ruhig an diesem bitterkalten Sonntagmorgen. Viele hatten sich nicht hinaus in die Kälte begeben. Nur ein paar fahrradfahrende Brötchenholer mit potthässlichen Strickmützen oder übermüdete Spätheimkehrer waren zu erblicken. Frankfurt war in diesem Winter wirklich zum Eiskeller geworden, selten war es in der Stadt am Main so frostig.

Von wegen Klimaerwärmung.

Sogar die Autos waren komplett zugefroren und der ADAC musste jetzt immer wieder Sonderschichten einlegen, um die Frankfurter und ihre allerliebsten Gefährte wieder fit zu kriegen.

Klirrende Kälte herrschte schon seit Anfang des Jahres – und momentan war kein Ende abzusehen.

„Wird es überhaupt mal wieder Frühling?" Lina musste an Jan denken. Und hoffte, dass wilde Frühlingsgefühle bald diesen öden Winterschlaf ablösen würden...
Gestern Abend hatte er aus dem ebenso eisigen Hamburg angerufen und erzählt, dass die Außenalster komplett zugefroren war. Und das gab es laut Jan nur ganz, ganz selten! Das letzte Mal vor fünfzehn Jahren. Ganz Hamburg würde am Sonntag auf den Beinen sein...
Endlich gab es mal wieder Alstereisvergnügen mit Budenzauber.
Jans Elternhaus, die schicke Eppendorfer Villa Johannsen, lag in unmittelbarer Nähe zur Außenalster. Ein richtig teures Pflaster war das. Unbezahlbar für normal Sterbliche! Aber das exklusive Anwesen befand sich schon seit Generationen im Besitz der Johannsens. Und dieser Name stand in Hamburg für beste Weine und erlesene Spirituosen aus aller Herren Länder.
Jan hatte sich vorgenommen, über die zugefrorene Alster hinüber zum Hotel Atlantic zu laufen. Dort hatte vor Jahren alles begonnen. Mit Lina und ihm.
„Schöne Grüße an Udo!", hatte sie gestern noch ins Telefon geflötet. Gemeint war natürlich Udo Lindenberg, prominenter Dauergast im Hamburger Grandhotel. Tatsächlich hatten Lina und Jan ihn dort schon des Öfteren gesehen. Er war sozusagen der Altkanzler vom Atlantic!
„Ich werde es gerne ausrichten, falls ich ihn sehen sollte. Mal sehen, wer sonst noch so übers Eis tänzelt!", hatte Jan geantwortet. „Na, Hauptsache, es bricht keine Panik aus..." Dann war Jan für kurze Zeit verstummt. Das war immer verdächtig.
„Apropos tänzeln", er klang schon wieder wehleidig, „wenn ich es mir so recht überlege: Also mein Zeh, dieses entzündete Biest, tut beim Laufen immer noch höllisch weh. *Das* sind Schmerzen!!!"
Lina schwante schon der Rest.
„Ich glaube, ich kann morgen gar nicht rauf aufs Eis. Wahrscheinlich würde ich auch gar nicht weit kommen."
Rolle rückwärts! Wie immer...
Ihrem Jan tat nämlich grundsätzlich alles höllisch weh.
Also auf jeden Fall viel weher als allen anderen Leuten, denen auch irgendwas weh tat. Aber das war nichts Neues für Lina. Einmal war es sein eingewachsener Nagel, dann wieder der Rücken (ein einziges Trümmerfeld!), gefolgt von fürchterlich schmerzenden Fußsohlen.

Immer öfter war allerdings auch der komplette Rest-Jan völlig im Eimer. Hanseatischer Wanderschmerz lautete Linas Dauerdiagnose. Und das mit Mitte vierzig!

Auf gut Hessisch war ihr Jan nämlich ein waschechtes „Mimösje". Was eigentlich *kleine Mimose* bedeutete. Jedoch sollte man dies nicht zu wörtlich nehmen, denn der Hesse an sich neigt zu Verniedlichungen. Aus Babys werden da gerne mal „Bobbelsche" und am Samstag gibt es keine Suppe, sondern „e rischdisch guud Sübbsche".

Aber ganz im Ernst – und auch nur unter uns: Jan war absolut kein Mimöschen. Nein, er war eine ausgewachsene Mimose!

„Och, Mensch, du Ärmster." Lina hatte extra noch ein bisschen Mitgefühl geheuchelt. Sie konnte ja schließlich nicht ständig zu ihm sagen, dass er sich nicht so anstellen solle, der übersensible Künstlertyp.

„Vielleicht friert der kranke Zeh ja bei der Kälte einfach ab. Dann hätte sich mein Arzttermin schon erledigt. Und die Krankenkasse würde sich wohl auch freuen", hatte Jan darauf gescherzt, was Lina schon fast einen kleinen Schock versetzte. So ein Ausbruch von überschäumendem Humor war seit Jahresbeginn bei ihm eher selten zu verzeichnen gewesen. Genau genommen war er schon seit Silvester so komisch. Also noch komischer als sonst!

Und so hatte Lina fast alleine aufs Neue Jahr anstoßen müssen. Denn ihr Liebster, der Herr mit hanseatischem Migrationshintergrund, hatte Silvester überwiegend schlafenderweise auf der Couch verbracht. Aufgrund ungezügelter Völlerei war er zu nichts anderem mehr zu gebrauchen gewesen.

Nachdem es bei Lina in den letzten Monaten ja nur Diätküche à la Trennkost, Schlummer-dich-schlank, Low-Carb, Low-Fat und vor allem meist Low-Spaß gegeben hatte, war Jan am letzten Tag des Jahres wohl etwas zu übereifrig gewesen.

„Na, wenn es halt schon mal was zu essen gibt!", hörte sie ihn noch sagen. Das liebevoll zusammengestellte 50er-Jahre-Silvestermenü, bestehend aus Russisch Ei, Toast Hawaii, Käse-Igel und dazu jeweils ein, zwei oder drei Eierlikörchen, hatte ihn dermaßen außer Gefecht gesetzt, dass er schon vor zwölf in die Horizontale musste…

Sie dachte noch einmal an den gestrigen Samstag. Nach längerer Zeit war sie wieder einmal zu ihren Eltern in das mittelalterliche Städtchen Büdingen, nicht weit von Frankfurt, gefahren.

Oberhessenidylle pur: Ein malerisches Schloss, viele kleine Fachwerkhäuser, verwinkelte Gässchen und stöckelschuhfeindliches „Koppstaaplaster"... Und mitten in der Altstadt: ihr Elternhaus.

In der uralten Wohnküche (70er Jahre, Eiche rustikal!) hatten sie am liebevoll gedeckten Küchentisch zusammen gefrühstückt. Sogar Blümchen standen auf der Kaffeetafel, und Mama Siebenborn war zur Feier des Tages extra beim Frisör gewesen. Ein graues Haar lag exakt wie das andere. Echtes Betongrau und kein Härchen, was aus der Reihe tanzte. Büdingen, minus zwölf Grad: die Frisur sitzt!

Margot Siebenborn war selig gewesen, das einzige Töchterchen wieder einmal bei sich zu haben. Und Hubert Siebenborn, wie immer in seinem uralten, beigebraunen Strickjäckchen, das dermaßen eng saß, dass es dem Kanzlerinnen-Sprengungsblazer mittlerweile ernsthaft Konkurrenz machen konnte, hatte nach kurzer Zeit schon wieder über den *Fischkopp*, wie er Jan heimlich nannte, gemeckert: „Kann de' Fischkopp dann nett in Frankfurt zum Doktor geh'n?" hatte er geschimpft. Immer, wenn er sich aufregte – und das war ziemlich oft der Fall – dann ging das nur auf Oberhessisch.

„Muss der weche jedem Foddz nach Hamburg fahren? Als ob's hier kaa Doktern gäb'..."

Es war ihm nicht recht, dass seine Tochter ein Nordlicht angeschleppt hatte - und keinen waschechten Hessen! Aber mehr noch störte ihn, dass Lina diesen Exil-Hamburger, einen völlig erfolglosen Pinselschwinger, der sich selbst als „Künstler" bezeichnete, auch noch aushalten musste – mit ihrem Sekretärinnengehalt! Denn Jan war ständig klamm. Seine Gemälde verkauften sich seit der Finanzkrise kaum noch. Und von den wenigen Malstunden, die er in einer privaten Kunstschule gab, konnte er auch nicht leben. Aber von seiner wohlhabenden Mutter, die das üppige Erbe ihres verstorbenen Gatten mit vollen Händen ausgab, standesgemäß im dunkelgrünen Jaguar durch Hamburg fuhr und in einer exklusiven Alstervilla residierte, wollte er sich partout nicht unter die Arme greifen lassen. Vorsichtshalber hatte das arme Genie seiner wohlhabenden Mama deshalb auch gar nichts von seiner finanziellen Dauermisere erzählt...

Und das brachte Papa Siebenborns Blutdruck immer umgehend auf Rekordwerte. Mama Siebenborn war mit dem Fischkopp aus einem anderen Grund unzufrieden. Sie wünschte sich endlich Enkelkinder und „geordnete Verhältnisse".

Aber keineswegs konnte sie es gutheißen, dass er ihren Schwiegersohn in spe ständig Fischkopp nannte. „Jetzt sei doch mal ruhig, Hubert!" Margot wies ihren Mann oft in die Schranken. Dann wurden ihre Lippen immer sehr schmal und die Stimme ein bisschen schriller als sonst. „Der Jan ist doch nur zu Besuch bei seiner Mutter. Und hat das halt mit einem Arztbesuch verbunden." Lina kannte die Prozedur.
Ihr Papa war vorerst ruhiggestellt.

Und sie wusste auch genau, was gleich kommen würde: „Jetzt sag' mal Lina, habt ihr denn endlich mal über eure Hochzeit nachgedacht. Ihr seid doch schon fast sieben Jahre zusammen, das müsste doch als Probezeit so langsam ausreichen…"

Dann kam die Kunstpause und es folgte das Unvermeidbare: „Und du weißt doch, ich wäre so gerne endlich Oma." Raus war's! Als fester Tagesordnungspunkt gehörte das immer dann zum Besuchsprogramm, wenn Jan gerade *nicht* dabei war. Und er war ja fast nie dabei.

Spätestens nach den Wechseljahren, so hoffte Lina inständig, dürfte sich das Thema aber dann doch erledigt haben.

„Nee, Mutti, also da steht momentan nix an!", war deshalb ihre knappe Antwort. „Schade, schade. Also werde ich vorerst noch keine Oma…." Sie spürte die Enttäuschung ihrer Mutter – und schob deshalb ein versöhnliches „Aber wenn es was Neues gibt, dann seid Ihr die ersten, die es erfahren, okay?", noch nach. Dann kam endlich der angenehmste Tagesordnungspunkt: Eine „Quer-durch-den-Garten-Suppe".
Auf Oberhessisch *e rischdisch guud Sübbsche*.
Denn ohne die war halt kein richtiger Samstag…

Zurück in Bornheim hatte sie dann ein kleines Nickerchen eingelegt, um für den Mädelsabend auch richtig fit zu sein. Mit der Erinnerung an Pizza und Rotwein satt kehrte aber auch der Brummschädel zurück. Autsch! „Wo waren noch gleich die Kopfschmerztabletten?" Schließlich wollte sie ihren männerfreien Sonntag doch genießen. Immerhin hatte Lina heute *sturmfreie Bude*…

„Sturmfreie Bude", murmelte sie vor sich hin. „Gibt es sowas denn überhaupt noch? Wahrscheinlich steht der Begriff schon auf der Liste vom Aussterben bedrohter Redewendungen… Oder ist schon längst ausgestorben. Und ich hab's am Ende nicht mal mitgekriegt. Aber wer weiß, auf welcher Liste ich schon stehe?", fragte sie sich.

„Zukünftige Golden Girls of Frankfurt-Bornheim? Oder gar Äbbelwoi-Sisters 50Plus?"
Erst hatte sie sich die ganze Woche wie Frau Bolle persönlich auf dieses Wochenende gefreut, und jetzt fing sie schon vor dem Frühstück an über ihr Aussehen, ihre Beziehung, ihr Alter und die aussterbenden Wörter ihrer Jugendzeit zu grübeln.
„War das noch normal? Oder kündigen sich am Ende die Wechseljahre schon an, bevor frau es überhaupt geschafft hat schwanger zu werden? Naja, zumindest würde dann Mama Siebenborn nicht mehr nach Enkelchen fragen... Hach, warum muss nur alles so kompliziert sein heutzutage? Kinder, ja oder nein? Und wenn ja, war Jan der Richtige für so ein Vorhaben? Ein Mann, der Silvester fast verschläft? Und der von Äbbelwoi und Handkäs' todsterbenskrank wird? Oder fängt so nur eine dicke, fette Lebenskrise an? Am Ende sitze ich eines Tages noch bei irgend so einem Therapeuten rum und muss oberpeinliche Fragen beantworten... Und überhaupt, war das noch in Ordnung, sich auf einen Tag zu freuen, an dem Jan einmal *nicht* bei ihr sein konnte?"
Lina fühlte sich noch neurotischer als Carrie Bradshaw.
„Wahrscheinlich bin ich nach mehreren tausend Stunden *Sex and the City* schon ähnlich durch den Wind..."
Wobei Jan Johannsen ihr da in nichts nachstand. Das war beim besten Willen nicht zu leugnen. Lina erklärte es sich damit, dass Künstlertypen eben ein bisschen anders sind, um nicht gleich das Wort verrückt zu gebrauchen. Im Grunde genommen jedoch sehr charmant verrückt. Und, was Lina am meisten an ihm schätzte: Er war nicht wie ihre männlichen Kollegen bei der HansaFra AG. Die waren zwar überwiegend auch nicht ganz der Reihe nach, weil allesamt – mehr oder weniger – unter krankhafter (chronischer!) Selbstüberschätzung leidend – dabei aber weitaus weniger charmant als ihr Jan.

Lina hatte sich inzwischen damit abgefunden, dass er wegen jedem *querliegenden Pups mit Öhrchen* (wie ihr Chef sagen würde) nach Hamburg reisen musste. Auch nach fast sieben Jahren als Neu-Frankfurter hatte sich daran nichts geändert...
Es gab eben zu viele Dinge, die man anscheinend nicht im Hessenland erledigen konnte. Nein, der feine Hanseat ging nur zu Hamburger Ärzten, wohlgemerkt.
„Klar, in Hessen herrscht ja offensichtlich reinster Weißkittelmangel!", hatte sie schon oft mit ihm geschimpft.

Und im Grunde wusste sie auch, dass ihr Papa vollkommen recht hatte, wenn er – zumindest in diesem Punkt – über den Fischkopp motzte. Aber das würde sie vor ihm nie zugeben. In Jans Augen war im dicht besiedelten Rhein-Main-Gebiet wirklich niemand geeignet, seinen eingewachsenen Zehennagel zu behandeln. Deshalb war er ja jetzt auch mal wieder in die Heimat gereist. Es gab ja immer gute Gründe…

Aber Lina hatte sich vorgenommen, das Beste daraus zu machen: Zum Beispiel ein Sonntag ganz ohne Rücksicht auf Jans Befindlichkeiten…

Seit dem misslungenen Silvesterabend, wo er erst seelenruhig auf der Couch eingeschlafen war und, nachdem Lina ihn kurz vor zwölf geweckt hatte, meinte, Silvester sei doch auch nur ein Tag wie jeder andere und als solcher gänzlich überbewertet, war der Wurm endgültig in ihre Beziehungskiste eingezogen. Aber Lina liebte diesen Chaoten trotzdem. „Doch wie lange noch?", fragte sie sich manchmal.

Der erfolglose Maler war mit sich und seinem Leben chronisch unzufrieden. Und welcher Mann lässt sich schon auf Dauer von seiner besserverdienenden Hälfte aushalten?

Manchmal befürchtete Lina tatsächlich den Klassiker: Jan könnte sie eines Tages genau so verlassen, wie der arme Student, der sich jahrelang von seiner Freundin hat durchfüttern lassen – bis zu dem Zeitpunkt, an dem er sein erstes eigenes Geld verdient – und dann mit einer Anderen durchbrennt. Na, herzlichen Kniestrumpf!

Aber sie wollte die Hoffnung nicht aufgeben, denn irgendwann musste diese blöde Finanzkrise doch mal zu Ende sein. Doch ihr Glaube an die Rosa-Wölkchen-Welt hatte eindeutig Risse…

Plötzlich musste sie an die erste Promi-Trennung des Jahres denken. Heide Blümchen, die Top-Moderatorin, und der Schlagersänger REAL waren Geschichte. Ende-Gelände!

Und wer hätte das bei diesen Turteltäubchen erwartet?

Man rechnete normalerweise ja auch nicht damit, dass Uta Ranke-Heinemann sich von ihrem grünen Kostüm trennt oder Heino auf einmal seine Sonnenbrille abnimmt…

Das waren doch Dinge, die gehen einfach nicht!

Aber Lina war trotzdem verunsichert:

Schließlich war 2012 auch *ihr* verflixtes siebtes Jahr…

Noch immer schaute sie gedankenverloren aus dem Badezimmerfenster auf das verschlafene Bornheim und dachte an früher. Es war im Spätherbst 2005 gewesen, als sie einen Kongress in Hamburg organisiert hatte. Ihr Chef, Jürgen-Ronald Hein, den alle nur J.R. nannten, weil er richtig fies sein konnte, bestand bei derlei Anlässen immer darauf, dass sie für die Dauer der Veranstaltung vor Ort war.

Der Kongress fand damals im exklusiven Hotel Atlantic Kempinski statt. Wo auch sonst? Die HansaFra AG wollte sich schließlich nicht lumpen lassen. Es lief auch alles wie am Schnürchen und die meiste Zeit musste Lina nur an einem extra für sie eingerichteten Empfang gegenüber der Rezeption sitzen und ein möglichst nettes Gesicht machen. Das konnte sie auf Knopfdruck. Und in so einem Ambiente lächelte es sich praktisch von alleine…

Nach Feierabend war sie dann meist stilgerecht um die Außenalster gejoggt – oft sogar mit ihren Kollegen von der HansaFra.

An jenem schicksalhaften Abend aber waren die Herren alleine nach St. Pauli aufgebrochen – wo sie sicherlich auch ohne Joggen ordentlich ins Schwitzen gekommen sein dürften…

So war sie alleine ihre abendliche Runde gelaufen. Mit den anderen Alsterjoggern halt. Es liefen ja immer welche im Kreis herum.

Egal, bei welchem Wetter. Hauptsache, man war in der elitären Meute der Alsterumrunder dabei…

Jan, der damals noch bei seiner Mutter wohnte, joggte nie.

„Zu anstrengend und außerdem viel zu gefährlich für meine zarten Künstlerhände. Stell' dir vor, ich würde hinfallen…"

Das waren auch heute noch seine Standardworte zum Thema Joggen.

Nein, ein Jan Johannsen würde niemals dauerlaufen. *Er spazierte!*

Und zwar gemächlich.

Damals noch in Begleitung seiner Hündin Nele, einer kniehohen Promenadenmischung mit ganz besonderen Vorlieben. Wie Lina an diesem Tag noch feststellen sollte… Nele fand deren Hinterteil nämlich so unwiderstehlich, dass sie kurzerhand herzhaft zubeißen musste.

Ausgerechnet *ihren* Hintern musste sich der gottverdammte Köter aussuchen – wo sie doch den ganzen nächsten Tag und die komplette Heimfahrt noch sitzend auf demselben verbringen sollte.

Lina konnte sich noch genau erinnern, wie wütend sie damals war. Und ihre nagelneue „Bernemer Halblange", eine Monsterunterhose aus hundert Prozent Baumwolle, wie solche Buxen in Frankfurt-Bornheim heißen, war auch hinüber gewesen!

Sie hatte geflucht wie ein Licher Bierkutscher. Nur lauter…

„Oh, Verzeihung, ich schwöre es, das hat sie wirklich noch nie gemacht!", hörte sie in ihrem Geiste Jans Stimme, als er sich für den unangenehmen Zwischenfall, der Linas Unterwäsche freigelegt hatte, entschuldigen wollte.

„Das sagen sie alle! Der macht nix, der will nur spielen!!!", hatte Lina daraufhin lautstark gebrüllt, was bei der vornehmen Hamburger Joggergesellschaft gar nicht gut angekommen war. Man tendierte hier bei derlei Peinlichkeiten gerne zum Naserümpfen…

Worauf Jan, verantwortungsbewusst wie der junge Mann aus gutem Hamburger Hause nun einmal war, umgehend die Übernahme aller entstandenen Schäden (kaputte Bernemer Halblange, noch kaputtere Jogginghose, Reinigung und eventuell anfallende Arztrechnungen) samt einer Einladung zum Abendessen als Entschuldigung angeboten hatte. Und diesem großen schlanken Hamburger mit Gardemaß und stahlblauen Hans-Albers-Augen konnte sie die Wiedergutmachung damals beim besten Willen nicht abschlagen.

Liebe auf den ersten Hundebiss…

Und schon ein Jahr später wohnten die beiden zusammen in Frankfurt am Main – Ortsteil Bornheim.

Also da, wo die „Bernemer Halblange" daheim sind!

Das waren zwei Fliegen mit einer Klappe: Lina sparte sich so das teure Pendeln von Büdingen nach Frankfurt, und Jan war gottfroh, dass er als Hanseat im Hessenlande nicht jegliches Großstadtflair verlieren würde. Landleben war nämlich etwas, womit er absolut nichts zu tun haben wollte.

Als Weltgroßstädter aus Hamburg…

Jedoch wollte er sich damals mit Leib und Seele eingemeinden – was er auch ganz systematisch angegangen war.

Doch egal, in welche urige Kneipe ihn sein schlauer Reiseführer auch geschickt hat, es waren immer mehr Japaner als Frankfurter da gewesen, und der Apfelwein hatte ihm jedes Mal erst die Tränen in die Augen und ihn selbst dann ganz schnell aufs gewisse Örtchen getrieben.

„Aus'm Fischbrötche macht mer halt kaa Frankfodder Wörschtsche!", hatte der Kellner vom Bembelwirt lautstark durch die ganze Kneipe gerufen, als Jan an einem Abend das dritte Mal für länger verschwunden war. Denn der „Äbbelwoi" – dem Frankfurter sei best' „Stöffche" – war für Jans nordischen Magen-Darm-Trakt wohl eher so etwas wie ein verschreibungspflichtiges Medikament.

Der erste Integrationsversuch war also gründlich in die Hose gegangen! Hamburger bleibt eben Hamburger. Und deshalb am besten bei seinem Fischbrötchen... Das kaufte Jan am liebsten in der Kleinmarkthalle. Dort, wo es Köstlichkeiten aus aller Welt gab, fühlte er sich heimisch. Genau wie im Bahnhofsviertel, der Frankfurter Rotlichtmeile, dem St. Pauli von Mainhatten.

Lina wusste um sein Heimweh. Den Umzug wertete sie deshalb auch als echten Liebesbeweis. Ihr letzter Ex hätte für sie ja nicht mal seine Stammkneipe gewechselt...

Ihre Füße waren mittlerweile eiskalt. So gedankenverloren hatte sie in Erinnerungen geschwelgt und darüber die Zeit vergessen.

„Jetzt ein schönes Sonntagfrühstück!"

Ihr üppiges Hinterteil sollte ihr – ausnahmsweise – heute doch noch einmal egal sein. Sie ließ ihren flauschigen Pyjama an, schlüpfte mit ihren kalten Füßen schnell in die warmen Kuschelschlappen und nahm den Weg vom hochglanzpolierten Badezimmer in Richtung Küche ein. Die supermoderne Designerküche, ganz in klaren Linien gehalten, weiß mit einigen abgesetzten Elementen in Nussbaumoptik, war ihr ganzer Stolz. Und wie immer war alles tip-top aufgeräumt.

Denn Lina wäre nie auf die Idee gekommen, abends ins Bett zu gehen ohne die Wohnung so zu hinterlassen, dass jederzeit eine Delegation von „Mieten, kaufen, wohnen" samt Kamerateam hätte auftauchen können. Unangemeldet, versteht sich. Das hatte sie sich im Laufe ihres Lebens so angewöhnt, denn nichts war frustrierender, als morgens aufzustehen und in eine Küche zu kommen, die man erst einmal aufräumen musste, bevor man sich einen Kaffee kochen konnte.

„Lina, du übertreibst das vollkommen mit dem Aufräumen! Am Ende wirst du noch ein richtiger Putzteufel...", hörte sie Jan im Geiste wieder zu ihr sprechen. Denn er sah – zu Linas Leidwesen – das Thema eher flexibel.

Obwohl ER ja offiziell der Hausmann war, der für Ordnung sorgen sollte. Aber, im Gegensatz zu Lina, konnte Jan ganz entspannt seinen Kaffee genießen, auch dann, wenn rundum das pure Chaos herrschte. „Typisch Künstler!", dachte Lina nur darüber.

Dann warf sie ihre Profi-Kaffeemaschine an. Latte Macchiato!
So konnte der Tag beginnen… Ihre Stereoanlage war mittlerweile auch wieder im Dienst - genau wie Susi Lustig, die Allzweckwaffe vom Hessenfunk.

„Keine Reportage ohne die rasende Susi", dachte Lina und drehte den Ton gleich lauter. Wenn schon eine ihrer besten Freundinnen die Nachrichtensprecherin war, dann musste sie ja wenigstens alles mitkriegen…

Gestern Abend hatte sie jedenfalls noch genauso gezecht wie die anderen Flaggenmädels. Aber im Gegensatz zu ihr war Susi Lustig, das zähe Tier, schon wieder voll auf Sendung. Und sprach mit glasklarer Stimme, als wäre sie gerade aus einem zehnstündigen Schönheitsschlaf erwacht:

„Einen wunderschönen Sonntagmorgen, liebe Zuhörerinnen und Zuhörer. Hier sind die 11-Uhr-Hessenfunk-Nachrichten. Am Mikrofon für Sie: Susi Lustig." Tataaaaaaaaaa!
So ganz wach war Lina noch immer nicht, schließlich hatte sie erst einen halben Kaffee, äh Latte, intus. Doch dann horchte sie auf.

„Die amerikanische Sängerin Brittney Texas, ist tot. Sie wurde gestern leblos im Swimming Pool ihrer Villa in Miami aufgefunden. Die genaue Todesursache steht zum jetzigen Zeitpunkt noch nicht fest. Weltbekannt war unter anderem ihr größter Hit „Forever", der allein 1987 über zwanzig Wochen weltweit auf Platz 1 lag. Sie galt als die Weiße mit der schwarzen Stimme, oder einfach als „The black Voice". Die Sängerin wurde nur 49 Jahre alt."
Lina dachte zuerst, sie hätte sich verhört. Brittney Texas, tot?
Eine der größten Soulstimmen für immer verstummt?
Aber dann ernüchterte sie sich selbst. Jeden Tag gab es schließlich unzählige Todesfälle auf der Welt, die wesentlich tragischer und ungerechter waren als der einer Frau Texas, die früher mal öfter in den Charts war.
Lina fand, dass man generell nicht zu Übertreibungen neigen sollte.

Ganz im Gegensatz zu ihrem Jan. Was er an Feingefühl zu viel vom lieben Gott mitbekommen hatte, war Lina auf ihrem Lebensweg wohl ein wenig verloren gegangen. Sie war auch kein Brittney-Fan.
Überhaupt, sie hatte kein Talent zum Fan-von-irgendjemandem-sein. Jan jedoch war restlos begeisterungsfähig und konnte stundenlang von Stars und Sternchen schwärmen.
Und damit allen auf den Geist gehen...

Tataaaaaaa! Huch, jetzt waren die Nachrichten schon vorbei, bemerkte Lina. Sie hatte nichts anderes als die Todesmeldung mitbekommen. „Und nun das Wetter", flötete Susi Lustig ins Mikrofon, „es bleibt weiterhin sehr kalt, heute erwarten wir in Frankfurt bis zu minus zwölf Grad, im Süden kann es bis zu minus vierzehn Grad werden. Brrrr. Die neue Woche bleibt ebenso frostig. Von Frühling also erst einmal keine Spur. Nach den Verkehrsmeldungen begrüßen wir hier im Hessenfunk-Studio Joey Soul, den bekannten Frankfurter Kult-DJ, zum Tode von Brittney Texas. Bleiben Sie also einfach dran, liebe Zuhörerinnen und Zuhörer, frischer als hier vom Hessenfunk kommen Ihnen die News nicht ins Haus!"

Jetzt wurde es Lina langsam sonnenklar: Das würde den ganzen Tag so gehen. Sondersendungen am laufenden Band. Das volle Programm, wenn so ein Promi mal tot war...
Sie musste wieder an Jan denken. Er hatte alle Platten der Diva. Ja, ja, noch echte schwarze Scheiben mit richtigen Kratzern drauf. Und auch sonst alles, was es von ihr auf Konserve gab. Ohne Probleme hätte er jetzt sämtliche Sondersendungen ausstatten können.

„Eine Jahrhundertstimme, kein Wunder, dass man sie *The black Voice* nennt!", hörte sie ihn sagen, wann immer er der Diva lauschte. Ab sofort galt für Jan wahrscheinlich wieder: Emotionaler Ausnahmezustand, Fahne für länger auf Halbmast setzen! Lina merkte, wie sie jetzt schon von alldem genervt war.

Dann wurde sie unsanft aus ihren Gedanken gerissen. Das Telefon! Das konnte nur er sein... „Warum muss ich auch immer recht haben?", fragte sie sich, als sie die Hamburger Nummer aufleuchten sah.

„Moin. Ich bin's." Jans Stimme klang deprimiert. „Weißt du es schon? Brittney Texas ist tot!" Er war also bereits auf dem Laufenden. „Ja, ich hab's gerade eben im Radio gehört. Tja, traurig, traurig. Schon wieder ein Superstar, der nicht alt werden durfte. Das Singen scheint ja echt nicht gesund zu sein, besonders wenn man damit einen Haufen Kohle macht." Shit, das war wohl daneben. Wieder mal drauf los geplappert... Am liebsten hätte sie sich ad hoc auf die Zunge gebissen. Jan war vor Empörung fast durch die Telefonleitung gesprungen. Aber es war nichts mehr zu retten gewesen. Zu spät! Das war wohl der falsche Text gewesen – ein Fall von grober Pietätlosigkeit.

„Du, Lina, wir telefonieren einfach später noch einmal. Ich will erst mal die Sondersendungen sehen, die laufen jetzt auf allen Kanälen." Aha, er wollte das Gespräch mit ihr abbrechen. Aber so leicht wollte sie sich nicht abwimmeln lassen: „Gehst du denn gar nicht auf die Alster? Ich dachte, heute wäre das große Spektakel und ganz Hamburg auf dem Eis." Es folgte eine kurze Pause. Lina ahnte es: „Nein, ich denke, Mutter muss alleine los. Mit meinem Zeh kann ich nicht besonders gut laufen – und außerdem steht mir jetzt auch nicht der Kopf nach Alstereisvergnügen."

Klar, nach so einem herben Schicksalsschlag konnte eine sensible Künstlerseele wie Jan nicht einfach auf der zugefrorenen Alster herumlaufen. Es ging also schon wieder los mit dem Mimösje. Wegen einer toten Diva, tausende von Kilometern entfernt. Auf einem anderen Kontinent! Und dafür musste sogar das Eislaufen ausfallen. Weil das Vögelchen in Miami nicht mehr zwitschern konnte!

„Gott sei Dank ist Jan gerade jetzt in Hamburg", fand Lina. Dort konnte er ja jetzt ungestört seiner Trauer nachgehen und den alten (besseren!) Zeiten frönen. Nicht auszudenken, was sie sich sonst an diesem Sonntag hätte anhören müssen: Brittney Texas auf allen Kanälen! Und Jan wäre fassungslos gewesen, hätte unzählige Tränen vergossen und wahrscheinlich hätte er auch noch Magenschmerzen bekommen. Er neigte bei prominenten Todesfällen einfach zur Maßlosigkeit. Und verbrauchte dabei massenhaft Papiertaschentücher.

Ihre Oma Hermine hätte dazu nur gesagt:

„Dem eine sein Dood, dem annere sei Brood."

Naja, Lina sah das ähnlich praktisch: Die HansaFra Drogeriemarktkette freute sich immer über unerwartete Umsatzzuwächse…
Nein, nicht, dass Lina die Stars der Rock- und Popszene nicht mochte. Sie war früher ein paar Mal auf Konzerten im Frankfurter Waldstadion, der heutigen Commerzbank-Arena, gewesen. Aber eigentlich war es doof, erst durch halb Oberhessen pilgern zu müssen, nur um dann

einen hyperaktiven Star als Strichmännchen auf einer Großbildleinwand herumwirbeln zu sehen – und halbwarmes Bier aus Plastikbechern zu trinken... Später war sie umgestiegen: auf Fernseher, Nahaufnahmen, hochgelegte Füße und kaltes Bier – aus einem richtigen Glas.

Sie war halt ganz anders als ihr Mimösjen-Jan: Dabei würde niemand vermuten, dass hinter seiner 1,90-Gardemaß-Fassade so ein Sensibelchen steckt. Er wirkte doch eher cool und ein bisschen verwegen, so wie es sich für einen Künstler eben gehört: uralte Lederjacke (vom Pariser Flohmarkt), abgewetzte Jeans und eine noch abgewetztere Aktentasche in der Hand. Die stammte noch von seinem Opa. Aber sie passte zu ihm. Obwohl er kein typischer Aktentaschentyp war. Aber genau das gefiel Lina. Mit geschniegelten Herren hatte sie ja sonst schon tagtäglich zu tun. Im Büro, wo sie als Assistentin für Herrn Hein, den Geschäftsführer einer großen Drogeriemarktkette, in der Frankfurter Zentrale der HansaFra AG arbeitete. Damit war ihr Bedarf an Nadelstreifen jedenfalls gedeckt.

Sie fand, Pappnasen in Anzügen gab es genug da draußen, im Schatten der Frankfurter Skyline. Deshalb war sie froh über ein wenig „Bohème" zuhause. Der Maler und seine Muse...

Da musste sie es wohl oder übel in Kauf nehmen, dass er ein bisschen durchgeknallt war, der Herr Künstler.

So schickte sie die tote Diva gedanklich in ihren himmlischen Frieden und entschied sich stattdessen für ein ganz weltliches Ei.
Das gehörte für sie zu einem richtig guten Sonntagsfrühstück eben dazu. Toastbrot, Butter und englische Orangenmarmelade mit feinen Stückchen! Wobei das Toastbrot unbedingt diagonal geschnitten werden musste – genau wie in England. Ein Tick von ihr. Seit einem Sprachurlaub auf der Insel. Langweilige Vierecke waren seitdem out...

„Und überhaupt", beschloss Lina, „heute gönne ich mir noch einmal das volle Programm! Das mit dem FDH, das gilt ja erst ab morgen!!! Und sie war sich in diesem Moment sogar sicher, dass sie den Friss-die-Hälfte-Plan tatsächlich einhalten würde. Denn das mit ihrem Arsch von heute früh, das war ihr doch nicht an selbigem vorbeigegangen. Irgendwie mussten die über die Jahre angesammelten Pfündchen ja wieder herunter. Eine Wuchtbrumme wie früher wollte sie nie mehr sein. Aber es war nicht zu leugnen: In den letzten Jahren war sie aufgegangen wie ein Vogelsberger Sauerteig. Und von der Form, in der Jan sie einst kennengelernt hatte, war heute nicht mehr allzu viel übrig.

Nach jeder Diät hatte sich das Hüftgold nämlich wieder zurückgemeldet: „Hi, hier bin ich wieder!"

Das fiese Steinzeitprogramm funktionierte noch immer tadellos. Jetzt sollte das altbewährte FDH den Karren wieder aus dem Dreck ziehen.

Lina wusste, dass sie abnehmen musste. Für sich. Und für Jan. Der mochte nämlich keine Frauen mit allzu viel Format. Oft genug hat sie seine abfälligen Blicke bemerkt, wenn eine etwas rundlichere Dame aufgetaucht war. Komisch.

Besonders kunstbewandert war sie zwar nicht, aber eigentlich dachte sie immer, dass Maler ihre Musen gerne in Rubensform sähen. Bei ihrem Picasso aus Hamburg war das jedoch dummerweise nicht der Fall. Schade, schade, schade! Dabei hätte ihr das unter Umständen eine lebenslängliche Diät ersparen können.

Mittlerweile zeigte die Küchenuhr schon halb zwölf. Und dafür, dass die Diva ziemlich tot war, hatte sie Linas gemütlichen Sonntag ganz gehörig durcheinandergewirbelt. Sie schaltete das Radio entschlossen aus. Dieser Totenkult war ja nicht auszuhalten!

Mit Susi Lustig musste sie wohl mal ein ernsthaftes Wort sprechen... Gleich wollte der Hessenfunk auch noch Exklusiv-Interviews führen, mit irgendwelchen unbekannten Menschen, die irgendjemanden noch unbekannteren kennen, der mit einer von Brittneys völlig unbekannten Background-Sängerinnen mal eine Cola trinken war. Nicht auszuhalten!

Spätestens mit Jans Rückkehr ging das Trauer-Programm dann in die nächste Runde. Und dann gab es auch für Lina kein Entkommen mehr. Das war klar wie Kloßbrühe...

Und so knusperte sie zufrieden an ihrem zweiten Diagonal-Toast. Mit Orangenmarmelade und dick' Butter drauf.

Dabei las sie im BLITZ-Blatt am Sonntag gespannt die neuesten Enthüllungen zur Wulff-Affäre und freute sich, dass noch gar nichts vom Tod der Mega-Diva zu lesen war.

Ein gemütlicher Rest-Sonntag stand ihr also noch bevor.

Sturmfreie Bude! Garantiert männerfrei.

Und ganz ohne tote Diven...

„Alstereis und Valentin"

Der Sonntagmorgen in Hamburg hatte noch harmonisch begonnen. Jan wollte auf die zugefrorene Alster gehen. Eigentlich!

Das letzte Alstereisvergnügen war immerhin 1997 gewesen. Denn das Eis muss dazu mindestens zwanzig Zentimeter dick sein, was nicht oft der Fall war.

Damals waren noch Buden auf der Alster selbst erlaubt. Doch dieses Mal durften die Stände lediglich an den Ufern aufgebaut werden. Bei einem früheren Alstereisvergnügen hatte es doch hier und da verdächtig im Eis geknackt, als es zu größeren Menschenansammlungen vor den Glühweinständen gekommen war. Ähnliches wollte man diesmal seitens der Stadtverwaltung unbedingt vermeiden.

Schon am frühen Sonntagmorgen füllte sich die Eisfläche, und nach und nach wimmelte es nur so von dick eingemummelten Menschen, die auf die Alster wollten. Aus dem ganzen Hamburger Umland kamen die Leute zu diesem Spektakel. Man rechnete tatsächlich mit Hunderttausenden – am Ende könnte sogar die Millionenmarke geknackt werden.

Wahnsinn, und das alles wegen gefrorenem Alsterwasser!

Jan war das ganz egal, mittlerweile. Seit er früh morgens die Nachricht vom Tode seiner Lieblingssängerin vernommen hatte, war die Stimmung so trübe wie der Himmel über Hamburg an diesem Tag. Seine Mutter Gisela kannte ihn so gar nicht, war er doch eigentlich eher ein fröhlicher Mensch, den so schnell nichts aus der Bahn werfen konnte. Aber seit er vor über sechs Jahren nach Frankfurt gezogen war, um dort mit Lina ein neues Leben unter einem gemeinsamen Dach zu beginnen, hatte seine Mutter natürlich nicht mehr so den Überblick über seine Gefühlszustände.

Über die Jahre war eine enge Bindung zwischen ihnen entstanden, denn seit dem frühen Tod seines Vaters, Jan war gerade einmal Mitte zwanzig, gab es einfach keine Notwendigkeit für ihn, aus der großzügigen Alstervilla auszuziehen. Wollte er doch seine Mutter ungern dort zurücklassen, nachdem Oluf Johannsen innerhalb weniger Monate an Bauchspeicheldrüsenkrebs gestorben war. Gisela haderte in dieser Zeit schwer mit Gott und der Welt.

Da konnte er sie doch nicht im Stich lassen!

Aber so ganz ungelegen kam ihm diese familiäre Notgemeinschaft auch aus wirtschaftlichen Gründen nicht: Immerhin konnte er auf diese Weise sehr entspannt seinem Kunstpädagogikstudium nachgehen und musste nicht – wie die meisten seiner Kommilitonen – anstrengende und oft schlecht bezahlte Nebenjobs erledigen, um Leben und Studium finanzieren zu können. Kurzerhand hatte er damals das Büro seines Vaters zum Atelier umgebaut, um mehr Platz für seine Gemälde, Farben und Staffeleien zu haben. Wer hätte eine solche Chance nicht wahrgenommen?
Seine Mutter indes war froh gewesen, nach dem Tode des Vaters nicht ganz auf sich allein gestellt zu sein.
Heute nannte man sowas neumodisch „Win-Win-Situation"…

Als er dann Lina, die damals wegen eines Kongresses in Hamburg war, kennengelernt hatte, konnte Gisela Johannsen unschwer ahnen, dass dieser schicksalhafte Hundebiss auch für sie eines Tages Folgen haben würde. So, wie Jan vom ersten Moment an für diese junge Frau aus Hessen geschwärmt hat… Es war die große Liebe, die ihr Sohn gefunden hatte – das musste seine Mutter wohl einsehen. Und sie war sich darüber im Klaren, dass ihre Mutter-Sohn-Zweieridylle nicht für die Ewigkeit bestimmt war. Denn eines Tages – das war eben der Lauf der Dinge – wäre Jan sowieso ausgezogen.
Dass es dann aber gleich nach dem ersten gemeinsamen Silvester soweit sein sollte, das hatte seine Mutter zu diesem Zeitpunkt einfach noch nicht wahrhaben wollen… Auch nicht, dass Lina auf gar keinen Fall nach Hamburg kommen wollte, weil sie einen sehr gut bezahlten Job in Frankfurt hatte. Und den wollte sie partout nicht aufgeben. Nicht einmal für Jan.
Aber in ganz stillen Stunden, das musste Gisela sich selbst nach einiger Zeit eingestehen, war sie froh darüber gewesen, dass Jan tatsächlich aus dem Hause war. Endlich konnte sie ihren Gefühlen einmal freien Lauf lassen und sich ganz ihrer geliebten Klassik hingeben.
Jahrelang hatte sie nur Tannhäuser, Schubert oder Dvořáks Musik aus der Neuen Welt gehört – wenn es ganz schlimm war Strawinsky. In diesen Momenten war sie ihrem verstorbenen Oluf ganz nah. Und lange konnte sie auch nur diese schweren Töne ertragen, denn die waren genauso dunkel wie ihre Stimmung. Aber irgendwann erwachte die

Lust auf Leben wieder in ihr, und sie musste zugeben, sie hatte sich nur nicht getraut – weil Jan noch bei ihr war.
Doch dann sang Zarah Leander „Warum soll eine Frau kein Verhältnis haben?" im Radio und Gisela Johannsen kam auf Ideen...
Und dank der guten alten Bekanntschaftsanzeige war es nicht bei einem Verhältnis geblieben. Nein, zeitweise herrschte schon reges Treiben in der Alstervilla... Ein schlechtes Gewissen war aber kein Thema für die Witwe Johannsen – sie hatte jung geheiratet und war ihrem Mann immer treu gewesen. Warum sollte sie da – nach einer überaus angemessenen Trauerphase – nicht noch ein bisschen Spaß an der Liebe haben? Sieben Jahre in Sack und Asche, das erschien ihr mehr als ausreichend.
Und schnell erkannte sie auch die Vorzüge einer sturmfreien Bude. Frau Johannsen jedenfalls konnte mit dem Begriff noch so einiges anfangen...

An diesem Sonntagmorgen stellte sie jedoch fest, dass es offensichtlich doch viel Unbekanntes an ihrem Sohn gab. Zuerst war er ihr noch ganz fidel und unternehmungslustig erschienen, hatte einen Riesenhunger an den Tag gelegt und neben Rührei auch noch eine große Schale Müsli mit Sahne verspeist, was extrem gute Laune verkündete.
Bis plötzlich die Meldung kam, dass seine große musikalische Liebe verstorben ist. Ab diesem Moment war sein Gesicht wie versteinert gewesen. Und auf der Terrasse hat er dann eine nach der anderen geraucht. Am frühen Morgen! Das gefiel seiner Mutter nun gar nicht. War doch ihr Sohn offiziell Nichtraucher. Gut, gelegentlich konnte er schon mal zur Zigarette greifen, in beruflichen Stresssituationen oder zum reinen Feierabendgenuss – aber doch nicht wie ein richtiger Suchtbolzen. So einer war ihr Jan doch nicht!

Kurz darauf hat er dann mit Lina telefoniert. Dabei konnte sie ihn – ganz zufällig – aus einem bestimmten Winkel im Spiegel beobachten. Irgendwas war da im Busch! Nicht nur, dass er traurig war – auf einmal wirkte er fast wütend und ein bisschen böse. Ziemlich schnell hat er dann das Telefonat beendet. „Naja", dachte sich Gisela, „vielleicht läuft es nicht rund – mit Lina."
Irgendwann würde sie es vielleicht erfahren, außerdem musste sie als Mutter doch auch nicht alles von ihrem Sohn wissen. Umgekehrt war ihr das schließlich auch mehr als recht.

Beunruhigt war sie aber dennoch. War die große Liebe zwischen Lina und Jan etwa dem verflixten siebten Jahr zum Opfer gefallen?
Auf jeden Fall wollte sie aber zum Alstereisvergnügen gehen. Auch wenn Jan nicht mit käme, was sie beim Telefonat mit Lina aufgeschnappt hatte. Natürlich rein zufällig.
Nein, sie würde sich jetzt nicht ihre glänzende Sonntags-Alstereis-Laune verderben lassen. Und immerhin war sie mit ihren einundsiebzig Jahren durchaus in der Lage, sich einen schönen Sonntag alleine zu gestalten – wenn der Sohnemann schon in Trauer war.

Verständnis für sein Verhalten hatte sie jedoch nicht. Bewunderung empfand sie nur für ihren Mann Oluf, zu Lebzeiten und auch über den Tod hinaus. Und ansonsten ließ sie sich selbst ganz gerne von ihrem Umfeld bewundern. Dazu bestand, ihrer Meinung nach, auch jeder Anlass. Schließlich hatten es die Johannsens im Leben zu etwas gebracht. Jans Mutter war also zu Recht stolz auf ihre Lebensleistung. Noch heute war die Weinhandlung Johannsen und Söhne ein Begriff in Hamburg. Und verstecken brauchte sie sich schon gar nicht. Auch im fortgeschrittenen Alter war sie noch immer attraktiv. Mit eigenem Stil, unabhängig von Trends, aber immer sehr chic. Ihre Figur ließ das auch zu, sie hatte ihre schlanke Linie ein Leben lang behalten – dafür aber auch eine Menge getan. Gehen lassen? Das war nicht ihr Ding. Diese Nachkriegsgeneration hat noch immer Biss! Schlappmachen? Kam für Gisela Johannsen nicht in Frage. Was geplant war, wurde durchgezogen. Egal wie…

Und so war es auch an diesem Sonntag. Frau Johannsen aus Hamburg-Eppendorf zog das pralle Leben der virtuellen Scheinwelt vor. Also schminkte sie sich perfekt, frisierte ihr kastanienbraunes Haar noch einmal in Form und zog sich dann einen ihrer langen Pelzmäntel an.
Es folgte ein sehr zufriedener Blick in den Spiegel.

Jan bekam nicht einmal mit, dass sie fort ging. Aber auch das berührte sie nicht weiter. Sie wollte nichts von Trauer wissen. Davon hatte sie in ihrem Leben genug gehabt.
„Aber sensible Künstlerseelen schwingen da offensichtlich anders", erkannte Gisela Johannsen ganz richtig und marschierte entschieden los Richtung Alsterufer.

Eine besondere Stille lag in diesem Morgen. Die Stimmung war friedlich, doch die Luft bitterkalt. Von weitem hatte man den Eindruck, auf ein Wintergemälde aus dem 19. Jahrhundert zu blicken. Menschen aller Generationen gingen auf der Alster ihrem eisigen Vergnügen nach. Und genau das hatte Gisela Johannsen jetzt auch vor. Sie lief hinüber zu ihrem Lieblingshotel an der Außenalster, plauschte ein wenig hier und da und wärmte sich in der schönen Lobby bei einem vorzüglichen Darjeeling auf. Auch sie hatte eine ganz besondere Beziehung zum Hamburger Atlantic. Unzählige Male war sie mit ihrem Mann in der legendären Atlantic Bar gewesen. Die Atmosphäre dort ist ganz besonders. Man atmet den Duft der großen weiten Welt ein – zwischen schweren Ledersesseln, leichten Klavierklängen und erstklassig gemixten Cocktails. Oluf Johannsen hatte diesen Ort zeitlebens geliebt. Genau wie seine Frau.

Ein paar Stunden später – zurück in der Alstervilla – war ihr dann schnell klar geworden, dass es sich bei ihrem Sohnemann noch keinesfalls ausgetrauert hatte. Er starrte noch immer in den Fernseher. Sondersendungen en masse... An diesem Tag war anscheinend nichts weiter mit ihm anzufangen. Das besagte schon der Blick, den er ihr zugeworfen hatte und der mindestens genauso eisig war wie die zugefrorene Alster.

„Ich lege mich ein bisschen hin, Jan." Er hatte nicht einmal den Kopf zu ihr gedreht. Ungewöhnlich, so eine Teilnahmslosigkeit, fand Gisela. Ob sie ihm mal ihre Johanniskrauttabletten anbieten sollte?

Am Dienstag in aller Herrgottsfrüh, es war der Valentinstag, klingelte es an Linas Tür. Nachdem nicht sofort geöffnet wurde, klopfte jemand ungeduldig. Das konnte nur Frau Fieg von nebenan sein. Die Königin des Treppenhauses, die „Bernemer Babbelschnut".
Bei Lina, Jan und den Bornheimer Nachbarn hieß sie allerdings nur „Drebbehäusje". Denn das Treppenhaus war ihre Hauptwirkungsstätte. Im Sommer nannte man sie wahlweise auch „Wasserhäusje", denn bei schönem Wetter wurde alles, was in der Nachbarschaft so zu besprechen war, gleich an der frischen Luft geklärt.

Tatsächlich war direkt gegenüber noch eines dieser letzten Original Frankfurter Wasserhäuschen. Hier trafen sich Alt und Jung, Arm und Reich und kauften das, was man eigentlich auch in jedem x-beliebigen Laden in Frankfurt hätte kaufen können: Wasser, Limo, Bier, Zigaretten, Zeitungen und Zeitschriften, Fertiggerichte, Toilettenpapier, Windeln und vieles mehr. Alles, sogar Tiernahrung!

So ein Wasserhäuschenbesuch war jedenfalls immer ein außerordentliches Einkaufserlebnis. Da holte man auch nur Kleinigkeiten, die gerade fehlten und pflegte dabei einen Schwatz mit Leuten, an denen man sonst nur wortlos vorbeigelaufen wäre. Doch leider sah man diese typischen Frankfurter Kioske immer seltener.

„Schade, dass man sie noch nicht zum UNESCO Kulturerbe erhoben hat", bedauerte Lina oft. Sie hatte den Treffpunkt gleich um's Eck' mehr als liebgewonnen. Denn dort gab es so viel mehr als nur Wasser…

„Ei, mache Sie dochemaa uff, Frolleinsche!" Na, sowas konnte Lina ja gerade leiden: Einmal klingeln, drei Sekunden später schon an die Haustür poltern und im nächsten Moment die verbale Mundart-Kanone zünden! „Fängt ja prima an, der Valentinstag", ging es ihr durch den Kopf. Sie öffnete genervt die Tür.

„Guten Morgen, Frau Fieg. Was gibt es denn so Dringendes um die Uhrzeit?" Lina konnte sich einen spitzen Unterton nicht verkneifen, sie mochte solche Überfälle nicht und auch das „Frolleinsche" fand sie nicht besonders putzig. Jedenfalls nicht vom Drebbehäusje…
Nur Jan durfte sie scherzhaft Frollein Siebenborn nennen. Aber doch nicht eine Frau Fieg!

Die ältere Dame, schon Mitte achtzig, war eines der letzten noch lebenden Frankfurter Originale. Irgendwie liebenswert, auf eine spezielle Art zumindest. Die „Griee Sooos" zum Beispiel, also die traditionelle Frankfurter Grüne Soße, rührte Frau Fieg ausschließlich nach dem Rezept von Goethes Frau Mutter selbst an – und außerdem nur an „Grieedonnersdaaach", also dem Gründonnerstag vor Ostern. Das erzählte sie in jedem Frühjahr wieder und wieder. Und zwar *jedem*, egal ob er wollte oder nicht. Das war halt Drebbehäusje live! Hauptsache, es war erst mal raus, was *sie* loswerden wollte! Und jedes Mal klang es, als hätte die gute Frau Mama eines gewissen Johann Wolfang von Goethe das Rezept an sie persönlich vermacht.

„Ei, isch habb' hier was von Ihne-Ihrm Bekannde, dess hat der mir schon gegewwe, bevor der fodd nach Hambursch iss, gell? Isch habb aach nedd einei geguggt. Der Arme krischd doch den Fuß obberierd. Hawwese dann schon ebbes von em geheerd?"

Frau Fieg übergab Lina zeitgleich ein kleines Päckchen, das nach CD aussah, und einen Brief. Multitasking à la Drebbehäusje…

„Eindeutig von Jan", Lina hatte es sofort erkannt. An der gemalten Rose auf dem Briefumschlag.

„Oh, danke, sehr nett von Ihnen. Vielen lieben Dank, Frau Fieg. Ich bin jedoch in Eile, muss gleich ins Büro. Und, ja – ich habe etwas von ihm gehört. Noch ist er nicht operiert, aber er muss noch ein bisschen in seiner alten Heimat bleiben. Einige Arzttermine stehen noch an, vielleicht kann man die Sache auch ohne Operation in den Griff bekommen."

Lina freute sich riesig über das Päckchen. Ihr Liebster hatte also vorgesorgt und ihr sicherheitshalber über Frau Fieg etwas zum Valentinstag zukommen lassen. Der Post traute er wohl nicht, am Ende wäre das Geschenk noch einen Tag zu spät angekommen. Oder überhaupt nicht. Auf Frau Fieg dagegen war Verlass! Mit dem Drebbehäusje konnte man bei sowas immer auf Nummer sicher gehen.

Etwas enttäuscht war die Gute dann doch, dass sie von Lina nicht hereingebeten wurde, nachdem sie den Nachbarschaftsdienst so gewissenhaft ausgeführt und sich auch noch so nett nach dem Befinden des Erkrankten erkundigt hatte. Insgeheim wäre sie nämlich zu gern noch auf ein Tässchen Kaffee geblieben. Und hätte dabei mal so richtig schön die Neugier eingenommen…

Doch Frau Fieg machte auf bescheiden und verständnisvoll: „So, dann will isch Sie ja nedd uffhalde, Frollein! Also, da wünsch' ich ihne noch en scheene Daach! Unn guude Besserung für Ihne-Ihrn Bekannde!"

„Wenigstens hatte sie jetzt das „sche" am Ende weggelassen", bemerkte Lina, „wenn es denn schon Frollein heißen musste." Aber Frau Fieg konnte da nicht über ihren Schatten springen. In dem Alter kriegt man so etwas aus den Leuten ja nicht mehr raus. Unverheiratete bleiben da lebenslängliche Frolleins – und ein Freund, Partner oder Lebensgefährte, das war halt ein „Bekannter". Irgendwie fand Lina das schon wieder goldig und musste darüber schmunzeln.

„Wer weiß, wie lange es überhaupt noch Leute gibt, die einen siezen oder „Ihne-Ihrm Bekannde" sagen?" Mittlerweile, das war Lina in letzter Zeit besonders aufgefallen, duzten sie die meisten Menschen außerhalb des Jobs einfach so – beim allerersten Kontakt!

Na, wenn das mal Frau Fieg mitkriegen würde…

Als das Drebbehäusje dann wenig später enttäuscht treppab gegangen war, musste Lina sich wirklich sputen. Jetzt konnte sie den Brief unmöglich noch lesen – so zwischen Tür und Angel. Nein, sie wollte ihr Valentinsgeschenk lieber ganz in Ruhe genießen. Abends auf ihrem Sofa. Mit gemütlichen Kuschelschlappen an.

Und so wurde aus dem Valentinstag erst einmal ein ganz normaler Bürotag. Herr Hein war auf Dienstreise und arbeitstechnisch war es eher ruhig. Weder Tagungen noch sogenannte Incentive-Reisen, die besonders erfolgreiche Drogeriemarktleiterinnen und deren Bezirksleiter für gute Umsatzzahlen belohnen sollten, mussten organisiert werden. Eine Stille, wie man sie nur selten in diesen Räumen erleben konnte, hatte sich breit gemacht. Hauptsache, es lief alles reibungslos, auch wenn der Boss unterwegs war. Lina nutzte solche Zeiten immer für die Ablage oder andere ungeliebte Arbeiten. Und nicht zuletzt war es auch für sie stressfreier, wenn nicht alle fünf Minuten das obligatorische „Frau Siebenborn! Kommen Sie doch bitte mal rein!", aus dem Chefbüro ertönte.

Irgendwann an diesem Morgen war dann die Zeit für einen Cappuccino mit ihrer Lieblingskollegin Ines gekommen. Mittlerweile war es bei der HansaFra auch kein Geheimnis mehr, dass Lina und Ines beste Freundinnen waren. Man konnte sie regelmäßig zusammen in der Mittagspause sehen. Und des Öfteren machten sie nach Feierabend einen Abstecher in die Stadt, gingen irgendwohin, wo man in Ruhe über all das sprechen konnte, was im Büro nicht möglich war.

Wer würde da an Tratsch denken? Nein, Tratsch war die Kernkompetenz vom Drebbehäusje. Lina und Ines jedoch, sie tauschten sich lediglich aus…

Und wenn sie dann den einen oder anderen Kollegen trafen, den es nach Feierabend auch auf die Fressgass', die kulinarische Verlängerung der Einkaufsmeile *Zeil*, gezogen hatte, genügte ein kurzer Blick und die Damen wechselten spontan die Örtlichkeit – oder wie man heute so schön auf Neudeutsch sagt, die Location.

Denn niemand sollte hören, was die beiden zu lachen hatten.

An diesem Valentinsdienstag kam Ines also auf einen kurzen Schnack und einen Cappuccino zu ihrer Kollegin.

Wobei sich Ines darüber beschwerte, dass ihr Göttergatte, der schöne Lars Ochs, auch in diesem Jahr wieder einmal keinerlei Anstalten gemacht hatte, einen Beitrag zur Arbeitsplatzsicherung der hessischen Floristen zu leisten.

„Stell' dir vor, es ist wie jedes Jahr an Valentin: Keine Blumen! Nada. Nichts. Ich bin schon wieder völlig am Ende – meine armen Nerven!", stöhnte Ines. Dabei war ihr Angebeteter der Sohn und Juniorchef einer Steinfurther Rosenschule – mit angeschlossenem Im- und Export. Und deshalb wohl der Meinung, dass er schon mehr als genug mit Blumen zu tun hatte. Und zwar tagtäglich! Der Valentinstag war für ihn nur einer von zwei Großkampftagen im Jahr. Mit Überstunden und Nachtschicht inklusive. Ines hatte wohl schon befürchtet, dass er es auch in diesem Jahr wieder vergessen würde, ihr ein paar Valentinsblümchen mitzubringen. Entsprechend enttäuscht war ihre Stimmung.

„Aber weißt du eigentlich, was der Gipfel der Frechheit ist? Dass Lars regelmäßig zwei, drei Tage nach Valentin mit mehreren XL-Blumensträußen ankommt und diese in den Flur stellt. Wortlos! Nein, ich korrigiere mich. Er sagt etwas dazu. Nämlich, dass man die Blumen ja jetzt eh nicht mehr verkaufen könnte. Und jedes Jahr macht er mich darauf aufmerksam, dass ich die Blumen unbedingt im Flur stehen lassen soll. Da würden sie länger halten! Weil es da kühler wäre…"
Dabei rollte sie die Augen und ein paar Tränchen waren auch dabei gewesen. Deshalb erzählte Lina ihr auch gar nichts von Jans Geschenk und dem morgendlichen Überfall durch Frau Fieg. Vielleicht sähe die Welt für Ines morgen auch schon wieder ganz anders aus… Und der Valentinstag – und die bevorstehende Nacht – konnten ja unter Umständen noch lange werden.
Lars Ochs, dessen war sich Lina sicher, musste jedenfalls über irgendwelche Qualitäten verfügen, die Ines eher nachts verzeihen ließen, was er tagsüber versäumte…

Relativ früh für Linas Verhältnisse, so gegen halb sechs, verließ sie dann ihr schickes Vorzimmer bei der HansaFra und steuerte ihren Benz Richtung Bornheim. Vorbei an der Frankfurter Skyline, die immer höher und größer zu werden schien, nahm sie den Nachhauseweg entlang des Mains, gegenüber des Sachsenhäuser Museumsufers. Hier sollte in ein paar Tagen der Neubau des weltberühmten Städel eröffnet werden. 34 Millionen Euro sollte allein der Neubau des Kunstmuseums gekostet haben, der jetzt unter dem Garten des Museums lag und runde Oberlichter hatte. Die sahen aus wie Bullaugen im Städelgarten.

Jetzt hatte Frankfurt auch seinen „Grünen Hügel". Der Rasen wies nämlich eine gewisse Wellung auf, die sich zu einem kleinen Hügel erschloss.

Lina hatte gerade erst gelesen, dass die Sanierung des alten Städelbaus sowie der Neubau für die zeitgenössische Kunst nach 1945 allein durch das Zusammenwirken von öffentlicher Hand, Banken, Unternehmen und privaten Spendern möglich gewesen war. Hunderte wertvoller Gemälde und Fotografien aus den Kunstsammlungen der großen Bankhäuser waren gespendet worden. Jans Kommentar dazu: „Seit langer Zeit das Sinnvollste, was Banker zustande gebracht haben..."

Ach, ob ihr Liebster jemals den Sprung in ein solches Museum schaffen könnte? Bislang hatte er nur kleine Ausstellungen gehabt und mit einigen wenigen Galerien zusammengearbeitet. Jedoch der große Durchbruch, würde er jemals kommen? Das fragte sie sich immer öfter. Naja, wenigstens bekam er durch die Malschule im Holzhausenviertel ein regelmäßiges Einkommen, wenn auch ein bescheidenes. Die paar Privataufträge, die er übers Internet ergattern konnte, waren auch eine eher seltene Erscheinung geblieben. Manchmal kamen noch Kunden aus Hamburg auf ihn zu, aber das wurde mit der Zeit auch immer seltener.

Lina wusste, dass er deshalb oft niedergeschlagen war – er fühlte sich erfolglos und von ihr abhängig.

„Mit dem blöden Euro und der dämlichen Krise hat das Übel doch erst angefangen!", schimpfte sie laut vor sich hin. Doch ein kurzes Hupen, da sie bei Grün noch immer an der Ampel stand, riss Lina unsanft aus ihren Gedanken.

Ausnahmsweise war an diesem Abend mal überhaupt kein Stau – und von der üblichen Rush Hour, die sonst ab dem frühen Nachmittag schon einsetzte, war auch nichts zu spüren. Die Straßen von Frankfurt waren für derartige Massen nämlich einst nicht gebaut. Unzählige Pendler und Touristen fielen tagtäglich in das „deutsche New York", also Mainhatten, ein.

Aber Lina hatte sich mittlerweile damit abgefunden.

Und im Gegensatz zu früher, als sie noch jeden Tag von Büdingen in die Stadt fahren musste, war der beschauliche Weg von der Bürostadt Niederrad im Südwesten bis nach Bornheim, das im Nordosten lag, ein „Pups mit Öhrchen", wie ihr Chef, Herr Hein, zu derartigen Kinkerlitzchen zu sagen pflegte.

Endlich zuhause! Regenerieren war angesagt – und Abendessen!
Sie hatte sich bei der HansaFra etwas einpacken lassen: Die Kantinenfrau, Madame Monique, eine Französin mit unwiderstehlichem Akzent, hatte ihr heute wärmstens das Tagesgericht, Haspel mit Kraut, empfohlen: „Madame Lina", hat sie geschwärmt, „Sie müssen unbedingt den *Aspelle* nehmen!" Doch die war nicht begeistert, denn der Haspel war ihr nun wirklich zu fett. „Aber Madame Lina", war Moniques zweiter Versuch gewesen, „wir Französinnen essen alles Fett der Welt und trinken Rotwein den ganzen Tag. Trotzdem sind wir die schlanksten Europäerinnen, laut Statistik! Und der *Aspelle* ist auch ganz mager…"
Doch auch das konnte Lina nicht von dem *Aspelle* überzeugen.
Letztendlich überredete Madame Monique sie dann zu einer Portion Hähnchenbrust (noch magerer und dazu noch völlig unpaniert!) mit Krautsalat. Nach der wirklich mageren Pause recherchierte Lina dann umgehend „Schlankste Europäerinnen" – und musste frustriert feststellen, dass diese wundersamen französischen Geschöpfe anscheinend von Natur aus keinen Kalorienzähler eingebaut hatten.

Wie konnten sie nur die dünnsten Frauen Europas sein? Wo sie doch nachweislich die meiste Zeit mit Essen und Trinken verbringen und zusätzlich auch noch das meiste Geld in Lebensmittel investierten? Zwei Croissants zum Frühstück sind für sie sozusagen nur eine Art Auftakt für den Tag – und nicht die Überschreitung der erlaubten Fettmenge um das Doppelte!!! Die Welt ist einfach ungerecht! Und Europa stoffwechseltechnisch offenbar noch nicht vereint…

Irgendwann am Abend, nach einer halben Portion Hähnchenbrust, war Lina dann bereit für die ganze Portion Valentin. Mit zitternden Fingern hat sie den Brief in ihren Händen gehalten, und ein bisschen Herzklopfen war auch dazu gekommen:

Geliebte Lina,
braucht man einen Valentinstag, um „Ich liebe dich" zu sagen? Eigentlich könnte man es doch an jedem einzelnen Tag des Jahres ebenso tun. Nun, ich hoffe, ich habe es im vergangenen Jahr nicht allzu oft versäumt…
Aber wäre es nicht einfach ein Brechen mit einer liebgewonnenen Tradition und würde nicht irgendetwas sehr Wichtiges fehlen, wenn ich diesen Tag so einfach übergangen hätte? Leider kann ich in diesem Jahr zum ersten Mal nicht bei Dir sein. Zuerst wollte ich Dir einfach den obligatorischen Valentinsstrauß schicken, aber das fand ich dann wirklich nicht so originell. So möchte ich Dir so etwas wie eine blei-

bende Erinnerung schenken an unsere eigentlich noch "jungen, gemeinsamen Zeiten". Wie schnell sind sie in die Ferne gerückt, die Momente, als noch alles zwischen uns so neu und unbekannt war? Wie gerne erinnere ich mich an den Moment, als ich dich das erste Mal beim Joggen an der Alster sah.
Und obgleich es diesen klitzekleinen Vorfall gab, als Nele (sie hatte einen wirklich exquisiten Geschmack!) Dir damals einen kleinen – nennen wir es mal wohlwollend "Biss"–zugefügt hat, so war es doch Deine Art, die mich von Anfang an fasziniert hat. Wer sonst flucht schon so herzerfrischend, wenn er beim Joggen von fremden Hunden angeknabbert wird? Und wie schön war erst die Zeit danach. Keine Sekunde davon habe ich vergessen, keinen noch so kleinen Moment möchte ich jemals missen. Noch immer denke ich gerne daran zurück, was wir in den ersten Wochen unserer Liebe alles erlebt haben. Wie wusste schon der gute Herrmann Hesse: Denn jedem Anfang wohnte ein Zauber inne… Aber ich wollte Dir noch etwas anderes schenken: For Auld Lang Syne, das ist wohl schottischer Dialekt, bedeutet "der guten alten Zeiten wegen". Was ich Dir damit sagen will? Nun, ich sehe noch den verträumten Ausdruck in Deinen Augen, als dieses Lied einmal während einer rührenden Filmszene (Du weißt schon, Deine Lieblingsserie mit Carrie und Co.) zum Jahreswechsel erklang, wo es traditionell gesungen wird. Wann immer Du diese wunderbare Melodie nun hören wirst, sie möge Dich an das erinnern, was wir bisher an guten Zeiten hatten. Mein liebes Linchen, ich hoffe, wir erschaffen uns noch viele gemeinsame Erinnerungen. Damit wir irgendwann einmal auf sie zurückblicken können. Wäre das nicht schön? Für alle Zeiten, die da kommen.
In Liebe, Dein Jan

Lina musste kurz schniefen. Das war ja echt zu viel für einen fast normalen Valentins-Dienstag! Sie betrachtete sich die CD noch einmal genauer: Die Namen auf dem Cover hier sagten ihr absolut nichts.
Aber dann legte sie Mairi Campbell und Dave Francis auf und bekam eine Gänsehaut nach der anderen. Sanfte Klänge und eine engelsgleiche Stimme. Es fühlte sich an wie von einer anderen Welt. "Das ist doch tausendmal besser als ein Blumenstrauß", fand sie. *Auld Lang Syne*. Auf die alten Zeiten! So was konnte sich nur ihr Jan einfallen lassen.
Doch dann hielt sie einen Moment inne. Und kam sich plötzlich ganz schön schäbig vor – denn die letzten Tage war er für sie doch nur ein Mimösjen gewesen: ein "Little Jan", der sich mimosenhaft anstellt, nur weil irgendeine Diva tot im Pool liegt und sein Zehennagel vielleicht raus muss…

Aber eigentlich war er doch ihr persönlicher Mr. Big-Valentine!

„Wie Hein will"

Das Fastnachtswochenende stand vor der Tür und Jürgen-Ronald Hein war nach einigen Tagen Dienstreise auch wieder im Büro. Es gab einiges für ihn zu tun. Lina hatte bereits alles sorgfältig nach Prioritäten sortiert. So war es nun einmal ihre Art, und sie wollte gerne vor dem Wochenende noch reinen Tisch machen. Allerdings verspürte ihr Chef offensichtlich keine besondere Lust, irgendetwas Produktives zu tun oder dringend notwendige Entscheidungen zu treffen.

Das alles hatte Lina ihm schon beim „Guten Morgen"-Gruß an der Nasenspitze angesehen. Sie kannte ihren Pappenheimer inzwischen gut genug. In den letzten Jahren war von seinem buchstäblichen Elan ein Großteil entschwunden. Nicht mehr vorhanden, irgendwo verschwunden im Energie-Nirvana.

Als Lina damals bei HansaFra angefangen hatte, da war Jürgen Hein noch ein drahtiger, dynamischer Manager auf der Höhe seiner Kraft gewesen. Gerade mal Mitte vierzig, voller Tatendrang und Energie. Kein Arbeitstag konnte ihm lange genug sein. Im Büro war er morgens der erste und abends der letzte. Müde wurde er so gut wie nie, er brannte eben für das Drogeriemarkt-Geschäft, das damals noch in den Kinderschuhen steckte.

Und er hatte sich in die Idee verbissen, diesen noch jungen Geschäftszweig der HansaFra zum Marktführer zu machen. Dieses Brennen, das erwartete er jedoch auch von allen anderen Mitarbeitern, besonders von seiner Assistentin, Frau Siebenborn.

Nachdem er nämlich einige (und es waren nicht gerade wenige!) Chefsekretärinnen verschlissen hatte, weil es ihm keine recht machen konnte, war er froh, in ihr endlich eine adäquate Hilfe gefunden zu haben, die ebenso belastbar war wie er selbst.

Herr Hein konnte früher keine Sekunde stillsitzen. Immer musste er etwas tun. War er gerade nicht im Büro, dann joggte er in jeder freien Minute durch die Gegend. Entlang des Mains oder der Nidda, das waren seine Lieblingsstrecken. Oder durch die weitläufigen Wälder des Taunus. Und wo immer er auf Geschäftsreise war, die komplette Läufermontur war stets dabei. Er war fit wie der berühmte Turnschuh, rauchte nicht und trank nur ganz selten mal ein Gläschen Sekt, wenn jemand Geburtstag hatte und einen ausgab. Oder wenn ein neuer Drogeriemarkt gleich am Eröffnungstag überragende Verkaufszahlen meldete. Das waren aber die absoluten Ausnahmen! Denn ihr Chef war damals ein Asket, drahtig und durchtrainiert. Mit beneidenswerten null Gramm zuviel auf den Rippen…

Aber das war damals. Da standen in seinem Büro sogar noch Pokale: Berlin, Hamburg, Frankfurt, Hongkong, New York, Paris und San Francisco. Anscheinend war er ganz schön herumgekommen mit seinem Tennisverein. Er war wohl mal eine richtig große Nummer im Tennis gewesen, als jüngerer Mann. Und darauf war er ziemlich stolz. Jeder musste sich die unglaublichsten Geschichten dazu anhören.
Angeblich kannte er Björn Borg sogar persönlich. Lina wusste nie, ob sie ihm das wirklich glauben sollte…
Heute standen die zahlreichen Pokale jedenfalls irgendwo bei ihm zuhause rum – vermutlich in einer unbeachteten Ecke. Wahrscheinlich gleich neben dem Altpapier. Er wollte auch gar nicht mehr darauf angesprochen werden. Denn heute ging nichts mehr in Sachen Leistungssport. Jürgen Hein war nicht mehr in der Lage, auch nur einen klitzekleinen Lauf zu absolvieren. Das jahrelange Tennisspielen war ihm auf die Gelenke geschlagen. Doch er wollte unbedingt laufen, sich bewegen. Irgendwann hatte ihm einer seiner Orthopäden zum Nordic-Walken geraten. Das hat er auch ein paar Mal praktiziert. Aber es war nicht sein Ding.
Zum Schluss kam dann der letzte Versuch: Golf!

Aber auch das ging nur im Schneckentempo und unter Schmerzen. Da musste er wohl oder übel einsehen, dass der Leistungssport ihn seine Knochen gekostet hatte.
In den kommenden Jahren war Herr Hein dann ein anderer geworden. Die ständigen Schmerzen hatten ihn zermürbt. Und sein Zustand wollte sich auch nach vielen Therapien und einer völlig erfolglosen Knieoperation nicht bessern. Es half alles nichts.
Heute war er fast sechzig und mindestens einen halben Zentner schwerer als zu seinen aktiven Läuferjahren. Der fehlende Sport hatte ihn unzufrieden und träge gemacht. Das Gefühl, nicht mehr das tun zu können, was ihm immer Spaß und Ausgleich außerhalb seines Berufslebens beschert hatte, hatte ihn offenbar schneller altern lassen. Hin und wieder ging er zwar immer noch zu einer speziellen Krankengymnastik, doch das konnte man mit dem Sport, den er bislang betrieben hatte, absolut nicht vergleichen. Und so ein bisschen Tennis im Seniorenclub? Das wäre nicht seine Sache gewesen! Selbst, wenn er es mit

seinen kaputten Knien noch gekonnt hätte. Nein, ein Mann wie er war für die obere Liga gemacht...

Irgendwann hatte er dann begonnen, hobbymäßig zu kochen und Gourmetkochkurse bei renommierten Köchen absolviert. Wahrscheinlich inspiriert von den unzähligen Kochshows im Fernsehen, die er erst kennengelernt hatte, seit er gewaltsam zur Ruhe verdonnert worden war.

Immer intensiver widmete er sich auch seinem gut sortierten Weinkeller. Askese war von nun an Vergangenheit! Für seine bislang durchtrainierte Figur war das alles aber nicht ohne Folgen geblieben. Böse Zungen bei HansaFra behaupteten, dass mit jeder Entlassung, die Herr Hein zu verantworten hatte, auch ein Kilo Hüftgold für immer bei ihm gelandet war. Und jeder wusste, dass J.R., wie ihn viele heimlich nannten, immer dann zuschlug, wenn ihm plötzlich die Nase von irgendeinem Mitarbeiter nicht mehr passte.

Das mit dem Hüftgold hatte Ines ihrer Lieblingskollegin Lina einmal bei einem kleinen Feierabendbierchen gesteckt. Die hatte es aber auch nur irgendwo aufgeschnappt, denn durch ihre freundschaftlichen Kontakte ins Vorzimmer des Chefs war sie vom Flurfunk mehr oder weniger ausgeschlossen, wenn es um den Geschäftsführer Hein ging. Zu groß war wohl die Angst der Kollegenschaft, dass alles, was sie Ines erzählten, gleich zum Chef durchdringen würde. Jeder wusste ja im Prinzip, wie die Kommunikationskette in einer Firma so funktioniert. Am besten mit dem Zusatz „streng geheim". Dann konnte man ziemlich sicher sein, dass es überall ankommen würde. Und es ging so in der Regel auch am schnellsten rum.

Herr Hein konnte seine vielen Geschäftsreisen jedenfalls immer unbesorgt antreten. Denn auf Lina, seine geschätzte „Frau Siebenborn", wie er sie auch nach vielen Jahren noch ganz förmlich nannte, war Verlass. Er wusste, wenn *sie* im Büro war, ging nichts verloren. Und in dringenden Fällen war er jederzeit für sie zu erreichen.

Lina schrieb Emails und Briefe in seinem Namen und er vertraute ihr. Auch darauf, dass sie immer den richtigen Ton traf. Sei es mündlich oder schriftlich. So hatte sich in den mittlerweile über zwölf Jahren der Zusammenarbeit ein echtes Vertrauensverhältnis aufgebaut. Das beruhte auf Gegenseitigkeit, denn Lina schätzte ihren „Heini", wie sie ihn nannte, sehr. Nur manchmal, da konnte er zum regelrechten Fiesling werden. Aber hat nicht jede Medaille ihre zwei Seiten?

Fakt war, dass er allein die HansaFra Drogeriemarktkette wieder ganz nach oben gebracht hatte. Tiefschwarze Zahlen, brummende Geschäfte! Aber jetzt war seiner Meinung nach anscheinend die Zeit gekommen, sich auf den wohlverdienten und hart erarbeiteten Lorbeeren auszuruhen. So dachte es sich Lina zumindest.
Denn bei ihm war ganz schön die Luft draußen…

„Frau Siebenborn, kommen Sie doch mal bitte rein", tönte es an diesem Freitag ziemlich unwirsch aus dem Lautsprecher an ihrem Telefon. Lina sprang sogleich auf und ging in Richtung Chefbüro.
„Herr Hein?", sie klopfte kurz an und betonte die Anrede wie eine Frage. „Also, ich würde sagen, Sie rufen jetzt mal den Sexy-Burger an und sagen ihm, wir klären die Sache mit der Dame aus Mannheim nächste Woche. Dem Weimann sagen Sie am besten auch gleich ab für heute. Ist ja nix Eiliges, brennt ja nix an. Heute passt es mir nämlich absolut nicht. Sagen Sie irgendwas, das mir dazwischen gekommen ist. Kurzfristig! Sie wissen schon, lassen Sie sich einfach was einfallen. Wie immer. Müssen ja nicht gleich jedem auf die Nase binden, dass ich dringend den Rücktritt des dappigsten Präsidenten aller Zeiten mit verfolgen will…", und grinste sich dabei in seinen nicht vorhandenen Bart. „Das sieht ihm ähnlich! Sowas hätte es vor ein paar Jahren noch nicht gegeben", dachte Lina, ließ sich aber nichts anmerken. „Und dann lassen Sie keinen mehr zu mir rein! Ich hab' diese Woche genug geackert für die geldgeilen Hanseaten. Die können da oben im Norden doch den Rachen nicht voll genug kriegen."
Da musste Lina unwillkürlich an Jan denken. Denn das traf auf ihn auch zu.
„Was Freitag nicht entschieden ist, hat auch noch bis Montag Zeit. Manches erledigt sich sowieso von alleine. Heute läute ich jedenfalls mal schon den Sabbat ein. Schließlich tritt nicht jeden Tag ein Bundespräsident zurück." Als Lina schon wieder hinausgehen wollte, schaltete er den großen Flachbildschirm an und schob noch kurz nach:
„Nur alle zwei Jahre."

Als sie schon wieder in ihrem Vorzimmer war, hörte sie ihn noch hinterherrufen: „Ich bin nur für das Hugolein da, sonst lassen Sie keinen rein!" Wie immer betonte er dabei das „U" besonders und machte einen Singsang aus dem Spitznamen des Vorstandes Hugo Foth.

„Beim Heini ist aber wirklich die Luft draußen", sagte Lina stumm zu sich selbst und schüttelte dabei den Kopf. Inzwischen kam es nämlich immer öfter vor, dass er spontan das Büro verließ und, wie er vorgab, dringend in die Stadt musste oder zu irgendeiner Besprechung – wovon Lina aber meist gar nichts wusste.

„Naja, auch Chefs haben eben ihre Geheimnisse." Sie war äußerst diskret, das gehörte für sie zur Berufsehre der persönlichen Assistentin. Nie fragte sie nach oder kommentierte gar sein Verhalten. Lina war professionell durch und durch und stellte ihren Vorgesetzten nach außen hin immer vollkommen korrekt dar, so dass niemand ahnen konnte, was sie schon seit längerem wusste: Herr Hein verschwand nämlich immer mal wieder zwischendurch ins Bahnhofsviertel, wo er anscheinend seinen speziellen Neigungen nachging. Dazu war im Frankfurter Rotlichtviertel an 365 Tagen im Jahr und 24 Stunden am Tag jede Möglichkeit gegeben. Meetings der besonderen Art.

Kommunikation auf einer anderen Ebene...
Mit der HansaFra Drogeriemarktkette hatte das auf den ersten Blick nichts direkt zu tun. Eher im übertragenen Sinne. Gewisse Artikel aus dem Drogeriesortiment kamen dort sicherlich sehr regelmäßig zum Einsatz. Und so gesehen, würde das im Endeffekt sogar zur Gewinnsteigerung des Konzerns beitragen. Man konnte ja fast allem etwas Positives abgewinnen, wenn man sich nur etwas Mühe gab, fand Lina.
Jürgen Hein kehrte nach diesen praktischen Produkterprobungen in Event-Atmosphäre, immer mit einem wirklich sehr entspannten Gesichtsausdruck zurück ins Büro. Wenn er überhaupt kam.
Also, ins Büro zurück kam...

An diesem Freitag jedoch nahm er seine Auszeit direkt am Schreibtisch. Was in jedem Fall weniger kostenintensiv war als auf der Kaiserstraße, kalkulierte Lina blitzschnell. Offiziell wusste sie ja nicht, wo ihr Boss seine Schäferstündchen verbrachte. Aber seit Jan ihn einmal vom Asia-Wok aus ganz zufällig beobachtet hatte, wie er ein einschlägiges Etablissement der Lack- und Lederszene, das Dark Paradise, aufgesucht hatte, war ihr klar, um welche Außer-Haus-Termine es sich eigentlich handelte. Kein Wunder, dass er in diesen Zeiten auch für seine Sekretärin nicht zu erreichen gewesen war.
Und mehr wollte Lina darüber auch gar nicht wissen. Wie ihr direkter Vorgesetzter nun genau aussah, wenn er von einer peitschenschwin-

genden Domina an Halsband und Leine durch schummrige Kellergewölbe geführt wurde und vielleicht noch bellen musste wie ein getretener Hund, sofern die Herrin es ihm gnädigerweise erlaubte? Nein, das musste Lina Siebenborn als seine Sekretärin sich nicht wirklich vorstellen. Dafür wurde sie schließlich nicht bezahlt.

Jan, der gelegentlich gerne mal den einen oder anderen Abstecher ins Frankfurter Bahnhofsviertel machte, weil es ihn ein bisschen an die Reeperbahnatmosphäre von Hamburg erinnerte und er die bunte Mischung unterschiedlichster Menschen gerne bei einem gemütlichen Asia-Snack beobachtete, nannte Linas Chef seitdem nur noch kurz und knapp: „*Peitschen-Heini*".

Und Lina erzählte oft von ihm. Herr Hein bot auch immer reichlich Stoff zum Tratschen. Denn, je älter er wurde, desto weniger Lust zum Arbeiten hatte er ja. Und irgendwie wurde er mit zunehmendem Alter und Gewicht auch immer fieser und fieser. Insbesondere zu Leuten, die ihm ein Dorn im Auge waren. Warum auch immer.

Manchmal fragten sich Lina und Jan, ob es nicht auch etwas damit zu tun hatte, dass sie ihm fast alles abnahm. Ihn entlastete, wo immer es möglich war. Und durch ihre weit gesteckten Kompetenzen war da einiges möglich. Herr Hein konnte nämlich weder flüssig diktieren noch korrekte Sätze formulieren. Nicht einmal seine Reden konnte er selbst schreiben. Vielleicht hatte er dazu auch einfach keine Lust… Aber er hatte Talent für tiefschwarze Zahlen. Was ihn letztendlich auch an die Spitze des Unternehmens gebracht hatte. Und bis heute dort gehalten. Der Rest war Linas Mission… Sie konnte sich selbst in komplexe geschäftliche Vorgänge hineindenken und war für Herrn Hein zur Ghostwriterin geworden. Denn schnell hatte er gemerkt, dass dadurch viel Zeit zu gewinnen war. Und die konnte er doch problemlos anderweitig und viel angenehmer verplanen.

So lief im Büro, dank Lina, meist alles wie am Schnürchen.

Die Umsätze waren tip-top.

Außerdem hatte Herr Hein allerbeste Verbindungen nach oben. Sein ganz spezieller Spezi, Hugo Foth, der zwar der Boss war, aber eigentlich noch viel zu „klein" dafür, war das jüngste Vorstandsmitglied des Konzerns. Das Vorstandsküken also. Aber für Linas Chef war er schlicht und ergreifend nur das „*Hugolein*".

Mit Betonung auf dem „U".

Lina hatte nie ganz verstanden, was die beiden eigentlich verband, aber Herr Hein schien durch diese Verbindung ziemlich fest im Sattel zu sitzen. Er bestimmte nur noch Inhalte, Fakten und Zahlen. Und trug letztendlich die Verantwortung. Alles andere war Linas Sache. Für die *Chefin* vom Vorzimmer, wie er seine Frau Siebenborn gerne mal scherzhaft nannte. Er wusste schon, was er an ihr hatte! Lina musste natürlich jedes Mal innerlich grinsen, wenn Herr Hein, ihr Vorgesetzter, sie mit „Chefin" ansprach, aber im Grunde war sie auch ein bisschen stolz darauf. Er tat das natürlich nur, wenn sie alleine waren. So etwas hätte sonst schnell die Runde gemacht und wer weiß, was dann noch alles mit hochgekocht wäre.

Lina Siebenborn fühlte sich überaus wohl in ihrem Job. Sie genoss das Ansehen, das sie sich aufgrund ihrer verbindlichen Art und ihrer absolut korrekten Arbeitsweise erworben hatte. Sie wusste genau, was sie konnte – und Gehaltserhöhungen und Prämienzahlungen für überdurchschnittliches Engagement versüßten ihr das Arbeitsleben zusätzlich.

Selbst Marlene Hein, die Gattin des Chefs, rief mit schöner Regelmäßigkeit bei ihr im Büro an, um einfach einen kleinen Plausch zu halten oder ihr zu sagen, dass ihr Mann ohne ihre Hilfe doch gar nicht mehr zurechtkäme. Sowas geht doch runter wie Öl…
Außerdem bat sie bei diesen Gelegenheiten Lina immer öfter um Hilfe, um sich im weltweiten Netz der unbegrenzten Möglichkeiten, dem Internet, zurechtzufinden. Es endete jedoch meist damit, dass Lina selbst die gewünschten Informationen für Frau Hein heraussuchte. Doch sie half ihr gerne. Auch das gehörte für sie ganz selbstverständlich zu ihrem Job als persönliche Assistentin. Die Grenzen zwischen Berufs- und Privatleben waren da ja eher fließend.

Hin und wieder wurden Lina und Jan sogar zu den Heins nach Hause eingeladen. In den letzten Jahren sogar häufiger, denn Herr Hein mochte Jan mittlerweile sehr gerne und unterhielt sich mit ihm immer angeregt über seinen Weinkeller. Das war für Jan eine Leichtigkeit, als Sohn eines Weinhändlers… Und außerdem, was der ganzen Sache an sich nicht abträglich war: Jan trank auch gerne mal einen über den Durst. Jürgen Hein war jedenfalls immer wieder begeistert von ihm. Der junge Mann hatte – genau wie er – Sinn für die schönen Dinge des Lebens. Und so einen freischaffenden Künstler, der sicher um jeden Euro kämpfen musste, unterstützt man doch gerne!

Jan hatte schon einiges für Herrn Hein gemalt: je zwei Gemälde von Monet und Renoir, die Jan auf seine ganz eigene Art kopiert hat. Aber auch Van Goghs *Sonnenblumen* hing bei den Heins – und ein „richtiger" Johannsen: Hausboote auf der Nidda bei Frankfurt-Höchst.
Dieser Stil passte in die Villa Hein am Waldrand von Friedrichsdorf bei Bad Homburg. Jan hatte sich immer gefreut, für Herrn Hein arbeiten zu dürfen.

Ihm lag die impressionistische Maltechnik sehr. Sie war auf zügiges Arbeiten ausgerichtet, weil sie aus der Freilichtmalerei – dem Arbeiten in der Natur selbst – kam. Die Alla-Prima-Malerei, bei der die Ölfarben zum Teil sogar auf der Leinwand selbst gemischt wurden, war seine Lieblingstechnik. Ein Gemälde pro Tag war somit kein Problem. Weil schnell, dick und übereinander aufgetragen wurde, für lange Trocknungsprozesse war im Freien keine Zeit. Damals, nach Erfindung der Farbtuben, konnten die Maler endlich ihre Ateliers verlassen und unter freiem Himmel malen. Vorher waren sie nur zum Skizzieren ins Freie gegangen, denn sie mussten ihre Farben mühselig aus vielen Pigmenten zusammenmischen. Und das ging draußen nicht.

Doch diese neumodischen Farbtuben hatten damals auch das Ende der altmeisterlichen Technik eingeläutet, die überwiegend in dunklen Tönen gehalten war und unzählige Trocknungsphasen brauchte. Denn die vielen Farbschichten wurden nach und nach übereinander aufgetragen, um letztendlich die gewünschten Lasur- und Lichteffekte zu erzielen. Das war nur etwas für ganz große Meister und die Impressionisten hatten nicht so viel Geduld. Jan auch nicht...
Monets Gemälde „Impression soleil levant" aus dem Jahre 1872, das den Sonnenaufgang über dem Hafen von Le Havre als flüchtigen Eindruck zeigt, gab dem neuen Stil damals den Namen: Impressionismus. Farbenfroh, verrückt, fröhlich. Eben modern!
Doch kein Mensch wollte diese neue Malerei! Sie galt in weiten Kreisen als *Schmiererei*. Niemand wollte sie ausstellen, was die befreundeten Impressionisten, allesamt mehr oder weniger arme Schlucker (bei manchen traf das ganz besonders zu!), auf die Idee gebracht hatte, ihre Werke auf eigene Faust auszustellen.
Wer hätte damals damit rechnen können, dass genau diese *Schmiereien* viele Jahrzehnte später einmal Millionenpreise erzielen würden?

Jan jedenfalls war seit seiner ersten Begegnung mit diesen farbenfrohen Meisterwerken aus Licht und Schatten so fasziniert gewesen, dass er nach dem Besuch einer Ausstellung, da war er vielleicht zehn, nur noch malen wollte wie die französischen Impressionisten. Und irgendwann hatte er es geschafft! Seine Kopien waren nahezu perfekt. Herr Hein war jedenfalls immer sehr zufrieden mit seinen Arbeiten...

Im Chefzimmer saß Jürgen Hein an diesem Freitagmorgen schon vor elf Uhr vor laufendem Fernsehgerät und kippte sich zur Feier des Tages einen doppelten Cognac in seinen Kaffee.
Lina war sich sicher, dass dies nicht der letzte sein würde. Er hatte so seine speziellen Fächer in seinem Aktenschrank (für alle Fälle!).
Und in einem dieser Fächer stand auch einer seiner Lieblingssprüche, schick eingerahmt: *„Quidquid agis, prudenter agas et respice finem!*
Was immer Du tust, tue es klug, und bedenke das Ende!"
Schon oft hatte Lina gehört, dass er Leute mit diesem Spruch belehrte. Insbesondere, wenn sie einen Fehler gemacht hatten oder kurz vor der Kündigung standen. Wirklich passend! Dann kramte Herr Hein regelmäßig seine bei den Römern geklaute Weisheit heraus. Aber er selbst war auf diesem Ohr ziemlich taub...
Als Lina wenig später noch einmal hineinging, um eine Unterschrift in einer eiligen Sache zu bekommen, war er total relaxed und sah so aus, als würde er für den Rest des Tages auch tatsächlich bei diesem Gebräu bleiben.
„Endlich isser weg. Kurz und schmerzlos war's. So ein Dabbes! Und, Sie hätten das mal sehen sollen, Frau Siebenborn, diese schlecht frisierte Blondine war fast noch schneller verschwunden als ihr Mann. Ganz schön forsch ist die abgetrabt! Und immer dieser Jung-Mädchen-Pferdeschwanz. Wahrscheinlich denkt die immer noch, dass das Leben ein Ponyhof ist. Da sind ja meine Drogeriemarktdamen besser gestylt!"
Herr Hein fand die Situation in den letzten Wochen langsam unerträglich. Wulff, Wulff und nochmals Wulff. Keiner konnte es mehr hören. Schon mehr als zwei Monate beherrschte das Thema sämtliche Medien. Nur der Untergang der Costa Concordia hatte das Präsidententhema kurzfristig auf Platz zwei verdrängen können.
„Der hat zwar nix anderes gemacht als alle anderen auch, aber er hat sich einfach zu dusselig angestellt. So einer kann nicht im Amt bleiben. Lässt sich der Kerl aber auch bei jeder Gelegenheit erwischen. Kein Fettnäpfchen war vor ihm sicher. Aber jetzt kann er ja endlich in sein verklinkertes Eigenheim einziehen, dass ihm die ganze Scheiße einge-

brockt hat. Und seine reichen Freunde können ihn ja dann dort mal besuchen und vielleicht auch für lau bei dem pennen. Die haben ja bestimmt noch was gut bei dem."

Lina sagte dazu gar nichts. Sie hatte keine Lust auf irgendwelche Diskussionen unter Cognac-Einfluss. Außerdem hatte Herr Hein ungern nicht das letzte Wort. Im Prinzip konnte sie es sich auch an den fünf Fingern abzählen, was als nächstes kam: Ein kleiner Termin in der Stadt! Und dann, Stunden später, der übliche Anruf mit der Frage, ob es denn unbedingt nötig sei, dass er heute noch mal wieder ins Büro käme – und anschließend „Schönes Wochenende!", verbunden mit den herzlichsten Grüßen an Herrn Johannsen, wie Herr Hein ihren Liebsten immer ganz förmlich nannte.

So fing es immer an, und so würde es auch heute enden. Es war schließlich Wochenende und der Arbeitstag war um zwölf Uhr mittags im Prinzip auch schon gelaufen. Also, zumindest HansaFra-technisch. Für Herrn Hein.

Lina hatte jedenfalls noch eine Menge zu tun: Termine absagen und Leute beruhigen, die „dringend zum Chef rein mussten". Es blieb ihr wenig anderes übrig, als sich deren Probleme geduldig anzuhören und zumindest so tun, als würde sie das wirklich brennend interessieren. Entscheiden konnte sie ja rein gar nichts, aber irgendjemand musste den enttäuschten Menschen einfach zuhören und ihnen das Gefühl geben, sie seien wirklich richtig wichtig.

Meist erzählten die Enttäuschten dann aber auch noch ihr halbes Privatleben: von Urlaubsreisen, die allesamt *supi* waren. Bei „supi" ging Lina schon der Kamm hoch, besonders, wenn ältere Herren dies im Brustton der Überzeugung von sich gaben...

Andere berichteten von geglückten oder völlig danebengegangenen Hausrenovierungen (letzteres eher selten!), Wochenendaktivitäten (das Ausgefallenste vom Ausgefallenen!) oder neuentdeckten Restaurants (natürlich nur die geheimsten Geheimtipps!).

Nicht immer konnte sie die Geschichtenerzähler stoppen, manche störten sich nicht einmal daran, wenn das Telefon auf Linas Schreibtisch klingelte. Geduldig warteten sie, bis das Gespräch beendet war. Hörten einfach zu, was Lina ziemlich dreist fand, oder setzten sich auf den Stuhl, der für Besucher da stand. Schließlich konnte man auf diese Art und Weise vielleicht interessante Informationen mit aufnehmen. Manchmal half da nur die gute alte Holzhammermethode. *Rauswerfen!*

Heute hoffte sie nur, dass niemand vom Vorstand bei ihr anrufen und dann am Ende auf eigene Faust versuchen würde, Herrn Hein unterwegs auf dem Handy zu erreichen.
In Frankfurt keinen Mobilfunk-Empfang zu haben, das kam als Ausrede nämlich ganz schlecht.
„Obwohl", wenn Lina es sich so recht überlegte, „in irgendwelchen Sado-Maso-Kellerverließen tief unter der sündigen Kaiserstraße konnte das tatsächlich ein Problem sein mit dem Empfang…"

Jan war immer noch im Hamburg. Es gab zwar keine Komplikationen, aber die Behandlung schien doch einiges mehr an Zeit in Anspruch zu nehmen als ursprünglich geplant.
„Naja, wenn der Nagel gerettet werden kann", hatte Lina ihren Liebsten beruhigt. Sie hatten ein paar Mal telefoniert, aber er fehlte ihr. Auch wenn sie die Tage als Teilzeit-Strohwitwe genießen konnte (es war fast wie früher in ihrer ersten eigenen Wohnung). Tun und lassen können, was man wollte… Aber als Dauerzustand?
Sie vermisste Jan wirklich. Und außerdem wollte sie ihren Mr. Big-Valentine endlich in die Arme schließen.

Lina überlegte, ob sie nicht spontan nach Feierabend gen Norden starten sollte, um ihrem Allerliebsten einen Krankenbesuch abzustatten. Aber die Staumeldungen vom Freitagnachmittag ließen sie nicht gerade optimistisch sein, Hamburg noch vor Mitternacht zu erreichen. Das würde einfach zu stressig werden.
Herr Hein war erwartungsgemäß außer Hause verblieben. Und hatte telefonisch ein schönes Wochenende gewünscht. Wie immer!
„Das werde ich haben, schließlich verpasse ich so garantiert die Frankfurter Fastnacht!", freute sich Lina insgeheim. Bald schon wäre sie im garantiert faschingsmuffeligen Norden…
In den letzten Jahren konnte sie sich nicht mehr dafür begeistern.
Die Prunksitzungen, die jetzt fast täglich im Fernsehen liefen, waren zum Teil ja noch ganz witzig, ähnelten aber im Grunde dem üblichen Ganzjahres-Comedyprogramm. Im Prinzip nichts Neues also.
So richtig auf den Geist gingen ihr in diesem Jahr aber die Bilder vom Straßenkarneval – insbesondere der Weiberfasching vom Donnerstag hatte sie wieder einmal ungläubig staunen lassen.

„Wo halten sich diese überaus netten, lustigen und freundlichen Menschen, die sich so selig in den Armen liegen und fröhliche Lieder zum Besten geben, eigentlich das restliche Jahr über versteckt?", hatte sich Lina dabei gefragt. „Waren das etwa dieselben Menschen, die im Restjahresverlauf üblicherweise mit dem Drei-Tage-Regenwetter-Miesepeter-Gesicht herumliefen?" Jedenfalls sahen einige dieser Leute absolut nicht so aus, als hätten sie außer diesem Taube-Nuss-Gesichtsausdruck noch viele Alternativen in petto...

Und es fiel ihr immer stärker auf, dass die wenigsten Menschen noch „Bitte" und „Danke" im Alltag benutzten. Wenn man jemandem die Tür aufhielt, egal, ob es sich um eine Dame oder einen Herrn handelte, dann war es äußerst selten, dass sich diese Person mal kurz bedankte. Von einem kleinen, völlig kostenfreien Lächeln ganz zu schweigen... Aber an den tollen Fastnachtstagen! Kaum hatten die sonst so Ausdruckslosen eine rote Nase auf dem kalten Schnäuzchen sitzen und diverse wärmende Schlüpferstürmer intus, schon wurden die stummsten Fische plötzlich leutselig und schunkelten ausgelassen mit wildfremden Leuten, die sie sonst nicht mal gegrüßt hätten.

„Von mir aus", dachte Lina, „sollten sie doch alle machen, was sie wollen. Auf Heucheleien oder Bierseligkeiten mit Fremden habe ich ganz bestimmt keine Lust. Da lache ich lieber mein Spiegelbild an, so wie es das Apothekenmagazin empfohlen hat. Und mache zur Abwechslung mal ein richtig langes Gesicht an Fasching. Ich gehe einfach als Miesepetra."
Doch diese Rolle lag ihr nicht. Nicht mal an Fasching. Aber der war für sie ja sowieso gelaufen.
Morgen ging es hoch nach Hamburg und ihren Jan besuchen.
Überraschung!!!
Die Kasseler Berge waren in ihren Gedanken schon zum Greifen nah. Und ein gewisser Duft von Fischbrötchen lag auch in der Luft...

„Heimgang mal anders"

Die letzten Tage hatte Jan in einer Art Trance erlebt. Nachdem die Schreckensmeldung über Brittneys Tod ihn erreicht hatte, hing er fest in seinem seelischen Mauseloch. Selbst die Tatsache, dass seine Nagelentzündung weniger dramatisch war als zuerst angenommen, konnte ihn nicht wirklich aufheitern.

Im allerletzten Moment hatte Dr. Gutbein nämlich noch eine zündende Idee gehabt: „Wir könnten vielleicht eine ganz neue Tinktur auftragen, mein junger Freund. Alternativ zum Nagelziehen. Das wäre dir doch sicher recht? Allerdings müsstest du noch ein bisschen Zeit dafür einplanen. Und regelmäßig in die Praxis kommen. Die abgestorbenen Zellen müssen von Zeit zu Zeit abgetragen werden, verstehst du?"

Jan verstand. Für ihn hieß das übersetzt: Heimaturlaub in der Verlängerung. Außerdem sollte er den Nagel regelmäßig in einer Seifenlauge baden und erweichen. Aber auch das nahm er liebend gerne in Kauf. Nicht zu vergessen, seine Mutter kochte ziemlich gut. Wenn sie denn mal da war… Er wusste zwar nicht genau, was sie eigentlich machte und mit wem sie ständig unterwegs war. Aber so richtig interessierte ihn das in diesen Tagen auch nicht.

Er hatte mehr als genug mit sich zu tun.

Zwar vermisste er Lina, war er aber auch froh, gerade jetzt in Hamburg zu sein. Er würde sie ja sowieso nur nerven. Sie hatte einfach kein Verständnis für ihn. Am Valentinsabend noch hatte er bei ihr angerufen und sie schniefen gehört. War sein Valentinsgeschenk etwa doch eine Nummer zu groß ausgefallen? Der Brief, den er Tage zuvor noch voller Inbrunst geschrieben hatte, schien jetzt wie von einer anderen Galaxie. Er konnte sich nicht einmal mehr hineindenken.

Die Stimmung für *Auld Lang Syne* war wie weggepustet…

Brittneys plötzlicher Tod hatte ihn aus der Bahn geworfen. Ihn in seinem Urvertrauen erschüttert. Aber das konnte er ja keinem erzählen.

Kurz angebunden war er zu Lina gewesen, das hatte er selbst bemerkt. Doch ihr gegenüber hatte er es einfach auf die Schmerzen in seinem Fuß geschoben. So konnte er sich bequem wieder in sein Schneckenhaus zurückzuziehen, ohne sie zu verletzen. Wo sie sich doch so sehr über diese Valentinsüberraschung gefreut haben dürfte.

Offensichtlich zu sehr…

Und wahrscheinlich noch mehr über die von ihm geäußerte Absicht, das ganze noch verbleibende Leben mit ihr verbringen zu wollen. Noch mehr Galaxien... War es überhaupt eine gute Idee gewesen, Lina seine Gedanken so frei mitzuteilen?
Jan Johannsen war komplett daneben.
Und das gerade heute, wo der Trauergottesdienst für Brittney sein sollte. Zum Glück war seine Mutter wieder einmal abgezwitschert, wohin auch immer. So hatte er wenigstens seine Ruhe.

„Die Trauerfeier fängt wohl später an", stellte Jan fest, als er am Abend die ganz in Weiß gekleideten Damen des Gospelchores sah, die fröhlich singend und klatschend auf dem Bildschirm erschienen waren. Und eine richtige Kirche war das doch auch nicht. Oder doch?
Es erinnerte doch eher an den Wulff'schen Klinkerbau, der jetzt ständig im Fernsehen gezeigt wurde. Langsam wurde ihm jedoch klar, dass genau dieses frohe Beisammensein in der Klinkerkulisse die offizielle Trauerfeier von Brittney Texas sein sollte.
Fassungslos starrte Jan auf die klatschende Meute und wusste nicht, was ihn mehr irritierte: die weißen Gewänder, das Klatschen oder die fetzigen Lieder? Was war *das* denn für eine Abschiedsparty?
Merkwürdige Sitten... Außerdem hieß das Ganze auch nicht Trauerfeier, wie die Kommentatorin erklärte, sondern „Homegoing Service". Wohl so eine Art „Escort-Service ins Jenseits"...
Jan war schon wieder verwirrt. Die letzte Beerdigung, die er miterlebt hatte, war die seines Vaters gewesen. Aber das war jetzt über zwanzig Jahre her und in mehrfacher Hinsicht ein echtes Trauerspiel gewesen. Seitdem hatte er sich von Beerdigungen und ähnlichen Veranstaltungen immer erfolgreich gedrückt. Die Musik war einfach zu grauslich für seinen Geschmack.

Es folgten die offiziellen Begrüßungen und Reden der Reverends, Politiker und Promis aus dem Showbiz. Einfach alles, was Rang und Namen hatte, war erschienen. Und jeder, der sich dazu berufen fühlte, und das waren nicht gerade wenige, rief lautstark „Yeah" und „Amen", gerne auch dazwischen, und immer standen irgendwelche Leute einfach auf, um ihre Ergriffenheit zu demonstrieren. Sie alle klatschten und jubelten, wann immer Gottes unendliche Güte gelobt wurde.
Irgendwie eine Megashow. Wow!

Zwar wurde im Vatikan ja auch immer allerhöchste Perfektion geboten, aber hier bekam Jan doch eine Gänsehaut nach der anderen.

Wenn die Menschen, die Brittney verabschiedeten, so dermaßen gut drauf waren, warum war *er* dann eigentlich so traurig?

Anscheinend lief bei ihm alles nicht so recht nach Plan. Er hatte jedenfalls nichts, woran er sich hätte klammern können. Nicht einmal einen festen Glauben. Er glaubte nur seinen Kontoauszügen, denn diese Wahrheit war ihm gewiss: Miese Zahlen.

Wann ging er schon einmal zum Gottesdienst? Am Heiligen Abend. Und das war's dann fürs ganze Jahr. Aber die Pfarrer hierzulande waren vielleicht auch nicht ganz so begeisterungsfähig wie der Reverend auf dem Bildschirm, der gerade kurz vorm Ausflippen war.

Jan kannte nur Pfarrer der Marke Baldrian. Bislang hatten die ihn nie überzeugen können. Aber dieser Reverend, das war schon eine imposante Erscheinung, und er predigte voller Inbrunst, dass alles, was Gott getan hatte, wohlgetan war. Davon war dieser Mann felsenfest überzeugt und zeigte es mit jeder Geste seines Körpers. Er war beseelt und ergriffen, von dem, was er verkündete. Er lebte Gottes Wort vor und dieser Funken schien direkt auf die Trauergäste überzugreifen. Dann sprach der Reverend den Psalm 23: *„Der Herr ist mein Hirte, mir wird nichts mangeln. Er weidet mich auf einer grünen Aue und führet mich zu frischen Wassern. Er erquicket meine Seele. Er führet mich auf rechter Straße um seines Namens willen. Und ob ich schon wanderte im finstern Tal, fürchte ich kein Unglück; denn du bist bei mir, dein Stecken und Stab trösten mich. Du bereitest vor mir einen Tisch im Angesicht meiner Feinde. Du salbest mein Haupt mit Öl und schenkest mir voll ein. Gutes und Barmherzigkeit werden mir folgen mein Leben lang, und ich werde bleiben im Hause des Herrn immerdar. Amen."*

Jan liefen die Tränen herunter. Vorbei war es mit der hanseatischen Contenance. Ein Wechselbad der Gefühle... Eine Gratwanderung zwischen Weinen und Lachen, jedoch alles zu seiner Zeit. Das verwirrte ihn noch mehr.

„Wir wollen unsere Brittney heute nicht nur verabschieden", predigte er weiter, „sondern sie begleiten, sie nach Hause geleiten zu Gott. Ins ewige Land. Und wir wollen nicht nur das tun. Nein, wir wollen heute auch ein ganz besonders Leben feiern: Das Leben der wunderbaren Brittney Texas. Wir danken für die Gaben, die sie für ihr Leben bekommen hat. Und womit sie so vielen Menschen auf der ganzen Welt Freude bereitet hat."

Das Leben feiern! Wer würde einmal sein Leben feiern? Das Leben von Jan-Oluf Johannsen, dem unbekannten, erfolglosen Maler aus Hamburg-Eppendorf? Das fragte er sich und merkte in diesem Moment, dass er schon lange nicht mehr über das Leben und den Tod, oder besser gesagt, *sein* Leben und *seinen* Tod nachgedacht hatte.

Woraus bestand sein Dasein heute? Seine Gedanken stiegen in die Achterbahn ein: Er war ein heimatloser Künstler, lebte mit der Frau, die er liebte, in Frankfurt. Frankfurt liebte er jedoch nicht. Aber Hamburg war auch nicht mehr das für ihn, was es einmal war. Wo war seine Heimat? Wohin würde der Escort-Service ihn bringen, wenn sein Lichtschalter mal ausgegangen war? Und wer um alles in der Welt sollte das überhaupt für ihn organisieren? Eigene Kinder waren eher unwahrscheinlich, und bislang hatten er und Lina in dieser Sache trotz einiger Anstrengungen auch kein Glück gehabt. Irgendwie, so fand er, war es jetzt auch schon ein bisschen spät für Windeln und Babybrei. Viele Verwandte hatte er auch nicht mehr, und von den wenigen, mit denen er noch Kontakt hatte, konnte er in dieser Hinsicht sicher keine Dienste erwarten. Also nix mit dem Last-Escort-Service…

Und wahrscheinlich würde es nicht mal weiter auffallen, wenn er tot war. Es sei denn, Lina wäre noch am Leben, was statistisch gesehen sogar wahrscheinlich war. Aber eigentlich konnte ihm das auch egal sein, wenn er erst einmal ein Aschehäufchen war.

Er fühlte sich wirr. Die Frage, ob er noch alle Latten am Zaun hat, war wohl nicht unbegründet? Höchstwahrscheinlich hatte er sogar richtig einen an der Waffel! So hätte es Lina zumindest treffend formuliert. Er versuchte, sich krampfhaft wieder selbst auf die Reihe zu kriegen und beruhigte sich mit so einleuchtenden Dinge wie: „Eigentlich hatte ich doch bislang ziemliches Glück. Ein paar kleine Wehwehchen, na gut. Vaters Tod, das war heftig, keine Frage. Aber richtige Katastrophen? Keine Ahnung, wie sich das anfühlt. Noch mehr Glück gehabt. Millionen Menschen leiden und ich sitze hier auf einem warmen Sofa, knabbere Nüsse, und heule einer Sängerin aus dem fernen Amerika nach. Seelische Wohlstandsblähungen, Luxusproblemchen auf höchstem Niveau?" Aber so ganz klappte es nicht mit der Selbstberuhigung. Es war ihm alles zuviel. Er selbst, das Leben und die Welt an sich.

„Naja, vielleicht erledigt sich alles am 21. Dezember auch von selbst, wenn das mit dem ablaufenden Maya-Kalender denn stimmt."
Er schniefte erneut ins Tempo, und mittlerweile türmten sich die verschneuzten Taschentücher neben ihm schon auf. Aus irgendeinem Grund war er komplett von der Rolle.
Doch war der Tod der Diva wirklich der Auslöser dafür? Oder gab es die Krise schon vorher? Er versuchte, seine Misere zu analysieren:
Niemand wollte mehr seine Bilder kaufen, selbst übers Internet lief es mau. Und ja, es hatte ihn mitgenommen, vielleicht mehr als er zugeben wollte, dass die junge Russin Ekatarina Tartakowskaja vor kurzem die Hälfte seines Unterrichts übernommen hatte. Fast einfach so…
Sie war eine studierte Kunstmalerin, verfügte über eine erstklassige Ausbildung und hatte sich eines schönen Tages auf gut' Glück in der Frankfurter Malschule vorgestellt. Bei dieser Gelegenheit hatte sie sowohl ihre russischen Modelmaße auf High Heels, als auch einige ihrer hervorragende Stillleben und Landschaftsmalereien in altmeisterlicher Lasurmalerei präsentiert. Was Herrn Thielmann, dem Inhaber und Leiter der Schule, ausgesprochen positiv ins sonst so kritische Auge gefallen war. Die Waffen der Frauen… Anschließend hatte die attraktive Frau Tartakowskaja mit dem roten Schmollmund und zwei weiteren schlagenden Argumenten direkt einen Lehrerjob in der Tasche.
Oder besser gesagt: einen Teil von Jans Job. Doch musste ihn das *so* aus der Bahn werfen? Ihm fiel keine Antwort ein…

Er musste auf einmal an den Keltenberg denken. Dort malte er am allerliebsten. In der Wetterau, nicht weit von Frankfurt. Wie gern wäre er jetzt dort gewesen. Oder in seinem Atelier, seiner Künstler-Oase. Eigentlich war es nur das ehemalige Hauswirtschaftszimmer in der Bornheimer Altbauwohnung. Aber es war groß und hell. Für Leinwände und Staffeleien und seine Hamburger Lieblingsmöbel: den alten Buffetschrank, wo er seine Farben und Pinsel unterbringen konnte und einem uralten Esstisch, der schon allerhand erlebt haben musste. Nicht zu vergessen, seinen gemütlichen Ohrensessel, der schon mehrfach neu gepolstert und bezogen worden war und der Jan zum entspannten Zurücklehnen diente, wenn er seine Gemälde im Werden begutachtete. Trocknen und Lagern war Kellerraumsache. Alles in allem also genug Platz für ein Künstlerdasein. Ein mehr oder weniger gewinnfreies…

Sein Vater hatte seine Mutter nach seinem frühen Tod gut versorgt hinterlassen. Die Weinhandlung und das gut sortierte Lager hatten nach dem Tod von Oluf Johannsen hohe Verkaufspreise erzielt, und einen nicht unerheblichen Teil an wertvollen Weinen und Jahrgangswhiskeys aus der umfangreichen Sammlung seines Vaters hatten seine Mutter und er behalten und bei einem befreundeten Händler einlagern können. Die Wertsteigerung konnte eines Tages einmal erheblich sein.

„Gut Ding' will Weile haben", erinnerte er sich an einen Spruch seines Vaters.

Obwohl Jan also im Prinzip nicht gänzlich pleite war, musste er sich doch ziemlich knapp halten, um Lina nicht allzu sehr auf der Tasche zu liegen. Sie finanzierte nämlich den Großteil ihres gemeinsamen Lebens. Seine Mutter steckte ihm zwar auch oft ein paar Scheine zu, wenn er in Hamburg war. Aber eigentlich war ihm das schon ein bisschen peinlich, immer noch eine Art Taschengeld zu bekommen.

Noch so ein Luxusproblemchen à la Jan! Denn im Grunde wollte er seiner Mutter gar nicht sagen, dass er meist klamm war.

Aber wahrscheinlich ahnte sie…

Doch über das leidige Geld wollte er sich jetzt keine Gedanken mehr machen. Hier ging es schließlich um Leben und Tod: die Bilder aus dem Klinkerbau zogen ihn wieder in ihren Bann.

Meine Güte, beim Blick auf die Uhr registrierte Jan, dass das ganze heilige Spektakel fast geschlagene vier Stunden gedauert hatte.

„Du liebe Zeit", dachte er, „in Amerika sind nicht nur die Hot Dogs viel länger."

Er war müde und ganz schön verheult und wollte nur noch in sein Hamburger Bett. Eine Nacht darüber schlafen konnte da bestimmt nicht schaden.

„Morgen ist ein neuer Tag", tröstete er sich selbst.

Seine Mutter war offenbar noch nicht wieder von ihrer Tour zurückgekehrt. Auch Hamburger Nächte konnten lange sein.

Und der automatische *Homegoing Service* von Gisela Johannsen war anscheinend auch außer Betrieb…

„Alsgradaus, Mädels!"

Lina hatte an diesem Fastnachtssamstag mehr als nur ausgeschlafen. Korrekterweise musste man es wohl so sehen: Sie hatte total verpennt! Ihr Zeitplan war dadurch völlig durcheinander geraten. Sie überschlug die Sachlage: frühstücken, packen, den Benz volltanken. Vor Mittag wäre sie auf keinen Fall auf der Autobahn. Reichlich spät!
Dabei hatte sie sich den Rosenmontag doch extra freigenommen. Und fit war sie auch, nach dem Megaschlaf... Also, nix wie los!
Auch, wenn es letztendlich ein bisschen später werden würde.

Kurze Zeit später im Hausflur: Das Drebbehäusje hatte natürlich schon wieder Lunte gerochen: „Ei, des Frollein Siebenborn verreist, gell? Wo geeds dann knau hin, wenn mer mal fraache derf?"
„Nach Hamburg. Hoch in den Norden."
„Och, nach Hamburg? Ei, da fahrnse ja sowieso nur *alsgradaus*. Dess wernse schon packe! Mache Sie dann emaal en Krankebesuch bei Ihne-Ihrm fußlahme Bekannde?"
„Ganz genau, einen Krankenbesuch bei meinem fußlahmen Bekannten", wiederholte Lina die Formulierung genervt und rollte dabei die Augen entsprechend. Doch das prallte am Drebbehäusje ab wie an gewachstem Autolack.
„Ei, da saache Sie Ihne-Ihrm Bekannde doch emal en scheene Gruß von de Frau Fieg aus de Nachbarschaffd."
„Wird erledigt, vielen Dank!" Im Turbogang war Lina dann die Treppen hinuntergelaufen und wäre beinahe gestolpert. Das hätte ihr gerade noch gefehlt!

Alsgradaus – es ging ihr nicht mehr aus dem Kopf: eine der Redewendungen, die Jan als Hamburger nie verstehen konnte. Dabei hieß es nicht anderes als: *immerzu geradeaus*. Nicht links, nicht rechts. *Halt-als-nur-gradaus*... Falls mal jemand nach dem Weg fragen sollte. Wird so aber nur in und von Hessen praktiziert. Und geht auch nur in Kombination mit der passenden Armbewegung, um die Richtungsangabe noch zu unterstreichen. Sollte man wissen.
Aber wer fragt heute noch nach dem Weg?
Kurz vor der Haustür hörte Lina dann noch einmal das Drebbehäusje: „Unn fahrn Sie vorsischdisch, es sinn en Haufe Idioode uff de Gass

unnerwegs!" Wahrscheinlich hatte Frau Fieg auch noch weitere Ratschläge und Lebensweisheiten durchs Treppenhaus gerufen, lange nach Linas Aufbruch...

Unterwegs Richtung Norden war ihr schnell klar geworden: zügig ging es heute nicht voran. Einen ganz gewöhnlichen Samstag auf der Autobahn hatte sie sich irgendwie anders vorgestellt. Ruhiger.
Aber tatsächlich jagte ein Stau den nächsten, es gab mehrere Unfälle, und eine stattliche Anzahl von Baustellen machte die Sache auch nicht besser.

„Das wird spät! Sehr spät." Eigentlich wollte sie Jan doch überraschen, aber wenn das so weiterginge, in diesem Schneckentempo, dann würde der Mann ihres Herzens längst im Bettchen liegen, wenn sie in die Zielgerade einbog. Sie hasste es, bei Dunkelheit zu fahren. Und im Februar wurde es doch recht früh dunkel. Die vielen Lichter der Autos irritierten sie und blendeten ihre Augen, wovon sie schnell mal Kopfschmerzen bekam.

Also pausierte sie vorschriftsmäßig und aß unterwegs (ganz gegen ihre FDH-Diät) sogar ein ganzes Stück Torte. Ihr war schon ganz flau gewesen... Und bei der nächsten Pause auch noch eine richtig fette Currywurst mit einer Portion Pommes-Mayo.

„Ist ja egal, wovon einem schlecht wird!", dachte Lina. Aber es wurde ihr gar nicht schlecht, im Gegenteil. Endlich war sie mal wieder satt! Dabei war der erste Plan schon wieder entschärft worden. Jetzt galt FDH offiziell nur noch von Montag bis Freitag. Alles andere wäre reine Quälerei gewesen, hatte Lina Mitte der Woche, also am dritten Diättag, entschieden. Heute war jedoch Samstag, da war alles erlaubt.

Ein sogenannter Schweinchentag!
Denn halbe Portionen waren auch nicht der wahre Jakob...
Während der Fahrt hörte Lina wieder und wieder die Valentinstag-CD und malte sich dabei aus, was Jan wohl sagen würde, wenn sie hoffentlich bald vor ihm stünde. Ihr Mr. Big-Valentine, der mit ihr gemeinsam so richtig steinalt und runzelig werden wollte.

Mann, hatte sie ein Glück gehabt mit diesem Hundebiss, damals an der Alster!

Gegen halb elf abends kam Lina dann endlich in Hamburg an und parkte ihr Auto in der Einfahrt der Villa Johannsen. Es fiel ihr immer wieder auf: Das war wirklich keine Gegend für Schlechtbetuchte. Mit dem kleinen, bunten Bornheim nicht zu vergleichen.

In der Hand hatte sie ihr leichtes Gepäck. Sie lief die Treppe hinauf und klingelte. Vertraute Töne. Schön und warm, dieses Läuten. Dann wartete sie. Komisch, kein einziges Licht brannte im Haus. Nur der grelle Bewegungsmelder. Aber dann ging im Flur eine Lampe an – und endlich wurde ihr geöffnet.

Da stand er nun. Ihr Mr. Big-Valentine! Im karierten Schlafanzug und mit verbundenem Fuß. Und traute wohl seinen geröteten Augen nicht. „Lina, ich glaube es ja nicht. Wo kommst du denn her, so spät? Du hast doch gar nichts davon gesagt, dass du kommen wolltest..." Sie konnte gar nichts mehr entgegnen und warf sich ihm einfach an die Brust. „Ach, ich hatte einfach Sehnsucht, und am Rosenmontag habe ich ja sowieso frei. Da habe ich gedacht, ich fahre am besten mal zu dir!" Er drückte sie fest an sich, bis die kalte Februarluft ihn zum Zähneklappern brachte. „Wäre vielleicht besser, ins Warme zu gehen, nicht?"

„Gute Idee. Sag' mal, ist Gisela eigentlich schon im Bett? Hoffentlich habe ich sie nicht aufgeweckt durch meinen nächtlichen Überfall?", fragte Lina interessiert. „Keine Ahnung, ob sie überhaupt schon wieder zu Hause ist. Neuerdings ist sie viel unterwegs. Ich weiß nicht mal, wo sie ist oder mit wem. Fragen will ich aber auch nicht. Vielleicht hat sie eine neue Freundin oder ein schönes Tanzcafé entdeckt."

Lina hatte da gleich eine ganz andere Idee gehabt: „Oder vielleicht einen neuen Freund, wie wär's denn damit?"

Aber Jan wollte darauf nicht eingehen, das hatte in seinem Denken keinen Platz. Ein neuer Mann an der Seite seiner Mutter war jenseits seiner Vorstellungskraft. Vielleicht wollte er deshalb auch gar nicht genauer wissen, wo sie immer hinging und mit wem sie ihre Zeit verbrachte. „Ich meine ja nur, in dem Alter ist doch auch noch nicht alles vorbei. *Alte Scheunen brennen lichterloh*, sagt man bei uns in Oberhessen dazu!" Aber es kam wieder keine Reaktion. Jan war einfach ein bisschen merkwürdig, wenn es um seine Mutter ging.

Vielleicht waren alle Männer ein wenig merkwürdig in dieser Angelegenheit?

„Sag' mal, hast du neuerdings eine Allergie oder sowas, du siehst echt aus, als hättest du irgendwas nicht vertragen? Ich hatte mal 'ne

Kollegin, die sah nach einem Nusskuchen plötzlich so ähnlich aus. Total rote Augen und dann bekam sie auf einmal keine Luft mehr. Die hab' ich sofort zum nächsten Arzt gefahren. Hast du denn etwa Nüsse gegessen?" Darauf brummte ein weinflaschenöffnender Jan nur noch unverständlich in seinen nicht vorhandenen Bart, dass er vorhin ein bisschen (ein bisschen!!!) in die Trauerfeier für Brittney rein gesehen hätte und dazu ein paar Erdnüsse geknabbert hatte.
„Aber Luftnot habe ich keine, also kein Grund zur Panik. Gegen Allergien bin schwer allergisch." Lina war klar, dass er wahrscheinlich einige Tränchen verdrückt hatte. Daher also die geröteten Augen...
Keine halbe Stunde war sie in Jans Nähe und schon ging es wieder um die tote Diva. Grrrrrrrrrrr. Dabei hatte Lina gehofft, dass das Thema sich nun langsam erledigt hätte.
„Und, wie war die Trauerfeier?", fragte sie, echtes Interesse heuchelnd, nach. „Tja, ziemlich ergreifend. Und ganz anders als bei uns. Aber es war nicht nur traurig, das war ja das Verwirrende. Der Chor war weiß gekleidet und sie haben richtig fetzige Gospels gesungen und dabei geklatscht."

Lina hätte es sich ja eigentlich denken können. Schon unterwegs wurde ständig über dieses Ereignis berichtet.

Vielleicht hätte sie nach der Currywurst in der Lüneburger Heide besser wieder umkehren sollen? Noch ein Sonntag allein in Bornheim. Aber darin hatte sie ja jetzt schon Übung. Stattdessen wurde sie nun wieder mit Heiligenverehrung belästigt...

Aber wenn sie so überlegte: Damals hatten die Flaggenmädels auch Rotz und Wasser geheult, als Lady Diana tödlich verunglückt war und die gigantischste Trauerfeier aller Zeit im Fernsehen übertragen wurde. Aber das war in Linas Augen doch bitteschön was gaaanz anderes!

„Ja, das hat mich wirklich sehr mitgenommen diese Woche. Dass Brittney tot ist und dann so früh, sie war doch noch nicht mal fünfzig. Irgendwie tragisch, diese Schicksale der großen Talente. Warum müssen aber auch die Besten so früh abtreten? So eine Stimme wird es nie mehr geben. Sowas gibt's nur einmal."

Darauf wusste Lina dann auch nichts mehr zu sagen. Jan hatte es voll erwischt. Das musste sie wohl einsehen. Und dann noch die miese Laune ganz abseits von Brittney. Keiner wollte mehr seine Bilder kaufen, und dann war auch noch so eine aufgetakelte Russin gekommen und hatte ihm seinen Job fast abgeluchst. Nun, Lina wollte ihn nicht damit konfrontieren. Nicht heute, am Faschingssamstagabend.

„Apropos Fasching", warf sie ein, um mal die leidige Diva loszuwerden, „wo wir gerade so weinselig hier zusammen in der Küche sitzen. Was wollen wir eigentlich in diesem Jahr fastentechnisch angehen? Mal keine Emails schreiben? Also, ich meine keine privaten Mails. So eine Art Medienfasten, das soll jetzt total angesagt sein, wo sich doch alle so fürchterlich überinformiert und durch Handy und Computer und so gestresst fühlen."

Jan schaute noch mal hoch zu seinem Rotweinglas und hielt es so, dass es gegen das Licht gehalten einen tollen Effekt ergab. Er träumte. „Typisch Künstler, überall sieht er was, was andere nicht wahrnehmen", fiel Lina dazu ein.

„Also, wir wollten doch schon öfter mal eine Trinkpause machen. Also null Alkohol. Nachdem wir das mit den Chips und den Süßigkeiten und dem Fernsehen schon einmal geschafft haben. Rauchpause wäre bei uns ja eher sinnlos…"

Weder er noch Lina hatten je regelmäßig geraucht. Zumindest nicht so, wie richtige Raucher es zu tun pflegten. Es konnte mal sein, dass sie früher, als man das noch überall durfte, in einer Bar zum Cocktail ein paar Zigaretten geraucht hatten. Aus Gemütlichkeit. Sagten sie sich jedenfalls. Jan rauchte aber öfter, heimlich. Doch offiziell würden beide noch als Nichtraucher durchgehen.

Was blieb jetzt als Fastenthema übrig? Sie hatten irgendwann damit angefangen, beide diese „7 Wochen ohne" mitzumachen. Trotz kleineren Rückfällen immer eine gute Erfahrung… Es machte einem bewusst, was man sonst als alltäglich und selbstverständlich so hinnahm.

Wieso aber war Jan jetzt ausgerechnet auf das Thema Alkohol gekommen? Lina spürte, dass ihm das nicht erst in diesem Moment eingefallen war. Vielleicht war ihm doch aufgefallen, dass sein abendlicher Rotwein schon zum alltäglichen Ritual geworden war.

„Eigentlich gar nicht schlecht, befand sie. Da könnte sich deine gestresste Leber mal so richtig zurücklehnen bis Ostersamstag."
„Auch gut. Also, machen wir es so. Gleich ab Aschermittwoch."
„Du Jan, und wenn es gar nicht klappen sollte mit der Abstinenz, dann schwenken wir einfach um auf das Fastenthema der evangelischen Kirche: „Mut zur Lücke" – man sollte eben nicht immer so perfekt sein."

Linas Zunge war schon ein bisschen schwer geworden. Die Fahrt hatte sie doch ziemlich angestrengt. Zu müde für viele Worte deutete sie mit dem Zeigefinger in Richtung Obergeschoss. „Hast du es auch gehört?"
„Nein, was war denn?", fragte Jan. „Das Bett hat gerufen…"
Jan stellte sein Glas auf die Spüle.
„Meinst du, die Küche könnte in diesem Fall, also nur ausnahmsweise mal, so unaufgeräumt bleiben über Nacht?"
„Ausnahmsweise", nuschelte Lina und grinste ihn an. Zumindest eine gewisse Portion Resthumor schien noch vorhanden und nicht gleich mit Brittney beerdigt worden zu sein.

„Essen, und zwar richtig viel essen", das war so ziemlich der einzige Gedanke, den Lina am frühen Rosenmontag noch hatte. Wo war noch gleich die nächste Raststätte, wo gab es die größte Portion Pommes-Mayo? Wahrscheinlich musste sie nur *alsgradaus* fahren… Sie brauchte Nervennahrung – nach alldem Stress!
Es war Rosenmontag, zehn Uhr früh, und sie wollte nur noch nach Hause. Nach Frankfurt. Nach Bornheim.
Zur Not direkt dem Drebbehäusje in die Finger laufen. Alles egal, auf jeden Fall nur so schnell wie möglich weit weg von diesem Jan.

„Lina Siebenborn", meldete sie sich, als das Autotelefon klingelte. „Ich bin's, Ines! Grüß dich, du meine allerliebste Lieblingskollegin, ach, was sage ich: Gegrüßt seist du, Blondes Gift!"
„Hi, du Göttliche Ines! Das Blonde Gift ist gerade auf dem Rückweg von ihrem hanseatischen Göttergatten und hat die Schnauze gestrichen voll von trauter Zweisamkeit." Blondes Gift und Göttliche Ines, das waren sozusagen die korrekten Anreden von Lina und Ines untereinander. Niemand außer ihnen wusste so ganz genau, woher diese bescheidenen, aber natürlich in der Sache vollkommen richtigen Bezeichnungen, einmal gekommen waren…
Es war der überaus aufdringliche und vollkommen überflüssige Bezirksleiter des Postleitzahlen-Verkaufsbereiches 6, Bernhard Burger (O-Ton: „Ich bin hier bei HansaFra offiziell für SECHS zuständig!") gewesen, der ihnen diese Titel verliehen hatte. Wann immer er von außerhalb im Büro anrief, begrüßte er Ines stets mit: „Spreche ich da mit der Göttlichen Ines persönlich?" Das stank der ziemlich menschli-

chen Kollegin natürlich im Kubik... Sie war für ihren Vorgesetzten schließlich immer noch Frau Gerlach!
Und bei Lina hatte er auch keinerlei Hemmungen gezeigt, wieder und wieder zu fragen: „Bin ich da richtig mit dem Blonden Gift der HansaFra-Drogeriekette verbunden?"
Das waren Anschleimattacken à la Sexy-Burger, wie er mit Spitznamen hieß. Anscheinend war er hinter allen her – egal, ob blond, ob braun – oder feuerrot wie Milva, äh Ines, persönlich. Sein Name löste bei fast allen Damen in der HansaFra eigentlich nur eines aus: genervtes Augenverdrehen in Richtung Nord-Nord-Nord... Und seit die beiden ihn einmal bei Aldi auf der Berger Straße getroffen hatten, wo er hinter seiner Frau, der grauesten Maus nördlich der Mainlinie, hinterhergedackelt ist, war er endgültig unten durch! Brav musste er den Einkaufswagen schieben und dazu den Kommandos der Graumaus mit Einkaufszettel folgen – zu dem Blonden Gift und der Göttlichen Ines hatte er nur knapp „Guten Tag" gesagt, als wären sie ganz flüchtige Bekannte von ihm... Soviel zum Sexy-Burger.

„Wieso, was ist denn los? Warum hast du von deinem Superjan denn plötzlich die Schnauze voll?", fragte Ines brennend interessiert nach und freute sich insgeheim, dass endlich mal wieder Knatsch bei dem sonstigen Traumpaar war. Das kam nämlich nicht allzu oft vor, meist war Ines in letzter Zeit diejenige, die von Beziehungsstress mit Lars geplagt war und entsprechende Katastrophengeschichten liefern konnte. „Also, die Story ist definitiv zu lang fürs Autotelefon. Und die nächsten Pommes mit Mayo sind genau noch 22 Kilometer von mir entfernt. *Raststätte für die Extraportion Kohlenhydrate* stand da an, und genau da fahre ich jetzt hin. Und esse die ganze Portion, auch wenn heute Montag ist. Mir egal. Scheiß-FDH!!!"
Lina hörte sich an wie ein trotziges Kind. Wahrscheinlich platzte sie gleich vor Wut. „Oh, je, da ist der Säuerungsgrad aber schon in gefährlichen Gefilden angekommen, wenn du montags eine ganze Portion Pommes Mayo verdrücken willst."
„Das kannste annehmen. Der Künstler gibt seit über einer Woche den Trauerkloß, weil seine Lieblingstrulla tot im Pool lag. Das kann er nicht verkraften. Ich meine, geht's noch, oder was? Der Mann ist doch momentan völlig banane. Dabei hatte er mir vor dem tragischen Ereignis sogar noch einen superlieben und total romantischen Valentinsbrief

geschrieben, mit einer Rose. Gemalt, weißte. Und 'ne CD. Soundtrack von meiner Lieblingsserie, du weißt schon. Hat Frau Fieg, also das Drebbehäusje, mir alles am Valentinstag gegeben. Er hatte das alles schon vor seiner Abreise organisiert. Da würdest du doch nicht glauben, dass das die gleiche Person war, die das ganze Wochenende den taubstummen Fisch mit den toten Augen gegeben hat. Mit dem war nix anzufangen, der hat nur völlig apathisch auf der Couch rumgesessen. Gerade mal am Samstagabend hat er ein bisschen halbwegs normal mit mir gequatscht. Aber da hatte er auch drei Gläser Rotwein getrunken. Mensch, ich bin doch nicht durch halb Deutschland gekurvt, um mir so 'ne Nummer reinzuziehen. Das geht doch nun wirklich zu weit. Gut, er kann momentan nicht so wie er will – rumlaufen meine ich. Wegen seinem Zehennagel, der wird ja immer noch behandelt, deshalb isser ja in Hamburg. Das ist auch sowas, was mir mächtig auf den Keks geht. Ständig fährt er nach Hamburg, wenn ihm was querliegt. Dahin zum Hautarzt, dorthin zum Zahnarzt, wieder nach Hamburg zum Orthopäden, jetzt wieder zu seinem alten Hausarzt. In Frankfurt scheinen die alle nix zu können. Der ist doch bei uns daheim noch gar nicht richtig angekommen…und das nach fast sieben Jahren", sprudelte es aus Lina nur so heraus.

Ines musste die erste Atempause zackig nutzen und warf dazwischen: „Das klingt nach sofortigem außerordentlichem Gipfeltreffen mit den Mädels. Sowas muss in der Vollversammlung besprochen werden!"

Am Rosenmontag, Bornheimer Ortszeit neunzehn Uhr elf, man musste so einen Termin ja minutiös und anlassgerecht planen, war es dann soweit: Ein Rosenmontagszug der ganz besonderen Art war bei Lina in Bornheim eingelaufen.
Im Treppenhaus herrschte auch gleich Stimmung, als die drei Damen in den allerbesten Wechseljahren um die Wette stöckelten – was das Drebbehäusje umgehend auf den Plan rief…
Im Original 50er-Jahre-Stepp-Morgenmantel aus mindestens 280 Prozent Polyester, mit Wellenreitern im zart silberblauen Haar und einem rosafarbenen Lippenstift (man kann ja nie wissen…), der sich schon etwas in die Oberlippenfältchen verzogen hatte, erschien Frau Fieg absolut stilecht. Aber es war kein Fastnachtskostüm. Sondern ihr ganz normaler abendlicher Seniorinnen-Ganzjahresaufzug…

„Ei, Ihr Mädscher, wolld ihr dann all uff die Fassenachd gehe? Ei, wo gibbds dann sowas, ihr seid ja noch gaar nedd verkleid. Mäschd mer denn dess heud nemmer? Ach, ihr junge Leud machd hald alles e bissi annerster als mier frühä, gelle?"
Susi Lustig, die als Moderatorin und Allzweckwaffe beim Hessenfunk arbeitet, war dialekt- und intellektmäßig sofort eingestiegen: „Ei, Frau Fieg, mier tringe jezz erst e bissi Sekt und dann hawwe mir so roode Köpp', da geehn mier dann all als Tomaaade uff die Jucchheee."
Das hatte das Drebbehäusje auf Anhieb verstanden...

Großes Gekicher allerseits, im Treppenhaus hallte es wie im Konzertsaal. Jetzt noch an Linas Haustür zu klingeln, war überflüssig.
Sie lugte auch schon aus der Tür heraus und wollte live mithören, was der Treppenhausfunk so hergab: „Geed ihr dann hoch zum Frollein Siebenborn?", wollte das Drebbehäusje noch wissen, „da habbder aach schee recht, die iss doch ganz allaaa ewwe, dere ihrn Bekannde iss doch wesche seim Fuß fodd in Hambursch. Des iss anscheinend was ganz Komblizierdes, so schnell kimmt der nemmer widder. Ich sach nur, des haddse jezz devoo, hädse en Frankfodder genomme, wär se aach nedd so viel allaaa. Isch saachs ja immer: Es geed mer nedd in den Kopp enei, wie kann enn Mensch nedd von Frangfodd sei? Sacht e ma, Ihr Mädscher, kennd ihr dess dann üwwerhaabt noch?"
Das Frankfurter Original schien heute in absoluter Topform zu sein. Susi Lustig stand ihr darin aber in nichts nach: „Jezz basse Sie ma guud uff, Frau Fieg. Klar, kenne mier dess. Sie brauche sisch also kaa Gedange um die da obbe zu mache. Mier sinn ja deshalb gekomme, um dem Frollein Siebenborn uff de Fassenachd en neue Mann zu suche, der von Frangfodd iss – unn bei dem aach noch die Füßjer zu gebrauche sinn."
Das musste die Chefin vom Treppenhaus dann doch sehr beruhigt haben...

„Ei, des iss ja prima. Da will ich euch Mädscher nedd uffhalde. Ich wünsch euch ganz viel Schbass!", sie schien mehr als zufrieden. Den Segen von Frau Fieg hatten sie somit schon mal erhalten.
Na, dann konnte ja nicht mehr allzu viel schieflaufen.
Die Flaggenmädels, das waren vier Frauen, die sich irgendwann einmal in den 80er Jahren bei einem Messehostessenjob kennengelernt haben. Zufall, Schicksal? Egal. Jedenfalls waren über die Jahre ziemlich beste Freundinnen aus ihnen geworden. Und das noch ganz ohne so-

ziale Netzwerke, Internet und Handy. Das gute alte Telefon (Festnetz, Post, früher meist grau oder tannengrün – mit Wählscheibe!) hatte es ihnen möglich gemacht, sich zu treffen.

Auch wenn das für heutige Verhältnisse schon beinahe utopisch klingen muss: Aber die Flaggenmädels waren wiederholt zum gleichen Zeitpunkt an den gleichen Ort gelangt.

Ach, ja: Verabredungen nannte man das früher!

Es keuchten im Bornheimer Treppenhaus die Treppen hinauf: Ines Gerlach, 45, rothaarig, Kollegin von Lina und *Göttliche* vom Dienst, Susi Lustig, 49, rabenschwarzer Lockenkopf und frisch getrennte Radiomoderatorin mit hessischem Dialekt in Reinkultur. Und Marie-Anne Bender, 52, verheiratet, silbergrau (natur!) und Fachfrau für Mani- und Pediküre mit eigenem Salon in Bad Vilbel.
Oder anders gesagt: Zwei Tippsen, eine professionelle Quasselstrippe und eine, die dafür sorgt, dass alles im Leben Hand und Fuß hat und frau dabei auch noch tip-top aussieht. Perfekt!

Wenn die vier Damen in den allerbesten Wechseljahren einen Mädelsabend planten, dann hieß es immer nur: Die Deutschlandflagge muss mal wieder unters Volk! Sprich: Eine Blondine, ein Rotschopf und ein schwarzer Afro spielen *Schwarz-Rot-Gold live* und Marie-Anne mit ihrem silbernen Bubikopf macht die Fahnenstange.
So war einst die Mädelsflagge geboren – 2006 während der Fußball-WM im eigenen Land.
Damals war ja die ganze Nation im Flaggenfieber…

Und so standen auf Linas gar nicht mehr so aufgeräumtem Tisch nun diverse bunte Tupperschüsselchen mit etwas verfrühtem Heringssalat (es war doch erst Rosenmontag!), selbstgemachten Sushiröllchen (ging immer), Russisch Ei (Marie-Anne war wohl auch gerade in ihrer 50er-Jahre-Retro-Phase), ein paar Physalis-Beeren (für die Vitamine) und eine Tüte Wasabi-Chips (zurzeit der einzige Essensvorrat außer Knäckebrot und Rohkost im Haushalt Siebenborn-Johannsen).

„Was wollen wir trinken? Heute gilt es noch mal. Bald ist nämlich Schluss mit lustig.", warf Lina in die Runde. „Wie hier? Wann knau Schluss mit lustig ist, das bestimmt die Chefin aber immer noch selbst…". Susi wäre nicht Susi Lustig, wenn sie nicht umgehend auf so eine Steilvorlage angesprungen wäre.

„Ich bin für Rosésekt zum Einstieg. Muss die Mischung aus Schweißfußindianerin, medizinischem Fußbad und Minzöl dringend aus der Nase kriegen. Die letzte Kundin hat mich völlig geschafft. Die hat mir brühwarm ihre ganzen erotischen Faschingserlebnisse erzählt. Igitt! Und jedes Mal, wenn ich auf ein anderes Thema umschwenken wollte, fing sie einfach wieder von vorne an. Aber ich bin ja selbst daran schuld, wie kann man auch so doof sein und am Rosenmontag Fußpflege-Termine annehmen?"

Marie-Anne war wirklich eine fleißige Person. Zusammen mit ihrem Mann hatte sie es *zu etwas gebracht*, wie man im Volksmund treffend sagte. Ihr Martin war eines der seltenen Exemplare der Gattung „Heterosexuelle Frisöre". Er führte den Salon in Bad Vilbel alleine, nachdem Marie-Anne vom Frisörinnendasein Abstand nehmen musste, da ihre Beine irgendwann nicht mehr mitgemacht haben. Die ewige Steherei...
So war Marie-Anne zur medizinischen Fußpflege gekommen – da musste sie nicht mehr stehen – und praktischerweise war im Erdgeschoss zufällig noch Platz für eine weitere Goldgrube gewesen. Mit dem Effekt, dass die Frisörkunden auch bald das Bedürfnis hatten, sich fuß- oder handtechnisch verwöhnen zu lassen.
Die Nur-Fußpflegekundschaft im Gegenzug aber auch den Frisör in Anspruch nahm.
Damals hatte auch Marie-Anne endlich verstanden, was eine sogenannte Win-Win-Situation bedeutet.

„Lina, du nur ein halbes Glas, wie es die FDH-Diät vorsieht?", fragte Ines, die Sektflaschen immer professionell, schnell und fensterglasfreundlich öffnen konnte.
„Genau! FDH bedeutet nämlich gleichzeitig auch SDH, also Sauf-die-Hälfte. Ein halbes Glas Schampus reicht nach dieser Theorie also. Aber für mich bitte eine ganze Syphillis."
„Phy-sa-lis heißt das! Lina, du lernst es wirklich nie!", korrigierte Marie-Anne, in dem Glauben, dass es irgendwann noch einmal klappen möge mit dem schwierigen Namen.
„Syphillis bringt aber mehr Spaß, und es spricht sich auch viel leichter. Hier, hör' zu: Sy-phi-lis. Ganz einfach! Und das geht auch noch sturzbetrunken prima."

Lina hatte keine Lust auf ernsthafte Worte. Ihr war an diesem Tag einfach alles zu anstrengend gewesen, sie war mächtig gestresst. Und wollte nur noch *e bissi dumm' Zeuch schwätze*, wie der Oberhesse dazu sagt. Und vor allem nicht jedes Wort auf die Goldwaage legen müssen. Aber das war bei den Flaggenmädels zum Glück nie der Fall.
„Und ab Aschermittwoch, da gibt es dann zur Abwechslung mal gar nix mehr zu trinken, also jedenfalls nix mit Umdrehungen!", gab Lina schon mal bekannt und verzog dabei ihr Gesicht, als würde sie noch nicht wirklich daran glauben. Dann erzählte sie von der geplanten Fastenzeit und dem versuchten Abstinenzdasein, was eigentlich Jans Idee gewesen war. „Also, das mach' ich auch", warf Susi Lustig sofort ein.
„Seit ich im Zumba-Dancing so richtig drin bin, habe ich sowieso kaum noch Lust auf Rauschgefühle. Für mich ist Zumba sozusagen der neue Sex." Ines und Marie-Anne schauten sich nur vielsagend an. Jetzt war ihr Einsatz fällig: „Einigkeit und Recht auf Blauheit!", sangen sie aus voller Kehle wie auf Kommando. Die Hymne der Mädelsflagge…
Sie lachten zusammen los: „Für uns ist das nix. Wir saufen auf jeden Fall weiter!"

Nach einigen Gläsern Rosésekt und dem neuesten unverfänglichen Tratsch waren die Zungen dann locker genug für das eigentliche Thema des Abends: Jan!

„Also, Lina, jetzt erzähl' doch noch mal ganz genau, was in Hamburg los war. Irgendwie habe ich heute früh nur Bahnhof verstanden und irgendwas mit Brittney Texas. Und dass Jan nicht darüber wegkommt."

„Ach, Mensch, Ihr Hühner, jetzt hatte ich's gerade vergessen und so schön abgeschaltet von dem Katastrophenthema", bedauerte Lina fast schon vorwurfsvoll. Ihre Bäckchen waren mittlerweile rot wie der Rosésekt, die Augen glänzten – und umgehend kochte ihre Wut und Enttäuschung über Jans Verhalten ihr gegenüber schon wieder hoch, so dass die Story jetzt erst mal raus musste: „Mädels, ich will's kurz machen. Dass die Superdiva tot ist, dürfte ja jedem von euch bekannt sein. Dass Jan deshalb gleich komplett einen an die Waffel kriegt, war mir bislang nicht ganz geläufig. Jedenfalls sitzt der Kerl seit der Todesnachricht sozusagen auf dem Sofa bei seiner Mutter in Hamburg und ist völlig BANANE!" Es wunderte die anderen Mädels, dass Lina so von ihrem Jan sprach…

Doch es ging noch weiter: „Ansonsten zieht er sich alles brühwarm rein, was über die Diva so gesendet wird. Ich schätze mal, dass er zwischendurch noch Gedichte für sie schreibt, um auch ja nicht aus dem Thema zu kommen. Apropos schreiben: Er hat mir an Valentin noch einen total süßen Liebesbrief geschrieben, den hatte er natürlich schon vorher verfasst und dann Frau Fieg, also dem Drebbehäusje, gegeben. Da war er noch mehr oder weniger normal, soweit man bei Künstlern davon überhaupt sprechen kann. Aber das war ja auch vor dem Tod der Diva in Miami Beach. Und jetzt ist er nicht nur banane, sondern auch noch vollkommen...", Lina fiel nicht mehr ein, wie sie das am besten nennen konnte, was er war.

„Gaga", rief die Susi Lustig in die Runde. „Das ist einfach nur mega-gaga!" Aber niemand lachte... Ausnahmsweise.

„Ach, komm'. So schlimm ist das doch nicht. Das geht bestimmt bald vorbei – dein Jan kriegt sich schon wieder ein. Ist halt ein Künstlertyp, die sind eben so. Mit einem Bauarbeiter oder einem Finanzbeamten hättest du nur andere Probleme."

Marie-Anne, die Alterspräsidentin, hatte ein ausgleichendes Wesen und für fast alles, außer Schweißfußindianern, vollstes Verständnis.

„Und mit einem Bundespräsidenten erst, da hättest du nochmal ganz andere Probleme...", prustete Ines dazwischen, bevor Marie-Anne weitere Ratschläge erteilen konnte.

„Männer sind manchmal ein bisschen merkwürdig, das darf man alles nicht so ernst nehmen. In drei Wochen weiß der wahrscheinlich gar nicht mehr, wer diese Brittney noch mal war."

Das konnte Lina nun wirklich nicht annehmen, nach allem, was sie bis jetzt mit Jan erlebt hatte.

„Nee, das glaube ich überhaupt nicht. So habe ich Jan noch nie erlebt. Mit dem war absolut nix anzufangen. Ich wollte zum Beispiel gestern nicht das übliche Touristenprogramm in Hamburg absolvieren. Das kenne ich ja inzwischen in- und auswendig: Hafen, Alster, Elbe. Immer dasselbe. Aber ich hatte Lust auf einen kleinen Trip an die Ostsee. Raus aus der Großstadt und frische Luft schnuppern. Im Winter ist es da echt am allerschönsten. Ich hatte mich total auf Timmendorfer Strand und ein paar Stunden mit Jan am Meer gefreut und was war? Jan hatte kein Interesse, keine Lust zu irgendetwas. Ihm wäre nicht so danach, meinte er lapidar. Und am Strand entlang laufen wäre ja auch

eher schlecht. Aber ich könnte ja ruhig hinfahren, kein Problem. Also, nur noch mal zum Mitschreiben: Ich fahre durch halb Deutschland, um meinen Superschatz zu besuchen, der krankheitsbedingt in Hamburg weilt und dann so was!"
Einen Moment war die Mädelsrunde sprachlos.
Das kam nicht oft vor.
„Und, was hast du dann gemacht?", Ines wollte es einfach genau wissen. „Ja, was hab' ich wohl gemacht? Glaubt Ihr, ich setze mich bei Gisela auf die Federkerncouch und gucke Brittney-DVDs? Ohne mich! Also hab' ich mich ins Auto gesetzt und bin alleine an die Ostsee gefahren. War schön, so allein am Strand. Ich war froh, weit weg von ihm zu sein. Verrückt, oder? Erst fahre ich hunderte von Kilometern, um ZU ihm zu kommen. Und dann sowas... Aber was hätte ich auch tun sollen? Zurückfahren? Naja, und dann dachte ich, wenn du schon mal so nah am Meer bist. Also bin ich am Strand spazieren gegangen und habe mir zwei ganze Fischbrötchen für unterwegs mitgenommen. Die waren klasse. Es war ja schließlich Sonntag.", dabei grinste Lina schelmisch den anderen zu.
„Da habe ich ja FDH-frei."
„Ja, und dann?", fragte Ines weiter.
„Abends bin ich dann wieder zurück in Hamburg gewesen. Da saß der Herr Johannsen aber immer noch apathisch auf dem Sofa. Mich hat er kaum beachtet, nur kurz und völlig emotionslos gefragt, wie's denn gewesen wäre. Und dass er ja im Normalfall natürlich schon mitgekommen wäre (kein Thema, klar!!!), aber momentan, sein Zeh', ach, Ihr wisst schon. Dann bin ich ins Bett, und er hat auf der Couch geschlafen. Am nächsten Morgen bin ich dann in aller Herrgottsfrüh abgefahren. Noch vor dem Frühstück. Er hat das nicht mal mitbekommen, der lag noch im Tiefschlaf... Das war's dann wohl."
„Mit Jan generell oder nur mit dem Hamburgtrip?", Susi Lustig sah den nächsten Single der Flaggenmädels vor ihrem geistigen Auge. Wahrscheinlich malte sie sich insgeheim schon aus, was man zu zweit alles so anstellen könnte.
„Erst mal nur mit meinem Ausflug nach Hamburg, ein Trennungsgrund soll dieser übertriebene Ikonenkult ja hoffentlich nicht werden", antwortete Lina. „Sag' mal, was sagt eigentlich seine Mutter zu der ganzen Sache? Die muss das doch mitkriegen, dass bei ihrem Jungen nicht alles nach Plan läuft", wollte Marie-Anne wissen.

„Ob die davon viel mitgekriegt hat, ich glaube eher nicht. Gisela ist laut Jan schon in der vergangenen Woche kaum daheim gewesen und hat ständig irgendwas vor und keine Zeit. Ich weiß nicht, vielleicht will sie es auch gar nicht mitkriegen und macht sich einfach aus dem Staub. Ich hab' sie jedenfalls überhaupt nicht zu Gesicht bekommen. Andererseits habe ich schon mal so gedacht, die hat vielleicht einen späten Liebhaber.", berichtete Lina von den veränderten Verhältnissen im Hause Johannsen.

„Warum auch nicht?", Susi Lustig schöpfte wohl Hoffnung für ihr eigenes Seniorinnendasein…

„Manche haben sich erst spät gefunden, einige sogar erst im Altenheim. Da kann's jenseits der siebzig auch noch ganz schön rund gehen! Ich hab' da mal eine Reportage drüber gemacht. Da…"

Aber weiter kam sie nicht:

„Bitte für heute keine erotischen Geschichten mehr. Mir reicht es noch vom Salon – was man sich da alles anhören muss. Je oller, je doller, sag' ich nur.", unterbrach Marie-Anne vorsichtshalber weitere peinliche Ausführungen.

„Aber ich muss euch das wirklich mal bei Gelegenheit erzählen, Ihr glaubt das nicht. Was da in den Altersheimen so abgeht…", Susi kam jedoch nicht mehr zum Zug mit ihrer Story.

Jan war offensichtlich interessanter.

„Ja, und wie geht es denn jetzt weiter?", Ines ließ nicht locker.

„Wann kommt dein Jan überhaupt wieder nach Frankfurt zurück?"

„Also, die Behandlung für seinen Zeh dauert noch ein paar Tage. Vielleicht liefert er sich ja auch anschließend freiwillig in die Klapse ein, dann dauert es allerdings noch länger mit der Rückkehr", meinte Lina dazu sarkastisch.

„Nee, jetzt mal im Ernst. Soweit ich weiß, hat er jetzt im März eine Vernissage in Bad Homburg. Da wäre es doch ganz praktisch, wenn er dabei sein könnte…"

„Crossover"

Tonja Naumann war Heilpraktikerin mit eigener Praxis in Schotten, einem kleinen Städtchen im Vogelsberg – mitten auf einem erloschenen Vulkan. Wobei Vogels-BERG vielleicht ein wenig übertrieben ist.
Gut, für Holländer waren das schon richtige Berge! Für Heidi jedoch, also die Enkelin vom Alpöhi, wären es nur kleine, harmlose Hügel gewesen, also nur mal angenommen, ihr Blick vom Turm des Frankfurter Doms wäre aus Versehen in Richtung Vogelsberg gegangen. Nein, mit den von ihr so geliebten Schweizer Bergen war dieses Gebirge weiß Gott nicht zu vergleichen. Und statt Ziegen gab es hier auch eher Vogelsberger Rotbunte, also Kühe. Und statt Bergkäse Lauterbacher Strolche...

Tonjas Patienten kamen meist aus der näheren Umgebung. Aber auch Leute aus dem Rhein-Main-Gebiet oder sogar aus dem angrenzenden Bayern nahmen den Weg zu ihr in Kauf. Holländer eher weniger. Die blieben ja meist schon im Sauerland hängen und hatten dann die Nase voll vom Gebirge...
Die Heilpraktikerin war also über die Grenzen ihrer oberhessischen Heimat hinaus bekannt, da ihre Erfolge sich schnell unter den Schmerzgeplagten dieser Welt herumgesprochen hatten.
Schmerzpatienten haben so etwas wie eigene Funkfrequenzen, sie kriegen immer heiße Tipps und Informationen von anderen Gequälten, und wissen dann ganz genau, wo gerade mal jemandem wieder spektakulär geholfen wurde. Und genau da rennen dann alle hin.
„Nix is besser *als wie* Mundpropaganda", hatte einer ihrer Patienten einmal gesagt. „*Glaubesemer*, Frau Naumann, die ganz' Reklame kost' nur Ihr guud Geld. Früher, da hammer auch ohne Reklame alles gefunne, was mer gebraucht hawwe." Was für schlaue Patienten sie doch damals schon hatte. Die Praxis lief jedenfalls bombig!

Das kleine Fachwerkhäuschen, in dem sie wohnte und praktizierte, stand mitten in der Schottener Altstadt – am Fuße des Hoherodskopf, einem der höchsten Erhebungen Hessens. Der Vogelsberg ist ein waldreiches Gebiet, eine raue Gegend. Genau wie die Menschen, die hier leben. Rau, aber herzlich. Das muss man wissen. Viel Gedöns wird hier nicht gemacht. Der Vogelsberg ist schließlich keine Waldorfschule...

Tonjas Hexenhäuschen, wie sie es liebevoll nannte, war geerbt – von Oma Lydia und Opa Hermann. Nun hatte sie gar keine nahen Verwandten mehr. Seit ihre Eltern bei einem tragischen Verkehrsunfall ums Leben gekommen waren, damals war Tonja noch ein Teenager, war sie bei den Großeltern in Schotten geblieben, die haben immer gut für sie gesorgt. Was Tonja nie vergessen hatte.
Später hat sie sich dann bis zum Ende um ihren Opa Hermann gekümmert, er war zum Pflegefall geworden. Ihre Oma, die nie wirklich krank war, hatte es im hohen Alter von achtundachtzig Jahren erwischt: ein Sekundentod. Ein gnädiger Tod, wie Tonja später fand. Als Krankenschwester hat sie so einiges mit ansehen müssen...

Sie blickte auf die Tafel, die in ihrem Sprechzimmer an der Wand hing, darauf stand: „Wir sind nur Gast auf Erden". Tja, das ist wohl war. Es war über die Jahre zu Tonjas Leitspruch geworden. Manche nannten sowas Helfersyndrom. Aber sie wollte bloß ein guter Erdengast sein. Das war wohl ihre Berufung.

Aus ihren Gedanken wurde sie gerissen, als das Telefon klingelte. Ein Patient sagte ab. Die ungeplante Pause kam der Heilpraktikerin aber ganz recht an diesem Vormittag. Und so nutzte sie die Zeit, um erst einmal ganz in Ruhe ihre Mails zu checken.

In der Hamburger Arztpraxis von Dr. Gutbein war zu dieser Zeit eine Menge los. Jan hatte heute seinen x-ten Termin. Er hoffte, mit der leidigen Zehengeschichte nun endlich abschließen zu können. Beim Begutachten des Restnagels, der nun auch schon für seine laienhafte Wahrnehmung ganz passabel aussah, hörte er Dr. Gutbein aufmerksam zu: „Mein junger Freund, ich glaube, du hast es tatsächlich geschafft. Mein Plan B hat tadellos funktioniert, der Nagel sieht – also für seine bescheidenen Verhältnisse – prima aus. Wir haben uns also die Operation gespart." Jan schnaubte tief durch. Es wurde ja auch wirklich Zeit, wieder nach Frankfurt zurück zu kehren.

Seine Gedanken drifteten ab: Fast drei Wochen war er jetzt in seiner alten Heimat gewesen und hatte sich nicht einmal richtig zuhause gefühlt. „Irgendwie verrückt", dachte er, „in Frankfurt habe ich immerzu Sehnsucht nach Hamburg, der Alster, der Elbe und der guten Luft, die so gar nicht nach Großstadt riecht. Und ständig diesen Wurm im Ohr: „Junge, komm' bald wieder!" Und dann? Kaum in Hamburg angekommen, vermisse ich die Frankfurter Skyline, den Main und mein kleines, buntes Bornheim." Er war verwirrt in Sachen Heimat. Und nicht mal seine Mutter schien ihn allzu sehr zu vermissen. Gisela Johannsen hatte anscheinend nach langen Jahren in Trauer und Einsamkeit gelernt, das Leben auch alleine zu genießen, und er musste zugeben, dass er es ihr bei diesem Aufenthalt mit seinem deprimierten Verhalten und seiner Lustlosigkeit nicht unbedingt schwer gemacht hatte, das Weite zu suchen.

Gott sei Dank hatte sie ihn nicht – wie sonst üblich – mit allerlei Tipps und Ratschlägen aus ihren Frauenzeitschriften überhäuft. Nur ihre Johanniskrauttabletten wollte sie ihm ständig unterjubeln. Aber ohne Erfolg. Es war ja genug Rotwein im Keller…

Letztendlich war die gemeinsame Zeit knapp geblieben. Gisela hatte lediglich ein paar Mal für Jan gekocht, das war schön. Und lecker. Dann waren sie zweimal in der Hamburger City gewesen, hatten ihr Wein- und Whiskylager in Augenschein genommen (es war noch alles da!) und den neuen Eigentümer der Weinhandlung Johannsen besucht. Ein Moment, an dem sie sich beide ohne viele Worte wieder sehr nah waren. Gisela musste ganz besonders an ihren Mann Oluf denken und an das viele Herzblut, das er in diese Weinhandlung, die auch jetzt noch sehr erfolgreich zu laufen schien, gesteckt hatte. Ein Lebenswerk.

Aber jetzt konnte Jan es kaum erwarten, Lina endlich wieder zu sehen. Seit dem wortlosen Abschied war die Situation für ihn nahezu unerträglich geworden. So hatte er ihr einen Brief geschrieben und sich für sein unmögliches Verhalten entschuldigt. Und diesmal war der Brief per Post gekommen, zusammen mit einem wirklich gigantischen Strauß roter Rosen. Er hoffte sehr, dass sein Verhalten nicht zum endgültigen Bruch führen würde und dass Lina, die er in all ihren Jahren wirklich selten so derart stinksauer erlebt hatte, ihm doch noch einmal verzeihen konnte. Ja, er hatte Lina und auch seiner Mutter eine Menge zugemutet.

„Hast du noch irgendwelche Fragen, Jan?", Dr. Gutbein riss Jan damit aus seinen vielen Grübeleien zurück in die Realität.
„Nein, nein, Herr Doktor. Ich meine, prima. Prima, dass sich die Mühe gelohnt hat. Das heißt dann also, ich muss gar nicht mehr zu Ihnen in die Praxis kommen?", fragte Jan vorsichtshalber nach.

Dr. Gutbein nickte nur und antwortete routiniert: „Wegen des Zehs nicht unbedingt, aber du kannst mich natürlich jederzeit weiterhin konsultieren, wenn du möchtest. Auch wenn ich dir das nicht wünsche, bei dem weiten Anfahrtsweg."

Die Gelegenheit ließ Jan nicht ungenutzt verstreichen und erzählte Dr. Gutbein, dass ihn seit einigen Tagen auch noch heftige Rückenschmerzen plagten. Heiße Wannenbäder und Schmerzmittel hatten nicht geholfen. Daraufhin sollte er sich oben herum noch einmal kurz frei machen und Dr. Gutbein untersuchte seinen Rücken, klopfte einige Stellen fachmännisch ab, ließ Jan verschiedene Bewegungen ausführen und fragte nach, ob die Schmerzen in Beine oder Arme ausstrahlen würden, was Jan aber verneinen konnte.

„Also, ich vermute, dass du die massiven Verspannungen in der Muskulatur schon länger hast, aber dass sich die Situation jetzt verschlimmert hat, weil du durch die Zehengeschichte gezwungen warst, dich ruhig zu verhalten und dadurch vermutlich viel gesessen haben dürftest in den letzten Wochen. Ich denke nicht, dass wir weiterführende Untersuchungen in diesem Stadium schon machen sollten. Als erste Maßnahme schlage ich Fangobehandlungen in Verbindung mit einer gezielten Physiotherapie, also Krankengymnastik, vor. Ein Rezept liegt dann gleich an der Rezeption aus. Du kannst dir ja in Frankfurt jemanden suchen, da hast du genügend Auswahl vor Ort. Leider kann ich dir da niemanden empfehlen, ich kenne keine Physiotherapeuten dort, nur eine Heilpraktikerin. Wenn du willst, lass' dir vorne am Empfang die Adresse geben. Tonja Naumann, so heißt die Dame, kenne ich von einigen Naturheilkunde-Kongressen und sie hat mir persönlich einmal geholfen, als es mich übel erwischt hat und die üblichen Methoden nicht angeschlagen haben. Und wir Ärzte sind wirklich die schlimmsten Patienten, glaub' mir, mein Jung'."

Jan war erleichtert, dass er offensichtlich keinen Bandscheibenvorfall oder ähnliches hatte und zog sich rasch wieder an. Er wunderte sich aber, dass der Schulmediziner Dr. Gutbein ihm eine Heilpraktikerin empfohlen hatte. Doch er hatte keineswegs die Absicht, dorthin zu gehen. „Nach dieser Krankengymnastik dürfte sich die Sache ja dann sowieso erledigt haben." Dachte Jan.

„Und wenn du mir noch versprichst", Dr. Gutbein schaute Jan durchdringend an, „deine Zehennägel weiterhin so fleißig zu baden und regelmäßig zur medizinischen Fußpflege zu gehen, dann müssen wir uns wohl nicht allzu bald wieder sehen."

Zur gleichen Zeit klingelte das Telefon in Linas Büro. Sie sah schon an der Nummer, es war Marlene Hein, die Frau ihres Chefs.

„Wahrscheinlich hat sie wieder das Internet gelöscht oder ähnlich dramatische Probleme...", vermutete Lina. Meist endete so ein Hilferuf damit, dass sie der Dame alles, was sie brauchte, aus dem Netz heraussuchte und dann nach Hause faxte. Mit dem Faxgerät konnte Frau Hein in der Regel umgehen. Wenn nicht, dann gab Lina Herrn Hein die Ausdrucke für seine Gattin mit...

„Frau Siebenborn, ich hätte da mal eine kleine Bitte...", so fing es immer an, „Aber zuerst, da fällt mir noch etwas ein: Hat mein Mann Sie denn schon angesprochen, ich meine eingeladen? Wir, also vielmehr mein lieber Jürgen, wollte einmal wieder für Sie und Ihren Lebensgefährten kochen, und wir hatten dafür den übernächsten Samstag angedacht. Würde Ihnen das passen?"

Lina war ziemlich überrascht, denn damit hatte sie gerade nicht gerechnet – und so wirklich gelegen kam ihr das jetzt auch nicht, zumal sie sich erst mal mit Jan und dem Retten ihrer durchgerüttelten Beziehung beschäftigen wollte.

„Frau Hein, vielen Dank für die nette Einladung. Ehrlich gesagt, nächstes Wochenende hat mein Freund eine Vernissage in Bad Homburg, zu der wir Sie und Ihren Mann ebenfalls herzlich einladen wollten. Das Wochenende danach haben wir noch nicht verplant, da müsste es klappen. Ansonsten melde ich mich rechtzeitig bei Ihnen."

Marlene Hein hörte sofort heraus, dass dies kein uneingeschränktes „Ja" auf ihre Einladung war, aber sie schwenkte schnell zu ihrem eigentlichen Thema um.

„Das ist kein Problem, sagen Sie mir spätestens Mitte nächster Woche ab, falls es nicht klappen sollte. Ansonsten rechnen wir fest mit Ihnen am Samstag, das ist der 17. März, so gegen sieben bei uns. Ach, und, Frau Siebenborn, hätten Sie denn noch einen Moment für mich?" So harmlos das auch klang, meist fielen nach dieser Frage einige Stunden Arbeit extra an. Irgendwie war Lina auch für alles Private der Heins zuständig.... Ja, es war eine Grauzone. In keiner Stellenbeschreibung stand etwas darüber. Aber es war allgemein Usus. Für Assistentinnen. Sekretärin oder Chefsekretärin hörte man immer seltener. Auch ein Fall für die Liste der vom Aussterben bedrohten Wörter. Was irgendwie traurig war. Denn Assistentin klingt doch eigentlich eher nach Kulenkampff oder Dalli-Dalli...

Jedenfalls war sie nicht nur für die gesamte private Urlaubsplanung der Heins zuständig, sondern auch für deren Arzttermine, Korrespondenz, Überweisungen, Privatrechnungen, Vereinsarbeiten der Ehefrau (Golfclub, Tennisclub, Wohltätigkeitsflohmärkte) und vieles mehr...
Wo hätte sie da die Grenze ziehen sollen? Würde sie sich nicht ihr eigenes Grab schaufeln, wenn sie sich dagegen wehrte? Das hatte sich Lina schon oft in ihrem Berufsleben gefragt. Denn bei diesen zusätzlichen Aufgaben kamen so einige Stunden zusammen – aber man sah das wohl *ganzheitlich* und niemand redete darüber...

„Nein, kein Thema, Frau Hein, wie kann ich Ihnen denn helfen?", fragte Lina somit freundlich und hilfsbereit wie immer nach.
Und dann kam die ganze Problematik aus Marlene Heins sicher perfekt geschminktem Mund durch die Leitung gesprudelt: Sie war aktuell auf der Suche nach einer Top-Beautyklinik. Die To-do-Liste im Einzelnen: Lippen aufpolstern, Zornesfalten wegspritzen, den Busen wieder in Form bringen und überschüssige Polster an den unterschiedlichsten Stellen loswerden! Na denn.
Das ganze Paket sollte idealerweise mit einem Aufenthalt in einer angeschlossenen Schönheitsfarm kombiniert werden, so dass sie die offizielle Version von einem zweiwöchigen Wellnessurlaub getrost und guten Gewissens an ihren Gatten (und all ihre ebenso aufgespritzten und aufgepolsterten High-Society-Freundinnen) weitergeben konnte.
Dafür sollte Lina nun eine streng geheime Internetrecherche beginnen, die nur höchstpersönlich und in verschlossenem Umschlag an Frau Hein übergeben werden durfte.
„Oh, liebe Frau Hein, diese Recherche nimmt einen Moment Zeit in Anspruch. Aber ich denke, bis Ende nächster Woche kann ich Ihnen das Ergebnis bestimmt aushändigen. Ihr Mann wird davon ganz sicher nichts mitbekommen, seien Sie ganz getrost." Lina half wirklich gerne. Sie mochte Frau Hein.
Und irgendwie tat sie ihr direkt leid, denn sicherlich ahnte sie insgeheim, dass ihr Mann auf seinen vielen Dienstreisen nicht nur geschäftliche Termine wahrnahm...
Und sie wagte gar nicht daran zu denken, dass Frau Hein einmal erfahren könnte, welche Etablissements ihr Gatte wahrscheinlich im Frankfurter Bahnhofsviertel aufsuchte.
Diskretion kann auch eine Bürde sein...

Aber so einer Frau muss einfach geholfen werden. Ihr Leidensdruck war sicherlich enorm, wenn sie sich schon der Sekretärin ihres Mannes mit so etwas Intimem anvertraute!
Offensichtlich hatte sie keinen anderen Menschen in ihrem reichen und schicken Umfeld, dem sie vertrauen konnte.

Doch heute war nicht der Tag für Überstunden. Nein, die *Aktion Rundumerneuerung Marlene* musste mal ausnahmsweise warten.
Keine Zeit für derlei Extras. Heute nicht!
In Linas Terminkalender stand nämlich: Jan zurück in FFM!

Er hatte seine Siebensachen nach dem vorerst letzten Besuch bei Dr. Gutbein schnell zusammengepackt. Gegen Nachmittag war er dann in Frankfurt angekommen.
Noch hatte Jan zwar Rückenschmerzen, aber mental war er guter Dinge und voller Tatendrang. Unterwegs im ollen Kombi hatte er bewusst nur die Verkehrsmeldungen gehört. Nicht auszudenken, wenn sie Brittneys Greatest Hits gespielt hätten… Jan hatte sich fest vorgenommen, weder seine Mutter noch Lina weiter mit der Souldiva zu belangen. Er hatte den Bogen längst überspannt!
Die Autofahrt nach Frankfurt war ohne Zwischenfälle verlaufen. Von unterwegs hatte er sogar noch seine Bad Homburger Galeristin angerufen und ihr versichert, dass er gleich morgen mit seinen Bildern vorbeikommen würde, um die Vernissage vorzubereiten.

Frau von der Weihe, die Bad Homburger Galeristin, war regelrecht entzückt, dass der Künstler nun doch rechtzeitig genesen war, denn sie hatte die Einladungen – gutgläubig wie sie nun einmal war – schon an ihre Stammkundschaft herausgeschickt. Erst im Nachhinein war ihr klar geworden, dass der Schuss auch hätte nach hinten losgehen können. Es wäre schließlich nicht das erste Mal gewesen, dass es einem ihrer Künstler kurz vorher „nicht so gut" gewesen wäre, oder er sich einfach nicht mehr gemeldet hätte.
Mit Ärger war bei diesem Schlag von Menschen immer zu rechnen, dass hatte Frau von der Weihe schon öfter in ihrem langen Galeristenleben erfahren müssen.
Und die Hoffnung, dass sich dieses Naturgesetz irgendwann noch einmal umkehren würde, hatte sie längst aufgegeben.

In Bornheim angekommen, wurde Jan im Hauseingang erst einmal von Frau Fieg, dem allseits bekannten und manchmal gar nicht so beliebten Drebbehäusje, in Empfang genommen.

„Ach, unser Nordlischt is ja endlich widder da! Ei, guuden Tach, Herr Johannsen! Mier hawwe schon gedacht, Sie käme gar nemmer nach Frangfodd zurügg. Iss Ihne-Ihrm Fuß dann jezz widder besser? Wie ich gehörd habb, mussde Sie ja doch nedd obberiert werde?", prustete sie lautstark heraus.

„Guten Tag, Frau Fieg. Sie habe ich ja schon richtiggehend vermisst. Danke der Nachfrage, meinem Fuß geht es besser, auch ohne Operation. Und Frankfurt hat mich ja jetzt auch wieder!"

Dann hatte er versucht, zügig an Frau Fieg vorbeizukommen.

Vergeblich!

Es kam der übliche Spruch: „Herr Johannsen, Sie wisse ja wie's iss. Es geed mer nämlich noch immer nett in de Kopp enei, wie kann dann en Mensch nett von Frankfodd sei…, gelle?"

Jetzt wusste Jan, was ihm die ganze Zeit gefehlt hatte!

Mit diesem Vers des berühmten Frankfurtgedichtes von Friedrich Stoltze hatte sie ihn jetzt schon jahrelang (also fast 7! – in Worten sieben!) drangsaliert. Am liebsten hätte er ihr geantwortet:

„Frau Fieg, und mir geht es nicht in meinen Kopf hinein, wie kann ein Mensch denn sein ganzes Leben im Treppenhaus sein?"

Aber seine hanseatische Zurückhaltung gewährte ihm Einhalt – und so hatte er nur gelächelt und sich noch artig für das Überbringen seines Valentingeschenks bedankt.

Doch für Frau Fieg war die Unterhaltung an dieser Stelle noch lange nicht beendet: „Horsche Sie maa, Herr Johannsen, also Ihne-Ihr Bekannde, dess Frollein Siebenborn, die hat sich ja soooo gefreud über dess Gescheng. Ach, die is beschdimmt froh, dass Sie jetzt widder da sin' und sie nemmer so allei is. Abber ihr Freundinne, also die Mädscher, die warn hier, unn die habbe sich ja rührend um des Frauche gekümmert. Sogar zu esse und zu tringe habbe die ihr mitgebracht…so goldische Mädscher sinn dess gewese…"

Jan brummelte dann: „Ist doch schön, wenn man so nette Freundinnen hat." Er war sich sicher, dass Frau Fieg gleich noch weitere Anekdoten erzählen würde.

Aber jetzt lief er einfach stur die Treppe nach oben.

Der Empfang hatte ihm gereicht…

Lina war etwas mulmig zumute, als sie nach Feierabend endlich vor ihrer eigenen Wohnungstür stand. Was würde sie dahinter erwarten? War Mimösjen-Jan endlich wieder zu Mr. Big-Johannsen geworden? Und würde sie wieder seine Carrie, äh, sein Linchen sein?
Naja, momentan empfand sie ihr Leben eher als eine Doppelfolge von „No Sex, what a Pity!" Insgeheim hoffte sie jedoch, dass am Ende alles genauso gut ausgehen würde wie in ihrer Lieblingsserie.
Zugegeben, sie und die Flaggenmädels waren nicht ganz so knackig wie ihre amerikanischen Pendants. Auch konnten sie nicht so elegant auf High-Heels herumlaufen – besonders Marie-Anne riet aus fußmedizinischer Sicht regelmäßig davon ab. Aber trinkfester waren sie allemal...

Noch ehe Lina den Schlüssel ins Türschloss stecken konnte, hatte Jan ihr bereits die Türe geöffnet – und seine Arme ebenso: „Endlich, mein Linchen, das wurde aber auch Zeit!" Er drückte ihr fast die Luft ab, und die Handtasche fiel ad hoc zu Boden.
„Langsam, langsam! Willst du mich umbringen? Ich warne dich, Frau Fieg hört und sieht alles", japste Lina. Aber kaum, dass sie ihren Mantel ausgezogen hatte, schlug Jan vor:
„Was hältst du von einem schönen Abendessen? Ich lade dich zur Feier des Tages ein. Und zur Versöhnung!"
Das ließ Lina sich nicht zweimal sagen. Vielleicht war es sogar gut, erst einmal auszugehen – bevor es am Ende noch laut werden würde – und das Ganze das Drebbehäusje auf den Plan gerufen hätte...

Neutraler Boden war angesagt: Also gingen sie ins „CrossCross", ganz in der Nähe der Alten Oper. Keiner der üblichen Schicki-Micki-Läden, eher etwas für Leute mit einem Faible für uralte Möbel.
Hier gab es Flohmarktzeugs en masse, alles in Kombination mit modernen Designerstücken. Genau die Mischung, die Lina und Jan faszinierten. Sie liebte Hochglanz, er eher Trödel. Die jungen Cross-Cross-Wirte wollten dem ganzen Fressgassen-Chic damit etwas entgegensetzen, eine wilde Mixtur. Und das Lokal hatte mit dieser Idee bereits tolle Kritiken geerntet, es war sogar schon als Gastro-Tipp des Monats im Hessenfunk vorgestellt worden.
Man konnte dort Kaiserschmarrn, Spaghetti Bolognese mit Beilagensalat (für läppische 7,50!), indische Currygerichte oder auch nur eine Portion Pommes-Schranke bestellen.

Es gab zwar auch ein Feinschmecker-Menü (für Leute, die es dann doch gehobener brauchten), aber Herr Rach wäre hier auf jeden Fall arbeitslos geworden.
Ebenso bunt wie Speisekarte und Mobiliar war auch die Musik. Mal konnte man Jazz und Swing hören, dann wieder portugiesischen Fado oder sphärische Mantragesänge. Sogar Klassik wurde aufgelegt! Crossover in Reinkultur eben. Jan mochte das sehr. Hoffentlich würden sie an diesem Abend keine Brittney-Gedenk-CD einlegen…

„Und, meine Liebe, schon was gefunden?", fragte er Lina, die schon einige Zeit die Karte studiert hatte. Sie war unschlüssig, denn was sollte sie aussuchen? Im Prinzip versuchte sie, etwas zu bestellen, von dem Jan dann noch die andere Hälfte essen könnte. Das leidige FDH! Und so bestellte sie ein leichtes Currygericht mit Huhn und Reis, das würde er sicherlich auch mögen…
Jan hatte aber andere Vorstellungen:
„Also, ich nehme erst einmal eine schöne Tomatensuppe, dann die Nudeln mit Kräuterpesto Provence, dazu einen kleinen Salat und hinterher noch den Kaiserschmarrn. Und bitte noch ein alkoholfreies Bier und eine große Flasche Mineralwasser."
Offensichtlich hatte er richtig Kohldampf.
„Na, du hast es ja wirklich gut vor", kommentierte Lina die Bestellung. Er war immer froh, wenn er etwas „Richtiges" auf den Teller bekam, denn üblicherweise erwiesen sich die Feinschmeckerportionen in den hippen Restaurants von Frankfurt im Nachhinein oft nur als eine Art Vorspeise. Wie oft hatte er sich nach einem teuren Essen noch ein Salami-Käse-Baguette geschmiert? Mit knurrendem Magen konnte doch niemand gut schlafen…
Er mochte diese Art von Gourmetküche nicht mehr. Deshalb ging er am liebsten zu seinem Asia-Wok, mitten im Rotlichtviertel. Denn dort wurde neben den üblichen Riesenportionen auch noch eine Menge fürs Auge geboten. Durch die schmierigen Scheiben konnte man nämlich aufs pralle Leben schauen.
Und dieser Ausblick war unbezahlbar!
Das „CrossCross" war an diesem Abend gut besucht, ein gemischtes Völkchen fand sich hier nach und nach ein. Der Banker direkt neben dem Alt-Öko – das war Frankfurt live!

Zu einem richtigen Gespräch zwischen Lina und Jan kam es aber nicht wirklich. Beide versuchten krampfhaft, eine lockere Stimmung aufkommen zu lassen.
Die letzten Wochen sollten nicht aufs Trapez kommen, und wahrscheinlich waren sie sogar froh, dass es in dem Lokal ziemlich laut war. Die berühmte Streitkultur lag ihnen nicht. Also saßen sie sich gegenüber, kauten jeden Bissen zigmal durch und taten so, als wäre alles in bester Ordnung. Offiziell!

„Jan, schaffst du das noch? Ich habe meine Hälfte schon gegessen." Lina wollte ihrer Diät treu bleiben und war an diesem Abend extra eisern. Obwohl es wirklich sehr lecker war, dieses indische Curry.

Sie schob ihren Teller herüber zu ihm. „Wieso isst du denn nur die Hälfte?", Jan klang etwas genervt. „Wieso? Das weißt du doch ganz genau, es ist ein normaler Wochentag und da bleibe ich bei meiner FDH-Diät. Sonst bin ich ganz schnell wieder die Wuchtbrumme, die du nie kennen lernen wolltest!", zischte Lina zurück.

„Aber Linchen, jetzt reg' dich doch nicht so auf. Sieh es doch mal so: Das Leben, und ich habe mir echt viele Gedanken gemacht in den letzten Wochen, das Leben kann so schnell vorbei sein. Sollte man sich da nicht jede Sekunde darauf besinnen und dankbar sein, dass man lebt und dass man zum Beispiel so ein schönes Essen überhaupt genießen kann? Was nützt es dir, wenn du schlank bist, aber krank? Oder unzufrieden? Das ist doch auf Dauer nicht gut: einmal nur die Hälfte essen und am Wochenende dafür das Doppelte." Er wollte Lina nicht angreifen, aber irgendwie hatte er sich wohl verändert. Das fiel ihm selbst auf.

Noch vor einigen Monaten hätte er sie schräg angesehen, wenn sie einmal wieder alles in sich hineingeschlungen hatte.

„Das soll *ein* Mensch verstehen", murmelte sie leise vor sich hin und säuerte so langsam aber sicher an. Dann platzte es heraus: „Auf was für einem Trip bist du denn jetzt? Hat der Tod der Diva dich jetzt völlig aus den Latschen gehauen? Soweit ich mich erinnere, hast DU doch bisher immer ganz fleissig an meiner Linie rumgemäkelt. Oder? Du hast doch immer gesagt, ich sollte mal diese oder jene Diät ausprobieren. Schon vergessen? Frühzeitige Form von Künstlerdemenz, oder was?"

Lina hatte eigentlich überhaupt keine Lust, sich zu rechtfertigen. Dennoch sie tat es.

„Tut mir leid, Lina. Wenn es wirklich so war, dann hatte ich es wohl echt vergessen. Lass' doch einfach diese blöden Diäten sein! Und sei nicht so streng mit dir…"
Jan befürchtete fast, jetzt wieder etwas Falsches gesagt zu haben, dabei hatte er es tatsächlich nur gut gemeint.
„Ich WILL aber streng mit mir sein! Und zwar für mich – nur für mich! Verstanden?" Linas Augen funkelten dabei. Sie war ganz schön in Rage gekommen.
Mittlerweile war der Geräuschpegel um ein Vielfaches gestiegen, und am Nebentisch wurde lautstark über das Topthema Wulff-Gauck diskutiert. Die beiden politisch interessierten Herren hatten schon ein paar Mal interessiert zu Lina und Jan geschaut. Da waren wohl ein paar Brocken gewesen, die sie vom Diät-Streit am Nachbartisch aufgeschnappt hatten. Sicher haben sie sich gewundert, welche Banalitäten diese ungebildeten Leute hier in aller Öffentlichkeit besprechen mussten… Und das wurde prompt mit leicht kopfschüttelnden Blicken quittiert.
Irgendwann dachten Lina und Jan, das ist wohl der klägliche Reste-Stasi-Stammtisch! Das erste Mal, dass sie beide lachen mussten.
Es war aber auch eine schwere Geburt an diesem Abend…

„Das ist jetzt bei den IMs am Nebentisch gar nicht gut angekommen", kommentierte Jan. Aber so, dass man es noch hören konnte. Jetzt guckten die beiden Oberlauscher mit strafendem Blick zu ihnen. Am Ende waren es tatsächlich ausgemusterte IMs, also Informelle Mitarbeiter der Stasi, so nannte man diese aufmerksamen Gesellen damals kurz.
Lina konnte sich auf einmal kaum halten vor Lachen.
Dass hier überhaupt so zwielichtige Leute herkamen, das war ja ganz was Neues. Aber Ex-Spitzel haben halt auch mal Hunger…

„Am liebsten würde ich jetzt sofort nach Hause fahren. Das Curry lassen wir einpacken und den Kaiserschmarren auch. Können wir alles morgen vertilgen", sie hatte keinen Nerv mehr auf Kneipenatmosphäre mit Ex-Stasis, die sich als Alt-Ökos getarnt haben.
„Bloß nichts mehr reden, einfach nur noch eine wilde Nacht verbringen", das ging ihr jetzt durch den Kopf. Sie hatte da auf einmal so eine Idee…

„Du, Jan, wir haben in der Fastenzeit doch nicht allem abgeschworen, sondern nur dem Alkohol, oder?", flüsterte sie in sein Ohr.
Die Stasis vom Nebentisch spitzten ihrerseits die Rhabarberohren, mussten sich den Rest dann aber denken…
Das süffisante Grinsen der Turtelnden dürfte die Spitzel-Phantasien jedoch ganz schön angekurbelt haben.
„Na, dann nichts wie los, wir haben schließlich keine Zeit zu verlieren!"
Jan war froh, dass sie endlich wieder zusammen lachen konnten.
Und anscheinend ging noch eine ganze Menge mehr… Yippieh!
An seinen Kummer und seine Schmerzen wollte er vorerst keinen Gedanken mehr verschwenden. Im Gegenteil.
Er hatte sich fest vorgenommen, in dieser Nacht am besten überhaupt nicht mehr zu denken…

„Der Mann ohne Namen"

Anfang März roch es auf einmal nach Frühling. Die sogenannte Übergangszeit war schon in den letzten Jahren immer öfter ausgefallen. Früher brauchte man noch sogenannte Übergangsjacken, heute kam man mit dicker Wintergarderobe und superleichten Sommerstoffen fast übers ganze Jahr.

Ein paar wärmende Sonnenstrahlen jedenfalls, und die Menschen drehten total durch. Manche fuhren jetzt schon mit offenem Verdeck durch die Gegend. Und Jan war mit Frühlingsbeginn auch aus seinem Wintertief herausgekommen. Sein Zehennagel entwickelte sich prima, er war sogar schon bei Marie-Anne zum Fußpflegetermin und hatte begeistert davon erzählt, wie toll sie seine Füße pediküurt und massiert hatte. Das wollte er jetzt beibehalten, hatte er Lina gleich angekündigt.

Trotz guter Laune war ihr aufgefallen, dass Jan einen ernsten Ausdruck im Gesicht hatte, auch wenn er lachte oder scheinbar fröhlich war. Aber Lina wollte nichts mit Gewalt in diese Mimik hinein interpretieren, und versuchte es vorerst mit Ignoranz.

Beide waren insgeheim froh, dass dieser blöde Vorfall in Hamburg und die Tage der Sprachlosigkeit jetzt Geschichte waren. Lina freute sich, dass es ihrem Jan besser zu gehen schien und das plötzliche Ableben seiner Lieblingssängerin offenbar doch keine dauerhaften Schäden hinterlassen hatte.
Die neu verliebten Turteltäubchen verbrachten jetzt jede freie Minute miteinander – so richtig schön Friede, Freude, Eierkuchen...

Abends saßen sie meist zusammen und hörten Musik, tranken Brennnesseltee und aßen trockenes Knäckebrot. Keinen Eierkuchen. Normalerweise hätten die beiden an so einem romantischen Abend eine Flasche Rotwein getrunken, aber bislang hielten sie sich tapfer an ihr Fastengelübde. Alles sah schon fast nach langweiliger Idylle aus.

„So könnte es bleiben!", hoffte Lina.

„Jan, wir müssen langsam los! Schließlich wollen wir nicht die allerletzten sein, die bei deiner Vernissage eintrudeln", drängelte sie am Samstagmorgen, als Jan wieder mal ewig nicht aus dem Badezimmer herauszukommen schien. „Was machen Männer eigentlich so lange im Bad?" Da war sie selbst aber erheblich flotter, musste Lina ganz objek-

tiv feststellen. „Ich komme ja gleich. Aber ich muss halt nochmal!", rief Jan.
„Kein Wunder, die Aufregung. Da kriegst du doch immer Durchfall, das ist ja nix Neues", moserte sie herum. Mimösjen-Jan würde in diesem Leben nicht mehr robuster werden, befürchtete sie. Dann wippte sie mit dem Fuß nervös auf und ab, um ihr Anliegen mit ein bisschen Krach noch zu unterstreichen. Geschniegelt und gebügelt stand sie da und wartete jetzt schon entschieden zu lange auf den Künstler mit Dünnpfiff.

Sie hasste es, zu spät zu kommen. Und verkehrstechnisch war es rund um Frankfurt nicht gerade ein Zuckerschlecken. Auch samstags nicht. Gott sei Dank wurden sie nicht auch noch vom Drebbehäusje aufgehalten. Frau Fieg war bei dem Sonnenschein sicher schon am Wasserhäuschen und eröffnete die Saison…

Um zwanzig vor elf trafen Lina und Jan in der Bad Homburger Kunstgalerie „Hilda von der Weihe" ein. Die Galerie lag ganz in der Nähe von Kurpark und Fußgängerzone. Auch in der schicken Kurstadt hatte die Frühlingssonne eine Menge Menschen nach draußen gelockt. Überall saßen Leute in den Cafés und tranken – trotz der noch recht frischen Temperaturen – ihren Cappuccino an der frischen Luft. Kännchen gab es ja keine mehr. Nicht mal im Garten.
Frau von der Weihe, die sich zur Feier des Tages extra ihren quietschgelben Genscher-Gedenk-Pullunder (zum karierten Schottenrock!) angezogen hatte, war wohl ebenso aufgeregt wie Jan. Die jahrelange Routine in der eigenen Kunstgalerie hatte ihrer Nervosität anscheinend nichts anhaben können.

„Gut, dass Sie da sind, mein lieber Herr Johannsen. Es sind schon einige Leute gekommen, hoffentlich in Kauflaune. Und unser Sohn Frieder hat bereits Sekt und Säftchen serviert", dabei musterte sie Lina von oben bis unten und fragte sicherheitshalber noch einmal nach: „Ach, das ist sicher Ihre reizende Gattin, schön, dass ich Sie auch mal kennenlerne!" Nachdem er Lina kurz vorgestellt hatte, zerrte Frau von der Weihe ihn auch schon wieder in eine andere Richtung.
„Kommen Sie, Herr Johannsen, am besten, Sie stellen sich nachher dort hin, wenn mein Mann die Laudatio hält. Die Leute wollen doch sehen, wer der Künstler ist, der heute eröffnet."

Jan war es irgendwie peinlich, gleich eine Art Lobeshymne über sich ergehen lassen zu müssen. Die Leute würden ihn sicher minutenlang anstarren. Und wo genau sollte ER dann hinsehen? Die ganze Zeit auf den Boden zu gucken wäre doof. Zurückstarren? Auch keine gute Lösung. „Das ist ein bisschen wie im Zoo", dachte er. „Fehlt nur noch die durchsichtige Trennwand aus Plexiglas. Und, dass sie mir Bananen zuwerfen." Er versuchte, an die unzähligen Maler zu denken, für die nie jemand eine Laudatio gehalten hatte. Oder Bananen geworfen...

Jan nahm sich deshalb fest vor, nicht weiter auf hohem Niveau zu lamentieren.

Nachdem Wolfgang von der Weihe in seiner Laudatio die langjährige Ausbildung des Malers und sein außergewöhnliches Talent, das Gott ihm in die Wiege gelegt haben musste, ausschweifend gewürdigt hatte, sprach seine Gattin, die eigentliche Galeristin, noch einige warme Worte. Zum Glück nur wenige.

Jan war froh, dass der offizielle Teil vorbei war. Diese Lobhudelei war ihm ein Graus. Auch wenn Herr von der Weihe es für seine Verhältnisse sicher noch kurz gemacht hatte...

Pünktlich zum Laudatio-Ende kam Susi Lustig angerauscht. „Sorry, Ihr Lieben. Ich bin e bissi spät, aber Ihr kennt mich ja, die rasende Reporterin, gefangen im Stau. Aber jetzt bin ich da!" Sie war außer Atem. „Ein paar Entspannungsübungen könnten dir aber auch nicht schaden, du Tausendsassa!", kommentierte Lina ihren Auftritt.

So richtig relaxed sah Susi Lustig seit ihrer Scheidung nicht wirklich aus. Das pechschwarze Haar wirkte hart zu ihrer blassen Haut, und die Kilos, die ihr seit der Trennung abhanden gekommen waren, ließen sie hager und faltig wirken. Irgendwie älter jedenfalls. Und manchmal gar nicht mehr so lustig. Die Wirkung des von ihr so vielbeschworenen Zumba-Dancing war also offensichtlich auch begrenzt...

In Jans Augen konnte Lina sehen, dass er genauso darüber dachte. Beide hatten es nie verstanden, warum das vermeintliche Traumpaar Lustig-Dannersberg sich überhaupt getrennt hatte. Sie waren doch immer ein Herz und eine Seele, obwohl grundverschieden. Jochen hatte mit Medien nämlich gar nichts am Hut. Er war Raumausstatter aus Leidenschaft, verlegte mit Hingabe Teppichböden und konnte von Gardinenröllchen und Faltenbändern gar nicht genug bekommen.

Aber aus irgendeinem Grund hat es dann doch geknallt beim vermeintlichen Traumpaar. Von heute auf morgen war's aus gewesen, einfach so.
Kein Streit, keine Krise, aber trotzdem *Schluss mit Lustig*. Für alle war diese Trennung aus heiterem Himmel gekommen, und dann war Susi plötzlich auch noch dünn. Was Lina einen verbissenen Zug um den Mund gezaubert hatte. Ob sie auch plötzlich dünn wäre, wenn…? Nein, darüber wollte sie nicht wirklich nachdenken. Pfui!
Dabei fiel ihr ein, dass sie Susi unbedingt mal fragen musste, wie sie nach ihrer Scheidung hieß. Eigentlich lautete ihr Name nämlich Dr. Susanne Dannersberg. Susi Lustig war ja nur ihr Künstlername.

„Jan, bitte, bitte, nicht böse sein. Ich wollte heute doch eigentlich eine Reportage über dich und deine Ausstellung hier machen, aber mein Boss hat das in der letzten Sekunde doch nicht genehmigt. Er meinte, es sei gerade mehr als genug über Kunst und Ausstellungen berichtet worden. Vielleicht klappt es später mal, wenn es besser ins Programm passt. Leider bin ich somit nur privat da. Sorry."
Susi Lustig meinte das wirklich ernst. Und sie kannte Jan lange und gut genug, um zu wissen, dass ihn dies treffen würde: Kein Wort über ihn und seine Ausstellung im Kulturprogramm des Hessenfunk.
„Verdammt", schimpfte sie mit sich selbst, „mit einer guten Reportage hätte ich ihm echt helfen können. Wäre ich doch nur still gewesen." Sie bereute ihre eigene Vorlautheit jetzt. Wie so oft hatte sie wieder zu früh über ungelegte Eier geplappert und damit Hoffnungen bei Jan geweckt. Das sollte ihr eine Lehre sein.
„Ist schon okay, Susi. Don't worry. Vielleicht klappt es ja beim nächsten Mal." Das war typisch Jan. Typisch Hanseat: Man behielt in solchen Dingen einfach die berühmte Contenance.
Und wenn man heimlich kotzen ging…

Auch Ines Gerlach, die Nummer drei der Flaggenmädels an diesem Vormittag, war nun endlich eingetrudelt. Bädertour am Samstag, sozusagen. Einmal Bad Nauheim-Bad Homburg und retour. Im Gegensatz zu Susi Lustig sah sie jedoch absolut tiefenentspannt aus. Beziehungstechnisch schien sich mit Lars, ihrem notorischen Valentinsversager, wohl alles wieder eingerenkt zu haben.
Zumindest vorerst.

„Guten Morgen, Ihr Süßen. Geht's gleich los? Ich bin auch etwas spät. Aber samstags kann man ja mal fünf gerade sein lassen, oder?" Sie wirbelte sich ihre roten Locken aus der Stirn und war offensichtlich zu allen Schandtaten bereit.

„Naja, was heißt hier losgehen? Die Laudatio ist schon gehalten, und jetzt harren wir der Dinge, die da kommen. Aber erst einmal gibt es Sekt und feine, kleine Häppchen. Du, sag' mal, wollte dein Lars denn nicht mit kommen?"

Lina hatte ihn schon des Öfteren an der Seite von Ines vermisst. Nie war er dabei, wenn zu Feierlichkeiten ausdrücklich mit Partner eingeladen wurde, und auch sonst machte er sich schon ziemlich lange ziemlich dünne.

„Nee, der hat sich lieber nochmal rumgedreht. Hatte eine anstrengende Woche und wollte nicht aus dem Haus, äh, beziehungsweise, aus dem Bettchen." Das vielsagende Grinsen von Ines sprach dabei Bände. Wahrscheinlich war auch sie direkt aus dem warmen Bettchen auf die Vernissage gefallen, vermutete Lina.

Ines' langes, feuerrotes Haar fiel jedenfalls im verwegenen Zausel-Chic, und ihr Blick dabei bestätigte alle landläufigen Vorurteile über Rothaarige.

„Übrigens", flüsterte Lina ihrer verspäteten Freundin ins Ohr, „deine Bluse hängt hinten ein bisschen aus der Jeans. Der Stringtanga ist aber noch an Ort an Stelle." Das war der Moment, wo nicht mehr nur das Haar von Ines rot war.

Lina musste an den schönen Lars Ochs aus Steinfurth in der Wetterau denken. Geheuer war er ihr noch nie gewesen...
Der richtige Partner für Ines war er in ihren Augen auch nicht. Eher so eine Art Toyboy. Wobei nicht klar war, mit wem er alles spielte. Und welche Spielchen gespielt wurden. Lina traute ihm jedenfalls keinen Meter, selbst Jan machte einen großen Bogen um ihn. Irgendwie war der Typ komisch. Nie hatte er Zeit für irgendetwas. Immer war er auf dem Sprung. Total nervös, dieser Mensch. Und ständig on the road. Mit seinem großen Laster fuhr er fast täglich die Strecke Steinfurth – Holland. Blumen hin, Blumen her. Wenn es denn stimmte...
Manchen Menschen merkt man irgendwie an, dass sie etwas zu verbergen haben. Sie weichen dem direkten Blick aus. Eigentlich ganz einfach. Und alle hatten es bei Lars gemerkt. Nur Ines nicht...

So kam es Lina jedenfalls vor. Insofern hielt sich auch die Traurigkeit über Lars' Abwesenheit bei allen Beteiligten schwer in Grenzen.

„Jetzt fehlt nur noch Marie-Anne – und die Flagge wäre komplett!", stellte Susi fest. Aber die Alterspräsidentin hatte schon angekündigt, dass sie eventuell noch mit spontaner Kundschaft zu rechnen hätte.
Es waren nämlich immer dieselben Damen, denen beim samstäglichen Frisörbesuch plötzlich einfiel, dass es auch bei den Füßchen noch was abzuhobeln gab.

In der Galerie tummelten sich mittlerweile eine Menge Leute, überwiegend älteren Semesters. Die meisten von ihnen dürften die Goldene Hochzeit schon hinter sich gebracht haben. Jan tippte auf langjährige Stammkunden. Aber auch jüngere Interessenten waren dabei. Typische Kurstadt-Singles, einige mit samstäglichem Einkaufskorb in der Hand. Eher zufällig hereingeschneit und für ein Gläschen gut gekühlten Rosésekt nicht unempfänglich – wann gab es in Bad Homburg schon mal was umsonst?

Einige Herren waren tatsächlich in voller Anzugmontur erschienen. An einem Samstag!

Kein halbwegs normaler Mensch konnte das verstehen. Ganz besonders Lina nicht. Die hatte nämlich eine schwere Allergie gegen Bürotracht außerhalb der üblichen Bürozeiten…

„Und, wie finden Sie die Werke des jungen, aufstrebenden Künstlers?", fragte einer dieser fehlgestylten Herren Lina mit schelmischem Blick.

„Ich?" Lina musste erst mal realisieren, dass der zweifellos attraktive Banker-Typ wirklich sie gemeint hatte.

„Ich finde die Bilder von diesem jungen Künstler ganz wunderbar. Und ich sage Ihnen gleich noch etwas: Ich habe sogar einige seiner Werke bei mir zuhause an den Wänden hängen. Denn ich glaube fest daran, dass aus ihm einmal so etwas wie ein zweiter Van Gogh wird."

Der Beau mit den glänzenden Lederschuhen zog arrogant die gezupften Augenbrauen hoch und meinte ganz lässig und nebenbei, während er Lina eindringlich anschaute: „Naja, wenn er mal lange genug tot ist, könnte er vielleicht sogar richtig berühmt werden."
Dann lachte er fast so fies wie ihr Chef, wenn er wieder etwas ausgeheckt hatte. Ihr stellten sich die Nackenhaare hoch.

Was für ein unangenehmer Zeitgenosse!

Lina wollte gerade etwas kontern, da kam Jan und drückte ihr einen stürmischen Kuss auf die Wange. „Stell' dir vor, die Leute finden meine Bilder toll!" Die Begeisterung stand ihm dabei ins Gesicht geschrieben. Da schaltete sich der Beau gleich ein: „Dürfte ich Ihnen, verehrter Herr Johannsen, bei dieser Gelegenheit meine Karte überreichen? Philip Saagers. Ich bin Immobilienmakler, aus dem schönen Taunus. Freut mich sehr!", der fiese Schönling lachte Jan jetzt unverblümt an und schwafelte gleich weiter: „Ja, ich habe immer öfter Anfragen von Kunden, die ihre neuen Objekte mit Kunst ausstatten wollen. Gut, ob diese Malerei à la Monet und Van Gogh überhaupt noch gefragt ist, das weiß ich auch nicht. Sicher hätten meine Kunden lieber die Originale über dem Tresor hängen, hahaha. Aber ein gewisser Stilmix ist doch jetzt angesagt. Ich denke, da könnte auf jeden Fall auch etwas mit Ihren Landschaften gehen, Herr Johannsen."

Das fand Jan natürlich klasse. „Klingt nach richtig dicken Fischen!" Das dachte er aber nur. Dann ging es umgehend ins Detailgespräch mit dem topgestylten Makler.

Dass Philip Saagers seiner Liebsten zwischendurch immer wieder tief in die Augen schaute, was Jan nicht verborgen geblieben sein dürfte, hatte sie zum Rotbäckchen von Bad Homburg werden lassen. Ihr wurde abwechselnd heiß und kalt und sie fragte sich, wo um Himmels Willen die Flaggenmädels waren, wenn man sie mal wirklich brauchte. „Entschuldigung, mein Name ist Hasenfeld, dürfte ich Sie wohl kurz sprechen, Herr Johannsen?", unterbrach höflich ein silberhaariger Herr, Typ verarmter Adel: messinggelbe Grob-Cordhose, hellblaues Hemd, karierter Sakko – kombiniert mit einem Halstuch. Jagdmotive...

Die Ausstellung schien gut anzulaufen. Lina freute sich. Das würde ihren Jan sicher wieder auf Kurs bringen. Froh war sie auch darüber, mit der Hasenfeld'schen Unterbrechung den durchdringenden Blicken dieses Herrn Saagers endlich zu entkommen – was sich aber schnell als Fehleinschätzung erweisen sollte. Denn Jan entschuldigte sich seinerseits, um sich mit der gräflichen Cordhosen-Erscheinung diskret zurückzuziehen.

Das war für den Beau Signal genug, erneut zur Attacke anzusetzen: „So, so, und Sie haben also einige Werke und den Künstler höchstpersönlich in den eigenen vier Wänden?" Philip Saagers war dem zweifellos weitläufigen Verwandten der Queen sichtlich dankbar für die Entführung des Malers.

„Genau. So könnte man es ganz präzise ausdrücken."

Jetzt, wo die Fronten geklärt waren, fing es an, Lina Spaß zu machen. „Und das klappt mit so einer sensiblen Künstlerseele im tristen Alltag? Ich habe jedenfalls die Erfahrung gemacht, dass man mit diesen Künstlertypen immer die tollsten Dinge erlebt. Meistens werden sie krank, wenn sie einen Termin haben oder vergessen ihn gleich ganz. Einfach ist das jedenfalls nicht, diese Leute wollen in der Regel mit den berühmten Samthandschuhen angefasst werden. Und meist hat sich das ja auch bewährt. Die Erde dreht sich doch in jedem Falle um den Künstler, nicht wahr?" Jetzt erst fiel Lina auf, dass er wirklich schöne Augen hatte. Und superdichte Wimpern. „Das hätte bei mir nicht mal eine Maskenbildnerin so hinbekommen", bedauerte sie. Aber gleichzeitig fühlte sie sich auch von ihm durchschaut – und angegriffen. Anmerken lassen wollte sie sich aber nichts.

Nein, sie würde Jan vehement verteidigen, auch wenn ihr das gerade nicht leicht fallen dürfte. Diesem aufgetakelten Beau würde sie es schon zeigen: „Ach, jeder Jeck' ist anders sagen die Kölner, und die können ja auch nicht immer unrecht haben. Und Sie, Herr Saagers, müssen sich doch über sensible Künstlerseelen nicht Ihren Kopf zerbrechen. Der wird doch ganz sicher für höhere Aufgaben gebraucht…"

Lina war tatsächlich gereizt.

„Oh, entschuldigen Sie, ich wollte Ihnen nicht zu nahe treten. Da sind mir wohl die Pferde durchgegangen. Ich sollte so früh und auf nüchternen Magen einfach keinen Sekt trinken. Darf ich Sie vielleicht zu einer Art Versöhnungsdrink einladen?"

„Nein, danke. Ich trinke momentan keinen Alkohol, es ist schließlich Fastenzeit."

Das fand Philip Saagers richtig interessant. Über so etwas hatte er sich noch nie Gedanken gemacht.

„Ach, echt? Habe ich gar nicht gewusst. Aber, falls Sie doch noch irgendwann Lust hätten, mit mir einen völlig alkoholfreien Kaffee zu trinken, oder Sie mal eine neue Wohnung oder ein schönes Haus suchen, hier ist meine Karte. Exklusiv für Sie – jederzeit zu Ihrer Verfügung, Frau Johannsen". Er lächelte sie mit seinen gebleichten Zähnen an. Und Lina versuchte, möglichst desinteressiert zu wirken.

„Ja, vielen Dank. Falls ich mal eine Villa in Falkenstein auf dem Einkaufszettel stehen habe, wende ich mich vertrauensvoll an Sie. Mein

Name ist übrigens Lina Siebenborn, Johannsen heißt nur der Künstler selbst."
„Interessant! Ich hoffe, wir sehen uns wieder, Frau Siebenborn."
Etwas benommen blieb Lina noch eine Weile vor dem Bild „Sommerfelder" stehen. Sie war irritiert.
„So eine dreiste Anmache!"
Abgesehen davon, dass er mindestens zehn Jahre jünger war als sie, fand sie ihn absolut overdressed für diesen Anlass. Ein K.o.-Kriterium. Man konnte es nicht oft genug erwähnen...
Obwohl der Kerl in Linas Augen eigentlich ein richtiges Sahneschnittchen war. Und, auch wenn sie es nicht gerne zugeben wollte, er kannte die Macken der Künstler wohl aus Erfahrung.
Deshalb hatte er es ihr auch nicht abgenommen, dass mit ihrem angehenden Malerfürsten alles so reibungslos laufen sollte.
„Naja", dachte sie, „was soll ich mir mein frisch onduliertes Köpfchen darüber zerbrechen, was dieser arrogante Schnösel von uns hält? Den sehe ich sowieso nie wieder. Und eine Villa in Falkenstein? Vielleicht im nächsten Leben... Außerdem trinke ich meinen Kaffee auch lieber in Bornheim. Und zwar mit Jan – ungeschminkt und mit Kuschelpuschen an!"

Gegen halb vier war die Vernissage beendet und der Sekt endgültig alle. Genau wie Lina. Ihre Füße brannten wie Feuer und waren offensichtlich noch nicht auf Frühjahrsschuhe programmiert.
Sie wollte nur noch nach Hause auf die Couch.
„Du, Jan, sag' mal, wer war eigentlich der Typ, der dich diesem verarmten Adeligen abgeluchst hat? Weiste, der mit dem schlecht sitzenden Anzug und den Haaren, die so furchtbar getönt waren? Igitt, Männer mit Schaumtönung in schokobraun! Da schauert es einen ja."
„Das war jemand, der unbedingt „wulffen" wollte. So sagt man doch jetzt, wenn man billiger bei irgendetwas wegkommen will, oder? Also, zuerst hat er mir seine Visitenkarte gegeben, Geschäftsführer von irgendeinem Betrieb, keine Ahnung, jedenfalls hat er so konspirativ getan und ganz leise gesagt, ich solle ihn mal nach Beendigung der Vernissage kontaktieren. Man könnte sich doch die Provision für die Galerie sparen. Und außerdem hat er gefragt, was da preislich noch so drin wäre. Schließlich hätte ich ja als Künstler noch keinen Namen."

Jan war gelöst und selbstsicher, als er das erzählte. Die Vernissage und das viele Lob hatten ihn offensichtlich aufgebaut.

„Und, was hast du zu ihm gesagt?", neugierig war Lina schon auf Jans Reaktion nach so einer bodenlosen Frechheit.

„Ich hab' nur gemeint, „wulffen" wäre momentan so gar nicht angesagt, denn alles im Leben hätte seinen Preis. Das wollte der Geiz-ist-geil-Mann aber gar nicht verstehen. Da habe ich ihn mal kurz und knapp darüber informiert, dass ich sehr wohl einen Namen hätte. Erst hat er ganz doof geguckt und dann habe ich ihm eine Visitenkarte von mir unter die hochgetragene Nase gehalten. Da, hab' ich ihm gesagt, hier steht es ganz deutlich: *Jan Oluf Johannsen*. Mein Name. Ich hätte also einen."

Lina krachte fast die Bluse vor stolz geschwellter Brust.

Dass ihr Mimösjen-Jan so cool auf eine blöde Anmache reagiert hatte. Große Klasse!

Ihr Jan, das war schon einer.

Ihr Mr. Big-Johannsen…

„Der Sandwegbäcker"

Die Woche nach der Vernissage schien zunächst ohne größere Katastrophen auszukommen. „Was nicht ist, kann ja noch werden!" Lina dachte bewusst gerne negativ, ganz entgegen der üblichen Empfehlungen im Apothekenmagazin. Nein, sie ging lieber vom Schlimmsten (Worst-Case-Scenario!!!) aus und ließ sich dann positiv überraschen. Das war in jedem Fall angenehmer als umgekehrt.
Der Einladung für den kommenden Samstagabend zuhause bei den Heins sah sie deshalb vorsichtshalber mit gemischten Gefühlen entgegen. Magengrummeln hatte sie sowieso schon. Denn die Vernissage hatte Jans Laune nur kurz erheitern können. Dann war er wieder in sein Mauseloch gefallen. So ein Mist!
Sie fragte sich, ob er vielleicht professionelle Hilfe brauchte. War er am Ende ernsthaft krank? Ihre Schnelldiagnose: „Krankhafte Vergötterung einer toten Diva." Das war natürlich auch Quatsch. Lina wusste keinen Rat mehr. *Himmelhochjauchzend, zu Tode betrübt*, das beschrieb Jans wechselhafte Gefühlslage wohl am treffendsten.
„Manie, Depression, eine bipolare Störung?", rätselte sie. So nannte man das heute doch. Sollte ja gerne mal Künstler befallen...
Jan wäre wohl nicht der erste in der Riege der Kreativen.

Dabei hatte sie sich gerade erst gefreut, dass Jan so fit, cool und schlagfertig gewesen war. Aber das war letzten Samstag – also mindestens zwei Tage her. Eine lange Zeit für einen Manisch-Kreativen...
Zudem hatten sich seine Rückenschmerzen noch immer nicht verabschiedet, im Gegenteil, sie waren nach dem Schleppen der Bilder und dem Aufhängen derselben noch ärger geworden.
Umso mehr hatte es Lina gewundert, dass Jan sein Physiotherapie-Rezept tatsächlich in Frankfurt abgegeben hat. Fast hatte sie befürchtet, er würde auch dafür Richtung Hamburg fahren und wieder bei seiner Mutter auf Heimaturlaub gehen...

Ganz in der Nachbarschaft, auf der Berger Straße, der Einkaufsmeile von Bornheim, war eine Praxis für Krankengymnastik, Massage und Reha-Sport ansässig. Dort hatte Jan sein Rezept abgegeben. Möglichst zweimal pro Woche sollte die Behandlung erfolgen.

„Damit erst einmal eine Wirkung in Gang gesetzt wird", hatte die adrette Dame bei der Terminvereinbarung gesagt. „Außerdem hat's der Doktor so verordnet. Vielleicht kriegen Sie ja danach auch noch ein Folgerezept." Jan wusste, das würde stressig werden: Physiotherapie (zweimal wöchentlich), weiterhin Fußpflege bei Marie-Anne (einmal wöchentlich), dazu noch das Baden und Behandeln seines Nagels oder dem Rest, der davon noch übrig war (täglich!). Nicht zu vergessen, der Unterricht in der Malschule (neuerdings nur noch zwei Tage pro Woche, dank des russischen Busenwunders). Es war ihm alles zuviel. Am liebsten wäre er schreiend davongelaufen.

Mit einem großen Saunahandtuch unterm Arm betrat er also die Praxis „Kiltschow". Jan musste bei dem Namen sofort an die weltberühmten Boxbrüder denken. Hoffentlich würden nicht gleich ähnlich muskelbepackte Typen auf ihm herumturnen. Er hatte wirklich keine Ahnung, was ihn gleich erwartete. Bislang war er doch nur von seinen Freundinnen massiert worden. Ohne Rezept...

„Herr Johannsen, Sie sinn jezz dran! Komme Sie doch emal mit, junger Mann!", rief ein stark untersetzter Mann im besten Alter energisch. Er trug weiße Hosen, ein weißes T-Shirt mit einer roten Weste darüber, weiße Tennissocken und weiße Gesundheitsschuhe. Auch seine schütteren Haare waren weiß – und der Vollbart befand sich auch schon auf bestem Wege in die Farblosigkeit.

Die anderen Patienten waren allesamt ebenfalls grau- oder weißhaarig. Jan hatte das Durchschnittsalter also massiv gesenkt.

Einen Physiotherapeuten hatte er sich jedenfalls anders vorgestellt. Sportlicher. Und vielleicht mit einer Frisur, die mehr nach Müller-Wohlfahrt oder Jogi Löw aussah. Aber dieser Mann mit der roten Weste erinnerte eher an die „Wildecker Herzbuben".

Dann ging es zur Sache. In der Kabine angekommen, stellte sich der Herzbube erst einmal vor: „Also, isch, isch bin de Herbert Kiltschow. Klingt wie Klitschko, ich weiß. Iss abbä noch viel komblizierder. Die meisde Leut nenne misch deshalb eifach *Häbätt*. Könne Sie aach so mache, gelle? Unn Sie sinn de Herr Jan Johannsen? Na, was hammer dann für Problemscher?", fragte der volkstümliche Krankengymnast zum Einstieg. Dann guckte er aufs Rezept. „So, so. HWS-Syndrom. Dess steht ja heudzudaach fast uff jedem Rezept druff. Da kann isch abbä nix druff gebbe. Wo habbese dann die Schmäzze?"

Jan versuchte noch zu antworten, da langte ihm der Herzbube aber schon mit seinen Pranken auf die schmerzenden Schultern.

„Autsch!" Das tat wirklich weh.

„Ei, isch merk schon, dess sinn wascheinlisch mordz Verspannunge. Dess krieje mier abbä in de Griff. Nur Schimnastik bringt da gar nix. Mier mache Ihne erst emal e heiß' Fangopaggung uff de Rügge – unn denaach knet ich Sie noch e bissi dorsch. Wenn's weh duud, eifach laud brülle. Dann hör isch fast immä gleisch uff... Unn jezz lege Sie sich emal schee uff de Bauch, abbä vorher ziehnse alles aus, nur nedd die *Bernemer Halblange*..."

Das war entschieden zuviel Hessisch für Jan Johannsen aus Hamburg. „Entschuldigung, was muss ich bitte alles ausziehen? Und welche Halblangen soll ich anbehalten?", fragte Jan todesmutig nach.

„Isch saachs ja immer, rischdische Frankfodder sterbe aus. Also, uffgebassd: *Bernemer Halblange*, dess sinn Buchse, also Unnerhose. Uff Hochdeutsch heißt das ungefähr "Bornheimer halblange Unterwäsche." Jetzt wusste Jan Bescheid. Irgendwie war ihm der Begriff doch gleich bekannt vorgekommen...

Nach der Fangopackung, in der Jan bei gefühlt glühender Hitze für zwanzig Minuten liegen musste, war er fix und fertig. Zumal man ihn auch noch bis zum Hals mit Tüchern und einem „Kolder", eine hessische Wolldecke, eingepackt hatte. „Damit es auch schön warm bleibt..."

Nachdem die Eieruhr geklingelt hatte, packte ihn die nette Dame vom Empfang wieder aus. Endlich war er aus seiner misslichen Lage befreit. In der Fangoplatte schwamm schon der pure Angstschweiß. Jan glühte. Sein Rücken und die Oberarme waren puterrot.
Am liebsten hätte er vorhin ja ein bisschen gedöst.
Aber bei *dem* Geräuschpegel? Unmöglich!
Nebenan wurde getratscht was das Zeug hielt. Jan wusste jetzt alles: welcher Arzt welche Behandlungen überhaupt noch verschreiben durfte, wer großzügig oder knausrig war mit Physiotherapierezepten, welche Praxis sowieso bald „zu" machen musste – und welche Arzthelferin mit dem Doc „was hatte".

Hier ging es also ähnlich zu wie beim Asiaten im Rotlichtviertel.
Alles wurde durchgekaut...

Auf einmal hatte er einen Bärenhunger. Jetzt ein leckeres Mittagessen beim Asia-Wok – das hatte er sich doch redlich verdient. Bei Lina gab es ja doch nur Diätküche. Oder Reste von Madame Moniques Kantinenessen. Oder gleich gar nichts. Es sei denn, es war Schweinchentag. Da gab es Pizza. Oder Spaghetti Bolognese.
Von Herbert, dem Herzbuben, wurde er aber jäh aus seiner kulinarischen Vorfreude gerissen.

„So, junger Mann: Bitte emal umdrehn, unn, nedd erschregge: die *Bernemer Halblange* zieh isch Ihne mal e bissi Richdung Knie…"

„Na, prima", dachte Jan, der jetzt heckseitig völlig im Freien lag. „Was man auf Krankenkassenkosten so alles erleben kann. Da zahlt so mancher im Bahnhofsviertel doch viel, viel mehr, wenn er mal die Hosen runter lassen will."

Und dann fing der Herzbube Herbert an, seine geübten Hände in Jans betonierte Rückenmuskeln zu bohren.

„Ach, du Donner! Schmerz, lass' nach!", Jan biss die Zähne zusammen.

„Kerle, Kerle – de' Rügge' aus reinstem Marmor… Abbä den kriege mer widder weich", wiederholte sich Herr Herzbube. „Habbese dann heut frei oder konnte Sie emal zwischedorsch fodd gehe von der Abbeid?"

„Aha, ausgefragt wird man hier auch noch", realisierte Jan unter Höllenschmerzen. Mit solchem Kawumm war er noch nie massiert worden. Die Kraft hätte keine seiner Freundinnen je aufbringen können.

„Nein, ich bin selbständig. Das geht dann schon zeitlich einzurichten", quälte er aus sich heraus und versuchte nicht unter dem Knethaken (Stufe 3!!) zu stöhnen.

„Ach, interessant. Welche Branche isses dann?" Dabei klang Branche beim Herzbuben eher wie *Brongsche*.

„Ich bin Maler und Kunstlehrer." Ein Moment verging. Endlich Ruhe. Aber Jan hatte sich zu früh gefreut: „Aaaah, ich habb' erst gedacht, Sie wärn Maler unn Lackierer. Abbä Lehrer? Aaach guud. Die habbes jedenfalls rischdisch guuud, die Lehrer. Immer Ferien unn middachs immer frei. Es gibt Schlimmeres im Leewe. Gelle?"

Jan bereute es fast schon, nicht doch nach Hamburg zur Therapie gefahren zu sein und antwortete auf diese selten doofe Anmache auch gar nicht mehr.

Unter Aktivierung all seiner schauspielerischen Talente begab er sich in eine Art Schockstarre und überlegte tatsächlich, ob er vielleicht einfach anfangen sollte zu schnarchen. Herzbube Herbert hielt die mediale Stille seinerseits jedoch nicht lange aus. Ein Schweigekloster wäre für den Mann ein einziges Sado-Maso-Studio gewesen...

„Sie sin abber nedd hier von Frankfodd. Dess heer isch doch..."
„Nein, ich bin eigentlich aus Hamburg."
„Unn seit wann knau hier?" Jan fühlte sich gleich noch verspannter und antwortete knapp: „Schon länger."
„Unn, vertraaache Sie de Äbbelwoi jezz, oder gibbds noch en Flodde Oddo?" Das war der Moment in dem Jan darüber nachdachte, was die Krankenkasse wohl dazu sagen würde, wenn er mitten in der Behandlung (alternativlos, so würde es die Kanzlerin ausdrücken!!!) die Flucht ergriff. Er antwortete Herrn Herzbube auch darauf nicht. Aber das konnte ihn nicht aus dem Konzept bringen: „Jaaa, ja...wenn mer erstemal de Äbbelwoi tringe kann bis zum Umfalle, dann iss me aach en rischdische Frankfodder. Unn... wo isch Ihne-Ihrn Boppes graad so vor mir seh, kenne Sie dann de Spruch vom Sandwegbäcker?"

Er war jetzt wohl nicht mehr zu stoppen...
Boppes war hessisch für „Popo", soviel wusste Jan. Aber das reichte ihm eigentlich auch schon. Mehr wollte er wirklich nicht wissen.
„Nein, den kenne ich wahrscheinlich eher nicht."
Er wollte keineswegs unhöflich sein, aber ein bisschen genervt klang es mittlerweile schon. Dann bohrten sich die Pranken vom Massakreur wieder in sein Kreuz.

„Also, dann basse-se-ma-guud-uff: *Im Sandweg um die Eck', da wohnd de' Bäcker Heck, der streckt sein Arsch em Fenster naus und sacht, es wär' en Weck'. Da kimmt e Weib gelaafe unn will de Weck' abkaafe, da sacht de Bäcker Heck: Mein Arsch iss doch kaan Weck!"*
Ein kleiner Lacher entwischte Jan doch: „Das ist ja ein niedlicher Spruch von früher. Interessant, welche Assoziationen mein Allerwertester bei Ihnen so weckt." Da schnaubte der Herzbube.
„Ja, ja... es gibt immer mehr Assoziale! Da habbese recht. Die faul Bagaasch wadd doch nur jeden Monat uff die Übberweisunge vom Vadder Schdaad... Dess müsse alles mier bezaahle, gelle?"
Jetzt begriff Jan gar nichts mehr. Nur, dass er zukünftig mit Fremdwörtern sparsamer umgehen sollte.

„Herr Johannsen, noch e Schnäpsje?" – „Wie bitte? Ein Schnäpschen? Jetzt? Hier?" Jan fragte sich, ob das etwa auch die Kasse bezahlt…
„Ja, so en klaane Franzbranntwein uff de Rügge? Dess kühlt. Morsche wernse beschdimmd an misch denke…"
Jan war sich fast sicher, dass er an diese Begegnung noch öfter denken würde und antwortete prompt: „Klar, Schnaps geht immer!"

Mit heißkaltem Rücken, aber angenehm aufgerichtet, stand Jan auf der Berger Straße. Das mit Herbert Herzbube und dem „Weck' vom Bäcker Heck" würde ihm bestimmt niemand glauben. Nicht mal Lina, obwohl die dem urtümlichen „Bernemer Völkchen" ganz sicher eine Menge zutraute.
Eigentlich wollte Jan nach Hause und sich ausruhen. Auch wenn er nur faul da gelegen hatte, er war total ausgepowert. Wahrscheinlich waren die Gespräche mit dem Herzbuben geistig einfach zu fordernd für einen einfachen Künstler wie ihn.
Von plötzlichem Magenknurren geleitet, stieg er dann aber in die U-Bahn Richtung Hauptbahnhof und steuerte zielgenau auf seine Künstlerkantine, den Asia-Wok in der Kaiserstraße zu.
Gott sei Dank, er hatte sein Handtuch in der Physio-Praxis gelassen, wo die freundliche Dame von der Aufnahme ein „Nümmerchen" dran geklammert hatte, so dass man es für die künftigen Behandlungen wieder auffinden konnte. Nicht auszudenken, wie das ausgesehen hätte, wenn er mit dem gerollten Frotteetuch unterm Arm durchs Rotlichtviertel marschiert wäre… Aber wahrscheinlich hätte das sowieso niemanden interessiert. Ein Handtuch war hier wohl das harmloseste, was man unterm Arm geklemmt spazieren tragen konnte.
Das bunte Völkchen aus aller Welt war für ihn wie eine Mischung aus asiatischer Garküche und Hamburger Hafen. Sein Stammplatz an der überdimensionalen Fensterbank war sogar noch frei. Ein Glück! Wann hatte er das zuletzt gehabt? Irgendwie war es ihm in letzter Zeit wohl abhanden gekommen. Wie herrlich, dass es nun wieder da zu sein schien. Aber würde es auch bleiben?
Die nette Bedienung mit den Mandelaugen, die ihren Stammgast genau kannte, wollte sogleich wissen: „Unn, wie immel? Dleiunzwaannsick?"
„Ja, ganz genau. Ich nehme die 23, wie immer. Garnelen mit scharfer Currysoße. Mit fünf Chilieschoten auf der Schärfeskala, bitte."
„Intelessant! Essen kommt glei…", schon staubte sie wieder davon.

Wahrscheinlich verwechselte sie *danke* mit *interessant*, aber wer wollte da schon pienzig sein? Wenn man schon sooo nett bedient wurde…
Immer mit einem Lächeln. Selbst in der größten Hektik. Das war die asiatische Freundlichkeit in Perfektion, ein Leben ohne Launen und Murren. Was für eine Wohltat, wenn man vorher über die Zeil gelaufen war. Ein Imbissland des Lächelns!
Er genoss sein immer noch anhaltendes Glücksgefühl und freute sich auf eine bombenheiße Nummer 23. Endlich mal wieder was Richtiges auf dem Teller! Dabei musste er wieder an Lina und ihre Diätküche denken. Ob sie das wirklich nur seinetwegen tat? Er fühlte sich schuldig deshalb. Aber andererseits wollte er auch nicht sagen: „Du, deine Figur ist mir total egal." Wer konnte schon wissen, wie sich sowas schlimmstenfalls ausgewirkt hätte? Nein, ganz so barock mochte es Jan dann doch nicht. Er war ja schließlich nicht Pierce Brosnan, der bei jeder Gelegenheit in die Kamera schwor, jedes einzelne Pfündchen an seiner Rubensfrau zu lieben.

Ach, wie gut, dass es im Asia-Wok noch anständige Portionen gab… Jan genoss sein Chinesisch-satt und haute richtig rein. Draußen herrschte schon wieder wuseliges Treiben. Die meisten Leute waren in Eile. In Frankfurt galt ja schon immer: *Tempo, Tempo! Zeit ist Geld!*
Nur hier und da war eines dieser Kiez-Originale zu sehen, die Jan mittlerweile schon kannte. Meist hatten sie viel mehr Zeit als Geld und quatschten die Passanten an. Die waren davon nicht gerade begeistert. Auf einmal aber war Jans Blick auf einen stattlichen Mann gefallen, der deutlich langsamer zu laufen schien als all die anderen.
Er erwachte ziemlich schnell aus seiner currygetränkten Trance.
War das nicht Linas Chef, der gerade das Dark Paradise ansteuerte? Begleitet wurde er diesmal von einem jüngeren Herrn mit modischer Hornbrille und gegelten Haaren. Es ging also mal wieder ins Dark Paradise. Auf Shopping-Tour in Sachen Lack- und Leder – oder was immer man im Dark Paradise sonst noch kaufen konnte. Der 24-Stunden-Service ließ ja wahrscheinlich keine Wünsche offen – und *Bernemer Halblange* gab's da eher nicht.
Jan hatte ihn nicht zum ersten Mal beobachtet. Aber was für ein Zufall! Wieder war ausgerechnet *er* Zeuge von Heinis extra Dienstreisen geworden. Da hatte er doch glatt vergessen, weiter zu essen.

Den anderen Mann hatte er aber noch nie gesehen. Aber ihm war klar: Die beiden Herren hatten wohl ein gemeinsames Hobby.
Für Jan eigentlich nichts Besonderes. Von Hamburg war er ja so einiges gewohnt. Und mittlerweile war es ja auch schon zu den letzten Spießbürgern durchgedrungen, dass hochbezahlte Supermanager sich von hochgestiefelten Damen gerne mal so richtig einen überbraten lassen. Gegen Gebühr, versteht sich.

Ach, der Asia-Wok war einfach unbezahlbar. Diese Aussicht!
Er freute sich schon darauf, Lina alles brühwarm zu erzählen.
Und wer der Herr mit der Gel-Frisur war, das würde er auch noch herausfinden…

„Nockherberg Reloaded"

Am kommenden Morgen konnte Jan sich fast gar nicht mehr rühren. Ihm taten Körperstellen weh, von deren Existenz er bislang noch keinerlei Kenntnis gehabt hatte. Wehleidig schleppte er sich zur Küche. Die war schon wieder hochglanzpoliert. Aber Lina war längst über alle Berge. Frühstück war wohl ausgefallen. Anscheinend ließ sie jetzt auch noch das halbe Brötchen (etwa ein halber Weck vom Sandwegbäcker?) weg. Nicht mal einer ihrer üblichen Diagonal-Toastbrote war zu sehen. War nun aus FDH (Friss-die-Hälfte) etwa ein IGM (Iss-gar-nix-mehr) geworden?

Jan ging dieser Diätenwahn jetzt wieder richtig gegen den Strich. Und dieses dämliche FDH erst! Wahrscheinlich war er an allem schuld, mit seinen Kommentaren über Dicke. ER hatte das Ganze verbockt. Nur er... Aber zu einem klaren Gedanken war er an diesem Morgen nicht in der Lage. Zumal noch ohne ein ordentliches Frühstück im Bauch! Was gab es überhaupt noch zu essen in diesem Haushalt?
Das fragte er sich inzwischen schon...

Die Brotbüchse spendierte ihm ein trauriges Croissant von vorgestern, das er im Laufen bereits anknabberte. Mit dem Ergebnis, dass das trockene Hörnchen bröckelte und der Boden nun voller Krümel war. Das bedeutete Hausarbeit – oder Ärger mit Lina. Aber für beides hatte er jetzt keinen Sinn! Er musste nachdenken, und das ging in Bewegung auf jeden Fall besser. Doch ihn schmerzte noch immer jeder einzelne Muskel.

„Dieser Herzbube Herbert ist kein Masseur, sondern ein Massakreur!", schimpfte er. Dabei fiel sein Blick auf einen Stapel Visitenkarten.
Die Galerie, seine Ausstellung! Er musste unbedingt nachhaken, wie die Geschäfte so liefen.
Und, für seine Verhältnisse überaus spontan, rief er tatsächlich bei Hilda von der Weihe an. „Jan Johannsen hier. Ich grüße Sie, Frau von der Weihe. Wollte einfach mal hören, wie die Ausstellung so angelaufen ist. Gibt es schon irgendetwas zu berichten?"
„Nein, mein lieber Herr Johannsen. Leider, leider. Es kommen jeden Tag viele sogenannte Seh-Leute, und ich kann Ihnen versichern, dass Ihre Gemälde durchweg sehr gut ankommen. Aber Sie wissen ja, heutzutage laufen die Geschäfte immer schlechter."

„Schade, schade. Ich dachte, so nach den ersten drei Tagen könnte man vielleicht schon etwas Positives vermelden."
Erfolglos versuchte die Galeristin, ihn zu beruhigen: „Geduld, Geduld. Die Ausstellung hat doch gerade erst begonnen. Und nehmen Sie das bitte nicht persönlich, auch wenn noch kein Bild verkauft ist. Das hat überhaupt nichts mit Ihrem Können zu tun, ich hoffe, Sie wissen das!"
Dass Hilda von der Weihe ihm damit eigentlich ein Kompliment machen wollte, hatte er schon gar nicht mehr mitbekommen. Er verstand nur eines: *Verkauf gleich Null!*

Nach dem frustrierenden Telefonat mit der Galeristin fielen ihm wieder die Heins ein. Trotz persönlicher Einladung waren sie nicht zur Vernissage erschienen, was Jan erst später, als Lina ihm die halbherzige Entschuldigung ihres Chefs ausgerichtet hatte, aufgefallen war. Dabei war doch gerade Herr Hein bislang ein treuer Bewunderer seiner Kunst gewesen.
Es kam aber auch alles zusammen.
Auch der Unterricht in der Malschule machte ihm Sorgen. Was, wenn ihm diese Russin auch noch die andere Hälfte seines Jobs abluchsen würde? Und, wenn er ehrlich war, hatte er das Massagerezept doch nur deshalb in Frankfurt abgegeben, weil eine erneute Krankmeldung in der Malschule gar nicht gut angekommen wäre. Herr Thielmann war in letzter Zeit sowieso ziemlich reserviert zu ihm. Aber er hatte diese Reserviertheit unverblümt an ihn zurückgegeben. Es war ein Leichtes für ihn, den arroganten Hanseaten herauszukehren. Anbiedern war ihm zuwider.
Wer wäre auch schon begeistert, seine Stelle mit einer auf hochhackigen Nuttenschuhen dahergelaufenen Ekatarina Tartakowskaja teilen zu müssen? Und Jan wusste genau, wie Nuttenschuhe aussahen…
Seitdem war ihr Verhältnis merkwürdig, mehr als merkwürdig. Und es schien auch so zu bleiben. Es roch nicht nach Fisch und noch weniger nach Fleisch. Die Luft war einfach draußen, aber niemand von beiden verlor die Contenance. Schließlich war man ja kultiviert!

Die Stunden schienen an diesem Tag nur so dahin zu fliegen.
Und mit ihnen seine Gedanken, die wieder in trüben Gefilden gelandet waren. Nach dem Telefonat mit Frau von der Weihe hatte er nur noch eine Sehnsucht: Brittney!

Er legte gleich eine CD ein – und nach den ersten Takten von „I really have nothing" war er wieder da, der Kloß in seinem Hals.
„Warum kann ich nicht einfach so sein wie normale Leute? Und einfach schneller zur Tagesordnung übergehen?", fragte er sich. Niemand konnte ihn verstehen. Nicht mal er selbst.
„Arme Socke!", hörte er im Geiste Lina zynisch sein Selbstmitleid kommentieren. Und eigentlich hatte sie ja recht...

Doch dann hörte er im Radio eine wirklich gute Nachricht: nämlich, dass die bayerischen Mönche, und Mönche waren bekanntlich per se ziemlich schlau, sich die ansonsten eher trostlose Fastenzeit einfach mit einem speziell gebrauten Starkbier versüßt haben. *Fastenbier!*
Das war sein Stichwort. In dieser speziell eher trostlosen Situation (I really have nothing!!!), war dieses Fastenbier jetzt wirklich angebracht. Gewiss, der Kühlschrank gab lediglich ein oberhessisches Bier her und keines vom Nockherberg direkt. Aber, so dachte sich Jan, mit dem Segen der Mönchsbrauer, der bestimmt auch über Landesgrenzen reichte, und unter der Berücksichtigung des schweren seelischen Tiefs, in dem er sich befand, wäre es doch am besten, sich ad hoc von diesem heiligen Bier, na, sagen wir, heilen zu lassen.
So nahm denn das Unglück seinen Lauf...
Nach dem ersten Fastenbier hatte er dann die Idee gehabt, Brittney als Engel auf einer Wolke sitzend zu malen. Jan war sich sicher, dass ihm diese geniale Idee vom Himmel persönlich geschickt worden sein musste. Darauf musste er dringend eine rauchen. Rauchen war ja sowieso kein Teil des Fastengelübdes. Na, also!
Er erinnerte sich – den Qualm in die Lüfte blasend – wieder an den ergreifenden Trauergottesdienst der Baptistengemeinde. Ach, er wünschte sich sehnlichst, auch so einen festen Glauben zu haben. Wie ein Baptistenprediger unerschütterlich und voller Gottvertrauen durchs Leben gehen zu können. Fest in Gottes Hand zu sein. Aber sowas konnte man ja nicht erzwingen. Sein Glaube war ihm unterwegs verloren gegangen. Und seine Heimat auch. Hamburg war ihm mittlerweile fremd, seine Mutter ebenso. Und sie schien ihn ohnehin nicht sonderlich zu vermissen. Doch was war Frankfurt für ihn? Bornheimer Charme? Die Türme der Skyline? Der halbe (!!!) Job in der Malschule? Und dann noch Lina, die ihn momentan nicht verstehen konnte oder wollte? *Ach, er war zurzeit wirklich eine arme Sockenerscheinung...*

Als ihm das so richtig klar geworden war, öffnete er das zweite Fastenbier. Aber die Musik erschien ihm plötzlich viel zu leise. Schließlich wollte er ja auch ein bisschen in Stimmung kommen, und es war ja noch helllichter Tag… Ach, vielleicht war doch nicht alles ganz so trist, wie er es in diesen vergangenen Wochen empfunden hatte?

Vielleicht fehlte ihm einfach nur ein Freund, ein guter Freund? Also, das Beste, was es gibt auf der Welt? Jemanden, mit dem man mal richtig „einen abquatschen" konnte – so wie damals mit Christoph. Aber den gab es auch nicht mehr in seinem armseligen Sockendasein. Denn seit sein allerbester Sandkastenfreund eines Tages mit seiner damaligen Flamme Sabrina Hand in Hand am Jungfernstieg entlang gelaufen war, war es eher mau mit echter Freundschaft gewesen. Darauf angesprochen, hatte Christoph nur ein lapidares „Kann halt mal vorkommen" erwidert und war seitdem Jans erster und einziger Ex-Freund.

Nie war von ihm eine Entschuldigung gekommen oder auch nur ein kleines bisschen Reue. Anscheinend hatte es Christoph gar nichts ausgemacht, seinen bis dato allerbesten Freund verloren zu haben.
Aber, dass Sabrina sich dann kurze Zeit später für ihre allerbeste Freundin entschieden hatte und ein neues Bäumchen-wechsel-dich-Spiel auf nicht-heterosexueller Basis eröffnet hatte, gönnte Jan ihm noch heute von Herzen. *Sowas konnte halt mal vorkommen…*
Trotzdem hatte er nie wieder einen Freund wie Christoph gefunden. Und eigentlich wollte er so eine Art von Freund auch nie mehr haben.

Da unterhielt er sich lieber mit der Dame, die er soeben auf die Leinwand gezaubert hatte: Brittney im Himmel! Und irgendwie kam es ihm vor, als würde die Diva jetzt auch zu ihm sprechen… Vielleicht noch ein klitzekleines Fastenbier? Das Ganze war ja sozusagen vom Herrgott persönlich abgesegnet.

Jan sah zufrieden auf sein neuestes Werk. Die Wolken waren ihm wirklich gut gelungen. Ja, das hatte was! *Brittneys Himmel* sollte das Bild heißen. Vielleicht könnte er es sogar noch nach Bad Homburg bringen, wenn die Ölfarbe halbwegs getrocknet war? Frau von der Weihe hätte sicherlich nichts dagegen, und man musste doch die Gunst der Stunde nutzen. Eben war das Eisen noch heiß, was es zu schmieden galt, denn überall war der Tod der Diva noch ein Thema.

Aber eigentlich befürchtete er im gleichen Moment bereits, dass auch dieses Bild keinen Käufer finden würde.

„Wenn ich mal berühmt bin, gucke ich die Radieschen wohl schon jahrelang von unten an, und irgendjemand sackt dann die Kohle ein, die ich nie gehabt habe. Van Gogh war auch schon lange verwest, bevor andere den großen Reibach mit ihm gemacht haben. Und ich bin schon fast genauso arm wie er, nur noch nicht ganz so tot!"

Einen Moment lang fühlte er sich wie ein wirkliches Genie, dann war er wieder das Häufchen Elend mit Pinsel und Bierflasche in der Hand. Der Wahnsinn kam hier anscheinend in großen Schritten angerauscht. Und mit Lina konnte er nicht einmal darüber reden. Obwohl er immer gedacht hatte, mit ihr über ALLES reden zu können.

Seit dem Eklat in Hamburg vor über einem Monat fühlte Jan sich wie in einer Art emotionaler Wurstpelle. Einer Pelle, die man keinesfalls abpellen durfte. Denn dann wäre die Kacke so richtig am Dampfen gewesen!

Wahrscheinlich würde Lina ihn sowieso bald rausschmeißen, wenn das noch lange so weiterginge. Also durfte er keinesfalls zulassen, dass sie seine Verwirrung hautnah miterlebte.

Darauf noch ein klitzekleines Fastenbier…

Und dann legte er noch einmal „Forever" auf. Er hatte die Augen fest geschlossen, träumte sich in sein Bild hinein und war zufrieden mit der kleinen, privaten Gedenkfeier für seine geliebte Diva. Das wird ihr sicher gefallen haben!

Auf einmal sah er sie tatsächlich vor sich. Und sie lächelte ihn auch noch an. Was für ein Moment!

One Moment in Lifetime…

"Krach im Treppenhaus"

Für Lina war ein langer Arbeitstag endlich zu Ende. Erschöpft vom Tagewerk und mit knurrendem Magen hatte sie die Haustüre aufgeschlossen. Und ahnte bereits, dass es kein erholsamer Feierabend für sie werden dürfte: Brittneys Stimme hallte nämlich in voller Lautstärke durchs Treppenhaus. Das verhieß nichts Gutes!

Frau Fieg, die wohl schon länger auf der Lauer gelegen hatte, wetterte auch gleich lautstark gegen die dröhnende Musik los.

„Also, Frolleinsche, dess kenne Sie mer jezz glaawe oder aach nedd, abber dess mit dem laude Geduudel hier geed schon den ganse Middach so. Ich habb sogar schon e paar Mal an de Dür geklobbt unn aach schon emal bei Ihne da obbe aaagerufe. Abber, Ihne-Ihrn Bekannde, der heert ja nix. Is ja aach kaa Wunner, bei dem Krach. Wisse Sie, ich wollt schon bei de Bollizei aaaarufe, abber dann hab ich gedacht, Sie müsse ja aaach irschendwann emal heimkomme. Abber viel länger hädd ich jezz nemmer gewaadd!"

„Frau Fieg, vielen lieben Dank für Ihre Geduld! Ich geh' jetzt sofort hoch und kümmere mich darum, dass das mit der lauten Musik aufhört. Und, es tut mir wirklich leid. Frau Fieg, Entschuldigung!"

Lina staubte nur so nach oben und die alten Treppenstufen knarrten dabei im Schnelltakt. Hier und da konnte sie im Augenwinkel sehen, dass auch die anderen Nachbaren hinter ihren jeweiligen Schlupflöchern lugten. Wie oberpeinlich!

Dann war sie endlich oben angekommen. Jan musste in seinem Atelierzimmer sein! Da kam der Hauptkrach her. Lina schmiss ihre Handtasche wutentbrannt in die Ecke, den Mantel ließ sie einfach an. Dann riss sie die Ateliertür auf: Da saß er nun. Auf dem Boden vor seiner Staffelei. Vor ihm auf Leinwand in voller Größe: Brittney! Wer auch sonst? Schön wie einst, aber jetzt mit riesigen Engelsflügeln auf einer rosa Wolke sitzend. So, als hätten Brittneys Erben und Mortadelphia sich auf ein neues Produkt geeinigt: *Brittneys Himmlischer Schmalzkäse!* Lina war ad hoc übersäuert und auf 180. Sympathien für Lieder dieser Frau Texas konnte niemand mehr ernsthaft von ihr erwarten. Aber so war ihr diese Brittney noch am liebsten: *Ausgelagert in die Cloud!* Aus den Boxen dröhnte mittlerweile „Biggest Love", und Lina brüllte mit dem „biggest-möglichen Krach" los: „Sach' mal, bist du jetzt völlig gaga?" Dann zog sie den Stecker blitzschnell. Stille! Himmlische Ruhe.

„Hä, was issn los?", lallte Jan, und grinste auch noch recht dümmlich dazu, was bei ihm eher selten vorkam. Dann erst sah Lina das ganze Elend vor sich. Er hatte glasige Augen, war über und über vollgeschmiert mit Ölfarbe, in der Hand ein Bierglas, das auch schon ziemlich ölig schimmerte, auf dem Boden ein paar leere Bierflaschen, dazu ein vollgekippter Aschenbecher. Die restlichen Kippen lagen verstreut auf den Dielen.

„Meine Güte, ein Wunder dass die Hütte noch nicht in Flammen steht!", schimpfte Lina bei dem Anblick. Sie riss ein Fenster auf. Sauerstoff, atmen! Man konnte die Luft schon fast schneiden.

„Ich trink' kein' Allohol. Das is nur Fastenbier. Das trinken die Mönche auch – in Baaaaaaaayern – unn Baaaaaaaayern is gar nich weit von – hicks – hiieeeeeeeeer…"
Zur Unterstreichung folgte ein fetter Rülpser. Prost!

„Das ist mir scheißegal, was du hier trinkst, aber du kannst mit dieser toten Tante nicht das ganze Haus beschallen, beinahe hätte Frau Fieg sogar die Polizei gerufen. Den Krach hat man bis unten im Treppenhaus gehört. Was ist überhaupt los mit dir?", aber schon beim Stellen der Frage war Lina klar, dass man mit diesem Menschen heute wohl kein vernünftiges Wort mehr reden konnte. Was sollte sie jetzt tun? Diskutieren war unmöglich. Jan war voll wie eine Haubitze hatte sicherlich nur eines im Sinn: Weitersaufen!

Lina hätte heulen können vor Wut. Den lieben langen Tag hatte sie sich abgerackert. Peitschen-Heini war ausnahmsweise mal in Hochform gewesen und wollte, wenn er denn schon mal einen Anfall von kurzfristiger Arbeitswut verspürte, gleich alles und das am besten noch gleichzeitig erledigt haben. Sie war wirklich genervt von dem ganzen Bürostress. Nachmittags war ihr Chef dann wieder auf Tour gegangen, und sie hatte alles allein an der Backe gehabt. Musste die Leute vertrösten, die er mit ihren Sorgen und Nöten hatte im Regen stehen lassen, um seinen Vergnügungen im Bahnhofsviertel nachzugehen. Und was musste sie, Lina Siebenborn, jetzt nach diesem aufreibenden Bürotag hier zuhause erleben? Wieder der Zirkus um diese Sing-Sang-Tralla-Maus in Kombination mit dem Weltschmerz des armen Malers?

Hätte sie nicht doch besser auf ihre Eltern hören und den Nachbarsjungen nehmen sollen? DER wäre eine gute Partie gewesen. Seine Eltern hatten einen Malerbetrieb und verdienten mit ihrer Art von Malerei (!!!) goldene Nasen in Serie.

Heute war der Meierheinrich junior ein gemachter Mann in Büdingen. Angesehen, wohlhabend, an der Spitze der guten Gesellschaft angekommen. Und seine Frau konnte man schon frühmorgens durch den Schlosspark reiten sehen. Mama Siebenborn sagte dazu immer: „Die muss nix machen, nur reiten!"

Lina hatte sich dazu immer jeglichen Kommentar verkniffen. Ihre Mutter wollte sicher auch nur ausdrücken, dass die einzige Aufgabe von der jungen Frau Meierheinrich darin bestand, die Pferde ausreichend zu bewegen. „Nicht mal Mittagessen muss die kochen, die setzt sich bei ihrer Schwiegermutter an den gedeckten Tisch. Hättest du auch alles haben können. Der war doch hinter dir her wie der Teufel hinter der armen Seele." Stimmt!

Das musste Lina zugeben.

Aber, um im Hier und Jetzt zu bleiben: Was sollte sie tun mit diesem volltrunkenen Genie und dem nahezu verwüsteten Atelier? Ad hoc fiel ihr Philip Saagers ein. Genau, den könnte sie jetzt anrufen und ihm mitteilen, dass sie sich das mit der Villa in Falkenstein doch noch mal überlegt hätte, und ob er sie kurz abholen könne, um das Objekt ihrer Begierde schon mal in Augenschein zu nehmen? Hatte der junge Schnösel von Immobilienmakler nicht doch recht gehabt mit den alltagsuntauglichen Künstlern? Natürlich hätte Lina das niemals ihm gegenüber zugegeben, aber insgeheim wusste sie natürlich schon, warum es sie doch bis ins Mark getroffen hatte, mit dieser nicht zu leugnenden Tatsache konfrontiert zu werden. Aber diese Gedankengänge war allesamt für die Katz'.

„Was tun?", sprach Lina zu sich selbst. Wenn sie Jan in diesem Zustand allein lassen würde, wäre kurzerhand die Mucke wieder volle Pulle aufgedreht und Frau Fieg hätte zu Recht die Faxen dicke und würde die „Bollizei" rufen.

Plan B, also mit dem Genie vernünftig zu verhandeln, war momentan auch nicht möglich. Und auf Lallen hatte Lina keine Lust.

„Komm, Lina, mein Schätzelchen, du bissd ein Schbiiiiiielvererber, mach' doch wieder die Lala an. Brittney singt doch sooooooooooo schön. Und hier, guck', was ich hier gemalt habe. Das muss doch jemand kaufen woll'n…, jemand, der sie auch so liebt wie ich…", hicks… Oje, hier war nicht mehr viel zu retten. Fastenzeit ade. Jan hatte sich offenbar für das diesjährige Motto der Nicht-Perfektion (evangelische Variante) entschieden. Und das machte Lina richtig sauer.

Bislang hatte sie für all seine Mimositäten immer Verständnis aufgebracht, aber langsam war das Fass am Überlaufen. Genau wie Jan selbst. Sie beschloss, in die Offensive zu gehen und die notwendigen Vorkehrungen zu treffen, um die Einschlafphase baldmöglichst einzuleiten. Also stellte sie dem versoffenen Genie kurzerhand noch eine Flasche Bier hin, schloss die Kopfhörer an und drückte den Stecker wieder rein.

„Ob er das überhaupt noch mitkriegt?", fragte sie sich. Aber er war anscheinend schon wieder in seliger Trance. Hauptsache, die Diva schmettert seine Lieblingshits. Grrrrrrrrr! Lina hoffte, dass er sich jetzt gleich richtig die Kante geben würde. Schätzungsweise dürfte er spätestens nach der nächsten Pulle ausgeknockt sein.

Sie wollte schnellstmöglich Land gewinnen. Nur weg hier! Zum Glück stand Frau Fieg nicht mehr Spalier. Aber sicherlich guckte sie durch die Ritzen, ob nicht doch noch irgendwo was Spektakuläres aufzuschnappen war...

„Marie-Anne, ich bin's. Hast du zufällig heute Abend noch einen Termin zur Fußpflege frei? Meine Füße brennen, und bei mir glühen auch gleich sämtliche Sicherungen durch. Kann ich gleich kommen?" Marie-Anne hörte sofort heraus, dass es sich nicht wirklich um einen fußpflegerischen Notfall handelte. Aber sie spielte das Spielchen mit (das haben gute Freundinnen so an sich) und blätterte kurz in ihrem Terminkalender, um sogleich zu antworten: „Du, ich hab' da grad noch einen Termin frei, jetzt um sieben, da kannst du im Prinzip gleich kommen." Die Rettung!!!

„Ja prima, Süße, tausend Dank! Und bis gleich!" Ihr fiel ein Stein vom Herzen.

Marie-Anne war besser als Klosterfrau Melissengeist, Lavendelbäder und Atemübungen zusammen. Unter ihrem grauen Schopf warteten geordnete Gedanken auf Lina und vor allen Dingen eines: Zeit. Für einen Mädelsabend in großer Runde fehlte ihr heute jeglicher Nerv. Da hätte man erst einmal einiges organisieren müssen und eine einzige Meinung, nämlich die von Marie-Anne, würde Lina heute vollkommen ausreichen. So durcheinander wie sie jetzt war. Nachdem sie auf dem ebenso monströsen wie bequemen Fußpflegesessel (voll automatisch!) Platz genommen, ein warmes, gut duftendes Fußbad genossen und ihr Herz so richtig ausgeschüttet hatte, ging es ihr schon deutlich besser.

„Sag' mal, wenn ich mir das so anhöre, meine Liebe, dann leidet dein Jan aber wirklich unter dem Verlust seiner Lieblingssängerin. Das kenne ich von vielen meiner Kundinnen, die waren nach dem Tod von Lady Di damals total von der Rolle. Was glaubst du, was die mir hier die Ohren vollgeheult haben. Das ging wochenlang so und hat tierisch genervt. Ich hatte schon eine regelrechte Lady-Di-Aversion entwickelt. Aber, weißt du, das alles gibt sich doch mit der Zeit. Für manche Leute ist so ein Promi-Tod so, als wäre ein Familienmitglied gestorben. Da kannst du gar nichts gegen machen. Und ich muss ganz ehrlich sagen, Jan war doch erst hier zur Fußpflege, da hat er in erster Linie von seiner Ausstellung in Bad Homburg erzählt und dass er mal wieder zum Schnell-Imbiss, irgendeinem Chinesen, ins Bahnhofsviertel wollte. Er hat gesagt, dass er dort wahnsinnig gerne die Leute beobachtet. Ein kostenloses Unterhaltungsprogramm sozusagen. Also, ich fand ihn ganz normal. Jetzt mal Kopf hoch, der kriegt sich schnell wieder ein, da bin ich mir ziemlich sicher."

Marie-Anne war mittlerweile beim Abschleifen der letzten Hornhautpartikel angekommen, was wahnsinnig kitzelte und Lina unwillkürlich loslachen ließ. Obwohl ihr so gar nicht nach Lachen zumute war.
„Ja, aber wie lange soll ich denn warten, bis er wieder normal ist? Bis Weihnachten? Erst fährt er nach Hamburg, weil sein Zeh krank ist. Dann stirbt diese Diva, und wir krachen uns so, dass tagelang Funkstille herrschte. Jetzt hatte er sich kurzfristig gefangen, also nach der Vernissage. Die war gut besucht. Und heute das! Dreht die Musik voll auf, sitzt im Atelier, malt Brittney als Engel auf einer Wolke, wie in der Frischkäsewerbung, weiste, und säuft sich dabei die Hucke voll. Und das, obwohl wir eigentlich Fastenzeit haben und auf Alkohol ganz verzichten wollten. Der Herr meinte aber, das hier sei reinstes Fastenbier, und die Mönche im Kloster täten das ja auch."
Die letzten Silben klangen nur noch verkichert.

„Jetzt hör' mal bitte auf, ich bin kitzelig!!! Das ist ja Folter." Lina wollte partout nichts mehr zu lachen haben. Und Marie-Anne erklärte, dass die Fastenzeit ja eigentlich schon vorbei wäre, und sie noch einen Prosecco in der Kälte rumstehen hätte.
Der würde aber gerne ins Warme wollen…

„Na, gut. Überredet!", spontan sagte Lina zu. Wenn SIE jetzt ein bisschen Alkohol trinken würde, dann war das doch nicht als Fastenbrechen zu bezeichnen. Sondern notfallmedizinisch indiziert.
Ach, wie gut, dass es Frauen, Freundinnen und Fußpflegerinnen gab.

Wenn Männern alles zuviel wird, dann gehen sie in die Kneipe oder zum Fußball – und saufen sich zu oder brüllen sich einen ab. Wenn's ganz schlimm ist, gehen sie auch in' Puff. Aber nur zum Reden (weiß doch jeder). *Nee, is klar...*

Frauen brauchen jedoch Streicheleinheiten: von der Kosmetikerin, der Masseurin oder der Fußpflegerin. Dazu ein Gläschen Prosecco und eine volle Dosis Bestätigung, dass SIE und nur SIE „IM RECHT SIND". Genau das gab es bei Marie-Anne in der kleinen Fußpflegepraxis auch. Alles im Preis inbegriffen.

Jedenfalls fühlte sich Lina ohne Hornhaut und von Marie-Anne mit einer ordentlichen Portion Verständnis beglückt schon viel besser. Sie war sogar wild entschlossen, Jan auch dieses Mal seinen emotionalen Ausnahmezustand zu verzeihen und einfach geduldig zu warten, bis sich der Lady-Di-Genesungs-Effekt auch bei ihm einstellen würde.
Bis dahin galt „Einfach die Bälle flach halten"...

Und hoffen, dass die „Bollizei" schon weg sein möge, wenn sie gleich etwas angeschwipst nach Hause käme.
Ein bisschen Glück müsste sie doch auch mal abbekommen.

Denn, wenn nach so einem beschissenen Tag auch noch der Führerschein weg wäre, dann wäre das doch wirklich mehr als Pech...

„Hein kocht"

Marlene Hein war wahnsinnig stolz auf ihren Mann. Nicht nur, dass er ein erfolgreicher Manager war, nein, er hatte auch noch Talent zum Kochen und zudem eine gehörige Portion Humor vom lieben Gott mitbekommen. Seine Frau war verliebt bis über beide Ohren – auch nach all den Jahren noch. Fast wie am ersten Tag.

Als Lina und Jan am Samstagabend an der imposanten Haustür der Villa Hein in Friedrichsdorf bei Bad Homburg geklingelt hatten, öffnete ihnen die durchgestylte Dame des Hauses. Sie konnte die Bewunderung für ihren Göttergatten schon da nicht mehr zurückhalten.

Es sprudelte nur so aus ihr heraus: „Mein Mann hat heute zur Feier des Tages extra eine Art Bundespräsidenten-Menü gekocht. Selbst kreiert. Weil doch morgen die Wahl ist. Er freut sich doch schon so auf diesen Gauck. Also, ich will ja nicht zuviel verraten. Aber es gibt zuerst ein *Rostocker Freiheitssüppchen*, danach *Steak Jochen – nach Bürgerrechtlerart* – das ist wahrscheinlich noch ein bisschen blutig innen, hihihi – und zum guten Ende noch einen Nachtisch."

Sie machte einen erwartungsvollen Augenaufschlag: „Sie werden es nicht glauben. Aber das Dessert heißt: *Schaumgeschlagenes à la Christian*. Ist das nicht herrlich? Frau Siebenborn, Herr Johannsen, kommen Sie nur herein. Ich kann es kaum erwarten. Wissen Sie, mein Mann hat sich so unglaublich viel Mühe gegeben."

Marlene Hein wirkte glücklich. Zumindest in diesem Moment. Anscheinend war es ihr gelungen, einen Augenblick lang nicht über sich und ihren alternden Körper nachzudenken. Und darüber, wie sie ihn vorteilhafter gestalten könnte, ohne dass es zu sehr auffallen würde.

Jan war an diesem Samstag in erstaunlich guter Verfassung. Zwar hatte er sich zwei Tage zuvor erst sämtliche Lämpchen mit diesem Fastenbier ausgeblasen, aber im Endeffekt den ganzen Zirkus doch noch ohne Polizei überstanden. Gut, der nächste Tag war schlimm gewesen. Natürlich hatte er einen fürchterlichen Kater! Und zu den bösen Rückenschmerzen, die sich unter Herbert Herzbubes unbarmherzigen Pranken noch verschlimmert hatten, waren jetzt auch noch üble Kopfschmerzen gekommen.

Kein Wunder…

Doch an diesem Samstagabend sah er tip-top geschniegelt und gebügelt aus. Glattrasiert und ausgeruht – wie nach einem sehr langen Winterschlaf. „Zum Anbeißen, mein Mimösjen!"

Lina hatte ihm seinen Ausrutscher schon wieder vergeben und war stolz, so einen schicken Hanseaten an ihrer Seite zu haben. Aller Zorn war nun vergessen. *Friede, Freude, Eierkuchen* beherrschte die Szene. Marie-Anne in ihrer Wechseljahresweisheit hatte recht gehabt. Sie sollte Jans Absturz einfach als emotionalen Ausrutscher betrachten.

Einem schönen Abend stand somit nichts im Wege. Vielleicht würde bei der Gelegenheit sogar ein neuer Auftrag für Jan abfallen? Sie hofften es beide.

„Das ist ja toll, was Ihr Mann für ausgefallene Ideen hat. Und das alles noch neben seiner anstrengenden Position. Wirklich kreativ, die Idee mit dem Bundespräsidenten-Menü."

Marlene Hein freute sich über die Anerkennung. Seine Sekretärin musste ja schließlich am besten wissen, unter welchem Druck ihr Gatte tagtäglich stand.

Sie servierte dann einen Champagner als Aperitif. Und die Tafel war auch diesmal wieder besonders liebevoll gedeckt. Wunderbare, üppig gefüllte Rosen, wie Lina sie bislang nur in Steinfurth gesehen hatte, rundeten das Bild ab. Perfekt!

„Ja, aber meine liebe Lina, ich darf Sie doch so nennen?", Frau Hein holte den Schampus gekonnt aus dem Kühler, „nun stellen Sie ihr Licht einmal nicht unter den Scheffel. Was wäre mein Mann denn ohne Ihre Hilfe? Er hätte doch für all seine Interessen überhaupt keine Zeit, wenn Sie ihm nicht so viel abnehmen würden. Mein Jürgen ist so froh, dass er Sie hat und das sollten Sie auch wissen. Wie ich ihn kenne, spart er ein bisschen mit direktem Lob – da ist er wie ein Schwabe… Aber mir erzählt er immer, wie perfekt Sie alles für ihn organisieren."

Lina lächelte etwas verlegen. Aber natürlich ging das runter wie Öl. Wer hört es nicht gerne, wenn seine Arbeit anerkannt wird?

Sie wunderte sich nur darüber, dass ihr Chef offensichtlich doch Talent zum Texten hatte. Wie sein präsidiales Menü bewies. Am Ende war er doch pfiffiger, als sie ihn eingeschätzt hatte. Und hielt seine wahren Fähigkeiten einfach vornehm zurück.

„Wer viel kann, muss auch viel machen." Wusste schon Mama Siebenborn. Aber darüber wollte sich Lina jetzt auch keine Gedanken

mehr machen. Schließlich sicherte diese ausgeklügelte Strategie ihr langfristig den gut bezahlten Arbeitsplatz...
Die Sekunde, in der Jan schon einen kleinen Vorsprung hatte, nutzte Marlene Hein gleich, um konspirativ flüsternd bei Lina nachzufragen, ob sie denn schon die Ergebnisse ihrer Recherche wegen der Beautyfarm und dem dazugehörigen Programm dabei hätte? Lina nickte: „Hier ist es. Wie gewünscht im verschlossenen Umschlag... Überlegen Sie es sich in aller Ruhe."
Frau Hein wären fast die Tränen gekommen, als sie die gut gefüllte Mappe ertastet hatte. Aber sie unterdrückte ihre Rührung so gut es ging. Wer wollte schon aussehen wie eine verheulte Suse, wenn es zum Bundespräsidenten-Dinner ging?

Sie nahmen den Aperitif im überdimensional großen Wohnzimmer ein, das direkt mit dem Esszimmer verbunden war. Im Kamin brannte ein Feuer heimelig vor sich hin. Und, obwohl schon der Frühling in der Luft lag, waren die Nächte doch recht kühl geblieben – zum Teil gab es sogar noch Bodenfrost. Da kam so ein gemütliches Kaminfeuer gerade recht.

Lina und Jan hatten sich vorher abgesprochen, dass sie heute Abend dem Ehepaar Hein nicht erklären wollten, warum sie in der Fastenzeit (bis auf die eine unrühmliche Ausnahme) gar keinen Alkohol tranken und nahmen den kredenzten Schampus gern entgegen.
Insbesondere Lina verspürte wenig Lust, ihrem Chef zuviel von sich und ihrer Lebensweise preiszugeben. Er musste ja nicht alles von ihr wissen. Schließlich bekam sie immer hautnah mit, wie gnadenlos er über seine Mitmenschen urteilten konnte. Und außerdem war es ihr schon fast lästig, dass sie von seinem Privatleben mehr wusste, als ihr lieb war. Der gut gekühlte Aperitif passte prima zu dem kleinen Eröffnungs-Small-Talk am Kamin.

„Liebe, verehrte Frau Siebenborn, lieber Jan Johannsen. Ich bin froh, dass Sie unserer Einladung gefolgt sind und wir Sie als unsere Gäste begrüßen dürfen. Leider konnten wir nicht zu Ihrer Vernissage nach Bad Homburg kommen. Aber ich bin überzeugt, dass Sie, lieber Jan Johannsen, noch ganz viele, schöne und hoffentlich erfolgreiche Ausstellungen haben werden, die wir dann auch wieder besuchen können." Er erhob das Glas auf die beiden.
Prösterchen!

„Und nun zu Ihnen, meine tüchtige, immerzu bestens gelaunte Assistentin, wie es heute so schön heißt. Ihnen, liebe Frau Siebenborn, möchte ich heute noch einmal Danke sagen für all Ihre Unterstützung, gerade wenn es mal hektisch ist oder ich durch Abwesenheit glänze und Sie alles so wunderbar und in meinem Sinne erledigen. Und darauf möchten wir, meine liebe Frau Marlene und ich, nun mit Ihnen anstoßen. Auf einen wunderschönen Abend und ein perfektes Präsidentendinner. Zum Wohl!" Das war Jürgen-Ronald Heins Welt. Genau das konnte er am allerbesten: die Honneurs machen, Leute gekonnt in seinen Bann ziehen, sie mit seinem Charisma umgarnen, sie auf seine Seite ziehen, in seine Interessen einbinden. In jeder Situation die absolut richtigen Worte treffen. Das war seine Kernkompetenz.

Gepaart mit einer gehörigen Portion Bauernschläue.

„Zum Wohl, Frau Hein, Herr Hein. Und vielen lieben Dank für die erneute Einladung. Wir sind sehr gerne wieder hier bei Ihnen in Ihrem schönen Zuhause. Mit dem wunderbar knisterndem Feuer. Auf einen schönen Abend!" Das war genau das, was Herr Hein von Lina hören wollte. Ja, er brauchte seine Bauchpinseler.

„Herr Johannsen, wir beide müssen nachher unbedingt nochmal einen kleinen Rundgang machen." Herr Hein machte schon wieder Pläne für den späteren Abend.

„Ich habe da noch Platz für ein, zwei, vielleicht sogar drei, neue Bilder und brauche Ihre fachmännische Beratung in Sachen Kunst. Aber erst einmal muss ich mich für die Verzögerungen entschuldigen. Das Gemüse im Rostocker Freiheitssüppchen braucht noch ein bisschen – und das Steak Jochen – wohlgemerkt nach Bürgerrechtlerart – ist noch entschieden zu blutig. Ganz so blutig wie ein Revoluzzersteak wollen wir es dann doch nicht, oder?"

Jürgen Hein war gut drauf. So konnte man es wohl nennen.
Lina fragte sich, ob das alles an der bevorstehenden Präsidentenwahl lag oder doch am letzten Ausflug in die Kaiserstraße, von dem ihr Jan brühwarm erzählt hatte.

Heins Begleiter, der Typ mit der modischen Hornbrille und der Gelfrisur, hatte Lina dank einer Phantomzeichnung schnell identifiziert: Hugo Foth, Vorstandsmitglied im HansaFra Konzern.
Das erklärte so einiges: zum Beispiel, warum ihr Chef in seinem hochdotierten Geschäftsführerdasein immer derart tiefenentspannt war.

So, als ob ihm niemand etwas anhaben könnte. So, als ob eine schützende Hand über ihm schwebte. Lina war klar, Hein und Foth hatten wohl ein gemeinsames Geheimnis…

„Herr Johannsen, noch ein Schlückchen?" Der Weißwein zur freiheitlichen Gemüsesuppe und das selbstgebackene Brot waren wirklich lecker. „Und, warum nicht?" Dachte Jan.
„Ja, gerne. Künstler haben immer Durst, Frau Hein. Das ist leider so."
„Aber, Herr Johannsen, ich bitte Sie. Wir sind doch unter uns. Ich bin übrigens Marlene. Und heiße „Du". Ich bin die Ältere und darf das, nicht wahr? Der einzig wirkliche Vorteil, den man im Alter hat."
Frau Hein war augenscheinlich in Champagnerlaune. Zack, zack, und Jan war mit der Frau vom Chef „per Du". Und Küsschen! Und Bussi, Bussi. Das gefiel Marlene. Lina lächelte, zugegebenermaßen ein wenig gezwungen. Am allerliebsten hätte sie in dem Moment in ihrer schlabbrigen Schlafanzughose daheim auf der Couch gesessen, anstatt diese peinliche Szene beobachten zu müssen.

„Haltung bewahren, Lina Siebenborn! Das ist dein Chef – und mit dem musst du noch möglichst lange auskommen. Du bist hier nur zum Dinner eingeladen – und außer, dass dein *Bekannter* gerade mit der Frau deines Chefs gebusselt hat, ist eigentlich nichts Schlimmes passiert." Mantra-artig wiederholte sie dies in ihren Gedanken – bis der nächste Gang folgte.

„Und Prösterchen!", Marlene Hein giggelte bereits ein bisschen.
„Ich glaube, das wird noch sehr lustig heute Abend", flüsterte Jan Lina ins Ohr, als sie mal ganz kurz alleine waren.
Lina hoffte, dass es nicht allzu lustig werden würde. Sie wollte auf jeden Fall einen kühlen Kopf bewahren, wenn hier schon alle anderen so einen übermäßigen Durst hatten.

Dann servierte das Ehepaar Hein, er mit den Tellern in der Hand tänzelnd und sie verschmitzt in sich hineinlachend, das berühmtberüchtigte „Bürgerrechtlersteak" mit Ofenkartoffeln und ein paar grünen Bohnen. Die waren so dermaßen grün (und hart!), dass Lina sich kurz fragte, ob es bei Bohnen jetzt auch schon „medium" gab?

„Dazu einen schönen Roten, Herr Johannsen? Oder steigen wir um auf ein kühles Blondes?" Jürgen Hein war ein aufmerksamer Gastgeber. Sein Weinkeller war gut sortiert. Das wusste Jan schon von vorherigen Einladungen bei den Heins.

„Also, ich würde jetzt sogar ein gut gekühltes Blondes bevorzugen. Passt doch auch zu unseren beiden hübschen Blondinen hier." Lina lachte ordnungsgemäß, und Marlene freute sich über das Kompliment aus dem Munde eines jüngeren und so attraktiven Mannes.
„Für mich bitte ein alkoholfreies Bier, Herr Hein! Ich muss meinen Künstler ja noch sicher nach Hause bringen."
„Aber, Lina, es wäre doch überhaupt kein Problem, hier bei uns zu übernachten. Wir haben ein großes Haus und Sie beide sind uns immer herzlich willkommen."
Beim Chef übernachten? Das war Lina eine Nummer zu intim. Auf gar keinen Fall! Dann doch lieber ein nächtliches Empfangskomitee durch das Drebbehäusje…
„Vielen lieben Dank. Aber ich vertrage doch sowieso nichts, das wissen Sie doch, Herr Hein."
„Nun lassen Sie doch mal die Förmlichkeiten, Frau Siebenborn. Wir sind doch hier nicht im Büro!"
Der Satz kam schon nicht mehr klar und deutlich hervor.
Naja, Essen und Sprechen gleichzeitig, das konnte auch für sonst erfolgsverwöhnte Führungskräfte schwierig werden.
„Lina, jetzt hören Sie mir mal gut zu: Also, ich bin der Jürgen. Und das wissen Sie ja nicht erst seit heute Abend. Sondern schon sehr lange. Und Sie arbeiten doch schon viele Jahre als meine rechte Hand, oder? Und schauen Sie mal, meine rechte Hand hier sagt doch auch nicht SIE zu mir…", stand auf und schmatzte Lina ein Küsschen auf die Wange.
„Ach, du meine Scheiße!", dachte Lina. „Das auch noch!"
Sie hoffte, dass kein Bohnenkraut auf ihrem Make-up gelandet war. Das hatte Herr Hein nämlich im Mundwinkel hängen…
Wieder träumte sie von ihrer Couch daheim – und wie bequem eine lockere Schlafanzughose mit ausgeleiertem Gummiband jetzt gewesen wäre.
„Also, gut, Jürgen. Ich heiße Lina. Aber das wissen Sie, äh, du, ja auch schon länger."
Es folgte das „Schaumgeschlagene à la Christian", eine Mango-Mousse mit Pistazien und einem Fruchtspiegel von irgendwas, das nun endgültig das Ende des Herrn Wulff symbolisieren sollte. Dabei ließ es sich Jürgen Hein natürlich nicht nehmen, nochmal die ganze Story vom Aufstieg und Fall des Glamourpaares aus Großburgwedel in seinen Worten zusammenzufassen. Lina dachte noch immer an ihre Couch.

Jan trank währenddessen sein zweites Bier und hatte schon ein Gesicht, das man ohne größere Bildbearbeitung für die Rotbäckchen-Werbung hätte verwenden können.
Lina hoffte insgeheim, niemand würde den Tod von Brittney Texas erwähnen.
Aber zumindest dieser Kelch schien an ihr vorüber gegangen zu sein.
Sie sandte ein Stoßgebet zum Himmel.
„Bitte, lieber Gott, wenn du mich nur ein bisschen gern hast, dann mach', dass das hier ohne größere Blamage über die Bühne geht – und ich bald wieder daheim in Bornheim bin. Und Jan halbwegs in der Spur bleibt."

„Kommt, meine Lieben, wir setzen uns vor den Kamin. Ich hole nur noch einen guten Tropfen aus dem Keller. Was meinen Sie, Herr Johannsen? Ach, kommen Sie, ich bin der Jürgen. Was soll das doofe Siezen?"
So, jetzt war es soweit: Jürgen und Jan. Bussi, Bussi!
Lina prostete den beiden anstandsgemäß zu.
„Kommst du mit, Jan? Ich habe da ein paar Neuzugänge, die wollte ich dir mal zeigen."
Dann entschwanden Jan und Jürgen, das neue *JJ-Team*, in Richtung Weinkeller...

Und Marlene Hein sah genau jetzt ihre Chance. Endlich!
„Lina, wir beiden sind jetzt die einzigen, die sich noch siezen. Also, ich bin für Sie jetzt auch nur noch Marlene. Und heiße DU."
Dann lachte Marlene wieder giggelig. Und Lina tat, als hätte sie sich nichts sehnlicher gewünscht, als endlich mit der Frau vom Chef per Du zu sein. Was lag auch näher, nachdem sie für diese Dame ja schon in stundenlanger Internetrecherche Spezialisten für Korrekturen ihrer Lippen (zu dünn), Zornesfalten (zu tief) und Oberschenkel (zu dick) gesucht hatte?
„Frau Siebenborn", befahl sich Lina innerlich, „Sie bewahren hier professionelle Contenance. Frau Siebenborn, Sie bewahren hier professionelle Contenance. Frau Siebenborn...." Es wurde zum Mantra des Abends. Lina war gar nicht mehr relaxed und hätte jetzt dringend die Knethakenhände von Herbert Herzbube gebraucht, um ihre mittlerweile zum Zerreißen angespannten Rückenmuskeln zu bearbeiten.

Aber sie war nicht die einzige, die mit Spannungen zu tun hatte...

„Ich bin schon so gespannt, was du für mich ausgesucht hast. Hoffentlich klappt das alles. Du kannst das doch sicher für mich buchen, wenn mein Mann mal wieder auf Dienstreise ist, oder? Dann ist doch sowieso nicht so viel zu tun..."

Solche Sätze liebte Lina... Grrrrrr!!!
Naja, Frau Marlene war eben aufgeregt – und schon jetzt total auf ihrem Beautytrip!

„Ach, das geht schon. Ansonsten bleibe ich einfach ein bisschen länger abends, das fällt nicht weiter auf. Ich mache ja oft Überstunden, besonders wenn Ihr Mann auf Reisen ist. Ich meine, dein Mann. Sorry, das ist noch so neu für mich."

„Marleeeeene, ich heiße ab sofort Marleeeeene für dich! Und mein Mann ist doch jetzt auch der Jüüüüü-hüüü-hürgen für dich!"

Frauen mit einem Schwips können solche Nervensägen sein.

Und Frau Hein, also Marlene, war anscheinend kein bisschen trinkfest. Eigentlich war sie hackedicht, fand Lina. Und mit dem Bier, das mittlerweile vom Kaminfeuer kuschelig angewärmt sein dürfte, würde sie bestimmt auch gleich die letzten Hemmungen verbrannt haben wie trockenes Brennholz.

Lina fühlte sich stark an das berühmteste Vertreter-Gipfeltreffen aller Zeiten erinnert. Mit Likörchen, Versicherungen und dem Saugbläser-Heinzelmann. Und es mutete an, als sollte sie Recht behalten.
Das neugegründete „*JJ-Team*" kam mit je einer Flasche Rotwein unter dem Arm eingehakt die Kellertreppe hochgestiefelt.
Jetzt hatte Rotköpfchen-Jan auch noch einen Kumpel bekommen.
Die beiden leuchteten mit dem Kaminfeuer um die Wette.

„Schaut mal, was wir hier Schönes gefunden haben. Ein gutes Tröpfchen", Jan musste es ja wissen.

„Unser Jan ist ein Kenner. Von Haus aus. Gleich nach der Muttermilch kam doch schon die erste Rieslingprobe, nicht wahr? Ach, ich beneide ihn, er hat einfach den Durchblick bei Kunst und Wein. Mehr braucht man doch nicht im Leben, oder?"

Jürgen Hein war jetzt noch lockerer und aufgekratzter als vorher. Sein präsidiales Menü war sehr gut angekommen.
Das hatte ihm Auftrieb gegeben.

„Komm, Lina, jetzt trinkst du aber noch einen schönen Roten mit. So jung kommen wir nicht mehr zusammen…"
„Meine Güte!", dachte sie. „Jetzt kommen auch schon lebensbedrohliche Trinksprüche…" Wie früher bei den Geburtstagsfeiern ihrer Eltern. Als einzig Nüchterne hatte sie es nicht leicht. Das war fast so schlimm wie an Kirmesmontag spät abends in ein verräuchertes Festzelt zu kommen. Davor hatte schon Mama Siebenborn immer gewarnt. Zu Recht!
Warum konnte sie auch keinen Vorgesetzten haben, der einfach nur eine Assistentin brauchte? Und das bitte nur zur vertraglich festgelegten Arbeitszeit. OHNE Familienanschluss! Und OHNE diese dämliche Duzerei. Bald würde das gute alte „Sie" bestimmt ganz aussterben.
Lina hatte es ja schon länger geahnt.
„Jezz gehd alles die Bach' erab", hätte Oma Hermine dazu gesagt. So hieß das halt in Oberhessen, wenn nicht mehr viel zu retten war…
Ein richtiges Scheißtheater ist das hier! Fand Lina.
Jeder spielt jedem was vor…. In ihrem Kopf ratterte es nur so. Wie in einem Computer, der gerade Höchstleistungen vollbringen musste.
Eine kurze Analyse gab Folgendes her: Jan musste den Heins den nonchalanten Künstler vorspielen, obwohl es ihm in Wirklichkeit schlecht ging: wegen Brittney, der mauen Ausstellung und dem ganzen Trouble in der Malschule. Und nicht zuletzt seiner Rückenschmerzen. Herr Hein spielte sein eigenes Stück: zwei Tage zuvor war er noch mit Hugo Foth ins Dark Paradise gegangen. Aber hier gab er den leidenschaftlichen Hobbykoch, den gewitzten Gastgeber, den perfekten Ehemann. Keine Spur von Kellerverließ. Hier war nur Weinkeller angesagt. Und Frau Hein? Sie mimte die glückliche Ehefrau und stolze Hausherrin der Friedrichsdorfer Villa. Das Rundum-Zufrieden-und-Sorglos-Paket der Unternehmergattin sozusagen. Und dennoch war sie eine total unzufriedene Frau, die die ersten tieferen Fältchen nicht akzeptieren konnte und merkte, dass die Zeiten, in der ihr fremde Männer hinterher schauten, nun endgültig vorbei waren. Letztendlich durfte ihr eigener Mann nicht einmal wissen, dass sie gleich mehrere Schönheitsoperationen plante. Und das mithilfe seiner Sekretärin!
Und Lina? Sie wusste ALLES. Von jedem der hier Anwesenden.
Und musste ihrerseits vorspielen, dass dem nicht so war!
Sekretärinnen sind wirklich unterbezahlt.
Wenn man alleine den mentalen Stress einmal mit berücksichtigte…

„So, Ihr süssen Mäuse. Onkel Jürgen ist jetzt mal ganz kurz für Königstiger. Und dann kommt noch eine Überraschung. So kurz vor Mitternacht..."
Und schon stolperte der Geschäftsführer der HansaFra AG in bester Trinkerlaune fort. Die Wegsteuer war ihm bereits ziemlich abhanden gekommen.

Das ist ja schon wieder oberpeinlich, registrierte Lina. Aber sie musste weiterhin gute Miene zu bösem Spiel machen. Stocknüchtern unter schwer angeheiterten Menschen, deren intimsten Geheimnisse sie nun auch noch wahren musste. Bloß nicht verplappern, immer schön Pokerface machen. Und einfach ein bisschen mit lachen. War doch eigentlich ganz harmlos.

„Mensch, Lina, sei doch mal ein bisschen locker. Ist doch soooo lustig hier. Und der Rotwein aus der Pfalz ist auch allererste Wahl. Dein Chef ist wirklich ein Feinschmecker. Das mit dem Kochen hat er richtig gut drauf."

„Ja, das hat er. Und übrigens, Jan, ich BIN locker...", das musste sie ihm noch kurz ins hochrote Künstlerohr zischen, während Frau Hein, also Marlene, mal kurz die Terrassentür öffnete. Zwecks Frischluft aus dem schönen Taunus. Ach, nein, in Bad Homburg war das ja „Champagnerluft", wie Lina seit der Vernissage wusste...
Und schon kam Jürgen mit einer Käseplatte um die Ecke.

„Das ist meine Mitternachts-Käseplatte „Bellevue", Ihr Lieben. Auf dass wir den ganzen Käse mit dem Wulff jetzt mal endlich hinter uns bringen, hahaha..."

„Also gut", dachte Lina. „Es geht zumindest schon mal dem Ende entgegen."

„Noch einen guten Pfälzer Tropfen, Jan?", auch angetrunken war Herr Hein besorgt um das leibliche Wohl seiner Gäste. Jan, der schon recht glasig aus der Wäsche guckte und etwas lauter lachte als für Hanseaten sonst üblich, hielt sein Glas erneut erwartungsvoll hin.

„Na, selbstverständlich, Herr Hein. Ach, äh, Jürgen, meine ich... Sorry, ich muss mich erst noch dran gewöhnen. Aber, der Pfälzer hat es wirklich in sich. Deutsche Weine sind Weltklasse! Hat schon mein Vater immer gesagt!", gab er promilleschwanger zu Protokoll.

Marlene wirkte richtig müde. Der Alkohol hatte ihr wohl zugesetzt. Wahrscheinlich verzichtete sie sonst auf jegliche zusätzliche Kalorienzufuhr. Aber auch angetütelt behielt sie noch brav die Fassung.

„Na gut, Käse soll ja bekanntlich den Magen schließen. Und passt auch gut zum Rotwein. Ich lieeebe Rotwein. Ist gut gegen Herzinfarkt. Mediterrane Ernährung, sehr gesund. Nicht wahr, Liebling?"

„Liebling? Wer sagt denn das noch heutzutage?" Fragte sich Lina.
Das hatte sie ja zuletzt in der Schwarzwaldklinik gehört.

Jan bekam schon nicht mehr viel mit. Er war verliebt in seinen Pfälzer im übergroßen Rotweinglas, das er fachmännisch schwenkte und gegen das Kaminfeuer hielt, um so das Farbenspiel studieren zu können.
Herr Hein, also Jürgen, kam auf seine Frau zu. Zwar etwas schwankend in der Gesamterscheinung, aber immer noch mit einer gewissen Haltung. Soweit das eben mit zwanzig Kilo Übergewicht und mit ein paar ordentlichen Umdrehungen im Kopf noch möglich war.
Dann drückte er sie, schmatzte ihr ein nasses Bussi auf den Mund und rief aus: „Mensch, mein Marlenchen, trinken wir noch einen auf die Gesundheit, damit wir alle noch ganz laaaange gesund und munter bleiben. Nicht wahr, Ihr Lieben?"
Marlene Heins Augen leuchteten, sie kicherte wie ein Teenager.
Offensichtlich war ihr Jürgen sonst nicht ganz so anhänglich.

„Oh Mann, wann kann ich endlich auf meine Couch?", fragte sich Lina zum x-ten Male an diesem Abend. Dann lachte sie aber anstandshalber noch ein wenig mit. Was hätte sie auch sagen sollen?
Alle hatten einen zuviel im Tee – und ihr Chef wollte vor ihren Augen auch noch fast seine Frau vernaschen…
Da konnten auch ihr schon einmal die Worte fehlen!

„Mein lieber Jan, noch einen Schlückchen auf die Gesundheit?", fragte Herr Hein als vorbildlicher Gastgeber erneut.
Jan lächelte süffisant und stimmte umgehend und lautstark zu.
„Jawoll, PEITSCHEN-HEINI! Einer geht noch!"

Das war der Moment, in dem die Welt in Friedrichsdorf vor der Höhe stehen geblieben war.
Und Lina wusste: Dieser Abend war unterm Strich eher suboptimal gelaufen. Plötzlich hatte sie das dumpfe Gefühl, dass zumindest Jürgen Hein schlagartig nüchtern war.

Marlene grinste: „Also, dass dich deine Angestellten Peitschen-Heini nennen, das wusste ich ja gar nicht. Bist du denn solch ein Sklaventreiber?"

Herr Hein seinerseits hatte offenbar keineswegs die Fassung verloren...

„Ich hoffe nicht, aber manchmal hilft es, ein bisschen mit der Peitsche zu knallen. Nicht wahr, liebe Lina? Einige von den üblichen Schluris brauchen das... als kleine Motivationshilfe! Dann spuren die wieder. Mehr isses nicht. Und die Striemen werden natürlich bei der Betriebsärztin direkt behandelt. Alles während der Arbeitszeit, hahaha!"

Blitzschnell hatte Jürgen Hein die Vorlage seiner Ehefrau aufgegriffen, das Ganze locker kommentiert, ein wenig improvisiert und humoristisch ausgeschlachtet.

Obwohl ihm der „Peitschen-Heini" wahrscheinlich ganz schön in den Magen gefahren war. Seine braunen Augen sprachen jedenfalls Bände – und Lina konnte darin lesen, dass es nun in seinem Hirn richtig ratterte.

Er war aufgeflogen!

Aber trotz allem noch weltmännisch genug, weiterhin den perfekten Gastgeber zu geben. Inklusive Smalltalk.

Das nannte man wohl Chuzpe!

Für Marlene Hein war das Thema aber noch nicht ausgestanden. In ihr brodelte es gewaltig. Sie grinste auch kein bisschen mehr.

„Also, ich kann das gar nicht glauben, dass die Leute dich Peitschen-Heini nennen. Du bist doch so nett und so beliebt. Oder kehrst du in der Firma etwa eine ganz andere Seite raus?"

Die Ehefrau von Jürgen Hein konnte es einfach nicht fassen, dass man sich so einen Spitznamen für ihren Mann ausgedacht haben soll.

Das passte doch gar nicht zu ihm. Er war doch sonst so diplomatisch und ausgleichend in seiner Art. Sie verstand es nicht.

„Tja, mein Liebling, du weißt eben auch nicht alles von mir..."

Herr Hein zwinkerte seiner Gattin verschmitzt zu.

Wie wahr, wie wahr!

„Hamburg, Ahoi!"

Von Frühling war Ende März noch keine Spur. Im Gegenteil. Der Wind blies Tonja eisig ins Gesicht. Aber zum Glück waren es jetzt nur noch ein paar Schritte bis zu Gutbeins Praxis.
Rein klimatisch war hier oben im Norden zurzeit kein Unterschied zum rauen Klima des hessischen Vogelsbergs.

Die indisch aussehende Helferin mit den beneidenswert dicken schwarzen und unverschämt glänzenden Haaren, die sie mit einem freundlichen „Guten Morgen, was kann ich für Sie tun?", begrüßte, war ihr gänzlich fremd. Aber es waren ja auch schon wieder anderthalb Jahre her, seit sie das letzte Mal in Hamburg gewesen ist.
„Ist Herr Dr. Gutbein bitte kurz zu sprechen? Ich bin rein privat hier. Tonja Naumann ist mein Name. Aus Schotten. Dann weiß er schon Bescheid."
„Oh, einen klitzekleinen Moment, Frau Naumann, er hat momentan noch eine Patientin. Aber dann frage ich gleich, ob er Zeit für Sie hat." Anscheinend war die Arzthelferin ein bisschen misstrauisch. Die Nummer, dass man mit dem Herrn Doktor privat bekannt ist, wurde wohl häufiger eingesetzt, wenn Leute keinen Termin hatten oder sich schlicht und ergreifend vordrängeln wollten. *Not macht erfinderisch.*
Das war ein altes Sprichwort.

„Nehmen Sie doch bitte noch einen Moment Platz. Hier neben, im Wartezimmer, gleich rechts." Die hübsche Helferin deutete die Richtung vorsichtshalber noch genau an. Dann machte es sich Tonja Naumann bequem im „rechten Wartezimmer". Wo es schwer nach Zweiklassenmedizin aussah. Denn das „linke Wartezimmer" war von der Möblierung her schon sichtbar älteren Datums. Und weder schick, noch auf Hochglanz gebürstet. Die Zeitschriften waren abgegriffen und hatten Eselsohren. Und an den Wänden hingen Bilder, deren Farben stark verblasst waren. Auf einem Tisch standen ein paar Wasserflaschen und daneben gestapelte Trinkbecher. Alles aus Plastik!

Das war Tonja schon im Vorbeigehen aufgefallen. In ihrem Wartezimmer jedoch, da war alles aufs Feinste renoviert. Moderne Kunst schmückte die Wände und keine veralteten Kunstdrucke aus dem Möbelhaus. Zeitschriften gab es ohne Ende. Für Golfspieler, für Surfer, für Globetrotter (Reise-Magazine, Geo), für Freizeit-Landeier (Landlust, Landliebe) und für verkappte Newtons (Fotomagazine).

Und das alles neben den verschiedenen Klatschblättern und Tageszeitungen. An der Wand hing eine schicke Tafel – wie im vornehmsten Restaurant. Darauf stand mit Schönschrift in Kreide: „Kaffee, Cappuccino oder ein stilles Mineralwasser gefällig? Sprechen Sie uns bitte an! Ihr freundliches Dr. Gutbein-Praxisteam."

Na, Holla-die-Waldfee! So offen wurde in Arztpraxen heute die Zweiklassenmedizin gezeigt. In ihrer Heilpraktikerpraxis gab es jedenfalls nur ein einziges Wartezimmer. Für alle. Gut, es war kein Wartezimmer im üblichen Sinne. Eher ein Flur.
Aber es war definitiv kein Zweiklassenflur...

„Wer ist da? Frau Naumann aus Schotten? Hier? Jetzt?", Hellmuth Gutbein glaubte wohl, ein Märchen aus 1001 Nacht zu hören, und er fragte deshalb vorsichtshalber noch einmal bei Shirin, seinem *Mädchen-für-alles*, nach.

„Ja, Shirin, bitten Sie die Dame herein. Aber gleich!", rief er aufgeregt seiner exotischen Helferin zu. „Und bringen Sie auch zwei Tassen Cappuccino und eine Flasche Wasser mit. Aber bitte durch das andere Behandlungszimmer gehen! Muss ja nicht jeder sehen, dass hier mal zehn Minuten Stillstand ist."

Da stand sie nun vor ihm. Das halbe Jahrhundert sah man ihr wirklich nicht an. Die schätzungsweise neunzig Kilo Lebendgewicht auch nicht. Es sah eigentlich eher nach einer dreistelligen Zahl aus. Tonjas einzigartige Klasse war jedoch ohnehin nicht in Jahren oder Kilos zu messen. Ihr hübsches Gesicht, die wachen, grünen Augen und ihre herzliche Art ließen niemanden, dem sie begegnete, an solche Nebensächlichkeiten denken. Und sie selbst war mit sich im Reinen. So wie sie war. In ihrem typischen Leinenkleid, edel verknittert (wie immer!), darunter blitzte ein helles Baumwollshirt hervor, dazu noch ein modisch gebundener Schal um den Hals. Alles passend in tiefem Grün, harmonierend zu ihren roten, langen Haaren, der hellen Haut mit den zarten Sommersprossen, die momentan aber eher zu erahnen waren. Tonja Naumann hätte auch eine Irin sein können.

„Sag' mal, meine Liebe, ich glaub' das ja wohl nicht, so eine Überraschung. Was machst du in Hamburg? Habe ich irgendeinen wichtigen Termin nicht im Kalender stehen?"

„Grüß' dich, mein lieber Hellmuth! Ja, ich bin halt immer für spontane Aktionen zu haben. Du kennst mich doch lange genug", sie umarmten sich liebevoll und lange, wie es nur sehr gute Freunde tun.

Das hatte mit Bussi-Bussi nichts zu tun. Hellmuth Gutbein erfuhr dann, dass Tonja ein Seminar besuchte, in dem es um „Heilende Hände" ging und deshalb das Wochenende in Hamburg verbrachte. Kein Wunder, dass er von dieser Fortbildung als Allgemeinmediziner nichts wusste. Das war eine andere Liga.

„Aber, meine Tonja, Liebes, Heilen durch die Hände, wer sollte dir da noch etwas beibringen? Das kannst du doch schon so perfekt. Weißt du noch? Mensch, wie lange ist das denn jetzt schon wieder her?" Er erinnerte sich an den Tag ihres Kennenlernens, als er sich mitten in einem Naturheilkundekongress kurz nach einem heruntergefallenen Taschentuch bücken wollte und plötzlich wie zur Salzsäule erstarrt war. Ein bisschen wie Frau Lot, als sie sich damals dummerweise doch noch nach Sodom und Gomorrha umgedreht hatte.

Hexenschuss in Reinform! Die Diagnose hatte er schnell selbst stellen können. Seine Sitznachbarin, Tonja Naumann, bis dahin für ihn eine Fremde, hatte die Szene hautnah miterlebt und sich dann zu ihm herunter gebeugt. Ihr Nachbar kam ja offensichtlich nicht mehr aus seiner misslichen Lage heraus.

„Ich kann mich echt nicht mehr bewegen", hatte er damals schmerzerfüllt in ihre Richtung geflüstert. Um ihn herum nur Ärzte und Heilpraktiker. Die Panik in ihm kam jedenfalls schneller hoch als er es unter diesen widrigen Umständen erwartet hätte. Sie, die Fachleute, wären über ihn hergefallen wie die Hyänen, und jeder von ihnen hätte sich am aktuellen Fallbeispiel profilieren wollen.

„Bloß das nicht!", waren da seine Gedanken gewesen. Welcher Arzt wollte schon selbst gerne Patient sein? Und dann noch während eines Vortrags im Blickpunkt aller stehen? Äh, in diesem Fall sitzen.

Dr. Gutbein hatte sich schon als Anschauungsobjekt gesehen. Das wollte er doch unter allen Umständen vermeiden. Instinktiv hatte ihm Tonja damals zugeflüstert, dass er einfach entspannen sollte. Sie würde ihm nur ihre wärmenden Hände auflegen. Nichts weiter. Keine Spritzen, kein Gedöns, nur warme Hände. „Einverstanden? Glauben Sie mir, niemand wird etwas davon mitbekommen!"

Bis zur Pause waren es höchstens noch ein paar Minuten, das würden sie locker überbrücken können. Damals war es Dr. Gutbein komisch vorgekommen, dass Hände so dermaßen heiß werden konnten. Am Anfang war es noch eine normale Wärme gewesen, sehr angenehm. Er hatte die ganze Zeit so getan, als würde er lediglich etwas suchen. Die Zeit konnte er heute nicht mehr einschätzen, aber schon nach wenigen Momenten war sein Rücken heiß gewesen. Heißer als jede Moorpackung oder jedes noch so heiße Bad. Eigentlich war diese Art von Hitze mit gar nichts zu vergleichen. Er hatte nur ein unglaublich wohliges Gefühl. Es kribbelte – vom Kopf bis zu den Fußspitzen. Und war so schön warm, dass er auf einmal die Zeit vergessen hatte.

Irgendwann war der Vortrag dann zu Ende. Und es drohte der große Run aufs Buffet. Tonja musste ihn irgendwie wecken und aus der Starre bringen: „Haben Sie jetzt endlich gefunden, was sie gesucht haben? Dann könnten Sie doch eigentlich auch wieder heraufkommen. Aber ganz langsam!" Mit ihren magischen Händen hatte sie schon vorher gespürt, dass sich die Muskeln wieder entspannt hatten. Und wollte ihren bis dato unbekannten Patienten zum aufrechten Sitz ermutigen. Aber Dr. Gutbein war so verblüfft, dass er fast gar nichts mehr hatte sagen können. Unglaublich, diese Hände! Und auf einmal saß er wieder in Position. Als wäre nichts gewesen.

„Keine Ahnung, was Sie da gerade mit mir gemacht haben. Aber ich kann mich wieder bewegen. Vielen herzlichen Dank. Ich bin übrigens Dr. Gutbein. Also Hellmuth Gutbein. Hier aus Hamburg."

Noch ehe das Neonlicht im Saal angegangen war und die offizielle Pause begonnen hatte, waren seine Schmerzen wie weggezaubert. Und eine neue Freundschaft zwischen einem Hamburger Schulmediziner und einer Schottener Heilpraktikerin hatte begonnen. Das war vor vielen Jahren in Hamburg gewesen.

Ihre Treffen waren zuerst nur freundschaftlich, später aber auch sehr leidenschaftlich. Tonja betrachtete sich zwar noch immer als überzeugten und glücklichen Single. Aber insgeheim war Hellmuth ihre große Liebe geworden. Er führte sowieso von jeher eine offene Ehe. Da hatten immer mehr als nur zwei Menschen Platz gehabt. Seine Frau war Gynäkologin und dem weiblichen Geschlecht nicht nur aus medizinischen Gründen zugetan. Das war ein offenes Geheimnis.

Shirin klopfte vorsichtig an der Tür des Arztzimmers.

„Einige Patienten warten jetzt schon ziemlich lange, Herr Doktor!" Zeit zu gehen. Zumindest für Tonja. Sie wollte keinesfalls den Praxisablauf stören. „Also, wir sehen uns dann heute Abend in der Atlantic Bar an der Alster. Wie immer um acht?" – „Wie immer um acht an der Bar. Ich freue mich!" Und als Tonja die Praxis verlies, meinte sie einen kleinen Sonnenstrahl auf ihrem Gesicht zu spüren.

Zeitgleich war auch im Hause Johannsen der Frühling eingezogen. Das war in erster Linie einem fast missglückten Einparkversuch zu verdanken. Beinahe hätte Gisela nämlich ihren grünen Jaguar, das gute Stück, in einer Parklücke angesetzt. Vorwärts einzuparken war einfach nicht ihr Ding. Nie gewesen.

Es hatte dann diesen gewissen Punkt gegeben: an dem sie, im wahrsten Sinne des Wortes, weder vor noch zurück konnte. Aber Francesco Infantino, Italiener im allerbesten Mannesalter, hatte das Malheur live mit verfolgt. Und dann keinen Moment lang gezögert, die schicke Signora samt ihrem Jaguar zu retten. Schnurstracks war das Ausparkmanöver dann abgelaufen. Keinerlei Schäden zu vermelden. Er hatte eben ein Herz für schöne Autos und deren Fahrerinnen. Von Natur aus. Italiener halt!

Gisela Johannsen hatte sich im Nachhinein über sich selbst gewundert. Dass sie überhaupt den Autoschlüssel aus der Hand gegeben hatte. Und dann auch noch an einen Wildfremden! Vor lauter Freude hatte sie dem gutaussehenden Mittfünfziger dann lobend ein „Man merkt doch gleich, dass Sie ein routinierter Autofahrer sind!" mit auf den Weg geben wollen. Worauf der perfekt gekleidete Herr in bester Cappuccino-Mann-Manier ihr sein charmantestes „Signora, isch-eh aaaaabe doch gar kein-eh Autooooo" entgegen geschmettert hatte. Da war es um Frau Johannsen, die seit ihr lieber Mann Oluf verstorben war, schon etliche Frösche, aber keinen einzigen Prinzen geküsst hatte, endgültig geschehen.

Ihr spontanes „Darf ich Sie vielleicht auf einen Kaffee einladen, als kleines Dankeschön?", war dann der Auftakt für diese stürmische Liaison mit dem charmanten Francesco gewesen. Und welcher Italiener konnte einer attraktiven Signora wie Gisela schon eine Einladung ausschlagen?

Er war seit einigen Monaten unterwegs – als Reiseschriftsteller. Und wollte eigentlich nur für zwei, höchstens drei Wochen in Hamburg bleiben. Das war jedoch bereits im Januar gewesen. Nun war es Ende März und sein Gepäck stand schon lange nicht mehr in seinem angemieteten Apartment.

Es hatte eine neue Bleibe gefunden: in der Alstervilla Johannsen! Dass ihr geliebter Sohn Jan plötzlich Mitte Februar erneut zu einer längeren medizinischen Behandlung angereist war, hat die schwer verliebte Gisela und ihren feurigen Italiener nicht wirklich von ihrer Wolke sieben holen können. Aber Plan B funktionierte, und zwar PERFETTO: Francesco Infantino war vorübergehend einfach wieder ins Apartment-Hotel gezogen, wo die beiden Turteltäubchen sich dann auch weiterhin ungestört treffen konnten. Während zu Hause in Giselas Wohnzimmer ein deprimierter Jan saß, der den Tod irgendeiner Sängerin nicht verkraften konnte und dabei zeitgleich seinen kranken Zeh pflegte.

Aber das hatte seine Mutter nicht im Geringsten berührt. In dieser hormonellen Hochphase mit Signore Francesco war es ihr unmöglich gewesen, dafür irgendein Verständnis aufzubringen. Auch wollte sie unter allen Umständen vermeiden, dass ihr Sohn von dieser leidenschaftlichen Affäre zu dem wesentlichen jüngeren Italiener erfuhr. Nein, das brauchte er nicht zu wissen! Auch sie hatte ein Recht auf Privatleben, ein Recht auf ihre ganz geheimen Geheimnisse. Etwas, das nur ihr gehörte und niemanden sonst etwas anging. Weder ihren eigenen Sohn noch ihre an allem so interessierten Freundinnen. Nein, die tratschten natürlich nicht, die feinen Hamburger Damen. Gewöhnlicher Tratsch wäre unter ihrem Niveau. Aber man interessierte sich eben für seine unmittelbare Umgebung!

Gisela wusste genau: Es wären die reinsten Niagarafälle auf deren Mühlen gewesen, hätten sie von der neuesten Entwicklung in der Alstervilla auch nur die leiseste Ahnung gehabt...

Vor den Nachbarn jedoch konnte sie die Sache mit Francesco nicht verbergen. Aber darauf wollte Gisela Johannsen nun wirklich keine Rücksicht nehmen. Gott sei Dank hatte ihr Sohn zu keinem von ihnen ein besonders inniges Verhältnis. Von daher drohte also keinerlei Gefahr. Außerdem wusste sie genau, dass es sich um eine zeitliche begrenzte Liaison handeln würde. Im Prinzip konnte es jeden Tag vorbei sein. Ihr Francesco war schließlich nur auf Recherchetour für sein nächstes Buch. Und sozusagen auf der Durchreise.

Er beschäftigte sich sehr intensiv mit den Deutschen. Und passend dazu sollte sein Buch auch „Auf der Suche nach der deutschen Gemütlichkeit" heißen. Da konnte es kaum schaden, es sich selbst auch ein wenig gemütlich zu machen.

Dass das Kapitel über Hamburg vielleicht ein bisschen ausführlicher ausfallen würde, das würde ihm niemand verdenken. Durch Gisela hatte er hanseatische Einblicke aus allererster Hand bekommen.

Und war tief in das Wesen der deutschen Gemütlichkeit eingestiegen. Für ihn war das nicht leicht zu begreifen, was dieses in alle Welt exportierte Wort überhaupt bedeutete: Gemütlichkeit. In Italien konnte man ja alles Mögliche erleben. Kunst, Mode, Kultur, Geschichte, Berge, Meer und noch viel mehr. Und saugte in der Regel das Dolce Vita schon mit der Muttermilch ein. Aber Gemütlichkeit? Gemütlichkeit und Italien? Nein, denn zur Gemütlichkeit gehört in erster Linie mal richtiges Scheißwetter. Also Shietwetter, wie man im Norden zu sagen pflegt. Und wenn es draußen gießt wie aus Eimern, dann macht es sich der Deutsche gerne so richtig gemütlich. In Schlappen. Und Schlappen gibt es in Italien nicht so viele. Die ziehen sich da meist richtige Schuhe an. Und wenn es regnet, freut man sich entweder, dass es mal wieder regnet oder man murrt ein bisschen herum, weil es schon wieder regnet. Dann trinkt man noch einen Espresso und stellt sich solange irgendwo unter, bis der Regen endlich aufhört.
Aber gemütlich? Gemütlichkeit können Italiener nicht. Das hat der Herrgott für Italien einfach nicht vorgesehen.

„Gisella", mit weichem *Dsch* am Anfang. So nannte Francesco seine Flamme. Für sie war das Musik in ihren Ohren.
„Und was ist-eh heute Abend, Bella Gisella? Eine kleine Pasta in die Trattoria Angelo? Danach eine wunderbareeeh Cocktail-eh? Nur du, Bella Gisella, die kleine Francesco und Grande Amore. Vielleicht-eh in unsere Bar Atlantico? Va tutto bene?!"
„Was könnte ich dir schon abschlagen, Francesco mio? Mit dir ginge ich bis ans Ende der Welt, das weißt du doch. Aber vorher springe ich noch kurz in die Wanne und dann mach' ich mich richtig schick. Zum Ausgehen!"
„Aber, mia Bella Gisella, du bist-eh, wie solle die Francesco sage? Ah, äh, ah.. *Una donna perfetta!*"

Tja, Italiener haben es eben drauf. Und wenn sie nur die Speisekarte oder das Telefonbuch vorlesen. Es klingt immer ein bisschen wie Al Bano, also zum Verlieben.
Sie haben nur eine Schwäche: Nudeln. Also, bei ihnen heißt es ja Pasta! Denn ohne die können sie nicht überleben. Nicht einen Tag. Sonst fehlt es ihnen an Substanz.

„Eine Tag-eh ohne Pasta ist-eh eine tote Tag, eh", pflegte Francesco zu seiner Gisella immer dann zu sagen, wenn sie wieder einmal probiert hatte, den ersten Gang (das war immer Pasta!) zu unterschlagen.
Aber mit Fischbrötchen oder ähnlichen Häppchen konnte man diesen Italiener zu rein gar nichts verführen. Basta!
Bella Gisella, auf halbem Wege in ihr duftendes Schaumbad, legte ganz ihrem neuen italienischen Lebensgefühl entsprechend noch einmal Eroticos Dramazottis größte Schmuse-Hits auf. Dvořák, Mozart oder gar Schubert? Das war ja vorvorgestern! Heute wirbelte sie in einem transparenten, rosafarbenen Nichts durch das Haus und kam sich dabei rattenscharf vor.
Dagegen saß ihr Francesco jetzt ziemlich gemütlich (deutsch!) auf der Couch herum und trank seinen Espresso. Dabei sah er aus, als hätte er nie irgendwo anders gesessen und seine italienische Tageszeitung gelesen als hier, hoch oben im deutschen Norden.
„Nicht-eh lang-eh schnacken, Kopf-eh in die Nacken...", kurz und schmerzlos kippte er seinen Espresso weg wie Küstennebel auf ex.
So viel norddeutsche Lebensart hatte er schon mal drauf.

Nur Schlappen wollte er partout keine anziehen.

„Meine Bella, alleine baden-eh machte die Haut ganz-eh schrumpelig. Ich-eh komme mit-eh hinein in die Wanne!"
Zack, da hatte sie von ihm einen neckischen Klaps auf den Po bekommen. Einfach so, im Vorbeigehen. Eine völlig neue Erfahrung für sie.
Gisela, also Gisella, war durch und durch im Italia-Amore-Hoch. Und ärgerte sich im Nachhinein darüber, dass sie vorher so viel Geld und Zeit in Bekanntschaftsanzeigen und Internetkurse für Senioren gesteckt hatte. Ganz zu schweigen von dem wiederholten Fröscheküssen.

Wo doch so ein kleines Einparkmalheur viel effizienter sein konnte!

„Durchatmen statt Grüner Soße"

Seit dem verunglückten Dinner bei Heins war Lina wahnsinnig angespannt und übernervös. Unaufhörlich bemühte sie sich, ihre Aufgaben noch korrekter als sonst zu erledigen. Nein, kein Fehler sollte ihr passieren, nicht der allerkleinste Ausrutscher. Akribie war ihr Motto.
Keine Email blieb unbeantwortet, kein Telefonat wurde verschoben, keine Wiedervorlage übersehen. Und die bevorstehende Frühjahrstagung wurde mit absoluter Präzession vorbereitet. Irgendwie hatte Lina das Gefühl, den furchtbaren Fauxpas ihres Lebensgefährten wiedergutmachen zu müssen.

Herr Hein, der für sie Herr Hein geblieben war (und nicht Jürgen!), ließ sich nichts, aber auch gar nichts anmerken. Für ihn galt „Business as usual". Zwar war er seit dem Vorfall mit dem Peitschen-Heini ein bisschen reservierter zu Lina gewesen, ansonsten aber überwiegend freundlich geblieben. Wahrscheinlich, so hoffte Lina zumindest, nahm er das Ganze sogar eher sportlich. Immerhin war Sport mal seine große Leidenschaft gewesen, und ganz so schnell rostet doch eine alte Liebe nicht, oder? Ein alkoholbedingter Ausrutscher war es gewesen, nicht mehr. Aber auch nicht weniger. Saudoof! Aber es war nun einmal passiert. Dass er – genau wie die Queen bei vergleichbaren Vorfällen – NOT AMUSED gewesen sein dürfte anhand der Tatsache, dass seine Sekretärin und ihr kreativer Lebensgefährte viel mehr über ihn wussten, als ihm lieb sein konnte, war trotzdem klar. Aber die unrühmliche Wahrheit wurde vornehm ignoriert.

Und was konnte Lina schon für das Ganze? Fragte sie sich zum wiederholten Male. Schließlich war es nicht *sie* gewesen, die sich im Frankfurter Rotlichtmilieu herumgetrieben hatte – oder der im Suff irgendetwas Peinliches mit Peitsche rausgerutscht war. Im Prinzip traf sie persönlich in dieser Angelegenheit doch überhaupt keine Schuld. Und so versuchte sie, es ganz nüchtern zu sehen. Damit der gröbste Stress mal Leine ziehen konnte.

Im Grunde genommen, beruhigte sie sich selbst, lief doch alles mehr oder weniger wie am Schnürchen.
Aber irgendwie war es halt doch nicht mehr so wie früher.
Und Frau Hein, die auch nach dem Abend Frau Hein für sie geblieben war (und nicht Marlene!), rief gar nicht mehr bei ihr an.
Was Lina ungewöhnlich vorkam.

Denn vorher hatte die Frau des Chefs sie wegen jeder Kleinigkeit, Herr Hein hätte gesagt wegen jedem *Pups mit Öhrchen*, kontaktiert. Weil die allzeit bereite und grenzenlos belastbare Frau Siebenborn ja immer auf Stand-by war...
Lina fragte sich mittlerweile schon, ob Frau Hein noch immer mit der Beauty-OP-Recherche beschäftigt war. Oder war sie etwa ganz von ihrem Runderneuerungsvorhaben abgekommen und wollte nun mit Anstand und Würde altern? Lina wollte aber nicht bei ihr anrufen und nachfragen. Sicher würde sie sich von alleine wieder bei ihr melden, sobald sie eine Entscheidung getroffen hatte. Aber irgendwie wartete sie auch auf einen Anruf von ihr. Irgendein Zeichen. Doch es kam nichts. Zwischen Friedrichsdorf und Niederrad herrschte Funkstille.

Nach dem unheilvollen Bundespräsidenten-Menü in der Villa Hein, wo der unglaubliche Peitschen-Heini gefallen war, wusste sie an manchen Tagen gar nicht, auf wen sie nun wütender sein sollte: auf Jan, weil er wieder einmal einen zuviel über den Durst getrunken hatte? Oder auf Herrn Hein selbst, der tatsächlich so unvorsichtig gewesen war, in Frankfurt (am helllichten Tage!) ins Dark Paradise zu gehen. Wo doch jeder wusste, was da abging. Lack, Leder, die Neunschwänzige! Das volle, rabenschwarze Sado-Maso-Programm. Und Herr Hein war in Frankfurt ja auch kein Unbekannter. Mann, Mann, Mann....
Frankfurt hatte zwar einiges an Wolkenkratzern zu bieten, war aber trotzdem ein Dorf geblieben. Irgendjemand war jedenfalls immer genau dann zur Stelle, wenn man gerade mal nicht gesehen werden wollte. Bislang hatte Lina mit niemandem über den Vorfall gesprochen.
  Die Story eignete sich auch nicht zum Weitererzählen. Nicht einmal ihren so vertrauenswürdigen Freundinnen von der Mädelsflagge hatte sie etwas gesteckt. Obwohl die das alles mit Sicherheit superinteressant gefunden hätten. Doch Pustekuchen! Lina war eisenhart geblieben.
  „Diskretion und Contenance, Frau Siebenborn!!!", lautete der Befehl. Sie versuchte, die Bälle flach zu halten.
  Hatte nicht ihre Oma Hermine immer gesagt, dass die Zeit alle Wunden heilt?
Selbst Ines, ihrer liebsten Lieblingskollegin, die auch ihre Vertretung war, hatte sie keinen Ton davon gesagt. Oder wie nannte man seit der Wulff-Affäre jetzt neuerdings das Ausplaudern von Geheimnissen? Durchstechen! Genau.

Nein, Lina konnte Ines unmöglich *durchstechen*, dass Herr Hein zur Entspannung nicht gerade den Wellnessbereich der nächstgelegenen Therme anpeilt. Das wäre entschieden zu weit gegangen!
„AUS, Lina, AUS!" Wie hätte sie es ihr auch sagen sollen?
„Ach, übrigens, Jan geht da ja gerne mal was auswärts essen. Zum Beispiel ins Asia-Wok auf der Kaiserstraße. Weil es daheim doch meistens nix Gescheites gibt. Du weißt ja, FDH! Und auf dem Kiez ist er so ganz nebenbei dahinter gekommen, dass unser Geschäftsführer Hein sich gerne mal im Dark Paradise von gestiefelten Ladies vermöbeln lässt. Gegen Barzahlung, schätze ich. Na, was sagst du dazu? Ach, und noch etwas: der Ober-Ober-Boss vom Vorstand, Hugo Foth – unser Godfather of HansaFra Drugstores – hat zufällig dasselbe Hobby. Glaubst du nicht? Also, einen hätte ich aber doch noch in petto: so als Bonbon obendrauf. Mein Chef, also der Peitschen-Heini, der weiß sogar, dass wir es wissen. Seit dem letzten Dinner. Jan ist da sowas rausgerutscht. Und? Das hättest du doch nie gedacht, gell?"

Nein, DAS würde sie garantiert nie zu Ines sagen. Das waren alles keine Geschichten zum einfach Weitertratschen. Nicht mal die Mädels sollten je davon erfahren. Und ihre Eltern auch nicht. Niemand. Und das niemals! So eine verrückte Story konnte man ja nicht mal dem BLITZ-Blatt anbieten. Obwohl? Lina gingen da auf einmal unheimlich hohe Summen durch den Kopf. Aber dann verwarf sie den Gedanken ganz schnell wieder. Das war vielleicht mal was für eine spätere Finanzkrise…

Wer wusste schon, in welche Notlagen man noch geraten konnte? Dann riss das Telefon sie unsanft aus ihren Überlegungen. Es war für ihren Chef. „Nein, Herr Hein ist leider schon außer Haus. Kann ich Ihnen vielleicht weiterhelfen?", da war sie wieder ganz die taffe Chefsekretärin. „Tut mir leid, er kommt heute auch nicht wieder zurück ins Büro." An einem Gründonnerstag wie diesem war Herr Hein längst unterwegs ins Osterwochenende.

Jan war zu der Zeit auf dem Weg zu seiner letzten Physiotherapie beim Herzbuben Herbert. Aber es ging ihm gar nicht gut. Diesmal ausnahmsweise nicht wegen der toten Diva. Nein, sein Ausrutscher beim Peitschen-Heini machte ihm schwer zu schaffen. Immer noch! Er schämte sich in Grund und Boden. Zu Recht, wie Lina fand.
Dabei war der Abend bei den Heins doch so prima angelaufen. Und der Chef hätte ganz sicher sogar noch ein Bild bei ihm in Auftrag gege-

ben. Aber das Thema war jetzt wohl auch durch! Genauso durch wie die Geschäfte in der Galerie von der Weihe.
Eine Scheißflaute war das momentan! Nichts lief.
Beim letzten Telefonat mit Frau von der Weihe hatte er erfahren, dass lediglich ein einziger Interessent für ein kleines Toskana-Gemälde vorhanden war. Aber der war dann auch nie mehr aufgetaucht.
„Herr Johannsen", hatte die Galeristin wieder mal ins Telefon geflötet, „wir können es uns gar nicht erklären. Ihre Bilder sind künstlerisch und technisch einwandfrei. Noch vor ein paar Jahren wären nach einem Monat Ausstellung über die Hälfte verkauft gewesen. Mein Mann sagt ja immer, die Chinesen, die malen alles für lau. Stellen Sie sich das mal vor, da kostet eine Kopie von Van Goghs Sonnenblumen nur zwanzig Euro. Und die Leute bestellen heute alles über das Internet. Wo soll das denn noch hinführen und wie sollen unsere Künstler da noch überleben? Den Kunstmarkt verstehen wir langsam nicht mehr. Wir sind wohl mittlerweile zu alt. Aber Sie, Herr Johannsen, Sie tun uns wirklich leid. So ein Talent und dann kaufen die Leute nichts! Kunst ist wirklich ein hartes Brot geworden…"
Man hörte es Frau von der Weihe an, dass sie es wirklich ernst meinte und höchst besorgt war um die Zukunft der Galerie. Da konnte Jan kaum etwas entgegnen. „Ja, es ist traurig, aber wahr. Gott sei Dank habe ich ja noch meine Lehrtätigkeit. Leben könnte ich von den Verkäufen ja überhaupt nicht. Es lief halt alles schon mal besser."
Er wollte der netten Dame nicht auch noch beichten, dass diese Tätigkeit mittlerweile auch weniger als einen Halbtagsjob darstellte. Zusätzlich plagten ihn immer noch seine massiven Schmerzen. An manchen Tagen konnte er sich kaum bewegen. Der Unterricht fiel ihm schwer, jede Stunde in der Malschule war eine Qual für ihn.
Bislang waren die gut gemeinten Silvesterwünsche für 2012 noch nicht eingetroffen, wie er nüchtern – richtig nüchtern – einfach feststellen musste. Momentan war nur: viel Rücken, wenig Kohle!
Die mehr oder weniger rabiate Behandlung beim Herzbuben Herbert, also Herrn Kiltschow, war Jan bislang absolut nicht bekommen. Er hatte sogar das Gefühl, dass es ihm schlechter ging als vor der Therapie. Nun lag er das sechste und vorläufig letzte Mal auf der Folterbank. Und anscheinend fühlte sich Herzbube Herbert zu einem Resümee verpflichtet: „Herr Johannsen, isch sach' Ihne jezz emal was", hatte er als Anfang für sein Schlusswort gewählt. „Dess mit dene

Schmerze iss aach viel nervlich bedingt bei Ihne… da kann mer mit Fango und Massage auch nett viel erreiche. Sie habbe bestimmt en Haufe Stress mit ihre Schüler in de Malschul unn dann arbeite Sie ja aach noch an der Staffelei, dess is dess lange Sitze, glaube Sie mier dess, Sie müsse das auch von inne behandele. Zusätzlich zu der Therapie hier bei mier…Vielleicht mit Tabledde oder Nordick-Wokking oder Tschi Gong – des iss doch jetzt modern… Odder geh'n Sie doch emal zur Aggupungdur. Mier hawwe doch hier in Frangfodd e buddhistisch Kloster, da kenne Sie ma hi-geehe. Das hat annern aach schon geholfe. Die hawwe mer des erzähld."

„Ja, ja, Akupunktur im Mönchskloster oder auch noch Nordic Walking. Da kann ich gleich zum Zumba-Dancing gehen, das macht eine Freundin von uns mit wachsender Begeisterung. Nein, so was kommt für mich nicht in Frage!", war Jans erste Reaktion gewesen.

„Ich glaube, ich gehe erst nochmal zu meinem Hausarzt, der mir auch das Rezept hier ausgestellt hat. Mit dem werde ich dann alles Weitere besprechen."

„Dess Rezept war doch in Hamburg ausgestellt, soweit isch misch erinner? Fahrn Sie dann immer sooo weit zum Dokter?"

„Ja, der kennt mich schon von Kindheit an, da hat man eben das nötige Vertrauen."

„Dehaam is ebbe dehaam, gelle?"

„Wie wahr!", dachte Jan. Aber der Gedanke an Heimat verursachte ihm wahlweise einen Kloß im Hals oder Herzschmerzen. Und beides konnte er jetzt gar nicht gebrauchen. Wann würde es endlich mal wieder besser laufen für ihn? Fragte er sich und bedauerte sich dann selbst. Vielleicht brauchte er aber einfach auch nur Luftveränderung.

Und so ging er an diesem Donnerstag nach der Massage nicht zum Asia-Wok. Gründonnerstag war die Stadt einfach viel zu voll.

Die Leute kauften ein wie die Weltmeister. Das war nichts für ihn: Jan fühlte es ganz deutlich: er *musste* mal raus!

Zwar war er sich nicht sicher, ob er überhaupt lange an der Staffelei sitzen konnte, packte dann aber doch seine Malsachen in den ollen Kombi. Und steuerte die Wetterau an. Schon auf der Autobahn Richtung Hanauer Kreuz konnte man merken, dass es ein langes Feiertagswochenende war. Die meisten konnten heute nicht schnell genug von A nach B kommen. Nach dem Kreuz, auf dem sich der ganze Verkehr nochmals verdichtet hatte, wurde es endlich ruhiger.

Die Abfahrt Altenstadt rückte näher und näher. Der Keltenberg bei Glauburg bot zu jeder Jahreszeit einen grandiosen Ausblick auf Felder und Hügel der schönen Landschaft.

Und das ganz nah vor den Toren von Frankfurt. Kürzlich erst war dort ein modernes Kelten-Museum entstanden. Hobbyflieger hatten Anfang der 90er-Jahre merkwürdige Anordnungen und Muster in den Feldern entdeckt. Und nach vielen wissenschaftlichen Untersuchungen hat es sich dann tatsächlich bestätigt: Es handelte sich um einen Jahrtausendfund aus der Zeit um 500 vor Christi. Bald schon war der „Keltenfürst", eine mannshohe Sandsteinfigur, aus dem geheimnisvollen Grabhügel zu einer Art Megastar der Wetterau geworden. Und über deren Grenzen hinaus. Obwohl immer noch nicht klar war, was sich hier vor zirka 2500 Jahren alles abgespielt hatte. Man munkelte etwas von Menschenopfern. Und gekochten Köpfen...

Gut, dass es damals noch keine Kochshows gab. Angeblich wurden die vom Oberdruiden persönlich Auserwählten dazu kopfüber in einen Topf mit kochendem Wasser gesteckt. Und dann hat man ihnen das Gehirn sozusagen bei lebendigem Leib gegart. Das sollte die Götter, oder wer auch immer gerade so als Führungskraft angesagt war, besänftigen. Und im günstigsten Fall vor Krieg, Krankheit und Missernte bewahren. Naja, solche Geschäfte haben halt immer schon ihren Preis gehabt!

Die wiederhergestellte Grabanlage mit den beiden riesigen Prozessionsstraßen faszinierten Jan jedenfalls auf unerklärliche Weise. Dieser Keltenfürst war damals der Ober-Ober-Druide der keltischen High-Society – weltliches und religiöses Oberhaupt zugleich. Heute würde so jemand wahrscheinlich *Benedettobama* heißen. Oder so ähnlich...

Immer wieder hatte Jan sich vorgenommen, sich endlich intensiver mit der Geschichte um den Keltenberg und seinen mittlerweile berühmten Fürsten zu befassen. Aber meist war er doch nur auf den kleinen Hügel gefahren, um zu malen. Und er malte immer die gleiche Landschaft – im Wandel der Jahreszeiten. Das fand er spannend. Natur pur. Und dann diese Aussicht! Das war's. Der Keltenfürst hatte wirklich einen exquisiten Geschmack gehabt!

Auch früher brauchten die Menschen schon einen freien Blick. Die Feinde musste man ja kommen sehen. Und Jan brauchte nach all den Ereignissen der letzten Monate dringend frischen Wind um seine Nase. Und er musste unbedingt in die Ferne sehen können.

In Frankfurt ging das nämlich nicht. Da waren die nächsten Häuser nur einen Steinwurf entfernt. Aber heute suchte Jan das Weite. Und war dabei erst einmal auf der Autobahn gelandet.

„Wo bist du denn?" Lina rief Jan in der Mittagspause auf dem Handy an. „Ich fahre gerade von der Autobahn ab, bei Altenstadt. Hatte doch heute meine letzte Therapie bei Herrn Kiltschow. Du weißt schon, der Herzbube Herbert. Der hat mir allen Ernstes vorgeschlagen, doch mit Nordic Walking anzufangen oder in ein buddhistisches Kloster zu gehen. Oder, noch besser, zur Akupunktur. Das ist schon echt ein Herzchen, der Bube!"

„Naja, Herzbube ist doch ein netter Spitzname. Nicht so wie….", aber da verkniff sie sich gerade noch den Peitschen-Heini.

Jan fiel ihr gleich ins unausgesprochene Wort: „Jetzt lass' es doch mal gut sein. Es ist nicht mehr zu ändern – aber voraussichtlich wird es keinen Einfluss auf die Weltpolitik haben, dass mir das dumme P-Wort rausgerutscht ist."

„Ja, hast ja recht. Wir sollten es einfach vergessen. Ist ja auch schon fast drei Wochen her. Schwamm drüber. Herr Hein ist auch ganz normal, ich glaube nicht, dass das ein Nachspiel hat. Heute ist er übrigens wieder auf Reisen. Hat sich bis einschließlich Osterdienstag verabschiedet. Dann ist schon bald die große Frühjahrstagung. Da habe ich auch noch einiges zu tun… Aber zum Glück hilft mir Ines fleissig bei den Vorbereitungen mit der Tagung. Sie ist wirklich eine Göttliche Ines! Ohne sie würde ich das echt nicht schaffen. Da hat mein Chef ausnahmsweise mal eine richtig gute Idee gehabt, mir auch eine Assistentin zu gönnen. Aber bei sich ist er ja auch nicht gerade knausrig mit Ideen, wenn ich überlege, wie oft der auf Lustreise ist." Das war zuviel für Jan: „Mir egal, wo der Typ rumfliegt." Er wollte am liebsten gar nichts mehr vom Peitschen-Heini erfahren. Er wusste ohnehin schon viel zu viel.

„Übrigens, Ostersonntag sind wir bei meinen Eltern zum Frühstück eingeladen. Hatte ich dir das schon gesagt?"

„Nein, aber ich schätze mal, da kommen wir nicht drum herum."

„Naja, nachdem deine Mutter ihren österlichen Trip zu uns plötzlich abgesagt hat, haben wir ja sowieso eine Menge freie Zeit. Was macht Gisela eigentlich so alleine an Ostern in Hamburg?"

„Keine Ahnung. Hamburg bietet doch genug Möglichkeiten. Und sie hat so viele Freundinnen, mit denen sie etwas unternehmen kann.

Wahrscheinlich hat sie einfach keine Lust auf ihren chaotischen Sohn. Die Nummer im Februar wird ihr wohl gereicht haben."

„Da sag' ich ja jetzt nix zu." Lina kamen wieder Erinnerungen in den Sinn – und wie daneben der letzte Besuch bei Gisela war.

„So, ich bin jetzt gleich auf dem Keltenberg angekommen."

„Habs verstanden. Du willst jetzt in Ruhe malen. Was ist denn für ein Wetter in der Wetterau? Hier kommt jetzt gerade mal die Sonne durch", fragte Lina noch zum Schluss.

„Hier ist es eher trübe. Aber auch solche Lichtverhältnisse können interessant sein. Also, ich pack' dann mal aus, und bis heute Abend."

„Viel Spaß und bis dann. Ich muss allerdings heute länger machen, die Vorbereitungen zu der Frühjahrstagung, du weißt ja."

„Alles klar, Linchen. Mach's gut."

Lina freute sich auf ein paar freie Osterfeiertage und hoffte, dass diese ruhig und gemächlich über die Bühne gehen würden. Die Aufregungen der vergangenen Wochen hatten an ihren Nerven gezehrt. Teilweise hatte sie schon Kreislaufprobleme oder leichte Schwindelattacken an sich festgestellt, dies aber auf ihre Diät geschoben. Langsam fragte sie sich, ob dieses FDH die optimale Ernährungsform für sie war. Doch der Gedanke an vergangene, dickere Zeiten und die Erinnerung, wie sie sich damals gefühlt hatte, brachte sie ganz schnell wieder ab von diesen Überlegungen. Wahrscheinlich, so sagte sie beschwichtigend zu sich selbst, musste sie nur darauf achten, dass sie regelmäßig genügend Wasser trank. Dann würde sich das alles von alleine wieder normalisieren. Jeder Mensch sollte doch angeblich dieses Set-Point-Gewicht haben. Nur sie vielleicht nicht?

Jan indessen musste feststellen, dass mit Eröffnung des neuen Keltenmuseums die Mußestunden am Berg für ihn wohl gezählt waren. Es strömten jetzt immer mehr Menschen auf den Glauberg. Die Busse standen in Reih' und Glied. Sogar aus dem Ausland kamen die Menschen hoch auf den Keltenberg. Und einige Familien schienen schon auf Osterurlaub in der Gegend zu sein. Eigentlich sehr lobenswert, fand Jan. Auch er war – allerdings erst im Nachhinein – froh darüber gewesen, dass ihn seine Eltern zu allen möglichen kulturellen Events mitgeschleift hatten.

So war er ja dann auch zur Malerei gekommen.

Die Felder, auf die er jetzt blickte, waren überwiegend noch braun, obwohl es schon Anfang April war. Nur hier und da schaute schon ein bisschen Grün hervor. In Frankfurt dagegen blühten sogar schon die Magnolien. Die mochte Jan besonders gern.
Doch hier war der Frühling noch in weiter Ferne. Nur fünfzig Kilometer nordöstlich von Frankfurt, in Wetterau und Vogelsberg, war das Klima ein ganz anderes.
Schön fand er es hier schon immer. Seit er das erste Mal das Umland erkundet hatte. Hohe Berge für einen Hamburger! Aber die Wetterau war überwiegend flach wie ein Brett. Der Reiseführer beschrieb sie als Kornkammer von Hessen. Eine fruchtbare Auenlandschaft, so hieß es. Jan hatte gleich an das Auenland denken müssen. Und mit ein bisschen Phantasie konnte man hier Gandalf persönlich mit seinem Pferdewagen vorbeifahren sehen. Wie er gerade ein paar Wunderknaller für die bezaubernden Kinder loslässt, die hinter seinem Fuhrwerk her rannten...
Nachdem er den Ausblick eine Weile genossen hatte, stellte Jan seine Staffelei auf, zog den farbverschmierten Kittel an und setzte seinen Strohhut auf, obwohl die Sonne sich gar nicht blicken ließ. Dann ordnete er die verschiedenen Ölfarben auf seiner uralten Palette nach dem ihm eigenen Muster an. Ein Ritual! Draußen versuchte er immer, mit möglichst wenigen Farben und Pinseln auszukommen, er wollte in erster Linie die Stimmung und die Lichtverhältnisse einfangen. Und das musste schnell gehen. Er entschied sich dann für den Blick Richtung Büdingen. Das sogenannte Kalendarium, das waren mehrere Baumpfähle, die man dort auf dem Grabhügel aufgestellt hatte, sah imposant aus. Die Kelten haben wahrscheinlich ihre Feste und Riten zeitlich nach den kosmischen Abläufen ausgerichtet, also dem Verlauf von Sonne und Mond.
So ähnlich hatte man es ihm erklärt.
Schon vor Jahren, als von dem Museumsbau noch keine Rede war, hatte er immer wieder Leute getroffen, die ihm ihre Stories vom Keltenfürst erzählt haben. Auch an diesem Gründonnerstag zog Jan, der Maler, die Menschen – und besonders die Kinder – mit seiner Staffelei an.
Irgendwo zu malen war wohl fast so kontaktstiftend wie mit einem Welpen durch die Fußgängerzone zu laufen.
Da fielen bei den meisten Leuten alle Hemmungen.

So ähnlich war es hier auch.

„Sind das Ölfarben?" oder „Wie lange malen Sie denn schon?" – „Sind Sie das von Beruf oder ist das nur Hobby?" – „Stellen Sie die Bilder auch aus und kann man die dann im Museum sehen?"

Manche entdeckten auch gleich vermeintliche Fehler in Perspektive oder Farbgebung. „Da hinten der Baum ist aber grüner" oder „da fehlt noch die Hütte" waren da noch die harmlosesten Kommentare. Jan musste dabei immer an seinen ersten Mallehrer denken, der mantramäßig gepredigt hatte, dass man 2500 Pinselstriche richtig setzen könne, aber der eine, der nicht 100%ig sitzen würde, den pickten selbst die kunstbanausigsten Laien hervor. Das kannte er nur zu gut. Auch von der Malschule. Da kamen manchmal überehrgeizige Mütter zum Abholen ihrer Sprösslinge und lieferten sich beim Begutachten der Werke sofort einen Marathon an Kritikpunkten. Am meisten ärgerte es Jan, wenn diese Eislaufmütter auch noch ihn angriffen. Frei nach dem Motto: „Das hätten Sie aber sehen müssen als Mallehrer. Das hätte man doch noch korrigieren können. Ts, ts, ts…"

Dass nur Übung den Meister macht und es auch wichtig ist, ein Bild mal Bild sein zu lassen, auch wenn es nicht fehlerfrei war, galt heute wohl nicht mehr. Alles musste perfekt sein, von Anfang an. Auch bei den Kindern. Die sollen schließlich nicht einfach nur malen. Nein, die sollen gleich kleine Leonardos sein! Jan war trotzdem froh über jedes Kind, das in die Malschule gebracht wurde. Denn hier konnte er ihnen, abseits von ihren überehrgeizigen Eislaufmüttern, erklären, dass nicht immer alles im Leben perfekt sein musste (wahrscheinlich erzählte er es sich selbst am meisten…).

Dass man mit jedem neuen Bild auch dazu lernte und dass es viel Übung und viele Bilder brauchte, um einmal ein „Meister" oder eine „Meisterin" zu werden. Das verstanden die Kinder. Sie wollten sich zu allererst ausdrücken und Spaß haben an ihren Farben, Gedanken und Geschichten, die sich beim Malen oft ergaben. Und von denen weder Jan noch die ehrgeizigen Mütter wahrscheinlich etwas ahnten.

Aber an diesem Gründonnerstag gelang auch Jans Bild nicht. Er nahm sich vor, es zuhause noch etwas zu überarbeiten. Doch zuerst musste es trocknen. Und außerdem wollte er auch ein bisschen Feiertagsstimmung genießen. Am Osterwochenende wollte er mal richtig Pause machen. Keinen einzigen Pinselstrich! Einfach ein bisschen Zeit mit Lina genießen, vielleicht etwas von dem wiedergutmachen, was er ihr in der letzten Zeit zugemutet hatte. Und wieder mal *Auld Lang Syne* hören. Vielleicht könnte das helfen, sich wieder an die guten Zeiten zu erinnern. Schließlich wollte er noch vor dem Valentinstag sein ganzes Leben mit Lina verbringen.

Aber das kam ihm jetzt schon sooo weit weg vor…
Ob Lina überhaupt verstand, was in seinem Innersten wirklich vorging und wie er sich manchmal fühlte?

Er atmete noch einmal die klare Luft ein, die ihm der Wind um die Nase blies. Die Menschen um ihn herum waren fast alle verschwunden. Und das Museum war längst geschlossen. Etwas von der Stille, die er früher hier so geschätzt hatte, war wieder zurückgekehrt.

Einige Zeit noch blieb Jan dort stehen und sah vom Hügel aus hinunter ins Tal. Bei klarer Sicht konnte man hier sogar die Türme der Frankfurter Skyline sehen. Aber heute war gar nichts klar, und er wollte nicht einmal genauer hinsehen, ob sie zu erspähen waren. Er schaute einfach nur in die Ferne. Und mit jedem frischen Atemzug wurde sein Kopf klarer.

„Nein", dachte er, „ich brauche keine Akupunktur und auch kein Mönchskloster."
Die klare Luft hier war ihm Entspannung genug.
„Einfach mal durchatmen!" Selbst seine Rückenschmerzen waren verschwunden. Jetzt nichts wie weg. Zu seiner Lina!
Schließlich stand Ostern vor der Tür. Jan war wieder guter Dinge.
Der Keltenberg hatte ihn verändert. Und er wusste genau: Er würde wieder zurückkehren.

Auf den Berg mit der unglaublichen Magie…

„Ziemlich dicke Eier"

Der Ostersonntag hatte für Lina nicht gut angefangen. Für Jan übrigens auch nicht. Der war nämlich erst gar nicht erst aufgestanden. Rückenschmerzen, Kopfschmerzen, allgemeiner Erschöpfungszustand gepaart mit Schwiegereltern-in-spe-Allergie. Letzteres war Linas Diagnose.
Deren Osterlaune war daraufhin mit allen diensthabenden Osterhasen davongehoppelt. Es war ja nicht so, dass sie nicht schon ein bisschen daran gewöhnt war, Jan vor jeglichen Terminen im physischen und psychischen Ausnahmezustand zu sehen. Aber sie hatte doch schwer gehofft, er könnte wenigstens diese Ostereinladung bewältigen.

„Muss ich also alleine zum Osterfrühstück nach Büdingen fahren? Meine Eltern werden sicher enttäuscht sein..." Sie klang merklich gereizt. „Ja, ich weiß. Aber was kann ich dafür? Wahrscheinlich muss ich doch noch einmal zu Dr. Gutbein fahren, so kann es ja nicht bleiben."

„Schon wieder nach Hamburg?"

„Ja, wie du weißt, ist mein Hausarzt nun mal in Hamburg. Deiner ist ja auch in Büdingen."

„Das ist aber auch ein Stückchen näher an Frankfurt."

„Aber, Linchen, ich kann doch nun wirklich überhaupt gar nichts dafür, dass Hamburg so weit von Frankfurt entfernt ist."

Lina kochte innerlich und wunderte sich darüber, dass man mit starken Schmerzen doch noch so kreativ argumentieren konnte.

„Ist schon gut. Ich hab's verstanden. Bei dir ist immer alles anders."

„Jetzt sei doch nicht böse oder enttäuscht. Grüße deine Eltern aber bitte ganz lieb von mir und sage ihnen, dass es mir wirklich leid tut. Aber ich muss heute echt mal einen ganzen Tag flach liegen."

„Na, dann, Frohe Ostern", murmelte Lina noch immer angesäuert und suchte das Weite, ein Osternest mit einigen süssen Sachen für ihre Eltern in der Hand.

„Dir auch, mein Osterhäschen!", rief Jan ihr nach. Was Lina dann endgültig auf die Osterpalme gebracht hatte...

Auf der Fahrt nach Büdingen versuchte sie wieder einmal, dem mehr als desolaten Gesamtzustand von Jan auf die Schliche zu kommen. Aber es gelang ihr nicht. Die Hoffnung auf ein schnelles Ende seiner Brittney-Trauer-Phase gepaart mit einer Art Rückenschmerz-Depressions-Kombi war mittlerweile verblasst. Marie-Anne hatte wohl dieses Mal mit ihren gut gemeinten Tipps in Bezug auf seine Macken nicht recht behalten sollen. „Vielleicht sollte man sich über solche ungelegten Ostereier auch gar keine Gedanken machen!", resümierte Lina ihre wirren Überlegungen zu Jans Verfassung. Nach all den Jahren kannte sie ja ihr Mimösje nur zu gut, und wusste, dass er dummerweise immer gerade dann schlapp machte, wenn irgendetwas anstand. Vorzugsweise bei Einladungen oder sonstigen Terminen, die auf Linas Mist gewachsen waren. Die standen auf Jans Trefferliste immer ganz oben. In *der* Beziehung war auf ihn keinerlei Verlass. Gisela musste da in seiner Erziehung sicher irgendeinen Kardinalfehler gemacht haben, vermutete Lina. Warum in aller Welt war er nur beim Hein'schen Dinner nicht unpässlich gewesen? fragte sie sich. Denn da hätte es nun wirklich mal Sinn gemacht. Im Nachhinein.

„Lina-Kind, Frohe Ostern!" Und Schmatz! Büdingen war keine Bussi-Bussi-Gesellschaft. Hier schmatzte man noch deftig…

Mutter Siebenborn war selig, ihre Lina endlich mal wieder zu Gesicht zu bekommen. Das war in der letzten Zeit ja eher selten vorgekommen. „Wo ist denn der Fischkopp? Bist du schon wieder ganz alleine gekommen?", Vater Siebenborn klang nicht so richtig begeistert. „Er lässt sich vielmals entschuldigen und ich soll euch auch ganz herzlich grüßen und frohe Ostern wünschen. Der Jan liegt flach im Bett und kann sich nicht rühren. Sein Rücken, wieder mal. Das geht schon Wochen so. Ein paar Tage ist es ein bisschen besser gewesen. Aber dann haut es ihn wieder um."

Lina wollte sich nicht anmerken lassen, wie es ihr selbst mit der Situation ging und dass sie im Grunde wieder einmal stinksauer auf einen gewissen Herrn Johannsen aus Hamburg war…

„Na, dann komm' erst einmal herein in die gute Stube. Jetzt trinken wir schön unseren Osterkaffee und außerdem ist ja auch mal ganz nett, so unter uns zu sein, gell?" Mama Siebenborn hatte das offenbar schnell verkraftet, dass ihre Tochter als Solistin erschienen war. Der Tisch war liebevoll gedeckt, mit Häschen, bunten Eiern in allen möglichen Größen, Tulpen und gelben Narzissen. Die Siebenborns waren bodenständige, einfache Menschen mit einem großen Herz. Und das schlug besonders eifrig für das einzige Töchterchen. Dummerweise hatte sie jedoch einen Mann an ihrer Seite, der immer dann krank war, wenn irgendetwas anstand. Und der nicht mal ein geregeltes Einkommen mit nach Hause brachte. Als Schwiegersohn also eher keine Traumausgabe... Und Enkelkinder waren auch keine in Sicht.

Beim österlichen Kaffee wurde erzählt, was es Neues in Frankfurt gab, dazu kam dann noch der aktuelle Tratsch aus Büdingen aufs Tablett. Aber irgendwie hing auch noch so einiges Unausgesprochene in der Luft. Bestimmt kommt da noch was nach, befürchtete Lina. Und richtig: „Kind, du wirst ja immer dünner. Isst du denn nicht genug? Oder müsst Ihr etwa schon am Essen sparen? Oder hast du wieder eine neue Diät angefangen?"

„Na, hier hat sie doch ganz schön reingehauen", merkte Papa Siebenborn kurz an. „Von Diät kann da wohl keine Rede sein. Da komme ich ja kaum mit, und ich bin ein Mann! Drei Ostereier, sag' ich nur..."

„Jetzt, sei' doch mal ruhig, Hubert!", schimpfte Mama Siebenborn wütend. „Also Mutti, ich esse wirklich genug. Nur im Büro, da komme ich nicht immer so regelmäßig dazu. Du weißt doch, wie viel Arbeit ich immer habe und Herr Hein ist so oft unterwegs. Da bleibt doch alles an mir hängen. Alle kommen zu mir, als wäre ICH der Chef. Dabei kann ich doch vieles gar nicht allein entscheiden." – „Das würde ich dir auch nicht raten, denn dafür kriegst du ja nicht das richtige Gehalt. Mach' nur das, für was du bezahlt wirst, mein Mädchen!" Papa Siebenborn sah das wieder mal ganz praktisch.

„Aber essen musst du doch was! Pack' dir doch was ins Tupper ein und nimm' es dir mit. Regelmäßig essen ist ganz wichtig, gerade, wenn man viel arbeitet." Mama Siebenborn ließ bei dem Thema auch nicht locker. „Und dünne Frauen werden auch nicht so leicht schwanger..." Na, also, jetzt war es raus! „Mama, das steht doch jetzt gar nicht zur Debatte." – „Ja, aber Du bist ja immerhin schon über vierzig – ich war zwanzig, als ich dich bekommen habe..."

Lina wollte nun gerne das Thema wechseln, ahnte aber, dass das jetzt nicht angesagt war. „Mama, über Kinder, da haben wir schon länger drüber nachgedacht. Es soll vielleicht nicht sein. Alles hat seinen Sinn."

„Aber da kann man doch was machen. Zu unserer Zeit gab es das ja alles nicht, aber ihr habt doch heute alle Möglichkeiten. Habt ihr euch denn schon mal informiert?"

„Mama, jetzt lass' mal gut sein. Was nicht sein soll, soll eben nicht sein und ich habe keine Lust auf solche Prozeduren. Das ist mir zu aufwendig und zu künstlich. Das will ich nicht. Und Jan schon gar nicht. Man muss doch nicht um jeden Preis Kinder in die Welt setzen, oder? Ich habe auch so genug zu tun, das wisst ihr doch." Langsam wurde sie säuerlich.

„Unn, will der Fischkopp dich denn wenigstens mal heiraten?", jetzt fuhr Papa Siebenborn seine Geschütze auf. Genau so hatte sich Lina das vorgestellt. Jan war nicht dabei, und sie wurde wieder in die Mangel genommen. Am heiligen Feiertag! Wir feiern die Wiederauferstehung der Gardinenpredigt...

Ach, hätte sie doch auch nur pünktlich Rückenschmerzen bekommen. „Papa, Jan und ich, wir wollten eigentlich noch nie heiraten. Wieso auch? Das braucht doch heutzutage kein Mensch mehr."
„Ach, ich hätt' ja gern gesehen, wenn du den Meierheinrich junior genommen hättest. Dann wärst du hier bei uns und sicher schon längst verheiratet und wir wären längst Oma und Opa, gell, Hubert?"
„Eine Offenbarung jagt die andere", dachte Lina. „Wann wird dieses Ostern endlich zu Ende sein?"

„Aber es geht hier nicht um euch. Und diesen Karl-Heinz Meierheinrich wollte ich jedenfalls nie! Nicht mal geschenkt. Ich bin nun mal mit Jan zusammen, dem FISCHKOPP, und ob es euch passt oder nicht, wir wollen weder heiraten, noch Kinder in die Welt in setzen. Es ist kein Weltuntergang, wenn wir uns nicht fortpflanzen. Habt Ihr's jetzt?", langsam wurde der Tonfall weniger osterfeierlich.

„Jetzt sei doch nicht so patzig. Wir haben doch nur mal gefragt.", versuchte Mama Siebenborn zu beschwichtigen. Leider war auch das der falsche Text. So zog sich der Ostersonntag bei Linas Eltern in Büdingen dann hin. Alle bemühten sich verkrampft, nicht wieder das Thema Jan, Heirat oder gar Kinder anzusprechen. Das Wort zum Ostersonntag war schließlich schon erfolgt.
Also ging man spazieren.
Gegen Nachmittag verabschiedete sich Lina dann und trat den Heimweg nach Frankfurt-Bornheim an.
Mal sehen, was das kranke Osterhähnchen so macht.

Unterwegs klingelte plötzlich ihr Autotelefon und Susi Lustig war dran. „Frohe Ostern, Lina!", tönte Susis unverwechselbare Radiostimme durch den Lautsprecher. „Ich habe es ja schon bei dir zuhause probiert, aber kein Schweinchen nahm ab."

„Jan schläft wahrscheinlich. Der hat Rücken! Und Kopf wahrscheinlich auch."

„Ach, typisch Männer. Das kenne ich von meinem Ex. Mit denen ist kein Gipskrieg mehr zu gewinnen, glaub' mir das. Ich bin so froh, dass ich Jochen los bin. So ein Raumausstatter und eine rasende Reporterin, das passt doch wirklich nicht zusammen. Jedenfalls bin ich endlich frei! Ein völlig neues Lebensgefühl." Susi Lustig musste sich das selbst immer wieder sagen, wie gut es war, jetzt ein Single zu sein. Aber so ganz nahm Lina ihr das nicht ab.

Sag' mal, was machst du denn heute noch?"

„Och, ich fahr' jetzt zu Jan. Muss ja mal nach meinem schwerkranken Patienten sehen. Geplant haben wir aber nix."

„Hättest du Lust auf einen Cappuccino? Jetzt? Nur ein Stündchen, irgendwo." Eine kleine Pause entstand. „Du, sonst gerne", antwortete Lina vorsichtig, „aber ich will jetzt wirklich nach Hause. Bin ja schon vor dem Frühstück raus nach Büdingen zu meinen Eltern gefahren, und will jetzt einen Moment die Füße hoch legen."

„Das übliche Familienprogramm?", Susi wusste wohl, was da feiertags so auf einen zukommen konnte.

„Naja, heute ging es mal wieder ans Eingemachte. Von wegen Heirat, Kinder, die volle Ladung. Kam denen wohl gerade recht, dass Jan nicht dabei war. Da konnten sie mal gaaaaaanz offen fragen..." Ihr Tonfall verriet alles.

„Ui, ui. Ich ahne Fürchterliches", Susi Lustig kannte solche Verhöre wohl allzu gut.

„Es war noch schlimmer..."

Jetzt war Mitleid angebracht: „Ach, du Armes. Das nervt einfach tierisch, wenn man nach so was gefragt wird. Es hört nie auf. Bei mir fragen jetzt alle, warum ich getrennt bin, und wer von uns beiden denn fremdgegangen ist. Einer wollte sogar wissen, ob Jochen schon eine Neue hat und wie viel jünger die wäre. Das tut weh. Und wenn man in der Öffentlichkeit steht, dann ist es ein einziges Spießrutenlaufen. Alles wird beobachtet und jeder gibt ungefragt seinen Senf dazu. Manchmal fehlt selbst mir ein flotter Spruch auf so viel Dreistigkeit."

„Das tröstet mich ungemein, Susi, dass *du* mal sprachlos sein kannst." – „Ich sag's ja immer. Irgendein schlauer Bayer, der mir gerade nicht einfällt hat es auf den Punkt gebracht:

Der Mensch is guard, nur die Leut' san a Gsindel."

„*Der* Spruch hat was! So, ich bin jetzt gleich zu Hause. Du Susi, sorry für den Korb. Aber vielleicht sehen wir uns die Woche mal und quatschen in Ruhe?" – „Klar, kein Thema. Ich suche noch ein paar verlorene Ostereier am Mainufer und trinke dann eben alleine einen Cappuccino auf dich. Mach's gut, Lina!" „Mach's besser, Susilein. Ciao!"

Das Drebbehäusje wartete schon mit ein paar Schokoladeneiern auf künftige Opfer. Und Lina war wohl eindeutig reif.

„Ei, frohe Ostern, Frollein Siebenborn!" Jede unverheiratete Frau, unabhängig von Alter und Faltenzahl, wurde vom Drebbehäusje konsequent mit „Frollein" angesprochen. Man konnte also schon froh und dankbar sein, wenn man von der Steigerungsform, also dem „Frolleinsche", verschont blieb. Lina, blieb äußerlich höflich und wünschte „Frohe Ostern" zurück.

„Ihne-Ihrm Bekannde habb isch auch schon Eierchen gegebbe, als der vorhin fodd gegange iss. Feiern die junge Leut' dann heudzudaach getrennt Ostern?"

„Nein, nein, keine Sorge, Frau Fieg. Wir feiern heute Abend noch zusammen. Herr Johannsen hatte noch zu tun und ich war bei meinen Eltern in Büdingen eingeladen". Eine schlagfertigere Antwort war ihr nicht eingefallen, denn innerlich braute sich bei Lina gerade schon ein gewaltiges Ostergewitter zusammen. Da hatte der schmerzgeplagte Herr also so „mir-nix-dir-nix" die Wohnung verlassen. Ein klarer Fall von Spontanheilung. Ein Osterwunder!

„Ach, dann will isch Sie ja nett uffhalde, da habbe Sie ja sischer noch Vorbereidunge zu treffe…"

„Genau, Frau Fieg, dann noch mal vielen Dank für den lieben Ostergruß und schöne Feiertage noch!"

„Ja, danke. Abber mier seh'n uns beschdimmt noch emaal, Frollein!" Dieser Ostersonntag war aber auch voller Drohungen…

Jetzt nix wie Land gewinnen!!! In ihrer gar nicht so aufgeräumten Küche fand Lina einen Zettel. „*Liebstes Linchen, mir geht's schon wieder besser. Doch knurrt mir der Magen, was sicher ein gutes Zeichen ist! Bin zum Asia-Wok, wir sehen uns ja später. Osterkuss von Jan!*"

„Früher hat er immer eine Rose dazu gemalt", murmelte Lina ein bisschen wehmütig. Aber Fehlanzeige.

Früher war eben schon sehr viel früher.

Und so richtig lustig fand sie es nicht, dass der hanseatische Jan sich morgens nicht aufraffen konnte, mit zu ihre Eltern zu kommen, weil er sich angeblich vor Schmerzen kaum rühren konnte, nur um dann ganz wenig später im Bahnhofsviertel essen zu gehen. Alleine..."
Und dafür hatte sie Susi Lustig einen Korb gegeben.
„Obwohl", kam ihr in den Sinn, „was, wenn er gar nicht alleine essen gegangen war? Das wäre ja wohl der Ober-Oster-Klops!"

Er hatte sich wirklich nicht bewegen können. Der ganze Rücken eine einzige Betonwüste. Und der Kopf dröhnte auch. Diesmal ganz ohne Alkohol, einfach so. „Kann das nicht auch vom Rücken kommen?", fragte sich Jan am Ostersonntag früh morgens. „Hatte Herzbube Herbert nicht gesagt, dass man von so megaverspannten Muskeln auch Kopfweh kriegen kann?", fragte sich Jan. Klar, Lina war nicht gerade begeistert, dass sie alleine zum Osterfrühstück fahren sollte. Gleich nach Ostern, so nahm er sich fest vor, würde er zu Dr. Gutbein fahren. Am besten mit dem ICE, denn Auto fahren war mit diesem steinharten Rücken und einem Kopf, den man kaum nach links und rechts bewegen konnte, nicht drin. Als Lina dann nach der geäußerten Enttäuschung über Jans Zustand und mit ihren Ostergeschenken in der Hand weggefahren war, hatte er sich mühselig aus dem Bett bewegt und einen Tee gekocht. Einen Kräutertee. Und wenn Jan Tee trank, dann musste er wirklich krank sein. Normalerweise ließ er doch nur Kaffee, Wasser, Saft und Alkohol als zumutbar gelten.

„Shit", schimpfte er laut vor sich hin. „Jetzt ist die Fastenzeit endlich wirklich vorbei und ich kann mich nicht mal offiziell besaufen, weil ich mich nicht bewegen kann und mein Brummschädel schon ohne Alkohol total dicht ist."

Jedes Wort dröhnte in seinem Kopf und er war sich sicher, dass es noch einige Zeit dauern konnte, bis er wieder etwas zu feiern haben würde. Ausnahmsweise warf er sich zwei Tabletten von diesen Dingern ein, die er von Dr. Gutbein eigentlich gegen die Schmerzen an seinem Zeh bekommen hatte und von denen noch einige übrig waren. „Was hatte der Herzbube Herbert noch gesagt? Versuchen Sie es doch mal mit Tabletten, Nordic Walking oder Akupunktur?"

Jan versuchte sich an den Wortlaut bei der allerletzten Behandlung zu erinnern. „Naja, sowas oder gar Zumba-Dancing à la Susi Lustig, das brauche ich wie das berühmte Loch im Kopf", analysierte Jan die Vorschläge von dem Herzbuben aus Bernem. „Chinesisch ist ja immer gut, aber vorwiegend beim Essen. Ich lass' doch nicht so tausend Nadeln in mich rein stechen, aber Tabletten, das war jetzt das berühmte *Mittel der Wahl*."

Seine Mutter hatte immer so eine Heizdecke, da legte sie sich drauf, wenn es sie mal im Rücken piekste, erinnerte er sich. Da fiel ihm ein, dass auch Lina sowas besaß. Aber wo? Das Genie beherrscht doch angeblich das Chaos…Aber dann merkte Jan, dass das Chaos hauptsächlich in seinem Kopf beheimatet und die Wohnung eigentlich sehr professionell durchstrukturiert war. Dank Linas tadelloser Ordnung war im unteren Fach des Handtücherschrankes die Heizdecke aufgetaucht. Und Jan fragte sich, wer von den Siebenborns da eigentlich eine Kaffeefahrt mitgemacht haben musste… Die Tee-, Tabletten-, Heizdeckentherapie zeigte schnelle Wirkung. Gegen eins wachte Jan zum zweiten Mal an diesem Ostersonntag auf.

Er hatte tatsächlich von Hasen geträumt, aber wollte dieser Tatsache keine besondere Bedeutung zumessen, da ihm das sowieso NIEMAND abgenommen hätte. Ob der Osterhase, der Tee oder die gute alte Heizdecke jetzt geholfen hatten, war ihm relativ egal. Hauptsache, weniger Aua! Vielleicht musste er doch nicht nach Hamburg fahren, überlegte er nach dem sensationellen Therapieerfolg. Wenn er dies einfach beibehalten würde, dann wäre das doch super…

Kaum ein bisschen auskuriert, kamen auch schon der Hunger und damit das Leben in ihn zurück. Kurzerhand entschied sich Jan also mal wieder für den guten alten Bahnhofchinesen. „Wenn schon keine Nadeln im Körper, dann wenigstens Stäbchen im Mund…"

Er wollte Lina einen Zettel schreiben. Anrufen wollte er jetzt nicht. Es käme sicherlich nicht gut an, wenn er sie bei ihren Eltern stören würde, nur um zu berichten, dass er sich jetzt sozusagen kurzfristig selbst geheilt hatte und nun eben eine Runde zum Asia-Wok ging.

„Flo Ostel", die Bedienung vom Asia-Wok war immer supernett. Also „supel-nett". Jan war inzwischen bestens bekannt im Asia-Imbiss auf der Kaiserstraße. „Ja, ebenso, danke, für Sie auch Frohe Ostern!" Irgendwie verstand Jan zwar nicht den ganzen Sinn von diesem Ostergruß und ob die Menschen überhaupt noch einen Sinn in diesem Fest sahen. Er erinnerte sich an die Baptistengemeinde von der Trauerfeier und fragte sich, ob sie jetzt auch wieder so einen fetzigen und emotionalen Gottesdienst erleben würden.

„Wie immel?", fragte die Bedienung und schaute Jan mit ihren hübschen Mandelaugen an. „Wie immer, die 23 mit den fünf Chilies – das brennt immer so prima! Ach, ja und ein chinesisches Bier, bitte."

„Kommt glei, danke. Flo Ostel..."

Eine Offenbarung jagte die nächste. Erst die Heilung durch die Kaffeefahrtheizdecken-Tee-Therapie und jetzt noch die volle Ladung beim Lieblingsimbiss. Da wurde Jan glatt selbst zum Wiederauferstandenen.

Und was sah er Minuten später von seinem Logenplatz? Das Dark Paradise. Das Mekka der Latex-Szene. Dass an diesem heiligen Ostersonntag die Läden geschlossen waren, war klar. Noch...

Denn es gab tatsächlich Bestrebungen, die Ladenöffnungszeiten noch weiter auszudehnen. Auch in Frankfurt, wo fleißig neue Feste entwickelt wurden, um im Zuge dieser Anlässe die Zeil auch noch sonntags weiter zu beleben. Und tatsächlich, die Massen strömten erfahrungsgemäß auch am einzigen Ruhetag der Woche wieder in die hessische Metropole – als wäre von Montag früh bis Samstagabend nicht genügend Zeit gewesen, etwas einzukaufen. Das war für Jan nicht erstrebenswert. Er mochte es, dass es an einem Tag in der Woche einmal weder Shopping-Erlebnis noch Erlebnis-Shopping gab. Keine überlasteten Straßen, kein Verkehrschaos, keine übliche Hektik. Obwohl es für ihn keine religiöse Frage war, hielt er an der Sonntagsruhe fest. „Wenn schon kein richtiger Baptist, dann wenigstens ein Verfechter der Sonntagsruhe!"

Doch dann traute er seinen Augen nicht.

Und fast wäre ihm ein Bissen im Hals stecken geblieben: Peitschen-Heini persönlich! Am geheiligten Ostersonntag auf dem Weg ins Dark Paradise. Schokoladenstiefel lecken, oder was?

Hatten die im Lack- und Lederparadies überhaupt geöffnet?

Von seinem Posten aus konnte Jan sehen, dass es in dem Laden stockdunkel war. Die Leuchtreklame war auch ausgeschaltet.

Also, nach Tag der offenen Tür sah das hier nicht aus. Peitschen-Heini blieb aber trotzdem stehen. Er musste wohl geklingelt haben. Kurz darauf öffnete ihm jemand. Jan konnte leider nicht erkennen, wer es war. Aber definitiv war Peitschen-Heini ins Dark Paradise hineingegangen...

„Entschuldigung! Ich hätte noch gerne eine Frühlingsrolle vegetarisch. Und noch ein chinesisches Bier, bitte!". Sein Entschluss stand fest. Er würde vorerst auf seinem Posten bleiben.

„Früliloll, vedschie. Da Biel kommt glei. Flo Ostel!"
Mensch, so froh konnte Ostern sein! Jan konnte es kaum fassen. Da ging der Peitschen-Heini am heiligen Feiertag ins Sado-Maso-Verließ… Und eine Frühlingsrolle, ein chinesisches Bier, einen Mangosaft und eine gebackene Banane später war noch immer nichts von ihm zu sehen.

„Das muss wohl eine längere Sitzung sein", folgerte Jan. Zu gern hätte er gewusst, was da wirklich so abging im Dark Paradise. Er hatte nämlich noch nie mit jemandem gesprochen, der solche Dienste in Anspruch nahm. Jan wusste lediglich das, was man als Hamburger so wusste über die Domina-Szene. Aber niemand aus seinem näheren Umfeld war je dort gewesen. Naja, wer würde das auch offen zugeben? Er überlegte, ob er noch länger bleiben sollte: „Wer weiß, wie lange das noch dauert, bis Jürgen H. aus F. wieder aus dem dunklen Paradies emporsteigt. Das kann sich womöglich noch um Stunden handeln…"

Also: zahlen und Heimweg antreten! Sicher wäre Lina auch bald wieder aus Büdingen zurück – außerdem brannte Jan darauf, ihr seine aktuellste Beobachtung aus dem Rotlichtviertel zu erzählen.

Er packte seine dicke Jacke, die er bei diesem eisigen Osterfest leider immer noch brauchte, und wollte sich gerade anziehen, als er im Augenwinkel plötzlich Ekatarina Tartakowskaja, seine Kollegin aus der Malschule, erblickte. Seinen Groll ihr gegenüber hatte er inzwischen abgelegt. Eigentlich fand er sie inzwischen sogar sehr nett…

Aber wo ging die bloß hin? Beinahe hätte er sich schon wieder verschluckt. Frau Tartakowskaja steuerte zielstrebig das Dark Paradise an!

Wie von der Tarantel gestochen lief Jan aus dem Imbiss heraus und rief lautstark „Ekatarina, Ekatariiiii-na! Hallo! Hier!!!", um auf sich aufmerksam zu machen.

Ekatarina entdeckte Jan auch gleich, sah aber überhaupt nicht so aus, als wäre ihr das in irgendeiner Weise peinlich. Auch die Tatsache, dass sie ihren Kollegen hier antraf, schien sie keinesfalls zu irritieren. „Cooles Mädel", dachte Jan.

„Jetzt sagt sie bestimmt gleich auch noch Frohe Ostern."

Ekatarina war an diesem Feiertag auffallend schlicht gekleidet. Nicht so aufgetakelt wie sonst in der Malschule. Die alte, abgewetzte Lederjacke sah fast aus wie die, die Jan mal vom Pariser Flohmarkt hatte. Ihre Jeans war durchlöchert und verwaschen, dazu war sie vollkommen ungeschminkt. Ihre dunklen langen Haare hatte sie einfach zum Pferdeschwanz zusammengebunden, und das nicht mal besonders ordentlich. Aber sie sah auch so verdammt gut aus!

„Dir auch Frohe Ostern, Jan! Schön, dich zu sehen." Nach dem üblichen Geplauder wollte Jan endlich wissen, was Ekatarina eigentlich ins Dark Paradise führte. „Och, ich arbeite heute", antwortete sie ohne jegliche Regung in Richtung Peinlichkeit.

„Wie, du arbeitest heute? Hier? In diesem Laden?"

„Ja, klar. Geld muss auch an Feiertagen reinkommen."

„Aber heute ist doch Ostersonntag, da ist das Geschäft hier doch geschlossen?"

„Das Geschäft schon, aber unten im Club ist geöffnet."

Aha, jetzt wurde Jan einiges klar: Es war also doch ein Sado-Maso-Verließ. Genauso hatte er es sich vorgestellt. Bingo! Und der Peitschen-Heini war mittendrin!

„Nicht, was du denkst. Ich bin nicht therapeutisch tätig, also im Club. Ich bemale das Treppenhaus mit, sagen wir, erotischen Motiven. Eine Bekannte von mir arbeitet aber im Club, und die hat mir gesagt, dass der Boss das Treppenhaus neu gestalten wollte und nach einem Künstler gesucht hat. Da habe ich mich einfach beworben. Hat genauso schnell geklappt wie in der Malschule."

In Jans Gesicht zeigten sich Enttäuschung und Neid zugleich.

Züge entgleisten…

„Da hast du aber wieder mal den richtigen Riecher zur richtigen Zeit gehabt, Ekatarina", er versuchte, relativ gleichgültig, aber wohlwollend zu wirken. Natürlich hatte es ihm etwas ausgemacht, dass Herr Thielmann so banalen Reizen erlegen war. Die mitgebrachten Gemälde hätten wahrscheinlich auch Strukturpaste gepaart mit Kartoffeldruck sein können…

„Ja, ein bisschen Glück muss der Mensch eben haben, so sagt man doch hier?" „Genauso heißt es", stimmte Jan zu. Und dachte wehmütig an seine letzten Glücksmomente zurück. Wo waren sie geblieben? Bei Ekatarina schien alles ganz leicht zu gelingen. Jan fragte sich, was genau er eigentlich falsch machte. Wahrscheinlich würde er nie dahinter kommen. Am Ende war doch alles Schicksal. Oder nur Zufall?

Ekatarina erzählte dann noch beiläufig von ihren anderen Aufträgen, die sie in ähnlichen „Einrichtungen" schon beendet hatte. Und dass Kunst, also richtige Kunst, bei den Betreibern hoch im Kurs stünde. Man wolle dort keine billigen Kunstdrucke, nichts, was eben mit dem Begriff „billig" überhaupt in Verbindung gebracht werden konnte.

Die Bosse der Unterwelt standen auf Illusionsmalerei, großflächige Wandgemälde, die den Eindruck, also die Illusion einer Landschaft oder eines Gebäudes erweckten. Anscheinend hatte Ekatarina wirklich Kontakte zu den richtig großen Fischen in dem Gewerbe. Und dass die nicht schlecht bezahlten, das konnte sich Jan lebhaft vorstellen.

„Und wie läuft es bei dir so?", fragte sie ihn.

„Och, es geht ganz gut." Er brachte es nicht übers Herz, ihr zu sagen, wie es wirklich bei ihm lief.

„Hast du momentan eine Ausstellung oder größere Aufträge?"

„Ja, in Bad Homburg stelle ich Landschaften aus und ansonsten male ich Brittney-Texas-Portraits."

„Echt? Das ist ja interessant. Die arme Brittney, die Besten gehen immer zu früh. Kann ich mir ja mal bei Gelegenheit ansehen."

Jan war gerührt, dass sie Interesse an ihm und seiner Arbeit zeigte. Hätte er gar nicht erwartet.

„Willst du vielleicht mal mit reinkommen? Ich zeige dir gern, was ich schon gemalt habe. Und außerdem muss ich jetzt gleich mit meiner Arbeit anfangen."

Na, das war doch mal ein dickes Ei!

Jan konnte es nicht fassen. Er würde gleich Zutritt zu den geheimen Gemächern bekommen. Zum Treppenhaus des Peitschen-Heini-Kellerverlieses in der Kaiserstraße.

Und das war bestimmt kein *Drebbehäusje*…

Staatsmännisch sprach er zu sich selbst:

„Was für ein schöner Ostersonntag!"

„Äbbelwoianstich"

Der ICE nach Hamburg war nicht nur voll, sondern übervoll. Aus irgendeinem Grunde waren wohl wieder einmal zu viele Fahrkarten verkauft worden. Selbst auf dem Fussboden saßen Leute, die freundlicherweise Älteren oder Schwangeren den Vortritt gelassen hatten. „Es gibt doch noch eine gute Welt", aber darüber konnte Jan jetzt nicht weiter nachdenken. Er fühlte sich jedenfalls – ganz ohne schlechtes Gewissen – zu jenem Kreis zugehörig, der keinesfalls auf einen bequemen Sitzplatz verzichten konnte. Denn er war steif wie ein Brett und hatte Rückenschmerzen ohne Ende. Die Kopfschmerzen nicht zu vergessen.

Nach dem ausgiebigen Ostermenü beim Asia-Wok und der exklusiven Führung ins Treppenhaus des Dark Paradise, wo er die schönen Erotik-Wandmalereien von Ekatarina im Entstehen begutachten konnte, war ihm am Abend eine österliche Gardinenpredigt allererster Güte gehalten worden.

Damit hatte er an diesem Tag nicht mehr gerechnet, denn eigentlich war er nur heiß darauf gewesen, Lina brühwarm seine neuesten Erkenntnisse über den „Peitschen-Heini" zu erzählen. Stattdessen hatte er sie vorgefunden mit einem Gesichtsausdruck, wo man schon mal gar nicht mehr fragen musste, was der eigentlich ausdrücken sollte... Dann gab es die volle Ladung, von wegen „erst einen auf krank machen und nicht mit zu den Nicht-mal-Schwiegereltern-in-spe kommen, dann aber zu gegebener Zeit klammheimlich und nach einer unerklärlichen Spontanheilung zum Essen aufbrechen (wer weiß wohin und mit wem überhaupt?) und erst am Abend zurückzukommen, wo sie (also Lina) extra früher aus Büdingen losgefahren war, um bei ihrem kranken Osterhähnchen zu sein. Ja, sogar die Spontaneinladung von Susi Lustig zum Cappuccino hatte sie ausgeschlagen, weil sie Jan (ihn, den Vollpfosten...) nicht so lange alleine lassen wollte, wo es ihm doch (wie sie glaubte) überhaupt nicht gut ging. Und überhaupt, seit diese Diva nicht mehr schnaubte, wäre er total daneben und nix mehr so wie vorher. Das wäre doch total teenie-haft, so einen Affenzirkus zu veranstalten, nur weil da eine Trillerpfeife weit überm Atlantik den Geist aufgegeben hat... und dann auch noch saufen, in der Fastenzeit, wo doch ausgemacht war KEINEN ALK bis Ostersonntag. Aber das war ja abzusehen (alte Rotwein-Drossel...)!

Nicht zu vergessen, die Blamage bei Heins. Wer nichts verträgt, sollte nix saufen, ganz einfach. Dann wäre das mit dem PEITSCHEN-HEINI auch nie passiert. Basta! Und noch eines: Er könnte froh sein, dass es für sie (Lina, die Heilige) keine unangenehmen Konsequenzen (so jobtechnisch…) gehabt hätte, denn DANN WÄRE ERST RICHTIG WAS LOS…"

Das einzige, was Jan nach dieser Anklage sagen konnte und wollte, war: „War's das jetzt, Santa Lina?" Um nach einem Blick, der unschwer hätte foltern können, kunstvoll hinterherzujagen: „Ich geh' dann mal aufs Klo."

„Wie immer, wenn's dir an den Kragen geht, krank werden oder aufs Klo verschwinden!" prustete Lina zornig. Aber Jan hatte nur so cool getan. In echt war auch er auf 180. Nicht mal seine Eltern hatten ihm jemals solch eine Standpauke gehalten. Das war in Hamburg auch eher unüblich. Zumindest im Hause Johannsen.

Kein Wunder, dass Jan sofort wieder Schmerzen bekommen hatte. Schmollend und schmerzverkrampft hatte er sich dann ins Bett gelegt. Lina war in dieser Nacht auf dem Sofa geblieben! Und, was fast am allerschlimmsten für ihn gewesen ist: nicht mal seine allerneueste Story vom „Peitschen-Heini" war er an diesem Abend losgeworden. Nicht auszudenken, was los gewesen wäre, wenn Jan seiner Lina auch noch von seinem Besuch im Dark Paradise erzählt hätte…

Als er sich am Ostermontag und dem darauffolgenden Tag noch immer nicht rühren konnte, buchte er sein Bahnticket.

So saß er jetzt im überfüllten ICE nach Hamburg und freute sich über jeden Kilometer mehr, der zwischen ihm und Lina lag. Normalerweise konnte er bei Fahrten mit dem Zug stundenlang in die vorbeirauschende Landschaft schauen, sich ausmalen, wie man dies oder jenes bildlich auf Leinwand darstellen konnte und die Natur einfach beobachten. Diesmal konnte er den Kopf weder nach links noch nach rechts drehen, und vor lauter Dröhnen im Schädel war ihm die Natur relativ egal, was für einen Landschaftsmaler wie Jan schon zu höheren Alarmzeichen zu zählen war. Er hoffte, Dr. Gutbein könnte ihm schnell helfen. Denn auf so ein Dasein hatte er längerfristig gar keine Lust. Das ständige Hin und Her zwischen massiven Beschwerden und fast schmerzfreien Phasen nervte ihn, wobei er natürlich für die Zeiten dankbar war, in denen er sich wieder halbwegs so fühlen konnte wie

„früher". Wann genau war „früher" nochmal gewesen, fragte er sich? Aber Jan war zu erfüllt von brennenden Schmerzen und dröhnendem Kopf, um sich noch daran zu erinnern, wann das nochmal genau gewesen sein sollte. In Lina konnte er jedenfalls in der letzten Zeit niemanden finden, der ihm wirklich zur Seite stand, ihn unterstützte oder ihn einfach mal ordentlich bemutterte und bemitleidete. War denn das zuviel verlangt? Nein, er sollte einfach so sein wie immer... Hauptsache, pflegeleicht! Männer sollen zwar Gefühle zeigen, das wünschen Frauen sich doch, oder? Wenn es dann aber zu viele Gefühle waren oder einfach die völlig falschen, dann war es auch wieder nicht recht. Und das sollte ein Mensch verstehen...

Plötzlich geriet in seinem brummenden Aua-Kopf alles so dermaßen durcheinander, dass er einsah, klare Gedanken waren in dem Zustand einfach nicht möglich. Er war völlig fertig. Nicht nur körperlich, so langsam fühlte er seine Kräfte schwinden. Das Leben war einfach zuviel für Jan. Er sehnte sich nach einem langen, traumlosen Schlaf.

„Um 13.35 Uhr erreichen wir Hamburg Hauptbahnhof. Wir bitten die Gäste, auf der rechten Seite auszusteigen, bedanken uns bei Ihnen hiermit und wünschen eine gute Weiterreise oder einen schönen Aufenthalt!" Die typische Bahnmikrofonstimme weckte Jan aus seinem erschöpften Zugreisekoma. Nach einem obligatorischen „Kaffee Togo", der mittlerweile zwei Euro achtzig kostete (was in echtem Geld immerhin fünf Mark sechzig gewesen wären!), war ihm richtig warm geworden. Der halbtote Künstler war umgehend zu neuem Leben erwacht...

In der Praxis angekommen, stellte er dann nüchtern fest, dass es wohl auch in Hamburg freie Mittwochnachmittage gab. Der heilige Mittwoch der Ärzteschaft! Er hatte es ganz vergessen. Na, dann würde er seiner geliebten Mutter eben jetzt schon einen Überraschungsbesuch abstatten.

„Die wird Augen machen...", Jan freute sich schon darauf, ihr Gesicht zu sehen. Sein Ticket war flexibel gebucht, er konnte also ruhig ein paar Tage in Hamburg bleiben. Es waren ja auch noch Osterferien. Versäumen würde er also nichts. Und Aufträge hatte er zurzeit auch keine.

Zuhause bei seiner Mutter wollte er sich gleich aufs Sofa begeben. Er brauchte dringend Ruhe...

In Hamburg schlief die Natur noch immer den seligen Winterschlaf. Nur hier und da waren Boten des Frühlings zu sehen. Aber im Gegensatz zu Frankfurt, wo schon die Magnolien blühten und alles nur so grünte und spross, merkte man jetzt doch, dass man hier oben im Norden in einer komplett anderen Klimazone war. Auch die Villa Johannsen in Eppendorf schien noch im Winterschlaf zu sein. Sogar die Läden waren teilweise noch geschlossen. Das beunruhigte Jan, denn seine Mutter schloss tagsüber die Läden nur, wenn sie krank war – oder für längere Zeit unterwegs.

Er öffnete die Haustür der Alstervilla also besonders leise. Vielleicht war sie ja wirklich krank und hatte sich ein bisschen hingelegt. Aber irgendjemand hantierte in der Küche herum, soviel war ihm klar. Dann vernahm er eine ihm fremde Stimme...

„Bella Gisella, ich-eh aabe eine ganz-eh speziell-eh *Latte-eh Francesco* für dich, mein-eh Täubchen!!!"

Jan analysierte in Lichtgeschwindigkeit: „Gisella mit weichem „Dsch" am Anfang. Hoppala! Wer nannte seine Mutter so? Der Pizzabote???"

Dschisellas Sohn wurde auf Anhieb klar, dass diese Art von Lockruf mit richtigem Kaffee auch nicht das Geringste zu tun hatte.

Und schon sah er seine überaus flotte, wohlgemerkt über siebzigjährige Mutter, in einem Hauch von Nichts und auf Puschel-Pumps (!!!), mit wehender Walla-Walla-Mähne und einer Flasche Sekt in der Hand über den Flur in Richtung Schlafzimmer zu ihrem vermeintlichen Italo-Mann tänzeln. Im Hintergrund hörte er Erotico Dramazotti schmachten. Na, das waren ja ganz neue Töne im Hause Johannsen! Sonst lief doch hier nur der Klassik-Sender. Aber das klang nach völlig neuer Pop(p)-Kultur. Zumindest sang seine Mutter nicht noch mit, was Jan erleichtert zur Kenntnis nahm. Allerdings schien dies aber auch das einzig Tröstliche an dieser Szene zu sein. Sie merkten nichts, aber auch gar nichts mehr, was um sie herum passierte. Und Jan fühlte sich schon ganz taub. Überall.

„Ich kommeeeeee, Bello Francesco...!!!", flötete sie in höchsten Tönen in bester Volkstheater-Stimmung.

Lustspiel, ja, das war es in etwa, vermutete Jan, der sich ansonsten nicht so gut mit Boulevardtheater auskannte, aber im Fernsehen schon mal so was Ähnliches gesehen hatte. Das hier war wohl Ohnesorg in der Aperol-Spritz-Version...

Gisela Johannsen bemerkte ihren Sohn, der im Flur stand, nicht einmal. Selbst, dass die Haustür offen stand, war ihr nicht aufgefallen. Jan war perplex und so geschockt, also man nannte das ja heute traumatisiert (was sich noch gefährlicher anhörte), dass er erst einmal gar nichts denken, sagen oder tun konnte. Er stand einfach nur still und stumm da und befand sich in einer Art Schockstarre. Tierische Reflexe, die auch noch beim Menschen greifen, wenn es mal rund geht, schoss es ihm tief aus dem Unterbewusstsein in den Sinn. Das wusste er von den vielen Fernsehphilosophen, die einen jetzt immer über alles ganz genau aufklärten. Oder war es doch das Apothekenmagazin gewesen?

Wie viele Minuten vergangen waren, bis er die Entscheidung treffen konnte, ob er seiner Mutter jetzt eine peinliche Szene machen sollte (was ihm anhand seines und des Alters seiner Mutter vollkommen absurd erschien) oder, da sie ihn sowieso nicht bemerkt hatte, besser klamm und heimlich verduften sollte, das wusste er hinterher nicht mehr genau.

Irgendwann fand er sich draußen auf der Straße vor seinem Elternhaus in Eppendorf wieder und versuchte einzuordnen, was er gerade live miterlebt hatte.

„Wolke 7 - 2.0" in der überarbeiteten Hanseatic-Italo-Fassung? Bella Gisella und Bello Francesco!

Da muss erst mal einer drauf kommen. Kein Wunder, dass sie dauernd unterwegs ist und selbst an Ostern *einfach so* in Hamburg geblieben ist. Langsam sickert es durch, was hier oben im kühlen Norden so heiß gespielt wird. Ts, ts, ts…

Jan hatte seine Mutter noch nie mit einem Mann, der nicht sein Vater war oder Dr. Gutbein hieß, im heimischen Schlafzimmer gesehen. Oder auch nur im Traum daran gedacht, dass so etwas hätte Wirklichkeit werden können. Und dann dieses Negligé!

Na, das waren ja ganz neue Sitten…

Als hätte er nicht schon genug Ärger!

Auch wenn er schon über vierzig und sein Vater lange tot war, er kam sich vor wie ein kleiner Junge, der seine Mutter beim Fremdgehen erwischt hatte und niemandem, aber auch wirklich gar niemandem davon berichten konnte. Was sollte er jetzt nur tun?

Nochmal von außerhalb anrufen und sagen, dass er ganz zufällig hier in der Gegend sei und ob er mal auf eine Übernachtung vorbeikommen könnte? Das wäre zu blöd, fand er.

Außerdem wollte er nicht derjenige sein, der seiner Mutter auf ihre reiferen Tage den Spaß verdarb. Soviel Toleranz erzwang er sich dann doch. Sich in ein Hotel einmieten und dann morgen zu Dr. Gutbein gehen? Irgendwie fühlte sich das auch nicht klasse an.

Am liebsten wäre es ihm gewesen, sogleich unsichtbar oder (noch besser) an diesem Tag nie nach Hamburg gefahren zu sein. Er fragte sich, ob er nicht einfach wieder aufwachen könnte aus diesem merkwürdigen Traum und diesen Mittwoch nochmal ganz von vorne anfangen? Das hatte er schließlich nicht bestellt. Nicht mal beim Universum!

Jan lief wie ferngesteuert zurück zur Bushaltestelle und fuhr direkt wieder Richtung Hauptbahnhof. „Ob das jetzt eine gute Idee war?", fragte er sich und erzählte sich gleichzeitig immer wieder die Geschichte von Bella Gisella und ihrem Francesco, die (ganz ohne seine ausdrückliche Erlaubnis) am helllichten Tage ein Schäferstündchen in seinem Elternhaus zelebrierten.

Ehe er sich versah, saß er wieder im ICE zurück Richtung Frankfurt und konnte noch immer nicht fassen, was er heute erlebt hatte. Was sollte er jetzt Lina erzählen? Die würde sich doch totlachen über diesen Tag. Und ihn. Irgendwie hatte er die Hoffnung aufgegeben, dass es zwischen ihnen noch einmal so werden könnte wie früher.

Heimatlos, das war er. So fühlte er sich. Hamburg war weiter entfernt als Timbuktu, wo immer das auch war.

Und Frankfurt, was ihn in genau drei Stunden dreißig wieder verschlucken würde, war auch nicht die Stadt seiner Träume. Wer braucht schon Wolkenkratzer und Grüne Soße? Oder ein Getränk, das keines war, sondern ein Durchfallbeschleuniger?

Je mehr er sich von Lina entfremdet hatte, oder sie von ihm, das wusste er selbst nicht mehr so genau, desto kälter kam ihm die Stadt am Main vor.

Die ganze Fahrt versuchte er, seine Gedanken zu ordnen. „Hätte sie mir nicht einfach von diesem Francesco erzählen können?" Doch er bekam keine Antwort – nur noch stärkere Kopfschmerzen. Jan wollte so schnell wie möglich in sein Bett! Er brauchte Ruhe…

Um Punkt neun Uhr abends fuhr der ICE in den Frankfurter Hauptbahnhof ein. Die frühere Verbindung hatte er nicht mehr geschafft, denn es dauerte etwas, bis er am Bahn-Service-Point, wie das heute so modern heißt, im wahrsten Sinne des Wortes „zum Zuge" gekommen war. Mit der U4 ging es weiter Richtung Bornheim. Mittlerweile war es dann schon dunkel geworden. Und Jan fühlte sich vollends gerädert. Er hoffte, dass Frau Fieg ihn jetzt nicht in ihrem unwiderstehlichen 50er-Jahre-Outfit mit Lockenwicklern und Wellenreitern im Treppenhaus abfangen würde.

Aber es kam anders: „Ei, guten Abend, der Herr Johannsen. Auch so spät noch unnerwegs?" Nie blieb man aber auch verschont vom Drebbehäusje! Er grummelte innerlich, aber dann sagte er mit freundlicher Stimme: „Guten Abend, Frau Fieg. Ja, das lässt sich manchmal nicht vermeiden mit dem Unterwegssein."

„Warn Sie dann verreist? Ich maan ja nur, weche de groos Dasch."

Die Reisetasche, die er in der Hand hielt, hatte ihre Phantasie offensichtlich angeregt...

„Nicht direkt. Ist nur eine Sporttasche", behalf Jan sich mit einer Notlüge. Sowas war in derartigen Fällen absolut erlaubt...

„Ach so, sooo spät noch turne? Mier habbe früher aaach viel geturnt. Im Verein, hier in Bornheim. Bei der Turnerschaft. War immer schee gewese da. Mier hatte damals noch e Vorturnerin, die hat alles bei den BDM-Mädscher gelernt. Da war noch Zucht und Ordnung in de Übunge, mier habbe all in einer Reih' geturnt und mit dene Bäll' hammer aach geübt. Wie im Film von de Leni Riefenstahl. Hawwese den schon emaaa gesehe?"

„Nein, liebe Frau Fieg. Aber Ausschnitte davon sind mir durchaus bekannt."

„Dess glaab isch Ihne gern. Männer habbes immer gern mit Ausschnidde zu tue." Jan erkannte wieder einmal, dass man mit dem Drebbehäusje einfach kein annähernd normales Gespräch führen konnte. Aber das hätte er nach all den Jahren auch vorher wissen können.

„Ja, wenn sie das sagen, Frau Fieg. Schönen Abend noch."

„Gruß an Ihr Bekannde, die Frau Siebenborn. Isch glaab, die hatt heud Abend Besuch! Mer hörd ja fast alles hier im Drebbehaus, wissese?"

Na prima, seufzte Jan innerlich. Noch eine Dame mit Hausbesuch an diesem Tag. Er hegte die kühne Hoffnung, dass dies nicht die zweite Überraschung an diesem Mittwoch sein sollte...

Und zum zweiten Mal an diesem Tage schloss er eine Haustür auf und hörte Stimmen.

Diesmal aber keine verführerischen Geheimcodes eines Al-Bano-Verschnitts, sondern handfestes Damengelächter der lauteren Sorte.

Zumindest konnte er irgendwas mit „Diät" aufschnappen, was schon einmal beruhigend gegenüber dem „Latte Irgendwas" von heute Mittag klang.

„Aha", seine Erfahrungswerte sagten ihm: hier tagt die berühmte Deutschlandflagge. Wie man einen Damenclub allerdings *so* nennen konnte, würde ihm wohl zeitlebens verborgen bleiben. Jedenfalls waren es die Haarfarben, die die Deutschlandflagge zu dem machten, was sie nun mal war: die schwarze Susi, die rote Ines, die goldfarbene Lina und die graue (Fahnenstange) Marie-Anne. Warum die als Mitbesitzerin eines Friseursalons graue Haare mit Stolz und Fassung trug, hatte er auch nie verstehen können. Aber diese Truppe folgte sowieso einer verwunderlichen Logik.

Vermisst worden war er hier wohl auch nicht.

Beste Damenrundenstimmung. Niemand bemerkte ihn. Fast wie heute Mittag bei seiner Mutter und ihrem Italo-Lover! Mister Supa-Lova, Mister Bombastic! Der war jedenfalls aufgefallen. Ganz im Gegensatz zu ihm: Er war anscheinend nur ein armseliger Nobody. Und so ausgelassen und schallend hatte er Lina lange schon nicht mehr lachen gehört. In den letzten Monaten war das mit ihm zusammen eher seltener vorgekommen. Und irgendwie fühlte er sich mitschuldig daran. Nicht zuletzt der Aussetzer mit dem „Peitschen-Heini" hatte ihr eher die Tränen der Verzweiflung ins Gesicht getrieben. Er nahm sich vor, sich zusammenzureißen und die Damenrunde erst einmal freundlich zu begrüßen. Müsste er eben morgen nachschlafen, es waren sowieso noch Ferien.

„Nee, wen hammer dann da?", Susi Lustig entdeckte ihn als Erste und sogleich erkannte er wieder den Fieg'schen Frankfurter Schnodderdialekt, von dem er eben gerade genug gehabt hatte.

Die anderen hatten ihn nun auch entdeckt, und Lina schaute etwas entsetzt, ihn hier in der heimischen Küche zu sehen. Wo er doch eigentlich in Hamburg sein sollte.

„Jan, du bist ja schon wieder zurück!", sie versuchte, freudig auszusehen, was ihr aber nicht so recht gelang. Wahrscheinlich hatte er die lustige Runde jetzt gehörig gestört.

„Ich konnte dich den ganzen Tag nicht auf deinem Handy erreichen. Und heute Mittag bei deiner Mutter ging auch niemand ran."

Warum in der Villa Johannsen niemand ans Telefon gegangen war, das zumindest war ihm jetzt sonnenklar. Was folgte, war ein Küsschen für Lina und die Begrüßung der Flaggenmädels. Bussi, Bussi! Das war obligatorisch und auch, wenn er nicht mehr taufrisch roch nach dieser langen Reise heute, er würde daran nicht vorbeikommen.

Wenn man sich denn schon mal wieder sah...

„Ich muss erst mal wohin", versuchte Jan sich der drohenden Inquisition zu entziehen.

„Aber dann kommste widder, es gibt noch Handkeeees!" Susi Lustig war mundwerktechnisch wie immer vornweg. Sowas wurde beim Radio ja immer gerne genommen...

Auf dem Küchentisch, wo sonst aus Diätgründen einer gewissen Lina gähnende Leere herrschte, standen nun eine große Schüssel mit eingelegtem Handkäs' mit Musik, also dem sauermilchvergorenen Käse mit Zwiebeln in einem Öl-Essig-Kümmel-Dressing, Bauernbrot mit dicker Kruste, Butter, Pfeffer und Salz und der obligatorische blaugraue Bembel.

„Fehlt nur noch der Hessen-Heinz, der immer einschenkt und dann ruft: „Frau Wirtin, de Bembel iss' schon widder leer!"...", schoss es Jan in den Sinn. Er kannte den „Blauen Bock" noch von früher. Seine Eltern hatten die Sendung immer gerne gesehen. Es war auf eine gewisse Weise exotisch für Hanseaten, dass südlich von Kassel anscheinend schon eine ganz andere Kultur begann.

„Kaum bin ich mal kurz weg, schon gibt es im Haushalt Siebenborn-Johannsen was Gescheites zu essen." Das registrierte Jan frustriert und ging erst einmal ins Bad. Nachdem er sich ein bisschen frisch gemacht und sich heimelig angezogen hatte, war ihm kaum etwas anderes übrig geblieben, als sich an den Deutschlandflaggentisch zu setzen. An Schlaf war bei dem Lärmpegel sowieso nicht zu denken.

„Hopp, hopp, hopp, Schoppe' in de' Kopp'!", tönte es mehrfach aus der Küche. Die Damen kamen unüberhörbar mit jedem weiteren Schöppchen mehr in Form. Und ihre Stimmen offensichtlich auch. Aber Jan hatte Hunger. Und von den vielen Schmerztabletten war ihm schon ziemlich blümerant.

„Komm', Nordlicht, heut' iss Äbbelwoi-Saison-Eröffnung!"

Susi Lustig hatte es heute wohl irgendwie auf ihn abgesehen. Wie supernett! Sie schenkte Jan munter „Stöffche ins Geribbte", also in das typische Apfelweinglas mit dem Rautenmuster. So wurden die Gläser in Frankfurt nämlich genannt. Geribbte! Mit weichem Hessen-„T".

Also einem „D"...

Gott sei Dank fragte Lina nicht vor versammelter Frauschaft nach, wie und was genau geschehen war, dass er so schnell wieder aus seiner Heimat zurückgekehrt war. Und die anderen Damen hielten sich auch schwer zurück. Wahrscheinlich waren sie zwischenzeitlich geimpft, dass sie still halten sollten.

„Was wissen die Mädels am Ende alles von mir?", fragte sich Jan, als er so in die Runde blickte. Er wollte auf jeden Fall aber schön brav sein, um nicht wieder irgendwas Falsches zu sagen.

Ein „Peitschen-Heini" pro Jahr war ja vollkommen ausreichend...

So hörte sich Jan dann Geschichten aus dem Friseursalon von Marie-Anne an, von Susi Lustig, die wieder eine neue Reportage vorbereitete (diesmal aus dem Rotlichtmilieu – eine Studie, die Jan schon hinter sich gebracht hatte), von Ines Gerlach, die schon ziemlich hackedicht war und nur meinte, nach Bad Nauheim könne sie heute nicht mehr fahren (was wohl einen Übernachtungsgast ankündigen sollte).

Nur seine goldblonde Lina erzählte so gar nichts aus ihrem Leben. Das kam ihm komisch vor. Aber vielleicht kam sie auch einfach nur nicht zu Wort bei all den Quasselstrippen. So wollte er es jedenfalls in diesem Moment sehen.

Nach dem dritten Äbbelwoi, einem rustikalen Bauernbrot und wohl etwas zuviel Handkäse mit Musik war es Jan ein bisschen übel geworden. Was ihn nicht wirklich wunderte.

Die Reise, die Aufregung, die Schmerzen, die Tabletten und jetzt das volle Frühjahrsmenü auf Hessisch: Das war zuviel des Guten!

So erklärte er es sich jedenfalls. Aber für viele Worte blieb nun auch keine Zeit mehr. Er verabschiedete sich schnellstmöglich und auf einmal war es ihm auch völlig egal, was die Tafelrunde von ihm dachte.

Er musste! Und zwar schnell!

Ein erneuter Fall von Äbbelwoi-Intoleranz.

„Schwarzer Freitag"

Es war geschafft! Die Frühjahrstagung im unterfränkischen Aschaffenburg stand! Morgen würden die Tagungsteilnehmer hier ein freundliches „Grüß' Gott" hören. In der nördlichsten Stadt des schönen Bayernlandes, die sich selbst auch das bayerische Nizza nannte (!), war das ein ungeschriebenes Gesetz. Man wollte sich von den grenznahen Hessen schon beim Grüßen ordentlich absetzen. Deshalb sagte in Aschaffenburg generell niemand „Guten Tag".

Aus allen Himmelsrichtungen sollten die Bezirksleiter (es gab keine Quotenfrauen) anreisen. Und ganz nebenbei dürften sie sogar ein bisschen das Gefühl von *Urlaub in Bayern* haben. Und fast nebenbei sollten sie sich geduldig die neuesten Konzernzahlen für den Drogeriemarktbereich anhören, sich über die Trends im Drogeriemarktgeschäft aufklären lassen und alles über den neuen HansaFra-Werbeauftritt erfahren.

Für das Abschlussbuffet am Samstagabend hatten sich Lina und Ines für das „Fränkische Buffet" mit allem Drum und Dran entschieden: Schweinebraten, Rostbratwürstchen, Leberkäs', dazu verschiedene Sorten Knödel, Schäufele, Salate, Bayerisch' Kraut, Rotkraut sowie die verschiedenen typisch fränkischen Biersorten. Das wäre sicher verträglicher als das Themenbuffet „Hessische Spezialitäten". Der eine oder andere empfindliche Magen hätte das bestimmt nicht so ohne weiteres toleriert. Was Jans Beispiel mit der Handkäs'-Äbbelwoi-Kombi vom letzten Deutschlandflagge-Abend ja lebhaft demonstriert hatte.

„Das wird sooo gut!", freute sich Lina über die erfolgreiche Tagungsvorbereitung und war sich sicher, dass alles super laufen würde. Mit solchen Aktionen konnte man immer punkten. Intern und extern. Das machte eine gute Presse! Konnte man auch in den „Working Girls" oder „Job-Seiten" der üblichen Frauenzeitschriften sowie bei Sabine Asgodom, der Ratgeberin für die moderne, berufstätige Frau schlechthin, nachlesen. Lina und Ines prosteten sich mit ihren Kaffeetassen zu und waren froh, dass nun alles vorbereitet war. Was konnte so ein läppischer Freitag, der dreizehnte, ihnen schon anhaben?

Was sitzt, das sitzt, war die Devise des Tages.

Sie hatten sich ihren Feierabend inklusive des freien Wochenendes nun redlich verdient!

Die 42 Hotelzimmer im Seminar- und Tagungshotel „Zum stolzen Franken" waren bereits lange im Voraus gebucht. Selbstverständlich unter strenger Berücksichtigung der Teilnehmerwünsche (O-Ton-Bernhard-*sexy*-Burger: „Für mich bitte ein ruhiges Nichtraucherzimmer, sonst checke ich erst gar nicht ein!"). Dass *er* mal wieder die Extrawurst herauskehren würde, hatte niemand bezweifelt. Doch die Damen von der Rezeption waren anscheinend Kummer gewöhnt – nicht ein einziges Mal hatten sie die Fassung verloren. Und Grund dazu hätte es durchaus gegeben...

Die Ausstattung des hoteleigenen Tagungsraumes war perfekt: Flipchart, Beamer, Kinoleinwand, HiFi-Anlage. Alles funktionierte. Zumindest laut Techniker! Einer der Marketingassistenten bei HansaFra hatte die neue Warenpräsentation, also Preisschilder, Angebotstafeln und eine Modepuppe, die die neue Uniform für die Mitarbeiterinnen zeigen sollte, bereits aufgebaut. Deshalb war er auch schon einen Tag früher angereist. Herr Velten schaute gerne selbst nach dem Rechten, bevor am Ende noch etwas schiefging. Auf den jungen Mann war eben Verlass. Außerdem war bekannt, dass er sich um jede Dienstreise riss. Und als kleiner Workaholic sagte er zu einem Wochenendausflug nach Aschaffenburg sowieso nicht nein.

Die überwiegend von Lina verfassten Vorträge und das komplette Zahlenmaterial für die Drogeriemarktbezirksleiter hatte sie schon gestern an Herrn Hein gegeben. Heute hatte er nämlich Termine außer Haus. Lina hatte davon zwar keinerlei Kenntnis, aber sie hatte auch kein Interesse mehr daran, Genaueres zu erfahren. Das Hugolein rief sowieso nie an, wenn ihr Chef unterwegs war. Dessen war sie sich jetzt ganz sicher: die Phantomzeichnung, die Jan von dem Mann angefertigt hatte, der Herrn Hein ins Dark Paradise begleitet hatte, war eindeutig gewesen. Das hatte die nonchalante Gelassenheit des Supermanagers, dem nichts mehr im Leben passieren konnte, erklärt. Er saß fest im Sattel – wie mit Pattex angeklebt! Das Ganze kam ihr manchmal vor wie ein Mehrteiler von Dieter Wedel...

Lina jedenfalls war heilfroh, dass sie die „Peitschen-Heini"-Nummer überstanden hatte. Ihr Chef wusste ja genau, dass er sich auf ihre Diskretion verlassen konnte. Die Jahre der vertrauensvollen Zusammenarbeit mussten sich auch irgendwann einmal bezahlt machen...

„So, Süße, ich würde sagen, jetzt kann ich wieder mal an meinen eigentlichen Arbeitsplatz zurückkehren. Mehr kann man für das Gelingen einer Tagung nicht tun!" Ines stellte ihre Cappuccinotasse ab und umarmte Lina kurz. Dann wollte sie gehen.

„Ja, ich danke dir vielmals, liebe Ines. Ohne dich würde ich bestimmt noch heute Nacht hier sitzen. Aber ich denke, die Sache läuft jetzt von alleine. Unser Marketingherzchen kümmert sich ab jetzt vor Ort um alles. Herr Velten übernimmt sowas ja ganz gerne. Dann hat er endlich auch mal was zu melden, sonst ist er immer nur der Adjutant vom Oberwerber. Morgen früh ist Herr Hein dann auch da, und im Hotel ist Frau Rodenberg das Mädchen für alles. Zur Not sind wir ja auch telefonisch zu erreichen."

Lina machte eine kurze Pause und wirkte wieder nachdenklich: „Komisch ist es aber schon, dass ich dieses Mal gar nicht persönlich anwesend sein sollte. Sonst will Herr Hein doch immer, dass ich vor Ort nach dem Rechten sehe. Naja. Aber ich schicke ihm auf jeden Fall noch eine SMS, dass alles perfekt vorbereitet ist, damit er beruhigt ist. Ich schreibe es im Namen von uns beiden, okay?"

„Klar, klar. Theoretisch dürfte aber nichts mehr anliegen, wir haben doch wirklich an alles gedacht. Und das Buffet für morgen Abend können wir sowieso nicht mehr umbestellen. Auch wenn mein geschätzter Sexy-Burger plötzlich über Nacht eine Schweinebraten-Allergie entwickeln sollte…"

„Na, dann wüsste ich aber jemand, der sich darüber ganz besonders freuen würde. Dein Chef mit Allergiepusteln auf einer so wichtigen Tagung. Das wäre ein gefundenes Fressen. Wo er doch bestimmt wieder am Baggern ist wie blöde, das macht er doch immer so, sobald seine Frau weiter als zwei Meter entfernt ist."

Bernhard Burger war immer ein beliebtes Thema und beide konnten sich schon lebhaft vorstellen, wie er zuhause sein „Häschen" (die graueste Maus nördlich der Mainlinie) scheuchte, damit auch seine allerbesten Lieblingshemden „supi-gebügelt" waren und das Goldkettchen vielleicht noch ein Tauchbad bekam. Damit alles schön glänzte, für den Bereich „6". Stichwort: „Ich bin hier für SECHS zuständig!"

Und *wie* er es betonte, dagegen waren die Clips weit nach Mitternacht ein frommes Gedicht. Und dann noch dieses dümmliche Grinsen unter seinem Maschmeyer-Gedenkschnauzer. Brrrrrrrrrrr, ein Traum von einem Mann…

„Siebenborn!" Kaum war sie zurück im Büro, klingelte es. Ein interner Anruf, wie Lina auf dem Display sehen konnte.

Personalabteilung! Was wollten die denn jetzt schon wieder?

„Köchelzell. Guten Tag, Frau Siebenborn. Ich müsste Sie heute noch mal sprechen. Könnten Sie bitte um fünf bei mir im Büro sein?" Aha, es ging also um sie selbst. So ganz konnte sie sich das aber nicht erklären. Was sollte auch sein? Lina versuchte, cool zu bleiben.

„Ja, klar. Um fünf bin ich bei Ihnen. Soll ich irgendetwas mitbringen oder vorbereiten?"

„Nein", antwortete die Personalchefin, „das ist nicht notwendig. Ich erwarte Sie dann." Komisch, dachte Lina. So förmlich kannte Sie Frau Köchelzell gar nicht. Sie hatten zwar nicht das herzlichste Verhältnis, aber welcher normale Mensch kann schon mit den sogenannten „Personalern"? Die waren doch von jeher Außenseiter in allen Firmen, die Lina bislang kennengelernt hatte. Kamen sozusagen gleich hinter den „Controllern", die ja auch per se eher merkwürdige Typen waren. Am Lustigsten fand Lina aber immer noch die IT-Leute. Also die, die früher einmal zu den EDV-Abteilungen gehörten. Das waren meist Kerle, die sich am allerliebsten in irgendwelchen Kellerräumen hinter Bildschirmen und Kabeln verkrochen und nachts wahrscheinlich vom Silicon Valley träumten. Oder gar noch Poster von Bill Gates (wo er jung war!) im Spind hängen hatten. Die IT-ler waren so richtig schön durchgeknallt. Und niemand würde es je wagen, sie wegen ihres Auftretens zu kritisieren.

Bei den IT-Leuten war alles egal. Fettige Haare? Kein Problem! Länger kein fließend Wasser mehr gesehen? Kein Thema. Dieselben Klamotten schon drei Tage hintereinander an? Macht doch nix! Hauptsache, der PC macht schnell wieder, was man von ihm erwartet!

So richtig konnte sich Lina, auch nach längerem Überlegen, nicht erklären, was sie am späten Freitagnachmittag, kurz vor Feierabend, noch in der Personalabteilung zu suchen hatte. Winkte etwa eine fette Gehaltserhöhung und Herr Hein ging den offiziellen Weg, statt es ihr einfach so beim Vorbeigehen mitzuteilen, wie das normalerweise üblich war? Oder gab es vielleicht Änderungen in ihrer Arbeitszeit?

Das konnte sie sich aber auch nicht vorstellen, denn mehr als vierzig Stunden (plus X) waren ja kaum möglich. Und reduzieren konnte sie nicht. Das war mit einem Chef wie Herrn Hein, der an sie delegierte, was nur irgendwie möglich war, nicht zu machen.

„Naja, irgendetwas wird es schon sein", sagte sich Lina Siebenborn und versuchte, ihren Schreibtisch aufzuräumen und die Checkliste nochmals durchzugehen. Das ging aber irgendwie nicht. Sie konnte sich nicht mehr konzentrieren. Die Luft war wohl raus für heute. Außerdem waren Ines und sie mehrfach sämtliche Listen durchgegangen, und beide hatten die Tagung am Ende für ORGANISIERT erklärt. Haken!

Pünktlich um fünf klopfte Lina an Frau Köchelzells Bürotür. Höchst persönlich öffnete die taffe Dame, die so ziemlich alle Klischees einer Karrierefrau erfüllte. Groß, schlank, im dezenten Hosenanzug, die leicht gesträhnten Haare zu einer eleganten Hochfrisur aufgesteckt, dazu eine auffällige Brille, die bestimmt noch mehr als das ganze Outfit gekostet hatte. Eine Ausstrahlung, die mehr an Testosteron, als an Östrogen erinnerte, um es auf den Punkt zu bringen.

„Kommen Sie, Frau Siebenborn. Nehmen Sie bitte Platz", sagte die Personalchefin freundlich, aber auch mit einer gewissen Distanz, was Lina jetzt endgültig verwirrte.

„Sie haben sich sicherlich schon gefragt, warum ich Sie zu mir bestellt habe." Lina nickte. Ihre kalten Hände zitterten und wurden von innen her feucht.

„Es ist so. Wie Sie ja wissen, existiert eine interne Arbeitsanweisung, die besagt, dass jegliche Nutzung des Ihnen für Ihre Tätigkeit zur Verfügung gestellten Computers, das Internet mit eingeschlossen, zu privaten Zwecken nur während der Pausenzeiten erlaubt ist."

Lina schluckte und fragte sich, auf was das Ganze hinauslaufen sollte. „Und so werden im Auftrag des Vorstandes für Personalangelegenheiten immer wieder Stichproben durchgeführt, in denen unsere Leute von der IT (sie sprach es Ei-Tie aus) gezielt Computer unserer Mitarbeiter checken und auswerten. Dazu werden dann genaue Protokolle erstellt und diese dann der Personalleitung, in dem Falle also meiner Wenigkeit, vorgelegt. In diesen Auswertungen kann man minutiös aufgelistet sehen, welche Seiten im Internet besucht worden sind, welche Suchbegriffe eingegeben wurden, et-cetera-pp."

Dazu fiel Lina nichts Weltbewegendes ein. Privat surfte sie so gut wie nie in der Firma, dazu hatte sie eigentlich auch gar keine Zeit. Schließlich war sie ja mit Herrn Hein und seinen vielen Ideen schon voll ausgelastet. Den Rest erledigte dann seine Gattin, so dass es ihr als Vorzimmerdame nie langweilig werden konnte…

Die Sache kam ihr immer spanischer vor. Sicher war sie persönlich gar nicht gemeint, dachte Lina. Das konnte auch gar nicht sein! Vielleicht sollte sie nähere Auskunft über Ines geben oder jemand anderen, mit dem sie eng zusammenarbeitete? Das kam ja immer mal vor, dass diese merkwürdigen „Personaler" versuchten, auf die plumpe Stasi-Art etwas über mögliche Rauswerfkandidaten zu erfahren, was sie dann geschickt gegen sie verwenden konnten. Die Tatsache, dass Internet-Protokolle von bestimmten Mitarbeitern des HansaFra Konzerns erstellt wurden, war Lina jedenfalls neu. Hörte sich ein bisschen an wie Tatort, Aktenzeichen XY oder die neuesten Methoden der Steuerfahndung. Oder irgendwas mit Geheimdiensten. Eigentlich ganz spannend, fand sie. „Ja. Ich verstehe", sprach Lina leise und versuchte dabei, ziemlich relaxed und souverän rüberzukommen, auch wenn sie eigentlich mehr Bahnhof verstand, als ihr lieb war.

„Nun, Frau Siebenborn", dabei blickte sie Lina ein bisschen so an, als würde sie jetzt gleich die Katze aus dem Sack lassen.

„Wie Sie sich denken können, hat dieser Termin heute mit Ihnen hier bei mir einen bestimmten Grund."

Na, also, jetzt macht sie es aber ganz und gar nervenaufreibend, fand Lina.

„Wir haben vor einiger Zeit den Auftrag bekommen, von wem spielt jetzt hier keine Rolle, Ihren Computer genauer zu untersuchen. Das heißt konkret, die komplette Internetnutzung und alle Mailaktivitäten zu checken. Und seit ein paar Tagen verfügen wir über die entsprechenden Ergebnisse, die Ihnen nicht fremd sein dürften, aber auch nicht sonderlich gefallen werden."

Hm? Hatte sie jetzt richtig gehört. Es ging um SIE selbst, LINA SIEBENBORN, rechte Hand von Jürgen Hein seit nunmehr über zwölf Jahren??? Die ihrem Chef regelmäßig alle heißen Eisen aus dem Feuer geholt und für ihn gelogen hatte, wann immer es erforderlich war? Die ihm Beruhigungstee gekocht hatte, wenn er kurz vorm Überschäumen gewesen war oder Coldpacks aus der Kantine organisierte, wann immer sein Knie schmerzte? Die ihm als Ghostwriterin fast alle Reden geschrieben hatte, seine ganzen Vorträge für ihn vorbereitete und ihn regelmäßig davor bewahrt hatte, sich mit seinem nicht vorhandenen Talent, Dinge zu Papier zu bringen, komplett zu blamieren? Das konnte wohl nur ein Irrtum sein! Und der erste April war doch schon länger vorbei… Lina sagte nichts. Gar nichts.

„Was würde jetzt auf sie zukommen?", fragte sie sich und merkte, wie ihr Herz zu rasen begann.

„Lange Rede, kurzer Sinn: Frau Siebenborn, wir haben bei diesen Auswertungen feststellen müssen, dass sie kürzlich mehrfach stundenlang während der Arbeitszeit nach Begriffen wie Schönheitsoperationen, Fettabsaugungen, Wellnesshotels et-cetera-pp, ich nehme an, Sie wissen ja selbst, wonach sie da geforscht haben... Also, es ist so, dass wir mit Herrn Hein und dem zuständigen Vorstand Herrn Foth sogleich ein vertrauliches Gespräch diesbezüglich geführt haben und Herr Hein mir darin bestätigte, dass er in letzter Zeit nicht mehr vertrauensvoll mit Ihnen zusammenarbeiten konnte, weil er sich durch Ihre umfangreichen Surfaktionen in privater Sache", sie machte eine längere Kunstpause, „sagen wir *hintergangen* fühlt." Harter Tobak!

Dann Schweigen im Walde.

„Was sagen Sie denn selbst dazu?", fragte die Personalchefin. Lina versuchte, kühlen Kopf zu bewahren.

„Also, es ist so, Frau Köchelzell. In der Tat bestreite ich das nicht, dass ich nach diesen Begriffen aus dem Bereich Schönheitschirurgie und Wellness länger gesucht habe, einige Stunden dabei verstrichen sind und das auch während der ganz normalen Arbeitszeit." „Nun, da sind wir uns ja dann schon einmal einig", Frau Köchelzell atmete erleichtert durch. Das direkte Eingeständnis der Beschuldigten schien ihr wirklich zu gefallen. Man konnte sehen, wie sehr sie das erleichterte.

Aber Lina war noch nicht fertig! „Ich muss jedoch hinzufügen und das kann ich auch beweisen, dass ich das nicht für mich privat getan habe, sondern dass die Frau von Herrn Hein, der ich immer gerne behilflich war, mich darum gebeten hatte. Ich möchte Sie aber dringend bitten, dies absolut diskret zu behandeln, da ich normalerweise nie über Dinge spreche, die ich aus dem Privatleben meines Vorgesetzten erfahren habe. Das dürfte Ihnen aber nach all den Jahren, die ich hier erfolgreich tätig bin, nicht entgangen sein. Frau Köchelzell!", fügte sie noch ein bisschen von oben herab hinzu. Lina wollte sich keinesfalls geschlagen geben oder vorschnell *klein beigeben*. Das alles musste doch ein großer Irrtum sein. So dachte sie.

„Frau Siebenborn, wie Sie sich denken können, haben wir im Vorfeld schon in alle Richtungen recherchiert. Auch bei Herrn Hein. Natürlich haben wir ihn bereits befragt, ob es sein könnte, dass er Sie damit beauftragt hat oder jemand von seiner Familie. Das haben wir alles bis ins Detail gecheckt und das Ergebnis war: negativ!"

Wieder folgte eine kleine strategische Pause. Dann fuhr die Personalchefin fort: „Es spricht also alles dafür, dass Sie während Ihrer bezahlten Arbeitszeit viele Stunden privat im Internet gesurft haben, obwohl dies im HansaFra Konzern ausdrücklich verboten ist und Ihnen, wie der ganzen Kollegschaft, bereits 2002 schriftlich zugegangen ist. Es wurde auch seitdem nie widerrufen. Von den vielen Emails, die sie unter dem Stichwort *Deutschlandflagge* an einen bestimmten Verteiler geschrieben haben, ganz zu schweigen... Das war ebenfalls ein markantes Ergebnis unserer Recherche. Aber das Schwerwiegende an der ganzen Sache ist, dass Ihr Vorgesetzter, also Herr Hein, jetzt kein Vertrauen mehr zu Ihnen haben kann. Aufgrund dieser zahlreichen Vorfälle. Was man ja auch verstehen kann."

Dabei nickte sie Lina noch zu, als müsste diese jetzt gleich mit einstimmen. Dem war aber keinesfalls so.

Lina glaubte immer noch, sich komplett verhört zu haben oder vielleicht in eine dieser Shows, wo früher gleich Rudi Carrell erschienen wäre, heute eher Kai Pflaume oder Vera IntVeen um die Ecke kamen, geraten zu sein. Wahrscheinlich war alles eine Riesenlachnummer und gleich würde sie aus den Händen irgendeines Showmasters einen Gutschein über eine Woche Beauty- und Wellnessurlaub auf Lanzarote als Dank für unermüdlichen Fleiß und Einsatz bekommen? Der mega-ernste Blick von Frau Köchelzell sprach aber eine andere Sprache. Und die Bürotür war auch nicht aufgegangen: kein Promi und kein Kamerateam weit und breit.

Das Dilemma hier war echt!!!

Also, warf Lina die Rattermaschine in ihrem Gehirn wieder neu an. Wie war das also noch gleich? *Herr Hein sollte kein Vertrauen mehr zu IHR haben? Soweit sie sich erinnerte, hatte er ihr doch gerade die komplette Vorbereitung der Frühjahrstagung anvertraut. Was soll das?*

Sie war vollkommen ratlos.

„Aber, Frau Hein kann Ihnen das alles bestätigen", kam es etwas kurzatmig aus ihr heraus. Um gleich hinzuzufügen: „Ich denke, in einem Vier-Augen-Gespräch mit Ihnen wird sie mich komplett entlasten können. Das alles kann nur ein riesengroßes Missverständnis sein! Glauben Sie mir doch! Und überhaupt, auf was läuft der ganze Mist denn jetzt hinaus? Krieg' ich wegen dem Pipifax etwa 'ne Abmahnung, oder was?"

Lina war fassungslos, atemlos und dann auch noch in ihr ungeschliffenes Oberhessisch gerutscht, wie sie es normalerweise im Dienst immer vermieden hatte. „*Scheiß-Freitag-der-Dreizehnte!*"
Das dachte sie aber nur.
„Nein, Frau Siebenborn. Mit einer Abmahnung ist es in diesem Fall nicht getan. Herr Hein hat, wie er selbst mehrfach betont hat, kein Vertrauen mehr zu Ihnen. Und damit ist eine weitere Zusammenarbeit mit Ihnen nicht mehr möglich." Jetzt saß ein dicker fetter Kloß in Linas Hals. Sie schluckte abermals. „Es ist so, dass er mich gebeten hat, Ihnen die Kündigung auszusprechen und Sie mit sofortiger Wirkung freizustellen. Herr Hein sieht in einer weiteren Zusammenarbeit mit Ihnen keinen Sinn mehr, da die vertrauensvolle Basis, so drückte er es aus, zerstört ist."
Es fühlte sich für Lina an, als hätte ihr gerade jemand den Boden unter den Füßen weggezogen. Oder als würde sie just in diesem Moment vom Maintower stürzen. Alles drehte sich und irgendwie war ihr plötzlich auch noch schlecht. Eine Zeitlang musste sie wohl auf den Teppichboden gestarrt haben. Aber der Wecker, der sie aus dem Albtraum hätte holen können, wollte einfach nicht klingeln. Nichts klingelte. Es raschelte nur etwas. Mit Papier. Frau Köchelzell legte ihr ein säuberliches Schreiben vor, dass sie als Empfangsbestätigung unterschreiben sollte. Daneben lag ein Brief, an sie adressiert und mit dem fett gedruckten Betreff *Fristgerechte Kündigung des Arbeitsvertrages mit Frau Angelina Siebenborn.*
„Frau Siebenborn, mir tut es leid, dass alles so gekommen ist. Ich habe sie bislang immer korrekt erlebt und sehr geschätzt. Aber die Tatsachen sprechen hier nicht für Sie. Ich kann da nichts weiter tun, selbst wenn ich wollte." Lina schaute sie ungläubig an. Diese Schlange!
„Heißt das, dass ich ab sofort, also genau ab jetzt, nach Hause gehen kann, oder wie? Und nicht mehr kommen brauch'?"
Ihr schossen die Tränen in die Augen, aber sie unterdrückte es, so gut sie konnte.
„So ist es. Sie sind ab heute freigestellt, bei vollen Bezügen. Und das bis Ende Oktober. Normalerweise hätten wir Ihnen aufgrund der Vorfälle auch fristlos kündigen können, aber Herr Hein wollte diesen Weg gehen, und Herr Foth hat dem auch zugestimmt. Das können Sie als großes Entgegenkommen werten."

„Wie gnädig", dachte Lina bitter. Das alles kam ihr noch immer vor wie ein grottenschlechter Film.

„Jetzt schlage ich vor, Sie unterschreiben erst einmal hier oben und da unten links auch noch einmal. Ein Exemplar ist für Sie", Frau Köchelzell hielt ihr den Kuli hin und machte nicht den Eindruck, noch weitere Erklärungen oder tröstende Worte abgeben zu wollen. Sie war es gewohnt, Leuten Hiobsbotschaften zu überbringen. Das brachte die Position eben mit sich. Und eine gewisse Routine merkte man ihr dabei an.

„Dann gehen Sie jetzt bitte zurück in Ihr Büro und räumen Ihren Schreibtisch. Sie wissen schon, persönliche Sachen und so. Wenn Sie damit fertig sind, kommen Sie bitte wieder hierher und übergeben mir Ihre Stechkarte und alle Schlüssel, die Sie laut dieser Liste hier erhalten haben. Die Passwörter brauchen wir nicht, die haben wir ja…"

Alles gründlich vorbereitet, fand Lina. Respekt!
Ganz schön durchorganisiert, diese merkwürdigen Personaler…
Und das alles am späten Freitagabend, wie praktisch!
Fast alle Kollegen waren längst nach Hause gegangen. Keiner hätte etwas sagen können oder gar mitbekommen, was hier gerade ablief. Geschickter Schachzug. Und Herr Hein war unterwegs, in welchem Kellerverließ auch immer…

Lina lief wie in Trance zurück in ihr Büro. Sie fühlte sich wie in einem ganz schlechten Film. Mechanisch öffnete sie alle Schubladen, Fächer und Schränke. Es hatte sich über die Jahre doch einiges angesammelt. Ein paar Ersatzschuhe, einen Ersatzblazer, Schuhputzzeug, verschiedene Drogerieartikel (alles von HansaFra, versteht sich…), diverse Medikamente, eine Nagelschere, ihre Lieblings-Teesorten, ein Paket Knäckebrot, wenn der kleine Hunger kam und die Kantine schon geschlossen hatte, ihre Fachbücher über Sekretariatskunde, der Duden, das kleine Buch für große Reden, Englisch am Telefon, Italienisch am Telefon, Standardbriefe in DIN 5008 und ein Stapel der Zeitschrift „Working Girls", die sie abonniert hatte. Dann noch die gesammelte Korrespondenz der Personalabteilung an sie, außer den Gehaltsabrechnungen. Die hatte sie natürlich immer sofort mit nach Hause genommen.

Gott sei Dank hatte sie ihren Einkaufskorb immer im Garderobenschrank deponiert. Hier konnte man schon einmal einiges verstauen.

Aber sie musste noch dreimal (!) zum Auto gehen und einladen, um dann die nächste Fuhre zu holen.

Um viertel nach sieben an diesem Freitag war es dann soweit. Sie war fertig. In mehrfacher Hinsicht.

Mit dem Räumen ihres Büros, das sie von nun an nie mehr wiedersehen würde. Und mit der HansaFra Drogeriemarktkette, für die sie nun im dreizehnten Jahr arbeitete. Ganz besonders aber mit einem gewissen Herrn Hein, von dem sie zwar viel gewohnt war, aber dem sie doch immer einen gewissen Stil zugetraut hatte.

Jedenfalls nicht so eine miese, feige Nummer.

Da hatte er sich die Frühjahrstagung noch bis zur letzten Minute organisieren lassen und ihr in weiser Voraussicht schon einmal Ines Gerlach als zweite Hand zur Verfügung gestellt, um dann pünktlich zum Feierabend die Bombe durch Frau Köchelzell platzen zu lassen.

An einem Freitag, dem Dreizehnten...

Frau Köchelzell war gleich zur Schlüsselabgabe heruntergekommen. Anscheinend wollte sie es auch schnell hinter sich bringen.

Das Förmliche war dann auch rasch erledigt.

Und zum Abschluss erhielt Lina noch den gut gemeinten Ratschlag, sich doch umgehend beim Arbeitsamt zu melden, damit alles „seinen geregelten Gang" gehen würde. Eventuell könnte man ihr schon bei einer Vermittlung helfen. Ab November, versteht sich. Bis dahin gab es ja noch das volle Gehalt. Die HansaFra war ja derart großzügig...

Ein Wettbewerbsverbot wurde ebenfalls verhängt.

Das bedeutete, dass Lina für die nächsten zwei Jahre nicht in einem Konkurrenzunternehmen, also im Drogeriemarktbereich, tätig werden durfte.

„Na, da fühlt man sich doch gleich als Führungskraft", dachte Lina ironisch. „So eine Wettbewerbsklausel bekommt schließlich nicht jeder Hansel-Pansel in die Kündigung geschrieben."

Aber es tat trotzdem weh.

Und als sich die Parkschranke der Tiefgarage geschlossen hatte und sie im Rückspiegel ihre persönlichen Sachen auf der Bank liegen sah, da wurde ihr klar, dass jetzt ein ganz neues Leben auf sie zukommen würde. Dabei hatte ihre Welt vor drei Stunden doch noch ganz passabel ausgesehen...

„Angrillen"

So farbenfroh, wie sich die Natur jetzt überall zeigte, sah es in Jan nicht gerade aus. Farbe und froh, das waren zwei Begriffe, die er schon lange nicht mehr zusammen in einem Gedankengang gehabt hatte. Jan hatte das Gefühl, auf der Stelle zu treten.

Er zwang sich dazu, unter Schmerzen zu unterrichten, weil er befürchten musste, seinen Teilzeitjob ganz zu verlieren, wenn er wieder fehlen würde. Da er nur stundenweise bezahlt wurde, fiel sein Minigehalt ja auch weg, sobald er krank war. Künstler sein war eben kein Beamtenjob! Um einer erneuten Fahrt zu Dr. Gutbein und somit weiteren Fehlzeiten in der Malschule zu entgehen, entschied er sich – nach ausgiebiger Beratung mit Lina – dafür, endlich einen Arzt in Frankfurt in Anspruch zu nehmen. Ein Meilenstein in seinem Dasein als „Zugezogener"! Aber die Ergebnisse seines guten Willens waren eher entmutigend. Ohne Beziehungen oder eine private Krankenversicherung hatte man schlechte Karten.

Der erste Allgemeinarzt, den er kontaktiert hatte, nahm keine Patienten mehr an. Beim zweiten hatte er zwar einen Termin bekommen – sogar noch in der gleichen Woche – musste allerdings drei Stunden in einem vollgestopften Wartezimmer unter unzähligen (jedoch internationalen!) Schniefnasen verbringen. Doch ausgerechnet an diesem Tag hatte niemand von ihnen Taschentücher dabei gehabt. Dummerweise hatten sie auch alles, was man sonst so über Rücksichtnahme gegenüber seinen Mitmenschen wissen sollte, vergessen. Genau sechs Minuten durfte Jan dann bei seiner Heiligkeit, dem Arzt im weißen Kittel, jedoch ohne Promotion (wenigstens nicht geguttenbergt...) vorsprechen. Eine gründliche Untersuchung? Fehlanzeige! Der Arzt hatte seine Diagnose nach einer mehr als knappen Befragung gestellt und dabei die meiste Zeit in seinen Computer gestiert.

„Also, folgendes", hatte er monoton gesagt, „bei Ihnen liegen keine Lähmungen oder Taubheitsgefühle vor. Lediglich haben Sie Schmerzen, worunter Sie verständlicherweise leiden, aber die an sich harmlosen Ursprungs sein dürften. Sprich, die Schmerzen kommen von einer verspannten Muskulatur. Oder einer „verspannten Psyche". Ich überweise Sie zum Orthopäden, bis dahin helfen Ihnen diese Tabletten. Reine Muskelentspanner. Eine Tablette abends und bei Bedarf auch mal zwei. Das war's also schon. Herr, ..."

Für den Nachnamen hatte es dann doch nicht mehr gereicht. *Zeit ist Geld* – auch im Medizinbetrieb. Der Doktor tippte schon wieder wie wild auf die arme Tastatur ein (Adlersuchsystem!). Jans „Auf Wiedersehen und Danke" (was schon sehr hanseatisch freundlich für diese Art der Behandlung war) hatte Arzt Nr. 2 gar nicht mehr mitbekommen. Ein klarer Fall von Tunnelblick. Und das beim ersten Versuch außerhalb der Hamburger Stadtgrenze! Mit einem Rezept über irgendwas in Latein (oder Phantasia?), einer Überweisung zum Orthopäden und Viren aus dem Wartezimmer, die eine Grippeimpfung für die nächsten 20 Jahre überflüssig machen dürfte, hatte Jan die Praxis dann verlassen. Er wunderte sich über sein Leben als Nobody in einer fremden Stadt. Was für ein Scheißgefühl, wenn man nur einer von vielen und ohne besondere Bedeutung war. Jemand, den niemand kannte. Ein Fremder unter Fremden. Ohne Beziehungen war man auf Gott oder Glück angewiesen, dachte Jan. Und man konnte nie wissen, an wen oder was man geraten würde....

Wehmütig dachte er an Dr. Gutbein. Er hatte nie einen anderen Hausarzt gehabt. Jetzt ärgerte er sich doch darüber, dass er so überstürzt wieder aus Hamburg geflüchtet war. Aber im Zustand äußerster Traumatisierung durch den Italo-Supa-Lova seiner Mutter, hatte er nur noch flüchten können.

Nun wollte er aber nicht gleich die Flinte ins Korn werfen.

Also holte er sich die Tabletten in der Apotheke.

Zuhause war Lina wieder in Aktion: Seit ihrer Freistellung räumte sie alle Schränke aus, putzte, wienerte, sortierte. Überflüssiges wurde bei Ebay eingestellt und Kleinkram für den Flohmarkt gesammelt.

Jan nahm an, dass sie damit ihre Langeweile abtöten wollte, denn adrenalintechnisch dürfte der Unterschied von der Geschäftsführerassistentin zur Hausfrau nicht allzu leicht zu verkraften sein.

„Jan, weißt du überhaupt, was der Doc dir da verschrieben hat?" Lina hielt den Waschzettel seines neuen Medikamentes in der Hand.

„Nicht genau, irgendwas zur Muskelentspannung, also gegen Rückenschmerzen. Eine soll ich davon nehmen, nur abends."

Ungläubig schüttelte sie den Kopf: „So wie ich das hier verstehe, handelt es sich um Psychopharmaka. Antidepressiva! Ich dachte, du hättest Kopf- und Rückenschmerzen – und keine Depressionen!"

Nicht, dass Lina nicht öfters gedacht hätte, seit Brittneys Dahinscheiden wäre Jan melancholisch und traurig. Aber Depressionen?
Das war doch ein anderes Kaliber.
Was hatten Jans Rückenschmerzen damit zu tun?
„Nein, keinen Ton hat er von Depression gesagt. Wieso sollte ICH solche Tabletten einnehmen?", Jan verstand es nicht. „Ich guck' mal schnell nach", sagte Lina schwungvoll und ging in Richtung Laptop. „Ja, Frau Sekretärin, dann recherchieren Sie das doch bitte mal!" Im gleichen Moment hätte er sich auf die Lippen beißen können. Lina hatte umgehend das Gesicht verzogen – kein Wunder, bei *der* Anrede. Dabei wollte er sich doch in Zukunft zusammenreißen. „Brav sein" und seinem Linchen keinen Kummer mehr bereiten.
Schließlich fühlte er sich schuldig an ihrer Kündigung. Der Peitschen-Heini war aufgeflogen und die Sache zu heiß geworden. Deshalb die Internet-Recherche. Irgendein Grund musste ja gefunden werden – und mit privaten Emails und Surfaktionen konnte man fast jeden kriegen. Einfach Arbeitsanweisung Nr. Soundsoviel herauspicken, und die Sache läuft wie von selbst! Wenn man Kassenbons oder angeknabberte Brötchen schon als Kündigungsgrund kannte, wie viel leichter war es dann auf diese Art, Beweise für ein Vergehen vorzubringen? Die IT (Ei Tie!) kommt überall ran! Und jetzt hatten sie den Schlamassel…
Schwarz auf weiß.
Vorerst bekam Lina ihr Gehalt noch weitergezahlt. Und übernahm nach wie vor den Großteil der Lebenshaltungskosten. Jan hätte gerne seinen Teil dazu beitragen. Aber die Geschäfte liefen schlecht…
Das fing schon 2008 an. Seitdem konnte man es Monat für Monat beobachten. Kunst, das war neuerdings Spekulation im mehrstelligen Millionenbereich. Die Wertanlage der Zukunft! Und viele sprangen auf. Die „Kleinen" aber bekamen vom Kuchen fast nichts mehr ab.

„Jan? Kommst du mal?", Lina rief. Anscheinend hatte sie etwas gefunden. „Hier steht, dass man sowas auch bei Rückenleiden einsetzt und nicht nur gegen Depressionen. Ist anscheinend so Usus, die Leute innerlich ein bisschen runterzubringen, um damit auch die Rückenschmerzen zu behandeln. Aber viele Leute in Foren schreiben auch, dass sie daraufhin zwar weniger Schmerzen hatten, aber furchtbar müde waren und gar nichts mehr auf die Reihe bekommen hätten."

„Naja, alles kann man da auch nicht glauben. Genauso wenig wie auf dem Waschzettel bei den Tabletten. Da steht auch eine Menge drauf, aber nicht alle bekommen diese Nebenwirkungen. Ich probiere es halt mal."
„Aber merkwürdig finde ich das schon, wie leicht man hier an Psychopharmaka kommt. Wie lange warst du bei dem Doc drin?"
„Fünf Minuten, höchstens, und dabei hat er mich genau zweimal angesehen." – „Ist ja eigentlich unglaublich."
Trotzdem entschied er sich dafür, jetzt diesem Weg zu folgen. Denn gerade jetzt, nach den Osterferien, wollte er nicht schon wieder durch Abwesenheit in der Malschule glänzen.
„Gehst du eigentlich noch zu den Flaggenmädels? Heute ist doch Angrillen, oder?" – „Ja, ich werde mich wohl mal sehen lassen. Obwohl ich eigentlich gar keine Lust dazu habe. Ines wird ja auch da sein – und ich komme mir blöd vor, jetzt wo sie meinen Posten hat. Die Wahrheit kann ich ja da nicht loslassen." – „Stimmt. Das solltest du nicht an die große Glocke hängen, denn noch beziehst du Gehalt und ich denke mal, auch danach bist du noch zum Schweigen verdonnert. Rein rechtlich gesehen."

Bei Susi Lustig im Garten warteten drei Grazien im lockeren Grilldress. Sie empfingen Lina mit einer Mischung aus Neugierde und Mitleid im Blick. Ob sie wohl erwarteten, dass sie gleich in Tränen ausbrach über den Verlust ihres Jobs?
Ines hatte ihr vor einiger Zeit eine Mail geschickt. Es täte ihr so leid. Aber im Grunde genommen könnte sie ja nichts dafür, dass alles so gekommen sei. Frau Köchelzell hätte sie informiert, dass man sich hätte „schnell und unkompliziert trennen müssen". Herr Hein hatte dazu anscheinend gar keine Stellung genommen. Zumindest war in der Mail nichts davon erwähnt. Lina hatte darauf aber überhaupt nicht reagiert. Was hätte sie auch schreiben oder sagen sollen? Es war wieder einmal das alte Lied, was nicht gesungen werden durfte: *„Du, Ines, es ist nun mal so, dass ich da ein paar Dinge über meinen Boss und das Hugolein weiß, die mit dem Rotlichtmilieu in Verbindung zu bringen sind und sehr wahrscheinlich mit Lack und Leder und den dazugehörigen Dominas zu tun haben. Deshalb wurde mein PC geknackt! Und dann hat man mir die Runzelfarm-Recherche für Madame Hein sowie die Suche nach einem geeigneten Schönheitschirurgen für sie so ausgelegt, als hätte ich das Ganze für mich abgecheckt. Noch Fragen?"*

Nee, die Wahrheit konnte sie keinem sagen und lügen wollte sie nicht. Also entschied sie sich für die Schweigenummer.

„Lina, Mensch, schön, dass du da bist. Wir dachten schon, dass du gar nicht kommst." Marie-Anne war herzlich wie immer. Eine Seele von Frau.

„Nein, also wegen meiner vielen Freizeit, die ich neuerdings habe, verkrieche ich mich jetzt nicht gleich Daheim. Ich bin schon noch die Alte, keine Sorge." Aber alle sahen so aus, als glaubten sie ihr kein Wort.

„Was sinn dann des für Dumpfbagge, die so eine wie dich so mir nix dir nix feuern? Aber tröste dich, du bist in Super-Gesellschaft. Ich sage nur Gottschalk und Harald Schmidt! Scheint momentan so 'ne Welle zu sein, die Creme von der Torte zu hau'n...", Susi Lustig babbelte wie ihr der hessische Schnabel gewachsen war.

„Ach, das ist 'ne lange Geschichte! Lasst uns lieber auf den Mai anstoßen und nicht über Büromist reden."

„Aber, Lina, uns kannst du doch alles erzählen", meldete sich Ines zu Wort. „Klar, das weiß ich doch. Aber ich hab' nix zu erzählen, ganz einfach. Basta! Ich bin raus und krieg' noch Kohle bis einschließlich Oktober. Dann sehen wir weiter. Beim Arbeitsamt war ich auch schon. Ist ja ein Superladen. Meine Güte. Nach über zwei Stunden war ich endlich dran und die Tussi, die mir dann gegenüber saß, war im Energiesparmodus gefangen, ich sag's euch. Jetzt soll ich mich schon mal überall bewerben und beim nächsten Termin eine Liste mitbringen aus der all meine Aktivitäten hervorgehen, um dem Staat ab November möglichst nicht auf der Tasche zu liegen. So läuft das hier. Aber das war jetzt auch genug von der Arbeitslosenfront, Mädels. Wo issen hier der Äbbelwoi? Es ist schließlich Tag der Arbeit!"

„Ach, wenn du nur deinen Humor behältst", seufzte Marie-Anne und meinte es wirklich so. „Na, das wollen wir doch alle hoffen, gell?", Lina wollte jetzt endlich das Thema wechseln und den Kloß in ihrem Hals wollte sie auch schnellstmöglich wieder loswerden. Aber irgendwie stockte die Stimmung.

Ines guckte betröppelt und machte ein Gesicht wie sieben Tage Regenwetter. „Mir tut es echt soooo leid." Jetzt hatte *sie* den Peitschen-Heini ja an der Backe! Na dann, viel Spaß...

„Lina, aber du musst doch irgendeine Ahnung haben, warum die dich so schnell loswerden wollten. Das ist doch nicht normal. Und goldene Löffel haste doch nett geklaut, oder?", fragte Susi Lustig nochmal investigativ nach. Ihre journalistische Spürnase war in Wallung gekommen.

„Nein, ich hab' nix geklaut und auch keine vertrockneten Tagungsbrötchen unerlaubt aufgegessen oder abgelaufene Erfrischungstücher durch die Pforte geschmuggelt. Ich kann euch aber trotzdem nicht sagen, wie es wirklich war. Glaubt mir, es geht nicht!"

Marie-Anne, Susi und Ines guckten sie mit großen Augen an. Normalerweise wurde unter dem Schutz der Deutschlandflagge alles durchgekaut und unterlag auch dem Ehrenkodex in Sachen Schweigepflicht. Dass Lina jetzt so ein Geheimnis aus ihrer Kündigung machte, konnten sie nicht verstehen.

Nur Ines schaute schnell betreten unter sich. Wer weiß, was sie alles wusste? Das fragte sich wiederum Lina. Aber sie erstickte den Gedanken im Keim, denn sie musste nach vorne schauen und nicht darüber grübeln, was jetzt im Betrieb über ihr unerwartetes Ausscheiden getuschelt wurde. Im Zweifelsfalle würde man sagen, dass sie ein Verhältnis mit ihrem Chef hatte. Der Büroklassiker: Chef vögelt Sekretärin, Ehefrau kommt dahinter, Sekretärin fliegt! Wenn es nicht so grottenschlecht klingen würde, man könnte glatt drüber lachen, dachte Lina. Jetzt musste sie im Prinzip auch nach ihrer Kündigung noch für ihren Chef lügen. Obwohl sie gar nicht mehr im Dienst war. Was für ein dämliches Theater...

Aber Lina hatte eine eigenartige Gelassenheit – trotz aller Widrigkeiten! Irgendwo tief in ihr war die Gewissheit, dass ihr Triumph noch kommen würde. Denn *so* konnte das Schicksal diese vertrackte Sache doch nicht ernsthaft stehen lassen...

„Komm', die Würstchen sind fertig!", rief Susi, die Grillzange noch immer theatralisch hin- und her schwingend.

„Für dich wie immer nur 'ne halbe Portion, Lina?"

Erst überlegte sie noch, aber dann stand ihre Entscheidung: „Ja, leider kann ich mir normale Portionen nicht mehr erlauben. Sobald ich etwas über die Stränge schlage, kneifen die Hosen."

Lina musste wirklich aufpassen, der fehlende Alltagsstress machte sich nämlich schon bemerkbar. Wie gemein! Arbeitslos sein UND zunehmen – das war nicht gerecht. Ihre Oma Hermine hätte dazu gesagt: „Dess Leewe is kei Zuggerschlegge!" Wie recht sie doch hatte...

Später erzählte Marie-Anne die neuesten Stories aus dem Nagelstudio, Susi berichtete von ihrem neuen Projekt, einer Reportage im Frankfurter Rotlichtviertel. Nur Ines verhielt sich weiterhin eher reserviert. Man wusste nicht genau, ob es mit ihrem neuen Job zu tun hatte oder ob es wieder Kummer mit ihrem Lars, dem ewigen Valentins-und-was-sonst-noch-immer-Verweigerer, gab. Lina war ebenso verhalten. Die lockeren Sprüche, die sie sonst so mühelos in die Runde geschossen hatte, waren an diesem Maifeiertag ausgeblieben.

Sie konnte momentan kein Licht am Ende des Tunnels sehen. Ihren Beruf als „rechte Hand" des Chefs hatte sie geliebt, war mit Leib und Seele loyal und diskret. Dass ausgerechnet ihr so eine Intrige widerfahren musste, konnte sie nicht verkraften. An manchen Tagen hatte sie zu nichts Lust. Sie war anscheinend auf dem besten Weg zu einer übergewichtigen Sofakartoffel ohne Zukunftsperspektive.

Während Susi noch eine Runde Bratwurst auf den Grill schmiss und Ines Kügelchen aus ihrem Baguette pulte, ertappet sich Lina wie sie ins Leere starrte und ihre Gedanken in eine bestimmte Richtung gingen:

„Diese Brittney. Die war's! Die war doch im Prinzip schuld an der ganzen Misere…"

„Alles neu, macht der Mai"

Jan konnte in diesem Jahr das Erwachen der Natur nicht richtig genießen. Sonst hatte er sich immer gefreut, wenn die Rapsfelder leuchtend gelb, die Natur in saftigem Grün und das Farbenspiel aus rosa und weißen Blüten erstrahlten. Dann konnte ihn nichts mehr halten und er fuhr zum Keltenberg nach Glauburg, um den Blick über die Felder in die sanft geschwungene Hügellandschaft der Wetterau zu genießen. Dort oben auf dem Grabeshügel des Keltenfürsten setzte Jan immer seinen alten Strohhut auf, der mittlerweile schon einige poröse Stellen aufwies. Dann kam er sich ein bisschen vor wie Vincent persönlich, wenn er unter freiem Himmel malte. Aber kein noch so faszinierendes Wolkenspiel konnte ihn jetzt locken, den Weg auf den Glauberg einzuschlagen. Er litt wirklich.

An manchen Tagen konnte er sich kaum bewegen, an anderen war er wiederum so fürchterlich müde, dass er nur mit Mühe seine Augen offen halten konnte. Vielleicht hätten ihm einige Stunden auf dem mystischen Hügel gut getan. Doch es fehlte ihm schlicht jegliche Energie. Lina meinte, das käme von den Tabletten und versuchte ihn immer wieder zu ermutigen, etwas mehr Geduld bei der Behandlung seiner Beschwerden aufzubringen.

Doch Jan war desillusioniert. Er hatte keine Kraft mehr. Die Überweisung seines neuen Frankfurter Arztes zu einem Orthopäden lag noch immer ungenutzt in der blitzblanken und wohl keimfreien Küche, die Lina nun stets in diesem Zustand hielt, seit sie zuhause vollends das Regiment übernommen hatte. Nach zig Versuchen, einen der begehrten Termine beim Facharzt zu bekommen, dachte Jan erneut darüber nach, wieder die Dienste von Dr. Gutbein in Anspruch zu nehmen.

Ging denn ohne Beziehungen wirklich gar nichts? Lina meinte, eine Audienz beim Papst zu ergattern, wäre dagegen ein Klacks. Die Aussagen der mehr oder eher weniger freundlichen Damen der Knochendoktor-Terminvergabe schwankten zwischen „Wir nehmen keine Patienten mehr auf" über „Sie könnten den nächsten Termin Anfang Oktober erhalten" bis zu „Gerne am Freitag dieser Woche, möchten Sie lieber vormittags oder nachmittags kommen?", wobei letztere Information schon regelrechte Begeisterungsstürme auf Seiten des schmerzgeplagten Jan ausgelöst hatte, die jedoch schnell wieder ernüchtert wurden. Denn die Herrin des Terminkalenders kam – nachdem die Kassenfrage geklärt war – schnell zu dem Ergebnis, dass man generell nur noch Privatpatienten aufnehmen würde…

„Geh' doch einfach persönlich in die nächstbeste Praxis – als Notfall! Dann wartest du einfach stur, bis du dran kommst. Mehr als schief gehen kann es nicht", hatte Lina als Alternative vorgeschlagen. Das war zwar nicht Jans Art, aber tatsächlich wäre der nächstmögliche Termin der 23. August gewesen! Und das konnte es doch wirklich nicht sein…

Also ging Jan an seinem ersten freien Tag in die nächstgelegene orthopädische Praxis, die er in den gelben Seiten finden konnte. Und machte dort auf Notfall, was ihm ziemlich schwer gefallen war, denn Schauspielerei war nicht sein Ding. Aber anscheinend kam es ziemlich glaubwürdig herüber: „Wissen, Sie, ich bin Kunstlehrer, heute ist mein einziger freier Tag – und wenn ich nicht schnellstmöglich wieder arbeiten kann, bin ich meinen Job los!"

Vielleicht stand die ältere Helferin hinter der Anmeldung auch einfach auf ihn, den lässig verwegenen Künstler. Jedenfalls hatte sie ihm konspirativ zugezwinkert: „Da lässt sich ganz sicher was machen!" Und schlappe zweieinhalb Stunden später saß Jan beim Facharzt für morsche Knochen, wie Lina zu Orthopäden zu sagen pflegte.

Da kam der gute Doktor, ein zirka sechzigjähriger sonnenbankgebräunter Forever-Young-Typ nun endlich ins Zimmer, wo Jan schon mit extra schmerzverzerrtem Gesicht saß, um seinen Leidensdruck auch glaubwürdig zu demonstrieren. Und was geschah? Der Mann stürzte an seinen Computer, stierte hinein (genau wie der überweisende Doktor zuvor) und würdigte Jan unter einigem Faseln von HWS und LWS und irgendetwas in Latein erst einmal keines Blickes. „Haben Sie Ihre Röntgen- oder CT-Aufnahmen dabei?", fragte er plötzlich, ohne sich überhaupt bei seinem neuen Patienten vorgestellt zu haben. Jan stotterte etwas zusammen. „Nein, ähm, ich bin noch nicht geröntgt worden. Und was ist denn ein CT?" Der Arzt stierte weiter in den Bildschirm: „Gehen Sie bitte wieder zu den Damen nach vorne, wir brauchen Aufnahmen von der gesamten Hals- und Lendenwirbelsäule." Stand auf und verschwand ohne weitere Erläuterungen. Jan saß verdutzt im Zimmer. Später im Röntgenzimmer musste er die Luft anhalten, den Kopf nach links und rechts drehen, stillhalten, beugen und strecken. Und als er um kurz vor zwölf zum zweiten Mal zum Facharzt vorgelassen wurde, bekam er die knappe Ansage: „Oh, die Bilder sind nicht optimal in der Auflösung. Man kann nur vage erahnen, was da los ist. Auf jeden Fall brauchen wir noch eine CT-Aufnahme. Ist einfach genauer, so eine Computertomographie. Die Überweisung liegt gleich vorne an der Anmeldung. Und ich verschreibe Ihnen auch ein muskelentspannendes Medikament und ein Schmerzmittel."

Nach einer kurzen Pause, fügte er noch hinzu: „Ach, und sagen Sie einen schönen Gruß von mir an meinen Kollegen von der Radiologie, dann kriegen Sie ganz schnell einen Termin."

Zack, war er wieder draußen und stand wieder vor der ihn hingebungsvoll anschmachtenden Empfangsdame, die ihm zuflüsterte: „Ich hab' Ihnen hier meine Handynummer notiert, falls Sie mal wieder einen schnellen Termin beim Doc brauchen. Übrigens, für ganz liebe Patienten biete ich auch Massagen bei mir zuhause an. Für Notfälle wie Sie sozusagen." Dabei versucht sie, Jan tief in die Augen zu blicken. Aber er konnte den Blick nur ziemlich verwirrt widerspiegeln.

„Was war das denn? Eine Patienten-anbaggernde Mitsechzigerin, die keinerlei Hemmungen hatte, ihre Privatmassagen am Empfangstresen ihres Arbeitsplatzes zu offerieren?" Er konnte es kaum fassen und antwortete: „Ja, vielen Dank, Frau… ähm…, ja, Raitmaier, das ist sehr nett von Ihnen. Aber Massagen vertrage ich leider gar nicht. Trotzdem nochmals herzlichen Dank für Ihre Hilfe und den heutigen Termin."

Frau Raitmaier ließ sich aber so schnell nicht entmutigen. „Meine Massagen hat bislang noch jeder sehr, sehr gut vertragen…", da war es wieder. Dieses süffisante Zwinkern…

Jan packte der Fluchtreflex, er suchte schnellstmöglich das Weite. Irgendwie kam er sich gerade vor, wie jemand, der versehentlich auf dem falschen Planeten gelandet war. Er verstand das alles nicht mehr. Überall lebten die Menschen anscheinend zwei (oder noch mehr?) Leben gleichzeitig nebeneinander her. Linas Chef, zum Beispiel. Oder seine Mutter, die eigentlich immer noch die Witwe zum Besten gab, dann aber mit ihrem Italo-Lover dem Dolce Vita frönte und ihrem Sohn bis heute nicht auch nur eine klitzekleine Andeutung gemacht hatte. Und hier die Arzthelferin, die ihren Arbeitsplatz dafür nutzte, ihre angeblich überaus gut verträglichen Privatmassagen (welcher Art auch immer) an den Mann zu bringen.

Auf dem Heimweg ging er noch kurz in die Apotheke und holte seine neuen Medikamente ab.

Er hoffe, dass Lina irgendetwas, das man unter dem Sammelbegriff „Mittagessen" hätte einordnen können, auf den Tisch bringen würde. Seine Hoffnungen, dass Lina ihren vorübergehenden Freizeitüberschuss mit dem Ausprobieren neuer Kochrezepte vertreiben könnte, waren nicht in Erfüllung gegangen. Sie hielt es lieber mit Putzen und Räumen. Anscheinend war das für sie eine Art Beschäftigungstherapie.

Nach wie vor hielt sie ihre „Friss-die-Hälfte"-Diät durch. Schweinchentage waren auch abgeschafft. Jan fragte sich, warum sie sich so quälte. Denn ihm war aufgefallen, dass sie trotz ihrer mageren Spatzenkur sogar ein bisschen zugenommen hatte, seit sie zuhause war. Obwohl das doch eigentlich gar nicht sein konnte!

„Und wie war es? Bist du drangekommen?", fragte Lina, als Jan die Haustür noch nicht einmal geschlossen hatte.

„Ja, Deine Strategie ist tatsächlich aufgegangen. Aber irgendwie war alles ein bisschen merkwürdig dort." Er erzählt Lina von dem Orthopäden, der ihm kaum in die Augen gesehen und ihn noch weniger untersucht hatte, ihn jedoch röntgen ließ, nur um dann zu erklären, dass die Bilder nicht aussagefähig wären und er nun zur Computertomographie gehen sollte.

„Und wie lange soll das wieder dauern, bis du da zum Zuge kommst?", wollte Lina wissen. „Angeblich geht das ganz schnell beim Radiologen. Ich soll dort nur einen schönen Gruß von ihm bestellen. Vielleicht kriegt er ja eine Prämie für jeden, den er dorthin überweist."

„Naja, also ich halte da alles für möglich. Man hört ja so einiges…"

„Ach, und übrigens, neue Pillen habe ich auch wieder. Kannst ja bei Gelegenheit mal wieder googeln. Ich hab' Hunger. Gibt's was?" Aber auch an diesem Tage hatte er wieder Pech gehabt – die unwillige Küchenchefin bot ihm lediglich ein Fertigsüppchen an. Irgendwann würde er einen Thai-Kochkurs belegen und sich dann selbst seine Lieblingsgerichte kochen. Irgendwann…

Ines fühlte sich als Lina-Nachfolgerin merklich unwohl. Hatte sie doch schnell gemerkt, was ihre Lieblingskollegin Herrn Hein alles abgenommen haben musste. Er diktierte wirklich grauenhaft und Ines hatte alle Mühe, überhaupt zu verstehen, was er eigentlich ausdrücken wollte. Keinen Ton hatte er dazu gesagt, warum Lina so plötzlich ihren Arbeitsplatz räumen musste. Am Tag der Frühjahrstagung hatte er lediglich kurz angerufen, um sich für die reibungslose Organisation zu bedanken – und dabei beiläufig erwähnt, dass man sich leider hätte trennen müssen von Lina Siebenborn. Und dass sie, Ines Gerlach, vorläufig den Job in seinem Vorzimmer übernehmen sollte. Schließlich wäre sie Linas Urlaubsvertretung und kenne die Abläufe, mehr oder weniger. Das war Ines gar nicht recht gewesen, obwohl sie unter diesen Umständen dem immerzu schleimenden Sexy-Burger und seinen blöden „Ich-bin-für-SECHS-zuständig"-Sprüchen entgehen konnte. Sollte er doch mal sehen, wie es ohne sie so lief in seinem „sexy"-Büro...

Und über die Funkstille mit Lina war sie auch nicht glücklich. War ihre Freundschaft jetzt am Ende? Ines konnte nicht nachvollziehen, warum Lina ihr gegenüber so schweigsam war. Die Mail, die sie ihr geschickt hatte, war unbeantwortet geblieben.

„Hält eine Freundschaft das nicht aus, dass jemand plötzlich seinen Job verliert?" Ines fragte sich so vieles in diesen Tagen. Zum Beispiel, wie ein Herr Hein überhaupt zu solch einer Position gekommen war. Alles, was aus seinen Händen kam, war absolutes Stückwerk. Zudem warf er mit Fremdwörtern um sich, die nicht einmal Wikipedia kennen dürfte. Einmal hatte er sich über eine Mitarbeiterin geärgert, die ihm Widerworte gegeben hatte, und deshalb geschimpft: „Also, Frau Gerlach, was sich manche unserer Damen am Empfang hier erlauben, das gleicht einem Frappont! Die Neue mit der unmöglichen Brille, Sie wissen schon, die meinte gestern Abend tatsächlich zu mir, ob ich noch irgendwo zu erreichen wäre, falls jemand anrufen würde. Sie hätte zwar eine Handynummer, aber da würde ich nicht rangehen nach Feierabend. Ein astreiner Frappont, finden Sie nicht?"

Ines hatte daraufhin erst einmal nachgeforscht, ob bei ihr ein Fremdwortdefizit vorliegen könnte. Nach einiger Überlegung war sie dann darauf gekommen, dass Herr Hein da offensichtlich eine Symbiose von *Fauxpas und Affront* kreiert haben musste... Einen FRAPPONT eben!

Ein anderes Mal kam er mit einem Flyer vom Chinesen-Imbiss um die Ecke und verkündete: „Frau Gerlach, ich habe Hunger wie ein Wolf. Wären Sie so nett und würden mir die Spacy Duck liefern lassen? Und zweimal Mango Saft dazu und noch ein paar Knabberchips." Auch da musste Ines erst einmal passen. „Was war eine Spacy Duck?" Im englischen Wörterbuch nachgeschlagen, musste es sich um eine „abgefahrene oder ausgeflippte Ente handeln?"

Ob es sowas tatsächlich beim Chinesen gab? Dann entdeckte sie aber unter Ente/Duck im Flyer, dass es natürlich die *Spicy* Duck sein musste. Also die gute alte und besonders würzig-scharfe Ente.

„Mit dem Englischen hapert es also auch!" Und Knabberchips waren wohl die Krabbenchips, die als Vorspeise aufgelistet waren.

Sie merkte, dass hier mehr zu bewältigen war als ein einfacher Job. Hier würde schnell mal was durch die Lappen gehen, wenn sie nicht höllisch aufpassen würde. Herr Hein war fahrig und nahm es mit allem nicht so genau. Lina hatte ihm offenbar alles abgenommen, so dass er nach außen hin immer prima da stand. Und jetzt erst war Ines klar geworden, welche Leistung sie da die ganzen Jahre für Jürgen Hein erbracht hatte.

Wahrscheinlich erwartete er jetzt, dass Ines ganz geschmeidig und ohne größere Schwierigkeiten dafür sorgen würde, dass alles so weiterlief wie unter seiner bislang so geschätzten Frau Siebenborn.

Ihr war aber klar, dass sie das nicht bewältigen konnte. Was musste bloß vorgefallen sein, dass er so eine Top-Assistentin wie Lina von einer Minute zur anderen nach Hause geschickt hatte?

Der Job bei Herrn Hein würde jedenfalls nicht leicht werden für Ines – und sie konnte Lina nicht einmal mehr anrufen und um Rat fragen. Das hier war keine Urlaubsvertretung! Und Lina hatte sich seit ihrer Entlassung komplett zurückgezogen. Hätte Ines jetzt auch noch Salz in die Wunde streuen sollen? Warum musste nur immer alles zusammen kommen? Immerhin lief Lars auch nicht mehr in der Spur. Das tat er übrigens schon seit längerem nicht mehr. Der notorische Valentinstagverweigerer! Aber nicht einmal darüber konnte sie jetzt noch mit Lina reden. Manchmal dachte Ines, dass wahrscheinlich alle, alle, alle um sie herum mehr von ihrem Lars wussten als sie selbst.

Vielleicht hatte er eine Dauerfreundin und sie ahnte als Einzige nichts davon? Jedenfalls war er immer müde, und Ines glaubte nicht an Frühjahrsmüdigkeit... Angeblich schlauchten ihn die täglichen Fahrten nach Holland, wo er Blumen und Pflanzen für den Gartenbaubetrieb seiner Eltern in Steinfurth holte.

Ob er mit Frau Antje vielleicht heimlich ein paar Käsehäppchen vernaschte? So lustlos wie er in den letzten Wochen Ines gegenüber war?

Normalerweise war er immer ein unersättlicher Liebhaber gewesen. Normalerweise...

Jetzt fragte sie sich manchmal, ob sie mit Lars etwa das gleiche Schicksal ereilen würde wie früher schon einmal. Gab es vielleicht so etwas wie ein Schwulenkarma bei Frauen? Noch einmal würde sie es jedenfalls nicht überleben, einen Mann ans andere Ufer zu verlieren. Denn zu Männern konnte man als Frau doch nicht ernsthaft in Konkurrenz treten... So hoffte Ines insgeheim, dass – wenn es denn schon wieder zum Schlimmsten kommen musste – einfach nur ein leckerblondes Hollandmeisje der Grund seiner Untreue sein würde.

Alles egal. Hauptsache, hetero!

Ach, es wäre einfach schön gewesen, jetzt mal ein Käffchen mit Lina zu trinken und dabei über alles zu quatschen, was einem so im Kopf herumschwirrte. Aber Ines war klar, dass es einige Zeit brauchen würde, bis ihre Freundschaft mit Lina wieder mit Leben erfüllt werden konnte. Vielleicht, wenn sie einen neuen Job gefunden hatte? Das dürfte doch eigentlich kein Problem sein. In Frankfurt, der Stadt der Banken und des Kapitals!

Lina unterdessen musste feststellen, dass Frau Fieg schon wieder Lunte gerochen hatte. Kaum, dass sie ein paar Wochen nicht mehr werktäglich um halb acht das Treppenhaus unter Drebbehäusjes Aufsicht durchschritt, kam die Inquisition, als Lina gerade zum Wasserhäuschen gehen wollte: „Ei, dess Frollein Siebenborn. Guuude Morschen! Gelle, Sie habbe ebbe Urlaub?" Lina konnte so schnell nicht reagieren und war total perplex, dass auch dieses dem Drebbehäusje nicht verborgen geblieben war. Die war schon wieder topgestylt im Look der 50er Jahre. Eigentlich hätte man die Frau als Installation ins 50er-Jahre-Museum nach Büdingen stellen können. Die hätten sie sicher mit Kusshand genommen – und Geschichten von „früher" wären der Dame mit den Wellenreitern im Haar auch nie ausgegangen.

„Ja, Guten Morgen, Frau Fieg. Auch mir steht einmal Urlaub zu, wie Sie sehen." Sie konnte es leider nicht vermeiden, dabei ein klein wenig genervt zu klingen. „Unn wolle Sie dann nett fodd fahrn? Mer muss doch emaal eraus, wenn me immer am Schaffe iss! Abber jezz is Ihne-Ihrn Urlaub ja bestimmt schon bald widder vorbei, da wird sichs nemmer lohne..."

„Da haben Sie recht, Frau Fieg. Vielleicht fahren wir nächstes Jahr wieder weg. Solange machen wir eben Urlaub in Frankfurt. Hier ist es auch schön, sorry, aber ich muss leider los!!!"

„Nix wie weg hier!", dachte Lina und legte den dritten Gang treppab ein. Irgendwas mit „Wutz" am Ende rief Frau Fieg noch hinter ihr her, aber Lina trampelte in ihrem Fluchtschritt so laut auf die knarzenden Treppenstufen, dass sie es hätte unmöglich hören können. Und eigentlich wollte sie von irgendwelchem *Wutze-Schweinkram* auch gar nichts wissen...

Die Stasi hätte sich jedenfalls alle fünf Finger nach so einer Frau Fieg mit Abhörgarantie geleckt. „Das Leben der Anderen" uff Hessisch – am Ende lieferte sie konspirativ an den Hessenfunk, wo dann das „Best of Tratsch" aus Frankfurter Treppenhäusern zu einem Potpourri für den Jahresrückblick zusammengeschnitten wurde?

Kaum am Wasserhäuschen angekommen, fragte der sonst immer so zurückhaltende Mehmet, ob Lina denn Urlaub hätte oder krank sei. Sie wäre ja jetzt immer so oft zu sehen und früher „immer viel weg in Firma gewesen"'. Kaum war Lina arbeitslos, sprachen sie alle möglichen Leute an. Die Friseurin wollte plötzlich wissen, ob sie frei hätte, der Wasserhäuschenbetreiber machte sich auch so seine Gedanken, Frau Fieg sowieso – und selbst die Kassiererin vom Supermarkt nebenan wollte erfahren, warum sie am helllichten Tage zum Einkaufen käme...

„Das ist doch der Wahnsinn", fand Lina. „Auf einmal interessiert sich alle Welt für mich und warum ich nicht ordnungsgemäß von Montag bis Freitag unter Dach und Fach in meinem Büro sitze."

Das erinnerte sie an Büdingen, da haben die Nachbarn auch immer alles beobachtet und so manches Mal gefragt, wo Lina eigentlich so spät abends noch hin wollte, wenn sie erst gegen zehn Uhr das Haus verlassen hatte. Dass früher am Abend im „Drahtesel", *der* Kultdisco von Büdingen nur Kindergartengemüse unterwegs war, interessierte ja nicht weiter. Aber Lina hatte es mit Fassung getragen. Sie kannte es ja nicht anders. Nur, dass ihr das viele Jahre später in dem großen, weltstädtischen Frankfurt genauso passieren würde, das hätte sie sich in ihren kühnsten Träumen nicht ausgemalt.

Auf ihrem Rückweg vom Wasserhäuschen schlug das Drebbehäusje dann nochmal zu: „Ach, Frollein Siebenborn, guuud, dass isch Sie nochemaaa treff. Sie könne doch Englisch, gelle?"

„Ja, ich denke schon. Habe das zumindest mal in der Schule gelernt. Was gibt's denn für ein Problem?"

Lina bemühte sich, freundlich zu klingen und nicht schon wieder so entnervt wie kurz zuvor. Obwohl ihr eigentlich ad hoc schon wieder der Kamm geschwollen war...

„Ei, jezz, passe Sie ma uff, Frolleinsche. Ich hör doch alsemaa den moderne Sender vom Hessenfunk, unn da is doch bald alles uff Englisch. Dess meiste gefällt mer ja nett so gut, awwer ein Lied, dess gefällt mer. Unn ich würd ja ma gern wisse, wie dess heißt. Die singe da immer sowas ähnliches wie „Hubba, die Riwwelwutz". Kenne Sie des vielleischd?"

Mit Müh' und Not konnte Lina einen Lachanfall unterdrücken. Was sollte denn „Hubba, die Riwwelwutz" sein? So etwas hatte sie auf keinen Fall schon einmal gehört.

„Abber, die spiele' des oft. Sie *müsse* des kenne!"

„Nein, Frau Fieg, tut mir leid. Das hab' ich ganz bestimmt noch nie gehört."

„Ja, abber isch denk, Sie könne Englisch?" Zusätzlich zum Kamm schwoll nun auch noch Linas Hals auf bedrohliche Größe an...

„Frau Fieg, ganz im Ernst: „Hubba, die Riwwelwutz" ist KEIN Englisch. Ganz bestimmt nicht!"

„Also, Frolleinsche, mir mache des so, wenn ich das Lied emaa widder hör, dann ruf' ich Sie kurz aaa unn dann schalde Sie entwedder Ihne-Ihr Radio aaa odder Sie komme kurz erunner zu mir."

Jetzt fühlte sich Lina nicht nur beobachtet, sondern auch noch bedroht. Es war in Frankfurt ja noch schlimmer als auf dem platten Land!

„Also, gut, Frau Fieg. So machen wir's..."
Lina musste sich wohl oder übel geschlagen geben.
Aber irgendwie war sie auch neugierig geworden.

Auf diese ominöse *Riwwelwutz*...

„Muttertag!"

Jan kam sich plötzlich vor wie eine Hausmann, dessen Frau in den Ruhestand getreten ist (was ja total überraschend im Leben eines jeden Arbeitnehmers vorkommt!) und dann zuhause das Kommando führt. Bisher hatte überwiegend er – zugegebenermaßen mehr schlecht als recht – den Haushalt Siebenborn-Johannsen geschmissen. Zumindest alles außer Kochen, denn seine Künstlerkantine war ja der Asia-Wok. Mit Neuigkeitenabo.

Trotzdem fühlte er sich durch Linas Hygienewahn in seiner Hausmannehre gekränkt, denn immerhin war es bei ihm doch relativ kakerlakenfrei gewesen – und so vorzeigbar, dass jemand ohne wochenlange Vorankündigung zum Cappuccino hätte vorbeikommen können. Hygienetechnisch wäre das absolut vertretbar gewesen.
Aber jetzt lebte sich Lina voll aus. Jede noch so kleine Schublade wurde ausgeräumt, sortiert, neu eingeräumt. Man sah sie nur noch mit Gummihandschuhen wühlen – und in der Wohnung roch es nach Essig, Zitrone und manchmal so ähnlich wie beim Zahnarzt.

Jan bedauerte nun häufiger als sonst, keinen Ganztagsjob zu haben. Vorbei war die Zeit der heimischen Mußestunden – jetzt war er tagtäglich von morgens bis abends unter Beobachtung. Was er auch tat, es wurde von Lina kommentiert. Ständig wurde er gefragt „Ist das hier etwa auch Kunst – oder kann das weg?" Er kam sich vor wie ein überbehüteter, gegängelter Sohnemann.

Und das kannte er nicht von zuhause.
Ständig wollte Lina irgendetwas von ihm wissen, fragte unaufhörlich überflüssige Fragen oder meckerte vor sich hin. Dabei wollte er doch seine Ruhe haben. Das alles ging ihm gehörig auf den Geist.
Und jedes Mal, wenn sie ihn mit hochgezogenen Augenbrauen ansah, erkannte er mindestens drei Sätze, die wie fett gedruckt auf ihrer Stirn zu stehen schienen: 1. Du bist schuld an der ganzen Scheiße hier! 2. Das kommt alles nur von deiner Sauferei! 3. Du Versager!

Insgeheim hoffte er inständig, dass es bald November sein möge und Lina wieder ordnungsgemäß in irgendeinem Büro säße.
Und das mindestens vierzig Stunden pro Woche!
So viel gemeinsame Zeit hatten sie in all den Jahren noch nie verbracht.

Wahrscheinlich wäre die Sache dann auch schon anders ausgegangen. Vielleicht wäre er heute längst zurück in Hamburg, Lina hätte ihre Assistentenstelle noch – und der Peitschen-Heini könnte auch ruhiger schlafen... *Um es mit Peer zu sagen: Hätte, hätte, Fahrradkette!*
Er fragte sich, wie Marie-Anne und ihr Göttergatte, der einzig heterosexuelle Friseur zwischen Nord- und Bodensee, dieses Rund-um-die-Uhr-Programm schon seit so vielen Jahren aushielten. Zusammen arbeiten, wohnen, leben. Immer, immer, immer. Ohne Pause.
Wie konnte man so etwas ertragen? Allein bei dem Gedanken schnürte es ihm die Kehle zu.

Zu gerne wäre Jan einfach mal rausgefahren, um der heimischen Enge zu entfliehen. Hinauf auf seinen mystischen Keltenberg, seinen Kraftort in der Wetterauer Hügellandschaft.

Aber er war zu fertig. Zu müde.
Die Computertomographie, die überraschenderweise schon wenige Tage nach seinem Besuch bei dem merkwürdigen Doktor Nr. 2 stattgefunden hatte, sagte nichts Gravierendes aus. Die massiven Schmerzen, die er hatte, konnten also nicht von einem Bandscheibenvorfall oder etwas ähnlich Schlimmem rühren. Was ihm in seiner Situation aber auch nicht weiterhalf. Die Bilder hatte er allesamt in der Hand. Sowohl die Röntgenaufnahmen als auch die CT-Bilder. Das sei sein Eigentum. Und da er keine Lust hatte, nochmals von der Privatmasseuse angebaggert zu werden und außerdem nicht scharf darauf war, wieder wie eine Blumenvase von dem behandelnden Arzt links liegengelassen zu werden, kam der Gedanke schnell wieder auf seinen Hamburger Arzt, den Doktor der alten Schule.

„Du, ich hab' mir da was überlegt." Lina zog schon wieder die Augenbrauen hoch und legte ihre Stirn in viele kleine Falten.

„Was denn? Schieß' los, nur keine Hemmungen."
„Also, nachdem das alles nichts gebracht hat, außer, dass ich mehrere Stunden in Wartezimmern verbracht habe, Ärzte kennengelernt habe, die mich aber nicht kennenlernen wollten und ich durch die ganzen Pillen nun ständig so benebelt bin, als hätte ich mindestens drei Fastenbiere intus, habe ich mir überlegt, dass ich doch wieder zum Doc nach Hamburg fahre. Also dann über Muttertag…"
Er wartete kurz ab, was die Stirnfalten so nonverbal ausdrückten. Aber sie blieben starr und regungslos. Und weiterhin in vielen kleinen Falten.

„Kommst du mit?" Doch Lina war nicht gerade begeistert. Sie hatte sich schon länger vorgenommen, an Muttertag nach Hause zu fahren und ihren Eltern endlich zu berichten, was eigentlich passiert war. Bislang waren sie noch im Glauben, sie würde Überstunden abfeiern und hätte noch einige Urlaubstage drangehängt.
Im Geiste hörte sie ihre Eltern schon sagen: „Bist du schon wieder alleine gekommen?"
Aber andererseits war Jan schon länger nicht mehr bei Gisela gewesen. Und Lina wusste jetzt auch, warum. Amore, Amore…
Hatte sie es nicht schon geahnt, als Mutter Johannsen ständig unterwegs und nie erreichbar war? Aber Jan wollte es ja nicht wahrhaben, dass seine Frau Mama auch nicht immer nur Kaffeekränzchen hielt. Lina bemühte sich, nicht schon wieder gereizt zu klingen.
„Du, ich wollte Muttertag nach Büdingen fahren. Du weißt doch, meine Mutter erwartet das. Und irgendwann muss ich ja auch mal mit ihnen reden. Am Telefon wollte ich ihnen jedenfalls nicht eröffnen, dass ich jetzt ohne Job da stehe."
„Klar. Ich check' das mal mit Dr. Gutbein und Gisela. Kann ja sein, dass es ihr gar nicht passt. Wahrscheinlich muss der feurige Italo-Mann erst ausquartiert werden…"
Lina wusste, dass ihm das nicht so leicht fiel, wie er jetzt tat.
Jan indessen hoffte, dass seine Mutter ihm keinen Korb geben würde. Er brauchte dringend ein Wochenende ohne Lina!
Dass sie nach Büdingen fahren wollte, kam ihm da gerade recht. Diese Frau an seiner Seite, und das Tag und Nacht – es war ihm einfach zu viel geworden. Ihren Frust, die nicht ausgesprochenen Vorwürfe, das ständige Herumnörgeln an ihm und seiner nicht perfekten Haushaltsführung. Manchmal wusste Jan nicht einmal mehr, ob das noch Liebe war zwischen ihnen.
Und, wenn er es genau überlegte, so, wie seine Mutter mit ihrem Italo-Lover herumgeturtelt hatte, das war bei ihnen schon lange Geschichte. Wann würde die sexfreie Sakrotan-Phase wieder vorübergehen?
Sie waren nicht aus demselben Holz geschnitzt.
Lina war die Funktionstüchtige, er der Künstlerchaot.
Neuerdings nun auch mit Rücken! Er wusste, dass sie kein Verständnis dafür hatte. Für ihn nicht und nicht für sein Innenleben. Er wusste auch, dass sie es insgeheim lächerlich fand, dass ihn der Tod seiner Brittney so mitgenommen hatte.

Anscheinend durften Frauen zwar über den tragischen Unfall von Lady Di trauern, aber Männer keinesfalls einer Souldiva nachweinen.
So war das also mit der Emanzipation...
Und dass er jetzt wiederum nach Hamburg fahren wollte, war ihr auch nicht recht. Hatte er schon ihrem Gesichtsausdruck angesehen.
Lina ihrerseits wollte sich aber nicht mehr über Jan ärgern. Das hatte sie schon zur Genüge getan. Wie hatte ihre Mutter immer so schön gesagt? „Wenn einer die Sauferei nicht verträgt, dann muss er halt Wasser trinken." Das wäre an dem Abend in der Villa Hein auf jeden Fall besser gewesen. Für alle Beteiligten.
Im Prinzip war es doch nur eine Frage der Zeit, wann sie beide auf der Straße saßen. Lina sah sich schon als Harzt-Vier-Empfängerin.
Der Horror schlechthin.

Dass der Arbeitsmarkt – selbst im reichen Frankfurt – nicht gerade auf Lina Siebenborn, Anfang vierzig, gewartet hatte, das musste sie sehr schnell feststellen. Auf die fünfzehn Bewerbungen, die sie geschrieben hatte, waren gerade einmal sechs Antworten gekommen. Allesamt negativ! Mit den üblichen Floskeln. Klar, in ihrem Zwischenzeugnis stand, dass sie das Unternehmen freiwillig verlassen hatte, und es klang auf den ersten Blick auch recht wohlwollend.

Nur, was tatsächlich zwischen den Zeilen stand, das müsste sie vielleicht einmal von einem Fachmann analysieren lassen. Der wichtige Zusatz, das „Stets zu unserer vollsten Zufriedenheit" sowie das Bedauern des Ausscheidens und die guten Wünsche für den weiteren Lebensweg waren vorhanden. Woran konnte es dann liegen, dass keine Firma sie zum Interview einladen wollte? Wurde sie etwa schon zum „älteren Eisen" gezählt? War das Leben jetzt irgendwie schon vorbei? Und wie lange könnte sie im Notfall überhaupt Arbeitslosengeld erhalten? Hartz-Vier-Empfänger, das waren doch immer die aus den Nachrichten, die „Anderen". Die, bei denen man wegschaute. Jetzt drohte ihr das vielleicht selbst? Was für ein Abstieg! In Frauenzeitschriften wurden ja immer wieder solche Schicksale vorgestellt. Aber, dass sie selbst einmal zu den Menschen gehören könnte, die am sozialen Rand standen, damit hatte Lina nicht gerechnet. Sie sah sich schon in einer Reportage über tief gefallene, ehemalige Leistungsträger der Gesellschaft. Soweit durfte es auf keinen Fall kommen! Ihre Eltern würden aus allen Wolken fallen und todunglücklich sein. Dass konnte sie ihnen nicht antun. Und sich selbst auch nicht. Es musste eine Lösung geben.

„Ärmel hochkrempeln!", sprach sie sich selbst Mut zu. Zur Not würde sie auch Zeitarbeit machen. Wäre ja gelacht, in Frankfurt am Main als Sekretärin keine Anstellung zu finden.

So was gab es ja gar nicht. Höchstens in ganz schlechten Filmen...

Der erste warme Tag in Hamburg und Francesco war völlig aus dem Häuschen. Im wahrsten Sinne des Wortes. Er zog – ganz gegen die guten Manieren von Südländern – Strümpfe und Schuhe aus und setzte sich auf die Terrasse der Villa Johannsen.

„Gisellaaaah!!! Amore mio, komm-eeh schnell, der Sommer hat-eeh Stop-eeh gemacht-e in eiskalte Nord-e-Deutschland-eh!!! Das musst-eeh du erlebe!" Beschwingt und noch immer auf Wolke soundsoviel machte Gisela im Handumdrehen zwei „Latte" – für noch mehr italienische Momente im Leben – und folgte willig dem Lockruf ihres Geliebten. Sie war völlig losgelöst in letzter Zeit, was sich nicht nur in ihrer neuen Frisur zeigte, die nicht mehr hochgesteckt war, sondern locker und flockig auf die Schultern fiel. Alles fühlte sich nach Frühling an! Nicht, dass sie in den vielen Jahren seit dem Tod ihres Mannes unglücklich gewesen wäre. Das ganz bestimmt nicht. Es war nur so, dass alles einen gewissen Gleichklang hatte. Der Winter war nicht schöner oder hässlicher als der vorangegangene Herbst gewesen, auch das Erblühen der Natur nach langen grauen Monaten hatte keine besonderen Emotionen mehr in ihr hervorrufen können. Alles war irgendwie gut gewesen. Aber auch nicht besonders gut.

Gisela fand, dass eine gewisse Zufriedenheit schon mehr war, als man auf dieser Welt vom Leben erwarten konnte. Aber all das war, bevor sie versucht hatte, ihren grünen Jaguar ohne größere Lackschäden in eine Parklücke zu buchsieren. Jetzt war das Leben rosarot und himmelblau. Und auch noch espressobraun!

Sie kuschelte sich an ihren Francesco und blickte ihn verliebt an. Dass sie solche Glücksgefühle noch einmal erleben durfte!

Manchmal konnte sie es kaum fassen.

Mittlerweile hatte Francesco sein Lager in ihrem Zuhause aufgeschlagen. Der große Laptop stand jetzt auf dem Schreibtisch ihres verstorbenen Mannes. Ihre Pelzmäntel waren in den Keller ausgelagert. Francescos Garderobe brauchte schließlich Platz!

Geldsorgen schien Bello Francesco nicht zu haben. Oder Eile, seinen neuen Bestseller fertigzustellen. Er lud sie oft ein, mal in eine schicke Trattoria, dann wieder zum Cocktail in ihre Lieblingsbar. Dort hatten sie sogar einmal ihren Hausarzt, Dr. Gutbein, mit seiner irisch anmutenden Begleitung getroffen und einen netten Plausch gehabt. War eine komische Situation gewesen. Er ohne seine Ehefrau, dafür mit einer erheblich jüngeren Dame im Arm, die so ganz das Gegenteil von seiner Gattin war. Rothaarig und zuweilen recht übergewichtig. Außerdem etwas merkwürdig gekleidet für so eine schicke Bar.
Es heißt zwar immer, Leinen knittert edel…
Aber wer glaubt das noch ernsthaft?
Doch nett war sie gewesen. Sehr nett, wie Gisela fand. So ein ganz anderer Schlag von Frau. Apart, würde man wohl dazu sagen. Wirklich apart. Kein Wort hatte Dr. Gutbein darüber verloren, als Gisela kurz danach in seiner Praxis erschienen war. Und nach ihrem offensichtlich jüngeren Begleiter hatte er auch nicht gefragt. Sie sähe blendend aus, momentan. Mehr war von ihm nicht zu hören gewesen.

„Johannsen." Meldete sich Gisela am Telefon. „Auch Johannsen. Moin Moin!"
„Ja, grüß' dich, Jan. Schön, dass du dich meldest. Wie geht es dir? Was macht dein Rücken? Hast du endlich einen guten Arzt gefunden? Und hast du die Pferdesalbe ausprobiert, die ich dir geschickt habe?"
Jan hatte ihr natürlich nichts von seinem Spontanbesuch in der Alstervilla erzählt.
„Ach, weißt du, so kann man das nicht gerade sagen. Nicht alle Ärzte sind wie unser guter, alter Doktor. Ich habe lange gesucht, bin fast überall abgewimmelt worden, und dann habe ich eine Art Sitzblockade bei einem Arzt angekündigt. So hat es dann endlich geklappt."
„Ja, und, was hat er gesagt? Was hast du denn genau?"
„Eigentlich gar nichts, Mutter. Das ist ja das Dilemma. Aber es tut trotzdem höllisch weh. Das Malen ist eine Qual an manchen Tagen. Und Autofahren. Naja, läuft halt alles nicht so rund…"
„Das tut mir leid, mein Junge. Was hast du denn nun vor? Willst du nicht doch wieder zu unserem Arzt gehen? Komm' nach Hamburg, das hat doch alles keinen Sinn in Frankfurt. Wenn du ohne Sitzstreik nicht mal einen Termin kriegst …."

Jan war erleichtert. Seine Mutter hatte ihm somit schon vorgegriffen.
„Ja, deshalb rufe ich auch an. Ich könnte am Freitag vor Muttertag zu Dr. Gutbein in die Praxis kommen. Also, genau gesagt um elf. Dann wäre ich also am Mittag bei dir, wenn es dir recht ist. Und ich könnte auch bleiben bis zum Montag. Wenn du willst."

So vorsichtig hatte er noch nie angefragt, wenn er nach Hause kommen wollte. Gisela kam es auch komisch vor, dass er wegen eines Wochenendbesuchs so schüchtern anklopfte.

„Natürlich kannst du kommen. Ich freu' mich doch, wenn du wieder bei mir bist. Und ich hoffe nur, Dr. Gutbein kann dir nun endlich helfen."

Jan fiel ein Stein vom Herzen.

„Aber komm' auf jeden Fall mit dem Zug. Mit deinen Rückenschmerzen kannst du doch nicht stundenlang Auto fahren. Oder fährt Lina diesmal mit? Ich meine, kommt sie gleich mit oder später nach?" Eigentlich wollte Gisela nicht auf den letzten Katastrophenbesuch in Hamburg anspielen. Aber, wie das so ist, manchmal ist die Zunge eben schneller als das Hirn.

„Nein, sie bleibt hier. Lina will an Muttertag nach Büdingen fahren. Margot wäre sonst echt traurig."

„Aber bei euch ist doch sonst aber alles in Ordnung?", fragte Gisela mit dem Gespür, was wohl nur Mütter für ihre Kinder haben können. Egal, wie alt sie sind.

„Kein Thema fürs Telefon, Mutter. Also, bis dann-dann!"
„Ich freu' mich schon auf nächsten Freitag. Tschüüüüüüs!"
Etwas ratlos hatte er sie mit seiner Anspielung aber doch gemacht.

Shirin, die nette Arzthelferin von Dr. Gutbein begrüßte Jan wie immer überaus freundlich, korrekt frisiert und adrett. Sofort bot sie ihm einen Platz im schönen Wartezimmer, das normalerweise nur für Privatpatienten bestimmt war, an.

Es war ruhig in der Praxis und kaum, dass er saß und einen Cappuccino vor sich stehen hatte, war auch schon der Doktor persönlich gekommen, um ihn abzuholen.

„Jan Johannsen. Moin Moin. Schön, dich wieder zu sehen. Das Laufen klappt ja schon prima!" Er schaute an seinem Patienten herunter. „Ich gucke mir den Zeh gleich noch genauer an. Geh' ruhig schon rein. Du kennst dich ja hier aus."

Und nachdem er Jan so vor sich herlaufen sah mit dem übergroßen grünen Umschlag in der Hand, setzte er noch hinterher: „Na, willst du mir ein paar deiner Gemälde zeigen?"
„Ja, so könnte man es sagen. Aber die Bilder hier hab' ich nicht selbst gemalt." Dann erzählte er ihm von seinem Dilemma.

Kurz vor eins stand er dann vor der Villa Johannsen. Er klingelte kurz und schloss gleichzeitig die Tür auf. Da stand seine Mutter, mit ordentlich hochgesteckten Haaren, wie immer perfekt gestylt, dezent geschminkt. Keine Spur mehr von „Bella Gisella" und weit und breit kein Italo-Pop zu hören. Gut, dass er vorher angerufen hatte!
Entweder, die Sache mit dem Cappuccino-Mann hatte sich schon längst wieder erledigt, oder sie hatte ihn ausquartiert. Jedenfalls sah es so aus, als würden sie ein Wochenende nur für sich haben.
Dann gab es Espresso. Den gab es vorher nie! Ein Al-Bano-Relikt? Nichts war hier mehr so wie früher…

„So, jetzt erzähl' mal. Was hat Dr. Gutbein denn zu deinem Rücken gesagt?" – „Also, er hat sich die ganzen Bilder angesehen. Also die vom Röntgen und die vom Computertomographen. Aber da kann man nichts Schlimmes feststellen, jedenfalls nichts, was erklärt, warum ich immer solche Schmerzen habe. Ich soll die Schmerztabletten aber trotzdem absetzen, das wäre nicht gut, die so dauerhaft zu nehmen. Er hat mir einige Spritzen in die oberen Rückenmuskeln gegeben, dass soll auch entspannen. Momentan ist es allerdings nur taub. Und dann hat er mir noch Akupunktur oder Entspannungsübungen empfohlen. Er meinte, die Sache wäre bei mir auch stressbedingt."
„Und, stimmt das denn?", fragte seine Mutter nach. „Ich habe auch schon darüber nachgedacht. Die ganze Sache fing ja an, als ich das letzte Mal hier war. Du weißt doch, wegen der Sache mit dem Zeh. Und dann kam ja die Meldung von Brittneys…"
Er erzählte sich alles von der Seele. Sogar die Misere mit dem Peitschen-Heini! Und auch, dass Lina seinetwegen ihren Job verloren hatte.
Gisela hatte die Lage blitzschnell erfasst. „Wir machen es uns jetzt mal schön gemütlich. Zuerst gehen wir in die Stadt, essen Fisch, den kriegst du doch da unten nicht so frisch, und dann gehen wir ein bisschen spazieren. An der Alster. Wie früher."

Jan freute sich wie ein kleiner Junge, der endlich mal seine Mami für sich alleine hatte. Es war schön, wieder in Hamburg zu sein. Auch wenn er sich ein wenig fremd in seiner alten Heimat fühlte.

An Muttertag führte er sie zu „*Hans sin Fisch-Hus*", das Fischrestaurant, in dem sie bislang alle Familien- und Betriebsfeste gefeiert hatten. Dort war alles unverändert geblieben. So, wie zu Zeiten, als Oluf Johannsen noch gelebt hatte.
„Was gut ist, das bleibt", pflegte Gisela zu solchen Traditionsgaststätten zu sagen. Aber beim Eintreten beobachtete Jan, dass sie doch ein paar Mal schlucken musste. Er hatte extra *ihren* Tisch reserviert, wo sie früher immer zusammen gesessen hatten. Bei dem Betrieb, der an Muttertag herrschte, war das eine sehr gute Entscheidung gewesen…
Überall ließ man die Mütter heute hochleben. Und wiederum erkannte er, es war gut, dass er alleine nach Hamburg gefahren war.
Die Faröer Fischpfanne stand zum Glück noch immer auf der Karte. Sowohl Jan als auch seine Mutter waren sich einig, dass sie mit der alten Tradition nicht brechen wollten und bestellten sie beide.

Viel hatten sie nicht gesprochen, denn die alten Erinnerungen hatten sie doch ein bisschen wehmütig werden lassen. Es lag aber keine Trauer mehr in Giselas Augen – mehr das Bewusstsein, das ihr Leben nie mehr so sein würde wie früher. Auch wenn sie jetzt ein neues Glück gefunden hatte. Aber das war etwas ganz anderes. Francesco könnte niemals ihren Mann ersetzen. Er war ein Geschenk, eine Fügung.
Doch das Leben, wie sie es mit Oluf gelebt hatte, das war vorbei. Und sie konnte es jetzt akzeptieren. Ohne schlechtes Gewissen.

Jan jedoch machte ihr Sorgen. Sie wusste um seine Sensibilität. Man konnte ihn aber nicht einfach in eine andere Haut stecken. Er war halt so. Schon von Kindheit an. Und was sollte daran auch schlecht sein? Jan war ein Feingeist, ein Sensibelchen. Seine Schmerzen waren sicher zu einem gewissen Teil durch seinen Beruf bedingt. Aber ihr Mutterinstinkt sagte ihr auch, dass Dr. Gutbein bestimmt nicht unrecht hatte mit seiner Stresstheorie. Die ganze Situation war purer Stress für ihn. Und dass seine Schmerzen nicht durch die eingeschlagenen Therapien weggingen, das stresste den Ärmsten noch mehr.

Offensichtlich hatte er in Lina aber niemanden gefunden, der ihm auch in schwierigen Zeiten wirklich zur Seite stand. Sie war einfach von einem anderen Schlag. Robuster!
Als Jan seiner Brittneys nachgetrauert hatte, war sie plötzlich abgereist. Und jetzt warf sie ihm vor, dass er sie ihren Job gekostet hatte. Ging noch mehr Stress? Das fragte sich Gisela Johannsen.
Aber sie schob die Gedanken wieder beiseite, denn sie hatten die letzten beiden Tage ausgiebig alles durchgesprochen, was Lina betraf. Sie wollte ihren Sohn jetzt nicht wieder aufwühlen.
Jedenfalls war sie froh, dass Jan nun diese Heilpraktikerin aufsuchen wollte. Denn erst im Gespräch mit ihr war ihm wieder eingefallen, dass er diesen Tipp doch bereits im Februar von Dr. Gutbein bekommen hatte. Und Gisela war auch der Meinung, dass man nun neue Wege der Heilung suchen musste.

Jan war also rundum zufrieden mit seinem Besuch in Hamburg.
Und diesmal hatte er seine Mutter sogar ganz für sich alleine gehabt.
    So ein Muttertag hat schon seinen Sinn.

„Frühsommerliche Frustrationen"

„Na, schon wieder auf Tour?", Susi Lustig hatte das Talent immer dann anzurufen, wenn Lina unterwegs war.

„Hi Susi! Du hast irgendeinen Riecher dafür. Rufst immer genau dann an, wenn ich gerade im Auto bin."

„Ich dachte mir schon, dass du in Büdingen bei deiner Mutter bist. Was war los in Oberhessen?"

„Das übliche Muttertagsprogramm. Küsschen, Blumen und Pralinen von ihrem Frankfurter Lieblingskonditor. Dann sind wir spazieren gegangen, das Wetter hat ja Gott sei Dank mitgespielt. Und waren seit langem einmal wieder bei unserem Chinesen. Ich habe meine Eltern eingeladen."

Susi Lustig war ein bisschen traurig. Ihre Mutter ließ sich an Muttertag nie von ihr einladen. Sie war schon immer gegen diesen erzwungenen Mutterverehrungstermin und hatte damit auch Susi jeglichen Spaß daran verdorben.

Somit hatte Frau Lustig an diesem Tag auch nichts Besonders zu berichten…

Seit ihrer Scheidung fühlte sie sich manchmal regelrecht einsam. Wenn sie nicht gerade an einer spannenden Reportage arbeitete, dann gehörten gerade die Feiertage zu den schlimmsten Momenten in Susis Leben. Alle Freundinnen waren irgendwie „unter", nur sie – oder zumindest glaubte sie das fest – war im wahrsten Sinne des Wortes mutterseelenallein. Insofern war ihre Mutter eine richtige Spielverderberin! Auch heute noch. Manchmal fragte sie sich, von wem sie ihr überwiegend sonniges Gemüt eigentlich hatte. Wahrscheinlich war irgendeine ihrer Vorfahrinnen mal erfolgreich mit einem Komiker fremdgegangen. Ihre Eltern jedenfalls waren vom Typus „Kellerlacher". Deshalb war der Kontakt auch eher mager. Susi sah keinen Sinn mehr darin, sich ihre Laune von ihren Eltern verderben zu lassen.

Nach einer kurzen Pause fragte Lina dann: „Und du? Was hast du heute Aufregendes erlebt?"

„Lange, sehr lange geschlafen und unanständige Träume gehabt. Noch Fragen?" Lina musste lachen. Typisch Susi! Lieber mal einen dummen Spruch heraushauen, als zuzugeben, dass alles gar nicht so einfach war nach ihrer Scheidung.

„Doch, eine Frage hätte ich glatt: Was hast du in ungefähr einer Stunde vor?" Susi Lustig ahnte, dass das dem Tag eine willkommene Wendung geben könnte. „Eigentlich gar nichts."
„Na, dann würde ich mal sagen, die Kaffeemaschine bei mir zuhause hat noch 'ne Menge Munition. Kommst du?"
„Was denkst du denn? Na klar, ich bin gleich da! Ciao!"
„Tschüss, bis gleich!"
Und so wurde aus dem Muttertag noch ein wunderschöner Töchtertag. Die Superprofikaffeemaschine lief an einer Tour – und Lina konnte endlich mal alles erzählen, was ihr so auf dem Herzen gelegen hatte. Susi fiel natürlich gleich auf, dass die Wohnung noch sauberer und keimfreier war als sonst. Lina war wirklich pingelig!
Man kam sich vor wie im Sakrotanparadies...
Susi hätten die Hygienestandards eines Jan Johannsen völlig ausgereicht. Aber aus ihrer eigenen Ehe wusste sie ja, dass es unmöglich war, zwei Leute mit absolut gleichen Vorstellungen von Wohnraumgestaltung und Sauberkeit auf diesem einen Erdball zu finden.
Von Lina erfuhr sie dann auch, dass sie ihren Eltern noch immer nicht gesagt hatte, dass sie ihren Job los war. Die waren der Ansicht, es sei alles in bester Ordnung und Lina feiere nur Unmengen an Überstunden ab, was sie noch stolzer auf ihre fleißige Tochter machte.
Susi konnte es aber verstehen, dass sie ihr ursprüngliches Vorhaben, es ihnen persönlich an diesem Muttertags-Sonntag zu offenbaren, dann heute doch nicht wahr gemacht hatte.

„Ich hab's einfach nicht übers Herz gebracht. Meine Mutter war so glücklich über den schönen Sonntag und total happy darüber, dass ich noch bis zum Nachmittag geblieben bin, da konnte ich nicht damit rausrücken."
„Und was haben sie dazu gesagt, dass Jan in Hamburg ist und du schon wieder alleine gekommen bist?"
„Ich glaube, die waren sogar froh. Der Wunschschwiegersohn ist Jan doch nie gewesen. Meine Mutter hätte mich lieber mit dem Nachbarsjungen, dem Karl-Heinz Meierheinrich junior, verkuppelt. Der war mal schwer hinter mir her... Aber ich fand den immer total uninteressant. Malermeister. Führt heute den Betrieb seiner Eltern und hat eine Frau geheiratet, die zu doof ist, einen Eimer Wasser umzuwerfen. Aber richtig Asche haben die! Wenn ich mir ansehe, was die an PS so in

Garage und Stall stehen haben. Die Tussi von dem reitet schon früh morgens im Schlosspark aus."

„Wäre wohl keine schlechte Partie gewesen...", Susi lächelte süffisant und rührte in ihrem Cappuccino, als würde sie da irgendwie was aus dem Schaum herauslesen.

„Ja, mit Malermeistern hab' ich's ja wohl. Nur verdient meiner nicht so gut wie der, der nur Wände anstreicht."

„Ja, wenn man es so sehen will... Sag' mal, hast du eigentlich schon was Neues in Aussicht. So jobtechnisch?"

„Wo denkst du hin? So einfach ist das nicht! Habe schon einiges an Bewerbungen geschrieben, dazu haben die mich ja sozusagen von Amtswegen verdonnert, obwohl ich noch gar keinen einzigen Cent Arbeitslosengeld oder sowas beziehe. Aber total mau. Der größte Teil antwortet nicht einmal. Der Rest schreibt den üblichen Absagekäse."

„Ja, ich hab' mal eine Reportage über Karrierefrauen jenseits der vierzig gemacht, die plötzlich ohne Job da standen. Was *denen* so alles passiert ist... Die haben es nicht leicht. Die meisten orientieren sich dann irgendwann ganz anders, weil sie das, was sie mal hatten, nicht annähernd noch mal wieder bekommen konnten. Sowohl vom Status her, als auch finanziell. Echt übel."

„Na, da fühl' ich mich doch gleich viel besser..."

Alle Versuche, wieder aus der Nummer rauszukommen, mussten dann scheitern. Aber Lina wäre nicht Lina gewesen, wenn sie sowas nicht auch tough hätte wegstecken können.

„Sag' mal, ohne dir jetzt total auf die Nerven zu gehen. Aber hast du wirklich keine Ahnung, warum die dich geschasst haben?", fragte Susi, wohlahnend, dass sie gleich einen Korb kassieren würde.

„Natürlich kann ich es mir denken. Und was ich dir jetzt sage, das hat Geheimhaltungsstufe zehntausend – bei Verstoß steht da die Todesstrafe drauf, verstehst du das, Frau Dr. Susanne Dannersberg?" Lina überlegte einen Moment. Und dann fiel ihr ein: „Sag' mal, heißt du eigentlich noch so nach deiner Scheidung?"

Kurzfristig sah die sonst so schlagfertige Reporterin irritiert aus. Aber dann lenkte sie geschickt um. „Ja, ich heiße noch so. War mir alles zuviel mit dem Ummelden. Aber jetzt zu dir. Schieß' endlich los! Ich schweige wie ein Grab..."

Und dann kam die ganze Story aus Lina nur so herausgesprudelt. Angefangen vom Zehennagel, Brittneys Ableben, Jans Abstürze, vom

Dark Paradise in der Kaiserstraße, dem Peitschen-Heini und seiner schönheitssüchtigen Ehefrau und ihren Privataufträgen an Lina – und dem Rauswurf!
Danach ging es ihr besser. Aber bei Susi Lustig ratterte es sichtlich hinterm Ponyschopf. Was für eine Story…
Das wäre doch mal eine Reportage ganz nach ihrem Geschmack! Aber Ehrenwort war Ehrenwort! Und somit drehte sie die fleißigen Rädchen ganz langsam wieder auf Stillstand zurück.

Die Luft war raus. Bei Lina und Jan. Neuerdings ging ihr alles an ihm auf die Nerven. Wie er kaute, wie er schluckte, wie er manchmal laut schnaubte, wie er nachts jetzt öfters schnarchte und manchmal auch noch sabberte. Ganz zu schweigen von seiner demonstrativ zur Schau gestellten Leidensmiene. Die Schmerzen! Und dann seine ständige Sauferei. Nie konnte er malen ohne zu trinken. Mittlerweile sah sein Atelier aus wie ein Altglaslager. Aber für Jan wiederum war dies der einzige noch keimfreie Rückzugsort in diesen Tagen.
Ihm ging die Putz- und Ordnungssucht von Lina nämlich fürchterlich auf den Geist. Sie räumte, schrubbte und sortierte nur noch. Zwischendurch telefonierte sie höchstens mal mit Susi oder Marie-Anne. Oder saß schon mittags vor der Glotze, wenn sie nicht gerade am Computer wie wild auf die Tastatur eintippte. Das hatte sie sonst immer verurteilt.
„Typisch Hartz-Vier", hätte sie früher dazu gesagt. „Den ganzen Tag vor der Flimmerkiste oder dem PC sitzen und die Kinder ruhigstellen."
Er hatte ihre Worte noch gut im Ohr. Aber jetzt war ja alles anders…
Nur zu essen gab es nach wie vor nichts Gescheites! Trotzdem hatte Lina kein Gramm abgenommen. Im Gegenteil! Wahrscheinlich die Ruhe, vermutete Jan. Der träumte schon wieder von Pannfisch und goldgelben Bratkartoffeln in seiner Hamburger Bodega und tröstete sich deshalb immer wieder in der Kleinmarkthalle oder beim Asia-Wok. Mit Fischbrötchen oder der Nummer 23. Extra scharf.
Die Tage in Hamburg hatten ihm gut getan. Die Gespräche, die Spaziergänge an der Alster, an der Elbe. Einfach schön. Dass seine Mutter ihren Francesco nur kurzfristig ausquartiert hatte, wusste er ja nicht.

„Bella Gisella, ist-eh doch keine Problema, wenn-eh Mama-Tag, dann muss-eh die Sohn-eh komme und Bella Mama lasse lebe hoch-eh. Die Francesco packt-eh seine sieben Sachen und zieht-eh wieder in die alte Appartemente. Und wenn-eh die Jan geht-eh wieder zurück-eh nach Frankofort-eh, die Francesco komme einfach wieder zurück-eh", hatte er zu seiner neuen Liebe gesagt, als die ihn schonend darauf vorbereiten wollte, dass ihr Sohn über das Muttertagswochenende zu ihr kommen würde.

Jetzt war er wieder zurück in Hessen. Aber was hatte sich geändert? Nichts. Die Misere war die gleiche. Nicht gut.

Und außerdem musste er dringend bei Hilda von der Weihe anrufen. Vielleicht könnte seine Ausstellung doch noch verlängert werden. Geplant war sie bis Ende Mai. Er sollte also schon längst wieder nachgefragt haben. Aber, wenn er ehrlich zu sich selbst war, hatte er es die ganze Zeit vor sich hergeschoben.

Frau von der Weihe eröffnete ihm die Wahrheit so charmant wie möglich: Keinerlei Umsatz zu verzeichnen!

Und eine Verlängerung der Ausstellung? Na, darüber brauchte man dann auch nicht mehr zu sprechen. Also vereinbarte Jan, die Bilder Ende Mai, also pünktlich zum Ende der vereinbarten Laufzeit, abzuholen.

Hilda von der Weihe und ihr Gatte sowie ihr wohlerzogener Sohnemann Frieder (heute mal ohne Sekt und Häppchen!) waren allesamt sehr traurig. Aber das änderte die Sachlage auch nicht. Die Geschäfte im Kunstbereich liefen schlecht. Noch schlechter liefen sie allerdings, wenn man „keinen Namen hatte", wie der Cordhosen-Baron bei der Vernissage Jan direkt ins Gesicht gesagt hatte.

Das Resümee: Außer Spesen, nichts gewesen.

Kunst war eben ein hartes, trockenes Brot…

Und Jan hatte wieder einmal das Gefühl, alles falsch zu machen, was er anpackte. Wieso konnten andere Maler, Zeichner, Bildhauer, Karikaturisten, Porträtmaler oder Kalligraphen von ihrer Hände Arbeit leben? Nur er nicht… Er war ein Versager.

Schon auf der Fahrt zurück nach Frankfurt staute sich in ihm eine immer stärker werdende Wut auf. Er hatte Wut auf sich selbst. Niemand wollte seine mit viel Herzblut gemalten Bilder. Wie sollte es nun weitergehen? Mit ihm, mit Lina, mit seinen Schmerzen? Die Verzweiflung kam in ihm hoch. Er musste endlich bei dieser Heilpraktikerin anrufen und einen Termin vereinbaren. Denn so, wie es jetzt war, konnte es auf keinen Fall bleiben…

Zuhause angekommen, verfrachtete er seine Gemälde direkt in den Keller. Er wollte sie vorerst nicht mehr sehen! Nicht mehr vor Augen haben, dass alles nicht so lief, wie er es gerne gehabt hätte.

Stattdessen nahm er ein paar neue Leinwände mit nach oben. Vielleicht musste er einfach einen anderen Stil entwickeln, sich eine neue Identität schaffen. Weg vom Impressionismus, weg von der Landschaftsmalerei, die er so liebte. Am Ende reichten vielleicht ein paar Striche oder ein paar dahingekritzelte Kopffüßler, wie sie kleine Kinder malten, um endlich Erfolg zu haben…Wahrscheinlich war er einfach zu normal, zu langweilig, zu unbedeutend.

Lina war nicht zuhause. Die Wohnung dafür auf Hochglanz poliert – wie immer! Einen Zettel hatte sie jedoch nicht hinterlassen. Komisch. Geschrieben wurde im Hause Siebenborn-Johannsen anscheinend gar nicht mehr. Und gesprochen noch viel weniger…
Jan musste sich erst einmal hinsetzen. Er sinnierte einen Moment über sein Dasein. Und dann war sie wieder da: Die Wut! Worauf, das wusste er selbst schon nicht mehr. Eigentlich war es auch völlig egal.
Nur eines wusste er: Sie musste RAUS! Irgendwie.
Ihm gegenüber standen nun jungfräuliche Leinwände und warteten auf ihre Bestimmung.
„Genau", überlegte er sich. „Das war die Lösung!"
Er würde einfach seine ganzen Scheißgefühle, seine versammelte Wut auf die unschuldigen Malgründe bringen. Jetzt gleich, sofort. Und mit einem doppelten Cappuccino in der Hand und mehreren Blanco-Leinwänden unterm Arm hatte er sein Atelier angesteuert: Der einzige Raum in diesem Schöner-Wohnen-im-blitzeblanken-Zuhause, wo man noch Mensch sein konnte. Hier war noch Leben zu spüren. Und nicht nur Keimfreiheit! Überall lagen Farbpaletten herum. Und die alten Dielen erst. Bestimmt hatten sie schon viel erlebt…

Hier und da standen Tassen und Gläser herum, die es sich schon zwei, drei Tage im Atelier gemütlich gemacht hatten, aber Jan keineswegs störten. Und es gab unzählige Pinsel, die in alten Weizenbiergläsern, urigen Kaffeedosen oder Milchkännchen standen. Das alles stammte vom Flohmarkt und hätte bei Lina sofort Küchenverbot bekommen!
Gott sei Dank hatte er hier einige seiner alten Hamburger Schätzchen unterbringen können. Antike Stücke, die schon sein Vater geerbt hatte

und die Jan immer in Ehren halten wollte. Hier fühlte er sich noch ein bisschen Zuhause – inmitten dieser sterilen Möbelhaus-Atmosphäre, auf die Lina so unendlich viel Wert legte. Nur das Altglas musste er dringend mal zum Container bringen…

Er stand vor seinem CD-Player und überlegte, was zu seiner Wutbürgerstimmung passen könnte. Mit Brittney war ihm jetzt keinesfalls gedient. Hier konnte nur *Heavy Metal* helfen. Und das über Kopfhörer – so viel hatte noch vom letzten Ausraster behalten. Auf Frau Fieg oder die Polizei hatte er heute nämlich keine Lust…

Mittlerweile war seine Cappuccinotasse leer und alles stand bereit. Doch etwas fehlte noch zu seinem Glück: Ein gut gekühltes Bier! Das würde jetzt prima passen. Kaffee und Schwermetall? Ging gar nicht. Das wäre wie Wiener Walzer in Kutte.

„Wehe, wenn der Kühlschrank jetzt nichts hergibt…"

Kurze Zeit später hatte er seine Acrylfarben schon in schüttfähige Konsistenz gebracht und spritzte wie wild auf seine großformatige Leinwand. Bild Nr. 1. War schon fertig! So, wie es war. Hier ein paar Punkte, da ein paar Kleckse, das Ganze verlaufen lassen und in verschiedene Richtungen kippen. Bingo! Zum Schluss noch ein paar Spritzer Wasser aus der Blumenspritze darüber und schon kam er zu Nr. 2. In diesem Tempo hatte er in seinem Leben noch nie gearbeitet. Und er fragte sich, ob man dies überhaupt Arbeit nennen konnte. Bislang hatte es immer einige Zeit gedauert, bis er mit einem Kunstwerk, den verschiedenen Perspektiven und Schattierungen, den Licht- und Schattenspielen zufrieden war. Nach dem Trocknungsprozess begann die ganze Weiterbearbeitung – und selbst danach wurde in der Regel noch mehrfach verbessert. Aber mit dieser Art von Malerei, von der er eigentlich keine Ahnung hatte, konnte man richtig schnell produzieren.

Aber wahrscheinlich würden auch diese Werke keine Käufer finden.

Vor lauter Zorn darüber holte er die schwarzen Tuben aus seinem Koffer. Die hatte er noch nie gebraucht – jetzt aber schon! Über beide Bilder goss er reines Schwarz, mit etwas Wasser angereichert.

Nun sahen die Gemälde richtig bedrohlich aus.

Das traf es auf den Punkt. Das Leben, sein eigenes Leben, wirkte bedrohlich auf ihn. Er wusste nicht mehr, wie er das nennen sollte, was er fühlte.

Fühlte er überhaupt noch etwas?

Irgendwann saß er am Boden. Um ihn herum standen fünf großformatige Bilder, die in kürzester Zeit entstanden waren. Ob es an den fünf leeren Bierflaschen lag, die ebenso um ihn herum drapiert waren, dass ihm diese Art von Kunst auf einmal gefiel?

AC/DC lief noch immer. *A touch too much*. Dann war er einfach umgekippt. Und eingeschlafen. So lag er dann auf den alten Dielen. Mit einer leeren Bierflasche im Arm.

Seems like a beer, a beer zuviel...

In Büdingen saßen unterdessen drei Personen um den heimischen Küchentisch und machten keinen besonders enthusiastischen Eindruck.

„Und, da kann man nichts machen? So rechtlich, meine ich", Papa Siebenborn konnte die Welt nicht mehr verstehen. Seiner fleißigen Tochter hatte man tatsächlich gekündigt. So mir nichts, dir nichts.

Das konnte er unmöglich so stehen lassen!

„Papa, da kann man wirklich nichts machen. Ich habe schlechte Karten. Die haben doch meinen Computer geknackt und alles schwarz auf weiß. Und dass ich für die Frau vom Chef gesurft bin, das glaubt mir doch keiner – sie selbst und mein Ex-Boss haben es ja auch abgestritten. Hat Frau Köchelzell gesagt, Ihr wisst schon, die Personalchefin. Also die, die für die Drecksarbeit zuständig ist."

„Also, nochmal, damit ich es auch richtig verstanden habe: dein Jan hat diesen Hein mehrfach in eine Art Puff gehen sehen, wo Männer gegen Geld ausgepeitscht werden, richtig?"

Mama Siebenborn schaute ungläubig und überlegte wohl insgeheim, ob man die Hexentürme in der mittelalterlichen Altstadt von Büdingen nicht wieder in irgendeiner Art geschäftlich nutzen könnte...

„Und dann hat der Fischkopp im Suff noch „Peitschen-Heini" zu deinem Chef gesagt – und jetzt bist du deinen Job los. So war's doch?"

Jetzt haute Mama Siebenborn auf den Küchentisch und schimpfte lauthals: „Das ist doch ungerecht. Da kannst du doch nix dafür! Die Frau von diesem…..(schnaub, schnaub, schnaub), von diesem Heini hat dich doch total ausgenutzt und wegen jedem Mist angerufen. Hast du nicht mal gesagt, dass du sogar den ganzen Privatkram von denen machen musstest?" – „Ja, Mutti, aber das kann ich doch jetzt keinem mehr beweisen. Ich hab' mich schon informiert und mir die Finger dabei

wund getippt. Es gibt heutzutage immer mehr Kündigungen aus sogenannten nichtigen Anlässen. Die einen essen ein vertrocknetes Brötchen, das sowieso im Mülleimer gelandet wäre, die anderen lösen einen Kassenbon ein, den sie irgendwo gefunden haben – die nächsten nehmen sich ein uraltes Bettgestellt vom Sperrmüll mit nach Hause. Und alle sind ihren Job los! Die finden immer einen Grund..."
Linas Vater fand jedoch, dass der HansaFra Konzern nicht so billig davon kommen sollte: „Warum kriegst du denn nicht so eine Riesenabfindung wie diese Manager, die ihre Firmen erst in den Ruin getrieben haben, dann aber noch richtig Kohle kassieren?"

„Papa, weil das bei mir was anderes ist. Die hätten mir eigentlich sogar fristlos kündigen können. Aber ich denke mal, dass mein Ex-Chef da seine Finger drin gehabt hat. Der wollte mich mit der fristgerechten Kündigung und der Freistellung bei vollen Bezügen besänftigen. Das ist so eine Art verdeckte Abfindung, damit ich den Mund halte und das mit dem Peitschen-Heini nicht an die große Glocke hänge."

„Dann war ihm das aber nicht besonders viel wert, oder? Verkauf' doch die ganze Story einfach ans BLITZ-Blatt, da kannst du dann auch mal richtig abkassieren und dich außerdem an diesem Heini rächen."
Papa Siebenborn war echt auf Krawall gebürstet. Margot schaute verwirrt zu ihrem Mann. Rage kam bei ihm nämlich eher selten vor.

„Ist ja gut gemeint, Papa, aber das ist nicht mein Ding. Es bringt nichts, da jetzt Rachegedanken zu hegen. Ich habe halt die Arschlochkarte gezogen. Eigentlich wollte ich immer alles richtig machen – und das hab' ich jetzt davon."

„Dein Jan ist aber auch nicht ganz unschuldig an der Misere. Oder wie siehst du das?", fragte Linas Mutter.
Das war der Punkt, wo Lina sich entscheiden musste. Die Wahrheit in ungeschminkter Form preisgeben und ihren Eltern sagen, dass es auch mit Jan schon länger nicht mehr so harmonisch lief?
Nein, sie würde sich hinter ihn stellen. Sonst hätten ihre Eltern auch noch weiter in dieses Wespennest gestochen. Und zum Schluss hätte es wieder geheißen, dass sie mit dem Meierheinrich Junior doch besser gefahren wäre und sie bestimmt auch jetzt schon mehrere Enkel hätten... „Echte" Büdinger!!! Und keine Matjes-Handkäs'-Gemische – aber die waren ja sowieso nicht im Anmarsch...

„Im Endeffekt war es doch nur ein Ausrutscher. Jan hat sich selbst schon die meisten Vorwürfe gemacht. Es ist halt nicht mehr zu ändern.

Aber wir bleiben trotzdem zusammen, gerade jetzt müssen wir ja zusammenhalten." – „Der is' aber auch sowas von ungeschickt, der Fischkopp. Mit dem haste doch bisher noch nett viel Glück gehabt."
Papa Siebenborn wollte auch nochmal seinen Senf dazu geben.
Zu guter Letzt.
„Ja, ja", stöhnte ihre Mutter, „die Kleinen müssen immer herhalten. So war es immer, und so wird das auch immer bleiben. Die da oben sitzen einfach am längeren Hebel, glaub' mir, mein Kind."
Lina stimmte ihrer Mutter in diesem Punkt sogar zu.
Nach ihrer Erfahrung war es wirklich so, dass „*die da oben*" die besseren Möglichkeiten hatten. Aber sie war überzeugt davon, dass alles, was man im Leben machte, irgendwo gespeichert wurde – wie auf einer riesigen Universumsfestplatte, um dann eines Tages ausgewertet zu werden von einem, der wirklich ganz hoch angesiedelt war.
Oma Hermine hat es ja schon immer gewusst: „*Des Leewe is kei Zuggerschlegge. Aber, es kommt alles emaal uff die groß' Rechnung...*"

Eine ganz andere Rechnung machte Jürgen Hein an diesem Abend auf: „Sie kann Lina nicht das Wasser reichen", schimpfte er, kaum dass er die Friedrichsdorfer Villa betreten hatte.
Er war wieder einmal spät aus dem Büro gekommen. Wirklich spät. Das war neu für ihn. So neu wie seine Vorzimmerdame: Ines Gerlach.
Seit Linas Kündigung lief alles nicht mehr planmäßig. Ihm war schon bewusst gewesen, dass sie nicht die Idealbesetzung für sein Vorzimmer war. Und dass sie nicht alles wissen konnte, was Lina sich in den vergangenen Jahren im HansaFra Konzern angeeignet hatte. Aber dass diese Frau Gerlach so vieles überhaupt nicht auf die Reihe bekam, das hätte er so nicht erwartet. Nicht nur, dass sie ständig etwas vergaß. Einmal fehlte der Kaffee in den Sitzungen, ein anderes Mal hatte sie vergessen, die Snacks für ein ganztägiges Seminar zu bestellen. Sie war schlicht und ergreifend überfordert. Auf Dauer konnte das so nicht weitergehen.
Auch seine Diktate machte sie nicht „rund". Sie übernahm einfach seine Formulierungen. Wie ungeschickt sie auch sein mochten. Jetzt war es an *ihm*, alles nachzusehen, zu kontrollieren und das kostete ihn Zeit. Viel Zeit. Frau Gerlach legte außerdem Wert auf einen pünktlichen Feierabend. Den, zum Beispiel, vergaß sie nie.

Was ihren neuen Vorgesetzten nicht glücklicher gemacht haben dürfte.

Lina Siebenborn hatte ihr Metier aus dem Effeff beherrscht und seine Unzulänglichkeiten geschickt ausgleichen. Sie war sich ihrer Sache immer sicher gewesen und er hatte vollstes Vertrauen zu ihr gehabt. Ein Glücksfall für einen Chef, der viel unterwegs war und wenig Geduld für Details hatte. Aber leider, und das bedauerte Jürgen Hein aus den verschiedensten Gründen, hätte er nicht mehr weiter mit ihr zusammenarbeiten können. Denn sie verfügte über ein Wissen, das nicht gerade dienlich war.

Marlene Hein sah, dass es ihrem Mann nahe gegangen sein musste, seine langjährige Hilfe so plötzlich zu verlieren. Aber schließlich gab es in einer Firma Vorschriften, und wenn man Lina Siebenborn nachweisen konnte, dass sie ihre teuer bezahlte Arbeitszeit wiederholt mit privaten Angelegenheiten verbracht hatte, dann war das ein triftiger Grund für eine sofortige Kündigung. So dachte zumindest Marlene Hein, ohne auch nur im Geringsten einen einzigen Gedanken daran zu verschwenden, dass auch *sie* die Dienste dieser Sekretärin häufig in Anspruch genommen hatte. Aber das zählte Frau Hein zu den erweiterten Assistenzaufgaben. Sie und ihr Mann bildeten schließlich eine Einheit – und warum hätte sie nicht auf Lina Siebenborn zurückgreifen dürfen, wenn diese doch durch die Dienstreisen ihres Mannes sicherlich eine Menge Leerlauf im Sekretariat gehabt hat? Wie oft hatte Jürgen Hein selbst seine Gattin aufgefordert, „doch einfach bei Frau Siebenborn anzurufen", wenn sie wieder einmal nicht mit dem heimischen Computer zurechtkam.

„Jeder kennt doch die Sorte Sekretärinnen, die sich zeitlebens im Büro ihre Nägel manikürren, dabei mit Freundinnen und Liebhabern telefonieren und ihre Arbeit nur so zwischendurch erledigen!" Jetzt wusste Marlene Hein, dass das Vorurteil berechtigt war. Absolut!

Die Stichprobe, die man seitens der Personalabteilung in Auftrag gegeben hatte, hatte die Wahrheit ans Licht gebracht. Wie gut, dass man heute alles überwachen konnte!

„Ja, aber ich denke, es ist gut, dass Frau Siebenborn weg ist. Man kann doch zu so jemandem gar kein Vertrauen mehr haben. Schau mal, Jürgen, du musst doch kein schlechtes Gewissen haben. Du hast sie doch immer gefördert – und wie oft hat sie schon Gehaltserhöhungen bekommen? Das ist doch die reinste Undankbarkeit. Denk' nur daran, was ihr Freund zu dir gesagt hat. Eine Frechheit! Und wir haben die beiden noch so fürstlich bewirtet. Und das nicht nur einmal…"

Sie machte eine längere Pause und Jürgen Hein, der inzwischen gar nicht mehr managerhaft wirkte, sondern in seinem mittlerweile viel zu eng gewordenen Jogginganzug mit Pantoffeln in der Küche stand, um sich das Essen noch einmal aufzuwärmen, schaute betreten unter sich. „Hm…", mehr Kommentar kam nicht aus ihm heraus. Das war nicht gerade sein Lieblingsthema. Er starrte in die Pfanne, als würde er meditieren.

„Peitschen-Heini!!!", Marlene Hein trällerte es schrill und höher und lauter als nötig. Sofort war ihr Mann wieder ganz im Hier und Jetzt. „Peitschen-Heini, sagen die heimlich zu dir. Das muss man sich mal vorstellen! Wo du doch der beste Chef bist, den sich die Leute bei HansaFra oder sonst wo nur vorstellen können. Und dann kommt sowas vom Freund deiner allernächsten Mitarbeiterin. Das hat mich schon damals stutzig gemacht. So ganz sauber sind die beiden nicht. Waren die nie! Glaub' mir das. Diese Künstlertypen sind allesamt merkwürdig. Aber irgendwo her muss der junge Mann das ja haben. Und da wären wir wieder bei deiner Ex-Sekretärin. Die muss ihm das doch gesteckt haben. Von alleine kommt der doch nicht auf so was…"

Wieder folgte eine Pause. Mittlerweile hatten sich die Wangen von Marlene Hein dunkelrot verfärbt, so aufgebracht war sie über die falsche Mitarbeiterin, der ihr Mann und sie doch jahrelang ihr ganzes Vertrauen geschenkt hatten. Der Herd lief auf Hochtouren und Jürgen Hein brutzelte sich die vom Mittagessen übrig gebliebenen Kartoffeln als schöne, knusprige Bratkartoffeln. Dazu ein Ei und ein kühles Blondes. Dann war er zufrieden.

Er hoffte, seine Frau würde sich nicht den ganzen Abend am Thema Siebenborn festbeißen. Viel sagen konnte er dazu nicht. Alles, was er nicht sagte, war in dem Fall besser. Zu groß war die Gefahr, sich auch noch zu verplappern. Es war gut, dass seine Frau die Version, die er ihr aufgetischt hatte, so sang- und klanglos gefressen hatte. Er stand mit dieser Variante gut da. Und fast fühlte er sich, als wäre *er* das Opfer dieser ganzen verdammten Geschichte.

Seine Marlene saß nervös am Küchentisch und beobachte die Kochaktion ihres Mannes. Sie war noch lange nicht fertig mit ihren Ausführungen.

„Weißt du, Jürgen", setzte sie zur Fortsetzung an, „diesem Johannsen ist das ja eigentlich nur so rausgerutscht. Der hatte ein bisschen viel intus... Aber, das mit dem Peitschen-Heini kann er nur von dieser Frau Siebenborn haben. Und das heißt doch logischerweise, dass diese Frau tratscht wie ein Waschweib. Wahrscheinlich mit der ganzen Kollegschaft! DIE haben dir dann den Spitznamen gegeben. So, als wärst du ein Sklaventreiber. Was sind das nur für undankbare Individi...", das passende Fremdwort war ihr wohl gerade abhanden gekommen, „also ich meine ja nur, das sind doch alles Leute ohne Respekt und Anstand."

Jürgen Hein lud sich einen Berg goldgelber, knuspriger Bratkartoffeln und ein Spiegelei auf seinen Teller, holte sich sein Feierabendbier aus dem Kühlschrank und setzte sich zu seiner aufgewühlten Frau an den Küchentisch.

„Jetzt lass' uns bitte über was anderes reden, Liebling. Und froh darüber sein, dass wir das Kapitel Siebenborn hinter uns gebracht haben. Du weißt doch: Besser ein Ende mit Schrecken, als ein Schrecken ohne Ende."

Er hielt einen Moment inne und sagte dann leise und dabei den Kopf ungläubig schüttelnd: „Es tut wirklich weh, sich dermaßen in einem Menschen getäuscht zu haben."

Das klang so echt, dass es Marlene Hein die Tränen in die Augen trieb. Ihr Mann, der beste Chef der Welt, ein ehrlicher, redlicher Mensch, der sich mit Fleiß und Mühsal hochgearbeitet, aber nie vergessen hatte, dass er auch einmal klein angefangen hat, war schamlos hintergangen worden. Und das auch noch von seinen engsten Vertrauten. Verunglimpft hatten sie ihn. Regelrecht verhöhnt.

Das hatte ihr Liebling nun wirklich nicht verdient!

„Auf, auf, in die Berge!"

Irgendwo zwischen Skizzen und Gekritzel hatte er sie gefunden: die Karte von Tonja Naumann.
Mittlerweile war er soweit, dass er den Schritt in die Alternativmedizin wagen wollte. Obwohl er eigentlich nicht viel davon hielt. Im Grunde genommen hoffte er auf eine Art Placebo-Effekt. Egal, Hauptsache, die Schmerzen gingen bald weg. Und das möglichst für immer.
Inzwischen hatte er es sogar mit Akupunktur probiert. Herausgekommen war nichts, außer der Erfahrung, dass Mönche wirklich lustige Zeitgenossen sein konnten. Jan war in das buddhistische Kloster am Rande der Stadt gefahren, wo sie einen für ganz kleines Geld mit Nadeln pieksen. Das Verblüffende für Jan war, dass ihn sein behandelnder Akupunkteur, der aussah wie der Zwillingsbruder des Dalai Lama, ihn nicht einmal gefragt hatte, aus welchem Grund er denn gekommen sei. Er fühlte den Puls, sah sich seine Zunge an und meinte dann: „Gesund, nur ein bisschen viel Nerven."
Na, da hatte sich Jan doch gleich viel besser gefühlt. Aber nicht lange. Denn der doppelte Dalai Lama hatte sogleich die Nadeln gewetzt. Und je mehr Jan autschte, desto mehr freute sich der Mönch. „Guter Punkt", sagte er jedes Mal, wenn Jan aufschrie. Der Mönch hatte wohl ein untrügliches Gespür dafür entwickelt, wo die wahren Nerven blank lagen. Insgesamt viermal war Jan dort gewesen und hatte die Tortur über sich ergehen lassen. Aber es half alles nichts.
Anscheinend hatte er auch noch eine Akupunktur-Intoleranz...
Jetzt war er jedoch wild entschlossen, es mit dieser Heilpraktikerin zu probieren. Am Ende war es eine Alt-Alternative mit lila Latzhosen. Naja, wahrscheinlich war es auch sein letzter Versuch.

Eigentlich hätte ihn solch eine Strecke eher abgeschreckt. Immerhin waren es gute anderthalb Stunden von Frankfurt nach Schotten. Aber die dauernde Anwesenheit von Lina, die ohne Bürostress völlig unausgelastet war und nun all ihre Energie in das Projekt „keimfreies Wohnen" steckte, trieb ihn regelrecht aus der Wohnung. Und sei es nur für die Fahrtzeit und den Termin bei der Heilpraktikerin. Nix wie weg!
„Ich fahre nach Schotten, bin erst gegen Abend wieder da."
„Was willst du denn da oben auf dem Vulkan, das ist doch eine halbe Weltreise von hier?", fragte Lina mit spitzem Unterton und starrte da-

bei weiter in ihren Computer, was Jan an seine diversen Arztbesuche erinnerte. „Termin bei einer Heilpraktikerin. Von Dr. Gutbein empfohlen." Immer noch starrte Lina auf den Bildschirm.
„Na dann, viel Glück!", murmelte sie desinteressiert.

Jan konnte es kaum erwarten. Endlich ein paar Stunden für sich allein! Nie hätte er gedacht, dass er einmal so denken und fühlen würde. Aber nun war es so.

Zwei Menschen, die mit ihrem momentanen Schicksal überhaupt nicht zurechtkamen, saßen sich gegenseitig auf der Pelle, machten einer den anderen dafür verantwortlich und hatten sich im Prinzip nicht mehr viel zu sagen. Jan war froh um jede Stunde, die er in der Malschule unterrichten konnte, um jeden Termin, den er bei den lustigen, aber ein bisschen sadistisch in ihn hineinpieksenden Mönchen im Kloster hatte. Ihm fehlte zu allem die Muße, wenn Lina ständig um ihn war. Er war froh, wenn sie zu ihren Eltern fuhr oder zu den Mädels von der Flagge. Obwohl die ja momentan nicht mehr vollzählig waren. Funkstille zwischen Ines und Lina.
Nachvollziehen konnte er das nicht.
Die ganzen Jahre über waren die beiden, wie Lina auf hessisch zu sagen pflegte, „ein Kopp unn ein Arsch".
Und jetzt redeten sie fast gar nicht mehr miteinander.
Was konnte Ines dafür, dass Lina gefeuert war? Sie hatte bestimmt auch ihre Probleme mit der Situation. War einfach auf den Posten im Vorzimmer vom Peitschen-Heini gesetzt worden und wusste wahrscheinlich rein gar nichts von den Hintergründen der Kündigung. Sondern nur die offizielle Version. Frauen können aber auch dermaßen stur sein…

Den Weg nach Büdingen kannte Jan bereits seit Jahren. Aber im Vogelsberg hoch droben war er noch nie gewesen. Er entschied sich, nicht über die Autobahn zu fahren, sondern den Weg Richtung Bad Vilbel einzuschlagen, um dann über die Landstraßen auf den Vulkan zu gelangen.

Es war gerade mal elf Uhr, sein Termin bei Frau Naumann sollte erst um zwei stattfinden. Aber Jan hatte sich vorgenommen, ganz gemächlich zu fahren. Am Ende würde er sich wieder verfahren (wozu er als bekennender Navi-Verweigerer durchaus Talent hatte) oder durch Umleitungen oder Staus noch wertvolle Zeit verlieren.

So schaltete er das Radio ein und bekam gerade noch die Wettervorhersage mit. Es sollte stürmisch werden. Komisch, noch sah es gar nicht danach aus. Der Sommer hatte sich bislang sehr rar gemacht, aber dass es heute noch Sturm und schwere Gewitter geben sollte? Er konnte es gar nicht recht glauben. Bis zum Abend würde er wieder in Frankfurt sein, dann konnte das Wetter machen, was immer es wollte, dachte Jan. Im Radio lief „Too much Heaven" von den Bee Gees. Mann, das waren noch Kopfstimmen! Unweigerlich kamen Erinnerungen an seine Jugendzeit in ihm hoch. Damals war die Discowelle auf ihrem Höhepunkt. *Saturday Night Fever!* In Hamburg und Umgebung waren die Diskotheken wie Pilze aus dem Boden geschossen. Die Tanzflächen hatten so kleine Quadrate, die in unterschiedlichen Farben aufleuchteten. Und die Diskokugel blitzte, was das Zeug hielt. Den Rest erledigte das Schwarzlicht... Es gab auch eine Menge Tanzwettbewerbe, aber weder Jan noch sein Freund Christoph hätten sich jemals getraut. Sie hatten meist aus der letzten Reihe zugeschaut, wenn die Möchtegern-Eintänzer im weißen Anzug ihr Glück versuchten. Das war schon eine abgefahrene Zeit. Mit einem ganz besonderen Sound.

Und es dauerte nur wenige Takte, da war Jan voll auf der Siebzigerwelle. Seit Robbie Gibb im Mai verstorben war, spielten die Radiosender wieder öfter die grandiosen Hits von den Gebrüdern. Nach dem Tod kommen Ruhm und Ehre. War es nicht bei seinen Malerkollegen genauso? Viele von ihnen waren noch erfolgloser als er – und heute wurden ihre Werke für viele Millionen gehandelt. Van Gogh zum Beispiel konnte zu Lebzeiten gerade einmal ein einziges Bild verkaufen. An seinen Bruder...

Ganz so übel war die Verkaufsstatistik von Jan Johannsen dann doch nicht. Immerhin hatte er Vincent bereits zu Lebzeiten geschlagen. *Nobody gets too much...*

Jan bekam eine Gänsehaut nach der anderen. Er hatte diesen Song wirklich schon sehr lange nicht mehr gehört. Und langsam verschwamm ihm die Sicht auf die Straße, seine Augen waren tränenerfüllt. Er musste dringend rechts ran fahren und anhalten, sonst würde noch etwas passieren. Es war, als kämen alle Gefühle zurück, die er bei Brittneys Tod hatte. Damals.

Dabei war „damals" gerade erst im Februar gewesen. Eine gefühlte Ewigkeit. Die vereiste Alster...

Und jetzt strich schon der Wind durch die Weizenfelder der Wetterau.

Bald schon würden sie sich golden färben und ihm leise zurufen, dass auch dieser Sommer nicht ewig dauern würde.
Als er wieder zu sich gekommen war, setzte er die Fahrt fort. Von diesen Dörfern hatte er noch nie gehört: Assenheim, Florstadt, Nieder-Mockstadt und Ober-Mockstadt. Und jetzt kam er nach Ranstadt. Er musste dringend aufs gewisse Örtchen.
Mitten auf der Hauptstraße entdeckte er ein Café. Es war ziemlich modern und sehr großzügig gestaltet, hätte also locker auch nach Frankfurt gepasst. Jan hatte so etwas nicht in einem kleinen Dörfchen erwartet. Jedenfalls war er froh, dass er so zeitig losgefahren war und nun genug Luft hatte, einen Cappuccino zu trinken und eine Brezel zu essen. Schotten lag noch über zwanzig Kilometer entfernt von hier. Das war wirklich eine halbe Weltreise. Da hatte Lina recht gehabt.

Nachdem er durch ein Städtchen namens Nidda gefahren war, dabei den gleichnamigen Fluss überquert hatte, der bei Frankfurt-Höchst in den Main floss und den er schon des Öfteren gemalt hatte, kam er durch Unter- und Ober-Schmitten, Eichelsdorf und Rainrod. Es ging jetzt immer steiler bergauf, und man konnte schon hoch droben auf einer Anhöhe einen Funkturm sehen. Das musste der Hoherodskopf sein! Den hatte er schon mehrfach in der Abendschau des Hessenfunks gesehen, wenn von Sportveranstaltungen oder dem ersten oder letzten Skiwochenende der Saison berichtet wurde. Für einen Hanseaten wie Jan war die Gegend hier ein bisschen wie Alpenvorland. Er las das Schild „Nidda Stausee" und warf kurz einen Blick auf einen wunderschön gelegenen See bevor er endlich das Ortsschild Schotten erreichte. Die Landschaft hier oben war waldreich und das saftige Grün mit seinen vielen Schattierungen einfach wunderbar.
Jan glaubte schon, gleich würden die „Amigos", die hier ganz aus der Nähe sein mussten, aus irgendeinem Waldweg kommen und ihr Heimatlied vom schönen Vogelsberg schmettern...

Es war jetzt halb zwei Mittags. Und zum wiederholten Male lobte er sich selbst, dass er genug Zeit für seine Anreise eingeplant hatte. Mittlerweile hatte er sich auch wieder von seinem melancholischen Siebziger-Jahre-Retro-Schub erholt. Und seine Augen sahen auch nicht mehr aus, als hätte er geweint oder eine Nuss-Allergie.
Aber ob sich der ganze Aufwand hier für ihn lohnen würde?

Nach allen Erfahrungen, die er nun mit Ärzten, Physiotherapeuten und nadelpieksenden Mönchen gemacht hatte, war er auf fast alles gefasst. Nur nicht auf eine erfolgreiche Behandlung...

Die Fachwerkhäuser in Schotten, zum Teil waren sie wunderschön restauriert, erinnerten ihn an die Büdinger Altstadt.
Die Praxis hatte er auch schnell gefunden. Frau Naumann hatte ihm den Weg gut beschrieben, aber zugleich gewarnt: Die engen Gassen waren nur für Einparkkünstler geeignet, und dazu konnte Jan sich wahrlich nicht zählen. Also fuhr er noch eine Ehrenrunde und parkte dann am oberen Stadtpark, von wo aus es nur ein paar wenige Schritte in die malerische Altstadt waren.
Es war kurz vor zwei und so nutzte er die Gelegenheit, sich ein bisschen umzusehen. Es gab einige Cafés und Restaurants, putzige, kleine Geschäfte, die zum Stöbern einluden. Und keine einzige Ladenkette war zu entdecken. Üblicherweise beherrschten die ja inzwischen Deutschlands Fußgängerzonen... Aber nicht einmal eine der unzähligen „HansaFra Wohlfühldrogerien" war hier vertreten. Diesen Landstrich am Fuße des Hoherodskopfes musste der Sexy-Burger, der für den Postleitzahlenbezirk „6" zuständig war, zu dem Schotten noch gehörte, wohl vergessen haben...
Alles sehr sympathisch! Anscheinend gab es hier noch einen florierenden Einzelhandel, so wie es früher fast überall der Fall war, bevor einige wenige Großkonzerne das Ruder übernommen hatten und damit immer mehr Geschäfte in den Ruin getrieben. Obwohl, er musste zugeben, hier und da standen auch einige Läden leer...
Die grüne Wiese mit ihren unendlichen Parkmöglichkeiten hatte wohl auch hier ihre Spuren hinterlassen.
Ein ziemlich schiefer Kirchturm inmitten der Altstadt fiel Jan sofort auf. Er schaute gebannt auf das interessante Gebäude. Anscheinend war er als Fremder mit Entdeckerblick wohl aufgefallen, denn er hörte plötzlich einen älteren Herrn zu ihm sagen: „Junger Mann, wisse Sie dann, wann der Kirchturm widder graad wird?"
Das „R" in seinem Dialekt klang ungefähr so, als wäre Howard Carpendale hier der Ober-Beauftragte für Spracherziehung gewesen. Jan schaute dem Mann, der schätzungsweise achtzig Jahre alt war, in sein von tiefen Falten durchzogenes Gesicht, das von einem langen Leben erzählte: „Nein, aber ich bin mir sicher, dass Sie mir das gleich

verraten werden!" Das ließ der alte Mann sich nicht zweimal sagen und grinste vielversprechend: „Wenn Schotten mehr als drei Jungfrauen hat, dann", und die Betonung lag auf dann, „dann wird der Turm widder graad." Er schlug sich auf die Schenkel und stützte sich in dem Moment noch stärker auf seinen Stock, der ebenso aussah, als hätte er schon einiges erlebt. Jan lachte ein bisschen mit dem komischen Alten und fragte sich, ob er wirklich so touri-mäßig aussah, dass man ihn gleich als solchen entlarven konnte. Dabei hatte er nicht einmal einen Fotoapparat in der Hand...

Pünktlich um eine Minute vor zwei stand er bei Tonja Naumann vor dem klitzekleinen Fachwerkhäuschen. Vor dem Haus die obligatorische Bank – vor den Fenstern Balkonkästen mit Geranien, die aber so aussahen, als hätten sie in diesem Sommer noch gar nicht viel Sonne abbekommen. Kühl war es hier oben, merklich kühler als in Frankfurt. Und das nach nur anderthalb Stunden Autofahrt. Die Natur war hier ungefähr vier Wochen zurück – gegenüber dem Rhein-Main-Gebiet.
Keine einzige Rose blühte...

„Hallo, Sie müssen Herr Johannsen sein. Ich bin Tonja Naumann. Herzlich willkommen!", stellte sich die Frau, die zu 100% dem keltischen Typ entsprach, vor. Jan hatte so eine Frau noch nie gesehen. Sie kam ihm riesengroß vor, mindestens 1,80. Dazu noch von einer Statur wie eine russische Hammerwerferin. Und erst die langen roten Haare, die in unglaublich schönen Wellen fielen. Kein Frisör hätte das so hinbekommen. „Eine Frau in einem Kleid. In einem Leinenkleid", dachte Jan. Gott sei Dank, es war keine Latzhose. Und auch nicht lila... Wann zogen Frauen heutzutage noch Kleider an, wenn nicht gerade 35 Grad im Schatten angesagt waren? Hier oben auf dem Vulkan gingen die Uhren anscheinend noch anders. Es schien zwar (unter Kirchturmaspekten!) keine ausreichende Menge an Jungfrauen vorhanden zu sein, aber die Quote der kleidertragenden Frauen, die jegliche Diäten strikt abzulehnen schienen, war hier wohl mehr als erfüllt.
„Ja, ich bin Jan Johannsen. Hatte den Termin um zwei. Wir haben ja schon telefoniert. Danke nochmal, dass ich so schnell kommen konnte." – „Kein Thema, wenn es irgendwie geht, dann mache ich das möglich. Und besonders dann, wenn Sie auf Empfehlung meines guten Freundes Dr. Gutbein kommen...", sie lachte und warf einen Teil ihrer

roten Mähne zurück. „Übrigens", so fuhr sie gleich fort, „jetzt habe ich fünfzig Jahre lang niemanden kennengelernt, der Johannsen heißt. Und dann lerne ich in einem Jahr gleich zwei davon kennen. Letztens erst in Hamburg habe ich mit einer sehr netten, älteren Dame einen Cocktail getrunken, die auch Johannsen hieß... aber das ist wohl ein typischer Name im Norden."

Kurz fragte sich Jan, ob das am Ende seine Mutter gewesen sein könnte. Erwähnt hatte sie nichts dergleichen. Aber dann fiel ihm wieder ein, dass sie ihm generell wohl nicht mehr alles erzählte...

„Nun, kommen Sie erst einmal in Ruhe hier an. Sie haben ja schon eine ganz schöne Strecke zurückgelegt. Kann ich Ihnen einen Tee oder Kaffee anbieten?" Da sagte Jan generell nicht nein. Er mochte es, wenn er ein bisschen bemuttert wurde. Und Frau Naumann war wirklich sympathisch. Irgendwie kam sie vom ersten Moment an herzlich und warm rüber. Und überall standen alte Möbel herum. Wahrscheinlich vom Antikmarkt, vermutete Jan. Oder Erbstücke, wie es bei ihm der Fall war. Und an den Wänden waren viele Sprüche zu lesen. Teilweise kannte er sie, andere waren ganz neu für ihn oder er konnte die Schrift nicht lesen. Aber jedenfalls mussten sie schon sehr alt sein. In der Eile konnte Jan sie aber nicht allesamt erfassen.

Tonja Naumann legte einen strammen Schritt vor, die Praxis lag wohl ganz hinten im Haus, das größer zu sein schien, als es von außen aussah. Nichts erinnerte an die modernen, eher steril erscheinenden Arztpraxen, die er bisher kennengelernt hatte. Aber dies war ja auch keine Praxis im herkömmlichen Sinne. Mittlerweile war er ziemlich gespannt, was ihn hier erwarten sollte.

„Cappuccino. Einen Cappuccino würde ich gerne nehmen. Danke", antwortete Jan und war etwas erstaunt, als Frau Naumann ihm kurzerhand sagte, dass es so etwas in ihrem Hause gar nicht gäbe.

„Aber ich kann Ihnen einen Kaffee machen. Wird frisch gemahlen und aufgebrüht!" Hier oben laufen die Uhren wirklich etwas anders, dachte Jan. Ein leicht rollendes „R" konnte er bei der Keltenfrau auch ausmachen – dem alten Mann vom Kirchturm konnte sie in der Beziehung aber nicht das Wasser reichen.

„Ja, klar. Natürlich geht auch ganz normaler Kaffee."

Das letzte Mal, dass er gesehen hatte, wie Kaffee frisch in einer Kaffeemühle gemahlen worden war, musste in seiner Kindheit gewesen sein. Seine Mutter hatte das auch so gemacht, bis sein Vater irgend-

wann eine neumodische Kaffeemaschine angeschleppt hatte. Der köstliche Duft von frischgemahlenen Bohnen drang schnell in das Zimmer vor, wo er Platz nehmen sollte. Hier stand alles voll mit Büchern. Irgendwie gemütlich und gar nicht so steril wie neuerdings in seiner eigenen Wohnung. Keine Spur von Desinfektionsmitteln...
Sondern ein richtig liebevoll eingerichteter Raum mit einem großen, uralten Nussbaumschreibtisch in der Mitte. Das musste das Besprechungszimmer sein und diente wohl gleichzeitig als Büro der Heilpraktikerin. Einen Computer suchte man hier vergeblich. Auf der Schreibtischunterlage lag jedoch eine Karte. Spiegelverkehrt konnte er seinen Namen erkennen und das heutige Datum.
Es gab sie also noch immer: die gute alte Karteikarte!
Ein bisschen freute er sich über so viel Nostalgie. Hier wurde man wahrscheinlich sogar richtig angesehen – mit Blickkontakt!
Die Spannung stieg weiterhin und Jan konnte es kaum erwarten, endlich von diesem altmodisch gekochten Kaffee zu kosten.
    Eine Zeitreise...
„Naja", sagte Jan zu sich selbst, „auch wenn das hier gar nicht helfen sollte, ein Erlebnis war das schon allemal, hier oben im Vogelsberg!"
Bei zwei, drei Tassen wirklich schwarzem Kaffee erzählte Jan dann seine ganze Krankengeschichte. Angefangen von seinem entzündeten Zehennagel, den anhaltenden Rücken- und Kopfschmerzen."
    Frau Naumann machte sich fleißig Notizen und hörte intensiv zu, was Jan zu berichten hatte. Sie wollte außerdem genau wissen, welche Untersuchungen bereits gemacht, welche Diagnosen gestellt und welche Therapien schon eingeleitet und auch durchgeführt wurden – und welche Medikamente er regelmäßig einnahm oder bislang eingenommen hatte. Auch die mitgebrachten Arztberichte las sie sich aufmerksam durch. Dann fragte sie zu seinem Erstaunen auch noch, ob die Großeltern noch leben würden und wenn nicht, woran und in welchem Alter sie verstorben waren. Das Gleiche wollte sie von seinen Eltern wissen – und ob er noch Geschwister hätte. Tonja Naumann nahm somit auch gleich die ganze Krankengeschichte seiner Familie mit auf.
Und Jan hatte das Gefühl, dass sie wirklich alles, aber auch alles interessierte, was er von seiner Familie erzählte.
    „Nochmal zu Ihrem Beruf. Sie sagten im ersten Gespräch schon, dass Sie Künstler und Lehrer an einer Malschule sind. Können Sie das denn mit den Dauerschmerzen momentan bewältigen?"

„Tja, es ist so...", Jan überlegte, wie er es jetzt ausdrücken sollte, „ich arbeite nur stundenweise in der Malschule und alles andere kann ich mir einteilen. Das geht dann schon. Mein Atelier ist zuhause und wenn ich nicht fit bin, kann ich mich einfach zwischendurch mal auf die Couch legen." Frau Naumann nickte anerkennend.

„Das ist sehr gut, dass Sie nicht auch noch unter großem Druck arbeiten müssen, wenn Sie sowieso schon mit Schmerzen geplagt sind. Und ab und zu mal eine Pause ist auch ganz wichtig." So viele Fragen hatte Jan bisher noch bei keinem normalen Arzt beantworten müssen.

„Apropos Pause", Frau Naumann lächelte ihn verschmitzt an, „die haben wir beide uns jetzt auch verdient." Jan schaute kurz auf seine Uhr und war verblüfft. Eine ganze Stunde hatte das gedauert. Und das war nur das Vorgespräch! Ihm war diese Naturheilkunde direkt sympathisch geworden...

Ein wenig später sollte sich Jan oben herum freimachen. Die geübten und so wunderbar warmen Hände der Heilpraktikerin tasteten seinen Rücken hier und da ab, machten zwischendurch Notizen und berührten ihn dann wieder. Ausgesprochen angenehm, so eine Untersuchung, fand er. Eine Rundum-Wohlfühl-Praxis! Alles drehte sich nur um ihn. Und das Ganze für nur dreißig Euro.

Dann sollte er sich wieder anziehen. Am liebsten aber hätte er sich sofort auf eine Massagebank gelegt und gesagt: „Einfach nur berühren, das reicht schon....". Wahrscheinlich, so erklärte Jan es sich selbst, war er auf Kuschelentzug. Seit es zwischen ihm und Lina eher abgekühlt war, um es mal nicht gleich Krise zu nennen, was die ganze Sachlage treffender beschreiben würde, fand er wahrscheinlich jede zärtliche Geste ihm gegenüber wie Balsam für seine Seele.

Tonja Naumann wusch sich gründlich die Hände und setzte sich dann wieder hinter ihren alten Tisch: „Also, Herr Johannsen", begann sie, atmete noch einmal tief durch und Jan war noch gespannter als ein Flitzebogen, was jetzt kommen würde.

„Es ist so: eine Wunderheilerin bin ich natürlich nicht. Aber nach dem ersten Bild, was ich mir jetzt von Ihnen gemacht habe, kann man sagen, dass Sie schulmedizinisch sozusagen austherapiert sind. Das heißt, außer einer Operation, die in Ihrem Fall nach Aussagen der vorher behandelnden Ärzte nicht notwendig wäre, haben Sie alle Möglichkeit ausgeschöpft. Eigentlich eine gute Basis, um mit einer etwas anderen Therapie zu beginnen. Nachdem die Akupunktur Ihnen auch nicht geholfen hat, würde ich Ihnen vorschlagen, in der nächsten Zeit dreimal pro Woche zu mir zu kommen, um eine Behandlung intensiv durchzuführen. Ich würde Sie mit Massagen und energetischen Methoden therapieren, homöopathische Mittel spritzen und zudem gingen wir jedes zweite Mal in den Wald, um verschiedene Mediationen zu praktizieren."

Etwas ungläubig saß Jan ihr gegenüber. Sie machte eine Pause und sprach ihn dann erneut an: „Können Sie sich vorstellen, das einmal zu probieren? Ich habe in ähnlichen Fällen gute Erfahrungen mit dieser kombinierten Therapie gemacht. Damit Sie wissen, was kostenmäßig auf Sie zukäme, kann ich Ihnen sagen, dass ich bei einer Langzeittherapie 30 Euro pro Sitzung berechne. Darin ist alles enthalten. Sie können die Behandlung natürlich jederzeit abbrechen, wenn Sie das Gefühl haben sollten, dass Sie genesen sind oder – was ich jedoch eher nicht erwarte – es Ihnen nichts bringt." Jan war in dem Moment etwas unsicher. Meditationen? Was sollte das schon bringen? Andererseits war er so angetan von der wohlbeleibten keltischen Erscheinung, dass er tatsächlich geneigt war, direkt zuzustimmen. Und die Preise erst – das würde ihm in Frankfurt doch niemand glauben! Dort bezahlte man locker das Doppelte pro Behandlung – eher sogar mehr…

Er überschlug in seinem Inneren kurz: „Keltische Heilerin, schottische Preise. Was soll da schiefgehen? Zur Not wäre es eine Erfahrung, nicht mehr oder weniger. Und wenn alles gut gehen würde, dann wäre es doch jeden Cent wert!" Also schlug er ein.

Und Frau Naumann gab ihm einen Terminzettel.

„Zoff und Tor!"

In Steinfurth, dem kleinen, aber in aller Welt berühmten Rosendorf nördlich von Frankfurt, blühte die Königin unter den Blumen in diesem Jahr erst ab Anfang Juni. Das unbeständige Wetter hatte den Rosen zu schaffen gemacht.
Aber auch Ines Gerlach mochte in diesem Sommer nicht so recht erblühen. Sie lag apathisch in ihrem Bett und wollte am liebsten gar nicht mehr aufstehen. Nie mehr!
Lars Ochs hatte irgendwann in einer nahezu endlosen Nacht-und-Nebel-Diskussion tatsächlich zugegeben, dass er in Holland „jemanden kennengelernt hätte". Eine Superformulierung, wie Ines fand. Das hatte ihr gerade noch gefehlt! Erst kündigte man ihrer Lieblingskollegin den Job und sie musste es ausbaden – und jetzt hatte ihr Lars auch noch „jemanden kennengelernt".
Irgendwie lief in diesem Jahr aber auch alles aus dem Ruder.
Und wenn sie ehrlich zu sich selbst war, was ihr in dem Moment nicht leicht fiel, dann hatte sie die Sache mit Lars schon länger auf sich zukommen sehen. Aber nicht wahrhaben wollen. Abgesehen davon, dass er Valentinstage und Heiratsanträge regelmäßig vergaß, dachte Ines immer, es läge auch an ihr. Sie sollte nicht so kleinlich sein und seine Liebe an bestimmten Jahrestagen messen.
So materiell war sie doch auch wieder nicht!
Doch von einem glücklichen Zusammenleben wäre sie auch mit zwei, drei Rosensträußen pro Jahr noch meilenweit entfernt gewesen.
Zu fast allen Anlässen, bei denen der Partner mit eingeladen war, hatte Lars Ochs gefehlt. Bei keinem einzigen Sommerfest der HansaFra war er dabei gewesen. Im Zweifelsfall war immer irgendeine Lieferung aus Holland zu übernehmen, die niemand außer ihm, dem Juniorchef höchstpersönlich, sicher ins hessische Steinfurth überführen konnte.

Der einzige Trost, den Ines sich selbst spenden konnte, war, dass wahrscheinlich niemand bemerken würde, dass sie wieder Single war. Denn nur wenige Menschen aus ihrem Umfeld hatten den schönen Lars bislang so richtig zu Gesicht bekommen…

Wie immer in dramatischen Zeiten, mussten die Mädels ran. Krisensitzung zum Thema „Trennung von Lars" bei Ines, Samstagnachmittag, pünktlich zur Kaffeezeit. Es hatte Marie-Anne einiges an Überredungskunst gekostet, Lina klarzumachen, dass die Zeit der Funkstille nun ein

Ende haben musste und Ines nun wirklich gar nichts dafür konnte, dass sie ihren Job als Vorzimmerdame verloren hatte. Ein paar Wochen Schonfrist hätte man ihr ja großzügiger weise eingeräumt, aber diese sei jetzt definitiv vorüber. Als Alterspräsidentin der Flaggenmädels war Marie-Anne zu solchen Aussagen zweifellos berechtigt.

Außerdem hatte Lina schon richtig Sehnsucht nach einer gepflegten Mädelsrunde. Und da Lars nun endgültig als Fremdgänger aufgeflogen war, konnte sie sich die neuesten Erkenntnisse dazu keinesfalls entgehen lassen! Also beschloss Lina zu guter Letzt, über ihren Schatten zu springen und sich nicht weiter aus der Truppe auszuschließen. Flagge zeigen war angesagt!

„Das ging wohl schon länger so...", Ines, die so gar nicht mehr nach Göttlicher Ines aussah, saß wie ein Häufchen Elend in einem verwaschenen Jogginganzug am Küchentisch und schniefte ihr rotes Näschen nochmal ins Taschentuch.

„Und ich Dappschaf hab' nie was gemerkt. Obwohl der so oft über Nacht weg war. Da hat er immer gesagt, es wäre wieder mal ein Mega-Stau oder sie hätten einen schweren Sturm vorausgesagt und er müsste deshalb über Nacht in Holland bleiben. Dabei hat der blöde Ochs ihr da schon den Stier gemacht!" In dem Moment kamen Lachen und Weinen bei ihr ein bisschen durcheinander.

„Mich wundert da gar nix mehr", Susi Lustig holte noch kurz Luft und ließ dann richtig Dampf ab: „Ich hab' mal 'ne Reportage gemacht, da ging es um notorische Fremdgänger. *Die* haben ihren Frauen vielleicht Geschichten aufgetischt. Mann, Mann, Mann! Faule Ausreden ohne Ende. Ich sach' euch, da hab' ich Sachen gehört... Aber mit dem Lars da hatt' ich von Anfang an ein ungutes Gefühl. Der kam nett ehrlich rüber, unn' nie hat der Zeit gehabt, wenn mal was los war und er mit eingeladen war. Irgendwie hat der immer so getan, als wär' er noch Solist."

Lina war froh, dass *sie* heute mal nicht das Thema war.

So konnte sie sich ganz auf die Story mit Lars konzentrieren.

„Ja und jedes Mal das Theater am Valentinstag! Ich hab' doch gesehen, wie enttäuscht Ines immer war. Da fährt der Kerl tagein, tagaus Blumen durch halb Europa... Und dann DAS! Das glaubt einem doch keiner."

„Aber abgesehen von den fehlenden Valentinsblumen, eine linke Nummer ist das allemal. Ganz mies. Wahrscheinlich wäre das noch ewig so weitergegangen. Und zugegeben, dass er eine Andere hat, hat er erst, als du von seinem Handy aus die holländische Nummer angerufen hast und Frau Antje persönlich dran war?", Marie-Anne wollte es jetzt genau wissen. Lina nahm sich noch ein Stück Erdbeerkuchen mit Sahne. Heute waren ihr die Kilos, die sich neuerdings wieder wie zäher Tapetenkleister an sie geheftet hatten, wirklich egal. Sie musste sich sowieso langfristig eine andere Strategie zum Abnehmen suchen, denn die FDH-Nummer mit den Schweinchentagen funktionierte nicht mehr. Mittlerweile nahm sie schon zu, wenn sie nur ans Essen dachte!

Ines schnäuzte sich noch einmal die Nase und meinte dann: „Die heißt nicht Frau Antje. Die heißt Annemieke van der Wiesen."

Kaum ausgesprochen, konnten Susi, Lina und Marie-Anne das Lachen nicht mehr unterdrücken. Auch wenn die Lage tragisch war, aber *Annemieke van der Wiesen* zu heißen, reizte selbst die überstrapazierten Nerven von Ines, die dann auf einmal doch mehr lachen als weinen musste.

„Ich glaub's ja nicht. Das Holland-Meisje van der Wiesen...", Susi Lustig kriegte sich nicht mehr ein – und wie das so ist, wenn alles erst krampfhaft angespannt scheint: ein einziger Lacher und ein Lachanfall folgt auf den nächsten.

„Und wisst Ihr was das Beste wäre?", Susi hatte wohl noch eine Idee in petto: „Das Aller-aller-aller-Beste wäre, wenn die beiden heiraten würden. Und zwar mit Doppelnamen und allem Pi-Pa-Po. Dann würde Lars mit Nachnamen tatsächlich „Ochs-van der Wiesen" heißen und das wär' doch dann wirklich der Knaller!" Das Gelächter nahm unter diesen Umständen natürlich kein Ende mehr.

„Auch schön", fanden die Flaggenmädels einstimmig. Und Ines war gar nicht mehr so traurig wie vorher und meinte nur noch leicht verschnupft klingend: „Das wäre die gerechte Strafe für diesen Fremdgänger!" Der Gedanke daran, dass ihr zukünftiger Exmann als „Lars Ochs-van der Wiesen" mit seiner angetrauten Frau Annemieke in traditionellen Holzschuhen durch Steinfurth stolpern würde, stimmte sie anscheinend heiter. Zumindest für den Moment. Wahrscheinlich aber nur so lange, bis die Mädels wieder weg waren. Den Erdbeerkuchen würde sie vorher noch aufteilen und den Freundinnen mitgeben.

Denn Hunger hatte sie immer noch keinen...

Er hatte lange geschlafen. Und das verdammt tief und gut. Das zuvor mehrfach angekündigte Gewitter war zum Glück erst aufgezogen, als Jan schon lange wieder in seinem Bornheimer Zuhause zurück war. Lina war bereits aufgestanden und er hörte, dass sie im Nebenzimmer wieder eifrig auf die Laptoptastatur einhämmerte.
Wovon hatte er noch gleich geträumt? Irgendwie verschwammen Traum und Wirklichkeit vor seinen noch lichtempfindlichen Augen.
So ganz da war er jedenfalls noch nicht.
Nach und nach fiel es ihm wieder ein, was er gerade so erlebt hatte: Brad Pitt persönlich hatte ihn kontaktiert. Er wollte „eben mal vorbeikommen", um sich einige seiner Gemälde anzusehen. Als leidenschaftlicher Kunstsammler sei er im Internet auf Jans Bilder aufmerksam geworden. Und begeistert!

Irgendwann saßen sie dann mit Flaschenbier in Jans Atelier – und Mister Pitt war restlos hin und weg: „Jan, my dear friend, also, ich persönlich finde, dass du die ganz falschen Preise für deine Bilder gemacht hast. Das ist viel zu billig, glaub' mir. Ich habe ja für ein Gemälde von Mister Rauch schon fast eine dreiviertel Million gezahlt – da kannst du doch nicht nur ein paar hundert Euro für ein Kunstwerk nehmen! Das widerspricht absolutely meinem Gerechtigkeitsgefühl…"

Dann hat er sich den mittlerweile ergrauten Bart gekrault, noch einmal einen kräftigen Schluck aus der Pulle genommen und irgendwas gefaselt, von wegen „er würde, wenn er denn diese drei Bilder kaufen dürfte, einen wirklich guten Preis zahlen." Dann war der Traum-Film gerissen – LEIDER!!! – Das war's dann mit dem prominenten Kundenbesuch. Ärgerlich… Aber so langsam dämmert es ihm, warum er so gut geschlafen hatte: Supergeschäfte mit Super-Brad!

Noch mehrfach an diesem Tag ging es ihm im Kopf herum, wie er nun ausgerechnet auf diesen sympathischen Schauspieler gekommen war. Dann fiel es ihm wieder ein: Bei der documenta in Kassel war der Superstar überraschenderweise als Special Guest aufgetaucht, alle Sender hatten davon berichtet. Wie er völlig lässig gekleidet und mit sichtbar ungewaschenem Haupthaar von der Oberchefin persönlich übers documenta-Gelände geführt wurde.

Linas Kommentar: „Ein Sahnehäppchen, dieser Brad! Auch mit Zottelhaaren…" Jans Kommentar: „Tja, in diesem Fall nützt es dir aber gar nichts, dass du auch Angelina heißt..."

Es folgte eine längere Sendepause.

Noch immer im Pyjama, stand Jan später neben Lina, die ihrerseits wie hypnotisiert auf den Bildschirm starrte. Tippenderweise...

„Sag' mal, was schreibst du eigentlich schon so früh am Morgen?" Er umarmte sie von hinten und küsste sie sanft auf ihre Schulter. Sie schüttelte die Zärtlichkeit prompt ab, was ihm einen Stich versetzte. War das noch seine Lina, mit der er einst den Rest seines Lebens verbringen wollte?

„Bewerbungen. Will ja nicht als Harzt-Vier-Empfängerin enden..."

Das saß! Sie hatte sich nicht einmal bemüht, auch nur ein kleines bisschen freundlich zu klingen. Die schönen Gefühle, die Jan bis eben noch von seinem Traum hatte in den Tag hinüberretten können, waren mit einem Schlag verflogen. Mit Lina war kein vernünftiges Wort mehr zu reden. Und schon gar kein nettes. Jan verspürte nicht die geringste Lust, sich jetzt vollends den Tag von der übellaunigen Dame am Laptop verderben zu lassen und ging wortlos in die Küche, wo er die Cappuccino-Maschine ansah und ihm unweigerlich wieder die Worte von Tonja Naumann in den Sinn kamen: „Mit Cappuccino kann ich leider nicht dienen. Aber ich kann Ihnen einen Kaffee machen. Frisch gemahlen und aufgebrüht."

Und einen Moment lang überlegte er, ob er sich demnächst mal auf dem Flohmarkt nach einer alten Kaffeemühle umsehen sollte.

Auf seinen ersten Behandlungstermin bei Frau Naumann freute er sich jedenfalls schon. Heute Nachmittag sollte es soweit sein! Und vorsichtshalber würde er wieder sehr rechtzeitig in den Vogelsberg starten, denn jede Minute außerhalb Linas Reichweite erschien ihm allein schon als reine Erholungsphase.

Er wusste, so konnte es auf Dauer nicht weitergehen. Aber ihm fiel partout keine Lösung ein. Seiner Gefühle war er sich nicht mehr sicher. Trennung? Das konnte er sich auch nicht vorstellen. Doch wo war die Liebe geblieben, die sie die letzten Jahre gehabt hatten? War sie am Ende zu schwach, diesen kleinen Sturm des Lebens auszuhalten?

Dann war es endlich so weit. Jan war ganz aufgeregt, obwohl er eigentlich gar nicht wusste, warum.

„Ich muss Sie erst ein bisschen näher kennenlernen, Herr Johannsen. Am besten, Sie legen sich erst einmal hier auf die Liege. Und zwar auf den Rücken."

Jan legte sich vollkommen angezogen auf die riesige und sehr bequeme Liege. Er fragte sich, wie sie ihn massieren wollte, wenn er in voller Montur war, sagte dann aber doch nichts zu der Heilpraktikerin, die ihn bat, einfach mal die Augen zu schließen. Irgendwelche sphärischen Klänge hörte er von weit, weit weg. So eine Musik hatte er noch nie gehört.
Dann wurde es wunderbar warm in seinem Körper und an manchen Stellen richtig heiß. Von den Füßen angefangen bis hin zum Kopf fühlte er eine angenehme Hitze und ein ganz komisches Kribbeln, wie er es noch nie gespürt hatte. Er konnte jedoch nicht ausmachen, was Frau Naumann da eigentlich mit ihm anstellte. Massagen, wie sie ihm der Herzbube Kiltschow in Bornheim verpasst hatte, waren das hier jedenfalls nicht! Keine Hände, kein Druck. Jan konnte es sich nicht erklären, wie diese durchaus schönen Empfindungen in seinen Körper gelangen konnten. Denn offensichtlich berührte Tonja Naumann ihn gar nicht und als er einmal kurz blinzelte, weil er doch so neugierig war, sah er nur, dass sich die Hände der Heilpraktikerin ungefähr fünfzehn Zentimeter über seinem Körper befanden und ihn somit unmöglich massieren konnten. Eine Wärmelampe oder Ähnliches war auch nicht zu sehen.

„Nicht denken, einfach nur fühlen. Den Kopf dabei möglichst ausschalten", sprach sie zu ihrem neuen Patienten, als sie bemerkt hatte, dass er über die Behandlungsweise mehr als erstaunt war.

„Schöner Hokuspokus! Und 30 Euro aus dem Fenster geworfen... Na, prima!", waren Jans Gedanken. Aber er bemühte sich trotzdem, einen möglichst entspannten Eindruck zu machen. Das war ihm in Wirklichkeit jedoch nicht mehr möglich, denn er machte sich unzählige Gedanken darüber, wie und warum eine solche Wärme durch seinen Körper fließen konnte. Ohne Fangopackung, ohne Wärmelampe, ohne jegliche Berührung. Irgendwie war ihm die ganze Sache jetzt schon unheimlich...

„So, Herr Johannsen, jetzt dürfen Sie sich noch einmal umdrehen. Und auf den Bauch legen. Dann geht es gleich weiter.", sie lächelte ihn an und Jan versuchte, seine Skepsis zu verbergen. Er lächelte zurück. „Alles in Ordnung? Sie fühlen sich wohl?", fragte sie noch einmal mit ihrer warmen, engelsgleichen Stimme.

Jan nickte. Er war irgendwie müde. Wohlig müde. Und irgendwie war ihm auch gerade alles ein bisschen egal: Lina mit ihrer unausstehlichen Laune und ihrem Putzfimmel – seine Bilder, die niemand wollte – die Galeristen, die ihn ignorierten – und seine Mutter mit ihrem geheimnisvollen Italo-Lover. Das alles erschien ihm ganz weit weg. Und dass es zuhause nie etwas Gescheites zu essen gab, selbst das war in diesem Moment nicht wirklich schlimm für ihn.

Er wollte sich einfach nur wieder auf diese Wunderliege legen und wieder kuschelig warm werden. Von innen. Sein Zeitgefühl war ihm komplett abhanden gekommen. War tatsächlich nur eine halbe Stunde vergangen? Wie ein Baby, was satt und zufrieden war, fühlte sich Jan. Er hätte am liebsten noch ein bisschen gedöst.

„Bleiben Sie ruhig noch ein wenig liegen, Herr Johannsen. Wenn Sie einschlafen sollten, kein Problem. Ich bin nebenan und wecke Sie spätestens in einer halben Stunde. Bis dann." Und schon war Jan wieder weggeschlummert. Irgendwo weit weg. Wohin auch immer ihn die sphärischen Klänge getragen haben...

Die Tage wurden schon wieder kürzer. Mittsommer war so gut wie vorbei. Dabei hatte sich der Sommer noch nicht mal richtig blicken lassen! Hin und wieder ein schwülheißer Tag und immer wieder Temperaturstürze im zweistelligen Bereich, mehr war es bisher nicht gewesen. Nächste Woche würden die hessischen Sommerferien beginnen. Lina hoffte, dass es in der Stadt dann merklich ruhiger werden würde. Seit sie die Zeit mehr oder weniger nur in ihrer Wohnung verbrachte, war ihr erst richtig bewusst geworden, wie laut es hier eigentlich den ganzen Tag über war. Ständig fuhren Laster vorbei, flogen Flugzeuge über Frankfurt hinweg, dazu das ständige Gehupe von Leuten, denen es entweder zu langsam oder nicht schnell genug ging, die aber vor allen Dingen der Überzeugung waren, im Recht zu sein. Manchmal setzte sie sich aus Verzweiflung schon Jans Kopfhörer auf und lauschte einer dieser Meditations-CDs: Wasserplätschern, Wellenrauschen oder heimelig prasselndem Regen. Wie herrlich beruhigend...

Ihre Aktivitäten in Sachen Bewerbung hatte Lina weiter betrieben, sogar ein Vorstellungsgespräch bei einer der vielen Zeitarbeitsfirmen hatte sie interessehalber wahrgenommen. O-Ton: „Wir haben eine Menge Arbeit für Sie anzubieten. Zurzeit sind jedoch die anspruchsvolleren Tätigkeiten als Assistentin, so wie Sie es gewohnt sein dürften, nicht vorhanden", hatte die mindestens zwanzig Jahre jüngere Dame, die für die Einstellungsgespräche zuständig war, ihr sogleich mitgeteilt.

„Momentan könnten wir Sie nur zur Datenerfassung einsetzen. Der Stundenlohn hierfür wäre acht Euro fünfzig." Lina hatte in diesem Moment nur noch schlucken können, obwohl diese Kröte eigentlich gar nicht zu schlucken war...

„Unter diesen Umständen würde ich mir das Ganze noch einmal durch den Kopf gehen lassen, wie Sie sicherlich verstehen werden", hatte sie dem jungen Suppenhuhn hinter dem Schreibtisch eher gleichgültig entgegnet. Und dann relativ rasch das Weite gesucht.

Es war auch nur ein Test gewesen für Lina, um zu sehen, was ihr im schlimmsten Falle drohen könnte. Und diese eine Erfahrung reichte vollkommen, um zu erkennen, was sie keinesfalls akzeptieren konnte oder wollte. Die genannten Gehaltszahlen hätten bedeutet, auf ein Viertel ihrer bisherigen Einnahmen zurückgestuft zu werden. Und diese Aussichten machten den Sommer auch nicht schöner...

Erst jetzt wurde Lina so richtig klar, was der Verlust ihres bisher so sicher geglaubten Arbeitsplatzes bedeutete. So einfach würde sie nichts Vergleichbares finden. Immerhin war sie über vierzig. Wie sollte sie erklären, warum sie ihre Stelle gekündigt hatte? Ohne etwas Neues in petto zu haben...

Mit all diesen Dingen hatte sie sich in den letzten Jahren nie beschäftigen müssen. Und eigentlich war sie der Meinung gewesen, bei HansaFra irgendwann einmal die Rente einreichen zu können. So ein Konzern überlebte doch normalerweise ganze Generationen von Mitarbeitern. Warum in Gottes Namen hätte sie ihre Stellung dort auch aufgeben sollen?

Mit Ines hatte sie bisher nicht mehr gesprochen. Zumindest nicht alleine. Jürgen Hein oder ihre Kündigung waren tabu! Lina wollte auch nicht wissen, wie es in der Firma lief oder wie Ines mit ihrem neuen Arbeitsplatz und ihrem alten Chef zurechtkam. Sie war der Meinung, dass man schlafende Hunde besser nicht wecken sollte. Also unterhielt man sich lieber über die laufende Fußball-Meisterschaft.

Und es dauerte gar nicht lange, da war die Idee, das bevorstehende Viertelfinale zwischen Deutschland und Griechenland gemeinsam zu sehen, geboren.

„Marie-Anne und Susi Lustig haben Zeit! Wo wollen wir das Ganze steigen lassen?" Ines klang, als hätte sie schon einen Vorschlag parat, aber sie wartete noch ab, was Lina dazu meinte. „Ich bin für Susi. Bei mir zuhause bin ich momentan ja mehr als mir lieb ist."

Püh, eigentlich wollte sie sich mit derartigen Bemerkungen Ines gegenüber auch zurückgehalten haben. Aber manchmal funktionieren Vorsätze einfach nicht...

„Da kenne ich noch jemanden, dem es ganz recht sein würde, die heimischen Wände auch mal nachts nicht anstarren zu müssen."

Ohne große Umschweife gab Ines also zu, dass ihr wohl auch die Decke auf den Kopf fiel seit Lars Ochs das Weite – oder besser gesagt die Annemieke van der Wiesen – gesucht und gefunden hatte. Nachdem Susi nun auch ihr Okay gegeben hatte, konnte die Deutschland-Flaggen-Fußballparty mit richtigen Deutschland-Fähnchen also steigen.

„Wisst Ihr noch, als wir bei der WM 2006 das erste Mal den Einfall mit der Flagge hatten?", fragte Marie-Anne in die Runde.

Am Wohnzimmertisch, der nach kürzester Zeit so aussah, als würde gleich noch eine komplette Fußballmannschaft persönlich zu Häppchen und Getränken erscheinen, saßen die Mädels in ordnungsgemäßer Reihenfolge „Schwarz (Susi) – Rot (Ines) – Gold (Lina) und Metallic-Grau (Marie-Anne als die Fahnenstange) auf dem übergroßen Sofa, wo mindestens drei der Flaggenmädels problemlos direkt ihren Schlafplatz hätten einnehmen können.

„Ja, genau, ich erinnere mich noch wie gestern. Mensch, ist das schon wieder sechs Jahre her? Da fing das doch alles an mit dem Deutschland-Kult. Vorher war doch so etwas noch nie da gewesen", meine Lina dazu.

„Also ich hab' ja bis zu dem Tag nie irgendjemandem mit einer Deutschlandfahne in der Hand gesehen. In meiner ganzen Kindheit und Jugend gab es sowas nicht. Das wär' auch högschd verdächtig gwese..." Susi Lustig mischte jetzt schon Jogi-Deutsch mit Hessisch, was ihr ausnahmsweise mal nicht in der gewohnten Perfektion gelingen wollte.

„Ja, aber die jüngere Generation hat wohl kein Problem damit", erinnerte sich Ines an die Zeit, wo der Deutschland-Fankult seinen Ursprung gefunden hatte, „die haben das Tabu gebrochen und dann haben wir uns auch getraut. Bis zur WM 2006 habe ich noch nie eine schwarz-rot-goldene Fahne geschwungen. Eher wäre ich im Erdboden versunken oder hätte Angst gehabt, als „rechte Tussi" beschimpft zu werden." – „Ja, genau, aber jetzt ist das alles ganz normal. Sogar die Ausländer hängen jetzt immer Fahnen raus, wenn die Deutschen spielen", kommentierte Marie-Anne noch dazu.

„Ausländer gibt's doch heute gar nicht mehr", belehrte Susi augenzwinkernd die anderen Mädels, „das sind doch Menschen mit Migrationshintergrund."

„Das geht mir sowas von auf den ….", Lina schluckte es gerade noch hinunter, was ihr auf der Zunge gelegen hatte, „mein ganzes Leben lang habe ich Ausländer gesagt und es war niemals negativ gemeint."

„So, jetzt Ruhe, Ihr Flaggenmädels. Sie singen die Hymne", ermahnte Susi Lustig und stach damit in ein Wespennest.

„Was, DAS GEJAMMERE nennst du Singen?", posaunte Ines raus, die offenbar in Frankfurt wieder ihre Lebensgeister gefunden hatte. „Die brauchen doch Synchronsänger, diese musikalischen Luschen!!!"

„Genau", hakte Marie-Anne ein, „für die ganzen Millionen, die diese Kerle fürs Fußballspielen und Brotaufstrichessen schon kassieren, könnten die wenigstens mal ordentlich die Nationalhymne singen!"

„Ich kann kaum hingucken! Es gibt doch heutzutage für alles irgendeinen Coach! Kann denen nicht mal jemand beibringen, wie man halbwegs gut rüberkommt, wenn man schon überhaupt keinen Bock aufs Singen hat?", regte sich Ines weiter auf.

Manchmal braucht *frau* auch ein Ventil, um sich mal richtig Dampf abzulassen. Männer machen das ja bekanntlich regelmäßig beim Fußballgucken. Und wenn sich schon mal ein Thema so anbietet…

Nach dem ersten Tor von Lahm fiel schon gleich der Äbbelwoi um, weil sich die Tischdecke beim Aufspringen der gesamten Flaggmädels irgendwie verhakt hatte, was Susi Lustig ziemlich peinlich gewesen war. Aber nach zwei geleerten Bembeln konnte so etwas schon mal passieren. Irgendwie musste man ja die Spannung bis zur 39. Minute, wo dann endlich das erlösende „Tooooooor" gefallen war, ertragen. Heijejei! So eine erste Halbzeit war ganz schön anstrengend! Doch dann kam die Revanche der Griechen: 55. Minute! Samaras machte einen rein. Und was für einen! *Der* Schuss wäre beim besten Willen nicht zu halten gewesen.

Auch die Mädels hatten einiges nicht mehr halten können: Mittlerweile klebte schon der ganze Fußboden, wo sich allerlei Krümel, Chips und Flips zum verschütteten Äbbelwoi gesellt hatten. Aber selbst Lina ließ sich davon zu keinerlei Putzaktion hinreißen, was schon erstaunlich war für ihre momentanen hygienischen Ansprüche. Es war jetzt ziemlich gemütlich geworden, Susi Lustig musste an ihre früheren WG-Zeiten denken, wo nie jemand Lust gehabt hatte, den Putzplan zu beachten.

„Mir isses egal, wenn die Griechen gewinnen, dann freu' ich mich auch...", bekannte Susi auf einmal, was die anderen etwas verwirrte. Keine der Flaggenmädels dürfte zu diesem Zeitpunkt noch ganz nüchtern gewesen sein. Der Äppelwoi hatte schon ganz schön reingehauen.

„Knau, de Bessere soll gewinne!", rief Marie-Anne vollkommen begeistert von ihrer eigenen Großzügigkeit aus und verfiel versehentlich auch ins Hessische, was sie sonst möglichst zu vermeiden suchte.

Dabei klang es wirklich süß bei ihr.

„Komm' mir trinke uff die Grieche!"

„Prost, Hellas!"

„Yamas, Hellas"!

„Hast du Ouzo, Susi?", versuchte Lina zu fragen, aber es kam nicht mehr ganz so sauber rüber.

„Ouzo? Klar, habbisch Ouzo. Was glaubsten-du-so?"

Offensichtlich hatte hier niemand ein Problem mit den Griechen. Wäre doch schön, wenn sie das auch von sich selbst sagen könnten…

„Kommt, wir trinken einen auf die Griechen. Die sollen sich doch auch mal freuen, und wir freuen uns einfach mit!"

Nur einen Ouzo später donnerte Khedira das zweite Tor für die Deutschen rein – also kam wieder neuer Äppelwoi auf den Tisch. Bei so vielen Toren kam man ja mit dem Anstoßen gar nicht hinterher.

Es war wirklich stressig.

„Ich kann nett mehr...", stöhnte Susi, die schon ganz zerzaust aussah und mittlerweile auch irgendwie abgeschminkt erschien, „Wenn die noch mehr Tore schieße, dann muss ich heut noch kotze…"

„Ouzo und Äppelwoi vertraache sich auch nett, hicks", Marie-Anne war auch gleich jenseits von Gut und Böse.

Dann schoss Klose das 3. Tor!

„Toooooooooooor, Toooooooooooooor, Tooooooooooooooor!"

Und bevor es noch jemandem komisch werden konnte, legte Reus in der 74. Minute hinterher – und dann stand es tatsächlich 4:1!

Von überall hörte man die Leute feiern, die ersten hupten schon einmal mit den ausgedienten Vuvuzelas.

„Ich bin platt, jetzt reicht's doch. Die arme Grieche!"

Susi hatte echt Mitleid. So haushoch zu verlieren würde die ohnehin schon üble Stimmung noch weiter anheizen.

Fanden die anderen Flaggenmädels auch. „Komm', einer geht noch." –
„Nee, ich kann nicht mehr, sonst wird mir schlecht."
„Ich mein' doch Tore und kein Äppelwoi."
„Ach so, von mir aus solle die jetzt mache, was sie wolle."
„Hicks!"
„Ich geh' mal kurz aufs Clo."
„Hicks!"
„Toooooooooooooooor, Tooooooooooor, Toooooooooooor!
Salpingidis, 89. Minute. Wer hätte das gedacht?
   Susiiiiiiiiii, die Grieche hamm noch eins geschosse!"
   „Ich auch! Hab's Tor gleisch gedroffe", japste Susi – und es klang so, als hätte der Ouzo gegen den Äppelwoi verloren.
Zurück kam sie mit einem leichenblassen Gesicht: „Mier is schlecht! Heut' trink' ich nix mehr! Nur Wasser..."
   „Dein Maage verträcht halt nix mit Migrationshinnergrund!", kam aus Marie-Annes Richtung. Die war heute gut in Form und schenkte sich noch einen Ouzo ein.
   „Bei mier jedenfalls indeegrierd der sich priiima..."
   Und schwupps war er weg!
Dann ging das Hupkonzert los... Autocorso überall! Man hörte nur noch Deutschland, Deutschland, Superland-Rufe.
Die komplette Flagge saß nebeneinander auf dem XXL-Sofa. Drei von vieren waren noch in der Lage, Deutschlandfähnchen zu schwingen.
Susi Lustig sah aber eher traurig aus. Traurig darüber, dass sie trinktechnisch so dermaßen aus dem Training war, dass schon ein paar Schöppcher Äppelwoi mit zwei kleinen Ouzo zum völligen Verlust der Fähnchenschwingfähigkeit geführt hatten.
Dagegen konnte auch der Sieg der deutschen Mannschaft nichts mehr ausrichten.
   „*Frau* wird auch nicht jünger mit zunehmendem Alter", war Linas geistreiche Erkenntnis dazu. Sie war froh, an diesem Abend keinen Meter mehr mit ihrem Auto fahren zu müssen.
   Aber vor lauter Hupen ging diese Erkenntnis dann auch mehr oder weniger unter...

„Schweinchen und Streusel"

Irgendwie kam es ihm schon komisch vor. Da war er nur ein einziges Mal zur Behandlung bei dieser Frau Naumann gewesen, und schon lag offensichtlich ein klarer Fall von Wunderheilung vor!
Jan fühlte sich leicht wie ein Vogel, beweglich und der Beton in seinen Muskeln schien sich in Pudding verwandelt zu haben.

Lina war zum Flaggentreffen gegangen. Denn Susi Lustig hatte zum gemeinsamen Viertelfinalgucken eingeladen, und das konnten sich die Mädels von der Flagge ja nicht entgehen lassen. War ja sozusagen „IHR" Fest. Schwarz-Rot-Gold plus Fahnenstange.
    Dieses Fußballspiel interessierte Jan jedoch keinen Deut. Er wollte die Gunst der schmerzfreien Stunde dahingehend nutzen, einmal wieder intensiv zu malen. Viel zu wenig hatte er sich in den letzten Monaten, eigentlich seitdem das neue Jahr begonnen hatte, seiner wirklichen Berufung gewidmet. Oft war er nur benebelt gewesen. Von den vielen Tabletten, wahlweise auch von Fastenbier oder Rotwein. Manchmal auch von alldem zusammen.
Aber heute fühlte er sich frei in Kopf und Geist und wusste genau, was er tun würde: Das Motiv sah er schon vor sich. Etwas völlig Neues! Etwas, was überhaupt nichts mit seinen impressionistischen Gemälden zu tun haben würde. Von seinen Wutbildern, die er in die hinterste Ecke des Kellers ausgelagert hatte und für die er sich sogar ein wenig schämte, wollte er schon gar nichts mehr wissen. Heute fühlte er sich inspiriert und kreativ.
    Jan Johannsen betrat also sein Atelier bereits mit einer fertigen Idee im Kopf und machte sich sofort an die Arbeit. Das Fußballspiel war ihm vollkommen egal. Er hatte eine andere Faszination...

    Zwei Tage später, es war Sonntag, fragte Lina: „Du, wollen wir ein bisschen unten am Main spazieren gehen?" Jan war fast erschrocken darüber, dass sie ihn so nett angesprochen hatte. Kurz überlegte er, ob er wirklich dazu Lust hatte. Aber dann stimmte er ziemlich schnell zu, denn er hoffte, dass sich die Situation zwischen ihnen wieder entspannen würde und vielleicht war das ein erster Schritt dazu. Das Malen konnte diesmal warten. Schließlich hatte es Tage gegeben, an denen außer dem absolut Nötigsten fast kein Wort mehr zwischen Lina und

Jan gefallen war. „Gut, gehen wir gleich los. Bevor der große Andrang kommt." Aber nach einem ruhigen Spaziergang sah es erst einmal nicht aus: Unter dem Motto „An einem Strang ziehen" hatte sich am Mainufer eine kilometerlange Menschenkette gebildet, um gegen den immer massiver werdenden Fluglärm über Frankfurt zu demonstrieren.

„Überall sind die Leute gegen irgendwas. Aber im Supermarkt soll immer alles da sein. Vierundzwanzig Stunden am Tag, möglichst täglich, möglichst billig. Produkte aus aller Herren Länder. Und jeder will in den Urlaub fliegen und zwar so günstig wie es nur geht. Und am besten genau dann, wann es ihm gerade in den Kram passt", meinte Lina dazu.

„Nur den Fluglärm, den will halt niemand haben!" War ihr abschließendes Urteil. Aber dann erinnerte sie sich daran, dass sie selbst davon genervt war. Gerade in letzter Zeit.

„Irgendwo bei Schotten habe ich gesehen, dass sie gegen den Bau weiterer Windräder sind. Anscheinend wollen alle die Energiewende, aber bitte nicht vor der eigenen Haustür. Irgendwie kann ich es aber auch verstehen – noch mehr Windräder und das war's dann mit der schönen Vogelsberger Landschaft."

„Tja, die Menschen brauchen halt Strom ohne Ende. Aber niemand will Atomkraft oder Windräder vor seiner Haustür – und möglichst auch keine Solardächer, denn die verschandeln ja die schönen Ziegel." Jan wunderte sich darüber, dass sie auf einmal so gesprächig war.

„Und dich? Stört dich der Fluglärm denn gar nicht?" Lina überlegte kurz: „Wenn ich ehrlich bin, habe ich all das gar nicht mehr richtig wahrgenommen. Ich war von morgens bis abends im Büro, da hatten wir superschallgedämmte Fenster. Aber jetzt, seit ich zuhause bin, da stört mich schon so einiges, was mir vorher gar nicht aufgefallen ist." Jan blieb stehen und Lina stoppte auch.

Dann fragte er sie kurzerhand: „Ich störe dich auch, nicht wahr? Du gibst nämlich MIR die Schuld, dass du deinen Job los bist und deshalb lässt du deinen ganzen Frust an mir aus. Wie oft soll ich mich denn noch entschuldigen? Rückgängig machen geht nun mal leider nicht."

„Es ging um Lärm, Jan. Fluglärm, Verkehrslärm, einfach nur Krach!!! Sonst hab' ich überhaupt nix gesagt…", schnaubte Lina und lief einfach weiter.

Da dachte er, man könnte mal in aller Ruhe reden und dann geht die Sache gleich wieder so aus. Zack, war sie wieder oben, an der nicht vorhandenen Decke! Jan war kein Meister in Sachen Streitgespräch. Ihm war es am liebsten, wenn alles ganz harmonisch ablief. Alles andere wäre ihm auch viel zu anstrengend gewesen. Aber mit Lina war sowieso keine vernünftige Unterhaltung zu führen. Sie lief wie ein aufgezogener Batteriehase durch die Frankfurter Altstadt – und Jan dackelte einfach hinter ihr her. Sie gingen über den Römerberg, einen der bekanntesten Plätze in Frankfurt. Mit seinen vielen Fachwerkhäusern und urigen Gaststätten, wo es das ganze Jahr über die „Frankfurter Grüne Soße mit gekochten Eiern und Salzkartoffeln" gab, war dies ein allzeit attraktives Ziel für Touristen aus aller Welt. Die wollten das „Alte Frankfurt" kennenlernen, oder besser gesagt, das, was nach dem Krieg noch davon übrig geblieben war.

An der Schirn, einer der berühmten Frankfurter Kunsthallen, blieb Lina stehen und las, dass hier gerade eine Jeff Koons-Ausstellungen eröffnet hatte. „Wollen wir rein?", fragte sie und Jan überlegte kurz, ob er ihr dann auch so dackelmäßig nachlaufen müsste wie bei diesem merkwürdigen Sonntagsspaziergang. Wahrscheinlich würden sie aber doch nur wieder streiten. Diesmal dann wegen der ausgestellten Bilder. „Keine Lust. Ich denke, wir gehen besser wieder zum Auto zurück und fahren nach Hause. Null Bock auf Kunst!" – „Gut. Fahren wir eben heim. Null Problemo!" Konversation auf höchstem Niveau…

Und prompt drehte sie ab in Richtung Mainufer, wo der Benz stand. Jan war nichts anderes übrig geblieben, als ihr zu folgen. Ansonsten hätte er entweder nach Bornheim zurück laufen oder die U-Bahn nehmen müssen, was in seinen Augen aber keinen wirklichen Sinn ergeben hätte. „Dann gehen wir eben wieder zurück in unser Schweigekloster und öden uns für den Rest des Sonntags an. Es wäre ja auch zu schön gewesen, wenn …" Aber das hatte Lina nicht gehört. Gerade war wieder ein Flugzeug über sie hinweg gedonnert.

Manchmal machte Fluglärm eben wirklich Sinn…
Und dann überlegte Jan, wann es endlich soweit wäre. Sein zweiter Termin bei Tonja Naumann stand an. Er konnte es kaum erwarten…

Eine drückende Schwüle lag über der Stadt. Jan war froh, endlich in sein klimatisiertes Auto steigen zu können. Der olle Kombi hatte zum Glück eine funktionierende Klimaanlage. Die Wetterkapriolen in diesen Tagen waren kaum zu ertragen. Von stabilem Hochdruck keine Spur. Und den Vorhersagen konnte man auch nicht immer trauen. Die meisten Leute waren gereizt und schimpften auf den Sommer wie die Rohrspatzen. Jeder hatte sich endlich mal eine anhaltende Schönwetterphase herbeigewünscht. Aber das Wetter konnte es den Menschen ja nie recht machen. Jan bog auf die Friedberger Landstraße Richtung Bad Vilbel. Dabei musste er schmunzeln. Denn gerade eben hatte der Hessenfunk darüber berichtet, dass eine pfiffige Passantin auf dem Grünstreifen mehr als 4.000 (in Worten: viertausend!) Hanfpflanzen entdeckt hat. Woher die wohl wusste, wie sowas genau aussieht? Aber, das war ein anderes Thema. Jedenfalls hatte Frankfurt seitdem eine ganz neue Meile: die „Friedberger Hanfstraße"...

Jans Gedanken flogen aber schon wieder in Richtung Schotten. Was würde ihn heute dort erwarten?

„Haben Sie Ihre Laufschuhe dabei?", fragte Tonja Naumann in ungewohnt sportlicher Montur und diesmal ganz ohne Leinenanteil. „Na, klar. Ich denke, heute geht es ja hinauf auf den Berg", antwortete Jan und hielt seine alte Stoffeinkaufstasche hoch, in der sich die mittlerweile schon ziemlich verstaubten Sportschuhe befanden.

Wollen Sie fahren oder soll ich?", fragte Frau Naumann und deutete auf einen silbernen Golf älteren Datums, der vor ihrer Praxis stand. „Ich übernehme gerne!" Jan zeigte stolz auf seinen heißgeliebten Kombi und machte sich sogleich daran, die Beifahrertür zu öffnen. Wann hatte er das zuletzt für Lina getan? Es musste wohl schon länger her sein... Er versuchte, den Gedanken an sie so schnell wie möglich abzuschütteln.

Gleich hinter Schotten ging es ziemlich steil bergauf. Tonja Naumann war eine angenehme Beifahrerin, die – im Gegensatz zu einer gewissen Lina – überhaupt nicht an seinem Fahrstil herummeckerte.

Eine Viertelstunde später waren sie oben auf dem Vulkan angekommen. Das also war der Hoherodskopf! Genügend Parkplatz war an diesen Tag vorhanden. Es hatte in Hessen ja gerade Zeugnisse gegeben, und die Sommerferien standen somit vor der Tür. Allerdings schienen noch keine Massen an Ausflüglern in die hessischen Naherholungsgebiete gekommen zu sein. Dafür waren die Autobahnen aber schon recht voll. Der ADAC hatte sogar eine extra Empfehlung ausgesprochen, bloß nicht am Freitagnachmittag oder dem darauffolgenden Samstag in die Ferien zu fahren.

Als Jan aus dem Auto ausgestiegen war, fiel ihm gleich auf, wie angenehm kühl es hier oben doch war. Im Gegensatz zu der überhitzten Luft, die ihm noch vor zwei Stunden in Frankfurt richtig zugesetzt hatte.

„Wir sind hier fast auf 800 Metern, so ganz genau kann ich Ihnen die Zahl nicht nennen. Aber Sie merken es ja selbst, es ist schon deutlich kühler als in Schotten. Ab Totensonntag haben wir in der Regel durchgehend Schnee. Manchmal bis in den April hinein", klärte Frau Naumann ihn auf. Jan sog die frische Waldluft in seine Lungen und fand, dass es fantastisch hier oben auf dem Berg war. Und diese Stille…

Er war das gar nicht gewohnt. So eine Ruhe. Man könnte glatt das Gras wachsen hören. Aber dann wurde er auch schon aus seinen Träumen geweckt: „So, jetzt kommen wir zu unserer ersten praktischen Stunde. Am besten, sie schalten ihren Verstand wieder so weit wie möglich aus, denn der würde hier nur stören. Einfach erst einmal *machen*! Reden können wir hinterher", meinte sie im Brustton der Überzeugung. „Gut, dass mich Lina so nicht sehen kann", dachte Jan den nächstbesten Baum umarmend, der ihm laut Frau Naumann Kraft und Zuversicht geben sollte und ihn erst einmal mit der ihm fehlenden Energie versorgen würde. Baummeditation nannte sie das. „Hoffentlich kommt nicht gleich jemand um die Ecke…" Auf der anderen Seite konnte es ihm doch eigentlich auch egal sein. Er war schon richtig nervös angesichts des Unsinns, den er hier fabrizierte. „Sie werden schon sehen, das tut Ihnen gut!", Frau Naumann strahlte über alle Backen und sah wirklich energiegeladen aus, als sie den Baum mit einem Küsschen verabschiedete. Jan lächelte ihr zu, fragte sich aber gleichzeitig, ob das wirklich so eine gute Idee gewesen war, sich auf all das hier einzulassen. War er am Ende so einer durchgeknallten Esoteriktante aufgesessen? Heilende Hände, Kraftschöpfen durch Bäume umarmen?

„Hokuspokus", befürchtete er. Und jetzt sollte er auch noch meditativ Spazierengehen? Gehmeditation nannte sie das. Kein Wunder, dass Tonja Naumann ihm vorher noch einmal geraten hatte, seinen Verstand am besten auszuschalten…

„Das hat doch alles Methode! Ein Fall fürs Gesundheitsamt oder irgendeine Behörde, die die Menschheit vor Scharlatanerie rettet!" Aber momentan kam er aus der Nummer schlecht heraus. Also ging er brav mit Tonja.

Nach einigen hundert Metern, wo sie still schweigend, aber fleißig atmend nebeneinander hergelaufen waren, ließen die überaus kritischen Gedanken bei Jan jedoch nach. Und er fing wieder an, die kühle Luft zu genießen. Auf einmal war ihm klar geworden, dass er schon eine ganze Weile wirklich an nichts, aber auch gar nicht, gedacht hatte. Wahrscheinlich wirkte der ganze Zauber doch schon…

Den Rhythmus für das meditative Laufen gab Frau Naumann vor. Es war eigentlich ganz einfach: Beim Einatmen vier Schritte und beim Ausatmen acht Schritte gehen. Langsam, aber nicht zu langsam – und auf gar keinen Fall sprechen (es sei denn, man bekäme gerade einen Herzinfarkt oder ein paar Wildschweine tauchten auf!).

Was genau diese Übung nun bewirken sollte, war Jan nicht ganz klar. Aber schließlich hatte er sich auf die Therapievorschläge der Heilpraktikerin eingelassen und so schnell wollte er auch nicht aufgeben. Hokuspokus hin oder her. Er hatte für diesen Mist hier schließlich bezahlt. Und schlapp machen war jetzt nicht angesagt. Außerdem musste er ja niemandem von seinen Therapien erzählen.

Zur Not nicht mal Lina…

Der weiche Waldboden war wunderbar zum Laufen und, obwohl er es nicht wahrhaben wollte, fühlte Jan sich total frei und leicht. Als hätte er alle Lasten, die sich in ihm aufgestaut hatten, einfach ausgeatmet. „So, wir machen mal ein bisschen Pause vom Atmen", meinte seine Begleitung, von der Jan insofern überrascht war, als dass sie trotz des erheblichen Gewichtes, was sie mit sich herumzuschleppen hatte, überhaupt nicht außer Puste war. Im Gegensatz zu ihm. Wahrscheinlich waren die Leute hier oben auf dem Berg einfach generell gesünder. Weniger Abgase, weniger Lärm, vielleicht sogar weniger Stress?

So liefen sie eine Zeitlang nebeneinander her. Nach einer erneuten Runde geordneten Atmens kamen sie wieder auf dem Parkplatz an dem gemütlich aussehenden Bergrestaurant Taufsteinhütte an. Jan war gerade im Begriff, sein Auto anzupeilen, da hielt Frau Naumann ihn zurück: „Halt! Wir sind noch nicht fertig." Ungläubig fragte er nach: „Wie jetzt, etwa nochmal das Ganze von vorn?"

Da lachte sie und deutete nur auf die Bäume, die sie vor ihrer Gehmeditation umarmt hatten.

„Nein, aber wir müssen uns noch bei ihnen bedanken. Und verabschieden!"

„Klar", dachte Jan. „Wie hatte er DAS nur vergessen können?"

Auf der Rückfahrt nach Frankfurt war er so entspannt, dass er sogar vergessen hatte, das Radio einzuschalten. An Tonja Naumann aber musste er die ganze Zeit noch denken. Richtig sportlich hatte sie ausgesehen in ihrem dunkelgrünen Dress, der ihre schönen Augen noch mehr zu Geltung gebracht hatte. Er wunderte sich über diese Frau, die in vielerlei Hinsicht außergewöhnlich zu sein schien. Sie lebte wohl alleine, entsprach keinem der gängigen Schönheitsideale und verfügte offenbar über magische Kräfte.

„Herr Jooohannsen, Herr Jooohannsen, horchesemaa, is' Ihne-Ihr Bekannde dann auch da? Könnt' die vielleicht emaa schnell zu mir herunner komme? Dess müssd jezz abber wirklich ganz schnell gehe!", rief das Drebbehäusje aufgeregt. Wahrscheinlich hatte sie wieder einmal hinter der Tür gelauert, ob und wann ein interessantes Opfer vorbei kommen würde und war dabei auf Jan gestoßen, der – tiefenentspannt, wie er jetzt war – nicht vorhatte, sich von irgendjemandem zu irgendetwas hetzen zu lassen.

„Nun mal gaaaanz langsam, liebe Frau Fieg. Um was geht es denn?", fragte er höflich, wie er nun einmal als Hanseat war, nach. „Ei,", die ältere Dame war vor Aufregung schon ganz außer Atem gekommen, „es geht um die *Riwwelwutz*, isch hab' das schon neulich mit dem Frollein Siebenborn besproche, und jetzt läuft das Lied grad im Radio, und ich wollt doch emaal wissen, was dess knau heißt unn wer des singt! Isch kann' doch kei' Englisch, wisse Sie..."

Frau Fieg war also auf der Suche nach einer „Riwwelwutz". AHA! Also, das musste seiner Meinung nach reinstes Oberhessisch sein und hatte mit Englisch nicht das Geringste zu tun. Er überlegte kurz. „Riwwel" nannte Linas Mutter die Streusel auf dem Kuchen. Und weil Jan das putzig fand und dieses Wort logischerweise in Hamburg nicht existierte, hatte er es sich gemerkt. Er musste ja eine Menge Vokabeln lernen, als Hamburger im Hessenland.
Und „Wutz" war eindeutig das hessische Wort für Schwein. Suchte Frau Fieg etwa nach einer Art *Streuselschwein?*

Durch Bergluft und Baummeditation superentspannt, bot Jan mutig seine Hilfe an: „Vielleicht kann ich Ihnen ja helfen, ich hör' mir das Lied schnell mal an. Außerdem möchte ich jetzt auch wissen, was es mit der Riwwelwutz auf sich hat..." – „Ja, ja, dess heißt wirklich Riwwelwutz. Der singt immer „Hubba, die Riwwelwutz"... Jezz komme

Sie emaal schnell mit und hörn Sie selber!", da ging Frau Fieg vor und Jan folgte ihr auf dem Fuße.

Die Wohnung von Frau Fieg war eine ernst zu nehmende Konkurrenz für ein Museum für Wohnobjekte aus der Nachkriegszeit. Es war wie eine Zeitreise! Susi Lustig hätte sich alle zehn Finger danach geleckt, hier eine Reportage zu drehen. Das wäre ein gefundenes Fressen für sie gewesen! Das Radio war ein riesiger Kasten, fast so groß wie ein Fernseher, aber er sah eher aus wie ein Möbelstück. Doch er dudelte noch immer! Sicherlich hatte er seine sechzig oder siebzig Jahre auf dem Buckel. Jans Laptop aber galt mit seinen fünf Jahren (Kindergartenalter!) schon als Steinzeitmodell, wie ihm kürzlich ein Techniker erklärt hatte. Der war völlig erstaunt darüber, dass das Teil überhaupt noch lief!

Von dem Lied selbst konnte Jan nur noch wenige Takte hören, dann kam auch schon der Verkehrsfunk dazwischen. Kein Wunder, heute war es überall dicht auf den Autobahnen. Ferienanfang in Hessen! Die Leute hatten es wie immer eilig, in den Urlaub zu kommen. Man wollte keine Zeit verlieren – und dann stand man mit allen anderen, die es auch sehr eilig gehabt hatten, im Stau. Die erste Geduldsprobe! Aber zumindest waren die Leute nach solchen Fahrten dann wirklich urlaubsreif.

„Unn, habbe Sie dess erkannt?", Frau Fieg schaute ihn erwartungsvoll an. „Ja, das habe ich. Aber es heißt definitiv nicht „Hubba, die Riwwelwutz". Da muss ich sie leider enttäuschen." Die Erleichterung war Frau Fieg anzusehen. Das hatte sie doch gleich geahnt, dass der junge Mann aus Hamburg Bescheid wusste. „Haben Sie mal Zettel und Stift? Dann schreib' ich Ihnen das ganz genau auf!", fragte der verkappte Musikdetektiv Jan. Sie begann in einer Schublade zu wühlen, und holte einen Zettelblock heraus, auf dem für ein Frankfurter Möbelhaus geworben wurde. Mit einer vierstelligen Postleitzahl! Bei Frau Fieg wurde anscheinend alles aufgehoben. Das fand Jan dann schon wieder richtig goldig. Mit einem Bleistift, der in erster Linie ziemlich alt und zweitens viel zu kurz war, schrieb er auf: *„Hope of Deliverence von Paul McCartney (war früher mal bei den Beatles)"* Als Frau Fieg gelesen hatte, was der „Bekannte vom Frollein Siebenborn" nun aufgeschrieben hatte, hielt sie kurz inne: „Dess sieht aber nett aus wie „Hubba, die Riwwelwutz". Iss' dess dess dann aach?"

So tiefenentspannt wie Jan nach den Baumumarmungen war, konnte ihn aber auch das nicht weiter schockieren. Mit sanfter Stimme beruhigte er Frau Fieg: „Ich weiß, es sieht wirklich nicht nach Riwwelwutz aus. Aber wissen Sie, im Englischen hört sich das halt immer ganz anders an. Die haben da halt eine ganz andere Aussprache."

„Seh'n Sie, ich wusst' doch, dass dess Englisch is. Abber Ihne-Ihr Bekannde hat erst gesagt, dess wär gar kei Englisch. Wie guud, dass isch Sie jezz emaal gefraacht habb!" Jan grinste sich innerlich schibbelig, wie Lina es nennen würde. Also, DAS wäre auf jeden Fall eine Story für Susi Lustig. Sie war ja immer auf der Suche nach interessanten Ideen. Er konnte sich auch schon lebhaft vorstellen, wie sie das in ihrer Radiosendung umsetzen würde: „So, meine verehrten Hörerinnen und Hörer, hier kommt einer der größten Hits von dem großartigen Sir Paul McCartney. Auf gut deutsch, oder besser Frankfurterisch heißt der Song so viel wie „Hubba, die Riwwelwutz"! Klingt komisch, ist aber so. Wer von Ihnen jetzt weiß, wie das Lied wirklich heißt, kann JETZT beim Hessenfunk anrufen und ein Streuselschwein für die heimische Kaffeetafel gewinnen! Diesen Streuselschweinkuchen hat der gerade neu eröffnete Sandwegbäcker, natürlich aus dem Sandweg, ist ja klar, für diesen Anlass extra kreiert." Das wäre doch eine Top-Sache, fand er. Vielleicht würde er demnächst mal mit Susi darüber schnacken…

Oben angekommen, stellte Jan fest, dass Lina wirklich nicht zuhause war. Aber furchtbar heiß war es in der Wohnung. Im Sommer konnte es manchmal fast unerträglich sein. Jan brauchte jetzt eine Pause. Und die Erlebnisse des Tages mussten auch noch ein bisschen nachwirken. Eine angenehme Schwere überkam ihn. Dann legte er sich auf die Couch, guckte ein paar Löcher in die Luft und fühlte sich dabei nur gut. Ausgesprochen gut, für seine Verhältnisse. Keine Schmerzen, keine Tabletten, nur Friede, Freude, Eierkuchen. Das war die Bilanz, die Jan nach den ersten beiden Wochen unter Tonja Naumanns Therapieplan verzeichnen konnte. War er mit seinem Hokuspokus-Urteil doch zu voreilig gewesen? Die Tatsachen sprachen eindeutig eine andere Sprache… Aber etwas schien mit ihm doch nicht zu stimmen. Er hatte ein ganz merkwürdiges Gefühl im Bauch. Hummeln? Nein, es waren doch eher Schmetterlinge. Den Gedanken an eine Nebenbei-Verliebtheit hatte er dann aber schnell wieder verworfen. So etwas gab es bei ihm nicht! Nicht bei einem Jan Johannsen aus Hamburg. Damit sollten sich

Typen wie Lars Ochs beschäftigen. Zu ihm jedenfalls passte so ein schäbiges Verhalten nicht. Basta!

Sicherheitshalber beschloss er, die Schmetterlinge in seinem Bauch mit Wodka abzutöten. Doch das funktionierte auch nur kurzfristig und konnte keine Dauerlösung sein. Jan musste das notgedrungen einsehen. Denn diese Dinger waren zäh und flatterten einfach weiter munter vor sich hin. Und genau das machte ihn kirre!

Jetzt hatte er also noch ein Problem mehr auf seinem Zettel...

Aber dieses Jahr war ihm schon von Anfang an komisch vorgekommen: Im Januar war es so dermaßen warm, dass die Geranien auf dem Balkon gegenüber noch immer munter vor sich her geblüht hatten. Sehr ungewöhnlich, nicht wahr? Kurz darauf dann der totale Temperaturabsturz. Minus 25 Grad. Der Winter hatte sich unsanft noch einmal zu Wort gemeldet. Das war doch alles mehr als komisch! Auch die Sache mit seinem kranken Zeh. So etwas hatte er wirklich noch nie gehabt. Von Brittney ganz zu schweigen. Die war jetzt leider tot. Genauso tot wie Linas Job bei der HansaFra. Vielleicht sogar so tot wie seine Liebe zu Lina? Und dann noch diese Schmerzen.

Aber, Moment mal, wo waren die jetzt eigentlich?

Ach, so! Da wurde es ihm sonnenklar: Die Schmerzen waren weg! Und eigentlich hätte er diese merkwürdige Therapie bei dieser noch merkwürdigeren Therapeutin doch jetzt ad hoc beenden können. Ein kurzer Anruf würde das regeln: „Ach übrigens, Frau Naumann, ihre Behandlung war ein solcher Erfolg. Ich glaube, ich muss nie wieder zu Ihnen in die Praxis kommen. Vielen Dank nochmals für alles. Bis hoffentlich nie wieder!"

Nein, das wollte er nicht sagen. Auch die Schmetterlinge in seinem Bauch waren damit überhaupt nicht einverstanden. So ein Mist! Wenn man diese verdammten Rückenschmerzen mal gebrauchen konnte, waren sie plötzlich auf der Stelle weg. Dann nahm er seinen Terminkalender in die Hand und schaute nach, wann er wieder hinauf auf den Vulkan konnte. Zu Frau Naumann.

In seinen Gedanken nannte er sie jedoch längst nur Tonja...

„Und hell erklingen die Sirenen"

Rund um den Frankfurter Hauptbahnhof. So lautete der Titel der neuesten Reportage, die Susi Lustig für den Hessenfunk drehen sollte.
Das Sommerloch stand nämlich vor der Sendertür und musste irgendwie gefüllt werden. Also sollte etwas möglichst leicht Verdauliches her! Ein bisschen bunt gemischt. Wie hatte ihr Boss es formuliert?
„Drogen nicht in den Fokus rücken, Banker auch nur am Rande erwähnen, die hat man ja das ganze Jahr über im Fernsehen, und das Wichtigste: nicht zu viel Rotlicht! Zeigen Sie einfach ein möglichst friedliches, multikulturelles Treiben…"

Das waren seine Worte gewesen. Vielleicht würden ein paar witzige Originale dabei sein, hoffte die Reporterin. Eine Aufgabe, die Susi Lustig auf der einen Seite reizte, aber andererseits auch gar nicht so einfach war. Immer wieder gingen Leute gleich auf die andere Straßenseite, sobald sie ein Fernsehteam erblickten. Erfahrungswerte!

Hin und wieder wurde sie auch als „Reporterschlampe" oder „Paparazzigesindel" beschimpft. Wobei dies noch die salonfähigeren Bezeichnungen gewesen sind. Angebettelt wurden sie sowieso. Gerade in der Innenstadt und rund um den Bahnhof. Aber das wollte man schließlich nicht senden, wenn die Menschen bei ihrem wohlverdienten Abendbrot saßen.

Frankfurts Rotlichtmeile, so wollte es doch ihr Boss, sollte in erster Linie positiv, weltoffen und multikulturell dargestellt werden. Und den Leuten endgültig klar machen, dass das noch vor einigen Jahren völlig verrufene Bahnhofsviertel heute ein buntes, hochmodernes Stück Frankfurt war.

An einem Mittwoch im Juli war es dann soweit: Die Sommerferien hatten soeben begonnen und der Hessenfunk brauchte dringend Material, um die politikfreie Sommerzeit zu überbrücken.

Henning, der Kameramann, mit dem Susi schon lange zusammenarbeitete, und zwei Assistentinnen, Tamara und Bahar, deren Namen sie immer wieder durcheinanderbrachte und dann Bamara und Tahar rief, zogen früh morgens schon los. Da saß der erste Tross von Bankern und Büroleuten bereits am Schreibtisch, und sie konnten versuchen, die Stimmung der Menschen auf Frankfurts Rotlichtmeile einzufangen.

„Der Hessenfunk wünscht einen wunderschönen Guten Morgen!" So fing Susi Lustig an, um gleich mal klarzustellen, dass es sich hier um eine total seriöse Sache handelte.

Sie hoffte, ihre Strategie würde aufgehen.

„Dürfte ich Sie bitte ganz kurz fragen, was Sie morgens um neun schon auf die Kaiserstraße führt?" Ihr gegenüber stand eine äußerst attraktive Dame, deren Alter schwer zu schätzen war. Das war nicht Susis Stärke. Denn viele Frauen sahen einfach wesentlich älter aus, als sie waren. Und andere schienen überhaupt nicht zu altern. Gesichtstechnisch! Sobald man jedoch Hände oder Unterarme sah, fielen die Schätzungen schon präziser aus. Diese brünette Schönheit jedoch war sicherlich erst Anfang dreißig. Ein perfekt geschminkter Schmollmund à la Madame Jolie, der jeden Mann zu einem längeren Blick verführen musste, Beine wie aus der Nylonstrumpfreklame, so makellos und straff, dass Henning, der Kameramann, gleich seine helle Freude daran haben würde. Dazu hohe Absätze, die die ungemein schlanke Figur noch einmal streckten. Eines musste man der Dame lassen: Sie konnte sich in diesen Mörderschuhen auch noch grazil fortbewegen, ohne dabei im wahrsten Sinne des Wortes dämlich auszusehen. Kurzum, eine Augenweide!

Heimlich seufzte Susi Lustig in sich hinein. Sie würde es auch mit noch mehr Zumba-Dancing und noch mehr Wasser, das sie inzwischen wie die Hollywoodstars literweise in sich hineinschüttete, nicht hinkriegen: Nie, nie, niemals würde sie so eine attraktive Erscheinung abgeben wie die Frau, die da gerade vor ihr stand. Und es war doch offensichtlich, was genau diese Lady hier im Rotlichtmilieu zu suchen hatte. Auch wenn man sich bemühte, so politisch korrekt wie möglich durchs Leben zu gehen: Hier lag das Horizontale einfach auf der Hand…

„Was ich hier mache?" Die schöne Frau hatte unüberhörbar osteuropäische Wurzeln, wobei Susi Lustig hier nicht genau definieren konnte, ob Polen, Russland, Ukraine oder Tschechien mit im Spiel waren. Jedenfalls hörte sich der Akzent bei ihr besonders schön an. Aber er passte auch haargenau ins Bild.

„Ja, genau", munterte die Reporterin ihre erste Interviewpartnerin auf. „Wir sind auf der Suche nach interessanten Menschen hier im Bahnhofsviertel und wollen deshalb so viele Leute wie möglich treffen." – „Tja, wissen Sie", die Brünette strich sich dabei gekonnt eine Strähne aus dem Gesicht, was sie noch verführerischer machte, „heute ist für mich großer Zahltag. Sozusagen. Mein Job ist hier nämlich gerade beendet. Und jetzt kommt die Kohle. So sagt man doch hier zu dem vielen Geld, nicht?" – „Volltreffer!" Susi Lustig freute sich, dass sie gleich so ein attraktives Beispiel gefunden hatte: Eine moderne Prostituierte, die jetzt Kasse machen ging im Milieu. Klasse! Sie konnte es kaum fassen.

„Und, könnten Sie uns vielleicht kurz verraten, welchen Job so eine attraktive Dame wie Sie hier gerade zu Ende gebracht hat?", fragte sie ordnungshalber noch einmal nach und erwartete nun die unausweichliche Antwort... oder eine gekonnte Ausrede.

„Ich bin Kunstmalerin. Studiert habe ich in St. Petersburg. Und ich arbeite hier in einer Malschule als Lehrerin, also für die Kinder, aber nebenher nehme ich andere Aufträge an. Und hier habe ich ein Treppenhaus bemalt und einen Teil des Clubs." Sie deutete herüber zum Dark Paradise. Susi Lustig nickte wie in Trance. Sie konnte gar nicht fassen, was sie gerade gehört hatte. Das gesamte Team musste kräftig schlucken – und jeder ertappte sich dabei, Opfer seiner eigenen Vorurteile geworden zu sein. Es entstand eine merkwürdige Pause. Selbst Susi Lustig war zwei Sekunden sprachlos, was ungefähr so selten vorkam wie ein Schaltjahr.

„Und, darf ich Sie noch fragen, was genau Sie malen? Also, sind hier im Rotlichtviertel eher Landschaften gefragt oder einfach abstrakte Motive oder das, was man hier am ehesten erwarten würde?"

„Also, im Treppenhaus sind es überwiegend erotische Motive. Frauen, Akte, was man eben hier so sehen möchte. Sie wissen schon, oder?", fuhr die junge Dame fort. „In einem anderen Teil des Clubs habe ich dann Bären, also Bärenfamilien mit Vater, Mutter und den Bärenkindern gemalt, auf einer Wiese mit schönen bunten Blümchen und alles ein bisschen wie im... Wie soll ich sagen? Wie sagt man nur hier in Deutschland dazu? Äh, ja, ah, jetzt weiß ich es: Kindergarten!"

Offensichtlich freute sich die modelmäßig aussehende Kunstmalerin, dass ihr das Wort doch noch eingefallen war.

Susi Lustig indessen war die Sprache fast abhanden gekommen.

„Habe ich das jetzt richtig verstanden? Sie malen hier im Club also Bärenkinder und Blümchen? Ist das denn ein Kinderclub, so eine Art Kindertagesstätte für die Kinder der Angestellten im Rotlichtviertel? Oder wie kann ich mir das vorstellen?", hakte sie nach. Da lachte die Malerin herzlich. „Nein, nein! Das ist gar nichts für die Kinderchen.

Also, sagen wir so. Es ist eine Sache für eher ziemlich große Kinder. Ganz übergroße Kinder. Aber, bitte entschuldigen Sie, ich muss nun wirklich gehen. Ich habe den Termin für Geldübergabe. Sie wissen doch. Zahltag! Die Kohle kommt endlich rein."

Dann winkte sie noch kokett in die Kamera und schickte ein Schmollmund-Küsschen hinterher. Das war der Hammer! Der absolute Hammer! Susi Lustig war es schon ganz flau im Magen.

Unverhofft machte die russische Schönheit auf einmal noch eine 180-Grad-Drehung und kam wieder zurück, um der Hessenfunk-Reporterin eine ihrer Visitenkarten zu übergeben. „Hören Sie, bitte. Wenn Sie vielleicht eine Reportage über eine Kunstmalerin aus St. Petersburg machen wollen, die sicher so manche Geschichte erzählen könnte, dann melden Sie sich einfach bei mir! Ich würde mich sehr freuen!" Dann ging sie weiter ihres Weges.

Susi Lustig warf einen Blick auf die Karte:

Ekatarina TARTAKOWSKAJA, Kunstmalerin.

„Unbezahlbar", stieß die Teamchefin aus und schnaubte erst einmal tief durch, als die Malerin in sicherer Reichweite war.

„Und sowas beim ersten Versuch!", meinte Henning und konnte seinen Blick nicht von dem überaus ansehnlichen Hinterteil der Kunstmalerin wenden. Schnell war die routinierte Reporterin wieder auf dem Boden der Tatsachen... „Ich wüsste doch zu gerne, was das für ein Kindergarten für eher große Kinder sein soll."

„Komm, jetzt schnappen wir uns den Banker dahinten. Der erfüllt auch alle Klischees. Am Ende ist er dann Bäcker oder Metzger", Henning hatte wie immer ein gutes Auge für interessante Menschen. Aber in letzter Zeit hatte auch er wiederholt falsch gelegen, wenn es darum ging, Leute nach dem berühmten ersten Eindruck einzuordnen. Die guten alten Vorurteile waren auch zu nichts mehr nütze!

Und richtig. Später sprachen sie einen Mann an, den sie für obdachlos gehalten hatten – der sich aber als IT-Spezialist für das Bankenwesen entpuppte. Eine andere Dame, die sie befragt hatten, sah äußerlich schwer nach Finanzamt, Gerichtsvollzieherin oder Steuerberaterin aus. Kostüm, strenge Frisur, modische Brille (Kassengestell). Doch dann stellte sich heraus, dass sie Empfangsdame in einem der größten Sexshops auf der Meile war. Und das sollte nicht die letzte Überraschung gewesen sein. An diesem Sommertag im Frankfurter Bahnhofsviertel.

In Büdingen saßen die Siebenborns am heimischen Küchentisch. Nachmittagskaffee! Lina stocherte jedoch eher lustlos in dem von Mutter Siebenborn perfekt belegten Erdbeerkuchen herum. Kohlehydrate nach drei Uhr mittags passten nicht zu ihrem neuesten Plan. „Kind, du bist doch mit dem Jan gar nicht mehr richtig glücklich. Das sieht man dir doch an!" Mütter sehen ihren Kindern irgendwie immer alles an. Das ist ja das Gemeine, fand Lina und fühlte sich wieder einmal ertappt.

„Naja, es ist eben für uns beide nicht so leicht." Sie wollte das Thema so schnell wie möglich wieder wechseln. „Unn, jetzt wo du arbeitslos bist, verdient dein Fischkopp dann genug, um euch beide durchzubringen?" Papa Siebenborn machte sich wohl so seine Gedanken.

„Also, noch bekomme ich ja Gehalt. Und ab November muss ich dann überlegen, wie es weitergeht, wenn ich bis dahin nichts Neues gefunden habe", Lina bekam Stirnfalten, wenn sie von ihrer ungewissen Zukunft sprach.

„Hättest du nur den Meierheinrich Junior genommen. Aber jetzt ist es ja zu spät", bedauerte ihre Mutter wie fast jedes Mal, wenn das Thema auf den ungeliebten Pseudo-Schwiegersohn fiel.

„Jetzt kommt die alte schon Leier wieder", maulte Lina und verdrehte dabei die Augen nach oben, was mehr als tausend Worte aussagen konnte.

„Es wird schon was geben bis dahin. Und zur Not: Dein Zimmer steht ja leer, und hier ist immer Platz für dich", fasste Linas Vater noch einmal die Lage abschließend zusammen. „Hier ist doch dein Zuhause, Lina. Und irgendwie geht es immer weiter."
Lina durchflutete eine schöne Wärme. So ein Elternhaus und Menschen, auf die man immer zählen konnte, auch wenn das Leben es einmal nicht so gut mit einem meinte, das rührte sie wirklich sehr. Auf ihre schlechterverdienende Hälfte konnte sie im Notfall ja wohl nicht zählen. Bei ihm drehte sich in erster Linie alles um ein Thema: JAN!
Den Mittelpunkt der Welt und des großen weiten Universums. Um seine Befindlichkeiten, Wehwehchen, Erfolge oder Misserfolge.
Was hatte der ebenso gut aussehende wie mega-arrogante Schnösel von Immobilienmakler bei der Vernissage in der Bad Homburger Galerie noch zu ihr gesagt? Irgendetwas von übersensiblen Künstlern, um die sich die ganze Erde drehen würde und mit denen man so mancherlei böse Überraschungen erleben konnte…

So in etwa musste der Wortlaut gewesen sein. Damals hatte sie Jan noch vehement verteidigt und so tat sie es auch stets ihren Eltern gegenüber. Obwohl die sicher nicht traurig wären, wenn die Sache bald endgültig *„die Bach herunter"* gehen würde, wie Oma Hermine gesagt hätte. Sprich, wenn der Hamburger Fischkopp wieder dahin gehen würde, wo er einst hergekommen war.

„Danke, Mama, danke, Papa. Das ist echt lieb von euch. Aber es ist wirklich alles in Ordnung. Wenn ich erst einmal wieder einen Job habe und alles seinen geregelten Gang geht, dann schaue ich sicher auch nicht mehr so traurig aus der Wäsche..." Doch glaubte sie ihren eigenen Worten wirklich? Zu viel war passiert. Zu viel, was ihr gezeigt hatte, dass das Fundament ihrer Liebe doch stark beschädigt sein musste. Wenn es denn jemals eines gegeben hatte, was sie mittlerweile schwer bezweifelte. *Auld Lang Syne* – das war Lichtjahre her.

Was hatten sie überhaupt noch gemeinsam? Außer der Wohnung in Bornheim. Aber um die kümmerte sich ja Lina auch alleine. Seine Aufgaben als Hausmann vernachlässigte er in ihren Augen ständig und aufs Gröbste. War die Wohnung nicht erst einigermaßen auf Kurs gekommen, seit sie zuhause die längst überfällige Generalreinigung vorgenommen hat?

Das einzige Zimmer, was ihr noch immer ein Dorn im Auge war, war Jans Atelier. Ein chaotisches, nach Zigarettenrauch und Lösungsmitteln stinkendes Loch, wie sie fand. Und da ihr gerade jetzt erst richtig bewusst geworden war, dass *sie* es doch war, die immer die finanzielle und nun auch noch die hygienische Hauptlast der Wohnung getragen hatte, beschloss Lina, dieses stinkende Loch demnächst einmal gründlich auszumisten. Und zu desinfizieren!

Währenddessen hatten sich im Frankfurter Rotlichtviertel die Drehverhältnisse grundlegend geändert. „Platz da! Platz da! Die Feuerwehr kommt!!!" Ein aufgeregter Passant scheuchte das Team vom Hessenfunk und Susi Lustig höchstpersönlich von der Kaiserstraße. Anscheinend brannte es irgendwo. Aber wo? Nirgendwo war Rauch zu sehen. Nur eine Armada von Rauchmeldern piepste, dass es bis auf die Straße hinaus schallte. Die Leute vom Hessenfunk dachten zu der Zeit noch an einen Fehlalarm. Dann bahnten sich mehrere Leiterwagen und Einsatzfahrzeuge der Feuerwehr samt diversen Rettungsfahrzeugen mühsam ihren Weg zum Ziel. Autos und Menschen machten mehr oder weniger beherzt Platz. Anscheinend sah nicht jeder ein, dass ein schnelles Durchkommen hier angebracht war. Die Sirenen heulten laut durch die Kaiserstraße. Und die Leute reckten die Köpfe und streckten sich, um zu sehen, was überhaupt der Grund für den Großalarm war.

Susi Lustig sah hinüber auf die andere Straßenseite. Da öffnete sich plötzlich die Tür vom Dark Paradise. Dem Laden, wo die attraktive Russin von heute früh hinein gegangen war. Und wo irgendein geheimnisvoller Club beheimatet sein musste. Oder ein Kindergarten, das hatte das Team vom Hessenfunk ja noch nicht herausfinden können. „Halt' drauf!", befahl Susi Lustig hektisch ihrem Kameramann.

Sie ahnte, dass man solche Bilder besser sofort aufnehmen sollte. Für alle Fälle! Man konnte ja nie wissen... Vielleicht wäre etwas Interessantes dabei, irgendein Filmbeitrag würde schon daraus entstehen. Und wie recht sie haben sollte! Ein gefundenes Fressen. Wie verabredet. Die Rocky-Horror-Picture-Show auf Familienausflug!

Zuerst kamen die üblichen Verdächtigen in Lack und Leder heraus. Zum Teil mit Masken verkleidet. Einige der Herren konnte man getrost als schwarze Ganzkörperkondome bezeichnen. Andere waren wohl aus der Bondageabteilung geflohen und in der Eile des Feueralarms wohl nur notdürftig aus ihren Fesseln befreit worden.

Die Handys klickten um die Wette. Und die Touristen hatten ihre Kameras sowieso griffbereit und schossen nun munter darauf los.

Nur die Japaner sahen so aus, als wären sie soeben Zeugen eines Drehtages für einen verrückten deutschen Kinofilm geworden. Sie freuten sich und lachten – für ihre Verhältnisse wahrscheinlich zu laut – über diese absurde Szene. Wer hätte auch mit so etwas rechnen können? Eine Dame mit einer bösen Hustenattacke rannte direkt auf Susi Lustig zu. Es war die russische Malerin von heute Morgen.

„Was ist denn da passiert?" – „Im Keller, in der Waschküche", rief sie atemlos und musste wieder husten wie verrückt, „da brennen alle Wäschetrockner! Und dann sind diese Piepser angesprungen, die haben eine Art von Funkverbindung untereinander, wissen Sie? Ich habe noch versucht mit einem Feuerlöscher zu helfen, aber es ging nicht. Überall war Rauch, nur Rauch, alles ging so schnell! Hoffentlich kriegen die das schnell in den Griff. Sonst sind meine schönen Bilder zerstört...", die zierliche Frau war völlig außer sich und gar nicht mehr so perfekt wie kurz vorher. Sie hustete wieder heftig los und schimpfte auf einmal auf

Russisch weiter. In Notsituationen musste immer die Heimatsprache ran! Das kannte Susi Lustig nur zu gut und legte tröstend ihren Arm auf die zarte Schulter der Frau. Sie hustete noch immer. Dann kam auch schon einer der Rettungssanitäter und nahm sie in seine Obhut.

„Alles Gute wünsche ich Ihnen, gute Besserung!", rief sie der Russin noch hinterher. Doch dann tippte Henning seine Chefin hektisch von hinten an und deutete mithilfe seiner schweren Kamera wortlos nur in Richtung Dark Paradise. Und Susi Lustig traute ihren Augen nicht. DAS war also dieser mysteriöse Kindergarten, von dem die Russin vorhin solche Andeutungen gemacht hatte. Ihr wurde heiß und kalt, als sie die Szene realisierte.

„Du nimmst ALLES auf, verstanden?", fauchte sie in Richtung Henning. Der drehte aber schon mit solchem Ehrgeiz, als würde er sich einen Oskar erhoffen. Oder zumindest eine saftige Gehaltszulage… Es war nämlich ein sehr spezieller Kindergarten auf der Flucht. Nur handelte es sich dabei tatsächlich um, wie hatte die Russin gesagt, eher ziemlich große Kinder. Gestandene Mannsbilder waren das allesamt! Die aber aus irgendeinem Grunde gerade heute putzig in hellblau und weiß gekleidet aufmarschiert waren. Es waren Männer in den allerbesten Jahren, zum größten Teil schon mit graumelierten Schläfen und den Spuren gelebten Lebens im Gesicht, die hier in überdimensionalen Strampelanzügen, mit Rasseln und Schnullern im Mund, in leichten Bettschuhen auf dem grauen Asphalt der Kaiserstraße herumliefen und sich hilflos im Blitzlichtgewitter umsahen. Einer von ihnen hatte tatsächlich eine Art Windel an und war ansonsten nur spärlich mit einem Tuch bekleidet. Die Helfer von der Feuerwehr und den Rettungswagen waren wohl im ersten Moment auch total perplex gewesen und völlig überfordert mit der bizarren Situation. Sie hatten jedoch so schnell wie möglich versucht, schützende Decken vor die Babys, also besser gesagt, vor die Männer in Babykleidung zu halten. Man wollte sie nicht weiter den Blicken und Fotohandys der immer größer werdenden Menge Schaulustiger aussetzen. Doch wer hätte hier allen Ernstes eine derartige Szene erwartet? Um eine neue Episode aus *Verstehen Sie Spaß?* konnte es sich doch nicht handeln? Hier war nämlich gerade gar nichts mehr auch nur in irgendeiner Form lustig. Aber das Ganze einordnen? Das war hier niemandem möglich.

Angesichts der Riesenbabys auf Fluchtkurs…

Die Bedienung vom Asia-Wok rief aufgeregt: „Liesenkindel, Liesenkindel!" Und irgendwann hatte es auch der letzte Passant verstanden. „Liesenkindel, Liesenkindel!" Es war *die* Sensation…

Ja, sicher, es gab in Frankfurt fast alles, was man auf der Reeperbahn und anderen vergleichbaren Meilen so finden konnte: Prostitution, Sex-Shops, Dominas! Das alles waren Tatsachen, die mittlerweile keinen Dorfpfarrer mehr schockieren konnten. Selbst im Fernsehen wurde doch zu jeder Tageszeit ganz offen über die Sexbranche berichtet. Diese Tabus hatten schon lange, lange ausgedient.

Dass nun aber gestandene Männer in Babykleidung mit Schnullern, Windeln, Rasseln und Co. auf der Kaiserstraße herumliefen, das hatten auch die Weitgereisten unter den Schaulustigen noch nicht gesehen. Selbst einer Susi Lustig hatte es kurzfristig die Sprache verschlagen. Und dazu musste schon ein ziemliches Pfund aufgefahren werden. Nein, selbst sie musste zugeben: Diese Spielchen für Erwachsene waren ihr vollends fremd!

Langsam löste sich die Menschenmenge auf. Dank des massiven Aufgebots von Polizei, Feuerwehr und Rettungsdiensten, hatten die Helfer die peinliche Situation schnell in den Griff bekommen. Und, so schnell die Szene auch entstanden war, so schnell war sie auch wieder wie vom Erdboden verschluckt.

Die Sanitätswagen rauschten nun mit lautem Sirenengeheul davon. Einer nach dem anderen. Tatütata!!! Zum Glück war der Brand rechtzeitig entdeckt worden. So konnte ein größerer Schaden oder das Übergreifen auf die benachbarten Häuser noch verhindert werden. Tatütata!!! Es tutete überall im Rotlichtmilieu.

Und Susi Lustig kommentierte treffend die Szene: „Na, also!!! Sie haben anscheinend auch Ahnung vom Tuten…"

Mittlerweile sah sie echt geschafft aus.

Ihre schwarzen Haare fielen strähnig ins Gesicht – und man sah ihr an, dass es in ihrem Hirn arbeitete wie wild. Sie konnte das soeben Erlebte kein bisschen verstehen.

„Ich brauch' jetzt erst einmal einen heißen Kaffee!"

Henning und die Assistentinnen Tamara und Bahar sahen auch recht gestresst aus. Der Kameramann meinte nur: „Und ich brauch' jetzt einen Beruhigungstee. Ich bin echt fertig!"

„Pause, Leute!", rief die Chefin und deutete in Richtung Asia-Wok.

„Ich geb' jetzt einen aus! Zur Feier des Tages." Das ließ sich ihr Team nicht zweimal sagen, denn Susi war allgemein als Knausertante bekannt.

Kurz darauf saßen dann vier Hessenfunker im asiatischen Schnellimbiss und waren so mundtot wie schon ganz lange nicht mehr.

„Es braut sich was zusammen"

Feuchtheiß waren die letzten Tage gewesen und die Atmosphäre aufgeladen. So war es auch an diesem Donnerstag. Der Hessenfunk hatte schon seit dem Morgen vor teils schweren Gewittern gewarnt. Solche Meldungen waren mittlerweile der Dauerbrenner. Fast kein Tag verging, ohne dass irgendwo ein Keller vollgelaufen war oder der Blitz eingeschlagen hatte. Nun hingen rabenschwarze Wolken über dem ganzen Tal. Ein fast unheimliches Farbenspiel, aber irgendwie faszinierend.

„An klaren Tagen mit guter Fernsicht kann man von hier oben bis zur Frankfurter Skyline sehen", sagte Tonja und umarmte eine riesige Buche zum Abschied der Meditation. Auch Jan hing noch immer an seinem Baum und genoss mittlerweile das Ritual des Umarmens zum Anfang und zum Ende einer jeden Gehmeditation. Lina hatte er davon erzählt, es hinterher aber bitter bereut. Sie hatte nur süffisant gegrinst und gar nichts gesagt. Sowas war die Höchststrafe…

Aber Jan konnte gut damit leben. Er fühlte sich insgesamt viel besser. Eigentlich hätte er einen fetten Luftsprung machen können!

Die Gesellschaft von Tonja tat ihm offensichtlich sehr, sehr gut. So gut war es ihm schon lange nicht mehr gegangen. Nicht nur körperlich. Auch sonst. Doch beim Blick in Richtung Frankfurt, das man bei dieser Sicht jedoch nur erahnen konnte, fiel ihm wieder Lina ein. Sie hatten sich nicht mehr viel zu sagen. Jeder Versuch, ihr wieder etwas näher zu kommen, war im Prinzip gescheitert. Es war eine gewisse Kühle eingezogen, eine Art Gleichgültigkeit. Sie fragte zwar immer wieder (anstandshalber!) nach, ob ihm die Therapien bei Frau Naumann auch wirklich helfen würden – aber im Grunde interessierte sie sich dafür nicht besonders. Sie hatte mit sich selbst genug zu tun. Und grollte merklich noch immer gegen ihn. Jan war zum Sündenbock in diesem Stück geworden und sah doch selbst keinen Ausweg heraus aus dieser unglückseligen Rolle.

Ihn nervte es, dass sie den lieben langen Tag ihr Seelenheil in Putzaktionen suchte. Gott sei Dank, hin und wieder fuhr sie heraus zu ihren Eltern. Und so wie Jan es mitbekommen hatte, war sie auch dort schon längst zur Aufräumerin der Nation geworden. Wahrscheinlich hatte sie ihr ganzes Elternhaus auf den Kopf gestellt und sämtlichen Keimen und Bakterien mal tüchtig die Leviten gelesen. Diese Frau Saubermann!

Ihre Dauerdiät hatte wieder einmal gewechselt. Neuerdings aß sie nicht mehr nur die Hälfte oder ein Viertel dessen, was sie eigentlich hätte essen wollen, jetzt waren Kohlehydrate nach fünfzehn Uhr verboten. Was zur Folge hatte, dass es jeden Abend Steak und Salat oder Fisch und Gemüse gab. Am Anfang hatte sich Jan noch darüber gefreut, dass überhaupt mal etwas Gekochtes auf seinem Teller gelandet war. Aber es schmeckte ihm einfach nicht. Meist machte er sich dann ein Käsebrot oder kochte ein paar Nudeln mit Öl und Knoblauch. Das Ergebnis: Lina flüchtete regelmäßig mit ihrem Teller in Richtung Wohnzimmer, um die bösen Kohlehydrate nicht sehen zu müssen...

Trotz der ständigen Diäten nahm sie aber nicht ab. Im Gegenteil. Doch das war Jan schon fast egal. Viel lieber wäre ihm gewesen, alles wäre wieder in Ordnung. So wie früher. So wie noch vor kurzem.

Plötzlich war ein ungeheurer Wind aufgekommen. Frau Naumann meinte, es sei das Beste, jetzt schnellstens zurück nach Schotten zu fahren, bevor es hier oben gleich richtig zur Sache gehen würde. Dann war alles ganz schnell gegangen. Stockdunkel war es geworden – und man konnte überall Blitze sehen. Es hatte wie aus Kübeln gegossen, sogar ziemlich dicke Hagelkörner waren dabei gewesen.

So ein Krachen hatte Jan noch nie gehört. „Glück gehabt, ich glaube da hat es irgendwo gerade ein paar Bäume umgehauen. Das geht hier ganz schnell bei so einem Sturm." Sie musste es ja wissen.

Jan war es richtig mulmig geworden. Die steile Straße Richtung Schotten war mittlerweile an einigen Stellen überflutet, aber Frau Naumann fuhr langsam und besonnen weiter. Keiner von beiden sprach mehr ein Wort. Vielleicht hätte man die Wettervorhersage doch einen Ticken ernster nehmen sollen, fragte sich Jan insgeheim. Er würde jedenfalls heilfroh sein, wenn er erst einmal wieder in der Praxis zurück war. Und dann war es soweit.

„Puh, geschafft, jetzt koche ich uns zuerst mal einen Kaffee, Sie können ja bei dem Wetter sowieso nicht los."

„Genau! Bei *dem* Sturm fahre ich nämlich keinen Meter mehr. Das war vorhin schon hart an der Grenze für einen Flachländer wie mich. Ein bisschen komme ich mir jetzt wirklich vor wie in Hessisch Sibirien kurz vorm Weltuntergang..."

„Naja, damit dürften wir noch ein bisschen Zeit haben. Laut Maya-Kalender soll das ja erst im Dezember passieren."

Dazu lachte sie herzerfrischend. Jan freute sich, dass er jetzt einmal mehr oder weniger privat mit seiner Heilpraktikerin zusammen sein konnte. Und so wurden aus einem Kaffee erst zwei, dann drei… Mittlerweile saß Jan barfuß im Wohnzimmer von Frau Naumann, die ihre durchnässte Sportkleidung wieder durch ihr gemütliches Allwetter-Leinenkleid ersetzt hatte. Draußen tobte das Unwetter und drinnen waren nur Tonja Naumann, er und drei brennende Kerzen. Kein Radio, kein Fernseher, kein Computer.

„Das lassen wir alles schön aus. Das Fachwerk brennt schließlich schnell und gut". Frau Naumann war vorsichtig wie die Mutter der Porzellankiste. In diesem Punkt war sie genau wie Lina, fiel Jan ein. Die ging auch bei jedem kleinsten Gewitter immer auf Nummer sicher und zog generell alle Stecker.

„Haben Sie denn heute keine Patienten mehr?", fragte er neugierig, da Tonja, so nannte er sie in seinen Gedanken, überhaupt keine Anstalten machte, ihn rauzuschmeißen.

„Nein, momentan sind doch Ferien, da sind viele meiner Patienten verreist. Und im Sommer haben die Leute auch nicht so viele Schmerzen. Die kommen alle im Herbst wieder, wenn es nass und kühl ist. Obwohl, wenn ich so recht überlege, ist es ja jetzt auch nass und kühl…"

Plötzlich fielen Ziegel auf die Straße und zerschellten. Tonja schaute aus dem Fenster: „Ganz schön gefährlich, bei dem Sturm noch draußen rumzulaufen." Und dann glaubte sie ihren Augen nicht zu trauen. „Opa Abbel rennt mitten im Gewitter 'rum. Den hat wohl der *Wilde Watz* gebissen…"

„Wer hat wen gebissen?", Jan kannte zwar schon die *Riwwelwutz*, aber nicht den *Wilden Watz*…

„Ach, das sagt man hier halt so, wenn einer gerade was ganz Blödes anstellt. Kann man nicht näher erklären!" Das hatte Jan mittlerweile verstanden, in Hessen gab es ganz viel Unerklärliches. Zumindest für einen waschechten Hamburger. Opa Abbel las noch immer seelenruhig heruntergefallene Ziegel auf. Und dabei tobte das Gewitter!

„Wenn der nicht gleich damit aufhört, dann geh' ich raus!"
Jetzt kam Tonja richtig in Rage. DAS konnte sie nicht mit ansehen!

„Quatsch, Sie bleiben schön brav hier drin. Ich geh' raus zu ihm und bring' ihn in sein Haus. In welchem wohnt er denn eigentlich?"

„Das hier, gleich gegenüber! Wo das Hundegebell herkommt." Sie zeigte auf das kleine Häuschen mit dem wirklich schiefen Fachwerk.

Jan schnappte sich seine durchnässte Jacke vom Bügel und wollte gerade hinausgehen, da rief Tonja ihm nach: „Hat sich erleeee-digt! Opa Abbel dreht ab in Richtung Haus."

„Puh, noch mal Glück gehabt", dachte Jan. Blitz und Donner waren ihm seit jeher unheimlich gewesen und auf nähere Bekanntschaft war er nicht aus. Gott sei Dank war dem vom *Wilden Watz* gebissenen Opa Abbel nichts passiert. Jedenfalls war er offenbar heraus aus der Gefahrenzone. Und den Hund hörte man auch nicht mehr im Akkord bellen. Tonja schnaufte durch und war erleichtert.

„Gott sei Dank, er ist wieder zur Vernunft gekommen. Die ältern Leute sind manchmal so dermaßen leichtsinnig! Und Opa Abbel hat außer seiner Asta niemanden mehr. Naja, ich sehe halt öfters nach ihm. Wir kennen uns ja schon ewig. Und manchmal kommt er zu mir in die Praxis und täuscht irgendetwas vor. Meist sind es nur einfache Kreislaufbeschwerden oder ein bisschen Schwindel. Ich glaube aber, dass er oft nur mit jemandem reden will."

Dann krachte es wieder! Mit ziemlicher Wucht prasselte der Regen auf das Pflaster nieder. „Was mach' ich nur, wenn das nicht bald aufhört? Vor Mitternacht komme ich ja wohl nicht mehr nach Hause… Gibt es hier vielleicht ein Hotel oder eine Pension, wo ich unterkommen könnte?", fragte Jan und schaute ebenso besorgt dem Naturschauspiel vom sicheren Fenster aus zu.

„Zur Not, also oben sind noch Zimmer frei. Ich vermiete die nur noch ab und zu, an Patienten. Nachdem ich beim ersten Dauermieter gleich einen arbeitsscheuen, zahlungsunwilligen Fast-Messie erwischt habe und danach komplett neu renovieren musste, stehen die Zimmer leer. Sie könnten einfach hier übernachten, wenn es weiter so stürmt", bot Tonja ihm spontan an. „Und übrigens", fügte sie hinzu, „heute Abend gibt es grüne Bohnen mit Bratkartoffeln. Essen Sie das?"

Jan lief schon das Wasser im Munde zusammen. Grüne Bohnen! Das gab es früher öfters bei seiner Mutter. Das musste aber auch schon Jahre her sein…

„Na klar, sogar sehr gerne. Vielen Dank für Ihre Gastfreundschaft!" Seine Schmetterlinge im Bauch hüpften vor Freude im Karree.

Heimlich hoffte er, dass Blitz und Donner so bald keine Ruhe geben würden…

Nachdem er Lina kurz angerufen hatte, um seine Auswärtsübernachtung bekanntzugeben, zeigte Frau Naumann ihm die schön renovierten Zimmer und das dazugehörige Bad. Hier oben unter dem Dachjuchhee war es richtig gemütlich. Eingerichtet mit hellen und dunklen Hölzern, das Fachwerk war teilweise freigelegt. Und überall hingen alte Bilder. Alte Stadtansichten von Schotten und Landschaftsgemälde vom Vogelsberg. „Alles geerbt. Und in Ehren gehalten..." Jan hatte sich sowas schon gedacht.

Auf einem alten Sekretär stand ein großes Sparschwein, auf dem war eine Aufschrift: „Lieber Gast, fühl' Dich sauwohl und fütter' mich, denn ich bin hohl..." Als die Heilpraktikerin sah, wie Jan den Text las, sagte sie schnell: „Wissen Sie, das ist ja kein Hotel hier, aber manche Patienten, die von weit her kommen und dann merken, dass sie doch lieber hier übernachten würden, bekommen so schnell kein Zimmer hier in der Gegend. Da habe ich mir das eben überlegt, es so anzubieten, dass jeder geben kann, was er möchte. Wenn nichts drin ist, auch gut. Ist aber noch nie vorgekommen."

Freundlich hatte sie Jan dabei angelacht. Er fand irgendwie alles toll, was diese Frau so machte, sagte und dachte. Irgendwie fühlte er sich wie auf Droge, dabei war er so nüchtern wie schon lange nicht mehr. Vielleicht war der Sturm ja gar kein Zufall? Hatte hier jemand die Hand im Spiel, so dass er einfach mehr Zeit mit ihr verbringen konnte?

Die Vorstellung war zu schön gewesen, und die Tatsache, dass Lina überhaupt keine Meinung zu seinem Fernbleiben über Nacht zu haben schien, hatte sein Gewissen nicht einen Deut schlechter machen können. Sie hatte nur lapidar gesagt: „Hier in Frankfurt ist auch ein Mega-Gewitter, die Feuerwehr rückt laufend aus. Also, dann bis morgen!" War es ihr egal oder vielleicht sogar ganz recht, dass er über Nacht fortbleiben würde? Früher, und das war noch gar nicht so lange her, da hätte er Himmel und Hölle in Bewegung gesetzt, um nach Hause zu kommen zu seiner Herzensdame. Wahrscheinlich wäre er noch vor einigen Monaten einfach losgefahren und hätte den tobenden Sturm, Blitz und Donner in Kauf genommen. Hauptsache, nach Hause!

Und jetzt? Jetzt war er glücklich und zufrieden hier bei Tonja Naumann in Schotten. Draußen war es stürmisch und ungemütlich, aber drinnen würde es gleich Bohnengemüse und frisch gebrutzelte Bratkartoffeln geben und wahrscheinlich noch ein supernettes Zusammensein in einer total unaufgeräumten Küche. Herrlich!

Die Alternative in Frankfurt hätte dagegen so aussehen: kohlehydratfreies Abendessen in sterilem Ambiente (wenn überhaupt etwas serviert wurde), ein mürrisches Gesicht von Lina und kein Wort zu viel. Keine Umarmung, keine Zärtlichkeit. Er hätte genauso gut mit seiner Steuerberaterin zusammen wohnen können…

Nach dem vermeintlich gemeinsamen Abendessen wäre dann jeder wieder seiner Wege gegangen. Lina säße stumm an ihrem Laptop – er würde im Atelier in seine Gedanken und Bilder eintauchen und dabei zwei, drei Gläser Rotwein trinken. Und irgendwann wäre einer von beiden zuerst ins Bett gegangen und der andere auf der Couch geblieben. So weit war es schon!

Jan fragte sich an diesem Abend nicht das erste Mal, ob das das Leben war, das er sich einmal mit Lina erhofft und erträumt hatte? War das sein Traum von *Auld Lang Syne*? Eine Liebe, die bei den ersten Windstößen und Sommergewittern schon auseinanderbrach und den Stürmen des Alltags nicht mal ein bisschen standhalten konnte? Wenn Lina wieder einen Job hatte, der sie ausfüllte und er als Maler endlich ein paar Bilder mehr verkaufen würde, dann wäre vielleicht wieder alles in Ordnung? Aber wäre es das wirklich?

Der Duft von Bohnenkraut zog durch das ganze Häuschen. Jedoch waren die Bohnen kein bisschen grün – eher bräunlich. „Matsch" statt „al dente", fiel ihm dazu nur ein. Totgekocht, genau, das würde Lina dazu sagen. Aber lecker waren sie trotzdem, fand Jan. Egal, wie die Böhnchen aussahen. Die Bratkartoffeln waren total knusprig und goldgelb. Ein Gedicht! Und dazu gab es ein Bier, das Jan noch nicht kannte. „Ist aus dem hohen Vogelsberg. Wir haben hier unser eigenes Bier, mit Vulkanwasser gebraut…", scherzte Tonja und holte noch einmal Nachschlag. Jan fragte sich, ob man am Ende doch mehr Spaß mit Frauen haben würde, die auch mal richtig reinhauen konnten und sich nicht ständig im Zaum halten mussten.

Es wurde ein langer Abend. Sie unterhielten sich über ihre Familien, stellten fest, wie viele Gemeinsamkeiten sie eigentlich hatten. Erzählten sich von ihren Schicksalsschlägen, Tonja von ihren Eltern, die tödlich verunglückt waren, als sie noch klein war, von ihren Großeltern, die sie als Waisenkind aufgenommen hatten und die sie beide bis zu ihrem Tod gepflegt hatte. Jan staunte nicht schlecht, was dieser Frau schon

alles widerfahren war. Denn sie wirkte so fröhlich und positiv, als würde sie nur die Sonnenseite des Lebens kennen.
Tatsächlich ertappte Jan sich auf einmal dabei, wie er sogar von seiner Mutter erzählte. Und ihrem heimlichen Italo-Lover. Auch die Inflagranti-Szene durfte nicht fehlen! Jan Johannsen wunderte sich über sich selbst. Normalerweise hätte er das alles verschwiegen.
Aber irgendwie kam Tonja ihm vor wie ein Freund, den er lange verloren geglaubt und nun wiedergefunden hatte.
Nur, dass dieser neue Freund zufällig eine Frau war...
„Stellen Sie sich mal vor", Jan erzählte munter weiter drauf los, „das Letzte, was ich von ihr gehört habe war, dass sie mit einer *Freundin*", dabei betonte er das Wort Freundin überdeutlich und zog dabei das Unterlid seines Auges mit dem Zeigefinger nach unten, um die Zweifel an dieser Aussage zu unterstreichen, „mit einer *Freundin*, sage ich nur, die Ostseeküste entlang gefahren ist und zum ZDF-Fußballstrand nach Usedom wollte, um da ein bisschen EM-Stimmung am Meer zu genießen." – „Und Sie glauben aber, dass der Italiener der eigentlich Mitreisende ist und nicht die vermeintliche Freundin?" – „Na klar. Aber meine Mutter sagt mir nichts davon. Wahrscheinlich schämt sie sich – oder denkt, ich würde das nicht akzeptieren. Dabei finde ich es viel schlimmer, dass sie mir nicht offen sagt, dass sie einen neuen Partner hat." – „Vielleicht ist es ja auch nur eine Affäre ohne jegliche Zukunft und sie will das deshalb einfach für sich behalten." – „Kann auch sein. Auf jeden Fall bin ich mal gespannt, wie lange sie dieses Spielchen noch weiterspielt."
Irgendwie kam Tonja Naumann die Geschichte bekannt vor.
Eine Frau Johannsen mit einem Italiener als Liebhaber...
Das passte doch haargenau auf das Pärchen in der Cocktailbar.
Aber in Hamburg gab es wohl ziemlich viele Johannsens – und noch mehr Italiener...

„Soll ich mal ein bisschen Musik auflegen? Jetzt, wo das Donnern und Blitzen vorbei ist, dürfte man ja wieder was hören..." – „Ja, gerne. Was hören Sie denn so?" – „Ach, ich bin irgendwie in den 80ern stecken geblieben, höre seit neuestem wieder die ganze Palette: Tears for Fears, Depeche Mode, Sade... – diese Frau liebe ich heiß und innig!"
Dabei lachte sie und warf ihre lange rote Mähne über die Schulter.

In dem schummrigen Licht sah sie fast aus wie ein Engel, fand Jan und ertappte sich dabei, wie er jede ihrer Bewegungen genüsslich verfolgte.

„Heute vielleicht ein bisschen was von der seligen Brittney gefällig?", fragte sie und knipste ein kleines Licht über ihrer HiFi-Anlage an, wobei ein Teil ihrer beachtlichen CD-Sammlung zum Vorschein kam. Jan traute seinen Ohren kaum und fragte sich, ob er sich vielleicht verhört hatte? Sie wollte jetzt Brittney Texas auflegen? Es kam ihm vor, als würde sich der Dielenboden unter ihm anfangen zu drehen.

„Brittney?", fragte er zurück, „die grandiose Brittney Texas? Ja, die sollten wir hören. Aber es kann sein, dass mir die Tränen kullern…", er versuchte zu scherzen, aber ein bisschen Ernst war dabei.

„Das macht doch gar nichts. Bei der Trauerfeier saß ich stundenlang vor dem Fernseher und habe geheult. Ich kann einfach nicht glauben, dass sie nur so kurz auf Erden war. Aber Gottes Wille geschehe, so heißt es doch." – „Komisch, und ich dachte, ich wäre der einzige Mensch auf Erden, dem das alles so nahe gegangen ist. Nicht mal meine Mutter konnte das verstehen. Geschweige denn meine Freundin." Dann erzählte er ihr, was der Tod von Brittney eigentlich alles in seinem Leben ausgelöst hatte. Alles, ohne Ausnahme.

„Zurzeit leben wir nur noch nebeneinander her. Es ist wie eine große Blockade, keiner sagt etwas, niemand spricht die Probleme wirklich an und so plätschert sie dahin, die Zeit." – „Jeder hat wahrscheinlich Angst, dass es vielleicht das letzte Gespräch sein könnte, oder?", fasste sie zusammen, „Solche Probleme habe ich noch nie gehabt. Da kann ich wohl schlecht schlaue Ratschläge geben." – „Haben Sie denn immer alleine gelebt?" – „Im Prinzip schon. Alleine, aber nicht einsam, sage ich immer. Bislang habe ich beim Zusammenziehen jedes Mal gekniffen. Aber es könnte ja sein, dass sich das irgendwann noch einmal ändert", erzählte sie weiter. – „Das kommt ganz sicher, Frau Naumann. So eine Frau wie Sie…, also, ich meine…", aber vor lauter Stottern kam nichts Gescheites mehr aus ihm heraus. Das mit den Komplimenten war wohl schon zu lange her. Er war aus der Übung.

Frau Naumann anscheinend auch. Sie wirkte verlegen.

Irgendwann war dann die CD dann zu Ende. Der Sturm auch.

„Wollen Sie immer noch hierbleiben?", fragte Tonja Naumann, „das Wetter hat sich wieder beruhigt. Ich glaube, sie könnten jetzt doch noch nach Hause fahren."

Aber Jan brauchte nicht lange zu überlegen.

„Nein, jetzt fahre ich ganz bestimmt nicht mehr los. Zwei Vogelsberger Biere, das wäre nun wirklich zu gefährlich. Meinen Sie nicht auch?" Da lächelte sie. „Schön, dass Sie bleiben", ihre grünen Augen funkelten im Kerzenschein.
„Übrigens, ich heiße Tonja."
„Jan – nur so, fürs Protokoll!", erwiderte er freudig.
„Und übrigens, auch fürs Protokoll: Normalerweise duze ich Patienten nie…"

In Frankfurt war die Feuerwehr im Dauereinsatz. Viele Keller waren vollgelaufen. Es hatte Starkregen gegeben, zum Teil mit Hagelkörnern. Draußen krachte es immer wieder, und trotz des frühen Abends war es schon stockdunkel. Ein unheimliches Naturschauspiel.

Lina hatte alle Stecker gezogen. Irgendwie war sie erleichtert, dass Jan bei diesen Wetterverhältnissen nicht zurückgefahren war nach Bornheim. Das wäre einfach zu gefährlich gewesen! Sie wusste ja, wie lange die Strecke war und bei *dem* Unwetter konnten schnell Bäume entwurzelt werden und auf die Straße krachen. Obwohl er sie in letzter Zeit mehr oder weniger ziemlich genervt hatte, war der Gedanke, dass ihm etwas zustoßen könnte, doch unerträglich für sie. Manchmal machte sie sich selbst schon Vorwürfe, weil sie oft kalt und abweisend zu ihm war. Jetzt tat es ihr schon wieder fast leid. Nie hätte Lina gedacht, dass sie einmal so eklig sein könnte zu Jan, ihrer großen Liebe. Dem Mann, der extra für sie nach Frankfurt gezogen war und seine geliebte Heimatstadt Hamburg für ihre gemeinsame Zukunft verlassen hatte.

Nun saß sie allein in ihrer dunklen Wohnung, die ihr auf einmal fürchterlich leer vorkam. Draußen tobte der Sturm und Unmengen von Wasser kamen vom Himmel gestürzt. Gut, dass er in Schotten geblieben war. „Meine Güte, es darf ihm einfach nichts passieren!", dachte sie. Auf einmal vermisste sie ihn wieder…

Manchmal hatte sie alles an ihm gestört. Wie er morgens nicht aus den Federn kam, wie er seinen Kaffee schlürfte, wie er immer wieder fragte, was es denn zu Essen gäbe, als wäre nur sie dafür zuständig. Wie er mit einer Flasche Rotwein in seinem Atelier verschwand und das fast jeden Nachmittag. Außer, er hatte Therapietermine in Schotten, dann war mit ihm sowieso gar nichts mehr anzufangen. Dann brauchte er vor der Fahrt seine Ruhe – und hinterher, wenn er von der anstrengenden Therapie zurückgekommen war, erst recht!

Und jetzt fehlte er ihr so sehr! Wie gern hätte sie gerade jetzt mit ihm ein Glas Rotwein getrunken. Vielleicht hätte man sogar offen miteinander reden können? Und anschließend die Nacht gemeinsam verbracht... Lina nahm sich fest vor, ihren ganzen Frust in Zukunft nicht mehr an ihm auszulassen. Sie konnte ihm doch nicht ewig die Schuld für ihre Misere geben.

Ihr altes Leben, DAS war es, was sie zurückhaben wollte! Die Liebe, die Zärtlichkeit und die Sehnsucht nach ihm, auch wenn er nur mal kurz ans Wasserhäuschen gegangen war.

Ja, sie würde sich bei ihm entschuldigen – und zwar umgehend! Für all ihre Lieblosigkeit und ihre Ungerechtigkeiten. Die Angst, dass ihm Gott weiß was passieren könnte, hatte sie erschrocken und wachgerüttelt. So konnte es nicht weitergehen. Sie liebte ihn doch mit jeder Faser ihres Herzens. Und war wild entschlossen, alles wiedergutzumachen, was sie in den vergangenen Wochen an Scherben produziert hatte.

Aber jetzt wollte sie ihm erst einmal eine Freude machen!

Irgendetwas, was ihm zeigen würde, dass sie es ernst meinte und bereute, eine so miesepetrige, frustrierte Frau an seiner Seite gewesen zu sein. Nur womit? Aber dann hatte sie eine Idee: Sein Atelier! Das würde sie mal so richtig auf Vordermann bringen, jetzt wo wegen des Gewitters der Fernseher, das Telefon und der Computer sowieso abgeschaltet waren.

„Das wird sicher eine tolle Überraschung!"

Lina machte sich an die Arbeit.

Noch bevor der Bericht am Abend in den Hessenfunk-Nachrichten gesendet werden konnte, waren sämtliche Plattformen im Internet regelrecht explodiert. Unter Schlagzeilen wie „Frankfurts erster Männerkindergarten. Und das mitten im Rotlichtviertel!", „Die Riesenbabys von Frankfurt", „Schnulleralarm im Dominapuff!", waren Fotos zu finden, die Passanten schnell mal so geschossen und dann ruck-zuck ins Netz gestellt hatten. Heutzutage konnte so etwas einfach nicht mehr unter Verschluss gehalten werden.

Der Hessenfunk hatte sorgfältig ausgewählt, was man überhaupt senden konnte und die Gesichter der Betroffenen selbstverständlich unkenntlich gemacht. Auch beim Texten hatte sich Susi Lustig mehr als üblich zurückgehalten, schließlich sah sich der Hessenfunk als seriöses Informationsmedium.

Die Redakteure hatten bis zum Nachmittag schon Kontakt zu verschiedenen Leuten der Szene aufgenommen. Darunter auch einige Menschen aus dem Milieu, die immer mal wieder für Insiderinformationen herangezogen wurden. Sogar mit der Sexualberatungsstelle einer bekannten Frankfurter Klinik und unabhängigen Wissenschaftlern war über das Thema gesprochen worden. Die berichteten allesamt unisono davon, dass es in der Prostitution nicht nur den normalen Sex gab, den Hänschen Müller so zwischendurch in der Mittagspause suchte, sondern auch den ganzen Bereich des Sado-Maso und der Dominas mit ihren Rollen- und Doktorspielen und vielem, was man sich selbst gar nicht näher vorstellen wollte. Und darunter gab es offensichtlich auch eine Art Babyspiel-Szene, sogar von Babyhotels für Erwachsene war die Rede. Diese wären allerdings nur den absoluten Insidern bekannt und würden meist weit ab im Verborgenen liegen – gut getarnt und für niemanden von außen ersichtlich.

„Naja, anscheinend hatte sich die Forschung schon intensiv mit dieser Thematik beschäftigt...", Susi Lustig ließ noch einmal Revue passieren, was eine Insiderin ihr dazu erzählt hatte: „Das müssen Sie sich einfach so vorstellen. Da kommen erwachsene Männer hin und die wollen einfach nochmal Baby sein. Dann kriegen sie ihren Strampelanzug an, werden von bildhübschen Kinderschwestern gebadet, nuggeln an Muttis Busen rum, kriegen ihr Fläschchen, machen ihr Bäuerchen oder auch zwei, pullern in die Windel, lassen sich das Popöchen waschen, pudern, wickeln und dann lassen sie sich noch Wiegenlieder vorsingen. Das ganze Programm eben. So einfach ist das! Ist eine eher unbekannte Szene – keiner will damit in Verbindung gebracht werden... Aber den Supermanagern sind die Dominas halt zu anstrengend geworden. Die Leute sind ja heutzutage total überlastet und müssen den ganzen Tag auf Draht sein. Handy, Internet, ständig piept und klingelt es irgendwo. Da ist so ein Termin bei der Domina auf einmal auch nur noch Stress! Und jetzt boomt die Kuschelstunde im Gitterbettchen, also ich meine, das sind Riesengitterbetten, eben für erwachsene Leute. Tja, wie soll ich sagen? Der Markt hat darauf reagiert. Normales Poppen und Schäferstündchen 08/15 sind out! Das ist was für Konfirmanden und Junggesellenabschiede. Und die ganzen Sado-

Maso-Nummern machen ja mittlerweile schon die Hausfrauen. Die Ausstattung dafür gibt's ja überall zu kaufen. Aber Babyspiele? Das war auf einmal der neueste Schrei hier auf'm Kiez. Einige von unseren Peitschenladies haben dann ziemlich schnell umgesattelt und auf Kinderschwester oder dickbusige Mami gemacht. Ist für die ja auch nicht ganz so heftig wie immer nur die Bosse quälen und noch fester an die Heizung ketten. Also, ich sage Ihnen, das ist jedenfalls ein Riesenmarkt! Immer mehr Studios bieten das seit neuestem auch an. Bis vor kurzem gab es da nur diskrete Hotels, die lagen aber meist in den Wäldern oder eben sonstwo, Hauptsache abgelegen. Jetzt haben wir einen richtigen Boom in der Rotlichtszene und soweit ich das mitbekommen habe, ist das total schnell verdiente Kohle. Aber, die Diskretion muss stimmen! Das ist das A und O bei so'ner Geschichte. Und normalerweise sickert da nix, aber auch Null-komma-nix durch. Dass das jetzt alles ans Tageslicht gekommen ist, hatte ja nur mit dem Brand zu tun und der ganzen Panik... Sonst wüsste doch da niemand von. Da steht hier nämlich die Todesstrafe drauf, wenn da was rauskommt, ne? Sind auch ein Haufen bekannter Typen drunter. Aber jetzt isses ja eh' rausgekommen, das wird 'ne Menge Staub aufwirbeln. Also, ich jedenfalls bin froh, dass ich da nicht mit vollge... Windeln auf der Kaiserstraße rumgelaufen bin..."

Mehrmals hörte sich Susi Lustig das Ganze an. Und dachte darüber nach, was man davon überhaupt senden konnte. In Absprache mit ihren Redakteuren und den Vorgesetzten kam es dann zu einer sehr gemäßigten Berichterstattung, die sich hauptsächlich auf den Brand konzentrierte, der in einem Geschäftshaus auf der Kaiserstraße ausgebrochen war, zufällig genau während des ersten Sommerinterviews über Leute in Frankfurts verschiedenen Stadtteilen. Man berichtete dann letztendlich nur von einem „sehr bunten Völkchen" und dass auf der sündigen Meile irgendwie auch im Sommer immer ein bisschen Karneval sei...
Alles in allem also recht unverfänglich und um Korrektheit bemüht. Man zeigte keine superpeinlichen Outfits. Hier und da blitzte mal ein halbnackter Hintern auf. Männer mit Lederdessous waren zu sehen, aber auch erwachsene Kerle in himmelblauen Strampelanzügen. Doch nur in Bruchteilen von Sekunden und alle Gesichter waren absolut unkenntlich gemacht. Am Anfang sah man noch Ekatarina Tartakowskaja, die von ihrem Job als Malerin im Rotlichtmilieu erzählte.

Der Rest wurde straff zusammengeschnitten. Susi Lustig war schon viele Jahre beim Sender beschäftigt und kannte ihr Metier genauestens.

Dass das Internet und die Schnelligkeit der Meldungen, wie sie um den Erdball schossen, die Medienlandschaft total verändert hatten, war nicht mehr wegzudiskutieren. Eine wirkliche Kontrolle gab es nicht. Man konnte sich also ausmalen, wohin der Sturm im Netz führen würde...

Ihr war klar, dass dieser kleine Bericht über den Brand im Bahnhofsviertel und die wenigen Bilder, die man neben den Rettungskräften und deren Arbeit von den aus dem Haus flüchtenden Menschen zeigen würde, nur der Anfang einer Riesenwelle sein würde.

Die Spitze des Eisberges!
Und die Bilder, die all die wildfremden Menschen mit ihren Fotohandys und Kameras geschossen hatten, würden im Netz erscheinen und hatten vorerst eine Gemeinsamkeit: Sie waren nicht geschwärzt!
Aber sie würden der Welt zeigen, wer aus ihrer Nachbarschaft oder Firma sich heimlich gegen Geld erniedrigen oder quälen ließ. Und auch die Riesenbabys in ihren Windeln und mit ihren Schnullern im Mund konnte man unschwer erkennen. Männer, die sich gerne in ihre früheste Kindheit zurückwünschten und ihre Träume an einem geschützten Ort auszuleben glaubten. ...

Und die Reporterin Susi Lustig fragte sich, ob das Netz nicht doch mehr Fluch als Segen war. Wusste sie doch genau, dass man dieses Rad nicht mehr anhalten konnte. Denn die Büchse der Pandora war schon vor längerer Zeit geöffnet worden...

Gab es eine neue Krankheit?
Morbus Internet?

In Jans Atelier unterdessen: Nur halbherzig zugedrehte Farbtuben, Pinsel, die entweder schon eingetrocknet waren, hier und da immer wieder Gläser, die schon länger keine Spülmaschine mehr gesehen hatten, Tücher voller Farbe, unzählige Schnipsel aus Zeitschriften und Zeitungen, Gekritzeltes, zerrissene Entwürfe. All das war in Hülle und Fülle vorhanden. Dazu eine Staubschicht, die es in sich hatte. Das Nussbaumholz des alten, aber wunderschönen Buffetschrankes war eigentlich noch gut erhalten, aber es brauchte dringend intensive Pflege. Meine Güte, die Aktion war längst überfällig, befand Lina nach dieser ersten Sichtung. Sie war eben schon länger nicht mehr hier gewesen.

Emsig machte sie sich ans Werk. Die Tuben sortierte sie nach Farben und packte sie in einzelne Plastikschälchen. Die Pinsel wurden noch einmal einer Generalreinigung mit einem speziellen Pinselreiniger unterzogen und die, denen selbst das kein Leben mehr einhauchen konnte, mussten für immer abdanken. Die Farbtücher und Abwischlappen kamen in die Wäsche. Einiges ging direkt in den Müll. Das wäre beim besten Willen nicht mehr zu retten gewesen.

„Na, das sieht doch gleich viel besser aus!", dachte Lina, die schon ins Schwitzen gekommen war und jetzt erst einmal ein bisschen frische Luft brauchte. Sie öffnete ein Fenster und schaute hinunter auf die Straße. Kein Mensch war unterwegs, nur hier und da fuhr noch ein Auto durch den heftig prasselnden Regen. Wenigstens war das Gewitter weitergezogen.

Die Fenster würde sie aber bei diesem Wetter nicht mehr putzen. Draußen schüttete es weiterhin wie aus Eimern. Aber zumindest den Boden würde sie noch einmal wienern. Der sah wirklich schlimm aus! Überall Flecken, Abdrücke von Gläsern, Farbreste. Hier und da ein paar tote Fliegen...

„Ach komm", sie wollte sich selbst motivieren, „wenn du jetzt schon mal dabei bist, dann bring' es auch zu Ende! Jan wird sich bestimmt freuen, wenn er den Glanz in seiner Hütte erst sieht."

Doch erst musste sie noch die Bilder in Sicherheit bringen, die an die Wand oder gegen Jans Lieblingssessel gelehnt waren. Auch das neueste Bild von Brittney war dabei – selbst das hatte sich noch nicht verkaufen können. Irgendwie tat es ihr jetzt leid, dass Jan so wenige Erfolgserlebnisse hatte.

Und sie war die ganze Zeit nur um sich selbst gekreist! Sie musste wohl oder übel einsehen, dass sie ungerecht zu ihm gewesen ist. Er hatte doch auch seine Probleme...

„Aber jetzt wird alles anders. Jetzt wird alles wieder gut", dachte Lina. Sie war wild entschlossen. Genauso, wie sie sein Atelier entrümpelt und dem Raum zu neuem Glanz verholfen hatte, so würde sie auch ihr gemeinsames Leben angehen. Es musste einfach alles einmal gründlich entstaubt werden! Doch äußerste Vorsicht war angesagt, denn Jans Bilder waren Lina im Laufe der Zeit ans Herz gewachsen. Also trug sie die guten Stücke allesamt wie rohe Eier ins Wohnzimmer, um sie dort sicher aufzubewahren. Schließlich konnte bei so einer Putzaktion immer mal ein Malheur passieren.

Als Linas Räumaktion fast beendet war und sie das letzte Bild in ihre Hände genommen hatte, fielen ihr auf einmal etliche bemalte Blätter entgegen. Die waren wohl hinter den Verstrebungen der Leinwand eingeklemmt gewesen und lagen nun auf den Dielen verteilt herum. Linas Blick fiel sofort auf die übergroßen Brüste und die mehr als üppigen Rundungen einer rothaarigen Frau, die in den verschiedensten Posen gezeichnet war. Sie fragte sich, ob diese Bilder überhaupt von Jan stammen konnten. Er malte doch eigentlich nur Landschaften… Höchst selten auch einmal Blumen. Oder Gemüse. Noch seltener Abstraktes. Wenn sie es sich so recht überlegte, dann hatte er noch nie eine Aktzeichnung gemalt. Nicht einmal von ihr.

„Menschen sind nicht mein Thema!", war doch sein Standardspruch, wenn mal jemand angefragt hatte, ob er vielleicht ein Portrait als Auftragsarbeit annehmen würde. Wie kam so ein Wandel zustande? Das fragte sich Lina jetzt doch. Aber dann beschwichtigte sie sich selbst. Vielleicht waren es nur Übungszeichnungen aus seinem Studium…

Sie blätterte die Zeichnungen nach und nach durch.

Und, zu ihrer Verblüffung: Es schien sich um die immer gleiche Frau zu handeln. Sie hatte wunderschönes, leicht gewelltes rotes Haar, das entweder verführerisch auf die nackten Schultern fiel oder nur locker hochgesteckt war und dabei einen Blick auf ihre Nackenpartie freigab. Dazu passten ihre grünen Augen, die einmal wach und dann wieder lasziv und geheimnisvoll schauten. Dazu eine Figur, die Rubens wahrscheinlich hätte wiederauferstehen lassen.

„Nein", korrigierte sich Lina selbst, „selbst für Rubens wäre diese monströse Oberweite definitiv zu viel des Guten. Das ist locker ein Triple-D mit Zusatzpunkt!" In ihrem Kopf ging alles durcheinander. Wer war diese Frau bloß, die hier offensichtlich viele Male Modell gestanden hatte?

Ein Blick auf Jans Signatur und die 12, die dahinter stand, besagte eindeutig, dass die Bilder aus diesem Jahr stammen mussten. Krampfhaft überlegte Lina, was es mit all dem auf sich haben könnte.

Wer war dieser rote Moppelschopf nur?

Doch dann erinnerte sie sich: Als Jan das erste Mal bei dieser Frau Naumann gewesen war und sie ihn kurz danach gefragt hatte, was für ein Typ Frau die neue Heilsbringerin denn wäre, da hatte er gemeint: „Frau Naumann ist supernett, rothaarig wie eine Irin, und wenn du sie sehen würdest, dann wäre das das Ende deiner Diätkarriere. Denn die

Frau hat wirklich ein dickes Gewichtsproblem. Dagegen bist du ein echter Hungerhaken."

Worauf Lina etwas verwirrt war. Aber auch Jans Nachsatz hatte sie jetzt wieder genau im Ohr: „Irgendwie trotzdem sexy, diese Frau. Es gibt wohl ganz schön heiße Feger da oben auf dem Vulkan... Wusstest du das nicht?"

Erst jetzt wurde ihr die Bedeutung dieser Worte klar. Und langsam begann ihr Blutdruck merklich zu steigen. Ein bisschen schwindelig war ihr plötzlich auch. Ihr Atem ging immer schneller. Das Herz pochte wie verrückt. Ihr wurde noch heißer, sicher war sie schon feuerrot im Gesicht, die Wangen glühten regelrecht.

Aber das war die richtige Fährte!

Dieses Puzzle würde sie zusammensetzen, garantiert!

Doch erst einmal musste sich Lina setzen, durchatmen und dann nochmal ganz genau überlegen. „Kühlen Kopf bewahren, Frau Siebenborn", sprach sie zu sich selbst. *Om........... Das muss doch helfen!*

Aber das Gedankenkarussell in ihrem Kopf drehte sich unaufhörlich weiter. Und auch das zweite *Om* schien nicht in der Lage, es endlich anzuhalten. Konnte es am Ende wirklich sein, dass Jan auf so einen Typ Frau stand? Oder waren das doch nur Studien von irgendeinem namenlosen Modell der Hamburger Kunstakademie? Am Ende war die Mega-Mollige vielleicht nur abgemalt - aus einem billigen Magazin für Liebhaber von ganz schweren Mädchen...

Was wusste sie, Lina Siebenborn, von dem Mann, mit dem sie nun fast seit sieben Jahren zusammenlebte eigentlich wirklich?

Wenn das hier seine heimlichen Träume waren, mit wem war sie dann eigentlich zusammen? Im nächsten Moment beruhigte sie sich selbst wieder (das dritte *Om* half...) und sagte sich, dass das Ganze bestimmt einen total harmlosen Hintergrund haben würde.

„Wahrscheinlich wollte er sich künstlerisch nur neu orientieren..."

Was sollte sie jetzt tun?

Ihn sofort anrufen und nachfragen?

Das würde nicht gut kommen. Sähe schwer nach Schnüffelei und Misstrauen aus. Und das wollte Lina doch unter allen Umständen vermeiden.

Schließlich lief das hier doch alles unter dem Motto „Putzaktion".

Doch eine innere Unruhe erfasste sie.

Wie ferngesteuert stürzte sie an ihren Computer. Schnell hatte sie alle Stecker und Kabel wieder angeschlossen. Sie tippte in die Suchmaschine: Naumann + Heilpraktikerin + Schotten. Bingo!

„Also, man kann diesen überaus schlauen Menschen aus der Schweiz gar nicht genug danken für das Internet!"

Lina war begeistert.

Zack, zack und die Ergebnisliste konnte sich sehen lassen.

Natürlich hatte Frau Naumann aus Schotten eine eigene Homepage. Jeder Selbständige war heutzutage im Netz zu finden…

Naturheilpraxis Tonja Naumann stand auf der ersten Seite.

Dann folgten die üblichen Unterteilungen wie Praxis, angebotene Therapien, Preise, Grundsätze, Persönliches, Ausbildung und Anfahrt. Sie klickte sich durch die verschiedenen Themen und wurde automatisch und wie von Zauberhand an jene Stelle geführt, die sie eigentlich gesucht hatte.

Und dann waren nur noch Bruchteile von Sekunden vergangen, und Lina Siebenborn war sich sicher:

Diese Aktbilder sind keine drei Wochen alt!

„Die Stunde Null"

Marlene Hein stand splitterfasernackt vor dem Spiegel und sah den schlaffen Tatsachen ins Auge. Bald würde sich auf dieser Baustelle einiges geändert haben, dessen war sie sich gewiss!

Dann malte sie sich aus, wie ihr Körper danach sein würde: Der Busen, der den Kampf gegen die Schwerkraft schon vor längerem verloren hatte, wäre endlich wieder gestrafft und in seine frühere Form gebracht. Die Falten auf der Stirn, die manchmal Zorn zeigten, auch wenn gar keiner da war, wären bald und hoffentlich für immer verschwunden. Die Lippen, die das einzige waren, was kontinuierlich weniger und dünner geworden war, hätten in Kürze wieder ihre attraktive Fülle – und der überschüssige Speck, diese verfluchten Reiterhosen, die sollten auch bald der Vergangenheit angehören.

Sie freute sich darauf, vielleicht schon in wenigen Wochen wieder so ähnlich auszusehen wie vor zehn, oder sogar vor fünfzehn Jahren. So genau konnte man das endgültige Ergebnis nicht vorhersehen. Aber dem Alter würde sie ein Schnippchen schlagen! Was hatte sie auch sonst als Frau zu bieten? Sie wollte für ihren geliebten Jürgen so attraktiv wie möglich sein. *Ihr* Beruf war es schließlich, eine gute und repräsentative Ehefrau zu sein...

Ihr Mann hatte es zu etwas gebracht im Leben, und sie wollte auf jeden Fall vermeiden, dass er sich nach jüngerer und schönerer Konkurrenz umsah. Und sie war total stolz auf sich, als sie vor einiger Zeit, allerdings mit lautem Herzklopfen, bei einer dieser Adressen, die Lina Siebenborn ihr noch herausgesucht hatte, angerufen hatte. Die drei Wochen Beautyurlaub mit den gewünschten chirurgischen Zusatzleistungen waren dann schnell gebucht. Lina, die ihr sonst immer behilflich gewesen war, stand ja nun nicht mehr zur Verfügung, was ihr so einige Probleme bereitet hatte. Wen sollte sie jetzt fragen, wenn sie nicht mehr weiter wusste?

Ihrem Mann erzählte sie jedenfalls, dass es nur so eine Art Kur sei und sie einfach mal heraus müsse aus ihrem goldenen Käfig. Er war nicht einmal böse gewesen, dass sie ganz alleine – ohne ihn – fahren wollte. Insgeheim hatte er sich sogar schon auf drei Wochen Strohwitwerdasein gefreut, An Ideen fehlte es ihm jedenfalls nicht...

Es war Donnerstag und noch früher Mittag, als Marlene vor dem Spiegel stand und über sich und ihr Vorhaben intensiv nachdachte.

Einer dieser verregneten Sommertage, an denen das Licht schon morgens nach spätem September ausgesehen hatte. Sie wollte den trüben Tag nutzen, um schon ein paar Vorbereitungen für ihre bevorstehende Pseudo-Kur in Angriff zu nehmen. Die Garderobe würde sich ja mehr oder weniger auf Nachthemden, Bademantel, leichte Sportgarderobe und einige Teile für den öffentlich zugänglichen Bereich des Hotels beschränken. In dem Klinikanbau dieses Komplexes hatten normale Besucher überhaupt keinen Zutritt. Vielleicht würde sie auch die meiste Zeit dort verbringen. Sie hoffte, dass sie von vielen Schwellungen und Schmerzen verschont bleiben würde.

Der Arzt hatte ihr im Vorgespräch schon gesagt, dass er keine größeren Komplikationen erwartete. Das Gesicht wäre in zwei, spätestens drei Tagen nach dem Eingriff wieder „voll salonfähig", wie er sich ausgedrückt hatte. Alles andere wäre im nicht-sichtbaren Bereich und niemand würde etwas bemerken.

In ihren Gedanken malte sie sich lebhaft aus, wie sie sich bald fühlen würde mit ihrem neuen Körper: Straffer, jünger, knackiger! Sie malte es sich aus wie Weihnachten, Silvester und Ostern zusammen an einem Tag. Ganz sicher würde sie sich selbst bald wieder richtig gut gefallen. Auch nackt!

Aber Marlene Hein wurde unsanft aus ihren schönsten Tagträumen gerissen. Denn die schwere Haustür ihrer Villa war laut und vollkommen ungebremst ins Schloss gefallen. Peng! Und sie war mit einem Mal hellwach und hatte sicher Unmengen von Adrenalin im Körper.

„Einbrecher! Räuber! Vergewaltiger!" Das waren ihre ersten Gedanken gewesen. Die blanke Panik war in ihr hochgestiegen. Ja, sie hatte es immer schon befürchtet. Irgendwann würden skrupellose Männer einfach durch die Haustüre eindringen und sie zwingen, alle Tresore zu öffnen. Ihr Herz begann zu rasen. Oh, Gott, sie war ja auch noch splitternackt! Schnell griff sie nach dem Nachthemd, was auf dem Bett lag, zog es sich über und kramte dann hektisch in ihrer Handtasche, um das Reizgas zu finden, was sie normalerweise immer bei sich hatte. Aber ausgerechnet jetzt konnte sie es dummerweise nicht finden… „So ist es immer, wenn man etwas dringend brauchte", fluchte sie innerlich und war sauer auf sich selbst. Dann hörte sie schwere Schritte. Anscheinend hatte zumindest einer der Eindringlinge Geräusche gehört. Zielsicher schienen die Männer auf das Schlafzimmer zuzusteuern. Marlene Hein schaute sich verzweifelt im Zimmer um. Was könnte sie als Waffe einsetzen? Dann griff sie sich die schwere Vase, die auf der Kommode stand und stellte sich hinter die Tür. Nun war sie wenigstens nicht mehr völlig unbewaffnet!

Ja, sie würde sich und ihr Hab' und Gut verteidigen. Vor nichts würde zurückschrecken. Ihr stockte fast das Blut in den Adern, als die Schritte plötzlich nicht mehr zu hören waren. Eine gespenstige Ruhe war entstanden. Sie meinte, man müsste jeden Luftzug von ihr hören können. Schweißnass waren ihre Hände und sie musste die Vase, die sie hielt, auf dem Arm abstützen, sonst wäre sie ihr aus der Hand geglitten. Nach ein paar Sekunden, die ihr wie eine halbe Ewigkeit vorgekommen waren, konnte sie die Schritte wieder deutlich vernehmen. Gleich mussten sie da sein! Diese Verbrecher!

Dann würde sie dem Erstbesten einen ordentlichen Hieb verpassen, denn so leicht gab eine Marlene Hein nicht auf...

Ihr Atem ging schneller und schneller, das Herz raste bis zur Unerträglichkeit und sie meinte, ihr Brustkorb müsse gleich auseinanderspringen. Aber auf einmal war alles verstummt. Einer der Räuber musste sich genau vor ihrem Schlafzimmer befinden... Sie versuchte, darüber nachzudenken, warum Gott erlaubt hatte, dass gerade *sie* so etwas Schreckliches erleben musste. Etwas, wovor sie sich immer gefürchtet hatte. Und jetzt war sie mittendrin in ihrem eigenen Albtraum. Am Ende würde man sie vielleicht noch umbringen!

Dann kamen ihr allerlei Gedanken in den Sinn. Und Bilder. Bruchteile ihres Lebens schienen wie im Zeitraffer an ihr vorüberzuziehen. Sie sah sich als kleines Mädchen an der Hand ihrer Mutter, dann als junge Frau auf einem Ball, später als wunderschöne Braut mit ihrem Jürgen, ihrem Adonis. Es fühlte sich alles genauso an wie damals. Wunderschön!

„Wahrscheinlich bin ich schon tot", vermutete sie. „Entweder ich halluziniere oder ich bin bereits auf der anderen Seite des Daseins und halte Rückschau auf mein Erdenleben. Sicherlich wird mich gleich ein Engel abholen und mir alles weitere hier erklären. Sie hatte sich damit abgefunden: ihr Leben als Marlene Hein würde gleich endgültig vorbei sein." Dann war alles schwarz geworden. Um sie herum war gar nichts mehr. Kein helles Licht, in das sie hätte eintauchen wollen. Keine himmlischen Klänge, die sie betörten, keine phantastischen Farben, die sie umschmeichelten, kein Gefühl der Leichtigkeit, der Glückseligkeit, wie sie es in unzähligen Berichten von Menschen gelesen hatte, die für kurze Zeit schon mit einem Fuß im Jenseits gewesen sind. Sie alle hatten es außerordentlich bedauert, dann wieder zurückgeholt worden zu sein. Und fast alle berichteten von den glücklichsten Momenten, die sie je in ihrem Leben erlebt hatten. Nein, bei ihr waren nicht einmal ein paar Engel zur Stelle gewesen! Niemand, der sie empfing. Nicht einmal frühere Verstorbene oder Familienmitglieder, die schon lange tot waren. Niemand war da, der sie abholen wollte. Marlene Hein konnte sich in dem Moment nicht einmal darüber ärgern, dass der Tod offenbar doch nicht so wunderbar war, wie er immer beschrieben wurde. Denn sie fiel nur in ein tiefes, schwarzes Loch. In ein einziges großes NICHTS.

Er war ganz in Gedanken gewesen. Völlig versunken darüber, was in den letzten Stunden passiert war – mit ihm und seinem Leben. Und er fragte sich, was die Zukunft für ihn noch bringen konnte, als ihn plötzlich ein lautes Poltern aus seinen Grübeleien riss.

„Meine Güte!", dachte Jürgen Hein und war vor Schreck zusammen gezuckt, „Marlene!" Irgendetwas musste passiert sein!

Er fand sie gleich hinter Tür zum Schlafzimmer. Sie trug nur ein Nachthemd und hatte wohl gerade eine Vase in der Hand gehabt, als sie bewusstlos geworden sein musste und dann zu Boden gestürzt war. Die Vase lag direkt neben ihr.

„Marlene, um Gottes Willen, Marlene!", rief er und klopfte ihr unaufhörlich auf die Wangen. „Wach auf, bitte!", bat er sie laut und immer wieder. Pure Verzweiflung stieg in ihm hoch.

„Was, wenn sie nicht wieder aufwachen würde?" Es dauert nur ein paar Sekunden und seine innig geliebte Frau war wieder bei Bewusstsein. Gott sei Dank! Er wurde merklich ruhiger. „Wo bin ich?", fragte sie. „Du bist hier, in deinem Zuhause. Du bist wohl nur unglücklich gefallen, sonst nichts. Hast du dir weh getan?"

Das war nicht sein Tag, dachte Jürgen Hein. Dabei war heute nicht einmal Freitag der Dreizehnte. Benommen schaute sie ihn an: „Sind die Einbrecher noch da? Du musst die Polizei holen. Schnell!", flüsterte sie ihrem Mann ins Ohr. Langsam kam die Erinnerung an die Minuten vor ihrer Ohnmacht zurück. Und sie fing ein bisschen an zu zittern. „Sie hat einen Schock", erkannte ihr Mann gleich.

„Welche Einbrecher? Ist hier eingebrochen worden?" Er hielt ihren Kopf in seinen Händen und streichelte ihr übers Haar, um sie zu beruhigen. Von Einbrechern hatte er nichts bemerkt. Ein bisschen was hatte er rascheln gehört, als er nach Hause gekommen war, aber er dachte sich, dass es seine Frau war und war deshalb in Richtung ihres Schlafzimmers gegangen.

„Bleib' du hier, ich sehe jetzt erst einmal nach. Sei ganz ruhig." Jürgen Hein konnte es nicht glauben, aber ignorieren konnte er das Gesagte auch nicht. Wer weiß, vielleicht versteckten sie sich irgendwo und würden gleich richtig zuschlagen? Auf leisen Sohlen ging er zu seinem Nachttisch und holte seine Pistole aus der oberen Schublade. Als Marlene das sah, wurde sie wütend auf sich selbst. Sie hatte in der Aufregung total vergessen, dass ihr Mann so ein Ding besaß...

Er zeigte seiner Frau per Zeichensprache, dass sie still sein sollte und stieg vorsichtig über sie hinweg, die Waffe in der Hand. Dann hörte man nichts mehr. Nur seine Schritte auf den Platten im Flur.

Und dieses Geräusch erkannte Marlene sofort wieder. Es waren die gleichen Laute wie die des Einbrechers!

Langsam dämmerte es ihr, diesen ominösen Eindringling hatte es nie gegeben. Es war ihr eigener Mann, dessen Schritte sie vernommen hatte.

„Ich war so aufgeregt und so in Panik, dass ich wohl ohnmächtig geworden bin. Wie sollte ich denn ahnen, dass du mittags um zwei Uhr plötzlich da bist? Mein erster Gedanke war, dass jemand ganz dreist durch die Haustür eingedrungen sein musste. Wahrscheinlich lese ich einfach zu viele Krimis." Eigentlich hätte man darüber lachen können, aber so wirklich nach Lachen war ihnen beiden nicht zumute. Eine Weile später saß das Ehepaar Hein in der Küche. Sie tranken einen Tee. Zur Beruhigung. Marlene trug noch immer ihr dünnes Nachthemd. Und auf dem Tisch lag noch die Pistole. Man konnte ja nie wissen...

Beide waren froh und dankbar, dass es nur eine Verkettung unglücklicher Umstände gewesen war. Der hochflorige Teppichboden in ihrem Schlafzimmer hatte Marlene Hein weich aufgefangen, und bis auf ein paar blaue Flecken dürfte sie körperlich nichts weiter zurückbehalten haben von dem Schrecken dieses Tages.

„Aber, jetzt mal im Ernst. Jürgen, warum bist du eigentlich am helllichten Tage mittags um zwei schon zuhause? Und erschreckst mich so dermaßen, dass ich fast..., ach ich darf gar nicht darüber nachdenken...", immer noch etwas blass um die Nase griff sie zu ihrer Teetasse.

Irgendetwas Merkwürdiges hatte sie erlebt, als sie weggetreten war. Aber zurückgeblieben war nur ein wirres Gefühl. Als hätte man intensiv geträumt und am Morgen danach die sichere Gewissheit, dass alles wirklich so passiert war.

„Ach, Marlenchen, das ist eine echt lange Geschichte. Aber ich versuche es mal mit der Kurzversion. Also: Jürgen Hein, dein dir angetrauter Gatte, ist ab sofort Hausmann! Nein, noch besser: Marlene und Jürgen Hein wohnen ab sofort für unbestimmte Zeit in ihrem schönen Domizil in Südfrankreich! Das sie sowieso lange genug sträflich verachtet haben. Wir leben ab sofort ein ganz anderes Leben. Ruhiger. Gelassener. Ohne endlos laufenden Fernseher, ohne Internet. Selbst ans Telefon gehen wir nur, wenn wir wirklich Lust dazu haben. Urlaub auf Lebenszeit sozusagen."

Marlene schaute ihn ungläubig an. Er hielt ihrem Blick stand und fragte sie nach einer kurzen Pause: „ Und, was sagst du dazu?"

Auf einmal sah sie noch blasser aus als nach der Ohnmacht.

„Soll das ein Witz sein? Ich verstehe nur Bahnhof." – „Nein, mein Schatz, das ist die Wahrheit. Was ich sage, glaube es mir: Es ist die reine Wahrheit." – „Ja, haben die dich bei der HansaFra denn rausgeschmissen oder hast du etwa selbst gekündigt?" – „Sagen wir mal so: Die Dinge haben sich in gewisser Weise überschlagen. Stell' dir vor, ich sollte auf einmal von heute auf morgen den Bereich von diesem Brunnemann übernehmen, weißt du? Das ist doch dieser schmierige Typ, den niemand leiden kann. Der macht normalerweise die Gastronomie bei uns. Aber der Bereich soll jetzt nach vorne gebracht werden – zahlenmäßig! Doch, wie du weißt, schlägt mein Herz nur für meine Drogerien. Und jetzt, wo die gerade super laufen und tiefschwarze Zahlen schreiben, da soll ICH was ganz anderes machen? Ich habe doch keine Lust, den Schrottladen von dem Brunnemann zu übernehmen! Scheißgastronomie ist nicht mein Ding. Ich brenne mehr für Babybrei und Babycreme."

Ungläubig sah sie ihn an: „Ja, und?" – „Na, also habe ich heute früh gleich mit dem Foth gesprochen, du weißt schon, mein Hugolein. Und habe ihn gefragt, was ich nun machen soll. Da hat er gemeint, es gäbe eine superelegante Möglichkeit für mich, um aus der Nummer rauszukommen. Und jetzt, pass' auf: Rücktritt aus gesundheitlichen Gründen. Und zwar sofort und auf der Stelle! Da habe ich eingeschlagen. Ein besseres Angebot kommt für mich nicht mehr in diesem Leben. Und, wenn alles gut über die Bühne läuft, gibt es noch volle Bezüge bis Vertragsende. Also, noch fast anderthalb Jahre. Das Hugolein ist da zuversichtlich und meint, das würde er locker für mich durchboxen. Und wenn nicht, wir haben doch genug in pettto. Zur Tafel werden wir in unserem Leben nie gehen müssen."

Seine Frau schaute ihn immer noch leichenblass und wie in Trance an. „Und da habe ich gedacht, mit sechzig wäre das doch eine schöne Sache, Urlaub für immer. Mensch, Marlenchen, nur wir beide, du und ich!" Er versuchte, seiner Frau gegenüber dabei so fröhlich und vor allen Dingen, so glaubwürdig wie möglich zu erscheinen.

Aber innerlich war er total aufgewühlt durch die sich überschlagenden Ereignisse. Wo es doch gestern erst im Dark Paradise gebrannt hatte... Und wo jetzt unzählige Menschen Bescheid wussten. Über seine geheimsten Wünsche!

Inständig hoffte er, dass er Marlene davon überzeugen konnte, noch in der kommenden Nacht die Reise nach Saint Maxime anzutreten. Wo, wenige Kilometer von Saint Tropez entfernt, ihr schmuckes Ferienhaus stand.

Er wollte doch unter allen Umständen vermeiden, dass jemals etwas von seinen außergewöhnlichen Leidenschaften zu ihr durchdringen würde. Er wollte für sie der Jürgen bleiben, der er immer für sie gewesen ist: Der knallharte Manager, der Macher, der Mann, der in jungen Jahren einmal den Weg hoch auf der Karriereleiter eingeschlagen hatte und der bis zum gestrigen Tage noch stolz zu sich selbst und der ganzen Welt sagen konnte: „Ich, Jürgen Hein, bin ganz oben angekommen. Da, wo ich schon als junger Mann hin wollte! Mit Fleiß, Biss und Ehrgeiz habe ich es dorthin geschafft. In die Top-Liga!" Doch welchen Satz würde er sich heute, nur einen Tag später, noch sagen können?

Die *Stunde Null* im Leben des Jürgen Hein war angebrochen...

„Auf der Flucht"

Man hätte glatt das Gras wachsen hören können. So ruhig war es im Vogelsberg. Eine derartige Stille hatte Jan zuletzt auf irgendeiner autofreien Nordsee-Insel erlebt. Da war er als kleiner Junge einmal mit seinen Eltern im Urlaub gewesen. Ob es nun Wangerooge oder Spiekeroog war, das wusste er gar nicht mehr genau. Doch er konnte sich noch gut daran erinnern, dass sein Vater immer von einem Häuschen auf einer abgelegenen Nordsee-Insel geträumt hat. Das war Plan A für seinen Lebensabend gewesen. Für das Rentenalter…

Aber dazu war es nicht mehr gekommen. Denn dieses Alter, also die Insel-Reife, wie Oluf Johannsen es genannt hatte, war ihm leider nicht vergönnt gewesen. Der Krebs, dieser fiese Haudegen, war einfach der Stärkere gewesen. Und schneller war er auch!

„Komisch", dachte Jan, „dass ich gerade *jetzt* wieder daran denken muss." Der Tod seines Vaters begleitete ihn irgendwie immer.
Es gab eben Wunden, die verheilen nie.
Aber dass er in Tonja endlich jemanden gefunden hatte, mit dem er über all das sprechen konnte, war für ihn neu. Sie konnte ihn verstehen, waren doch ihre Eltern und Großeltern auch schon verstorben. Wenn auch auf andere Weise. Das verband die beiden, diese gemeinsame Erfahrung von Verlust und Trauer.
Und Jan musste zugeben, er hatte schon sehr lange keinen richtigen Freund mehr an seiner Seite gehabt. Mit seinem Jugendfreund Christoph konnte er immer über alles reden. Oder nur einen trinken und gar nichts sagen. Beides war möglich gewesen – mit ihm. Bis der Tag X dann gekommen war: Da hatte er Jan hintergangen und sich zwischen ihn und Sabrina gestellt. Und bei Sabrina, seiner ersten großen Liebe, da hatte der Spaß für Jan aber aufgehört. Auf einen Schlag war die Freundschaft vorbei gewesen.
Doch einen Freund aus Kindertagen, mit dem man alles Mögliche zum ersten Mal erlebt hat, so einen Freund gab es nicht an jeder Ecke.
Ob Tonja ihm vielleicht eine echte Freundin werden könnte?
Wenn es denn überhaupt so etwas wie Freundschaft zwischen Mann und Frau geben konnte – ohne jeglichen Hintergedanken. Das war ihm jedenfalls selbst nicht ganz klar.
Jan ging so mancher Gedanke durch den Kopf.

An diesem Morgen hatte er lange in dem Gästebett gelegen und durch das Dachfenster in den blauen Himmel gesehen. Keine Spur mehr von Gewitterwolken. Es würde ein wunderbarer Sommertag werden. Und er freute sich ganz einfach darüber. Auch das war ziemlich neu für ihn. Ebenso der Ruf, der dann ertönte: „Frühstück ist fertig!"
Jan war entzückt. Er fand alles schön in diesem beschaulichen Vulkan-Städtchen. Jedenfalls dann, wenn nicht gleich die ganze Welt im Gewitterhagel unterzugehen drohte…
Dieses Schotten hatte für ihn ein ganz besonderes Flair. Die Altstadt, die Kirche, die vielen kleinen Fachwerkhäuser. Das Gemächliche. Und er war herrlich ausgeschlafen. Der Regen hatte die ganze Nacht über so schön aufs Dachfenster geprasselt, und der Himmel über ihm war stockdunkel und schwarz gewesen. So einen rabenschwarzen Himmel gab es in Frankfurt nicht. Dort wurde es nachts gar nicht mehr richtig dunkel. Und das ganze Rhein-Main-Gebiet wurde davon reflektiert. Die Lichter der Großstadt. Sie schlafen nie…

Jan fühlte sich schon ein bisschen wie im Urlaub in den Bergen. Er dachte an die Stunden mit Tonja auf dem Hoherodskopf. Sie waren schweigend nebeneinander hergelaufen und hatten zusammen die Natur genossen. Die Ruhe, die kühle, frische Waldluft. Einmal waren sie an einem ganz besonderen Aussichtspunkt gewesen. Dort konnte man über den Nidda-Stausee und die Wetterau hinweg bis zur Frankfurter Skyline schauen. Wenn es denn die Sicht erlaubte! Das war natürlich nicht an jedem Tag möglich. Sie hatten aber Glück gehabt, und so konnte Jan fast bis nach Hause sehen. Oder besser gesagt, bis zu seinem Wohnort. Dort, wo er gleich hinfahren würde. Gleich nach dem Frühstück!

Dann lief der Vorabend noch einmal vor seinem Auge ab. Das Gewitter, die Gastfreundschaft der Heilpraktikerin, die er jetzt mit ganz anderen Augen sah. Sie war eine wirklich außergewöhnliche Person. Ruhig und besonnen, tiefgründig, aber auch verletzlich. Sie hatten sich sicher noch viel zu erzählen. So schnell würde er seine Behandlung hier jedenfalls nicht beenden, nahm sich Jan vor. Es tat ihm einfach gut. Nicht nur körperlich. Das Zusammensein mit Tonja war Balsam für seine Seele. Er musste an Dr. Gutbein denken, der sie ihm schon vor längerer Zeit empfohlen hatte. Warum war er nicht früher zu ihr gegangen? Das fragte er sich. – „Kommst du?" Zum zweiten Mal wurde er gerufen. „Früüühstück!!!" Jetzt klang es schon ein bisschen ungeduldiger. „Jaaaaa, sofort. Ich bin gleich da..."

Der Duft von frisch gemahlenem Kaffee kam ihm schon entgegen. Tonja hatte den Tisch wieder liebevoll gedeckt. Sogar mit ein paar Sommerblümchen dekoriert. Es gab rustikales Vogelsberger Backhausbrot, das in Busenborn, einem kleinen, traditionsbewussten Dörfchen bei Schotten, gebacken wurde. Jan schmeckte es prima und er vermisste sein übliches Morgen-Müsli kein bisschen. Statt Orangensaft gab es hier Apfelsaft. „Die Äpfel haben nicht so einen weiten Weg!", erklärte es Tonja. Jan probierte auch ihre selbstgemachte Erdbeermarmelade. „Hm, schmeckt richtig doll nach Erdbeeren." Aber das war nichts Neues für ihn. Irgendwie schmeckte es ihm immer besser, wenn er irgendwo anders war. Und er war sich sicher, wenn er diese Marmelade jetzt und gleich mit nach Bornheim nehmen würde, dann wäre der Geschmack nicht mehr derselbe. Erfahrungswerte...

„Hab' ich alles von meiner Oma gelernt. Ich koche immer noch ab und zu aus ihrem alten, handgeschriebenen Kochbuch. Das dürfte Jahrgang 1920 oder so sein. Teilweise in Sütterlin geschrieben. So schreibt ja heute niemand mehr. Und so kocht heute auch kaum noch jemand. Aber mich erinnert das halt immer an die Oma."

Sie schaute ein bisschen nachdenklich, auf einmal.

„Jetzt muss ich dich aber bald rausschmeißen, ich bekomme um halb zehn den ersten Patienten und muss mich noch ein bisschen vorbereiten." Jan wollte ihr keinesfalls zur Last fallen. Er war ihr so dankbar für den schönen Abend und alles, was sie ihm gegeben hatte. In das Sparschwein hatte er kein Geld gelegt sondern einen Gutschein für ein Gemälde nach Wahl – und seine Visitenkarte. Das war ihm die Sache Wert, und ein bisschen Platz für eines seiner Bilder würde Tonja sicher noch in ihrem Fachwerkhäuschen finden. Irgendwie hatte er das Gefühl, dass etwas von ihm ganz ihr gehören sollte. Aber erklären konnte Jan sich das nicht.

Rundum zufrieden und glücklich über den strahlenden Sonnenschein, der die heftige Sturmnacht schnell vergessen machte, trat er dann die Heimfahrt nach Frankfurt an. Jetzt freute er sich sogar auf Lina. Er seufzte kurz und wünschte sich, alles wäre so wie früher.

Am besten umgehend und auf Knopfdruck!

Jan wusste ja, dass er nicht immer einfach für Lina gewesen ist. Die Liste war mittlerweile lang: Wehwehchen, Brittney, Ausraster, Alkoholexzesse, Peitschen-Heini. Ach ja, nicht zu vergessen, die ständige Unzufriedenheit. Ganz ehrlich, welche Frau wünscht sich schon so einen Mann an ihrer Seite?

Und das war der Moment, wo er sich fest vorgenommen hatte, dass genau ab JETZT alles ganz anders laufen sollte. Er fühlte wie eine ungeahnte Energie in ihm hochstieg. Und eines war ihm klar geworden: Er wollte seine Liebe zu Lina keinesfalls sterben lassen. Er musste kämpfen! Irgendwie…

Schließlich hatte er für sie eine Menge in Kauf genommen: Er war nach Frankfurt gezogen. Weg von seinem geliebten Hamburg. Und jetzt durfte das alles nicht vorbei sein. Nicht einfach so. Dann wäre ihre Liebe doch nur auf Sand gebaut gewesen. Und den Gedanken wollte Jan nicht zulassen.

Unterwegs konnte man noch genau sehen, wo der Sturm getobt hatte. Hier und da lagen noch Äste auf den Straßen. Und in den Nachrichten wurde über zahlreiche vollgelaufene Keller berichtet. Ein Mann war sogar im Auto von einem umstürzenden Baum getroffen worden und konnte erst nach längerer Zeit befreit werden. Das hätte auch anders ausgehen können. Dieser Sommer war wirklich heftig! Manchmal kam es Jan vor, als spielte nicht nur das Wetter verrückt, sondern die ganze Menschheit. Und er machte dabei auch noch mit! „Aber vielleicht werde ich auch nur alt", dachte er in dem Moment und bog in Richtung Frankfurt-Bornheim ab.

Wieder einmal bekam er keinen Parkplatz vor seinem Haus. Und als er zwei Straßen weiter endlich fündig geworden war, fiel ihm beim Anblick eines Blumenladens ein, dass er Lina mal einen schönen Sommerstrauß mitbringen könnte. Als kleines Zeichen seiner Liebe und dafür, dass jetzt alles anders werden würde.

Gut gelaunt und mit den bunten Sommerblumen in der Hand hatte er also schon aus dem Flur gerufen: "Linchen, ich bin wieder da!!! Wo bist du?" Aber es war keine Antwort gekommen. Er konnte nur ein Schniefen hören.

„Vielleicht war Lina erkältet und lag in ihrem Bett? Kein Wunder, bei *dem* Wetter. Da musste man ja zum Huste-Linchen werden! Es war ja nur flüssiger Sonnenschein vom Himmel gekommen in den letzten Wochen… Am Ende hatte sie die fiese Sommergrippe erwischt.

Na, da würden seine Blumen doch gerade recht kommen!" Doch im Bett lag sie nicht. Wieder kam ein Schniefen. Und diesem Geräusch war er gefolgt und in der Küche gelandet. Dort saß sie im Schlafanzug, die Haare völlig zerzaust – und starrte abwesend in ihre Cappuccinotasse. In der Hand hielt sie ein zerknülltes Taschentuch. Sie sagte nichts.

Aber das war er ja mittlerweile schon gewohnt.

„Mensch, Linchen, guten Morgen. Bist du etwa krank?", fragte Jan, der wirklich besorgt war, denn in solch desolatem Zustand, hatte er Lina lange nicht mehr zu Gesicht bekommen. „Hier, die Blümchen sind für dich. Einfach so. Dachte, du freust dich."

Sie sagte noch immer nichts. Und Schweigen war immer die Höchststrafe. Doch dann griff sie hinter sich und zog einige Blätter aus der Schublade, breitete sie auf dem Küchentisch aus und schaute Jan aus ihren verheulten, roten Augen wortlos an.

„Ach, du meine Scheiße!", schoss es Jan in den Kopf.

Sie hatte seine Aktzeichnungen gefunden...

„War wohl doch kein so gutes Versteck gewesen..."

Aber dann fiel ihm ein, dass sie ja gar nicht wissen konnte, dass es Tonja war, die er da splitterfasernackt in diversen Posen gemalt hatte. Trotzdem wurden ihm die Knie weich. Er fühlte sich ertappt. Doch wobei? Und was hatte er eigentlich Unrechtes getan? Galt das schon als Fremdgehen, wenn man nackte Frauen malte?

„Lina, was willst du denn mit diesen Bildern? Ich habe nur mal das Aktzeichnen ausprobiert. Und was hast du überhaupt in meinem Atelier gesucht?" – „Was ich gesucht habe?", der Tonfall wurde lauter. „Ich habe Ordnung gesucht. Und Sauberkeit! War aber keiner von beiden da, in deinem Atelier. Da habe ich eben mal ordentlich aufgeräumt. In deinem Saustall. Das war nämlich bitter nötig, und eigentlich dachte ich, dir damit eine Freude zu machen. Doch dann habe ich – ganz zufällig – DAS hier gefunden. Was soll das?", sie hielt ihm eines der Bilder unter die Nase, fauchte ihn an und ihre Augen funkelten dabei richtig gefährlich.

„Lina. Das sind Bilder, Zeichnungen. Nicht mehr und nicht weniger. Wozu der Aufstand? Ich verstehe dich nicht..."

„Du verstehst mich sehr gut. Die Frau hier mit dem Monsterarsch und den Riesenmöpsen ist doch diese Tonja Naumann, oder? Waren das etwa die so viel gelobten Therapiestunden? Dreimal pro Woche? Die angebliche Therapeutin nackt auf dem Sofa und der Patient malt die Moppel-Muse? Kein Wunder, dass die Kassen da nix dazugeben! Da könnten sie ja gleich das Dark Paradise mit in ihren Kurkatalog aufnehmen. Die machen da so ähnliche Sachen. Und der Sturm gestern Abend, der kam euch doch bestimmt gerade recht. Endlich mal eine Nacht durchvögeln. Und das im Vogelsberg! Man könnte glatt lachen, wenn's nicht so traurig wär'. Und übrigens, das hier ist ganz schlechtes Kino!" Sie deutete auf den Blumenstrauß und verzog abfällig ihre Mundwinkel. „Der Fremdgänger kommt morgens mit dem Schlechte-Gewissen-Strauß an. Ohne mit der Wimper zu zucken. Und du denkst, ich würde wohl gar nichts mehr merken? Verarschen kann ich mich auch alleine – und das viel besser als du."

Sie schnäuzte noch einmal in ihr Taschentuch.

DAS konnte Jan nicht auf sich sitzen lassen. „Ach so, jetzt verstehe ich. Du denkst also, ich hätte was mit Frau Naumann?" Er versuchte zu lächeln, um die Situation vielleicht ein bisschen zu entschärfen.

„Da liegst du aber total falsch, meine Liebe…"

„Das glaube ich aber überhaupt nicht. Ich liege da goldrichtig! Und lieb bin ich schon gar nicht mehr. Die Frau, die du hier in allen möglichen Posen nackt zu Papier gebracht hast, das ist ja wohl Tonja Naumann. Zufällig kann man heutzutage im Internet fast alles finden… Und jetzt sieh' mir noch mal in die Augen, Jan Johannsen aus Hamburg-Eppendorf, und sage, du hättest *nichts* mit ihr!" Lina hatte mittlerweile überall rote Flecken vor Aufregung bekommen. Und Jan fühlte sich vollkommen nackt in der Situation. Seelenstriptease pur.

Noch nackter als die Frau auf dem Papier.

Ja, zugegeben, er fand Tonja erotisch und anziehend – keine Frage! Und mit den Augen eines Malers hatte er versucht, ihre Figur zu Papier zu bringen. Das war eine ganz neue Erfahrung für ihn gewesen. Eine Inspiration. Für ihn, den Landschaftsmaler. Und ja, er hatte nicht gewollt, dass Lina diese Bilder zu Gesicht bekommt. Er wollte Tonja ganz für sich alleine haben, zumindest in seiner Kunst, in seiner Phantasie. Mehr war es doch nicht gewesen. Und außerdem wollte er mit niemandem darüber diskutieren. Wusste er doch ganz genau, dass er nichts, aber auch gar nichts am Laufen hatte – mit Frau Naumann.

Und so konnte er mit klarem Blick in Linas Augen sagen: „Ich habe nichts mit ihr. Basta!"

Aber keiner von beiden wollte zuerst aufgeben und den Blick abwenden. Es war eine Spannung zum Zerreißen zwischen ihnen.

Und dann war es doch Lina gewesen, die zuerst nicht mehr Stand gehalten hatte. Ein Zeichen von Unsicherheit?

„Ich glaub' dir kein Wort, Jan. Ich glaube sogar, dass ich dir nie mehr etwas glauben kann. Du bist für mich schon lange nicht mehr der smarte Hanseat, den ich mal beim Joggen an der Alster kennengelernt habe. Der feinsinnige Künstler aus gutem Hamburger Kaufmannshaus. Nein, die letzte Nacht hat mir klar gemacht, dass du ein ganz anderer geworden bist. Und zwischen uns nichts mehr so ist wie früher. Eigentlich kenne ich dich gar nicht mehr richtig. Wer weiß, was die ganzen Jahre schon gelaufen ist, während ich immer brav im Büro gesessen habe und Geld verdient – für uns beide. Tagesfreizeit hattest du ja zur Genüge! Dass du mich aber so hintergehen würdest, wo ich dich die ganzen Jahre mit durchgezogen habe. Du hast doch hier fast umsonst gelebt. Auf meine Kosten! Wie der ewige Student, der sich jahrelang durchfüttern lässt und wenn er denn fertig ist mit Studieren, nimmt er sich eine andere. Der Klassiker! Aber dass *mir* mal sowas passiert, ich hätte es nicht für möglich gehalten. Und dann auch noch so ein Fleischklops von Frau, also nee. Aber mir erzählst du jahrelang, dass du nur auf schlanke Frauen stehst. Und ich doofe Kuh mache jede noch so dusselige Diät dieser Welt, um bloß nicht zuzunehmen. Zum Dank wird man dann belogen und betrogen. Und das mit einer Elefantenkuh auf zwei Beinen. Ich kann's einfach immer noch nicht glauben."

„Aber, Lina, jetzt glaube mir doch: Ich habe wirklich nichts mit Frau Naumann. Ich habe lediglich bei ihr übernachtet, sie vermietet nämlich auch Zimmer an Patienten, die von weiter her kommen. Es war überhaupt nichts, null, nada, niet zwischen uns. Wenn ich dir das doch nur beweisen könnte." Er raufte sich mittlerweile die Haare und sah schon fast genauso zerzaust aus wie Lina. „Ach so, die Dame vermietet auch noch Zimmer…" Sie schüttelte ungläubig ihren hochroten Kopf. Es folgte eine kurze Pause. Und Pausen waren von jeher gefährlich. Das kannte man ja von jedem Krimi. Ihre Kiefer mahlten mit ziemlicher Wucht aufeinander, das konnte Jan deutlich sehen. Anspannung pur! Sie musste auf 180 sein. Mindestens! Das Blonde Gift in ihr tobte… „Was würde jetzt passieren?", fragte er sich. Er sah, wie Lina noch einmal ganz tief Luft holte und dann war es auch schon aus ihr herausgeplatzt. Spontan und ohne großartig darüber nachzudenken: „Du, dann würde ich doch vorschlagen, du ziehst einfach bei *ihr* ein. Zur Miete. Hier ist nämlich jetzt Ende Gelände für dich!"

Ein anderes Ende spielte sich in Friedrichsdorf ab: Am frühen Morgen, es war noch dunkel, bog der große Geländewagen aus der Einfahrt und nahm Kurs auf die nahegelegene Autobahn.

Jetzt wäre es noch ruhig auf den Straßen, hatte ihr Mann gesagt und sie könnten eine Menge Zeit gewinnen, bevor der normale Berufsverkehr wieder für Hektik oder megalange Staus sorgte. Deshalb waren sie sehr zeitig gestartet. Marlene Hein hoffte, dass ihr Mann mit seiner Prognose recht behalten würde. Immerhin war gerade Hauptreisezeit und die A5 eine der größten Transitstrecken Deutschlands.

Sie stand noch immer ein wenig unter Schock und fühlte sich selbst wie unter einer Käseglocke. Immer wieder versuchte sie krampfhaft, ihre verwirrten Gedanken und Gefühle zu sortieren. Aber es wollte ihr partout nicht gelingen. Denn in den letzten Stunden hatte ihr Leben ja eine 180-Grad-Wendung genommen. Noch gestern Nachmittag musste sie überstürzt in der Klinik anrufen und den so lange herbeigesehnten Aufenthalt auf unbestimmte Zeit verschieben. Eventuell könnte wegen der Absage auch noch eine beträchtliche Stornierungsgebühr auf sie zukommen. Zumindest, wenn man ihr Zimmer nicht wieder vermieten konnte. So sagte man ihr am Telefon, und Marlene Hein war abwechselnd heiß und kalt geworden. Aber die nette Dame am anderen Ende der Leitung war trotzdem zuversichtlich und meinte, dass es aufgrund der langen Warteliste normalerweise kein Problem sein dürfte, das Arrangement weiterzuvermitteln.

Das hatte sie erst einmal beruhigt. „Aber, Sie schicken mir doch, wenn es denn soweit ist, eine Rechnung mit Briefkopf und Absender von Ihrem Hotelbetrieb und *nicht* von der Klinik?", hatte sie die Empfangsdame besorgt gefragt und sich dabei bemüht, besonders leise zu sprechen: „Sie wissen doch, mein Mann soll von dem Ergebnis überrascht werden, und er geht doch davon aus, dass ich nur eine Art Kururlaub bei Ihnen gebucht habe..." Die freundliche Stimme am Telefon konnte sie schnell beruhigen. „Kein Problem. Das ist bei uns sozusagen Standard. Die Schriftlichkeiten werden immer mit dem Briefkopf des angeschlossenen Hotelbetriebes und der Beautyfarm verschickt."

Das nahm ihr die Angst ein wenig. Zumindest diese. Warum nun aber ihre Leben so ad hoc nur noch aus Ferien in Südfrankreich bestehen sollte, das verstand Marlene Hein noch immer nicht. Irgendwie passte es nicht richtig zu ihrem Jürgen, das Ruder so schnell aus der Hand zu geben und dann schnellstmöglich das Weite zu suchen.

Außerdem wollte er *Abstand von den Medien*. Das alles würde ihn ganz kirre machen und verrückt. Wie hatte er noch gleich zu ihr gesagt? Er hätte die Schnauze voll von dem ständigen Gebimmel und Gemaile. Ab sofort wollte er sich wieder dem richtigen Leben zuwenden und nicht mehr rund um die Uhr online und top-informiert sein. Es wäre ihm einfach zuviel an Information, das würde sein Hirn nur unnötig belasten. Mittlerweile würde es ja von morgens bis abends immer irgendwo piepsen und ständig sollte er irgendwas mit irgendwem besprechen oder schnell, schnell machen. Es müsste ja alles immer schneller, höher, weiter gehen. Und auch die Nachrichten wollte er vorerst nicht mehr sehen und schon gar nicht diese ewigen Talkshows, denn die würden doch nur nerven und sich gegenseitig die Themen und Gäste gleich mit abluchsen. Im Übrigen hätte er sowieso vorgehabt, mit sechzig aufzuhören. Da kam ihm die Gelegenheit mit dem Rücktritt, auf dem Silbertablett von seinem allerbesten Hugolein präsentiert, gerade recht. Und seine Devise, das Eisen zu schmieden, solange es denn heiß ist, hätte ihm hier als Ratgeber den Weg gewiesen. Das waren seine Worte!

Und dann hatte er es ziemlich eilig gehabt. Soviel zumindest verstand seine Frau. Den Rest musste sie sich wahrscheinlich nur noch öfters vor Augen halten. Dann würde es schon irgendwann sacken.
In Nullkommanichts wurde dann gepackt, der Gärtner informiert und das Auto reisefit gemacht.

Dafür, dass Marlene Hein während ihrer Ohnmacht geglaubt hatte, kurzfristig in die ewigen Jagdgründe eingegangen zu sein, fühlte sie sich durch die Hau-ruck-Aktion und das Projekt „Für immer Urlaub" wieder ganz schön gestresst im Hier und Jetzt.

Ein bisschen traurig war sie aber doch, weil sie ihre vermeintliche Kur nun verschieben musste. Aber aufgeschoben war ja nicht aufgehoben, und so ein Sommer an der südfranzösischen Küste klang plötzlich sehr verlockend. Kein Wunder, bislang war von einer stabilen Hochdruckphase in Deutschland noch nichts zu merken gewesen.

Im Gegenteil, es mutete eher herbstlich an. Und auf einmal freuten sich beide auf einen richtigen Sommer – und Sonne satt.

Ihr Haus hatte einen wunderbar terrassenförmig angelegten Garten mit hohen Zypressen und den für die Gegend so typischen Pinienbäumen. Zum Teil konnte man sogar aufs Meer sehen. Ein herrlicher Platz, den sie eigentlich in den letzten Jahren viel zu selten genutzt hatten. Aber jetzt, jetzt würde alles anders werden.

Jürgen Hein gab mächtig Gas. Er wollte weg aus Deutschland, weg aus Frankfurt – und besonders weit weg von der Kaiserstraße und allem, was er damit in Verbindung brachte. Am liebsten wäre er auch sofort aus dem Internet verschwunden. So, als hätte es ihn dort nie gegeben. Der Supermanager a. D. hoffte inständig, dass die beauftragten Anwälte und IT-Dienstleister diskret, schnell und erfolgreich agieren würden, um ihn baldmöglichst aus der Schusslinie zu bekommen. Bemüht locker und mit gespielter Vorfreude erfüllt, versuchte er, bei seiner Frau ein Gefühl des Vertrauens zu ihm und seiner Entscheidung zu erwirken. So ganz konnte er es aber nicht einschätzen.
Sie war doch sehr enttäuscht gewesen. Ihre „Kur"...
Aber er versuchte weiterhin, ihr die Sache so schmackhaft wie möglich zu verkaufen: „Liebling, ich möchte endlich wieder mehr Zeit mit dir verbringen. Tagelang nur einfach so bei dir sein und über alles reden oder auch nur gemeinsam schweigen. So wie früher." Jürgen Hein war sich sicher, dass sie am Ende doch verstehen würde, dass es nicht besseres für ihren Lebensabend geben konnte, als genau jetzt, in der Morgendämmerung dieses Julitages auf der Autobahn in Richtung Saint Maxime unterwegs zu sein. Unterwegs in einen Sommer, der von jetzt an ewig dauern sollte und keine Sekunde weniger.
Vielleicht sogar in ein ganz neues Glück?

Aber auch Jan Johannsen sollte eine Reise antreten. Eine Reise in ein ganz neues Leben. Lange hatte er sich nicht bitten lassen.
Ein Lügner, ein Betrüger sollte er sein. ER???
Das war ja wohl ein starkes Stück!
Das hatte ihm auch jegliche Kraft genommen, noch weiter um diese Liebe zu kämpfen. Liebe?
Irgendwann musste es ja so kommen. Und ein bisschen hatte er es schon geahnt: Auf Dauer konnte es nicht gut gehen mit Lina.
Aber jetzt, wo er mit dem vollbeladenen Kombi unterwegs nach Schotten war, fühlte er sich zwar irgendwie noch immer wie in einem bösen Traum, aber auf der anderen Seite sogar ein wenig erleichtert. Die Anspannung fiel mit jedem Kilometer mehr von ihm ab.

Nicht einmal richtig traurig konnte er sein. Es war eher eine Mischung aus Wut, Enttäuschung und Erleichterung.

Noch vom Auto aus hatte er Tonja Naumann angerufen. Die war baff und erstaunt, dass er sich schon wieder bei ihr meldete. Auf die Frage, ob sie sich das mit dem Dauer-Untermieter eventuell noch mal überlegen könnte, weil er soeben aus seinem bisherigen Leben rausgeflogen sei, hatte sie nur geantwortet: „Also, für alle Zeiten festlegen möchte ich mich jetzt nicht. Aber ich hätte kein Problem damit, wenn du vorübergehend die zwei Zimmer mit Bad bewohnen würdest. Komm' erst einmal her und dann sehen wir weiter."

Als er sich von Lina verabschiedet hatte, war sie nur stumm da gesessen. So, als würde sie es gerade selbst nicht glauben, was sie soeben veranstaltet hatte.

„Meine paar Möbel kann ich jetzt nicht mitnehmen, und die Bilder aus dem Keller lasse ich dann später abholen. Ansonsten habe ich soweit aber alles. Ich bin dann also weg!"

Kein nettes Wort war ihr über die Lippen gekommen. Nein, auf irgendein künstliches Gesäusel hatte er ohnehin keine Lust gehabt.

Die üblichen Abschiedsfloskeln wären hier auch völlig fehl am Platz gewesen. Aber irgendein Wort des Abschieds hatte Jan doch von ihr erwartet. Stattdessen schaute ihn Lina mit ihren verhehlten Augen an. Vorwurfsvoll, wie sonst? Hatte sie etwa eine andere Reaktion erwartet? So eine Szene wie im Kitschfilm? Mit gestammelten Liebeserklärungen, ein paar Krokodilstränen und anderen unangebrachten Gesten?

Aber für Jan war hier auch Schluss mit lustig gewesen. Nachdem er gesehen hat, was sie aus seinem zukünftigen Ex-Atelier gemacht hatte. Nicht wiederzuerkennen! Sein gemütliches Refugium, der einzige Platz, wo er mal fünf gerade sein lassen konnte und nicht immerzu Linas übertriebenem Anspruch an Sauberkeit und Ordnung ausgesetzt war...

Jetzt sah es dort aus wie in einem Operationssaal! Und es roch auch genauso so. Desinfektionsmittel, Zitronenduft, Essiggeruch. Bäh!

Aus seiner Lina war definitiv eine „Sterilina" geworden... All seine Farbtuben waren fein säuberlich in Gruppen sortiert, ebenso die Pinsel. Die waren jetzt sogar nach Größe geordnet. Das ganze künstlerische, verspielte, leicht chaotische Ambiente, was er immer liebevoll zelebriert hatte, war im wahrsten Sinne des Wortes weggeputzt. Wenn sie ihn wirklich geliebt hätte, so wurde ihm jetzt erst bewusst, dann hätte sie doch wissen müssen, wie sehr er es hasste, wenn jemand in seinen Sachen herumwühlte und, was erschwerend hinzukam, auch noch alles auf den Hygienestandard einer Zahnarztpraxis brachte.

Aber jetzt hatte Jan Johannsen aus Hamburg-Eppendorf die Faxen dicke! Lange genug hatte er Verständnis für fast alles aufgebracht, was Lina betraf, sich tausendmal entschuldigt für all seine Verfehlungen und sich um Friede, Freude, Eierkuchen bemüht. Wirklich von Herzen bemüht. Alles musste er sich aber auch nicht gefallen lassen! Dass sie ihm ein Verhältnis zu Tonja unterstellt hat, das war jedoch der absolute Gipfel gewesen!

Ja, zugegebenermaßen, er war inspiriert von der runden, weiblichen Frau mit den langen roten Haaren und den wachen, warmen, grünen Augen. Aber doch in der Art wie sich Maler, Dichter und Komponisten von ihren Musen immer wieder zu großen Werken haben inspirieren lassen. Das ging doch nun schon Jahrhunderte so...

Er war so froh gewesen, endlich hatte er wieder Ideen. Eine Flamme von Leben! In ihm. Wo schon lange nichts mehr gebrannt hatte. Und dann der Wunsch nach etwas Neuem! Einer ganz neuen Richtung. In seinem persönlichen Dasein, wie auch in seinem künstlerischen Schaffen. Aber er war weder verknallt noch verliebt in Tonja.

Nie hatte er ernsthaft geplant, eine Affäre mit ihr zu beginnen. Eher waren seine Wünsche in Richtung Freundschaft gewachsen, als er sie dann näher kennengelernt hatte. Mehr war es nicht gewesen. Aber auch nicht weniger. Doch das allerschlimmste für ihn war, dass Lina ihm nicht *geglaubt* hatte. Das tat richtig weh.

Zuerst hatte er noch überlegt, wo er jetzt eigentlich hingehen sollte. Zurück nach Hamburg? Sein Elternhaus würde ihm bis in alle Ewigkeit offen stehen. Auf weitere Überraschungsmomente mit Bella Gisella und ihrem Italo-Supa-Lova war ihm jedoch aus verständlichen Gründen kurzfristig die Lust vergangen.

Dann war ihm aber ziemlich bald die Idee mit Tonjas Zimmervermietung gekommen. Im Prinzip hatte Lina ihn ja sogar auf die Idee gebracht...
Und als er das kleine Dörfchen Rainrod verlassen hatte und den Berg zum Nidda-Stausee hoch fuhr, fühlte er sich schon ein klitzekleines bisschen so, als wäre er hier oben zuhause.

Auch wenn er in Wahrheit noch immer auf der Suche nach seiner eigentlichen Heimat war...

„Persönliche Gründe"

Frau Köchelzell wartete schon vor dem Büro auf Ines Gerlach, die am Montagmorgen ihren Dienst wie gewohnt für Herrn Hein aufnehmen wollte. Wie immer war sie überpünktlich gewesen.
„Guten Morgen, Frau Gerlach. Ich müsste Sie mal dringend sprechen. Kommen Sie doch bitte gleich mit in mein Büro."
Dann legte sie los, im Sturmschritt wohlgemerkt, und Ines wurde es richtig mulmig um die Magengegend. Hatte die ganze Misere bei Lina nicht auch so angefangen? Mit einem Gespräch bei der Personalchefin ist erfahrungsgemäß nicht zu spaßen. Schon gar nicht, wenn man dazu auch noch persönlich vor der Tür abgefangen wird. Und schon überhaupt gar nicht, wenn es Montagmorgen *vor* Dienstbeginn ist.

„Frau Gerlach, Sie wundern sich sicherlich über meinen morgendlichen Überfall. Aber es haben sich aktuell einige Veränderungen ergeben, die auch Sie und Ihren Arbeitsplatz betreffen. Heute wird noch eine offizielle Information an alle Mitarbeiter und auch die gesamte Presse gehen. Herr Hein ist nämlich mit sofortiger Wirkung zurückgetreten. Aus gesundheitlichen Gründen, auf die ich hier, wie Sie ja sicher verstehen, aus Gründen der Diskretion nicht näher eingehen werde."
Sie machte eine kurze Pause – und schaute sich Frau Gerlachs Reaktion an. Die sah zwar nach der frühmorgendlichen Hiobsbotschaft etwas blass um die Nase aus, aber nicht gerade traurig...
Erfahren, wie Frau Köchelzell im Lesen der Mimik ihres jeweiligen Gegenübers war, meinte sie bei ihr sogar eine gewisse Erleichterung erkennen zu können. Dass die beiden – also Frau Gerlach und Herr Hein – nicht wirklich zusammen gepasst haben, hatte Frau Köchelzell ziemlich schnell mitbekommen. Chemie und Teamwork waren eben nicht auf Knopfdruck zu erreichen, wenn man eine Sekretärin wie Lina Siebenborn plötzlich ersetzen musste. Aber jetzt war sowieso alles anders gekommen.
Die Personalchefin hatte gelernt, aus jeder Situation das Beste zu machen. Und manchmal stellten sich gerade gravierende Einschnitte nachträglich als wahrer Segen heraus. Niemand war unersetzbar, nicht einmal die vermeintlich Unentbehrlichen... „Das bedeutet für Sie, liebe Frau Gerlach, dass sie weiter auf dieser Position und auch vorerst in Ihrem Büro bleiben. Aber ab sofort sind Sie Herrn Engel unterstellt,

der den Bereich von Herrn Hein kommissarisch übernimmt, bis eine andere Lösung gefunden ist. Das wird man dann alles sehen…"

„Kommt Herr Hein denn gar nicht mehr ins Büro? Und was ist mit der offiziellen Verabschiedung?", fragte Ines immer noch etwas ungläubig, weil sie sich nicht erklären konnte, warum der Chef ihr gar nichts davon gesagt hatte, dass er ausscheiden würde. Letzten Donnerstag hatte er sich mit den Worten „Ich bin mal kurz oben beim Hugolein!" abgemeldet. Und danach hatte er ganz schnell ein paar seiner Sachen eingepackt und sich kurz von ihr verabschiedet, weil er außerhalb zu tun hätte und auch am Freitag auf Dienstreise wäre, ohne diese näher benannt zu haben.

Das war Ines jedoch mittlerweile von ihm gewohnt. Allzu viel Transparenz war nun wirklich nicht Herrn Heins Sache.

Sie hoffte, dass sie mit dem neuen Chef besser zurechtkommen würde. Herr Hein war wirklich eine Zumutung als Vorgesetzter, wenn man nicht gerade Siebenborn mit Nachnamen hieß…

Zurück in ihrem Büro, rief Herr Engel, der bisher für den Bereich Kosmetik im Konzern zuständig gewesen war, an. Er bat sie um zehn Uhr in sein Büro und wollte die zukünftige Arbeitsweise mit seiner neuen Assistentin durchsprechen, um das Nötigste erst einmal am Laufen zu halten.

Ines konnte sich das alles nicht erklären und rief ihre Kollegin Karin an, zu der sie neuerdings einen ziemlich guten Draht hatte. Sie musste es einfach jemandem erzählen, was sie gerade erfahren hatte. Allein die Tatsache, dass sie nun schon wieder einen neuen Vorgesetzten vorgesetzt bekommen hatte, machte sie fassungslos.

„Ich hab' mir sowas schon gedacht, nach allem, was da so gelaufen ist…", sagte Karin ganz cool, als ob sie das alles nicht sonderlich schockieren könnte.

„Was meinst du damit? Was ist denn gelaufen, von dem ich nichts mitbekommen habe?" – „Ich muss Schluss machen, sorry, aber ich schick' dir auf deine private Emailadresse einen Link. Guck' dir das einfach mal an!", dann legte Karin etwas gestresst auf. Sie hatte anscheinend gerade einen Besucher bekommen, der nicht mithören sollte. Ihren Computer hatte Ines vor lauter Aufregung noch gar nicht hochgefahren, aber das holte sie jetzt schnell nach, denn sie wollte endlich wissen, was eigentlich los ist. Und dann traute sie ihren Augen nicht. Auf dem Bildschirm war ein Mann zu sehen, der eindeutig ihr neuester

Ex-Chef war. Das war hundertprozentig Jürgen-Ronald Hein, der Geschäftsführer des Großkonzerns – in Großaufnahme beim Großauftritt: Er hatte einen himmelblauen Strampelanzug an! Die Windeln, die er darunter trug, konnte man genau erkennen. Um seinen Hals hing ein überdimensional großer Schnuller – und an seinen Füssen waren Bettschuhe. Auch in blau.

Vom Faschingsumzug konnte die Aufnahme aber unmöglich stammen, denn die Leute waren alle sommerlich angezogen. Und Ines konnte erkennen, dass das Ganze im Frankfurter Bahnhofsviertel aufgenommen war. Herr Hein sah auf diesen Bildern ziemlich erschrocken aus. Um ihn herum standen außerdem noch Rettungswagen – und die Feuerwehr konnte man im Hintergrund auch erkennen. Etliche Kommentare hatten die Internetnutzer darunter geschrieben. Jetzt war sie vollends verwirrt: Erwachsene Männer, die offensichtlich Baby spielten – und die vor einem Brand im Bordell auf die Straße geflüchtet waren. Sie verstand die Welt nicht mehr.

DESHALB war Herr Hein jetzt zurückgetreten? Weil alle Welt nun wusste, dass er Babyspiele spielte?"

Auf einmal stand Karin vor ihrem Schreibtisch. „Und, was sagst du dazu?" – „Ich verstehe nur Bahnhof, also Bahnhofsviertel, Brand, Puff und Herr Hein in Babyklamotten." – „Das läuft schon seit Mittwoch letzter Woche im Netz. Da sind eine Menge Bilder und Filme drin von Männern, die in Lederoutfit, Fesseln und irgendwelchen Klemmen hier und da oder mit fast gar nix an aus dem Puff gerannt sind, so Sado-Maso-Typen in voller Montur – und dann diese ganzen Riesenbabys! Da hat's wohl gebrannt und dann musste alles ganz schnell gehen. War sogar in den Hessenfunk-Nachrichten, aber da lief nur eine verpixelte Kurzversion, die Gesichter waren unkenntlich gemacht. Zu dem Zeitpunkt war die Nummer im Internet aber schon längst durch. Das kann man ja heute nicht mehr stoppen, jedenfalls nicht so schnell, dass man Schlimmeres noch hätte verhindern können. Und gestern stand davon auch einiges im Blätterwald. Warum Männer sowas machen und so weiter. Wahrscheinlich kommt das Thema mit den Babies jetzt in allen Talkshows vor... da haben sie dann endlich ein Thema für das leidige Sommerloch!"

„Und ich krieg' von alldem nichts mit! Bin in Steinfurth, wo die Welt sich zurzeit nur ums Rosenfest dreht. Der ganze Ort steht Kopf! Da habe ich gar keine Nachrichten gesehen, geschweige denn im Internet irgendwas mitbekommen. Aber danke, dass du mich in Kenntnis gesetzt hast. Mir sagt ja sonst keiner was …"

Nach dem Gespräch mit seinem Freund in der Vorstandsetage hatte Jürgen Hein an diesem denkwürdigen Donnerstag sehr schnell seine persönlichen Sachen zusammengepackt und sich unauffällig von seiner neuen Assistentin verabschiedet. Hugo Foth, der schon am Vorabend über die Aktion im Bahnhofsviertel voll im Bilde gewesen ist, hatte seinem Freund Hein den sofortigen Rücktritt aus gesundheitlichen Gründen nahegelegt. Und ihm gleichzeitig empfohlen, erst einmal abzutauchen. Am besten ins Ausland!

Denn der Sturm, der durch die vielen Bilder und Filme, die im Internet gelandet waren, jetzt auf ihn zukommen würde, war nicht mehr aufzuhalten. Obwohl die Anwälte schon beauftragt waren, das Notwendige einzuleiten, um eine weitere Verbreitung der Bilder zu unterbinden, konnte das alles noch einige Zeit in Anspruch nehmen. Von heute auf morgen würde das nicht gehen. Und es musste erst einmal Gras über die Sache wachsen. Eine Menge Gras.

„Wie gut, dass *ich* an dem Tag nicht auch noch im Dark Paradise war…", gab Hugo Foth offen zu und wollte damit seinem Freund Jürgen sein tiefes Bedauern über die unglückliche Fügung ausdrücken.

Das kam aber nicht wirklich an.

„Tja, diesmal hat es *mich* getroffen."

Jürgen Hein sah aus wie ein begossener Pudel. Er hatte die Nacht zuvor kein Auge zugetan.

„Vielleicht ist das die gerechte Strafe dafür, dass ich Frau Siebenborn rausgemobbt habe. Es kommt alles auf einen zurück. Ich bin der beste Beweis dafür. Da wollten wir auf Nummer sicher gehen und sie eliminieren… Und dann das! Es hat mich alles eingeholt."

„Ach, Jürgen, so darfst du doch nicht denken. Es hätte genauso gut anders kommen können. Wer weiß, vielleicht wäre *ich* dann noch ertappt worden. Wir waren einfach zu unvorsichtig! Wer weiß, was dieser Maler, der Freund von der Siebenborn noch alles gesehen hat. Die Sache war sowieso zu heiß. Wir hätten von Anfang an außerhalb von Frankfurt bleiben sollen, wir waren einfach viel zu leichtsinnig. Auch wenn die Diskretion bei uns im Club großgeschrieben wird. In einer Paniksituation ist alles außer Kraft gesetzt – du siehst ja, wozu sowas führen kann."

Aber das konnte Jürgen Hein nun auch nicht über den Verlust seiner Position hinwegtrösten. Er wusste, dass ein ganz neues Leben auf ihn warten würde. Aber wie würde das genau aussehen? Im Exil, zusammen mit seiner Frau. Und das vierundzwanzig Stunden am Tag...

„Die ganze Scheiße hat mich jetzt meine Karriere gekostet. Alles umsonst, was ich mir aufgebaut habe – über all die Jahrzehnte. Und wer weiß, wie meine Frau reagiert, wenn ihr Gatte nun nicht mehr ganz oben auf der Leiter sitzt. Die paar Stunden, die wir da in eine andere Welt eingetaucht sind, haben mich jetzt aus der Bahn geworfen. So ist es nun mal. Das verfluchte Internet! Ich bin erledigt, am Ende. Was soll ich noch machen mit meinem verpfuschten Leben?"

Hugo Foth wusste aber auch nichts Aufmunterndes zu sagen.

„Hör' mal zu, Jürgen. Du weißt doch, was du kannst. In zwei, drei Jahren ist das alles vergessen. Bis dahin sind schon ganz andere Schweinchen durchs Dorf getrieben worden. Mach' dich jetzt erst mal dünne – und gehe in Langzeiturlaub an deine geliebte Cote d'Azur. Da kannst du zur Ruhe kommen, und irgendwann greifst du wieder an und kommst zurück. Beziehungen hast du doch genug. Irgendjemand wird dir was anbieten. Bislang haben wir doch immer zusammengehalten. Das war doch unsere sichere Connection. Mensch, das haben doch so viele Prominente und Politiker vor dir auch schon hinter sich gebracht. Man stürzt ab, alle stürzen sich auf einen und der Verriss ist groß. Und dann verschwindet man eine Weile von der Bildfläche, um danach ein grandioses Comeback zu feiern. Genauso machst du das auch, versprochen?" Das erste Mal in seinem Leben hatte Jürgen Hein einen dicken, fetten Kloß im Hals und konnte nichts mehr sagen.

Am späten Vormittag hing die aktuelle Mitarbeiterinformation als Aushang an allen schwarzen Brettern. Gleichzeitig wurde die gesamte Belegschaft per Email informiert. Die Nachricht ging ebenso an den üblichen Presseverteiler. Darin war zu lesen, dass der langjährige Leiter des Vertriebs für die Drogeriemärkte mit sofortiger Wirkung aus gesundheitlichen Gründen zurücktreten musste und Herr Siegbert Engel kommissarisch diese Position übernimmt. Die HansaFra AG bedauerte sehr, diesen geschätzten und erfolgreichen Mitarbeiter aus persönlichen Gründen zu verlieren und bedankte sich für die gute und erfolgreiche Zusammenarbeit und das Vertrauen der letzten Jahre.

Man wünschte Herrn Jürgen-Ronald Hein alles Gute...

Und wäre überzeugt, mit Herrn Siegbert Engel eine gute Wahl getroffen zu haben. Die Mitarbeiterinnen und Mitarbeiter wurden gebeten, den neuen Leiter der Vertriebsabteilung nach Kräften zu unterstützen, um den Erfolg der Wohlfühl-Drogeriemärkte auch langfristig für den Konzern sichern zu können.

Doch das war nicht der einzige Personalwechsel, der aufgrund unglücklicher Umstände vorgenommen wurde. Hugo Foth beschloss an diesem Tag auch noch, das Dark Paradise in der Frankfurter Kaiserstraße gegen ein im tiefsten Spessartwald gelegenes Etablissement einzutauschen.

Und zu allererst dafür zu sorgen, dass die Geräte in der Waschküche auch auf dem neuesten Stand waren. Einen doppelten Satz Funk-Rauchmelder hatte er gleich beim ersten Besuch mitgebracht…

„Good Hair Days"

Schon lange hatte Lina einmal von einem gepflegten Ausraster geträumt. So à la Doris Day in einem dieser berühmten Hollywoodstreifen. Aber damit hatte es jetzt blöderweise nicht geklappt. Und die Chancen für einen richtigen Ausraster waren ja rar gesät.
Obwohl, vielleicht gab es später noch einmal eine ähnliche Chance…

Nach einer mehrtägigen Heul- und Wutphase hatte sie der Gedanke an die legendäre Filmgöttin aber nicht mehr losgelassen. Und so war Lina schnurstracks zum allerschwulsten Starfrisör der Fressgass' gefahren und hatte sich die schulterlangen Haare ratz-fatz zu einem ordentlichen Doris-Day-Bob kürzen lassen. Wenigstens ein Klischee wollte sie erfüllen: Frisch getrennte Damen brauchen eine neue Frisur! Und das Blondsein hatte sich dann auch endgültig erledigt. „Wenn schon, denn schon!", hatte Lina sich gesagt. Und war nun mit unzähligen dunklen Strähnchen gesegnet. Dabei hätte sie es doch wissen müssen!
Schließlich war aus der Göttlichen Ines nach ihrer Trennung von Herrn Ochs auch eher ein zotteliger Pumuckel geworden. Da hatte sie sich in einer der HansaFra-Wohlfühldrogerien wohl irgendwie im Farbton vergriffen…

„Marie-Anne wird ausrasten, wenn sie die Tristesse auf meinem Kopf erst sieht", befürchtete Lina ernsthaft. Und das zu Recht! Es sah einfach nur grauenhaft aus. Mehr nach einem nie endenwollenden Bad Hair Day als nach Doris Day.

Doch auf wunderbare Weise trat mit dem neuen Look, so scheußlich er auch war, gleich die nächste grundlegende Veränderung in Linas Leben. Denn sie hatte ein für alle Mal beschlossen:

NIE MEHR DIÄT – und das ganz strikt! Schluss mit der monatelangen Kasteiung. Nie mehr abnehmen – auch nicht morgen! Von nun an sollte ihr Leben ein ganz anderes sein: Statt blödsinniger Abmagerungskuren würde sie das Kuchenrezeptbuch ihrer Mutter einmal komplett durchprobieren und ihr brachliegendes Backtalent wieder zum Leben erwecken.

Das ganze Projekt liefe natürlich unter völliger Missachtung jeglicher Kalorienangaben.

Ab sofort wollte sie auch nicht mehr jede noch so geringe Veränderung ihrer Figur kritisch beäugen.

Denn, in Zukunft wäre es ihr *egal*, ob es hier und da ein bisschen zwickt und klemmt. Adele, die Sängerin mit dem hübschen Puppengesicht war schließlich auch mit ein paar Extrapfündchen gesegnet und sah trotzdem top aus. Auch wenn gewisse untergewichtige Modemacher aus Paris da anderer Meinung sein sollten...

Von nun an sollte jeder Tag ein Schweinchentag sein.

„Nein, nein. Einer Lina Siebenborn macht so schnell keiner mehr ein X für ein U vor!", lautete ihr neuer Leitsatz.

Die Wasserprediger hatte sie mehr als satt! Männer, die schlanken Frauen offiziell nachschauten und dann heimlich mit einer richtig Dicken in die Kiste sprangen! Sie konnte sich noch genau an Jans Worte erinnern – und wie abscheulich er die Molligen, die Fetten fand. Und dann die ewige Nörgelei wegen ihrer paar läppischen angefutterten Kilos zuviel. Klammheimlich hatte er aber eine verhängnisvolle Affäre mit einer Vogelsberger Elefantenkuh auf zwei Beinen angefangen... So ein Pharisäer!!!

Lina hatte ihre bittere Lektion gelernt. DAS würde ihr eine Lehre sein! Und garantiert kein zweites Mal passieren. Dessen war sie sich sicher. Das Blonde Gift war endlich erwacht! Irgendwie war dieser Sexy-Burger ja schon immer seiner Zeit voraus gewesen...

„Jetzt sind wir schon drei Singles in der Mädelsflagge. Nur *ich* bin noch in festen Händen. Da kann man ja fast die Luft anhalten, dass mein Göttergatte nicht auch noch auf dumme Ideen kommt", meinte Marie-Anne und nahm sich noch ein Stück von dem leckeren Käsekuchen, den Lina gebacken hatte.

„Ach, komm, bei dir und deinem Martin ist doch alles in bester Butter. Dein Mann hat ja wohl als einziger keine Flausen oder andere Weiber, die am Ende noch aus Holland sind, im Kopf."

Ines befand sich noch immer in einer Art Schockzustand. Seit sie beim Steinfurther Rosenfest zufällig mitbekommen hatte, dass der Blumenhof Ochs eine neue Rosenzüchtung auf den Markt bringen wollte: die „Betörende Annemieke"!

Da war ihr fast schlecht geworden. Auf einem Plakat hatte sie es gelesen. Die Rosentaufe war genau für diesen Anlass geplant worden. Daraufhin hatte Ines eine Magenverstimmung erster Güte entwickelt und musste mehrere Tage das Bett hüten, was ihrem neuen Chef, dem korinthenzählenden Herrn Engel sicher nicht gefallen haben dürfte.

Aber egal, es gab Dinge, die konnte man auch als brave Arbeitnehmerin nicht verhindern. Wann immer Ines nur an ihren Verflossenen dachte, kam ihr die gelbe Galle hoch...

Und dann auch noch diese Rosentaufe! Für sie hatte dieser Ochs nicht einmal ein klitzekleines Blumensträußchen übrig gehabt... Eher hätte ihr Chef, der Sexy-Burger, noch eine Rose nach ihr benannt: die Göttliche Ines... – das wäre jedenfalls mit größerer Wahrscheinlichkeit eingetroffen. Und jetzt DAS! Annemieke van der Wiesen sollte ihre eigene Rosenzüchtung bekommen. Diese Ehre war normalerweise Persönlichkeiten aus Hochadel, Politik oder Showbiz vorbehalten. Da musste man im Regelfall schon einmal eine Wiedervereinigung vorweisen können – oder zumindest in England wohnen, Segelohren haben und eine Mutter, die Lisbeth heißt. Oder viel, viel Spielgeld haben...

Innerlich kochte Ines auf Höchstflamme, aber sie versuchte, ihre Gedanken nicht nur um dieses eine Thema kreisen zu lassen. Und dann war sie wieder ganz in sich gekehrt: „Ich glaube, ich hab' halt einfach kein Glück mit den Männern. So generell, meine ich."

Aber Marie-Anne hatte den passenden Spruch für Ines schon in petto: „Mensch, Ines. Sieh' es doch mal so: Du hattest einfach das große, große Glück, sie alle wieder loszuwerden!" Endlich kam ein erlösendes Lachen in die sonst so kichernde Flaggenrunde.

„Sag' mal, wohnt diese betörende Annemieke denn jetzt auf dem Hof von Lars Ober-Ochs?", fragte Lina und sicherte sich vorsichtshalber auch noch ein Stück ihres wohlgeratenen Käsekuchens, den sie natürlich auch nach einem Rezept ihrer Mutter gebacken hatte.

„Keine Ahnung. Ist mir auch egal. Ich weiß nur dass ich hier schnellstmöglich vom Rosenacker muss... Will doch nicht ständig dieser Frau Antje in Holzschuhen über den Weg laufen. Und außerdem fragt mich im Dorf ja jeder, was eigentlich los ist und warum Lars jetzt wieder bei seinen Eltern auf dem Hof wohnt. Und überhaupt, ganz nebenbei natürlich, wer die blonde Holländerin ist, die jetzt dort mithilft. Das geht mir sowas von auf den Nerv."

„Ach, das ist gar nix gegen meine Frau Fieg aus dem Treppenhaus. Ihr kennt sie ja, das Drebbehäusje! Die kommentiert ALLES – und das den lieben langen Tag. Kaum war Jan ausgezogen, hat sie bei mir geklingelt und gefragt, ob denn mein Bekannter, sie sagt ja immer „Ihne-Ihrn Bekannde", für länger verreist wäre. Oder ob der wieder nach Hamburg gezogen ist. Das muss man sich mal reintun, da klingelt die ganz unverfroren und fragt nach, wo mein „Bekannter" ist." „Und, was hast du geantwortet?", wollte Marie-Anne wissen. „Ich bin kurzfristig mal richtig gepflegt ausgerastet, fast wie Doris Day, ich habe nämlich heimlich vorm Spiegel geübt! Und dann hab' ich sie mit voller Wucht angeschrien: Der ist nicht nur länger verreist, mein Bekannter aus Hamburg, sondern der kommt sogar nie mehr wieder, Sie neugierige Treppenhaus-Tratsche! Sind Sie jetzt zufrieden???" – „DAS hast du gemacht? Alle Achtung, vielleicht hast du ja jetzt deine Ruhe vor dem Drebbehäusje, dieser alten Schachtel, die sich immer in alles reingehängt hat." – „Bis jetzt hat sie sich schwer zurückgehalten. Aber, wenn die mir nochmal schräg kommt, dann brülle ich wieder los. Hat echt Spaß gemacht, mal so richtig die Sau rauszulassen."

„Na, das klingt doch nach echtem Fortschritt. Gewitter reinigen die Luft, das sollte man nicht vergessen!", kommentierte Susi Lustig, die wohl ganz froh war, dass jetzt weitere zwei Singles zur künftigen Freizeitgestaltung zur Verfügung standen. Was konnte man da alles anstellen? „Aber jetzt mal im Ernst. Wo willst du denn hinziehen, Ines?" – „Keine Ahnung. Nur weg von Steinfurth und der betörenden Annemieke. Kotz!" – „Zieh' doch vorübergehend einfach zu Lina. Nach Bernem! Zu de' Halblange'! Die Wohnung steht doch sowieso halbleer, seit Jan ins hessische Sibirien gezogen ist", schlug Marie-Anne vor und fand ihre Idee sichtlich klasse.

„Nee, jetzt mal langsam, Mädels. Ich hab' mir da was überlegt. Folgendes, passt auf: Ich breche demnächst meine Zelte in Bornheim ganz ab. Alles in dieser Bude erinnert mich nämlich an Jan. Ich muss da einfach raus. Und bei meinen Eltern in Büdingen stehen mindestens zwei Zimmer leer, da werde ich mich in Ruhe erst einmal neu orientieren. Durchgerechnet habe ich das Ganze auch schon. Könnte klappen! Und bislang sind sie beim Amt ja noch ganz zivil. Aber, wenn ich erst einmal Geld vom Staat bekomme, also ab November, dann werden die mich schon öfters vorladen."

„Ja, kriegst du denn da draußen in der wüsten Prärie annähernd so eine Stelle wie du sie hier bei der HansaFra hattest?"

Susi Lustig wusste von ihren vielen Reportagen, wie es auf dem platten Land außerhalb des Frankfurter Speckgürtels aussehen konnte.

Da waren die Jobs eher rar gesät und viele Stellen gingen unter der Hand weg. Durch Empfehlungen, Kontakte oder weil sowieso schon drei Generationen bei Firma XY beschäftigt waren.

„Momentan weiß ich nicht mal, ob ich so eine Stelle überhaupt noch haben will. Ich habe doch immer mein Bestes gegeben – und dann haben die mich so link abserviert." – „Und das alles, weil er vertuschen wollte, dass er regelmäßig zum Babyspielen, Busennuckeln und Windelvollscheißen im Rotlichtviertel unterwegs ist. Also, mal ganz unverblümt gesprochen… Und jetzt ist doch alles rausgekommen. Geschieht ihm ganz recht. Dem Internet sei Dank."
„Der ist jetzt wirklich gestraft. Die ganze Firma weiß doch Bescheid! Und keiner glaubt die offizielle Version vom Rücktritt aus gesundheitlichen Gründen. Jeder tuschelt hinter vorgehaltener Hand – und die Bilder haben alle längst heruntergeladen. So schnell kann man heute Existenzen vernichten." Lina zog nur die Augenbrauen hoch und meinte: „Also, *mein* Mitleid hält sich da in Grenzen…"
„Dass Gottes Mühlen aber doch so schnell mahlen, wer hätte das gedacht?", fragte Marie-Anne ein bisschen gedankenversunken in die Runde.
„Du, Lina, ich habe da gerade so eine Idee gehabt…"
„Schieß' los, Ines, um was geht es?" – „Also, das kam mir gerade eben in den Sinn: Wie wäre es denn, wenn *ich* deine Wohnung übernehmen würde?"
„Genial!", Lina fragte sich, warum sie nicht gleich auf diese Möglichkeit gekommen war. „Spontan würde ich dazu sagen: das passt!" So saßen drei Singlefrauen und eine glücklich verheiratete Marie-Anne um die nun leere Kuchenplatte herum. Und allen vieren war klar, dass demnächst wohl eine größere Umzugsaktion anstehen würde.

Unterdessen hatte sich Jan in Schotten prima eingelebt. Die beiden Zimmer unterm Dachjuchhee waren schon zu seinem ganz eigenen Reich geworden. In dem einen Raum konnte er malen, da stand auch sein Computer. In dem anderen hatte er es sich gemütlich gemacht. Mit seinen Büchern, Fotos und allem, was ihm lieb war. Die Möbel aus seinem Atelier würden Ende Juli nachkommen. So war es mit Lina per SMS vereinbart. Kurz, knapp und ohne eine Silbe zuviel hatte sie das Okay für die Abholung gegeben. Aber das hatte Jan auch nicht anders erwartet. Eine Transportfirma war bereits organisiert. Tonja hatte ihm dabei geholfen, ein Unternehmen zu finden, das öfters im Rhein-Main-Gebiet tätig war. Ein ehemaliger Patient von ihr arbeitete dort.

So konnte sie sogar einen Sonderpreis aushandeln. „Connections muss man eben haben!"

Durch das Dachfenster konnte Jan den Himmel beobachten, wie er sich unaufhörlich veränderte und immer neue Gebilde hervorzauberte. In diesem wechselhaften Juli zogen die Wolken oft schnell vorbei, und innerhalb von Minuten nahmen sie manchmal bizarre Formen an. Das faszinierte ihn. Wieder und wieder hielt er die besonders interessanten Gebilde mit der Kamera fest, speicherte sie auf seinem Computer und malte dann die entsprechenden Wolkenbilder auf Leinwand.

Inzwischen allerdings ohne Brittney, seinen ganz speziellen Engel. Er hatte wohl ausgetrauert.

Neuerdings war er auf Acrylfarbe umgestiegen. Das stank nicht so. Ganz im Gegensatz zu den Ölfarben, für die man verschiedene Malmittel brauchte. Jan wollte nämlich keinesfalls, dass es nach Malerbetrieb roch, wenn die Patienten ins Haus kamen.

Jeden Tag wunderte er sich aufs Neue, welche unterschiedlichen Menschen doch eine Heilpraktikerin hier oben im Hohen Vogelsberg aufsuchten. Und wo die Leute überall herkamen. Selbst ein Auto aus der Schweiz stand einmal vor dem Haus und er hörte, wie sie Schwyzerdütsch sprachen. Klang witzig, aber er konnte kein Wort verstehen. Dagegen war das bisschen Oberhessisch direkt ein Klacks! Also für ihn, den waschechten Hanseaten.

Mit Tonja hatte er sich auf einen relativ niedrigen Miet-Pauschalbetrag von dreihundertfünfzig Euro im Monat geeinigt.

„Das ist ein Spezialarrangement für ganz besondere Patienten."

Jan hatte dem nichts entgegenzusetzen.

Und da er keine richtige Küche hatte, sondern nur eine kleine Spüle und einen Mini-Kühlschrank, wurde er praktischerweise des Öfteren zum Abendessen zu Tonja gerufen – was ihm mehr als recht war! Zwar gab es einige italienische Restaurants und auch die sogenannte gutbürgerliche Deutsche Küche in Schotten, aber einen Asiaten hatte er bislang noch nicht finden können.

Also kochte Tonja eines Abends ihm zuliebe extra seine geliebten Frühlingsröllchen, Auberginen mit viel Knoblauch und Basilikum.

Dazu gab es natürlich Reis.

Fast wie beim Asia-Wok im Bahnhofsviertel!

Das Sparschwein, was ursprünglich oben in einem der Gästezimmer stand, hatte Jan nun in der Küche aufgestellt und warf jedes Mal etwas hinein, wenn er bei Tonja zum Essen eingeladen war. Mal klimperte es, mal raschelte es dabei. Immer öfter fragte er sich aber, warum es ihm nach der plötzlichen Trennung von Lina so unverschämt gut ging.
War das nicht ein bisschen pietätlos? Hatte er sie am Ende gar nicht richtig geliebt?
Flau im Magen lag ihm aber noch immer der *Fremdgänger*. Denn das war er nicht! In den ganzen sieben Jahren hatte er sich nichts zuschulden kommen lassen. Und DAS war der eigentliche Stich, den er von Lina versetzt bekommen hatte. Das einzige Gefühl, das er noch in Zusammenhang mit ihr bringen konnte, war das von verletzter Ehre. Selbst in seinen Träumen beschuldigte sie ihn: „An all meinem Elend bist nur DU schuld! Du allein!"
Dabei kam ihm immer öfter der Gedanke, dass alles eigentlich ganz anders war. Denn SIE war es doch, die ihm das Leben so gehörig versaut hatte. Ihretwegen hatte er Hamburg, die Alstervilla und seine bis dato gut gefüllten Auftragsbücher verlassen. Ganz zu schweigen von all seinen Beziehungen. Nützlichen Beziehungen...
Aber es war müßig, sich jetzt darüber zu grämen. Er wusste, dass er nach vorne blicken musste. Doch so recht wollte sich der Horizont nicht auftun...
Manchmal, wenn er auf dem Weg zum Hoherodskopf an der Stelle vorbeikam, wo man bei guter Fernsicht bis hin zur Frankfurter Skyline schauen konnte, fragte er sich, was Lina wohl gerade machte. Und wie es ihr ginge. Aber das waren nur ganz kurze Momente und sie wurden auch immer weniger. Von Tag zu Tag.
Mit Tonja hatte er vereinbart, nur noch bei dringendem Bedarf zur Behandlung in ihre Praxis zu kommen. Die Baum- und Wandermeditationen konnte er inzwischen alleine durchführen und tat dies auch immer, wenn es nicht gerade zu heiß war oder ein Gewitter drohte. Das wollte er nämlich nicht noch einmal erleben. Diese eine Begegnung mit der unberechenbaren Naturgewalt hatte ihm vollends gereicht!
Er, der Großstadtjunge, fühlte sich inzwischen pudelwohl in seinem neuen Leben auf dem Lande. Alles war so ruhig und fern jeglicher Hektik, wie er sie von Hamburg oder Frankfurt kannte. In der Altstadt war es wirklich mehr als verkehrsberuhigt. Und nachts, wenn er im Bett lag und durch das Dachfenster in den Sternenhimmel blickte, war kein

Geräusch zu hören. Nicht ein einziges... Und diese unbeschreibliche Stille war immer noch neu für ihn.

Tonja bewirtschaftete im benachbarten Einartshausen einen Garten, den Wochenendhäusler aus Offenbach nicht mehr versorgen konnten. Sie waren einfach zu selten da. Also half Jan ihr bei der Gartenarbeit. Soweit es ihm möglich war. Denn er hatte in seinem ganzen Leben noch nie Bohnen geerntet...

Tonja hatte sie hinterher gleich gekocht und ihn natürlich eingeladen. Das war eine ganz neue Erfahrung für ihn, den Stadtmenschen aus Hamburg. Vom Garten direkt auf den Tisch!

Mehr BIO ging ja wohl nicht.

So erlebte er mit, wie Zucchinipflanzen und Tomaten wuchsen. Bald schon konnte man die ersten Früchte ernten. Er träumte fast von einem Leben als Selbstversorger. Einem Dasein ohne Supermarkt... Alles selber anbauen, ernten, essen! Davon las man jetzt immer öfter.

Viele Menschen wollten wieder „Eigenbrötler" im ursprünglichen Sinne sein. Das war einmal das höchste (högschde!), was man als Mensch im Schwarzwald überhaupt erreichen konnte. Höher als Vorstand und Vorstandsvorsitzender, mehr noch als Peitschen-Heini und Hugolein zusammen.

Unabhängig sein, Schrot und Brot zu haben und gar nichts mehr *bei annere Leut' kaufe müsse'!* Das wär's doch.

Wenn er nur wüsste, wie er das anstellen könnte...

Seine Begeisterung kannte keine Grenzen. Alles war neu für ihn, was mit Landleben zu tun hatte. Und erst das Rasenmähen!

Das Vogelsberger Landleben konnte aber auch ganz schön anstrengend sein. Tonja hatte ihn daher auch eher zögerlich gefragt, ob er das vielleicht übernehmen könnte. Jan hatte spontan zugesagt. Das einzige Problem: Er hatte nicht die leiseste Ahnung, wie so ein Rasenmäher funktionierte. Aber er fand das schnell heraus – und nach dem Mähen dieses unwegsamen Berggrundstückes in der Ferienhaussiedlung war er völlig verausgabt, verschwitzt und *alle* gewesen.

Kein wirklicher Urlaub auf dem Bauernhof.

Abends saßen Tonja und Jan oft auf der Bank vor dem kleinen Fachwerkhäuschen, wärmten ihre Füße auf dem warmen Pflaster, tranken einen oder auch zwei Schoppen Apfelwein, der hier ganz anders schmeckte als ihn Jan aus Frankfurt kannte. Nicht mal aufs Örtchen musste er fliehen! Sein ganzes Nervenkostüm war vulkanisch-relaxed.

Ziemlich oft kam Opa Abbel von gegenüber zum *Dämmerschoppen*. Seine Hündin Asta erinnerte Jan sehr an seine Nele. Und sie hatte fast genauso weiches Fell. Asta wusste schon nach kurzer Zeit, dass es bei Jan immer ein paar extra Streicheleinheiten gab. So saß man dann fast allabendlich zusammen. Redete über dies und das.

Jan schätzte den urigen Opa von gegenüber auf Mitte achtzig. Vielleicht sogar noch ein bisschen älter. Er hatte immer eine Zigarre in der Hand – ohne die ging er nicht aus dem Haus.

„Rauche' is gesund, das sieht mer ja am Helmut Schmidt, der is ja noch viel älter als wie ich!", war einer seiner Standardsätze, die sich Abend für Abend wiederholten.

Opa Abbel war nie verheiratet gewesen.

Tonja war zu einer Art Familienersatz für ihn geworden. Manchmal kam er auch zu ihr in die Praxis. Oft nur, so sagte sie, nur damit sich mal jemand mit ihm beschäftigte, sich kümmerte, ihn berührte.

„Ei", so fing fast jeder Satz in Oberhessen an. Das hatte Jan schnell herausbekommen. Und so war es auch an diesem Abend, als Opa Abbel zur Bank vor Tonjas Häuschen kam.

„Ei, aach noch drauße bei deeer Hitz'?", lautete die Begrüßung. Dann begann meist ein kleiner Schwatz, wobei es in erster Linie um das Wetter des heutigen Tages ging – und wie es morgen denn werden sollte. Dann schimpfte Opa Abbel auf die Wettervorhersage.

„Die wisse aach nett alles! Heut' hat's schon widder nett gestimmt…" Und das war fast jeden Abend so.

Jan hatte sich schnell an die kleinen Dämmerschoppen gewöhnt. Das war doch etwas ganz anderes als die Misere mit dieser Frau Fieg in Bornheim. Diesem Drebbehäusje!

„Ei, mier mache uns dann widder emaa weida. Die Asta unn ich." Wenn es dunkel wurde, zog es die beiden wieder in ihr Heim.

Die Uhren liefen hier oben im Vogelsberg einfach anders. Auf eine Zigarrenlänge ging hier immer was in Schotten…

Zum Glück waren die Schottener nicht besonders neugierig. Obwohl sie sicherlich über den neuen Bewohner im Hause Naumann tuschelten.

Wieso sollten Oberhessen auch anders sein als Großstadthessen?

Oder hatte er nur noch nicht jene Kaliber getroffen, die es mit dem Drebbehäusje in Sachen Tratsch aufnehmen konnten?
Tonja ging jedenfalls ganz souverän damit um, dass nun abends jemand Neues neben ihr auf der Hausbank saß. Sie strahlte ohnehin eine gewisse Unnahbarkeit aus, so dass ihr sowieso kaum jemand mit dummen Fragen oder Sprüchen kam. Wahrscheinlich, so vermutete Jan, war sie eine geachtete Bürgerin dieser Stadt, der die Leute per se einen gewissen Respekt entgegenbrachten. So wie es früher einmal gegenüber dem Pfarrer, Lehrer oder Apotheker üblich war. In Schotten war es halt ein bisschen geblieben, das Frühere. Und das, so tippte er, bewahrte sie wohl auch vor allzu viel Neugier oder peinlichen Fragen.

Tonja und er erzählten sich im Laufe der Zeit alles Mögliche. Manchmal kam es Jan so vor, als hätten sie sich schon ewig gekannt. Vielleicht doch Freunde fürs Leben?

Ab und zu sahen sie sich sogar gemeinsam DVDs an. Tonja hatte tatsächlich ein paar von den alten Fernsehserien aus den achtziger und neunziger Jahren. Tagelang liefen dann die „Drombuschs" – mit dem guten alten Onkel Ludwig. Günter Strack war seit jeher einer seiner Lieblingsschauspieler... Als Tonja dann noch tiefer in ihrer Truhe gekramt hatte, war auch noch „Ich heirate eine Familie" ans Tageslicht gekommen. Fehlten eigentlich nur noch die „Guldenburgs"...

Jan war diese Verbindung schon fast unheimlich. Es gab so viele Parallelen zwischen ihnen. Und irgendwann war ihm aufgefallen, dass er kaum noch über die Maßen trank und auch das Rauchen ganz auf die abendlichen Stunden auf der Bank vor dem Haus beschränkt hatte. Wenn Opa Abbel auch am Qualmen war... Es musste wohl die Ruhe sein. Und natürlich Tonja. Er fühlte, dass sich etwas Grundlegendes in seinem Leben verändert hatte. Und es war nicht zum Schlechteren...

„Jan, kommst du zum Abendessen? Es gibt heiße Fleischwurst mit Kakao!", rief Tonja eines Abends. Hatte er sich jetzt verhört???

„Nochmal, bitte, Tonja! Ich habe gerade nur Bahnhof, beziehungsweise Fleischwurst und Kakao verstanden! Was hattest du noch gleich gerufen?"

„Du hast ganz richtig gehört. Es gibt heiße Fleischwurst und heißen Kakao dazu!" Jan dachte noch immer an einen Scherz – aber tatsächlich stand Kakao auf dem Herd und daneben ein Topf mit zwei Kringeln Fleischwurst. Es war also Tonjas voller oberhessischer Ernst gewesen!

„Kann man DAS denn wirklich in *einen* Magen packen?", fragte er ungläubig. „Klar, das ist sogar eine Spezialität! Meine Oma hat das als junges Mädchen in Wallernhausen, das ist so ein kleines Dorf bei Nidda, kennengelernt. Das haben die Bauern dort immer samstags zum Feierabend gegessen. Ist ein alter Brauch. Und den pflege ich weiter... Zum Beispiel heute – also jetzt!"

„Und das soll schmecken? Klingt ja fast wie Handkäse mit Heringssalat." – „Erst probieren, dann kritisieren. Hau' rein!", ermutigte ihn Tonja. Und tatsächlich, er konnte es kaum glauben – es schmeckte ihm sogar ziemlich gut!

„Essen die Oberhessen eigentlich immer so wilde Kombinationen?", fragte er neugierig weiter. – „Naja, es gibt tatsächlich Leute, die essen zum Beispiel frischen Zwetschgenkuchen mit Sahne, trinken dazu aber ein kleines Bier – statt einer Tasse Kaffee! Andere wiederum essen Handkäs' mit selbstgemachter Marmelade. Du weißt doch, wer Äbbelwoi pur trinkt, den kann sowas nicht schockieren."

„Das glaube ich allerdings auch. Und ich habe immer gedacht, der Gipfel des Erträglichen wäre schon Handkäse mit Musik. Für mich als Fischkopp war das anfangs nicht leicht..." – „Das glaube ich dir gerne. Aber die unmöglichsten Mischungen können manchmal ein Gedicht sein! Man muss sich nur trauen. Der erste Bissen ist am schlimmsten. Denk' einfach, du bist im Dschungelcamp. Dann geht fast alles rein." Insgeheim hoffte Jan aber, dass Tonja nur ab und zu so wildes Zeug auftischen würde...

Ein frisches Vogelsberger Bauernbrot mit Hausmacher Wurst, Blutwurst, Leberwurst, Presskopf – das war ihm inzwischen doch viel lieber. Dazu ein kühles Blondes aus dem Krug, und die Welt war für den eingeplackten Hanseaten vollkommen in Ordnung.

„Wer braucht schon täglich fangfrischen Fisch?"

Immer öfter half Jan auch in der Küche, was ihm richtig Spaß machte. Es wurden fleißig grüne Bohnen geschnibbelt, Zucchini geraspelt, Tomaten kleingehackt oder Kräuter, die sie vorher gesammelt hatten, zu einem von Tonja selbst kreierten Vogelsbergpesto verarbeitet.

Mit Lina hatte er nie gerne gekocht! Bei ihr drehte sich immer alles um Fettpunkte oder ähnliches.

Aber jetzt war alles anders.

In seinem neuen Leben in Oberhessen, mitten auf dem Vulkan.

Wenn Tonja viel Zeit hatte und das Wetter mitspielte, fuhren sie manchmal übers Land. Hinter Schotten ging es ziemlich steil bergauf in den Hohen Vogelsberg. Selbst an heißen Sommertagen war es hier oben angenehm kühl. Die Vogelsberger Landschaft faszinierte Jan immer wieder aufs Neue. Es gab sogar Felder, genau wie in der flachen Wetterau. Irgendwo ratterten immer die Mähdrescher und wirbelten riesige Staubwolken auf.

„Dann ist der Sommer bald vorbei. Wenn es hier so staubt!", stellte Tonja bedauernd fest. Die John-Denver-CD dudelte mittlerweile zum x-ten Mal. *Almost Heaven on Birds Mountain*...

„Jetzt müssten wir nur noch hoch zu Ross sein. Aber ich kann nicht mal reiten, leider." Jan war voll auf dem Country-Trip – der Mann in den Bergen persönlich. Er hatte sich auch schon lange nicht mehr rasiert. Wenn seine Mutter ihn so sehen würde...

Mamma Mia!

Frauen lassen sich nach Trennungen ja gerne mal die Haare abschneiden. Bei Jan war es so ähnlich – nur anders herum! Er hatte sich nämlich fest vorgenommen, vorerst gar nicht mehr zum Frisör zu gehen. Sparkurs, Wildwuchs, Natur pur! Das war die Devise! Das war sein neues Leben. Den Gedanken, eines Tages einmal nicht mehr bei Tonja wohnen zu können, schob er weit weg, wann immer er ihn erreichte.

In Frankfurt klingelte das Telefon. Die Hamburger Nummer, die auf dem Display erschien, kannte Lina in- und auswendig. Es war Jans Mutter.

„Meine Liebe, ich wollte mich doch einmal bei dir melden und dir sagen, wie leid mir das tut mit euch beiden."

Bei Lina kamen keinerlei Gefühle in Wallung.

„*Uns beide* gibt es jetzt gar nicht mehr, Gisela. Aber trotzdem danke, dass du dich meldest." Sie war abgekühlt, auf unter null.

„Jan hat mich angerufen und erzählt, Ihr hättet ziemlich großen Krach gehabt. Und dass er vorübergehend zu einer Bekannten in das Vogelgebirge gezogen ist. Er kann dort wohl zur Untermiete wohnen..."

Jetzt wurde Lina langsam sauer: „Keine Details bitte, Gisela. Mich interessiert das alles nicht mehr."

Das konnte Gisela nicht so stehen lassen.

„Aber, Lina, ist das denn endgültig? Gibt es keine Chance auf Versöhnung? Vielleicht war doch alles nur ein großes Missverständnis?" Jans Mutter wollte nichts unversucht lassen, die beiden Streithähne wieder zusammenzubringen. Aber es sah so aus, als würde sie hier auf Granit beißen.

„Nein, das war ganz sicher kein Missverständnis – und probiere jetzt bitte nicht, mich vom Gegenteil zu überzeugen. Wir haben uns getrennt, und Jans restliche Möbel werden morgen abgeholt. Damit sind wir sozusagen geschiedene Leute."

„Lina, trotzdem, ich wollte dir nur sagen, dass es mir leid tut und ich dich immer sehr gemocht habe. Du kannst mich auch jederzeit anrufen, wenn du mal reden willst."

„Vielen Dank, Gisela. Das ist echt lieb von dir. Vielleicht melde ich mich einmal. Später, wenn etwas Gras über die Sache gewachsen ist. Momentan will ich einfach gar nichts von ihm hören, verstehst du?"

Gisela atmete tief durch.

„Ja, meine Liebe, das akzeptiere ich. Ich würde mich aber trotzdem freuen, wenn wir irgendwann mal wieder voneinander hören würden."

„Okay. Dann wünsch' ich dir was. Bis dann und danke für den lieben Anruf." Der Krampf würde gleich ein Ende haben, hoffte Lina.

„Mach's gut, Lina. Und alles Gute, was immer jetzt auch werden mag." Dann wurde in Hamburg wieder kräftig geschnieft.

„Bella Gisella", rief Francesco, der in deutscher Gemütlichkeit auf dem Sofa lümmelte, „was-eh ist-eh mit Amore?"

„Ach, Francesco, mein Liebster. Ich glaube, das hat sich erledigt mit Jan und Lina. Sieht so aus, als wäre es das endgültige Ende…"

„Eeeh, was-eh heißt-eh Ende-eh? Grande Amore geht-eh nie zu Ende! Wirst-eh du sehe-eh, eine Tage-eh wird-eh alles wieder gut-eh!"

„Na, wenn du meinst…"

Aber so richtig überzeugen konnte sie das nicht.

„Vendetta ist süß"

Die heiße Sonne im südfranzösischen Saint Maxime konnte an der eisigen Atmosphäre im Ferienhaus der Heins auch nichts ändern.
So sehr sich Jürgen Hein auch bemühte, auf glücklichen Vorruheständler zu machen, so wenig gelang es ihm. Vor allem fiel seiner Frau auf, dass ihm sein überaus gesunder Appetit vollends vergangen zu sein schien.
Von lässiger Sommerstimmung war nichts zu spüren. Auf Fragen, was eigentlich mit ihm los sei, antwortete ihr Mann nur ausweichend und murmelte dann irgendetwas von wegen „der ganze Stress müsse erst von ihm abfallen" oder „er merke jetzt erst, wie ausgebrannt und fertig er eigentlich durch den Managerposten wäre".
Das nahm ihm seine Marlene aber nicht ab. Irgendetwas musste er doch haben! Ohne triftigen Grund den Job hinzuwerfen und nach Südfrankreich zu flüchten? Das passte nicht zu ihrem Jürgen.
Aber sein Firmenhandy war mit ausgewandert – und schon zwei Tage, nachdem sie in Saint Maxime angekommen waren, hatte Hugo Foth ihm eine SMS geschickt: „Lieber J! Hier alles roger! Netz sauber – soweit RA das machen konnten. Enjoy your life, HF"
„Zumindest das ist geschafft!", Herrn Hein war ein Fels vom Herzen gefallen... Anscheinend, so kombinierte er, war es den Anwälten der HansaFra gelungen, die Riesenbaby-Fotos vom Netz zu kriegen. Aber er wusste auch, dass es in Wirklichkeit unmöglich war, alle Spuren restlos zu beseitigen. Denn, was immer Nutzer schon heruntergeladen und nun auf ihrem Rechner oder sonstwo gespeichert hatten, daran war nicht zu kommen.
Aber diese kurze, knackige Nachricht klang auch nach Lebewohl.
Hatte ihn sein Spezi, das Hugolein, etwa fallengelassen?

Einmal war er unten in St. Maxime gewesen. Sie hatten ein paar kleine Läden dort und einen schönen Markt. Beim Blick auf eine der Klatschzeitungen war ihm, als wäre er zu Pudding geworden – er hatte sich kaum noch auf den Beinen halten können.
„Neuer Trend bei Deutschlands Männern: Babyspiele!!!" – eine andere Zeitung schrieb auf der ersten Seite: „Top Manager an der Mutterbrust! Was fehlt ihnen wirklich?" Wie ferngesteuert war er einfach weggelaufen. Irgendwo hin. Zum Strand und zurück, dann wieder zum

Strand und dann wieder zurück. Die Panik hatte ihn erfasst. Der Mensch, das Fluchttier... Doch Flucht, so dachte er bislang, das war nur etwas für Schwächlinge. Aber nicht für ihn, Jürgen Hein...
Doch das war nicht das einzig Neue in seinem Leben. Er hatte einen neuen Begleiter: Angst! Blanke Angst. Denn, wo immer er auch hinging, stets hatte er den Eindruck, dass die Leute ihn komisch ansahen. Manchmal fragte er sich schon, ob ihn nicht doch jemand erkannt hatte. Obwohl das hier unten in Südfrankreich nicht sehr wahrscheinlich war. So richtig genau wollte er es aber gar nicht wissen. Die Welt war doch heute nur noch ein noch großes Dorf.

Peinlichkeiten verjähren da nicht.

Morbus Internet.

Er hoffte inständig, dass die Rechtsabteilung zumindest gegen die Leute, die diese verhängnisvollen Bilder geschossen und per Internet verbreitet hatten, noch irgendwie vorgehen könnte. Aber die Hoffnung war ziemlich gering. Und vielleicht war zuviel Wirbel auch gar nicht dienlich? Am Ende würde dann noch mehr ins Licht der Öffentlichkeit geraten, und das wäre gar nicht gut.

Außerdem hatte Jürgen Hein ein permanent schlechtes Gewissen. All das, was er bislang gut hatte verdrängen können, kam jetzt in ihm hoch. Er hatte Marlene nach Strich und Faden betrogen. Und, wenn er hart mit sich ins Gericht ging, dann hatte er auch die Firma HansaFra betrogen. Wie viele Stunden seiner fürstlich bezahlten Tätigkeit hatte er allein im Dark Paradise verbracht? Er wollte es sich gar nicht genauer ausmalen. Jeder andere Mitarbeiter bei HansaFra wurde überwacht und gefilzt bis in die Haarspitzen, musste Report ablegen, Berichte mit genauen Zeitangaben schreiben und ständig erreichbar sein. Nur er und sein Duzfreund, das Hugolein, hatten es bei sich selbst nicht ganz so genau genommen.

Dazu noch die unglückliche Geschichte mit seiner tüchtigen Frau Siebenborn, die ihm doch immer alles abgenommen, ihn geschützt und vertreten, seine Fehler ausgebügelt hatte. Und die er dann so hinterlistig abgeschoben hatte. Ohne ein Wort des Abschieds, des Danks oder nur eines offenen Gespräches. Er war doch im Prinzip der allerletzte Arsch unter Gottes Himmel. Abschaum! Unanständig! Kriminell!

Und er fand, dass es ihm zu Recht schlecht ging.

Hatte er etwas Besseres verdient? Eine große, große Verzweiflung machte sich in ihm breit. Und Scham gesellte sich ebenso dazu.

Wie war es noch gleich gewesen, als Anfang des Jahres der damalige Bundespräsident ins Feuer der Kritik geraten war? An ihm hatte er doch kein gutes Haar gelassen. Ihn genüsslich verhöhnt und verlacht. Wie konnte man nur so blöd sein und bei dem Chefredakteur so einen Text auf die Mailbox sprechen? Das waren seine Worte in Sachen Wulff gewesen. Dass der zukünftige Präsident a. D. sich schleunigst in sein rot-verklinkertes Eigenheim zurückziehen und die Öffentlichkeit möglichst von seinen Unfähigkeiten verschonen möge, genau das hatte er ihm lautstark empfohlen.

„Schaumgeschlagenes à la Christian". So hieß doch das Dessert... Und, jetzt saß er, ein ebensolcher Schaumschläger, selbst in seinem Eigenheim (wohlbemerkt nur kalkgeweißt, nicht rot verklinkert!) und war dazu verdammt, die ganze Welt von sich zu verschonen.

Wie doof war *er* eigentlich? Der Supermanager a. D.!

Das fragte er sich jetzt. Absolut schonungslos und hart gegen sich selbst. Wie umnachtet und grundnaiv musste ein Mann seines Formates denn sein, um am helllichten Tage nur einen Katzensprung von seiner Firma entfernt, ins Rotlichtmilieu einzutauchen? Und sich letztendlich zum Riesenbaby der Nation machen zu lassen...

„Hochmut kommt vor dem Fall." War es nicht das, was ihm seine Mutter mit auf den Weg gegeben hatte?

Am liebsten würde er nie wieder einen Fuß vor die Tür setzen. Einfach im Ferienhaus bleiben und warten, bis er tot war. Seine einzige Perspektive! Eine andere konnte er in diesen düsteren Tagen nicht entwickeln. Draußen sah er seine Marlene. Sie lag entspannt auf einer Liege im Garten, hatte den Schatten unter den Pinien gesucht. Dass sie gerade an jenen Moment dachte, als der junge Maler ihren Mann mit Peitschen-Heini angesprochen hatte, das konnte er natürlich nicht sehen. Aber in ihm war ein ganz merkwürdiges Gefühl aufgestiegen, das er nicht beschreiben konnte. Es sagte ihm aber ganz deutlich, dass die Frau, die dort so friedlich unter den Bäumen zu schlummern schien, nicht wirklich schlief.

Ende August sollte es ernst werden mit den Umzügen. Lina erkannte, dass die gründlichen Aufräumaktionen der letzten Zeit sich nun bewährten. Sie hatte kaum noch Überflüssiges, was es zu entsorgen galt. Alle Schränke waren nicht einmal mehr halbvoll. Und Ines hatte sich bereit erklärt, auch noch die Wohnzimmer-Schrankwand und die komplette Designer-Hochglanz-Küche zu übernehmen, die Lina in Büdingen sowieso nicht hätte stellen können. Es lief also alles wie geschmiert.

Ines sortierte gnadenlos aus. Sie wollte nicht einmal mehr ein einziges Foto von Lars mit nach Frankfurt und in ihr neues Leben nehmen. Ab und zu war noch mal ein Tränchen geflossen, wenn sie auf ein Bild aus glücklicheren Tagen geschaut hatte und entsprechende Erinnerungen hochgekommen waren. Aber die Wut auf diesen Fremdgänger konnte immer schnell wieder die Oberhand gewinnen, und das bestärkte Ines in ihrer Entscheidung, die Wohnung aufzugeben und dem beschaulichen Rosendorf Steinfurth ebenso den Rücken zu kehren.

„Und, auch alles entsorgt, was mit Jan zu tun hat?", fragte Ines bei Lina nach. „Nein, einiges kann ich einfach nicht wegwerfen. Es waren immerhin fast sieben Jahre. Irgendwie verstaue ich alles, woran ich noch hänge einfach in einer Kiste und, wer weiß, irgendwann mal wird sie einem Osterfeuer zum Opfer fallen." – „Nee, ich wollte nichts von diesem Ochsen mit in die neue Wohnung nehmen. Aus und vorbei. Auf zu neuen Ufern." – „Apropos neue Ufer: Wie läuft es denn mit dem Engel-Bengel im Büro so?" – „Ach, der ist schon ein Korinthenzähler – aber ein ganz netter! Jedenfalls kann man sehr gut mit ihm zusammenarbeiten, er ist überkorrekt und hält das, was er zusagt auch ein. Das ist ganz neu für mich. Sowohl beruflich, als auch privat." – „Wie, was heißt denn privat in dem Zusammenhang?"

Lina meinte, Ines ein bisschen verlegen atmen zu hören.

„Ooooch, das war nur so dahingesagt, weil ich eben privat auch nie auf besonders zuverlässige Exemplare der Spezies Mann gestoßen bin."

„Ich dachte schon, da bahnt sich vielleicht was an. Aber Herr Engel ist ja bekanntlich nur mit seinem Beruf verheiratet, soweit ich mich erinnere." – „Ja, da liegst du goldrichtig. Der ist ein absoluter Workaholic. Ich glaube, der träumt nachts noch von Zahlen, Berichten, Emails und Präsentationen…" – „Und etwa auch von dir?", fragte Lina flapsig.

„Nee, danke. Kein Bedarf an Männern. Eine eigene Wohnung weit weg von Lars Ochs und der betörenden Annemieke reicht mir für mein Glück voll und ganz."

Lina meinte sich jedoch noch sehr gut daran zu erinnern, dass Ines ihr irgendwann vor langer Zeit mal gesagt hatte, dass sie den Engel, diesen Oberkorinthenzähler, eigentlich ganz „interessant" fände…

Oder hatte sie da etwas durcheinander geworfen?

Nach den Sommerferien wurde Jan von Herrn Thielmann, dem Eigentümer der Malschule, ins Schulbüro gerufen und gleich war ihm aufgefallen, dass der sonst so kühle Chef auf einmal ganz handzahm und herzlich zu ihm war.
Jan hatte es gleich im Gefühl gehabt: Der wollte was von ihm!
„Ja, Herr Johannsen, es ist also so, dass Frau Tartakowskaja, die junge Russin, Sie erinnern sich ja wahrscheinlich an sie, hier gekündigt hat, weil sie so viele private Aufträge bekommen hat und da natürlich viel mehr verdienen kann. Aber dadurch stehen wir jetzt vor einem großen Problem. Vor allem, weil die Anmeldungen jetzt in den Sommerferien so zahlreich hereingekommen sind." Herr Thielmann schaute ein bisschen fragend und unsicher zu Jan herüber, der aber erst einmal ganz cool seinen Blicken standgehalten hatte. „Und, was bedeutet das nun für mich?" – „Sie hatten ja die Stundenzahl, die Sie hier unterrichten, stark reduziert und nun wollte ich doch anmerken, dass Sie auch wieder aufstocken könnten, wenn es für Sie denn machbar ist."
„So, so", dachte Jan. So stellt er es jetzt dar. Nein, nicht ER hatte damals die Stundenzahl stark reduziert. Tatsächlich war es doch so, dass Herr Thielmann dem russisch-erotischen Charme dieser jungen Dame nicht widerstehen konnte. Und ihn, Jan, kurzerhand in die zweite Liga katapultiert hatte. Jetzt wollte er ihn bewusst ein bisschen zappeln lassen. Als späte Rache. VENDETTA!
„Also, nur mal so fürs Protokoll", stellte Jan mit sonorer Stimme klar, „nicht ICH habe meine Unterrichtsstunden hier reduziert, sondern SIE höchstpersönlich! Ich sage nur Ekatarina…" Schweigen. Verlegene Blicke seitens Herrn Thielmann. Jan wartete noch einen Moment länger. Rache musste ja auch ein bisschen weh tun…
„Herr Thielmann, heute kann ich beim allerbesten Willen keine Entscheidung darüber treffen. Ich überlege mir Ihr Angebot aber – dann sehen wir weiter." Herr Thielmann schluckte. Jan grinste.
VENDETTA kann so einen Spaß machen!!!
„Gut, dann verbleiben wir vorerst so. Sie können also gerne auf vier Mal pro Woche aufstocken. Und über die Bezahlung kann man sich ja auch noch einmal unterhalten." – „Das wollte ich sowieso vorschlagen. Damit war ich schon lange nicht mehr glücklich."
Er nickte nervös. „Man kann doch über alles reden… Wir kennen uns doch schon lange genug, Herr Johannsen. Da findet sich eine Lösung."

Jan versuchte, seine Genugtuung zu verbergen und hoffte, dass es ihm gelungen war. Denn insgeheim war er froh, dass ihm jetzt so eine Chance geboten wurde. Sein Konto würde sich freuen! Denn er wollte nicht ständig auf seine Ersparnisse zurückgreifen müssen.

Letztendlich stimmte er dem Vorschlag von Herrn Thielmann zu, allerdings nur für drei volle Tage pro Woche. Er hatte gesiegt!

Trotzdem war ihm aber auch klar, dass er in Zukunft zu den vielen tausend Arbeitnehmern aus dem Umland von Frankfurt gehören würde, die jeden Tag mehr als hundert Kilometer zu ihrem Arbeitsplatz pendelten. Hoffentlich würde der olle Kombi das packen!

Und er auch. Da musste er plötzlich an Lina denken. Die war auch lange Jahre gependelt. Aber eigentlich wollte er doch gar nicht mehr an sie denken...

Mitte August fuhren immer noch viele Mähdrescher durch Wetterau und Vogelsberg, was Jans Fahrtzeit noch verlängerte. Die goldenen Stoppelfelder kündigten schon den näher rückenden Herbst an. Und nachts war es im Vogelsberg merklich kühler geworden.

Tonja schimpfte immerzu über die schlechte Tomatenernte und befürchtete sogar, dass auch die Apfelernte wegen der späten und starken Nachtfröste im Frühjahr ausfallen könnte. Nur die Salatgurken und die Zucchini ließen sich nicht lumpen und entwickelten sich prachtvoll, was dazu führte, dass es fast jeden Tag irgendetwas „mit Zucchini" gab. Nudeln mit Zucchini und Käse, Reis mit Zucchini und Paprika, Zucchini-Rösti mit Apfelbrei, gebackene Zucchinischnitzel. Und dazu gab es fast täglich Gurkensalat, denn die mussten auch weg.

„Du, am Wochenende bekomme ich Besuch. Aus Hamburg."

„Echt? Dann hast du ja gleich zwei Hanseaten im Haus."

„Klar, und sicher kannst du dir auch denken, wer der zweite Hanseat ist." – „Etwa ein gewisser Dr. Hellmuth Gutbein?", fragte Jan und war sich eigentlich sicher, dass nur er es sein konnte.

„Ja, und ich freu' mich total." – „Das glaube ich dir gern. War der denn schon mal bei dir hier in den Bergen?" – „Schon oft!", antwortete sie und wollte wohl gleich wieder das Thema wechseln.

Aber Jan ließ nicht locker. „Sag' mal, Dr. Gutbein hat mich doch sozusagen hierher empfohlen, wie du weißt. Und da hat er mal beiläufig erwähnt, dass du ihm auch schon geholfen hättest, als er, sagen wir, indisponiert gewesen ist." – „Ja, das stimmt."

Jetzt wurde Tonja spröde wie eine waschechte Hanseatin, wenn sie nicht mit der Sprache rausrücken wollte. – „Und?", Jan versuchte es weiter. „Nix und. Mehr sag' ich dazu nicht. Schweigepflicht!" – „Aber Ihr seid befreundet. Schon lange, nicht?" – „Du bist vielleicht neugierig..." Langsam war sie genervt von Jans Fragerei.

„Also, bevor du mich noch weiter löcherst. Hellmuth Gutbein und ich – wir sind sozusagen ein Paar." Da verstummte Jan kurzfristig. Er fand aber schnell die Sprache wieder. Die Neugier ließ ihm keine Zeit. „Ich dachte immer, er wäre verheiratet." – „Ist er auch. Aber sagen wir mal so: die haben so ein Arrangement. Ist in Hamburg wohl ein offenes Geheimnis." Eigentlich wollte er gleich weiter fragen, aber dann nahm er sich zurück. Schließlich strebte er nicht an, Frau Fieg nachzueifern...

Auf einmal meldete sich Tonja aber wieder zu Wort: „Übrigens, ich habe Hellmuth mal gefragt nach dieser Frau Johannsen, die ich in Hamburg in einer Cocktailbar kennengelernt habe. Die war damals mit ihrem Freund, einem attraktiven Italiener, Francesco hieß er, glaube ich, unterwegs. Und ziemlich verliebt waren die beiden. Da meinte er, das wäre in der Tat deine Mutter gewesen: Gisela Johannsen! Ich wusste doch, dass ich den Namen schon mal gehört hatte..."

Beinahe wäre Jan die zuletzt geerntete Gurke aus der Hand gefallen.

„Ist ja ein Ding! Was man hier so alles erfährt! Wie klein doch die Welt ist..." Er nahm sich aber fest vor, seine Mutter beim nächsten Telefonat direkt darauf anzusprechen.

So langsam fand er es mehr als kindisch, dass sie es ihm immer noch verheimlichte, einen Liebhaber, oder wie Frau Fieg sagen würde, einen „Bekannten" zu haben.

Hatte sie etwa Angst vor ihm, dem eigenen Sohn, weil ein neuer Mann an ihrer Seite war? Dachte sie, er würde dagegen sein und ihr die ganze Sache vermiesen? Was hatte seine Mutter überhaupt für eine Meinung von ihm, wenn sie ihm so etwas Wichtiges verschwieg?

Schon am Abend hatte er es nicht mehr ausgehalten. Er wollte endlich Klarheit! Also rief er seine Mutter an.

„Ach, übrigens, wie ich heute gerade erfahren habe, kennst du meine neue Vermieterin sogar!"

Schweigen am anderen Ende. Gisela war von einem Irrtum überzeugt. „Das glaube ich kaum! Ich kenne garantiert niemanden aus dem Vogelgebirge."

„Vogelsberg, Mutter. Das hier oben heißt Vogelsberg."
„Egal, aber ich kenne niemanden von dort. Ganz bestimmt."
„Doch, ich weiß das aber zufällig ganz genau. Denn Tonja hat mir erzählt, dass sie dich kennengelernt hat. In der Atlantic Bar, zusammen mit Dr. Gutbein und einem sehr netten Italiener. Wie hieß er noch gleich? Francesco, nicht?" Noch mehr Schweigen am anderen Ende.
„Aaaaaaach", sie zog es bewusst in die Länge, „jetzt erinnere ich mich doch. Das ist ja schon eeewig her. Da war Dr. Gutbein mit einer ziemlich beleibten Dame in einem komischen Leinenkleid zum Cocktail gewesen. Daran kann ich mich erinnern." Es folgte eine ziemlich lange Pause.
„Also, wenn *das* deine Vermieterin ist… Dann grüß' sie doch schön von mir. Sie sieht zwar ein bisschen merkwürdig aus, aber charmant war sie schon." Jan wartete noch auf einen Satz zu diesem Francesco. Aber er hoffte vergebens! „Das mach' ich gerne. Aber, wenn du mich mal besuchen kommst, dann triffst du sie ja sowieso."
„Bleibst du denn für länger in diesem Vogelgebirge?", fragte Gisela ihren Sohn ungläubig. „VO-GELS-BERG! Mutter, es heißt VO-GELS-BERG!"
„Jaaa, ich lerne das auch noch." Und dann kam nach einem kurzen Verschnaufer: „Siehst du denn wirklich gar keine Chance mehr für dich und Lina?" – „Glaube kaum. Und vorerst bin ich hier gut gestrandet. Oder sollte ich deiner Meinung nach längst wieder nach Hamburg zurückgekehrt sein?" – Eigentlich wollte Jan das gar nicht fragen, aber es war ihm auf einmal so rausgerutscht.
„Ja, also, du", seine Mutter stotterte herum, „natürlich kannst du immer zurück in die Alstervilla kommen, jederzeit. Da brauchst du doch gar nicht zu fragen." Aber Jan hatte schon mitgekriegt, dass es eine ganz schöne Verwirrung in ihr ausgelöst haben musste, sich vorzustellen, dass ihr Sohn wieder nach Hause ziehen würde. Und diese Verwirrung hatte ihm richtig gut gefallen. VENDETTA! Und wenn die Rache noch so klitzeklein war…
Doch die Freude währte nur ganz kurz: Wahrscheinlich hatte dieser Francesco sowieso schon sein halbes Elternhaus beschlagnahmt.
Für ihn war in Hamburg einfach kein Platz mehr. Das war so sicher wie das Amen in der Kirche. Und so fühlte Jan es wieder ganz genau: Er war heimatlos!
Da half auch keine VENDETTA…

„Der Engel des Feuers"

Am kommenden Wochenende war Dr. Gutbein mit seinem riesigen Geländewagen in Schotten vorgefahren. Jan und Tonja saßen gerade zusammen auf ihrer Bank, wie üblich an lauen Sommerabenden. Und da der Sommer schon bald vorüber sein würde, mussten sie noch jede Minute ausnutzen, bevor der Herbst in großen Schritten nahte.

Opa Abbel war aber gleich gegangen, als er das dicke Auto gesehen hatte. Das war nichts für ihn! So ein Auflauf von Fremden... Noch mehr Hamburger! Obwohl er Jan sehr ins Herz geschlossen hatte. Aber was zu viel war, war zu viel. Also zog er mit seiner Asta schnell von dannen.

In Schotten herrschte allgemeine Aufruhr, denn das große Rennen, der jährliche *Classic Grand Prix*, würde an diesem Wochenende stattfinden. Überall brummte und knatterte irgendetwas – und Leute aus ganz Europa bevölkerten das kleine Fachwerkstädtchen und die nähere Umgebung. Jan kam sich fast vor wie in einer Großstadt! Alle Kneipen und Cafés waren bis auf den letzten Platz besetzt, die Wirte machten jetzt das Geschäft des Jahres. Und die Hotels, Pensionen und Ferienwohnungen waren allesamt ausgebucht.

Tonja wusste, dass ihr Hellmuth eine große Leidenschaft für alte Zweiräder hatte. Deshalb hatte sie auch extra dieses Wochenende ausgesucht.

„Moin Moin, mein Junge. Mensch, Jan! Hab' schon gehört, dass es dich hier hoch in die wilden Berge verschlagen hat", begrüßte der Doktor seinen Patienten auf ungewohntem Terrain.

„Moin Moin, Dr. Gutbein. Ja, ich bin hier schon ganz heimisch, wie Sie sehen." – „Nu, lass' mal den Doktor weg. Ich heiße immer noch Hellmuth und ganz privat hier. Gibt's hier auch ein kaltes Bier, Tonja? Nach der langen Fahrt hat der Mensch in der Regel Brand...", lachte er und zwinkerte Jan zu.

Dass so viele Menschen zu dem historischen Rennspektakel kommen würden, hätte Jan bei weitem nicht gedacht. Direkt an ihrem Häuschen fuhren sie alle vorbei. Ein Corso zum Auftakt!

Hellmuth Gutbein bekam leuchtende Augen. DAS waren Gefährte! Genau nach seinem Geschmack: uralte Zweiräder, wie man sie sonst nur noch in alten Filmen zu sehen bekam. Oder gleich im Museum.

„Da müssen wir hin, Tonja! Das Rennen will ich unbedingt sehen. Die älteste Maschine ist Baujahr 1924 – das muss man sich mal vorstellen!!!"

Jan überlegte schon jetzt, wo er an diesem hektischen Wochenende hin flüchten könnte. Temperaturmäßig sollten nämlich auch alle Rekorde gebrochen werden – mit bis zu achtunddreißig Grad!

Püh, das würde sein Dachjuchhee zur Sauna machen....

Irgendwann waren die beiden verliebten Turteltäubchen dann in ihrer Leidenschaft verschwunden – und auf eine geheimnisvolle Art unsichtbar geworden.

Jan verkroch sich hoch unters Dach, wo es ihm langsam ziemlich eng und unerträglich heiß vorkam. Diese Begrenztheit... Wirklich keine Dauerlösung für ihn. Er brauchte doch Platz für seine Bilder, seine Staffeleien. Und die beiden Räume waren jetzt schon hoffnungslos überladen.

Die kleine Stadt Schotten war an diesem Wochenende wirklich voller fremder Geräusche, Motoren knatterten, Menschen jeden Alters unterhielten sich in allen möglichen Dialekten und Sprachen. Irgendwo hatte Jan gelesen, dass zirka 20.000 Leute erwartet wurden.

Diese uralten Motorräder schienen ja eine Menge Verehrer zu haben...

Aber Jan interessierte sich kein bisschen dafür. Er lag auf seinem Bett und schaute in den blauen Himmel, an dem sich kein einziges Wölkchen zeigen wollte. Die Sonne schien glühend heiß und der Spätsommer präsentierte sich von seiner allerbesten Seite. Sahara pur!

Unter dem Dachjuchhee war es seit dem Morgen brütend heiß.

Nur in Jans Seele tobten schon wilde Herbststürme...

Tonja war ausschließlich mit ihrem Hellmuth beschäftigt. Verständlich! Jan wusste, er würde hier nur stören. Von seiner Mutter hatte Hellmuth aber nichts erzählt.

Jan kam sich doof vor. Und überflüssig.

Im Kühlschrank war noch eine Flasche Bier, und Rotwein hatte er auch noch auf Lager. Seit langer Zeit einmal wollte Jan Johannsen über nichts mehr nachdenken. Über gar nichts...

Der Sonntagmorgen zwang ihn jedoch zumindest dazu, über die Frage, wo er seine Aspirintabletten deponiert hatte, nachzudenken.

Denn die würde er jetzt dringend brauchen!

Schon wieder blendete ihn die Sonne, die sich im Spätsommer doch noch daran erinnert hatte, was ihre eigentliche Aufgabe war. Aber Jan war das entschieden zu hell. Er setzte sich die Sonnenbrille auf und suchte nach seinen Schmerzmitteln.

Einen wahnsinnigen Durst hatte er auch. Auf Wasser! Kühles, klares Wasser... So ein Brummschädel war ihm mittlerweile fremd geworden. Was sollte er bloß mit dem heutigen Tage anfangen? Die ganze Welt war auf den Beinen. Und er hatte nichts vor...

Wen kannte er hier überhaupt? Tonja, Opa Abbel und Asta. Und die Nachbarn. Aber niemanden, mit dem man hätte irgendetwas unternehmen können. Niemanden! Also wurde ihm seine Einsamkeit noch stärker bewusst. Tonja hatte ihm zwar geholfen, die erste Zeit nach seinem Rauswurf bei Lina zu überstehen. Aber sein ganzes Leben durfte er keinesfalls auf sie ausrichten.

Er hörte dann, dass Tonja und Hellmuth unten in der Küche waren. Und wollte sie nicht stören. Also packte er ein paar Malsachen zusammen und überlegte, wo er hinfahren könnte, um einen möglichst ruhigen Sonntag ohne viele Motorengeräusche zu verbringen. Die Kunst hatte immer Zeit für ihn... Und der Keltenberg auch!

Ein herrlicher Ausblick, ein nettes Café – eine gute Idee. Dort würde er den Tag des großen Geknatters gern verbringen! Nur weg vom Grand Prix-Gewusel und hinaus in die Natur, zum Malen.

Das hatte ihm doch schon des Öfteren über den Tag gerettet.

Am Keltenberg angekommen, musste er jedoch feststellen, dass in Hessen die Ferien zwar schon vorbei waren, aber Familien aus den benachbarten Bundesländern noch sehr wohl in Ausflugslaune waren. Somit war dort auch eine ganze Menge los. Busse parkten kreuz und quer, Menschenmassen pilgerten zu dem Grabeshügel oder standen endlos Schlange, um endlich in das Keltenmuseum zu kommen.

Zum Glück war das Café noch relativ leer, und so kaufte Jan sich zuerst einmal die Sonntagszeitung. Er wollte den Tag langsam und mit viel Kaffee angehen. Hauptsache, heute Abend wäre es wieder ruhig und gemütlich in seinem Schotten!

Total vertieft in allerlei Geschichten um Politik, Stars und Sternchen, hatte er aber dann die Zeit komplett vergessen.

Es war inzwischen schon Nachmittag geworden und eigentlich wollte er doch malen.

Die Lichtverhältnisse waren jetzt überaus interessant. Am Himmel hatten sich mittlerweile sogar ein paar Wattewölkchen versammelt.
Und am Horizont konnte man sehen, dass sich das Wetter schon sehr bald ändern würde. Das alles ergab eine ganz besondere Stimmung.
Jan erinnerte sich wieder an seinen alten Mallehrer in Hamburg, dessen Standardsatz „Wo viel Licht ist, da viel Schatten", beinahe mantra-artig in jeder Unterrichtsstunde ertönt war.
Damit war fast alles gesagt über das Malen – und das Leben selbst.

Wenn er sein eigenes Leben malen müsste, was würde überwiegen?
Er war sich ganz sicher, die Antwort zu kennen...
Sein alter Klappstuhl wackelte gefährlich, und die Insekten, die sich auf der Palette niedergelassen hatten, sahen ihren letzten Sekunden entgegen. Jans Strohhut saß jedoch perfekt!
Und auch der Sonnenschirm, den er extra eingepackt hatte, tat ihm jetzt gute Dienste. Bei dieser Hitze wäre es nahezu unmöglich gewesen, sich der prallen Sonne für längere Zeit auszusetzen.
Jan trug sein blau-weiß-kariertes, kurzärmeliges Hemd und seine uralte Jeans, die mittlerweile nur noch ein Fetzen ihrer selbst war.
Er befand sich schnell in einer Art Rausch, die Farben entstanden in Windeseile, es „malte ihn", wie man es im Zen nennen würde. Alles war ein einziger Fluss, er musste keinen noch so kleinen Gedanken mehr fassen, keine einzige Überlegungen mehr anstellen, wie er dieses gewaltige Naturschauspiel auf die Leinwand bringen könnte.
Es geschah einfach. Von selbst!
Irgendwie war er, Jan Johannsen, nicht richtig anwesend bei diesem Prozess. Aber die jahrelange Übung hatte letztendlich doch den Meister in ihm hervorgebracht.
Dass viele Leute um ihn herumstanden, hatte er nicht wirklich bemerkt. Die Stimmen waren für Jan in dem Moment in weite Ferne gerückt. Wie in einer Kulisse, die den Schauspieler in seinem Spiel umrahmte, ihm ein Zuhause auf Zeit gab, so hatte er sich gefühlt. Die ganze Verzweiflung, die er am Morgen noch gespürt hatte, die Einsamkeit, all das war wiederum verflogen an diesem magischen Ort. Kein Wunder, dass die Kelten sich hier vor zweieinhalbtausend Jahren niedergelassen hatten: Magie pur!
Der Himmel war das tragende Motiv: Die Stimmung, die Wattewolkenidylle in hellblau, weiß und zarten Grautönen, daneben aber schon die Bedrohlichkeit, die in gefährliche Nähe rückte. Eigentlich war das

Leben in all seinen Facetten hier auf einem einzigen Gemälde entstanden. Das Yin und Yang, das Helle und das Dunkle im Dasein eines jeden Menschen, das traf sich hier in friedlicher Koexistenz.

Doch mit jedem Moment veränderte sich die Stimmung. Es war eine Art Trance, in der sich Jan befand. Von Weitem hörte er etwas grummeln. Ja, es braute sich da wohl etwas Gewaltiges zusammen. Aber in der Wetterau, so hoffte er, würde es schon nicht so schlimm werden mit dem Gewitter. Nicht so heftig wie im Vogelsberg.

Außerdem war überhaupt kein Unwetter gemeldet, erinnerte er sich an die letzte Radiodurchsage. Wahrscheinlich war die ganze Schlechtwetterfront noch weit, weit weg.

Auf keinen Fall wollte er es sich entgehen lassen, diese ungewöhnliche Kombination auf sein Gemälde zu bannen. Für die Ewigkeit, denn dafür waren solche Momente doch bestimmt…

Ein solches Naturschauspiel konnte man nicht oft sehen. Diese Szene war reif für einen Hollywood-Streifen. Absolut faszinierend! Seinen Strohhut konnte er absetzen, der Sonnenschutz war überflüssig. Außerdem konnte er so viel besser die Farben wahrnehmen. Das Ganze musste jetzt schnell gehen! Die Wolken hatten inzwischen an Tempo zugelegt…

Wegen der bedrohlichen Gewitterwolken hatten die meisten Leute längst das Gelände verlassen. Aber Jan hatte davon nichts mitbekommen. Er war in seinem kreativen Wahn!

Gebannt inmitten einer Welt, die ihn gefangen hielt und ihm zugleich den Zugang zur Wirklichkeit verwehrte. Mit ganzer Leidenschaft und Konzentration versuchte er, diesen seltenen Moment, wo die Natur ihr ganzes Können in die Waagschale geworfen hatte, festzuhalten. Jan war auf seine Weise vollkommen verrückt in diesen Minuten. Oder waren es gar Stunden gewesen? Die Zeit war nicht mehr zu fassen für ihn. Er war gefangen in seiner Leinwand, wo sich die dunklen Wolken – wie in einem modernen Tanztheater – ständig neu formierten. Jetzt grummelte es schon gefährlich laut. Aber Jan überhörte dies – er hatte nur Augen für die unglaublichen Farbkontraste. Alles andere war ihm vollkommen egal.

Auch, dass der Sonnenschirm, den er neben sich aufgestellt hatte, wie wild zu flattern begann.

„Noch schnell ein bisschen Preußisch Blau und ein warmer Grauton, *die* Wolkenformation muss ich haben!"

Das war jetzt seine Aufgabe! Und die wollte er so perfekt wie möglich umsetzen. „Nur noch ein kleiner Tupfer hier und da. Eine Korrektur noch, ganz schnell..."

Es zog etwas Gewaltiges auf.

Aber er wollte sein Werk beenden.

Zur Vollkommenheit führen. Ein Meisterwerk!

Seine Pinselstriche und Bewegungen wurden jetzt schneller und schneller. Er hatte keine Zeit zu verlieren, jetzt, wo ihm der Himmel dieses unglaubliche Schauspiel bot.

Ein Bild wie für die Ewigkeit geschaffen.

Halleluja!

Doch dann fiel Jan Johannsen plötzlich vom Schemel.

„*Der Herrgott persönlich...*"

In seinem Kopf nur gleißendes Licht.

Das BLITZ-BLATT war wieder am schnellsten gewesen. Und die Schreiber unverschämt kreativ: GETROFFEN! Maler, der aussieht wie Van Gogh persönlich, überlebt Blitzschlag. – UNGLAUBLICH! Sein rechtes Ohr ist verbrannt. – UNHEIMLICH! Vincent lebt!

In Windeseile hatten die anderen Blätter dann fleißig beim BLITZ-BLATT abgeschrieben. Und das mit dem Namen war komplett durch:

Der Van Gogh vom Keltenberg!

Von nichts anderem sprach man mehr in diesen Tagen.

Keine Nachrichtensendung, die nicht darüber berichtete – das Internet erledigte den Rest. Irgendjemand hatte sofort eine Seite für den *Neuen Van Gogh* eingerichtet. Dort waren dann unzählige Genesungswünsche eingegangen und es wurde wild spekuliert. In alle Richtungen!

Doch davon hatte Jan wenig mitbekommen. Er war für einige Zeit in einer Art künstlichem Koma gewesen.

Doch es gab immer wieder lichte Momente...

In einem solchen hatte ihm der diensthabende Arzt mitgeteilt, dass er einen Blitzschlag überlebt hatte. Doch Jan konnte das nicht glauben.

Ihm fehlte jegliche Erinnerung an das, was geschehen war.

Er hatte wirre Träume gehabt, wusste nicht mehr, was Wahn oder Wirklichkeit war. Mit seinem verstorbenen Vater hatte er Gespräche geführt. Unaufhörlich wollte der ihn davon überzeugen, dass es doch das Beste sei, sich wieder mit Lina zu vertragen.

Ein anderes Mal hatte er Brittney singen gehört. So wie früher, mit voller Kraft! Es war ein einziger Rausch gewesen, ein nie enden wollender Himmelstrip...

Irgendwann, so erinnerte er sich vage, war er auf einen Engel getroffen. Dieser hatte sich ihm als *Feuerengel* vorgestellt – und er stand tatsächlich in einem Rad aus Feuer, das sich wie wild um ihn drehte. Er teilte Jan mit, dass der Blitz extra von Gott gesandt worden war, um ihn aufzuwecken und seinem Leben eine neue Wendung zu geben. Es sei ein Geschenk des Himmels!

Weniger blumig hatte es der diensthabende Arzt in der Frankfurter Spezialklinik ausgedrückt: „Sie haben Glück gehabt. Der Blitz ist zuerst in den Sonnenschirm gefahren. Den hatten sie Gott sei Dank neben sich stehen. Der hat Ihnen sozusagen das Leben gerettet!"

Jan wusste gar nicht mehr, wem oder was er jetzt noch glauben sollte. Dem Feuerengel oder diesem Weißkittel, der an seinem Bett stand?

Aber eigentlich war ihm das fast egal. Er wollte sowieso nur schlafen, einfach ausschlafen. Und möglichst niemanden treffen, weder Engel noch Ärzte. „Was mache ich hier überhaupt? Und wann hört dieser Albtraum endlich auf?" Fragte er sich immer wieder.

„Das Ganze hat Sie glücklicherweise nur ein Ohr gekostet. In dem Fall das rechte. Aber besser, ein Ohr zu verlieren, als das ganze Leben. Nicht wahr, Herr Johannsen?"

Da war es Jan kurzfristig speiübel geworden. „Sein Ohr weg! Genau wie bei Vincent!", schoss es ihm in den Sinn. „Wie verrückt, das kann doch gar nicht sein!"

Und dann kamen auch gleich die Tränen...

„Beruhigen Sie sich bitte, Herr Johannsen, das mit dem Ohr kann sich noch regenerieren. Wir haben Erfahrungen mit Blitzopfern. Allerdings ist jeder Fall anders, keiner gleicht dem anderen. Es gibt sogar Menschen, die mehrere Blitzschläge überlebt haben. Sehen Sie, Sie haben hier und da zwar schwere Verbrennungen, Ihr Herz war auch etwas irritiert, dazu der Verlust von Haut und Knorpel am Ohr, tja und dann die Hörfähigkeit.... Aber das bespricht alles der behandelnde HNO-Arzt mit Ihnen, wenn es soweit ist. Jetzt müssen Sie sich erst einmal erholen. Und froh und dankbar sein, dass es so glimpflich ausgegangen ist."

Jan schluckte und war sich nicht sicher, ob er noch in dem Traum mit dem Feuerengel war oder schon wieder ganz auf dieser Erde. Dann eröffnete ihm der Arzt, dass er noch einige Tage in der Klinik bleiben sollte bis alle Untersuchungen zufriedenstellend abgeschlossen wären. Dann könnte er wieder nach Hause...

„Wo immer das auch ist, mein Zuhause", fügte Jan in Gedanken dem letzten Satz des Arztes hinzu.

Er schaute an sich herunter und fragte sich, wie er überhaupt zu diesem komischen T-Shirt gekommen war – und wen man eigentlich nach dem Unfall benachrichtigt hatte.

Die Intensiv-Schwester Olga (noch eine Russin...) erzählte ihm, dass eine große, rothaarige Frau und ein älterer Mann bei ihm gewesen sind und verschiedene Sachen von zuhause gebracht hätten.

„Von Handynummär sind wir darauf gekommän, was war gespeichert in Handy, verstehän?", sagte sie zu Jan und der reimte sich dann zusammen, wie sie an Tonja gekommen waren. Er musste sie gleich anrufen und sich bedanken.

„Telefonierän, aber nur mit *linkäääm* Ohr, bittascheeen – und nur mit Telefon von Klinik, nicht mit Handy. Ist sträng verbotän, verstehän?", sprach die resolute Schwester. Jan hätte auf dem rechten Ohr ja sowieso nichts gehört...

Sehen wollte er das Ganze aber keinesfalls! Vielleicht irgendwann einmal, wenn der Lauscher wiederhergestellt sein würde. Für seine sensiblen Nerven waren solche Anblicke nicht wirklich geeignet. Er mochte lieber die schönen Dinge des Lebens. Selbst die Sache mit seinem Zeh war für ihn schon zuviel gewesen...

Unterdessen tobte außerhalb der Klinik ein Medienspektakel allererster Güte und die Spekulationen überschlugen sich.

Der Van Gogh vom Keltenberg! Eine Story, die nach Münchhausen und Big Fish roch! Aber die Realität war ja oftmals noch wilder als die verrücktesten Geschichten. Und so eine Steilvorlage beflügelte offenbar die Phantasie der Menschen.

Ruck-zuck war der merkwürdige Maler zum mysteriösen Einzelgänger geworden, den es aus unerklärlichen Gründen schon seit Jahren immer wieder auf diesen geheimnisvollen Keltenberg gezogen hatte. Mit seiner Staffelei und seinen Farben. Ganz wie die Maler, die früher unterwegs waren. Ganz wie Vincent van Gogh persönlich.

Mit einem ähnlichen Strohhut auf dem Kopf, dazu der verwegene Bart. Und das Haar von der Sonne geblichen... DAS war der Stoff, auf den die Menschen in diesem todlangweiligen Sommer so gewartet hatten! Endlich hatte das Sommerloch – nach der spektakulären Flucht der Riesenbabys aus dem Dark Paradise – ein neues Füllmittel gefunden...
Das kam doch wie gerufen!
Jetzt, wo die Olympiade in London gerade vorbei war.
Und der Berliner Politzirkus noch so ein bisschen vor sich hindöste.

Auch in Bornheim war die Sache nicht ganz unbemerkt geblieben: Jan hatte sich zwar gleich nach seinem Umzug ordnungsgemäß in Schotten angemeldet, dummerweise aber total vergessen, seine Adresse auf seiner eigenen Homepage zu ändern.
So war es dann nur eine Frage der Zeit, bis die Paparazzi, oder solche, die sich dafür hielten, im Bornheimer Mietshaus auftauchten.
Natürlich nur, um zu sehen, wie es dem „Van Gogh vom Keltenberg" denn heute so ging. Einer exklusiven Homestory wären sie aber auch nicht abgeneigt gewesen... Doch so einfach war das nicht!
Stattdessen standen sie meist auf verlorenem Posten oder klingelten sich durchs ganze Haus. In der Regel war aber nur eine einzige Person bereit, Auskunft zu erteilen: Frau Fieg! Und das Drebbehäusje war überaus motiviert in dieser Angelegenheit...
„Also, der Herr Johannsen, der iss' ja eischentlich aus Hamburg, gelle? Aber vor, warte Sie mal, es werrn so sechs oder sibbe Jahr her sein, da is der extra nach Frankfodd gezooge, nadürlich weche seiner Bekannde, dem Frollein Siebenborn...", dabei verzog sie das Gesicht, als wäre sie selbst in ihn verliebt gewesen.
„Dess warn sooo nette Nachbarn, unn immer zum kleine Schwätzsche uffgelegt. Jahrelang war da ja alles in bester Ordnung. Aber seit einischer Zeit, da war erst de Her Johannsen fodd, der war ja oft krank. Erst im Winter, da hätte se dem ja bald de Fuß ambudiert. Abber der hat dann doch noch emaal Glück gehabt. Naja, kurz druff fing dann auch des Frollein Siebenborn an, ihr sibbe Sache zu packe. Unn komisch warn die aach uff aaama – wollte nix mehr schwätze im Trebbehaus. Aber, wo die knau hinn sinn, das waaß ich aach nett. Horchesemaa, wenn Sie da abber was Knaueres wisse wolle, dann frage Sie doch emal bei Siebenborn in Büdingen, da is des Frolleinsche ja her – und dere ihr Eltern wohne da aach. DIE wisse beschdimmt was, gelle?"

Das war natürlich ein Festschmaus für die kleinen Fotoreporter vom Klatschblatt. So eine willige Nachbarin – wie vom Himmel geschickt! Willig erzählte sie dann auch, dass das Frollein Siebenborn wahrscheinlich schon länger arbeitslos war, obwohl die mal ganz groß Karriere gemacht hatte: „Abber, da musst wohl emaal irgendwas gewesen sein!" So drückte es das Drebbehäusje gegenüber den Möchtegern-Paparazzi zumindest aus. Auf jeden Fall aber, wäre die Bekannte von dem Maler dann nur noch daheim gewesen und gar nicht mehr ins Büro gegangen. Und der feine Herr wäre ja sowieso ein typischer Künstler gewesen – und eben anders als normale Leut'.

Na, das kam doch gut gegenüber der Presse!

„Unn, ich will ja nix sage, abber wenn der Herr Johannsen besoffe war, was ja ganz oft der Fall war, dann hat der die Mussig immer sooo laut uffgedreht…. also, ich wollt' ja schon oft die Bollizei hole…"

Die Paparazzi waren Frau Fieg gegenüber ausgesprochen aufnahmefähig, genau wie ihre vorgeschalteten Mikrofone. Der Weg nach Bornheim hatte sich schon gelohnt…

Doch er war hier noch nicht zu Ende! Nein, direkt auf dem Keltenberg fanden sie – fleißig, wie sie nun mal waren – noch einen auskunftsfreudigen Wanderer, der ganz zufällig schon des Öfteren Fotos dort oben gemacht hatte. Unter anderem auch eines, das Jan in seinem Maleroutfit samt Strohhut zeigte, wie er gerade an seiner Staffelei stand und vollkommen gedankenversunken in die Ferne blickte.

Diese Fotos waren in Nullkommanichts von der Chipkarte der Kamera heruntergeladen, ein paar Scheine wechselten dabei unauffällig den Besitzer, und am nächsten Tag titelte eines der farbigsten Blätter im Blätterwald mit dem entsprechenden Schnappschuss: „Hier hatte der Van Gogh vom Keltenberg noch sein rechtes Ohr. Doch dann kam der Blitz!"

Tonja und Dr. Gutbein waren sofort ins Krankenhaus gefahren. Schnell hatten sie einige Sachen zusammengepackt und – nach längerem Suchen – endlich Jans Tasche mit seinen Papieren und der Krankenkassenkarte gefunden.

Zwischen ein paar leeren Rotweinflaschen…

Der behandelnde Arzt war zuerst nicht ganz so auskunftsfreudig, da kein direktes Verwandtschaftsverhältnis vorlag. Aber dann musste er doch einsehen, dass Jan zurzeit niemand anderen vor Ort hatte.

Und dass Dr. Gutbein sein langjähriger Hausarzt war, gab der Sache eine rasche Wendung... Tonja musste versprechen, sofort Jans Mutter in Hamburg zu verständigen. Sie sollte den Frankfurter Arzt in der Klinik unbedingt zurückrufen. Letztendlich rief aber doch Dr. Gutbein bei ihr an, denn Tonja hatte Jans Mutter gerade ein einziges Mal getroffen und wusste nicht einmal, ob sie sich noch so genau an sie erinnern konnte.

„Dr. Gutbein, was verschafft mir denn diese Ehre?", hatte Gisela gefragt, etwas verwundert darüber, dass sie am Sonntagabend so spät noch von ihrem Arzt angerufen wurde.

„Gisela, setz' dich erst einmal hin. Ich muss dir eine nicht sehr erfreuliche Mitteilung machen, die andererseits aber doch gut ausgegangen ist, so dass du dich nicht aufregen musst."

So fing Dr. Gutbein an und stellte fest, dass er vielleicht doch nicht der Geschickteste war, solche Nachrichten per Telefon zu übermitteln. Gisela war jetzt erst recht beunruhigt.

„Was ist denn?", fragte sie drängend, „Jetzt sag' doch, was los ist. Ist was mit Jan? Wo ist er überhaupt?"

Dann berichtete er ihr über den unglaublichen Vorfall, betonte aber mehrfach, dass nach dem Blitzschlag keinerlei Lebensgefahr mehr für ihren Sohn bestehe und nur sein rechtes Ohr ein „bisschen angekokelt" sei.

„Das klingt besser als halb verbrannt", dachte Dr. Gutbein und Tonja nickte zustimmend, als sie seine Formulierung mitgehört hatte.

„Ich komme gleich morgen nach Frankfurt. Wo genau müssen wir hin?", wollte sie wissen. Dann notierte sie eine Adresse und legte den Hörer auf.

Francesco schaute sie besorgt an.

Sie sagte nur drei Worte: „Wir müssen packen!"

„Spätsommerliche Sendungen"

Obwohl Jürgen Hein immer sportbegeistert gewesen ist, interessierte ihn die Olympiade in London kaum. Er fühlte sich wie ein alter Käse unter einer noch älteren Käseglocke, hatte keinerlei Appetit und zu gar nichts Lust. Das war für einen Genussmenschen wie ihn eigentlich ein Alarmsignal! Den ganzen Tag starrte er in die Gegend oder in die Glotze, ohne jedoch irgendetwas mitzubekommen. Wenn Marlene ihn auf etwas ansprach, dann kam ihr Mann gedanklich von irgendwo her. Vermutlich von einer fernen Galaxie, wo es kein Internet gab und niemand ihn kannte...

Den Nachsendeantrag hatten sie inzwischen gestellt – und nach einigen Schwierigkeiten funktionierte es dann endlich, dass die Post, die an ihre Friedrichsdorfer Villa adressiert war, auch in Südfrankreich bei Familie Hein ankam. Gleich bei der ersten Sendung waren eine Menge Briefe für ihren Mann dabei gewesen, das fiel ihr auf. Und sogar ein Päckchen war gekommen. Ohne Absender!

„Hast du was bestellt, Jürgen?", rief sie fragend aus der Küche, wo sie die Post vor sich ausgebreitet hatte. „Hier ist ein Päckchen gekommen für dich und ein ganzer Haufen Briefe!"

„Gib' mal her, ich schau' die Post durch!", bat er sie – blieb aber auf dem Sofa sitzen und wartete, bis Marlene ihm alles gebracht hatte. Samt Brieföffner und Schere. Sie war ja eine gute Ehefrau.

„Ich gehe in den Garten. Meine Post lese ich lieber bei Sonnenschein." Marlene Hein schnappte sich schnell ihre Briefe. Sie hatte schon gesehen, das Hotel, in dem sie ihre „Kur" machen wollte, hatte geschrieben. Das wollte sie natürlich ungestört lesen. Genau wie die Briefe ihrer Freundinnen. Sie freute sich schon darauf. Allein, *dass* sie ihr geschrieben haben, wo sie sich nicht einmal richtig von ihnen verabschieden konnte...

Jürgen Hein öffnete zuerst das Päckchen. Und innerhalb von Sekunden war eine unglaubliche Anspannung in seinen Körper gefahren. Die Kiefer mahlten aufeinander, er fühlte den kalten Schweiß auf seiner Stirn. Jemand hatte ihm ein Babybrei-Gläschen geschickt und mit einem dicken Stift „Mahlzeit, kleiner Jürgen!" darauf geschrieben.

Sonst nichts.

Aber das reichte, um ihn auch hunderte von Kilometern entfernt von der Frankfurter Kaiserstraße in Panik zu versetzen.

Es wussten sicherlich mehr als genug Leute über ihn Bescheid, das war ihm klar. Auch wenn das Internet von seinen brüskierenden Fotos als Baby im Strampelanzug bereinigt war. Es würde ihn ewig verfolgen...

In der Hoffnung, etwas angenehmere Nachrichten in den zahlreichen an ihn gerichteten Briefen zu entdecken, begann er mit zitternden Fingern diese zu öffnen. „Perverses Schwein! Du Pseudo-Manager! Dabei bist du nichts als ein kleiner Hosenscheißer! Sch(w)indel-Heini! Und so jemand ist Führungskraft, dass ich nicht lache! Abschaum, nichts als Abschaum!" Das waren noch die harmloseren Beschimpfungen, die in all den Briefen ohne Absender standen. Ihm wurde abwechselnd heiß und kalt.

Auf einmal hörte er Schritte. Marlene! Aber er würde es irgendwie hinbiegen, das hatte er doch jahrzehntelang geübt...

„Was ist DAS denn? Babybrei? Hast du den bestellt – oder ist das eine Werbesendung? Was die Leute sich heutzutage alles einfallen lassen!!!", bemerkte seine Frau, las die Aufschrift, stellte das Gläschen aber gleich wieder auf den Tisch und ging Richtung Küche, ohne die Antwort von ihrem Jürgen abzuwarten.

Der bemühte sich, gelangweilt zu klingen: „Ach, das sind so neumodische Marketing-Gags, die sich die jungen Hüpfer, frisch von der Uni, so einfallen lassen. Wahrscheinlich haben die noch nicht gemerkt, dass ich gar nichts mehr zu melden habe in dem Laden und probieren es über meine Privatadresse. Wie ungeschickt!" – „Willst du auch einen Eistee?" – „Ja, mit viel Zitrone!", rief Jürgen Hein, erleichtert über Marlenes Desinteresse an seinem Babybrei-Gläschen.

„Und was kam sonst noch so an Post?", wollte seine Frau wissen. „Nur Rechnungen, Werbung und einige Beleidigungen! Anscheinend sind ein paar von den HansaFra-Leuten sauer oder neidisch auf mich und nehmen die Geschichte mit dem Rücktritt aus gesundheitlichen Gründen nicht ab. Jedenfalls lassen sie ihre Wut an mir aus, mit anonymen Briefen, schau' mal!

Hier schreibt einer: *Und sowas will Führungskraft sein*...

Naja, der übliche Klassenkampf, die deutsche Neidgesellschaft. Wahrscheinlich irgendein kleines Licht, das sich seit Jahren von der Firma schlecht behandelt und unterbezahlt fühlt..." Er hielt ihr den Stapel zum Lesen hin, aber sie schüttelte den Kopf, meinte nur „Kein Bedarf an solchen Dingen!" und balancierte den Eistee zur Terrasse.

„Draußen?", fragte sie noch, aber die Entscheidung war längst gefallen. Seine Frau hatte keinerlei Interesse, diese Beschimpfungen, die sich gegen ihren Mann richteten, zu lesen.

„Ja, ich komme! Brauche jetzt auch ein paar wärmende Sonnenstrahlen …" Jürgen Hein atmete tief durch. Angriff war noch immer die beste Verteidigung.

„Und, was war in deiner Post?", wollte er nun wissen und griff zu den Briefen, die auf dem Gartentisch lagen.

„Nur eine Bestätigung von dem Hotel, wo ich diese Kur machen wollte. Die konnten das Zimmer sogar weitervermieten, es fällt also nichts weiter für uns an. Ich meine an Stornierungsgebühren oder so."

Ehemänner müssen ja auch nicht alles wissen, fand sie und lächelte ihren Jürgen an. Schmal war er geworden, und er wirkte richtig alt. So wirklich gefiel er ihr nicht, seit seinem überstürzten Rückzug ins Private. Aufgeblüht war etwas anderes! Aber sie wollte ihn nicht ansprechen. Manchmal kam es ihr aber schon so vor, als hätte er Geheimnisse. Aber dann dachte sie wieder, dass sie sich alles bestimmt nur einbildete. Außerdem brauchte doch jeder etwas, was nur ihm allein gehörte. Auch sie!

„Na prima, Marlenchen! Aber das mit deiner Kur, das holst du auf jeden Fall nach. Am besten bald, dann kannst du auch mal in Friedrichsdorf nach dem Rechten sehen." Er lehnte sich zurück, das wirkte immer entspannt und relaxed, wie er aus unzähligen Seminaren zum Thema Körpersprache wusste. So konnte er seine innere Anspannung verbergen und Sicherheit ausstrahlen. Er war ein guter Schauspieler, wenn es sein musste.

Sie prosteten sich mit dem Eistee zu. Aber Jürgen Hein hatte in Wahrheit jeglichen Sinn für Genuss verloren. Es schmeckte alles gleich für ihn. Gleich grau. Gleich fahl. Er war ein Ausgestoßener…

Sie hatten sich vor dem Haupteingang getroffen. Tonja Naumann und Dr. Gutbein, Jans Mutter und Francesco Infantino. Gleiche Konstellation wie damals in der Atlantic Bar, nur ohne Cocktails. Lediglich das Leinenkleid von Tonja war nach wie vor verknittert. Doch diesmal störte sich Gisela nicht daran. Sie hatte anderes im Sinn.

„Wo müssen wir hin?"

„Ich bringe dich zu ihm. Aber nicht erschrecken, Gisela. Er sieht tatsächlich ein bisschen aus wie Van Gogh. Mit dem verbundenen rechten Ohr." Dr. Gutbein wollte sie schonend vorbereiten. „Wir haben das schon gelesen. Im BLITZ-Blatt stand auch, dass man ihn den *Van Gogh vom Keltenberg* nennt. Die kommen ja auf Ideen! Und ich frage mich, wo die so schnell all die Informationen her haben. Da stand doch tatsächlich, dass er dem Alkohol zugetan sei und in dem Mietshaus in Frankfurt öfters randaliert hätte. Ein völlig durchgeknallter Künstler, so haben die meinen Jan dargestellt. Aber darum kümmern wir uns später. Erst einmal muss er wieder ganz gesund werden…"

Frau Johannsen war zackig und in Topform. Francesco versuchte Schritt zu halten, aber die Mutter drängte zu ihrem Sohn, der dem Tod wohl nur knapp von der Schippe gesprungen war.

Den Blick, den sich Tonja und Hellmuth zugeworfen hatten, als es um die Darstellung von Jan als ständig saufenden Künstler ging, bekam Gisela nicht mit. Das war gut so! Denn die beiden dachten an die vielen leeren Rotweinflaschen, die sie in Jans Dachjuchhee gefunden hatten. Nur, dass er in Schotten bislang vom Randalieren, wie es geschrieben stand, noch Abstand genommen hatte. Aber anscheinend war ein bisschen was Wahres doch immer dran von dem, was in der Zeitung stand.

Jan war müde von den vielen Schmerz- und Beruhigungsmitteln. Wahrscheinlich hatte der Blitz seinen Körper so geschockt, dass er nun unendlich viel Ruhe brauchte. Jedenfalls fielen ihm ständig die Augen zu. Als er bemerkte, dass er nicht mehr alleine im Zimmer war, versuchte er, seine schweren Lider aufzuhalten. Aber es gelang ihm nicht richtig. Wie in einem Traum sah er vor sich: seine Mutter, Tonja und Hellmuth und, ach, wer war das noch gleich? Das musste wohl der Italiener sein, der verschwiegene Liebhaber seiner Mutter. Deutsche Männer hätten sich auch niemals so schick angezogen. Zumindest nicht für einen Krankenbesuch. „Ein fescher Mann", dachte Jan, und wusste wieder nicht, ob er träumte oder ob es Realität war. „Doch, das muss der Cappuccino-Mann sein! Der Supa-Lova. Aber wie hieß der noch mal?" Er kam nicht drauf.

Alle schauten ihn erwartungsvoll an. Seine Mutter hielt ihm die Hand, und ein paar Tränchen kullerten über ihre Wangen. Vor Glück! Nur, dass der Glückspilz noch nicht ganz bei sich war. Halb wach, halb schläfrig, vielleicht war er auch am Halluzinieren?

„Mama, schön…", gluckste es ziemlich verwirrt aus ihm heraus. Doch dann taten sich lichte Momente in seinem Kopf auf. Nicht ganz so hell wie der Blitz, der ihn traktiert hatte, aber doch so klar, dass er sich an etwas Italienisches erinnern konnte. Er wollte doch seine Freude über den Cappuccino-Mann ausdrücken...

So lächelte er Francesco halbschläfrig an, als es plötzlich lautstark (er hörte ja nur noch mit einem Ohr) aus ihm herausplatzte:

„Ciao, Vaffanculo!"

Gisela Johannsen wollte auf der Stelle in den nicht vorhandenen Erdboden versinken - und Tonja und Hellmuth konnten sich nur mit Müh' und Not beherrschen, nicht laut loszulachen. Denn jeder, der auch nur annähernd mal etwas mit Italienern zu tun gehabt hatte, was über eine normale Pizzabestellung hinaus ging, wusste, dass Vaffanculo das schlimmste aller existierenden Schimpfwörter war – und man es nicht einmal hätte übersetzen können. Selbst, wenn man gewollt hätte! In keinem einzigen Reiseführer wurde empfohlen, „Vaffanculo" auch nur zu denken...

Aber Francesco, der erstens ein gebildeter Mann, ein Schriftsteller, ein feiner und weitgereister Mensch war, und der zweitens die Mutter dieses Vaffanculo-Sagers abgöttisch liebte – und dem drittens der Mann mit dem „ab-enen" Ohr, der da in einer Art Trance vor ihm im Bett lag, einfach leid tat, reagierte, wie es ein waschechter Hanseat bei einer derartigen Beleidigung nicht vornehmer hätte lösen können.

„Jan-eh! Ich-eh bin-eh die Francesco. Und schön, dass es dir schon viel-eh besser geht-eh..."

Die entsetzten Gesichter der anderen entspannten sich wieder.

„Die Tabletten können manchmal Auswirkungen aufs Gedächtnis haben." Dr. Gutbein wollte das Ganze noch ein bisschen herunterspielen...

Aber eigentlich fanden es alle Anwesenden kurz darauf schon wieder lustig. Man konnte diesem Jan sowieso nicht auf Dauer böse sein. Und endlich lernte er diesen Francesco jetzt auch persönlich kennen!

„Ein echter Hingucker, dieser Cappuccino-Mann...", dachte Jan. Aber gleichzeitig fragte er sich, ob er ihn jemals kennengelernt hätte, wenn ihn nicht beinahe der Schlag getroffen hätte...

Nach ein paar Tagen konnte Jan dann endlich das Krankenhaus verlassen – und so kehrte er zurück in sein kleines bescheidenes Reich unter Tonjas Dachjuchhee. Als er auf seinem Bett lag und wieder einmal durch das Dachfenster gen Himmel sah, musste er das erste Mal seit längerer Zeit an Lina denken. Ob sie davon gehört hatte, was ihm passiert war? Ob er sie einfach anrufen sollte? Vielleicht wollte sie aber auch gar nichts mehr von ihm wissen, selbst wenn er nur knapp einen Blitzschlag überlebt hatte. Und so richtig sicher war er sich auch nicht. Der Stachel saß noch zu tief. Sie hatte ihm schließlich Betrug unterstellt! Und das kam ganz schnell wieder hoch.

Nein, es war klar: ER würde sich nicht bei ihr melden. Warum auch?

Von Tonja wusste er, dass auch das Hessenfunk-Fernsehen über ihn berichtet hatte.

Man konnte wohl gar nicht genug von seiner Story bekommen…

Etliche Artikel über ihn und sein großes Glück waren in den einschlägigen regionalen und überregionalen Zeitungen und Zeitschriften erschienen. Wo aber die ganzen Fotos dazu eigentlich herkamen, konnte er sich überhaupt nicht erklären. Einige zeigten ihn bei einem Straßenfest, das auf der Berger Straße ganz in der Nähe seiner ehemaligen Bornheimer Wohnung war, wie er gerade einen Rotwein kippte.

Ein anderes zeigte ihn beim Malen auf dem Keltenberg, das musste unmittelbar vor dem Blitzereignis gewesen sein.

Und wieder ein anderes bildete ihn tatsächlich mit Verband ums rechte Ohr liegend in seinem Krankenbett ab. Das konnte wohl nur der Paparazzo, der sich in sein Zimmer geschlichen hatte, gewesen sein. Schwester Olga hatte ihn hochkant hinausgeworfen…

Im Prinzip war es ihm ja egal – ein bisschen Publicity konnte vielleicht gar nicht schaden!

Irgendwie kam ihm das alles vor wie ein Traum, ein Märchen.

Er war doch nur zum Malen auf dem Keltenberg gewesen.

Und jetzt war alles anders in seinem Leben! Was hatte er nur für ein Glück gehabt! Erst langsam, nach und nach, wurde ihm bewusst, dass es hätte ganz anders enden können. Aber jetzt, wo er überlebt hatte, wollte er sich beim Herrgott im Himmel bedanken.

Und in Gedanken sprach er sein erstes Gebet seit seiner Kindheit…

Als er später über sein Leben nachdachte, in sich hinein spürte, da merkte er ganz deutlich, dass sich etwas in ihm verändert hatte.

Vielleicht war es eine Art Erleuchtung, die er erfahren hatte?

Jedenfalls fühlte er sich anders als vorher.

Dankbarer für sein Leben…

Sein Ohr war ein Kunstwerk für sich. Es sah ein bisschen verkrumpelt aus, jedenfalls das, was noch von ihm übrig war. Der Hals-Nasen-Ohren-Arzt hatte jedoch eine gute Prognose gestellt, was seine Hörfähigkeit betraf. Anscheinend würde er keine größeren Schäden zurückbehalten. Nur sein Herz stolperte ein bisschen unregelmäßig herum, aber auch das sollte sich nach einiger Zeit wieder legen, wie man ihm versichert hatte.

Noch Anfang des Jahres hatten ihn sein Zehennagel und seine Rückenschmerzen total aus dem Konzept gebracht.

Aber jetzt spielte er in einer ganz anderen Liga mit!

Nicht ein einziges Mal hatte er in Erwägung gezogen, sich gar nach Hamburg verlegen zu lassen. Nein, er fand, die Ärzte in der Frankfurter Klinik spielten auch in einer anderen Liga als die, deren Bekanntschaft er vorher gemacht hatte.

Irgendwie war alles anders nach dem Blitzschlag.

Gisela und Francesco waren wieder abgereist, nachdem sie sich noch ausgiebig Frankfurt und Umgebung unter den üblichen touristischen Gesichtspunkten angesehen hatten: Skyline, Städelmuseum, Römer, Zoo, Zeil – und nicht zu vergessen, DER Touristenmagnet schlechthin: Sachsenhausen! Francesco hatte umgehend Handkäs' mit Mussig und Äbbelwoi für immer abgeschworen.

Auf dem Rückweg nach Hamburg kamen sie dann noch einmal in Schotten vorbei, um Jan in seinem neuen Heim zu besuchen und zu sehen, wie es ihm ging.

Gisela war jedoch „not amused" darüber, ihren Sohnemann in derart beengten Verhältnissen vorzufinden. Sie hielt sich zwar mit Kommentaren zurück, aber allein ihr Gesichtsausdruck sprach Bände.

Das war für sie einfach nicht standesgemäß, wie Jan unter diesem Dachjuchhee hauste.

Wohnen konnte man das ihrer Auffassung nach nicht nennen!

Immerhin nannte die Familie Johannsen eine standesgemäße Villa in Alsternähe ihr Eigen, die wertmäßig im siebenstelligen Euro-Bereich liegen dürfte. Wie konnte ein Jan Johannsen da so ein Leben führen?

Sie fühlte sich beim Anblick der beiden Dachzimmer und den ganzen Malutensilien direkt an die Oper La Bohème erinnert.

Es war zwar alles andere als kalt hier oben, aber im Winter konnte man die schwindsüchtige Mimi hier ganz sicher husten hören...

Auch Jans Mutter verfügte über eine lebhafte Phantasie, auch wenn sie nur wenig davon preisgab, was alles hinter ihrer perfekt sitzenden Frisur so vor sich ging.

„Komm' doch wieder nach Hamburg, Jan. Wenn du nicht in unserer Villa wohnen möchtest, dann finden wir doch noch etwas anderes, was besser zu dir passt als dieses armselige Künstleratelier mit Bett und Dachfenster. Es ist doch viel zu eng hier, für dich und deine Kunst!"

„Momentan nicht, Mutter. Ich bleibe jedenfalls erst einmal hier. Zumindest den Sommer noch. Dann sehen wir weiter. Zurück nach Hamburg kann ich doch immer noch kommen."

Er drückte sie fest an sich. Sie sollte sich doch keine Sorgen um ihn machen. Es gefiel ihm hier oben… Er hatte Ausblick direkt in den Himmel! Und an das Landleben hatte er sich auch längst gewöhnt.

„Versprich mir, dass du darüber nachdenkst, Junge. Das ist doch hier kein Leben für dich. In diesem abgelegenen Vogelgebirge!"

Sie schüttelte dabei fassungslos ihren Kopf.

„VOGELS-BERG, Mutter, es heißt VOGELS-BERG!", korrigierte sie ihr Sohn. Francesco zwinkerte Jan zu. „Eine Mama bleibt-eh immer eine Mama…"

Die Emailpostfächer seiner Homepage, der Online-Galerie, als auch des Verkaufsportals waren allesamt gesprengt worden.

Alle Bilder waren restlos verkauft!

Und Jan konnte es nicht fassen, so dass er ständig checkte, ob das auch wirklich wahr sein konnte, dass er sozusagen „ausverkauft" war.

Da würde jetzt eine Menge Verpackungs- und Versandarbeit auf ihn zukommen, bis alle Bilder auf den Weg gebracht waren. Dazu erreichten ihn noch unzählige Aufträge über Kunstdrucke seiner Gemälde, die er zwar auch immer angeboten hatte, bislang aber wenig Interesse erhielten. Und während er die vielen Mails sichtete oder zumindest versuchte, einigermaßen einen Überblick zu bekommen, wurde ihm klar, dass ihm einzig und allein die Publicity durch den überlebten Blitzschlag so einen Erfolg eingefahren hatte.

Er hatte sich durch dieses eine Ereignis, was im wahrsten Sinne des Wortes aus heiterstem Himmel über ihn gekommen war, aus der grauen Masse hervorgehoben. Er war also ein Prominenter geworden!

Weil der Blitz genau *seinen* Sonnenschirm ausgesucht hatte – und er zufällig genau daneben stand. Alles sah also schwer nach Plus in seiner mauen Künstlerkasse aus... Ein Glücksblitz! Unbezahlbar, so etwas!

Gut, sein Ohr war vorher in einem ansehnlicheren Zustand gewesen, aber er wollte ja jetzt nicht kleinlich sein...

Das Handy klingelte schon wieder. Leicht genervt meldete sich Jan Johannsen. Eine piepsige Männerstimme ertönte am anderen Ende: „Ja, schönen guten Tag, Herr Johannsen. Philip Saagers hier. Sie erinnern sich vielleicht? Herr Johannsen, wir hatten uns einmal bei Ihrer Vernissage in Bad Homburg im Frühjahr kurz miteinander bekannt gemacht. Ich bin Immobilienmakler und habe Ihnen damals gesagt, dass ich mich bei Bedarf einmal melden würde."

Ach, jetzt fiel es Jan wieder ein. Der gegelte Lackaffe, der auch noch Lina angebaggert hatte. An das Gesicht konnte er sich noch lebhaft erinnern...

„Ja, Herr Saagers, ich erinnere mich in der Tat. Was kann ich denn für Sie tun?", fragte Jan und bemühte sich, hanseatisch höflich und korrekt zu bleiben, auch wenn er diesen Typen abscheulich fand. – „Ich habe das im Fernsehen gesehen, dass Sie sozusagen dem Tod gerade so von der Schippe gesprungen sind, also, das war ja eine Sache, da hat sie doch tatsächlich der Blitz getroffen, nicht wahr? Ich habe erst gar nicht geglaubt, dass *Sie* das sind. Aber als ich dann das Foto von Ihnen im BLITZ-Blatt gesehen habe, da war ich mir sicher, dass wir uns kennen. Das war ja DAS Thema im Sommerloch, ich meine außer der Tropenhitze und der Eurokrise. Das will aber doch niemand mehr hören..."

Er kam schon richtig ins Schnaufen, so aufgeregt war der feine Herr. Jan ließ ihn einfach erzählen. Nach ein paar hastigen Atemzügen rückte er dann mit der Sprache heraus: „Ja, also es ist so: Kunden von mir, die gerade im Taunus ein großes Haus gekauft haben, wären sehr interessiert, dass Sie, also NUR Sie, Herr Johannsen, dieses Objekt künstlerisch ausstatten. Also, Sie hätten da völlig freie Hand, die Leute wollen nur unbedingt etwas von diesem *Van Gogh vom Keltenberg*!"

„Herr Saagers, danke für Ihr Interesse. Momentan bin ich jedoch total ausgelastet, aber ich lasse mir das durch den Kopf gehen. Kommt ja wahrscheinlich nicht auf ein paar Tage an, oder?"

Jan übertrieb extra und machte seine Zeit noch knapper, als sie es ohnehin war.

Diesen Lackaffen hatte er beim ersten Treffen schon gefressen.

„Nein, keinesfalls. Das Objekt ist ja noch in der Renovierungsphase. Darf ich nächste Woche einfach noch einmal nachfragen?"
„Ja", antwortete Jan bewusste ein wenig gelangweilt – aber mit der Absicht, gütig zu klingen, „ja, das wäre mir wohl das Liebste für den Augenblick, Herr Saagers."
„Dann melde ich mich einfach später wieder. Vielen Dank. Und weiterhin so viel Glück"!
„Besten Dank und bis dann!"
Jan schnaufte erst einmal tief durch – mit so etwas hatte er nicht gerechnet. Aber kräftig grinsen musste er schon!
Dem Saagers wollte er es nicht zu leicht machen.
Vendetta war inzwischen schon ein wenig zum Hobby geworden…

Aber mit *dem* Arbeitspensum, das ihm jetzt bevorstand, würde er in die Bredouille kommen. Wie sollte er das bloß schaffen? Neben seinem gerade eben aufgestockten Job in der Malschule… Nächste Woche musste er ja wieder unterrichten. Herr Thielmann persönlich hatte Jans Schüler übernommen, solange er durch die Blitzgeschichte außer Gefecht war.
„Meine Güte", stöhnte Jan, „so viel Arbeit! Das hat's ja auch noch nie gegeben…" Aber im Grunde genommen fühlte er sich jetzt viel fitter – er strotzte nur so vor Energie.
Das Feuilleton feierte die Auferstehung des Impressionismus, das Ende der Abstraktion oder wahlweise auch die Renaissance des Naturalismus. Es wurden viele schöne Worte geformt und je nach Sitz des schreibenden Blattes, feierte man Jan Johannsen als „Vincent aus Frankfurt-Bornheim", den wohl bedeutendsten zeitgenössischen Impressionisten aus Hamburg oder den, „der die Kunstblase vielleicht ein bisschen angestochen hat?"… Die Wetterauer Nachrichten verkündeten ihn als „den einzigen Oberhessen, der Renoir und Monet das Wasser reichen konnte".
Plötzlich war man sich einig, dass Jan Johannsen DER aufstrebende Stern des Kunsthimmels sein musste.
Die einschlägigen Kunstfachblätter im In- und Ausland warteten mit Interviewanfragen nur so auf.
Aber Jan hatte sich, schließlich war er lange mit einer Sekretärin liiert gewesen, eine Standardabsage gebastelt, in der seine „Assistentin", eine gewisse Elisa Rothebaum, den Anfragenden höflich, aber be-

stimmt mitteilte, dass Herr Johannsen aufgrund seiner gesundheitlichen Verfassung frühestens 2014 zu persönlichen Gesprächen wieder bereit wäre.

Die Rekonvaleszenz...

Außer den zahlreichen Emails und Briefen von Galeristen, fragten plötzlich auch einige Museen an... Sonst hatten sie ihm nicht einmal seine Bewerbungsmappen zurückgeschickt! Sogar auf die „Warteliste" würde man sich gerne setzen lassen...

Eine Genugtuung für Jan!

Aber der Ruhm trieb auch skurrile Blüten: Am lustigsten fand er eine Hellseherin, die behauptete, dass er – Jan Johannsen – die Wiedergeburt des *echten* Vincent van Gogh sei! Dazu hatte sie auch gleich ein Exklusiv-Interview in einer Esoterikzeitschrift gegeben...

Andere meldeten sich, die ihm ihrerseits mitteilten, als welche historische Persönlichkeit sie in ihrem momentanen Leben so unterwegs seien: Cleopatra, Napoleon, Mozart, und Picasso. Normale Menschen, Bettler, Bauern, Bäcker oder Klofrauen waren komischerweise nicht darunter. Wer wollte auch schon ein unbedeutendes Nichts gewesen sein – im vermeintlich früheren Leben?

Einer der „Wiedergeborenen" war ziemlich sauer gewesen. Denn ER hielt sich für den wahren wiedergeborenen Van Gogh – und fügte der bitterbösen Mail gleich ein Zertifikat bei, welches dies offiziell bestätigte. Mit Stempel!!! Jan war beeindruckt!

Was es nicht alles gab...

Und er dachte immer, in St. Pauli und im Frankfurter Rotlichtmilieu schon alles gesehen zu haben...

Einige Damen wollten ihn tatsächlich heiraten.

Sie schickten Bewerbungen und vollständige Lebensläufe! Zum Teil mit mehr oder weniger eindeutigen Fotos versehen, die auf chronische Textilallergien einiger Bewerberinnen hindeuteten.

Eine Dame schickte sogar einen Depotauszug ihrer Bank mit – selbstverständlich aktuellen Datums!

Damit der zukünftige Gatte schon einmal sehen konnte, dass es finanziell kein Nachteil für ihn sein würde, wenn er bald einschlug.

Praktischerweise erwähnte die Frau auch ihre 62 Lenze und dass ihn, den begabten Maler, nach ihrem Ableben, genau genommen also nach den *ungemein glücklichen Jahren mit ihr an seiner Seite*, eine üppige Rente erwarten würde. Als Van Gogh-Verehrerin könne sie sich keinen erfüllteren Lebensabend vorstellen. Mit ihm, dem wieder auf die Erde zurückgekehrten Genie ...

Manchmal dachte Jan, dass das alles nur ein Traum sein konnte und der Wecker gleich klingeln würde.

Aber nichts klingelte – alles war wahr!

„Mein neues Leben nach dem Blitzschlag..."

Vom unbekannten Künstler zum Malerfürsten... in Nullkommanichts!

Das Thema Wiedergeburt wurde in diversen Nachmittagtalkshows und im Internet lebhaft diskutiert. Offensichtlich faszinierten solche Geschichten sehr viele Menschen. Ein bisschen Hokuspokus, ein wenig Philosophie für Otto Normalverbraucher?

Sinnsuche für Konfessionslose?

Da kam so ein wiedergeborener Van Gogh, und das mitten im Deutschland des 21. Jahrhunderts, doch ziemlich gelegen! Das war doch mal was... Dazu noch die Sache mit dem rechten Ohr und den Geschichten über den armen Künstler, der ärmlich und beengt in einer Zweizimmerdachwohnung hauste.

Und das wohlgemerkt nur, weil eine gutmütige Vermieterin auf einem kleinen Dorf am Rande eines erloschenen Vulkans (der jedoch jeden Moment wieder ausbrechen konnte!!!) Mitleid mit dem Obdachlosen aus Frankfurt gehabt hatte...

„Die Leute lieben solche Geschichten."

Hatte schon sein alter Mallehrer immer gepredigt.

Und jetzt würde er diese Marketingstrategie gekonnt umsetzen: als wiedergeborener Van Gogh, der einen Teil seines rechten Ohrs hatte opfern müssen...

Ein Brief jedoch war wirklich originell.

Der Absender: *Paul Gauguin!*

Eine Adresse aus Bad Dürkheim in der Pfalz, die Jan natürlich unbekannt war. Er dachte an einen geistreichen Scherz, als er den Brief las. Tatsächlich hielt dieser Mann sich aber für den wiedergeborenen Gauguin, einen Zeitgenossen Van Goghs.

Malerkollege!

Für ein paar Monate lebten beide im südfranzösischen Arles sogar unter einem Dach. Eine Art moderner Künstler-WG, wo das Geld immer knapp war, aber der Absinth reichlich floss. Der Herr aus der Pfalz schrieb also an Jan, den angeblich Wiedergeborenen:

Mein lieber Freund Vincent,

nach langer Zeit haben wir uns in diesem Leben endlich wieder gefunden.
Welch' abenteuerlichen Umstände uns dabei begleitet haben müssen!
Aber zuerst möchte ich mich vorstellen: Ich bins, Dein alter Freund Paul.
Paul Gauguin. Ebenfalls wiedergeboren in die heutige Zeit.
In meiner jetzigen Inkarnation kam ich im Jahre 1959 in einem kleinen Dorf in der Pfalz zurück auf diese Welt. Diesmal wurde ich ein einfacher Maler und Tapezierer. Mit schönen Frauen umgebe ich mich nach wie vor.
Die einheimischen Damen entsprechen jedoch nicht ganz meinem Schönheitsideal, wie Du Dir sicher denken kannst. Aber in jeder freien Minute male ich meine geliebten Südsee-Schönheiten. Das Internet ist ja eine unerschöpfliche Quelle. Eines lastet jedoch noch immer schwer auf meiner Seele: muss ich doch seit geraumer Zeit lesen, dass man mir vorwirft, Dich, hochgeschätzter Malerfreund Vincent, am Vorweihnachtsabend des Jahres 1888 schwer verletzt zu haben. Genauer gesagt, Dir Dein rechtes Ohr abgetrennt zu haben – im Streit! Nur Du weißt, wie es wirklich war. Waren es nicht die Töne, die Du immerzu hören musstest und die doch nicht wirklich vorhanden waren? Die Dich quälten bei Tag und bei Nacht? Der Absinth hat Dich mutig gemacht und entschlossen. Kannst Du Dich erinnern? Mein Degen kam Dir da gerade recht. Doch war nicht ich es, der ihn führte. Noch heute läuft es mir kalt über den Rücken, wenn ich an die Geräusche denke, die beim Absäbeln Deines Ohres entstanden sind. Man kann sich das gar nicht vorstellen, wie laut so ein einzelnes Ohr werden kann. Dass ich dann nach Paris abgereist bin, war meine Art auf diesen Schock zu reagieren. Und letztendlich hat mich die Reise dann nach Tahiti geführt, wo ich mein allergrößtes Glück fand. Ich habe oft an Dich gedacht, mein Freund. Sollten wir die Gunst der Stunde nicht nutzen und bei einer guten Flasche Absinth noch einmal über die alten Zeiten reden?
Ich wäre Dir über alle Maßen verbunden,

Dein Freund Paul

PS: Ich könnte auch zu Dir kommen, wenn Du mir das Geld für die Bahnfahrkarte vorab schickst.

Jan Johannsen fühlte sich wie einmal durch den Schleudergang gezogen. Das war zuviel für ihn. Definitiv!

Er erklärte es sich noch einmal selbst: „Jan Johannsen, also ER, der angeblich wiedergeborene Van Gogh, bekommt Post von einem Mann, der Anstreicher in der Pfalz ist, sich aber momentan für die Wiedergeburt von Paul Gauguin hält. Und der will Absinth, das legendäre Künstlergesöff des 19. Jahrhunderts, mit ihm trinken, um dabei einfach mal zu besprechen, was DAMALS, am Vorweihnachtsabend des Jahres 1888, eigentlich so gelaufen ist. Verrückt! Alles wirklich verrückt…"

Plötzlich fand Jan sich selbst ganz normal. Fast schon spießig. Er legte sich auf sein Bett und schaute hinauf in den schwarzen Nachthimmel. Morgen, ja gleich Morgen, da würde sein neues Leben als der Mann, der den Blitz bezwungen hatte, erst richtig beginnen.

Dieses Jahr 2012 war wirklich merkwürdig!

Da hatte er bislang gedacht, *er* sei mit zuviel Phantasie gesegnet und ein bisschen durchgeknallt. Künstler eben!

Aber das, was er jetzt erlebte, wäre ihm selbst in seinen kühnsten Träumen nicht in den Sinn gekommen.

Lina war noch nicht richtig am Auspacken, da rief ihr Vater schon hoch zu ihr: „Komma runter, da sind Leute von irgendeiner Zeitschrift, die wollen eine Homestory mit Jan machen!"

„Waaaaaaaaas?", schrie Lina herunter, „na warte, ich bin gleich da." Sie nahm zwei Treppenstufen auf einmal und blaffte die Reporter, von denen einer schon mal vorsichtshalber die Kamera in Betrieb genommen hatte, während der andere noch versuchte, sich mit einem freundlichen Gesicht und einem übertriebenen „Schönen guten Tag, Frau Siebenborn" einzuschleimen, an:

„Was fällt Ihnen eigentlich ein, hierher zu kommen und nach Herrn Johannsen zu suchen? Der wohnt hier nicht und eine Homestory gibt es hier gleich überhaupt nicht! So, und jetzt sehen Sie zu, dass Sie Land gewinnen, aber DALLI!"

„Aber wir wurden hierher verwiesen…", sagte der kleine Dicke mit der Kamera. „Herr Johannsen soll doch hier wohnen."

„Also, ich kann Ihnen nicht sagen, *wo* Herr Johannsen wohnt. Hier wohnt er jedenfalls *nicht!* Und jetzt: Auf nimmer Wiedersehen!"

Sie knallte ihnen die Tür vor der Nase zu. So eine Frechheit! Dreistigkeit! Unglaublichkeit!!!

Natürlich hatte sie davon gehört und gelesen, es war ja in aller Munde. Spontan wollte sie sogar bei Jan anrufen und fragen, wie es ihm geht. Aber das war nur ein kurzer Impuls.

In Wirklichkeit verspürte sie keine Lust, sich um Jan zu kümmern. Befand er sich doch in allerbesten Händen bei seiner persönlichen Krankenschwester, der mopsigen, vollbusigen und rothaarigen Heilpraktikerin. Wenn Lina nur daran dachte, kam ihr die gelbe Galle hoch.

Ihre Wut über den Fremdgänger, mit dem sie jahrelang unter einem Dach gelebt und geliebt hatte, war keinesfalls weniger geworden.

Und die Tatsache, dass er sie mit so einer Wuchtbrumme betrogen hatte (und wer weiß wie oft schon...) konnte Lina einfach nicht verkraften. Aber woher hatten diese Möchtegern-Paparazzi ihre Adresse in Büdingen? Sie konnten nur in Bornheim gewesen sein.
Und wer ihnen bereitwillig erklärt hatte, wo man den armen Künstler vielleicht finden konnte, das war mit vier Buchstaben zu beantworten: Fieg. Das konnte ja nur so sein! Da hatte die alte Babbelschnut' nichts Besseres zu tun gehabt, als die beiden Pressefuzzis nach Büdingen zu Siebenborn zu schicken...

Die Wutröte stieg Lina ins Gesicht.

„Kaum biste den Fischkopp los, schon isser berühmt!", kommentierte ihr Vater trocken den Vorfall. „Bestimmt wird er jetzt auch noch steinreich. Und du hast den die ganzen Jahre ausgehalten, ich werd' echt bekloppt!

Jetzt schwimmt der bald in Geld und du hast nix mehr davon!"

Na, das hatte Lina gerade noch gefehlt.

Aus dem Hintergrund hörte sie ihre Mutter rufen:

„Wollten die beiden netten Herren nicht zum Kaffee bleiben?"

Das kann ja lustig werden hier bei den Eltern, dachte Lina und machte sich wieder an ihre Arbeit.

Der Herbstwind zog schon durch die Stoppelfelder. Nach der tropischen Hitze Ende August, die die Menschen zum Stöhnen gebracht und selbst nachts keine Abkühlung gebracht hatte, gingen die Temperaturen rasch bergab. Goldgelbe Felder verwandelten sich in traurige, braune Äcker. Sie stimmten auf die dunkle Jahreszeit ein.

Jan war so beschäftigt wie nie zuvor in seinem Leben. Er pendelte dreimal pro Woche zwischen Schotten und Frankfurt, bekam immer noch eine Menge Anfragen, die er bearbeiten musste: Menschen bombardierten ihn mit Auftragsarbeiten, schickten ihm Urlaubsbilder, Fotos von ihren Gärten oder bestellten einfach auf der Grundlage der Farben und Formen, die sie gerne in ihren Gemälden hatten.
Während der Fahrten zwischen Frankfurt und Schotten konnte Jan zwar immer wieder einmal einen Blick auf die sich langsam herbstlich anmutende Landschaft werfen, es fehlte ihm aber das Träumen, das Eintauchen. Er hatte keine Zeit mehr, musste sich verplanen wie ein Manager, um sein Pensum zu schaffen.
Eigentlich bräuchte er jetzt selbst eine Sekretärin. So jemanden wie Lina... Nicht nur so eine erfundene Frau Rothebaum.
Aber er streifte den Gedanken gleich wieder ab. Vielleicht hätte er der Aufstockung seiner Unterrichtsstunden doch nicht zustimmen sollen? Er fühlte sich gehetzt zwischen der Arbeit an der Frankfurter Malschule und dem Leben in seinem kleinen, völlig aus den Nähten platzenden Dachatelier mit Bett – und Fenster zum Himmel.

Saagers, der „Lackaffe mit der Gelfrisur", hatte ihm tatsächlich ein lukratives Geschäft vermittelt. Großspurig verkündete er, dass die Zusammenarbeit mit dem hochverehrten Künstler keine einmalige Sache bleiben sollte. Aber auf das Wort von Philip Saagers wollte sich Jan nicht verlassen. Schon in Bad Homburg hatte er große Töne gespuckt – und dann war nichts von ihm gekommen.
Bis er dann – von seinen Kaufinteressenten direkt darauf angesprochen – Bilder von diesem „neuen Van Gogh, der mit dem Blitzschlag" besorgen sollte.
Jedenfalls waren die Kunden begeistert von Jans Wutbildern, die er nun „Energie-Bilder" nannte. Eigentlich waren es nur wahllose Farbspritzer, die er in einem Anfall von Frust und Aggression, mehr oder weniger im Suff, fabriziert hatte. Und die aus gutem Grunde auch niemals auf seiner Homepage zu sehen waren!
Zu sehr hätte er sich geschämt, so etwas als Kunst anzubieten.
Aber andere Menschen sahen das offenbar ganz anders...
Es ging um den „Van Gogh vom Keltenberg", der durch die Medienlandschaft geisterte. Es ging nicht um die Kunst, es ging um die Story dahinter. Um ihn. Die neureichen Villenbesitzer waren hin und weg...

„Malen Sie auch Aktbilder?", hatte der Herr des Hauses gefragt und meinte dann, „dass im Schlafzimmer ja auch noch weiße Wände wären..." Und so landeten die Zeichnungen von Tonja im Evakostüm dann auch noch in dem schicken Bungalow im Taunus.

Das Geschäft brummte!

Und bei den Preisen hatte Jan auch ordentlich, fast schon unverschämt – aufgeschlagen. Die Gunst der Stunde wollte er sich keinesfalls entgehen lassen. Jetzt, wo es gerade so gut lief! Dass der aalglatte Immobilienfritze Philip Saagers aber satte zehn Prozent vom Verkaufspreis bar auf die Hand haben wollte („Das Finanzamt muss ja schließlich nicht alles wissen" – O-Ton Saagers), war dann auch noch zu verkraften.

Die Malschule konnte die vielen Kinder und Erwachsenen nur noch auf die Warteliste setzen. Und diese Liste war lang, sehr lang. Alle wollten Unterricht bei dem „Herr van Gogh" oder dem „Blitzmann"! Die Dame von der Anmeldung konnte andere Lehrkräfte als genauso kompetent verkaufen, aber die Leute bestanden auf Jan.

Herr Thielmann war mit den Nerven bald am Ende...

Aber auch Jan war nervlich gestresst. Mußestunden gehörten ab sofort der Vergangenheit an. Keine Zeit mehr! Jedoch zeigte sich sein Konto seit längerem einmal wieder im vierstelligen Bereich! Das tröstete doch ungemein. Er träumte schon von Bang & Olufsen...

Mit Tonja verband ihn nach wie vor eine innige Freundschaft. Aber er wusste, dass er nicht für immer bleiben konnte und wollte. Es war ja schon jetzt viel zu eng für ihn! Für gemütliche Abendessen blieb auch keine Zeit mehr – meist reichte es nur für eine Brezel nebenbei.

Die Kilos, die er sich in den Anfangszeiten mit den üppigen Abendessen angefuttert hatte, waren vor lauter Stress längst wieder verschwunden. Tonja schimpfte manchmal mit ihm, das sei doch zu viel auf Dauer, was er sich da zumutete. Aber jetzt galt es, das Eisen zu schmieden. Zu lange schon hatte nichts mehr richtig geglüht...

Seine Mutter fragte immer noch regelmäßig, ob er sich das mit der Rückkehr nach Hamburg schon überlegt hätte.

Hatte er aber nicht!

Er kam ja nicht einmal mehr dazu, über irgendetwas nachzudenken. Wo sollte er auch hin? Wo leben?

Dabei ertappte er sich immer wieder dabei, dass er diese Frage einfach unbeantwortet ließ...

Eines Tages im September entdeckte er eine Mail von Susi Lustig:

Hallo, lieber Jan!
Sicher wunderst du dich darüber, von mir zu lesen. Aber heute komme ich hochoffiziell auf dich zu, denn man hat mir ein neues Projekt übertragen: Der Hessenfunk plant eine Reportage über Glückspilze, also Menschen, die z. B. eine unheilbare Krankheit, einen tragischen Verkehrsunfall oder wie du, einen Blitzschlag, überlebt haben. Wir wollen zeigen, wie sie die Zeit danach erlebt haben und was sich für sie geändert hat. Pro Glückspilz sind zirka 15 Minuten Sendezeit vorgesehen.
Ich dachte, du hättest vielleicht Interesse? Das Honorar ist zwar nicht umwerfend, aber die Außenwirkung für dich und deine Kunst solltest du nicht unterschätzen. Sagst du mir bis Ende der Woche Bescheid? Ich würde mich sehr freuen, wenn du einschlägst!
Freundliche Grüße aus Frankfurt sendet
Susi Lustig - Redaktion Hessenfunk

Mit gemischten Gefühlen las er die Mail. Und das nicht nur einmal…
Sicher wusste Lina über alles Bescheid. „Meine Güte, wie weit war das alles weg?" Manchmal träumte er von ihr, wie sie sich an der Alster das erste Mal begegnet waren: Lina joggte und Nele biss zu! Nie würde er das Gefühl vergessen, als er das erste Mal in ihre blauen Augen gesehen hatte. Und jetzt war alles vorbei! Vermisste er sie etwa? Alles war so schnell gegangen, der Rauswurf, die Trennung, dann der Blitzschlag, der Rummel um ihn und der Erfolg, der sozusagen unerwartet vom Himmel gefallen war. Er ertappte sich dabei, wie lange er über Lina nachgedacht hatte. Dabei wollte er doch eigentlich Susis Angebot überdenken…
Nachdem er eine Nacht darüber geschlafen hatte, schrieb er zurück:

Liebe Susi!
Zugegeben, ich war etwas überrascht über deine Mail. Zuerst dachte ich, es hätte etwas mit Lina zu tun… Zu deiner offiziellen Anfrage: Ja, ich würde mich freuen, bei den „Glückspilzen" mitzuwirken. Melde dich einfach, wenn es losgehen soll. Zurzeit habe ich aber jede Menge zu tun… was ich ziemlich gut finde, wie du dir vorstellen kannst. Aber wir finden schon einen Termin, dann können wir alles Weitere besprechen.
Herzliche Grüße aus dem Hohen Vogelsberg, Jan

„Herbstkaffee"

Kaffeeklatsch mit der kompletten Flagge war angesagt. Marie-Anne, Susi und Ines, die allesamt soweit es ihnen zeitlich möglich war, bei Linas Umzug nach Büdingen und anschließend bei Ines' Umsiedlung nach Frankfurt geholfen hatten, waren zum Dank für ihre Hilfe eingeladen.

Es gab Schwarzwälderkirschtorte, einen original Frankfurter Kranz und einen Käsekuchen. Alles nach Rezepten von Mama Siebenborn. Lina war schon eine richtige Bäckerin geworden. Dazu hatte sie auf diversen Flohmärkten ein paar Sammeltassen erworben, die jetzt wieder ziemlich angesagt waren. Das ganz sterile Wohngefühl, was sie in Frankfurt in den letzten Jahren kultiviert hatte, war auf einmal nicht mehr das Maß aller Dinge. Und insgeheim war Lina sogar froh, dass ihre superteure Designerküche in weißer Hochglanzoptik jetzt Ines gehörte. Die rustikale Wohnküche ihrer Mutter in Büdingen gab auch alles her, was ihr Bäckerherz begehrte – und wenn sie ehrlich war, dann fühlte sie sich dort auch viel heimeliger und mehr „zuhause" als jemals in Frankfurt-Bornheim.

„Was macht deine Jobsuche?", wollte Marie-Anne, die immer besorgt um ihre Flaggen-Mädels war, wissen.

„Ich habe mich ordnungsgemäß auf dem Amt gemeldet, und die haben mir gleich eine Liste gegeben, die ich jetzt „abarbeiten" soll. Zeitarbeitsfirmen, private Arbeitsvermittler, alle soll ich kontaktieren! Dazu noch 15-20 Bewerbungen pro Monat in Eigeninitiative schreiben… Das wird aber nicht so streng kontrolliert. Denen reicht eine Liste, wo ich meine Bewerbungen hingeschickt habe. Aber bislang weiß ich noch gar nicht, wo ich anfangen soll. Ich muss mich hier auch erst noch eingewöhnen, irgendwie ist mir alles hier so vertraut, aber gleichzeitig auch fremd geworden."

„Tja wo könntest du dich bloß bewerben? Ist doch eher mau hier, industriemäßig, oder? Das Landleben hat eben auch Nachteile!"

Susi Lustig schob sich noch einen Frankfurter Kranz auf ihren Sammeltassenteller und sah auch nicht aus, als würde sie noch weiter abnehmen wollen.

„Naja, hier gibt es schon eine Menge Firmen, täusch' dich da mal nicht. Und es kann ja nicht jeder zum Pendler werden. Aber in der Tat, ich überlege schon die ganze Zeit, ob ich nicht etwas ganz anderes machen könnte." Sie schaute in die Runde. Wer nicht gerade mit Kuchenverschlingen beschäftigt war, schwieg geheimnisvoll oder sah genauso ratlos aus wie Lina selbst.

„Bislang ist mir aber noch nichts Gescheites eingefallen!", gab Lina abschließend zu Protokoll. „Och", warf Ines ein, „wenn ich den Kuchen hier so sehe, beziehungsweise das, was noch davon übrig ist und daran denke, wie begeistert du in der letzten Zeit Backrezepte ausprobiert hast und uns mit gemütlichen Kaffeenachmittagen verwöhnt hast, da würde mir schon eine Alternative einfallen." – „Und was?" Lina schaute sie an, verstand aber nicht, worauf Ines letztendlich hinaus wollte. „Jetzt lass' dir doch nicht alles aus der Nase ziehen."

Neugierig blickten alle auf Ines, die sich noch einige Sekunden feiern ließ und dann herausrückte: „Na, mach' doch ein schönes Café auf. Nicht so ein Schicki-Micki-Teil, wie man sie heute überall findet. Sondern so ein richtig gemütliches Café, wo man sich fühlt wie bei *Omma* daheim im Wohnzimmer. Mit Flohmarktmöbeln, und genau solchen Sammeltassen!" Sie hielt ihr Exemplar in die Höhe...

„Jeder Stuhl müsste ein Unikat sein – und dürfte auch mal wackeln. Eben wie früher. Die Leute sehnen sich doch nach ein bisschen Nostalgie! Und backen kannst du super, das hast du jetzt schon zuhauf bewiesen." Sprach es und mampfte weiter an ihrem zweiten Stück Schwarzwälder.

Lina war baff. Auf die Idee war sie noch gar nicht gekommen. „Hm." Mehr kam nicht aus ihr heraus.

„Darauf noch einen Käsekuchen, würde ich sagen."

Marie-Anne ging gleich wieder zum Praktischen über.

„Du, das ist doch DIE Lösung!", platzte es aus Susi Lustig heraus, die sich offenbar in der Theorie heimischer fühlte und gleich zum Brainstorming ansetzte, „da bist du nicht mehr die Tippse, sorry, von irgend so einem Heini, der sich heimlich auspeitschen lässt, beziehungsweise, um korrekt zu bleiben, der heimlich an der Mutterbrust nuckelt und im Strampelanzug auf der Kaiserstraße rumrennt und dich dann feuert, weil er annehmen muss, du wüsstest was davon. Sondern du wärest dann deine eigene Chefin – und wenn die Sache läuft, dann verdienst du doch viel mehr Kohle als bei der HansaFra! "

Sie hatte die Sache schnell auf den Punkt gebracht.

Dann standen Mama und Papa Siebenborn plötzlich in der Wohnzimmertür: „Wir wollten den Damen aus Frankfurt nur mal Guten Tag sagen!" Natürlich wurden sie gleich mit den neuesten Fakten konfrontiert: „Was haltet Ihr davon, ich mach' ein Café auf!!! So eines wie es sie früher mal gab. Mit alten Möbeln und solchen Sammeltassen hier... Ines hatte die Idee!", kam es aufgeregt aus Lina herausgesprudelt. Ihre Mutter hielt sich die Hand vor den Mund. Sie war anscheinend völlig überfordert mit der neuen Perspektive ihrer Tochter. „Bist du denn dann gar keine Sekretärin mehr?", die Sorge stand ihrer Mutter ins Gesicht geschrieben. „Mama!", Lina verdrehte ein bisschen die Augen... „Wenn ich ein Café besitze, dann bin ich doch gleichzeitig auch meine *eigene* Sekretärin! Verstehst du?" Aber Mutter Siebenborn schaute immer noch angstvoll in die Zukunft ihrer Tochter.

Und als Lina diesen vertrauten Ausdruck sah, hoffte sie inständig, dass von ihrem Vater jetzt nicht wieder der übliche Spruch kam:

„Wer nix wird, wird Wirt, wer gar nix wird, wird Bahnhofswirt!"

Aber Gott sei Dank kam nichts dergleichen.

Doch aller Tage Abend war auch noch nicht...

Ihr Vater brachte es ganz nüchtern auf den Punkt:

„Naja, wenn de' Fischkopp Karriere macht, nur weil er vom Blitz getroffe' worde' ist, dann kannst du dir abber schon lang' e golden' Nas' verdiene. Backe' kannste ja schließlich..."

„Also, Lina, da sprechen wir noch mal drüber", lenkte ihre Mutter, die ihre Fassung wiedergefunden zu haben schien ein, „aber, wenn ich so recht überlege.... eigentlich wär' das doch nicht das Schlechteste. Gegessen und getrunken wird doch immer!" – „Knau!", dann zog Papa Siebenborn ab und seine Frau folgte ihrem Mann schulterzuckend, aber zustimmend: „Na, wenn du es sagst!"

Und schon nahm die Ideenfindung weiter ihren Lauf. Was die eine nicht wusste, wusste die andere manchmal zwar auch nicht, aber ratzfatz war ein Block zur Stelle und alles, was an Einfällen kam, wurde aufgeschrieben. Marie-Anne machte noch schnell eine betriebswirtschaftliche Rechnung aus dem Effeff. Wenn man jetzt noch ein passendes Objekt finden könnte, dann wäre Lina bald frischgebackene Kaffeehausbetreiberin... Susi Lustig spann die Sache noch einen Schritt weiter und phantasierte etwas von wechselnden Kunstausstellungen, was bei Lina nur hochgezogene Augenbrauen auslöste. Aber sie redete auch von Lesungen, Kleinkunstabenden und Musikveranstaltungen, was bei der Kaffeehausbetreiberin in spe schon besser ankam.

„Warum, um Himmels willen, bin ich da nicht schon längst selbst drauf gekommen?", fragte sich Lina. Wie gut, dass es die Mädels gab!

In St. Maxime gingen sich Marlene und Jürgen Hein gewaltig auf die Nerven. Eine derart lange Zeit in Zwangsharmonie, das waren beide in den vergangenen Jahren nicht gewohnt. Auch hatte Marlene in ihren kühnsten Träumen gedacht, ihr Jürgen würde jetzt täglich mindestens einmal über sie herfallen – ganz wie früher! Aber nichts dergleichen...

Zu dem abfallenden Stress hatte sich auch noch absolute Lustlosigkeit gesellt. Das war das I-Tüpfelchen auf der sich immer breiter machenden Unzufriedenheit im südfranzösischen Ferienparadies.

Aus lauter Langeweile hatte sie angefangen, Windeln, Schnuller und Wundheilcremes, die ihrem Mann massenweise zugeschickt wurden, im Ort zu verschenken. Irgendwo waren immer Touristen mit kleinen Kindern oder Hochschwangere, die solche Geschenke gerne annahmen. So konnte sie das Nützliche mit dem Guten verbinden!

Fast täglich ging sie auf den Markt, um frisches Gemüse, Salat, Fisch und Brot einzukaufen. Jeden Tag zu kochen war eine Beschäftigung, die den langen und ebenso langweiligen Tag unter Palmen ein wenig strukturieren konnte. Das tat Marlene Hein gut.

Ihr Mann hatte sozusagen den Kochlöffel abgegeben, seit sie hier im Süden weilten. Er konzentrierte sich ausschließlich auf den Grill. Klar, wem hätte er auch hier seine Gourmet-Kochkünste vorführen können? Es gab doch niemanden weit und breit, den sie hätten einladen können. Nur die verwitwete Madame Durant, eine langjährige Nachbarin, die sogar ein bisschen Deutsch konnte, kam gelegentlich auf ein Glas Wein zu ihnen.

Das war der dann gesellschaftliche Höhepunkt im Dasein der Heins! Ansonsten beschäftigte sich Marlene Hein überwiegend mit Hochglanzmagazinen, die sie sich wöchentlich an einem Kiosk im Ort besorgte. Dort sah sie perfekte Frauenkörper auf jeder einzelnen Seite. Und beeinflusst davon, erwachten auch ihre Träume wieder: von einem jugendlicheren Aussehen ohne Falten, Tränensäcke, Doppelkinn, Cellulitis, Reiterhosen, Bauchspeck und Altersflecken. Vielleicht würde das ihren Mann endlich aus der Reserve locken, wenn er sehen würde, dass sie auf einmal wieder knackig, jugendlich und fit war.

Sie überlegte sich krampfhaft, wie und wann sie ihren „Kuraufenthalt" nun endlich realisieren konnte...

„Jürgen!", rief sie an einem heißen Sommertag hinaus auf die Terrasse, wo ihr Gatte wieder einmal ungeliebte Post und alte Zeitungen im Grill verbrannte. „Was gibt's?", kam es kurz und knapp von draußen zurück.

„Was meinst du, Liebling? Wann soll ich denn meine Kur endlich nachholen? Noch im September oder erst im Oktober?" Sie hatte die Erfahrung gemacht, dass es am besten war, bei Fragen immer gleich *die* Antwort mitzuliefern, die man am liebsten hätte – vorsichtshalber aber noch eine Alternative anzubieten, damit der Befragte ein Gefühl der Mitbestimmung entwickeln konnte. Doch diesmal schien es nicht zu funktionieren.

„Marlenchen, September und Oktober sind herrlich hier im Garten Eden. Was willst du da zur Kur gehen? Das hier IST doch eine einzige Kur – und zwar lebenslänglich!" Das war wohl gründlich danebengegangen, befand Marlene Hein. Sie wollte es einfach nicht glauben, dass dies ernsthaft die Erfüllung aller Träume ihres Mannes sein sollte.

„Aber ich hab' mich doch schon so darauf gefreut. Außerdem wollte ich auch mal nach dem Rechten sehen in Friedrichsdorf!" Es war immer gut, noch ein Bonbon mit anzubieten... „Dann fahr' doch Ende Oktober und mach' die Kur im November, da versäumst du nichts, ist ja eh meistens Scheißwetter in Deutschland..."

Seine Frau war in diesem Moment froh, dass sich überhaupt eine Möglichkeit für sie auftat, endlich ihrem lange geplanten Vorhaben zu folgen. Also stimmte sie dem Vorschlag ihres Mannes schnell zu. Die zwei Monate würden auch noch herumgehen. Im ewig währenden Paradies, das ihr mittlerweile dermaßen auf die ohnehin strapazierten Nerven ging.

Immer hatte sie sich auf die Zeit gefreut, wenn ihr Jürgen einmal Zeit für sie haben würde. Den wohlverdienten Ruhestand. Aber so? Abgesehen von dem nicht stattfindenden Liebesleben, gab es auch keine gesellschaftlichen Verpflichtungen mehr, keine Bälle, keine Empfänge, keine Einladungen, wo sie als Gattin des erfolgreichen Managers Jürgen Hein repräsentieren konnte und von einflussreichen Leuten und ihren – wahrscheinlich ebenso frustrierten Ehefrauen wie sie es war – hofiert und beachtet wurde. Nein, sie war ein absolutes Nichts, ein Nobody in einem südfranzösischen Kaff, und niemand, aber auch gar niemand registrierte sie. Nur die Frauen, denen sie diese Babyartikel schenkte...

Allein die langjährige Nachbarin, die seit einigen Jahren verwitwete Madame Durant, war hin und wieder eine nette Gesprächspartnerin. Wenn auch in gebrochenem Deutsch. Madame hatte nämlich mal in Deutschland gelebt. Das war jedoch lange her.

Jedoch sehnte sich Marlene Hein nach ihren Freundinnen. Auch wenn sie wusste, dass diese in erster Linie über alle anderen herzogen, die gerade nicht anwesend waren. Und wann immer sie den Hyänen ihren Rücken zugedrehte, das war ihr vollkommen klar, war Marlene selbst das Objekt des Verrisses. Trotzdem wären ihr die falschen Hausfrauen vom Vordertaunus jetzt eine verlockende Alternative gewesen – gegenüber dem tristen Dasein im luxuriösen Feriendomizil und dem 24-Stunden-Zusammensein mit ihrem lustlosen Mann, der den Grill zu seinem besten Freund erklärt hatte.

Außer, dass er ständig noch Päckchen, Pakete und Briefe bekam, angeblich von diesen neumodischen Marketingfirmen, die versuchten, über ihn in die Regale der HansaFra-Filialen aufgenommen zu werden und unablässig Windeln, Schnuller, Babybrei und andere Drogeriemarktartikel schickten, war nichts mehr davon zu spüren, welche Position ihr Mann noch bis vor kurzem innegehabt hatte. Er saß in seinem mediterranen Garten wie jeder andere deutsche Rentner, der im Süden das späte Glück des Nichtstuns gefunden hatte.

Es verwunderte seine Frau jedoch, dass anscheinend nur Produkte des Babybedarfs an ihren Jürgen adressiert waren. Aber sie bezog es auf die Firmen, für die diese findigen Marketingfachleute tätig waren. Was sollte ihr Mann auch sonst für einen Bezug zu diesen Produkten haben? Komisch fand sie nur, dass die Briefe offensichtlich von Privatpersonen stammten, aber ihr Mann konnte auch das leicht erklären: „Das gehört zu deren Masche dazu, sie geben vor, einen privat zu kennen, dabei steckt dahinter nur geschäftliches Kalkül."

„Aber warum schreiben sie DICH überhaupt noch an? Irgendwann müssen die Leute doch merken, dass du gar nicht mehr bei der HansaFra bist?", fragte ihn seine Frau daraufhin, da ihr die Sache doch sehr merkwürdig vorkam.

„Keine Ahnung, meine Liebe. Wahrscheinlich denken sie, ich hätte einen Beratervertrag und jetzt noch mehr Einfluss als vorher... Diese Typen sind wie die Schmeißfliegen, wenn sie glauben, irgendwo einen Fuß in die Tür setzen zu können!"

Jürgen Hein sprach mit fester Stimme, die wie (fast) immer überzeugend auf seine Frau wirkte. Für Marlene waren dies jedoch Böhmische Dörfer... Sie musste das glauben, was ihr Mann ihr von der großen, weiten Geschäftswelt erzählte. Und, wenn sie so überlegte, es konnte ja auch gar keinen anderen Grund geben, warum Leute ihrem Mann ständig Babyartikel schickten.

Die Briefe, die immer noch zahlreich für ihn ankamen, verschwanden sicher und auf wunderbare Weise direkt im Außenkamin. „Wir wollen ja kein Altpapier sammeln, nicht wahr, Marlenchen?", pflegte er zu seiner Frau zu sagen, wenn er wieder das Feuer entfachte.

Trotzdem kam ihr die ganze Sache merkwürdig vor.

In die Friedrichsdorfer Villa waren in all den Jahren niemals so viele Werbegeschenke gekommen. Und erst recht keine als privat getarnten Briefe! Am liebsten hätte sie gehabt, wenn es endlich aufgehört hätte mit den ganzen Post- und Paketsendungen. Das war doch alles nicht normal...

„Warum rufst du diese Leute nicht einfach an und bestellst das alles ab? So langsam geht es mir auf die Nerven, was da tagtäglich für dich ankommt!" Ihr Mann warf gerade wieder einen ganzen Stapel Briefe genüsslich ins Feuer.

„Aber Marlene, glaubst du etwa, dass ich mir *so* eine Arbeit auflade? Da wäre ich ja stundenlang beschäftigt. Verbrennen ist da deutlich effektiver! Und billiger!" Es knisterte und die Funken flogen aus dem Kamin. Marlene ging zu ihrem Mann auf die Terrasse und schaute ihm zu, wie er fasziniert in die Flammen sah. Fast wie in Trance kam er ihr vor. Es war wie eine Droge für ihn. Zu sehen, wie er diese unseligen Schmiereien und Beschimpfungen für immer vernichten konnte. Und er fühlte sich gut, wenn er diese Demütigungen für immer unschädlich machen konnte. „Wenn du meinst, Liebling!", stimmte seine Frau den Erklärungen ihres Mannes zu. „Dann verteile ich eben weiter Werbegeschenke im Ort. Irgendeine Frau mit Kindern im Schlepptau treffe ich ja immer." „Siehst du!", lobend erklang die Stimme von Jürgen Hein, „da tun wir doch noch ein gutes Werk! Lass' die Futzis doch ruhig weiter Windeln und Babygläschen schicken."

Und auf einmal war Marlene Hein wirklich überzeugt davon, dass es doch das Beste wäre, wenn die Sendungen so weitergingen. Ihr Mann wusste mit diesen geschäftlichen Dingen eben doch ganz anders umzugehen als sie, sagte sie sich. Denn ER hatte Erfahrung und wusste in jeder Lebenslage das Beste! Dafür bewunderte sie ihn.

Das war ihr Jürgen. Der Macher!
Der Mann an ihrer Seite, der Sicherheit bot. Bei Windstille genauso wie im tobenden Sturm. Und während sie so ins knisternde Feuer blickte, freute sie sich auf ihre Kur…

Opa Abbel war wieder einmal in die Praxis gekommen. Asta hatte er diesmal zuhause gelassen, was sehr ungewöhnlich war. Normalerweise nahm er sie überall hin mit.

Tonja erwartete auch heute das Übliche: leichten Schwindel, ein „Mir iss' gar nett gut" oder „Es zwickt hier und da e bissi".

Opa Abbel wollte meist nur ein wenig Gesellschaft. Jetzt, wo die Tage wieder kürzer und die Abende auf der Bank vor Tonjas Haus immer seltener wurden. Der alte Herr, er war stolze 88 Jahre alt, wohnte immer noch in dem Fachwerkhäuschen, in dem er 1923 geboren wurde. Für sein Alter jedoch war er erstaunlich fit.

„Postbote leewe halt länger", sagte er immer. Er war stolz darauf, über viele Jahrzehnte der pfeifende Briefträger von Schotten gewesen zu sein. Ein bisschen wie Heinz Rühmann in eine seiner Paraderollen – genauso wollte er sein! Und immer hatte er einen Hund gehabt.

„Enn Hund hält gesund!" war sein Motto.

Leider war ihm nie die richtige Frau über den Weg gelaufen.

Vielleicht hatte er als Postbote aber auch einfach zu viele Damen kennengelernt, die am Tage einsam und allein waren…

Tonja konnte sich noch gut erinnern. Als sie ein Teenager war und nach dem Unfalltod ihrer Eltern nach Schotten zu ihren Großeltern kam. Damals war er für sie nur ein älterer Mann gewesen, der zwar keine Frau abgekriegt – dafür aber immer gute Laune hatte!

Zumindest fast immer. Brachte jemand aber die Sprache auf den Krieg, dann war Schluss mit lustig…

Da schimpfte er wie ein Rohrspatz auf den „dahergelaufenen Österreicher", der die ganze Welt ins Verderben gestürzt hatte: „Wär' der doch nur Postkartenmaler geblieben!", so endete meistens seine Tirade.

Nie konnte er den Verlust seines Vaters verschmerzen, der im Krieg geblieben war. Einst war er als glühender Verehrer des Führers mit großem Enthusiasmus in die Schlacht gezogen. Dieser Onkel Abbel kam oft zu Tonjas Großeltern und brachte stets seinen Hund mit. Also den jeweils aktuellen. Mittlerweile konnte Tonja schon nicht mehr zählen, wie viele Hunde er in seinem Leben besessen hatte. Alle Hündinnen nannte er Asta („Man will sich ja nicht ständig umgewöhnen!"). Und auf wundersame Weise schaffte er es jedes Mal, die fast gleiche Promenadenmischung zu ergattern: halbhoch, schwarz, mit braunen und weißen Abzeichen. Irgendwo gab es immer einen Bauern, dessen Hündin gerade geworfen hatte…

Nur einmal hatte er einen Rüden gehabt. Der hieß Astor, aber nach diesem Exemplar wollte Onkel Abbel keine Rüden mehr. „Die hebe überall das Bein, da macht mer sich nur unbeliebt bei de' Leut'!"

Also war der nächste Hund dann wieder eine Asta. Er konnte einfach nicht ohne Vierbeiner sein…

Irgendwann, nachdem Tonjas Großeltern gestorben waren, kam Onkel Abbel herüber zu ihr und sagte kurz und knapp mit seinem rauen Vogelsberger Charme: „Ich bin ab jetzt der Opa Abbel für dich. Ab heut'. Gell?" Dann war er wieder gegangen. Seitdem war er eben nicht mehr Tonjas Onkel, sondern der Opa Abbel…

Und nun saß er mit seiner roten Nase, seinen wildgewachsenen, weißen Augenbrauen und seinem unverkennbaren Zigarrengeruch, in seiner uralten Cordhose vor Tonja und wirkte regelrecht euphorisch.

Mit irgendeinem Schalk im Nacken. Das sah man ihm an. Heute war anscheinend ein besonders guter Tag für ihn. Er erzählte auch gar nichts mehr von seinem Schwindel, dem Kreislauf oder dem Zwicken hier und da.

„Da war was los…", seine Augen leuchteten, als er das erzählte. „Wo war denn was los, Opa Abbel?" Tonja war schon neugierig. Denn normalerweise erzählte er keine Geschichten. Und so begeistert klang er in der Regel auch nicht.

„Ja, ja. Mein Opa Abbel war auch da. Und tausende Menschen außer ihm auch. Dreißig oder vierzig Tausend!!! Der ganze Berg war voll. Da war was los uff'm Hoherrodskopp. Sonnenwendfeier mit der neuen Partei. Ich, mein Vater und mein Opa. Das war was!!! So was hat die Welt noch nett gesehn." Verklärt schaute er irgendwo hin.

Opa Abbel war wohl irgendwo anders heute, tippte Tonja. Anscheinend in seiner frühen Jugend. Ältere Menschen konnte man deshalb leicht für dement halten – oft hatten sie aber einfach nur zu wenig Wasser getrunken, dann arbeitete das Gehirn nicht mehr richtig. Das wusste Tonja aus ihrer langjährigen Praxis und ihrer Erfahrung als Krankenschwester. „Opa Abbel, jetzt trinkst du erst mal ein schönes Glas Wasser – und dann messen wir den Blutdruck." Tonja wollte nicht glauben, dass er wirklich durcheinander war. „Der Opa trinkt doch kei' Wasser. Der trinkt nur Bier oder Äbbelwoi'" Als das Wasser dann vor ihm stand, trank er es aber in einem Zug aus. Tonja hoffte, dass ihre Vermutung richtig war... Sie wollte nicht überreagieren. Wusste sie doch, dass er regelmäßig zu seinem Hausarzt ging und eigentlich erstaunlich gesund für sein hohes Alter war. Bei jedem Wetter lief er mit seiner Asta spazieren, manchmal sogar bis zum Nidda-Stausee.

Was sollte sie nur tun? Ihn ins Krankenhaus einliefern lassen? Mit welchem Verdacht – und was würde darauf folgen? Vielleicht würden sie ihn einige Tage behalten und dann entscheiden, dass er in ein Pflegeheim müsste, wenn er weiterhin so verwirrt sprechen würde. Blutdruck 145 zu 83. Nicht bedenklich! Sicher hatte er wirklich nur zu wenig getrunken und war ein bisschen durch den Wind.

Mit seinen 88 Jahren...

Nur, dass Opa Abbel laut lachte, als der Apparat zum Blutdruckmessen sich noch einmal aufpumpte, das verwirrte Tonja vollends: „Sowas hab' ich ja noch nie gesehen, eine Zaubermaschine!!!"

Jetzt lachte er noch lauter. Fast wie ein Kind...

„Welche Medikamente hast du heute genommen?", fragte sie ihn.

„ICH? Medikamente? Wieso sollte ICH Medikamente nehmen, ich bin doch noch so jung!!! Medikamente nehmen doch nur alte Leut!"

Plötzlich stand er auf und gab Tonja ein Küsschen:„Mutti ich geh' nochmal raus. Es ist so schön heut'. Zum Abendessen bin ich wieder da!" Sprach es und verschwand schneller, als er gekommen war. Tonja war jetzt auch durcheinander...

„Man muss das auf jeden Fall beobachten", befand sie. Heute Abend würde sie ganz bestimmt noch einmal nach Opa Abbel sehen – und ob er auch mit Asta draußen war. Sie fühlte sich ein bisschen für ihn verantwortlich. Schließlich kannte sie ihn seit ihrer Jugendzeit.

Er war als pfeifender Postbote immer ein Sonnenschein für ganz Schotten gewesen – und stadtbekannt!

Sein Leben lang hatte er in dem Häuschen gegenüber von Tonja gewohnt. Früher noch mit seiner Mutter zusammen, bis zu ihrem Tod. Seitdem war Asta seine Familie…

Gegen Abend kam Jan von Frankfurt zurück. „Tonja! Ich bin's. Heute wird nichts gekocht!!!", rief er, als er die Haustür gerade geöffnet hatte. Sie saß an ihrem Schreibtisch und grübelte. Mehr als einmal an diesem Abend hatte sie hinüber zum Haus von Opa Abbel geschaut. Jan hatte sie ganz aus ihren Gedanken gerissen.

„Ich hab' was vom Chinesen mitgebracht. Wo bist du?"

In der Küche war sie nicht. Er ging hinüber in die Praxisräume. Dann sah er sie in ihrem großen Sessel am Schreibtisch sitzen.

„Was ist?", fragte Jan besorgt. So kannte er Tonja gar nicht. Sie war eine Frau ohne Launen oder merkliche Gefühlsschwankungen. Irgendetwas musste passiert sein.

„Ich glaube, Opa Abbel dreht ab. Er ist durcheinander. Aber ich habe ihn gehen lassen. Jetzt weiß ich nicht, ob das überhaupt richtig war." – „Wieso durcheinander? Was war los?", wollte Jan wissen. Dann erzählte ihm Tonja von dem merkwürdigen Krankenbesuch am Mittag.

„Ich verstehe nur Bahnhof. Wovon hat er erzählt?"

„Na, von der großen Sonnenwendfeier. Das war 1932. Da war Hitler auf großer Propagandatour im Hohen Vogelsberg, um die vierzigtausend Leute sind damals auf den Hoherodskopf gepilgert. Soweit ich weiß, war Opa Abbel damals mit seinem Vater und seinem Opa dabei. Das muss ein Wahnsinnserlebnis für den Jungen gewesen sein. Überleg' mal, der war damals ein kleiner Bub'. Und heute erzählte er davon, als wäre es erst gestern gewesen. Mich hat er sogar „Mutti" genannt und wollte zum Abendessen wieder da sein."

Sichtlich verzweifelt sah sie aus. Jan kannte Opa Abbel und seine Hündin von den vielen Abenden auf der Bank vor dem Haus. Und fand immer, dass der alte Herr noch recht gut beieinander war. Für 88!!!

„Ich geh' noch einmal rüber", meinte Tonja und wollte gerade aufstehen.

„Jetzt warte doch mal. Ich hab' von meinem Lieblingsasiaten am Frankfurter Bahnhof extra etwas für uns mitgebracht. Das können wir doch erst essen, dann sehen wir gemeinsam nach Opa Abbel, einverstanden?" Sie nickte.

„Wirklich lecker. Kein Wunder, dass das dein Lieblingsessen ist."
„Außer heißer Fleischwurst mit Kakao, versteht sich...", grinste Jan.
„Ich bin pappsatt, eigentlich könnte ich mich aufs Sofa legen..."
Tonja stöhnte. Kein einziges Reiskorn war mehr übrig geblieben. Aber dann stand sie doch schneller auf, als Jan gedacht hatte.
„Ich geh' jetzt mal rüber zu ihm, kommst du mit?" – „Klar!"
Beunruhigt war Tonja erst, als Asta nicht zur Türe gekommen war, als sie geklingelt hatte. Kein Bellen ertönte. Nichts. Das Rufen und Klopfen blieb auch unbemerkt. Dafür hatte Tonja jetzt Herzklopfen. Irgendwie erschlich sie eine Ahnung, dass es nichts Gutes bedeuten konnte, wenn niemand öffnete und der Hund nicht mal bellte.
Und das abends um halb acht! Da war Opa Abbel in der Regel immer daheim...

Jan rüttelte an der Tür. Sie war wohl nicht richtig verschlossen gewesen und sprang sofort auf.
„Opa Abbel???" Niemand antwortete...
Wie ferngesteuert ging Tonja ins Wohnzimmer. Da saß Opa Abbel friedlich in seinem Fernsehsessel. Als würde er schlafen. Auf dem Schoß lag ein altes, vergilbtes Familienfoto, das ihn als Kind mit seinen Eltern zeigte. Asta lag ruhig neben dem Sessel und fiepte traurig. Den Kopf hatte sie auf den Fuß ihres Herrchens gelegt.
Opa Abbel war tot.

„Das Haus der Orchideen"

Der Herbst kam in großen Schritten. Von Altweibersommer keine Spur! Alle schimpften über die beißende Kälte, die noch keiner so richtig haben wollte. Der Winter würde schließlich noch lange genug sein. Und weiter oben auf dem Vulkan konnte er ziemlich ungemütlich werden. Die Hoffnung lautete also: goldener Oktober!

Auch Lina hatte gehofft: auf einen neuen Job! Aber nach einigen Vorstellungsgesprächen, musste sie frustriert feststellen, dass offenbar die wildesten Gerüchte kursierten, was unter dem Begriff Sekretärin zu verstehen war. In einem der Handwerksbetriebe sollte sie „außer dem ganzen Tippkram" auch noch die Buchhaltung machen (nebenher!) und alles vorbereiten, was das Steuerberatungsbüro so brauchte. Auch Kaffeekochen wurde zum Hauptaufgabengebiet erklärt.

Außerdem sollte sie noch die beiden Kinder von Kindergarten und Schule abholen (O-Ton: „In der Mittagspause, da haben Sie ja sowieso nix zu tun!") und für die Gattin des Chefs den Einkaufszettel abarbeiten („Sie können doch sicher auch ein paar Wasser- und Limokästen schleppen?"). Fehlt nur noch, dass sie dem Chef persönlich (ach, am besten der ganzen Mannschaft) die Haare schneiden sollte?

Lina hatte dankend abgelehnt. Das alles war mehr als unglaublich!

Die Krönung war jedoch eine offiziell ausgeschriebene Stelle als „Empfangssekretärin in der Wellnessbranche". Wohlfühlbranche?

„Das lässt ja schon Raum für allerlei Vermutungen!", Lina war skeptisch. Aber sie vereinbarte trotzdem – ganz im Sinne des sie finanzierenden Amtes – einen Termin für ein Vorstellungsgespräch. Und dann konnte sie sich kaum noch einkriegen...

In einem kleinen Dorf irgendwo zwischen Wetterau und Vogelsberg war sie zu einem alten Industriegebäude gefahren, wo sie bereits von unzähligen aufgeregten Thai-Mädchen empfangen wurde.

„Club Orchidee" war auf die Hausfassade aufgemalt.

„Traditionelle Thai Massagen zum All-inclusive-Tarif". Dazu eine schlecht gemalte Blume, die nach allem aussah, nur nicht nach einer Orchidee. Und noch bevor der alleroberste Lude dieser völlig überdrehten Horde von Thai-Schönheiten „gleis komm' wül", hatte Lina schon wieder die Flucht ergriffen.

„Bitte bleib' Flau, iss nid slimm hie", versuchte eine der Lotusblüten immer wieder Lina festzuhalten und davon zu überzeugen, dass genau ihre Dienste hier noch von Nöten waren. „Cheffe zahle gudd! Un Wohnung immel schön walm", rief ihr noch eine der mandeläugigen Schönheiten hinterher.

Nein, nein, nichts wie weg hier! Und dann verstand Lina auch, warum hier Wert auf tadellose Deutschkenntnisse gelegt wurde: Die Lotusblüten hätten keine Termine vereinbaren können, denn sie verstanden ganz sicher keinen Vogelsberger Dialekt.

„Und sowas wird ganz offiziell vom Amt angeboten?" Sie konnte es kaum fassen...

Dabei war Lina eigentlich der Annahme gewesen, das ganze Rotlichttheater in Frankfurt zurückgelassen zu haben. Anscheinend zu früh gefreut. Denn die Rote Laterne brannte wohl überall – und die Finanzkrise war hier auch kein Thema. Die *Wohlfühlbranche* boomte!

Selbst hier auf dem platten, platten Land, sinnierte Lina beim Nachhause fahren. Und das wahrscheinlich auch schon immer. Auch wenn es früher, also ganz, ganz früher weniger Rotlichtmilieu, sonder eher Kerzenlichtmilieu gewesen sein dürfte.

„Egal, gleiche Übung, andere Beleuchtung! Sollte man mal wieder drüber nachdenken", fand Lina. Im Rahmen der Energiewende...

Etwas frustriert über die ganze Misere am Arbeitsmarkt sah sich Lina nun in einer herbstlichen Phase voller Hoffnungslosigkeit gefangen. Nur um das Wort Depression zu vermeiden. Ob es doch ein Fehler gewesen war, in Frankfurt so schnell das Feld zu räumen und nicht wirklich nach einer adäquaten Stelle gesucht zu haben?

Egal, wenn „Hätt-ich" kommt, iss' „Hab-ich" fort... – einer der weisen Sprüche ihres Ex-Chefs. Und der kam gleich nach den alten Lateinern. Deren Weisheiten hatte er aber auch nicht weiter beachtet. „Quidquid", schoss es ihr in den Sinn. So begann doch der Spruch, den er jedem um die Ohren gehauen hatte, der nicht hundertprozentig auf Peitschen-Heinis Spur gefahren war.

Jetzt versuchte Lina, sich selbst wieder auf Spur zu bekommen. „Es gibt Schlimmeres als ohne Job zu sein", beschwichtigte sie sich selbst.

Manchmal dachte sie sogar noch an Jan, aber dann verdrängte sie wieder jede noch so kleine Erinnerung an die schönen Zeiten mit ihm.

Nein, die Fakten sprachen eine andere Sprache: Er war nur ein mieser, kleiner Betrüger und seine hanseatische Weltmann-Masche ein einziges Blendwerk! Dass sie sich aber auch so in dem Mann ihrer einstigen Träume getäuscht haben konnte...

Kaum war sie von ihrem sehr kurzen Vorstellungsgespräch im „Puff Orchidee" zurückgekommen, da stand ihre Mutter schon mit der Zeitung in der Hand parat. Sie hatte anscheinend nur auf Lina gewartet. Ohne zu fragen, wie es ihr denn ergangen war oder warum sie so früh schon wieder zurück sei, hielt sie ihr die Zeitung schon entgegen.

„Hier, hier ist was für dich dabei. Das könnte genau das Richtige sein! Ein kleines Café in Bad Salzhausen. Weißt du noch? Das kennst du doch von früher, da waren wir oft, als du noch klein warst und sonntags noch mit uns spazieren gegangen bist."

Sie deutete auf eine Anzeige in einem der üblichen Wochenwerbeblättchen, die den Weg in jeden, aber auch jeden Briefkasten fanden. Dort stand:

Kleines Café in Nidda-Bad Salzhausen (Nähe Kurpark) umständehalber zu verpachten. Gästeparkplätze u. Pächterwohnung vorhanden, 4 Zi-Whg., neue Küche, Bad, Tageslichtbad, Balkon und Garage.

Das hörte sich interessant an, fand Lina. Ohne viel zu überlegen, was sich manchmal im Nachhinein auch als Hindernis herausgestellt hatte, tippte sie die Telefonnummer aus der Anzeige ins Display. Es meldete sich eine Anwaltskanzlei Murmelmann, die die Sache für die mittlerweile dauerhaft auf Teneriffa lebende Kaffeehausbesitzerin abwickeln sollte.

„Ja, selbstverständlich können wir einen Besichtigungstermin vereinbaren. Darf ich denn annehmen, dass Sie den Cafébetrieb auch aufrechterhalten?", wollte er von Lina vorab wissen, die seine Frage sogleich und im Brustton der Überzeugung bejahte.

„Also, dann haben Sie gute Chancen", sprach ihr der heiser klingende und wohl schon ältere Anwalt Murmelmann Mut zu. „Denn die meisten Interessenten wollten bisher Döner oder Pizza an den Mann – oder die Frau – bringen. Aber meine Mandantin, Frau Beerlein-Hoger hat mir eine einzige Auflage gemacht:: Sie möchte, dass die Kaffeehaustradition dort weitergeführt wird. Passt es Ihnen am Samstag? Da käme ich dann mit meiner Frau nach Bad Salzhausen und würde Ihnen alles zeigen. Über den Pachtzins können wir dann reden. Vielleicht wollen

Sie aber auch gleich kaufen? Das wäre unter Umständen auch noch eine Option."

„Oh Gott", dachte Lina. Noch nie ein Kaffeehaus geführt, noch nie selbständig gewesen und dann gleich ein ganzes Objekt kaufen und ins kalte Wasser springen? So schnell schießen die Büdinger dann auch nicht, auch wenn die Schützen eine große Tradition in dem Hessenstädtchen haben", dachte Lina – und es wurde ihr schon ganz flau im Magen. „Also, ich schlage vor, wir sehen uns am Samstag vor Ort. Dann besprechen wir alles Weitere."

Lina wollte auf keinen Fall etwas überstürzen. Aber Herzklopfen hatte sie schon. Und Magengrummeln noch dazu.

Als sparsamer Vogelsberger Briefträger hatte Opa Abbel sein Lebtag alles auf die kleine Bank am Ort gebracht. Im Urlaub war er eher selten gewesen. Das Meer hatte er noch nie gesehen!

Lieber waren ihm sein Zuhause, seine Mutter und sein Hund. Sein einziger Luxus waren die Zigarren. Manchmal auch die Pfeife. Dann roch die ganze Straße nach Opa Abbels Pfeifenduft. Selbst Tonja, die militante Nichtraucherin war, konnte da schwach werden.

Nun würde es nie mehr so riechen!

Nachdem der Notarzt an diesem denkwürdigen Tag gekommen war und nichts, aber auch gar nichts mehr für den alten Mann tun konnte, hatte Tonja gleich bei der Nachbarin gefragt, wen man jetzt verständigen müsste. In Schotten war ja niemand mehr von seinen Verwandten. Alle waren bereits verstorben.

„Ich ruf' die Cousine an, die Hiltrude. Aus Lauterbach. Da hab' ich noch irgendwo die Telefonnummer. Irgendjemand muss sich ja um die Beerdigung kümmern. Und das Haus muss ja auch jemand erben.", sagte Frau Katzenmeyer, die Nachbarin, aufgeregt und bat Tonja herein in die gute Stube.

„Vielleicht können Sie mal mit der Cousine reden. So ganz einfach war die nämlich nie." Anscheinend kam da jetzt einiges auf sie zu, das hatte Tonja schon verstanden. Trotzdem fühlte sie sich wie unter einer Käseglocke und als würde alles ab sofort in Zeitlupe vor sich gehen.

So ganz anwesend war sie jedenfalls nicht. „Aber man findet ja auch nicht jeden Tag seinen Nachbarn tot im Sessel auf…", beruhigte sie sich selbst und versuchte, einen kühlen Kopf zu behalten.

Was sollte sie auch sonst tun? Sie hatte Opa Abbel aufgefunden und sofort den Notarzt verständigt. Irgendwie fühlt sie sich auch ein bisschen verantwortlich für ihren langjährigen Nachbarn.

Die Cousine aus Lauterbach nahm die Sache erstaunlich gefasst auf und kündigte ihren umgehenden Besuch in Schotten an: „Wir sind gleich da. In einer Stunde spätestens!", hatte sie kurzerhand gesagt. Betroffenheit klang irgendwie anders, aber im Vogelsberg waren die Leute eben nicht mit Gefühlsduselei gesegnet...

Tonja ging wieder zurück in Opa Abbels Fachwerkhäuschen. Jan war bei Asta geblieben und versuchte, sie zu trösten. Aber die Hündin war nicht zu beruhigen. Sie fiepte unaufhörlich und lief immerzu hin und her. „Wie soll der arme Hund das auch verstehen?", sagte Jan mitfühlend. „Ihr Herrchen ist tot und wurde in einen Sack gesteckt und in ein dunkles Auto eingeladen." Asta hechelte wie verrückt und war furchtbar aufgeregt.

„Die kommen gleich her. Von Lauterbach. Die beiden Cousinen von Opa Abbel. Wir müssen hier auf sie warten. Die wollen ja sicher wissen, wie das alles gekommen ist. Aber wenn du willst, geh' ruhig rüber. Ich schaffe das auch allein."

„Ich bleibe auch hier, keine Thema!". Jan wollte Tonja auf keinen Fall in dieser Situation alleine lassen. Er hatte sich in die Küche gesetzt. Opa Abbel hatte eine uralte Eckbank, die es ihm gleich angetan hatte. Asta lief immer noch suchend durch die Wohnung. Sie war genauso aufgewühlt wie die Menschen, vielleicht sogar noch mehr.

„Kommen die beiden Cousinen denn bald?", fragte Jan, der so langsam aber sicher auch nervös wurde.

„Ich hoffe es. Lauterbach ist ja schließlich nicht aus der Welt."

„Kennst du diese beiden Damen eigentlich?"

„Nee. Soweit ich mich erinnere, waren die Cousinen von Opa Abbel das letzte Mal da, als seine Mutter beerdigt wurde. Danach habe ich sie nie mehr hier gesehen. An keinem Geburtstag war irgendjemand von der Verwandtschaft da. Nur die Nachbarn und ehemalige Kollegen von der Post. Irgendwie gab es da mal Ärger. Wahrscheinlich hatten sie sich immer etwas mehr erhofft. Vom Erbe, meine ich."

Jan zog die Augenbrauen hoch. „Dallas ist wohl überall", sinnierte er über die verwandtschaftliche Geldgier, „und hier auf dem Vulkan ist die Welt wohl auch nicht mehr so heil." – „Wo gibt es das schon? Heile Welt... Selbst der Südsee droht irgendwann der Untergang".

Tonja war langsam am Ende ihrer Kräfte. Und traurig, dass es so schnell mit Opa Abbel vorbei gegangen war. Aber andererseits sagte sie sich aber auch, dass er nicht lange leiden musste. Wer weiß, wie alles ausgegangen wäre, wenn sie… Aber darüber wollte sie wirklich nicht mehr nachdenken. Keine Sekunde! Dann fuhr ein Taxi vor und zwei Damen, die man irgendwo zwischen gut erhaltenen Mittsiebzigerinnen und vorgealterten Mittachtzigerinnen hätte ansiedeln können, stiegen aus. Tonja öffnete die Tür und sofort kam eine der Damen eilig auf sie zugestürmt, während die andere sich noch ausgiebig vom Taxifahrer verabschiedete.

„Guten Abend, wir hatten telefoniert, glaube ich. Huber, mein Name. Hiltrude Huber aus Lauterbach. Ich bin die Cousine von Friedrich Wilhelm Abbel." Sie bemühte sich, ihren Dialekt zu verbergen. Aber vergeblich. Es klang trotzdem durch.

Die Vogelsberger Cousine war zudem schlecht frisiert und unmöglich gekleidet. Der abgewetzte Mantel undefinierbarer Farbe war mindestens aus der Mitte des 20. Jahrhunderts und mehr als Retro und Vintage zusammen. Dazu trug sie karierte Hosen, die auch nicht viel jünger aussahen, dazu noch fürchterlich hässliche Gesundheitsschuhe in beige.

„Wahrscheinlich mit Einlagen", schoss es Tonja in den Sinn. Die resolute Dame hatte einen kräftigen Händedruck, wie Tonja schmerzhaft feststellen musste. „Anscheinend gesunde Knochen, keinerlei Deformierungen festzustellen", wie sie schnell analysierte. Die Heilpraktikerin steckte halt immer in ihr. Auch außerhalb der offiziellen Sprechstunden.

„Das ist meine Schwester", sie deutete auf Dame Nummer zwei, die schüchtern etwas abseits stand und nun zögernd auf Geheiß von Frau Hiltrude hervortrat. Sie war zierlicher als ihre Schwester und wirkte weniger selbstbewusst. Ihr schwarzes Kostüm, das sie wohl extra aus dem Schrank geholt hatte, war zwar etwas knapp geworden über die Jahre, aber die Trauer gebot eben eine gewisse Kleiderordnung. „Margret Sinner. Aus Lauterbach. Angenehm."

Sie hielt Tonja und Jan die Hand zum Gruß hin.

Ihr Händedruck war klamm, nass und schwach. Es war klar, wer von den beiden Schwestern hier die Hosen anhatte.

Also, die karierten Hosen.

Die aus dem vorigen Jahrtausend.

Frau Sinner war wohl nah am Wasser gebaut. Sie hielt ihr Taschentuch ständig an der Nase, schniefte an einer Tour und konnte anscheinend nicht viel sagen. Tonja bat die ungleichen Schwestern herein, die die Wohnung gleich überaus interessiert in Augenschein nahmen.

Asta lief inzwischen noch aufgeregter herum und schien mit den Nerven nun völlig am Ende zu sein. Tonja überlegte kurz, ob sie ihr nicht schnell ein paar homöopathische Tropfen aus der Praxis holen sollte, was sie dann aber wieder verwarf. Die Resolute fragte schnell noch einmal nach, wie das alles genau passiert sei, schaute sich in der Zeit aber noch intensiver im Wohnzimmer von Opa Abbel um, und nach wenigen Minuten, kaum dass Tonja die Ereignisse zu Ende beschrieben hatte, schwank sie auf das eigentliche Thema über.

„Frau Naumann, wie Sie ja wissen, sind wir die nächsten Angehörigen des Verstorbenen und somit auch die einzigen Erben. Wie Sie sicher verstehen, würden wir nun gerne in Ruhe das Haus besichtigen und insbesondere auch das Testament unseres Cousins einsehen." Dabei sprach sie Cousin wie „Kusseng" aus, obwohl sie sich sonst bemühte, so Hochdeutsch wie möglich zu klingen. Jan schaute herunter zu Asta, da er sein Grinsen nicht verbergen konnte. Kusseng musste für ihn klingen wie Ohnesorg-Theater auf Vogelsbergisch…

Frau Hiltrude schaute Tonja durchdringend an: „Sie wissen nicht zufällig, wo unser Kusseng, Gott hab' ihn selig, seine Schriftlichkeiten aufbewahrt hat?"

„Aha", dachte Tonja. „Nachtigall, ick hör' der trapsen… Deshalb also das überschnelle Kommen."

Natürlich konnte sich Tonja vorstellen, dass es einiges an Erbmasse geben würde. Außerdem war auch das Häuschen noch da. Zusätzlich zu dem, was Opa Abbel an Espartem hatte. Sie versuchte, die Contenance zu wahren. „Also, Opa Abbel und ich haben zwar viele, viele Jahre eine überaus gute und enge Nachbarschaft gepflegt. Aber, ob ein Testament da ist und wo er seine Aktenordner verwahrt, das kann ich Ihnen beim besten Willen nicht sagen."

Die Enttäuschung war den beiden raffgierigen Cousinen ins Gesicht geschrieben. „Dann bedanken wir uns an der Stelle bei Ihnen und Ihrem Mann für alles, was Sie für unseren lieben Kusseng getan haben und würden dann gerne alleine im Haus bleiben. Mal sehen, ob wir etwas finden, was er vielleicht für uns hinterlassen hat."

Frau Hiltrude schaute ihre Schwester, die immer noch ins Taschentuch schnäuzte, vielsagend an. Jan und Tonja starrten ungläubig in die Szene und konnten gar nichts mehr sagen. Asta hechelte und lief noch immer auf und ab. Gleich würde Tonja ihr etwas zur Beruhigung geben. Rein pflanzlich.

„Was soll denn Ihrer Meinung nach mit dem Hund passieren? Der gehört ja sozusagen auch zur Erbmasse." Die spitze Bemerkung konnte sich Jan angesichts der Lage nicht ganz verkneifen. „Ich würde vorschlagen, dass Sie ihn am besten gleich mit nach Lauterbach nehmen! Wo Halsband, Leine und Korb stehen, können wir Ihnen auf jeden Fall sagen, so gut kennen wir uns hier schon aus. Ach, übrigens, der Hund braucht sehr viel Auslauf. Müde wird er nie, das sehen Sie ja selbst..."

Die beiden Raffzähne wirkten mehr als erschrocken angesichts der Tatsache, dass Erben für sie eventuell mit irgendwelchen Verpflichtungen verbunden sein könnte, die nicht immer nur mit Geldzählen zu tun hatten. Tonja beobachtete Jan aus dem Augenwinkel heraus und musste innerlich schmunzeln.

Sie hatten beide die gleichen Gedanken gehabt.

„Also", rief die Schüchterne auf einmal gar nicht mehr so schüchtern aus, „ich persönlich habe ja eine chronische Tierhaarallergie. Sie sehen ja selbst, wie ich die ganze Zeit schon schniefen muss!"

Theatralisch pustete sie noch einmal in ihr zerknülltes Tüchlein. „Und ich bin gehbehindert, habe einen Behindertenausweis mit sechzig Prozent, den kann ich Ihnen sogar zeigen", stellte Frau Hiltrude klar. „Also WIR können den Hund unmöglich übernehmen. Bringen Sie ihn doch einfach gleich morgen ins Tierheim. Sie sehen ja, dass wir beide nicht in der Lage sind, so einen übernervösen Hund zu halten."

Jan, der anscheinend zu viele Heinz-Rühmann-Filme gesehen hatte und definitiv über eine große Portion Phantasie verfügte, sagte wie aus der Pistole geschossen darauf: „Da würden wir gerne was Schriftliches von Ihnen haben. Nicht, dass es hinterher noch Ärger gibt."

Und ratz-fatz setze er am Schreibtisch von Opa Abbel handschriftlich ein Papier auf, in dem die beiden Schwestern (Hiltrude Hubert und Margret Sinner) als voraussichtliche Erben von Friedrich Wilhelm Abbel auf den Hund Asta als Teil des Erbes einvernehmlich verzichteten und diesen Hund mit genauem Datum und Uhrzeit Frau Tonja Naumann überlassen.

Aus irgendeinem Grunde wollte er das schriftlich festhalten, was Tonja nicht ganz verstehen konnte. Dann nahmen sie Asta an die Leine, packten alles ein, was noch an Futter zu finden war und verabschiedeten sich von den Erbinnen-in-spe.

„Warum wolltest du das denn so förmlich machen?", fragte Tonja sobald sie ihr Häuschen gegenüber betreten und die Haustüre geschlossen hatten. „Die beiden Raffzähne sind mir nicht geheuer. Und wer weiß, am Ende nehmen sie dir den Hund wieder weg, wenn ihnen einfällt, dass man ihn vielleicht doch gewinnbringend verkaufen könnte. Denen traue ich alles zu. Außerdem habe ich mal einen Film gesehen, ich glaube der war mit Heinz Rühmann, da hat ein Hund das gesamte Erbe angetreten. Und am Ende ist das bei Opa Abbel auch der Fall… Dann holen die beiden Lauterbacher Gierhälse den Hund bestimmt gleich wieder ab…"

Tonja schaute ihn etwas verwirrt an.

Sie war eindeutig auch überfordert mit allem, was an diesem ereignisreichen Tag so passiert ist.

„Wahrscheinlich hast du recht. Aber ich kann jetzt nicht mehr nachdenken. Ich bin total fertig. Und am besten nehme ich die Tropfen, die ich Asta jetzt gleich geben werde, selbst auch noch ein."
„Nachher geh' ich noch mal mit ihr raus an die Luft. Aber jetzt muss ich dringend hoch in mein kleines Dachatelier. Die Aufträge arbeiten sich ja nicht von alleine ab. Obwohl mir der Kopf nach allem steht, nur nicht danach…", Jan setzte an, um die Treppen hochzusteigen.

Da kam Tonja und umarmte ihn von hinten ganz fest und innig, so dass er fast erschrocken war über die unvermutete Attacke aus dem Hinterhalt. Sie war froh, dass Jan ihr so zur Seite gestanden hatte.

Endlich einmal hatte sie nicht wie fast immer in ihrem bisherigen Leben alleine dagestanden, wenn es hart auf hart kam.

Ihr Dauerliebhaber Hellmuth war ja immer weit weg, wenn sie mal Unterstützung gebraucht hätte. Das wurde ihr nun wieder ganz bewusst.

„Danke für alles."
Sie drückte Jan einen dicken Schmatzer auf die Wange.
„Da nich' für!", antwortete Jan typisch hanseatisch.

„Wie angeflogen"

„Hubert, komma schnell ans Fenster!", rief Margot Siebenborn ganz aufgeregt ihrem Mann zu und versuchte leise und dringend zugleich zu klingen.

„Was ist denn so wichtig? Ich will doch den Sprung sehen und gleich geht's los. Komm' du lieber hierher…", entgegnete er seiner Frau etwas unwirsch.

Seit dem Nachmittag saß er bereits in einer Art Schockstarre vor dem Bildschirm und wartete darauf, dass der „Furchtlose Felix", der österreichische Extremsportler Felix Baumgartner, den längsten freien Fall in der Geschichte der Menschheit wagen würde. Einen Sprung aus zirka 40.000 Meter Höhe vom Rande des Weltalls hinunter auf die Erde, um dann irgendwo in einer amerikanischen Wüste zu landen.

„Aber hier ist es auch interessant. Stell' dir vor, unsere Lina steht schon eine ganze Weile mit dem Meierheinrich Junior zusammen. Unter der Laterne." Es verging eine ganze Weile, bis ihr Mann drauf reagiert hatte: „Solange sie nicht unter der Laterne steht wie einst Lilly Marlen, bin ich schon zufrieden. Ich guck' hier weiter, das ist interessanter."

Er starrte unbeirrt auf den Bildschirm und sah fast aus, als würde er in Gedanken gleich mit springen. So angespannt saß er selten in seinem Fernsehsessel. „Du bist unmöglich. Mensch, Hubert, überleg' doch mal. Der Meierheinrich Junior wäre DIE Partie für unsere Lina gewesen."

Keine Reaktion. Er starrte weiter auf den Bildschirm. Aber dann kam doch noch etwas: „Gewesen. Die Betonung liegt auf gewesen." Papa Siebenborn machte keinerlei Anstalten, das vermeintlich junge Glück unter der Laterne in Augenschein zu nehmen. Er starrte weiter auf das Visier von Felix Furchtlos.

„Ach, ich hoffe, die Lina findet wieder mal jemanden, der zu ihr passt." Mama Siebenborn dachte schon, dass Lina der Männerwelt für alle Zeiten abgeschworen hatte.

„Du meinst jemand Gescheites, nett so enn Fischkopp, der jahrelang uff ihr' Koste' lebt!"

„Och, Hubert. Sag' sowas *jaaa* nicht, wenn Lina dabei ist. Das Kind ist doch schon enttäuscht genug vom Leben und von den Männern! Ich wünsche ihr einfach jemanden, der zu ihr passt."

Ihr Mann drehte nicht einmal den Kopf zu ihr, als er trocken kommentierte: „In de' Mitt' hat's am End' noch immer gepasst!" – Huuubert!", das klang schon etwas bedrohlicher. Aber im Grunde genommen konnte Margot Siebenborn ihrem Mann nie richtig böse sein. Sie zog aber dennoch die Augenbrauen hoch und schnalzte mit der Zunge, wie sie es immer tat, wenn sie ihn ein bisschen tadeln wollte.

„Jetzt geht die Kapsel auf. Komm' schnell, Margot!!!", rief Papa Siebenborn ganz aufgeregt. Und richtig, es wurde ernst. Baumgartner stand nun am Rande der Stratosphäre und war kurz vor dem alles entscheidenden Punkt. Der Moment, auf den er über fünf Jahre hingearbeitet hatte. Vielleicht sogar einer seiner allerletzten Momente in diesem Leben. Wer konnte schon wissen, was gleich passieren würde?

„Ich kann nicht hingucken, Hubert!", Mama Siebenborn hielt sich die Augen ein bisschen zu, aber so, dass sie noch etwas sehen konnte. Ihr Mann war so gebannt, dass er schon gar nichts mehr sagen konnte. Es war eine unglaubliche Sensation: Gemütlich vor dem Fernseher im Wohnzimmer des Hauses Siebenborn, mitten im kleinen Mittelalterstädtchen in Oberhessen zu sitzen und dem akribischen Abarbeiten der Checkliste zwischen dem Kontrollzentrum in New Mexico/USA und dem Mann, der am Rande des Alls in einer Kapsel stand, zu folgen. Die Spannung war atemberaubend und fast unerträglich. Würde der Furchtlose es tatsächlich schaffen, heil auf die Erde zurückzukehren?

Millionen Menschen vor den Bildschirmen rundum den Erdball waren live dabei und drückten dem jungen Österreicher alle Daumen, die zur Verfügung standen.

Dann sagte er die Worte, die sich unendlich vielen Menschen für immer einprägen würden: „Echt hoch hier. Und die Welt da unten so klein." Dann salutierte er. „Jetzt komm' ich gleich nach Hause."

Und sprang ins Ungewisse. Ganz großes Kino!!! Die nächsten Minuten hörte man nichts von den Siebenborns. Und von Felix auch nur ein bisschen Schnauben...

Margot faltete die Hände zum stillen Stoßgebet. Und Hubert fragte sich vermutlich, ob er vielleicht gleich einen Herzinfarkt oder Schlaganfall erleiden und den Rest des Sprungs gar nicht mehr mitkriegen würde, sondern das ganze Spektakel nur noch im Radio des Notarztwagens hören könnte. Ihm wurden abwechselnd heiß und kalt, besonders dann, als der Furchtlose begann, sich unkontrolliert zu drehen und längere

Zeit wie durch den Schleudergang einer Waschmaschine gezogen wurde. „Das darf doch nicht wahr sein! Junge, komm', fall' geradeaus!!!"

Nach kurzer Zeit, die jedoch unendlich zu sein schien, war es ihm dann doch gelungen, wieder eine stabile Lage zu erreichen. Und plötzlich öffnete sich auch der Fallschirm und er schwebte – von heftigem Wind begleitet – Mutter Erde entgegen. Erleichterung machte sich breit, als er sicher gelandet war, auf die Knie fiel, die Arme zum Sieg hochstreckte und offensichtlich unversehrt war.

„Gott sei Dank!", Margot Siebenborn war richtig erleichtert.

„Er hat's gepackt. Ich hab's gewusst!!!"

Hubert Siebenborn schlug sich auf die Schenkel, als wäre ein ziemlich naher Verwandter von ihm, auf den er schon seit jeher große Stücke gehalten hatte, gerade aus dem All auf die Erde gesprungen.

Dann sprang auch seine Frau.

Allerdings nur vom Sofa. Erneut hechtete sie zum Fenster, wo sie noch interessierter hinab auf die Straße sah.

„Jetzt komm' aber mal her, Hubert. Die zwei stehen immer noch unter der Laterne!" Aber nichts hätte ihn in dem Moment vom Bildschirm weglocken können.

„Also, Margot, jetzt lass' mich endlich in Ruh'! Hier passiert Weltgeschichte – und da stehen zwei unter der Straßenlampe. Eine davon zufällig unsere Tochter und der andere ihr Schulkamerad. Ich bitte dich!!!"

Mittlerweile klang er richtig genervt. „Schon wieder so ein Pinselkünstler…"

Er klang gereizt. Die Anspannung von dem Sprung aus dem All schien ihm nicht sonderlich bekommen zu sein, fand seine Frau. Zu gern hätte Mama Siebenborn stattdessen gehört, was da unten gesprochen wurde. Aber sie konnte ja schlecht das Fenster *auf kipp* stellen, das hätte Lina mitgekriegt. Also setzte sie sich wieder zu ihrem Mann, konnte sich aber aus verständlichen Gründen nicht wirklich für den Hype um diesen „Fallefix", wie Hubert ihn jetzt nannte, begeistern.

Ihre Gedanken waren bei ihrer Tochter. „Vielleicht würde das doch noch was werden mit den Beiden…"

Mit ihrem Mann würde an dem Abend nichts mehr anzufangen sein, das wusste sie. Umso froher war sie, als sie endlich hörte, dass die Haustür ins Schloss fiel.

„Lina ist da." Was Hubert umgehend wieder zu einen Kommentar brachte: „Klar, wenn sie noch länger da gestanden hätt', wär' sie auch zu Eis erstarrt. Wir haben ja immerhin schon Minusgrade." Seine Frau war richtig aufgeregt. „Jetzt sag' aber nix, Hubert!" – „ICH? Ich hab' doch gar nix gesehen. Du hast doch hier die Frau Kling aus der Lindenstraße gemacht..."

Er wusste genau, wie er seine Frau ärgern konnte. Jetzt sagte sie gar nichts mehr.

„Hallo!", Lina trat ins heimische Wohnzimmer ein und hob die Hand zum Gruß.

„Halloooooooooo"!, trällerten ihre Eltern im gleichen Sing-Sang-Tonfall wie einstudiert zurück. Loriot hätte das nicht besser in Szene setzen können. „Wisst Ihr, wen ich gerade getroffen habe?", Lina klang ein bisschen außer Atem. Sie ließ sich in den Sessel fallen und strahlte verdächtig.

„Nee, aber gleich." Hubert sprang vorsichtshalber ein, damit seine Frau nicht lügen musste. Da wurde sie nämlich immer knallrot und das wollte er unter allen Umständen vermeiden. Doch seine Frau schaute betont scheinheilig und sagte dann noch gespielt neugierig: „Na, wen denn?" Dabei färbten sich ihre Wangen aber schon verdächtig ein. Papa Siebenborn schnaufte genervt, als er das sah. Lina schien es jedoch in ihrem Enthusiasmus und dank des gedämpften Fernsehlichts nicht bemerkt zu haben. „Den Meierheinrich Junior persönlich!" Sie grinste ihre Eltern an und wartete auf eine Reaktion.

„Neiiiiiiiiiiin!!!!", rief Mama Siebenborn gekünstelt aus. „Und, was spricht er, dein Schulkamerad?", fragte Papa Siebenborn betont gelangweilt. „Also, ihm ist die Frau fortgelaufen. Mit dem Reitlehrer durchgebrannt. Einem rothaarigen! Genau wie damals bei Lady Di. Jedenfalls ist er echt am Boden zerstört, der Ärmste. Aber er hat sich total gefreut, dass wir uns nach so langer Zeit mal wieder gesehen haben." Sie konnte ihr Strahlen nicht verbergen. „Und was sagt er dazu, dass du wieder hier in Büdingen wohnst?"

„Findet er total gut. Hat gemeint, ich hätte eh' nie nach Frankfurt gepasst. Und außerdem wollen wir mal zusammen essen gehen. Das Café in Bad Salzhausen guckt er sich auch an. Vielleicht kommen wir sogar ins Geschäft. Er meinte, er hätte noch Luft – also auftragsmässig – und könnte mir beim Renovieren helfen. Für ganz kleines Geld, versteht sich."

Ihre Mutter versuchte sich nicht anmerken zu lassen, dass sie schon ganz aus dem Häuschen war deshalb. Hatte sie es nicht immer gewusst, dass der Meierheinrich Junior eigentlich für ihre Lina vorbestimmt war? Und ihr Mann besann sich auf einen Spruch, den er schon von seiner Mutter her kannte: „Ich hab's doch schon immer gewusst: an de' nächste' Hecke, da schneid' mer die beste' Stecke'!"

Da saß sie in ihrer Küche. Es duftete nach Kaffee wie immer. Jan war gerade aus Frankfurt zurückgekommen, wo er einen ziemlich überfüllten Malkurs abgehalten hatte. Alle Kinder wollten wieder und wieder wissen, wie das „noch mal genau war mit dem Blitzschlag". Manchmal fragte er sich, ob sie am Ende nur deshalb zu ihm in den Malunterricht kamen. Aber er wurde auch nicht müde, die Geschichte von dem ungewöhnlichen Ereignis zu erzählen. Die Kinder wollten jedoch nicht nur einmal hören, wie das alles war mit dem Gewitter und dem Blitz. Nein, er musste immer wiederholen, was im Spätsommer des Jahres 2012 auf dem Keltenberg passiert war. Und das Hauptmotiv der Kinderbilder: Blitze. Oder Bilderbuchwetter auf der einen Seite und düstere Gewitterwolken auf der anderen. Ganz so, wie das Bild, das Jan tatsächlich an diesem Tag gemalt hatte.

Und das schon lange zu Staub und Asche geworden war…

Neben dem Gehalt, was nun endlich einmal nicht mehr in der Hungerlohnkategorie mitspielte, waren die leuchtenden Kinderaugen jedoch die größte Motivation für Jan, tagtäglich den weiten Weg nach Frankfurt anzutreten.

Mittlerweile war es Herbst geworden und die Fahrten durch die Wetterau kein wirkliches Vergnügen. Nebelschwaden zuhauf.

Und manchmal lösten die sich den ganzen Tag nicht auf.

Dazu kamen noch einige Baustellen, die den Zeitaufwand noch weiter in die Höhe trieben. Manchmal war Jan alles zuviel.

Kaum war er dann in Schotten und hatte sich beim Abendessen ein wenig regeneriert, musste er schon wieder ran an die eigentliche Arbeit.

Er malte Gartenbilder, Hausbilder, Urlaubsbilder oder abstrakte Gemälde nach Farbvorgaben. „Hauptsache, es ist von Ihnen, Herr Johannsen!", sagten einige seiner neuen Kunden und ließen ihm in künstlerischer Hinsicht fast völlig freie Hand.

Plötzlich lief die ganze Chose. Wenn er vorher nur halb so viel zu tun gehabt hätte… Aber vorher, da kannte ihn niemand.

Und jetzt war er der „Van Gogh vom Keltenberg". Wenn erst einmal die Reportage, die Susi Lustig über ihn gedreht hatte, ausgestrahlt werden würde, dann könnte er wahrscheinlich noch Nachtschichten einlegen. Gut, ein Gerhard Richter würde er in diesem Leben nicht mehr werden. Das war Jan schon klar. Denn der war nun offiziell der einzige Maler, von dem ein Gemälde schon zu Lebzeiten die unglaubliche Summe von 26,4 Millionen Euro bei einer Versteigerung erzielen konnte. Und für Eric Clapton, der dieses „Abstrakte Etwas", das sich im Übrigen nur geringfügig von Jans Wutbildern unterschied, vor vielen Jahren einmal im Paket mit zwei anderen Gemälden für läppische 2,6 Millionen erworben hatte, war das eine gigantische Rendite.
Aber Jan wollte nicht klagen, nicht jammern.
Nicht mal heimlich…

Das, was ihm in den letzten Wochen passiert war, war mehr als eine Giganto-Rendite: einen Blitzschlag zu überleben, dadurch bekannt zu werden und nun in künstlerischer Arbeit zu ersticken, noch dazu einen Kontoauszug zu haben, der fast aus allen Nähten platzte.

Aber das Tollste war, dass er in Tonja eine richtige Freundin gefunden hatte. Jemanden, mit dem man ganze Ponyherden stehlen konnte. Und dann noch Asta, die er nicht minder ins Herz geschlossen hatte. Das war das reinste Blitzglück 2012…

Er parkte seinen ollen Kombi direkt vor dem Fachwerkhäuschen. Gleich würde Asta auf ihn zustürmen und ihn schwanzwedelnd begrüßen. Und so war es auch.

„Jan, du kommst echt spät." Tonja hatte ihm schon Kaffee eingeschenkt. Und auf dem Herd brutzelten in der Pfanne Blutwurstscheiben. Auf dem Tisch stand selbstgemachter Apfelbrei und eine Schüssel mit Kartoffelbrei und obendrauf geröstete Zwiebeln. Ihm lief das Wasser schon im Munde zusammen. Und Asta sah aus, als würde sie auch gerade Ähnliches durchmachen.

„Ja, ich weiß. Es wird immer schlimmer mit der Fahrerei. Zeitlich schaffe ich das kaum noch. Drei Stunden bin ich mindestens unterwegs, also hin und zurück. Und die Zeit fehlt mir einfach für meine eigenen Sachen." Er machte eine kurze Pause und streichelte Asta überschwänglich, die sich wie verrückt freute, dass ihr neuer Freund endlich wieder da war.

„Aber jetzt habe ich nur eines: Hunger und Durst!"

Tonja sorgte sich um Jan, weil er wirklich kaum noch Zeit für irgendetwas außer Arbeit hatte.

Wie gut, dass es Asta gab.

Sie sorgte dafür, dass er wenigstens regelmäßig an die frische Luft kam. Früh morgens und abends ging er immer mit ihr raus. Tonja hoffte, dass er noch seine Gehmeditationen machte. Aber da er nichts mehr von seinen Rückenschmerzen sagte, fragte sie auch nicht nach. Wahrscheinlich war der Hund für seinen Gesundheitszustand sowieso besser als jede Meditation, egal ob im Sitzen, Liegen oder Laufen.

„Vielleicht ist er innerlich auch einfach ein richtiger Vulkanier, deshalb geht es ihm besser, seit er hier oben wohnt", dachte sie manchmal.

Dank Tonjas Zaubertropfen hatte auch Asta sich wieder gefangen. Nur manchmal schaute sie herüber zu ihrem früheren Heim und fiepte.

„Hast du Post bekommen?", wollte Jan wissen, da Tonja wie gebannt auf einen Brief starrte.

Der ganze Küchentisch sah nach Papierkrieg aus.

„Das kann man wohl sagen. Vom Amtsgericht! Opa Abbel wollte wohl auf Nummer sicher gehen. Jedenfalls hat er sein Testament vorsichtshalber dort hinterlegt – er kannte wohl seine Cousinen recht gut – hier ist die Kopie des Testaments. Und noch ein persönlicher Brief an mich. Verschlossen."

Die letzte Amtshandlung des ehemaligen Briefträgers Friedrich Wilhelm Heinrich Abbel: Briefe verschicken lassen, die seinen Nachlass betreffen.

Sie hielt einen Moment inne und winkte gedankenversunken mit dem Umschlag hin und her. „Ich bin jedenfalls gespannt, was Opa Abbel mir zu sagen hat."

Sie hielt einen Moment inne und sah nachdenklich aus.

„Hoffentlich können wir wenigstens Asta behalten."

Jan schaute nachdenklich zu der Hündin.

„Das hoffe ich allerdings auch. Sehr. Wem könnte er sie denn sonst vererbt haben?" Er wollte sich schon gar nicht mehr vorstellen, wie es ohne den Vierbeiner sein könnte. Schnell hatte er sich wieder daran gewöhnt, einen Begleiter zu haben. Zuhause in Hamburg hatten sie immer Hunde gehabt.

Er kannte ja eigentlich kein Leben ohne tierischen Beistand.

Selbst Lina hätte er damals gar nicht kennengelernt, wenn Nele nicht gewesen wäre. Die fand Lina nämlich – genau wie er – zum Anbeißen schön. Seine Gedanken waren schon wieder in der Vergangenheit. Und bei Lina. Das wollte er sich doch längst abgewöhnt haben…

Aber er wusste ja, wie das so ist, wenn einem jemand sagt: „Denken Sie an alles, nur um Gottes Willen nicht an blaue Elefanten…"

„Blümchen und Lambrusco"

Auf dem Bornheimer Wochenmarkt rund um das Uhrtürmchen war schon die Hölle los. Die Menschen waren überrascht von den spätsommerlichen Temperaturen um die zwanzig Grad. Und das Ende Oktober! Manche liefen nur im T-Shirt herum, andere hatten wohl die warmen Strümpfe wieder in die hinterste Schublade verbarrikadiert und Sandalen und Sonnenbrillen noch einmal hervorgekramt.

Die Straßencafés waren allesamt überfüllt. Jeder wollte anscheinend noch ein paar Sonnenstrahlen speichern, bevor die dunkle, kalte Jahreszeit endgültig kommen sollte.

Siegbert hatte die Nacht wieder einmal bei Ines in Bornheim verbracht. Und war rechtzeitig aufgestanden, um in der Berger Straße frische Brötchen und einige Leckereien für ein ausgedehntes Samstags-Frühstück zu holen. Nicht zu vergessen, ein wunderschöner Strauß Herbstblumen für seine Ines. Die machte ihn regelrecht high.

Und Ines ebenso...

Frühlingsgefühle – und das mitten im Herbst.

Das genau das war es doch, was Ines Gerlach sich so lange gewünscht hatte. Jahrelang war sie wie eine Eselin der Karotte hinterher gelaufen, die ihr ein gewissen Lars Ochs immer mit einem festen Abstand vor die Nase gehalten hatte, was sie für alle Zeiten unerreichbar machen sollte. Bis dann eine gewisse Annemieke aus Holland ihr Mäulchen zur rechten Zeit weit aufgesperrt hatte und, schwups, die Karotte zwischen den Zähnen klemmen hatte. Und so schnell nicht mehr loslassen sollte.

Erst dann war Ines aufgewacht aus ihrem Dornröschenschlaf in Steinfurth. Und dann war alles ganz schnell gegangen. Denn Hein, ihr von Lina vererbter Boss, hatte plötzlich das Weite gesucht.

Und Siegbert Engel war ihr ad hoc vor die Nase gesetzt worden, was ihr – gelinde gesagt – ganz schön Muffensausen verursacht hatte.

Doch es brauchte nicht wirklich lange und Ines war klar geworden, wie dämlich die Mär vom Korinthenkacker, die sich über Jahre hartnäckig gehalten hatte, war.

In Wirklichkeit war der Herr Engel, ihr neuer Chef, Nachfolger vom „Strampelhosen-Heini", wie mittlerweile jeder in der Firma wusste, der des Lesens mächtig war, überhaupt kein unangenehmer Zeitgenosse. Im Gegenteil. Er war hochanständig, stellte seiner neuen Sekretärin (also ihr!) jeden Montagmorgen einen Blumenstrauß auf den Schreibtisch (mit den besten Wünschen für eine schöne Arbeitswoche!), war überpünktlich, zuverlässig, behandelte jeden freundlich und respektvoll (außer, es kam ihm einer ganz blöd!) und verschonte Ines mit anzüglichen Bemerkungen, wie es einige der Herren im Büro so gerne zu tun pflegten. Allen voran Bernhard Burger, ihr langjähriger Boss mit hohem Nervfaktor...

Brrrrrrrrrrrr!

Wie gut, dass der Kelch jetzt endgültig an ihr vorüber gegangen war. Manchmal dachte sie in einer stillen Minute darüber nach, wie unglücklich sie doch die ganze Zeit in Steinfurth mit Lars gewesen war. Der sie belogen und betrogen hatte und dann dieser Annemieke van der Wiesen auch noch eine eigene Rosensorte gewidmet hatte. Wie konnte sie nur so betriebsblind gewesen sein? Im Job war sie doch immer clever und saß sicher im Sattel. Aber privat war sie jahrelang in die falsche Richtung gelaufen.

Und jetzt, wo sie eigentlich der Männerwelt schon abschwören wollte, da kam Siegbert Engel zuerst in ihr Büro und alsbald auch in ihr Herz geschneit und brachte ihr herzerfrischend lächelnd alle Arten von Blumen, die sie sich immer gewünscht hatte und die es im Rosendorf Steinfurth für sie nie gab.

Und jetzt lag sie hier im zerknautschten Bett ihrer neuen Bornheimer Wohnung, hörte die Tür ins Schloss fallen, die Tritte von ihrem Siegbert, der sich bemühte, ganz leise zu sein (falls die Angebetete, also sie! – noch schlafen sollte) und selbst das Rascheln allerlei Papiertüten zu besänftigen.

„Frische Brötchen!", sie freute sich schon. Gleich würde es ein wunderbares Frühstück geben – mit allerlei Leckereien vom Wochenmarkt. Alle anderen hetzten im Samstagswahn durch die Stadt und sie würden jetzt ausgiebig schlemmen.

Und dann vielleicht wieder das Bett zerknautschen?

Ach, sie fühlte sich jetzt wirklich wie die Göttliche Ines!

Und Siegbert war ihr persönlicher Chef-Engel...

Ein bisschen dankbar konnte sie dieser Annemieke eigentlich schon sein, fand Ines. Denn so gut wie eben gerade war es ihr – bis auf ganz wenige Ausnahmen – noch nie gegangen... Und ohne das Hollandmeisje wäre sie der Karotte wahrscheinlich noch ewige Zeiten hinterher gedackelt. *Hartelijk dank!*

Karotten hielt Karl-Heinz Meierheinrich jr. Lina nicht gerade vor die Nase. Nur ein Stück von seiner Meeresfrüchte-Pizza, was für ihn wohl schon der kulinarische Supergau war.

„Die ess' ich normalerweise nur zu ganz besonderen Anlässen", bekannte er geradeheraus und fand dabei offensichtlich nichts weiter.

„An unserem Hochzeitstag, da waren wir auch meistens hier – beim Nobelitaliener – und da hab' ich die auch immer gegessen."

Er machte eine kurze Pause und wollte von Lina wissen, wie sie diese außergewöhnliche Feinschmeckerkreation von einer Pizza fand: „Und? Was sagste?" Lina, die etwas ungläubig die Szene verfolgte, als wäre sie gar nicht live dabei, sondern würde es von außen mit einem gewissen Sicherheitsabstand betrachten, wusste absolut nicht, was man zu einer so schlecht belegten und dazu noch kalten Meeresfrüchtepizza jetzt Anerkennendes sagen sollte, kaute einfach weiter und deutet dabei auf ihren vollen Mund – in der Hoffnung, dass Karl-Heinz gleich weiter von seiner Göttergattin auf der Flucht erzählen würde.

Das hatte er nämlich geschlagene anderthalb Stunden vorher schon getan, so dass Lina jetzt wusste, wie sich die Täubchen kennengelernt hatten, dass die Hochzeit eine der schönsten von ganz Büdingen seit dem Mittelalter gewesen sein musste, dass seine Frau total sportlich war und jeden Tag geritten ist (am Ende wahrscheinlich mehr auf dem Reitlehrer...) und dass sie – im Gegensatz zu Lina – überhaupt keine Figurprobleme hatte, sondern essen konnte so viel sie wollte, ohne auch nur ein Gramm zuzunehmen.

„Gut, gell?", bohrte er noch einmal nach. „Ja, aber mir schmecken die Nudeln doch besser." Er schmatzte, was das Zeug hielt: „Nudeln hat die Gitta auch so gerne gegessen. Naja, die konnte es sich auch erlauben. Da hat ja nix angesetzt."

Das saß! Was sollte Lina aber auf eine solche Frechheit entgegnen? Sie war ein wenig perplex, dachte sie doch, der Meierheinrich Junior hätte den Abend mit IHR verbringen wollen – anscheinend brauchte er aber nur eine Empfangsstation für seine Erinnerungen an Gitta, die Traumfrau. So kannte Lina bereits Schuhgröße, BH-Größe und Haarfarbe (so honigfarben, total süss!), den normalen Tagesablauf (also den Teil, den er kannte...)von seiner zukünftigen Ex, der Gitta.

Und gleich würde er Lina auch sicher noch verraten, ob sie noch regelmäßig ihre Tage hatte, Binden oder Tampons bevorzugte und wann genau zuletzt dies der Fall war. Ob er auch wusste, was genau sie dazu bewogen hatte, mit dem Reitlehrer durchzubrennen?

Lina schaute nach draußen, wo immer noch Schneeregen fiel.

Eine Woche nach dem traumhaften Spätsommerwochenende waren im Vogelsberg die ersten Flocken gefallen. Ziemlich früh.

Sie dachte an Weihnachten, da würde sie hoffentlich schon Gäste in ihrem eigenen Café bewirten. Sie sah die Buchstaben schon leuchten: *„Café Klatsch und Tratsch"*

Der Kellner räumte ab, ohne zu fragen, ob es seinen Gästen geschmeckt hatte. Ein kleiner Rülpser entwich dem Meierheinrich Junior, der jedoch nicht weiter darauf reagierte. War anscheinend normal für ihn. Schon Luther hielt das ja für ein Zeichen, dass es „geschmacket" hat und Lina fragte sich, ob das vielleicht einfach eine Art Geheimsprache zwischen ihm und dem wortkargen Kellner war. Einmal kurz rülpsen, dann wusste der Kellner vom Nobelitaliener Bescheid, dass es ganz in Ordnung war.

„Ich trink' noch einen Lambrusco. Und du?", fragte er und war in diesem Moment sicher der Meinung, einen exquisiten Weinkenner abgegeben zu haben.

„Lambrusco", erklang es innerlich in Lina.

Vor ihrem geistigen Auge erschien ihr Jan, Sohn eines Hamburger Traditionsweinhändlers, der in all ihren gemeinsamen Jahren nicht einmal diesen Namen in den Mund genommen, geschweige denn, einem solchen Wein Zugang zu dem selbigem erlaubt hätte.

Aber das hier waren andere Gegebenheiten: ein drittklassiger Italiener und ein männlicher Begleiter, der in den letzten fünfundzwanzig Jahren die Stadtmauern von Büdingen nur von der Innenseite gesehen haben musste und dessen Weinkenntnis bei „L" endete.

„L" wie Lambrusco.

Wahrscheinlich kannte er auch keine andere Rebsorte.

In den 80er Jahren trank man auf dem Lande eben Rotwein nur als Sangria im Sommer oder als Lambrusco im Restjahr. Und schon fühlte man sich als Weinkenner erster Güte und richtig erwachsen.

„Lambrusco?", Lina versuchte, nicht ganz so verwirrt auszusehen wie sie war.

„Nein, ich nehm' einfach noch eine Cola."

Er schmatzte immer noch.

„Aber light, oder?", wollte der Meierheinrich Junior wissen.

Lina glaubte, ihren Ohren nicht zu trauen. Was sollte diese Anspielung jetzt?

„Nein, ich nehme eine ganz normale Cola. Keine Light."

Sie versuchte, selbstbewusst zu klingen. Eigentlich war der Abend für sie jetzt endgültig gelaufen.

Darauf zog der Meierheinrich die Augenbrauen hoch, als wollte er ihr damit irgendetwas sagen.

„Was bildet sich dieser Fatzke eigentlich ein?", fragte sich Lina. „Meint er etwa, mit derartigen Gesten könnte er mich in die Schranken weisen? So ganz nebenbei, beim Pizza-Essen? Was ja per se schon nicht auf eine akute Diät hinweist…"

Von Männern, die irgendwas an ihrer Figur auszusetzen hatte und sich dann heimlich irgendwelchen rothaarigen Vogelsberger Matronen zuwandten, hatte sie in diesem Leben jedenfalls genug, auch wenn sie die Rebsorten von A–Z im Halbschlaf beten konnten. Nach dieser Cola würde sie definitiv gehen…

„Das mit den Männern hat sich für mich vorerst wieder mal endgültig erledigt!!!", dachte sie und machte sich innerlich für die Flucht bereit.

Der Kellner, dem offensichtlich schon längere Zeit langweilig war und der deshalb aufmerksam dem gesamten Gespräch gelauscht hatte, kam mit aufgesetzt freundlichem Gesicht zurück an den Tisch und wiederholte, was er ja bereits gehört hatte.

„Einen Lambrusco und eine Cola, normal, nicht light?" Der Meierheinrich nickte, auch wenn ihm das mit der normalen Cola gar nicht zu passen schien. Lina starrte aus dem Fenster und verfolgte jede einzelne Flocke, in der Hoffnung, dass ihr Gegenüber, der Weinpapst vom Büdinger Land, sie von weiteren Geschichten über seine reitwütige Gitta verschonen möge. Das war ein frommer Wunsch, denn es ging gleich weiter. „Willst du mal Bilder sehen?"

Er holte sein Handy heraus und suchte los. Ganz bewusst beantwortete Lina diese Frage nicht.

„Man kann ja mal darauf hoffen, dass auch nicht gegebene Antworten richtig gedeutet werden." Da hatte sie aber falsch gelegen. Schwupps, lag das Handy auf dem Tisch und der Meierheinrich startete die Fotostory.

„Hier, das war unsere Hochzeit. Und das war im Urlaub, in Malle. Hier siehst du auch, was für eine Superfigur die Gitta hat. Und kein Gramm zugenommen in den ganzen Jahren. Der Wahnsinn…"
Dann musste sie noch das Hotelzimmer bewundern „Guck mal, da war das Bett total verwuschelt. Die Gitta ist ja so eine ganz feurige…"
Lina sagte keinen Ton. Aber auch das wurde nicht verstanden…
„Und das ist ihr Pferd. Der Onkel Tom. Doch der ist jetzt auch weg."
Da klang er ein bisschen traurig. Lina disziplinierte sich, nicht auch noch Mitleid zu empfinden.
„Nein, Mitleid, das würde, wenn überhaupt, nur IHR gebühren", fand sie. Den ganzen Abend hatte sie sich alles, aber auch alles über diese Supergitta anhören müssen und wenn sie mal so grob überschlug, dann hatte der Meierheinrich Junior nicht eine Frage an sie persönlich gestellt? Was sollte das überhaupt alles hier?
Sie trank den letzten Schluck ihrer „richtigen" Cola aus und sagte: „Du, ich bin total müde. Muss ja morgen wieder früh ran, die Renovierung, du weißt ja." – „Och, schade. Es war doch so lustig", bedauerte er. Lustig? Was um Himmels Willen war an diesem Abend lustig? Vielleicht die Flocken, die so lustig auf die Erde gefallen sind? Wie sollte man so etwas deuten? Am besten gar nicht, beschloss Lina, und packte demonstrativ schon mal ihre Brille in die Tasche und machte sich zum Aufbruch bereit.
Der Kellner, der nach wie vor alles aufmerksam mitverfolgt hatte, kam mit seinem Portemonnaie an den Tisch und legte los: „Zusammen?", fragte er und schaute den Meierheinrich Junior dabei an. „Nein, getrennt." Lina stutzte. Was war das denn jetzt? Zum Pizzaessen einladen und dann sollte sie ihren Teil selbst bezahlen?
Gab es hier irgendwelche kulturellen Missverständnisse?
Ihr Blutdruck stieg in rasantem Tempo an und Lina merkte, wie sie rot wurde. So rot wie ihre Mutter, wenn sie versuchte zu flunkern, was ihr auch im fortgeschrittenen Seniorenalter meist nicht gelingen wollte.
Vor der Tür verabschiedeten sie sich kurz und schmerzlos. „Mach's gut. Bis demnächst mal." Sie versuchte, so unverbindlich wie möglich zu klingen. Das rief den Meierheinrich Junior jedoch auf den Plan.
„Und wann soll ich jetzt die Renovierung einplanen?", rief er ihr noch nach.

Das fällt dem *jetzt* ein, nachdem sie zweieinhalb Stunden zusammengesessen hatten? Lina blieb wieder stehen und sah ihn ungläubig an.
Die Flocken fielen auf sein schütteres Haupthaar.
Sie konnte Supergitta auf einmal gut verstehen. Diesen Mann hätte sie auch flüchtend auf Onkel Tom verlassen. Sie fragte sich kurz, ob sie das mit der Renovierung nicht auch alleine schaffen könnte.
Nicht, dass der Meierheinrich ihr noch die Supergitta als Pin-Up-Poster an die Wand klatschten würde…
„Ich ruf' dich an, wenn ich deine Hilfe brauchen kann. Aber einplanen musst du nix. Ich seh' erst einmal zu, wie weit ich alleine komme. Ist ja nur ein bisschen Farbe, die fehlt." Jetzt schaute er sie ungläubig an. Aber zumindest hatte er das Schmatzen nun endgültig eingestellt. Das war ja schon mal ein Vorteil…
Dann drehte sich Lina um und ging schnurstracks durch den Schneeregen in Richtung Altstadt. Von weitem sah sie das Hoflicht brennen.
„Hoffentlich steht Mutter jetzt nicht hinter der Tür, ganz zufällig natürlich, und will wissen, wie der Abend mit dem zukünftigen Schwiegersohn ihrer Träume so war", Lina musste aufpassen, nicht auch noch auszurutschen, denn sie war schuhtechnisch auf Ausgehen und nicht auf Ausrutschen ausgerichtet gewesen.
„Wenn ich jetzt auch noch von dem „Superabend" und der „Supergitta" berichten soll, dann krieg' ich ein Magengeschwür – und zwar noch heute Nacht!"

Als sie die Haustüre aufschloss, hörte sie ein Geräusch vom oberen Stockwerk, wo das Schlafzimmer ihrer Eltern war. Bestimmt hatte ihre Mutter hinter dem Fenster gestanden und gewartet, ob es etwas Interessantes zu beobachten gab.
Aber Fehlanzeige!
Heute hätte sie auch nur eine stinksaure Tochter auf dem Nachhauseweg beobachten können…

„Wüstenfuchspelze"

Das Haus, das Konto, die Asta. Ein stattliches Erbe, was Friedrich Wilhelm Heinrich Abbel seiner langjährigen Nachbarin da hinterlassen hatte. In einem persönlichen Brief, der dem Testamentsauszug beigefügt war, hatte er Tonja erklärt, dass sie als Alleinerbin sein Erbe bitte nicht ausschlagen sollte, denn – trotz der erheblichen Erbschaftssteuer, die auf sie zukommen würde, wäre genügend Masse vorhanden, so dass sie mit einem satten Plus aus der Sachen gehen könnte.

Und, wie er ausdrücklich betonte, wäre sein geliebtes Häuschen doch auch in einem mehr als passablen Zustand.

Tonja könnte es seinetwegen vermieten oder verkaufen, da sie ja nicht gleichzeitig in zwei Häusern wohnen konnte.

Nur Asta, die sollte bitte unbedingt bei ihr bleiben und bloß nicht in ein Tierheim gegeben werden. Das war ihm wohl am Allerwichtigsten. Gegen Ende des langen Briefes bekam Tonja Tränen in die Augen:

…Früher, als Du noch klein warst, da habe ich immer nach Dir gesehen, weil Du oft allein warst und doch keine Eltern mehr hattest. Das hat mir immer so leid getan. Als dann noch Deine lieben Großeltern, nachdem Du beide so aufopfernd gepflegt hast, gestorben sind, da habe ich mich für Dich verantwortlich gefühlt.

Später, als ich ein älterer Herr war, und die Zipperlein hier und da begannen, da hast Du Dich immer um mich gekümmert. Und dafür möchte ich Dir herzlich danken. Wie gerne denke ich an die Sommerabende zurück, die wir zusammen auf der Bank gesessen haben. Und die Samstage, an denen es abends die berühmte Fleischwurst mit dem selbstgekochten Kakao gab. Und hinterher eine schöne Zigarre auf der Bank vor deinem Haus.

Das ist jetzt für mich alles vorbei, wenn Du diese Zeilen liest. Es sei denn, im Himmel gibt es auch Bänke – und die Zigarren sind nicht zu teuer.

Vergiss' mich nicht, kleine, große Tonja und denke daran: Man sieht sich immer zweimal im Leben. Einmal haben wir schon hinter uns.

Leb' wohl, lebe glücklich und zufrieden, und bleib' wie Du bist!

Bis irgendwann, irgendwo.

So hoffe ich.

Für immer,

Dein Opa Abbel

Immer und immer wieder hatte sie diese Zeilen durchgelesen. Es dauerte sogar einige Zeit, bis Tonja sich mit dem Erbfall anfreunden konnte.

Sie als Alleinerbin…

Wahrscheinlich würde sie es noch mit den Lauterbacher Cousinen zu tun bekommen, die sich doch als die einzig wahren Erbberechtigten fühlten. Tonja Naumann besaß ja bereits ein Haus, geerbt von ihren Großeltern.

Was sollte sie denn jetzt mit Opa Abbels Häuschen anfangen?

Mit Mietern hatte sie bereits ihre Erfahrungen gemacht – und so einen netten Mieter wie Jan würde es doch wohl kein zweites Mal geben.

Sie brühte noch einen Kaffee auf.

Dabei konnte sie immer am besten nachdenken.

„Jan. Apropos Jan", schoss es ihr in den Sinn. „Für Jan ist dieses Dachjuchhee auf Dauer sowieso zu klein. Und ewig sollte er eigentlich auch nicht zur Untermiete wohnen. Ob er Interesse hätte?"

Sie nahm sich fest vor, ihn gleich heute Abend zu fragen. Asta lag in ihrem Korb und atmete gleichmäßig und völlig tiefenentspannt. Auch ohne Zaubertropfen oder Meditatives Gehen.

„Wahrscheinlich können wir Menschen von den Tieren noch so einiges lernen", dachte Tonja, als sie beim Betrachten des sich senkenden und wieder hebenden Hundebäuchleins auch immer ruhiger wurde.

Der Kaffee war fertig. Und von ihrem gemütlichen Küchentisch aus konnte sie einen Blick hinüber auf Opa Abbels kleines Häuschen werfen. „Ein schnuckeliges Haus", fand Tonja. Erst dann fiel ihr ein, dass es jetzt *ihr* Häuschen war. Ihre Gedanken waren wohl auf Reise gegangen – und auf einmal war der Kaffee nur noch lauwarm.

„Hast du denn schon Pläne, wie es jetzt mit dir weitergehen soll? Ich meine, rein räumlich, denn hier oben wird es ja langsam eng, die Bilder stapeln sich mittlerweile auf Turmhöhe und eine Dauerlösung… Naja, du weißt ja selbst, was wir anfangs ausgemacht hatten."

Jan sah nicht glücklich aus, als Tonja das Thema ansprach. Wieder einmal wurde er mit der Tatsache konfrontiert, dass er einfach nicht wusste, wo er hingehörte – wo sein Platz war, seine Heimat.

Und Zeit, darüber nachzudenken, hatte er auch keine.

Er war mittlerweile richtig gestresst von dem ganzen Erfolg und der Arbeit, die langsam überhandnahm.

„Du...", er machte schon nach dem ersten Wort eine längere Kunstpause und blickte in Tonjas grüne Augen, „das wüsste ich auch gerne. Auf jeden Fall platzt die Bude da oben aus allen Nähten, das hast du vollkommen recht. Ich schlafe ja zwischen Farbpaletten und Leinwänden sozusagen. Macht echt high..."

Jetzt war Tonja genauso weit wie vorher.

„Hast du vor, wieder nach Hamburg zu gehen?"

„Hamburg." Er sah auf einmal richtig traurig aus. „Das ist und bleibt immer meine Sehnsucht. Aber, wieder dort leben? Ich weiß nicht. Meine Mutter turtelt mit Francesco in unserer Villa rum, was ja auch okay ist. Aber da wäre ich definitiv einer zuviel. Das geht irgendwie nicht mehr, glaube ich. Nach sieben Jahren in Hessen hätte ich da wohl schon so ein bisschen Migrationshintergrund. Jetzt, wo ich auch noch heiße Fleischwurst mit Kakao mag..."

„Also, doch schon ein halber Hess'!", scherzte Tonja. „Und was ist mit Frankfurt?" – „Das ist ja mittlerweile schon teurer als Hamburg. Und dazu noch viel lauter, hektischer. Es zieht mich nicht wirklich dahin." Er kraulte Asta, die ihren Kopf auf sein Knie gelegt hatte. „Frankfurt. Das war die Zeit mit Lina. Und die ist definitiv vorbei."

„Zwei Sturköpfe, die es nicht schaffen, ein Missverständnis aus der Welt zu räumen. Und ich hänge auch noch mitten drin..."

Tonja wollte nie zuviel sagen zu der Trennung, aber insgeheim fand sie es schade, dass Jan und seine Lina sich in Lichtgeschwindigkeit auseinanderdividiert hatten. Und das, obwohl nichts, aber auch gar nichts passiert war zwischen ihr und Jan in dieser doofen Gewitternacht.

„Eigentlich saublöd, wie das alles gelaufen ist", fand Tonja.

Doch Jan reagierte nicht weiter darauf. Anscheinend ein wunder Punkt, über den er nicht reden wollte.

„Also, das ist ein weites, weites Feld. Das kriegen wir heute nicht mehr bestellt." – „Gut, also nochmal in der Zusammenfassung: Hamburg und Frankfurt sind momentan außen vor. Was könnte sonst noch zur Debatte stehen? Schotten? Irgendein anderes Dorf hier oben auf dem Vulkan? Vielleicht Einartshausen oder Busenborn..."

„Bitte nix mit „*born*" am Ende... Nein, im Ernst: So richtig Gedanken habe ich mir darüber noch nicht gemacht. Ganz ehrlich, Tonja. Das war in dem Jahr doch ein ziemliches Pensum, was ich da absolviert habe. Erst war ich lange krank, dann der Tod von Brittney, die Sache mit Linas Job... Eine Verkettung unglücklicher Begebenheiten. Ich sage nur Peitschen-Heini. Das war eine echt schräge Nummer! Dann kam ich mit meinen elendigen Schmerzen zu dir, bin zuhause rausgeflogen – den Rest kennst du ja selbst. Blitz, blitz, blitz...Und schon war ich reich und berühmt!"

Er machte ein paar Bewegungen, als würde er unter Strom stehen, was Tonja amüsierte, aber Asta ziemlich verwirrte. Sie wurde ganz wild und dachte wohl, dass es jetzt raus geht, eine Runde um den Block! Aber dem war nicht so. Anscheinend musste Jan sich nur abreagieren. Ihm war das Thema heute Abend zu anstrengend. Was nicht heißen sollte, dass es ihm am nächsten Tag irgendwie leichter fallen würde. Dass er jetzt keinerlei Entscheidung treffen wollte, merkte Tonja natürlich. Trotzdem wollte sie ihm nun ihren Vorschlag unterbreiten.

So ganz ins Leere laufen sollte ihre kleine Unterredung nicht. Schließlich hatte sie eine Idee...

„Hör' zu, ich habe mir da was überlegt."

Jan versuchte, Asta zu beruhigen, die immer noch auf einen außerplanmäßigen Gassigang wartete und ständig um ihn herumsprang. Er setzte sich wieder hin und wartete gespannt, was Tonja ihm zu sagen hatte.

„Also, jetzt mal Budder *bei die Fisch*: Wie wäre es, wenn *du* in Opa Abbels Häuschen ziehen würdest?"

Es wurde eine unruhige Nacht. Halb wach, halb im Schlaf, grübelte Jan darüber, was er tun sollte. Er war völlig überrascht, dass Tonja ihm Opa Abbels Haus angeboten hatte. Und anschließend ziemlich sprachlos darüber. Gott sei Dank hatte sie dafür Verständnis gezeigt!

Sich festzulegen, das war für Jan schon bei unwichtigeren Dingen nicht einfach. Lange hatte er wachgelegen und in den schwarzen Himmel geschaut und versucht, etwas zu erspähen. Vielleicht ein Licht, das ihm seinen weiteren Weg leuchten würde. Aber nichts war zu sehen. Nur ein nächtlicher Himmel.

Irgendwann müssen ihm die Augen zugefallen sein. Und dann war es überhaupt nicht mehr dunkel. Im Gegenteil, Freddy schaute ihn singenderweise an: „Junge, komm' bald wieder!"

Und unaufhörlich erschienen ihm im Traum Bilder von Hamburg: Die Alster, der Jungfernstieg, das Rathaus, der Hafen, der Fischmarkt, St. Pauli bei Nacht. Er wollte heraus aus diesem Heimatsog, aber immer und immer wieder ertönte das berühmte Lied. Doch dann plötzlich ein krasser Szenenwechsel: Ein Mann, der ein bisschen aussah wie eine Mischung aus Obama und Harry Belafonte – nur mit übergroßen spitzen Ohren – war wie aus dem Nichts aufgetaucht. Er stand auf einer Art Seebühne, mitten auf dem Schottener Stausee. Und dann sprach er zu den Vulkaniern, die sich in Massen dort versammelt hatten, um ihrem Präsidenten zuzuhören.

Sie alle hatten Ohren wie Mister Spock.

Dann nahm der Mann auf der Seebühne sein Megaphon:

„Liebe Menschen von Vulkanien, ich als euer Präsident sage euch heute: Ob am 21. Dezember die Welt untergeht, das weiß ich nicht. Was ich aber auf jeden Fall weiß, das ist: Der Winter steht vor der Tür, und alle führenden Meteorologen sagen voraus, dass es hier im schönen Vulkanien bitterkalt werden wird. Genau wie an der Ostküste von Amerika, nachdem Sandy, der schlimmste Sturm seit vielen Jahren, dort gewütet hat. Die Bilder gingen um die Welt. Ihr wisst, was auf euch zukommen kann. Vielleicht müsst Ihr eine Zeitlang leben wie in der Steinzeit. Doch, liebe Freundinnen und Freunde, ich sage euch auch: Ihr könnt es schaffen! Überall gibt es Menschen, die euch in dieser Notsituation helfen werden! Und es werden viele sein, die Großartiges leisten für ihre Mitmenschen, und zwar für alle. Egal woher sie kommen – egal, wie sie aussehen – egal, welche Hautfarbe sie haben oder wen immer sie lieben. Yes, they will!!! Yes, they will!!! Yes, they will!!!"

Eine gewaltige Musik erklang, der Vorhang ging erneut auf – und Ulrich Tukur erschien in seinem Original-Filmkostüm als Generalfeldmarschall Rommel und verteilte sogleich kostenlose Wüstenfuchspelze an die Bevölkerung. Jan fand das klasse und applaudierte wie wild.

Was für ein Service! Die haben aber auch an alles gedacht.

Dann fuhren Heide Blümchen und ihr ehemaliger Bodyguard, der jetzt sozusagen der „neue REAL" war, auf einem Podest heran, standen plötzlich an einem überdimensionalen Topf und verteilten heiße Fleischwurst und Kakao.

„Leute, esst und trinkt, was das Zeug hält – es werden harte Zeiten kommen – für Diäten haben wir alle keine Zeit mehr! Schafft euch besser richtig was auf die Rippen! Ich mach' übrigens auch mit! Scheißt doch alle mal auf die Scheißfigur, am Ende zählt nur Überleben! Ihr müsst surviven, Leute!!!"

Dann biss sie herzhaft in eine knackende Fleischwurst, hatte bestimmt zum ersten Mal in ihrem Leben richtig dicke Backen – und auch noch Spaß dabei!

Jan wunderte sich noch im Traum darüber, dass Heide Blümchen Menschen zum Essen animierte... Und selbst in etwas hineingebissen hatte, was nicht mindestens drei Stockwerke hatte oder ganz fettfrei war. Richtig sympathisch.

Woher kannte die überhaupt Tonjas Lieblingssamstagsabendgericht? Das war doch Oberhessen-Hardcore!!!

Wie kam so etwas über den großen Teich?

Alles sehr, sehr merkwürdig...

Mittlerweile segelten auf dem Nidda-Stausee eine Menge Boote, genau wie auf der Außenalster an einem schönen Sommertag.

Und dann ging in der tristen, winterlichen Katastrophenstimmung doch noch die Sonne auf!!! Auf einem dieser Segelboote stand nämlich Brittney Texas und verkündete, dass sie ab sofort wieder auf der Erde sei, weil im Himmel so gar nichts los gewesen wäre – und sie stolz sei, ab heute für einen guten Zweck singen zu dürfen: „Freunde, ich bringe Wärme in eure Herzen. Kommt einfach jeden Abend um fünf Uhr zum Fleischwurststand bei Heide... Ich werde da sein!!!"

Dann schob jemand den Vulkanier-Präsident kurzerhand vom Mikro weg, zerrte seinen Pitbull, dem er ein rotes Mäntelchen angezogen hatte, kräftig an der Leine, bis er endlich ordentlich neben ihm Sitz machte, schnappte sich das Megaphon und übte sich sogleich in staatsmännischem Gebaren: „Liebe Vulkangenossinnen, liebe Vulkangenossen, hier spricht euer Peer! Und er spricht euch Mut zu: Denn, auch wenn im Winter mal der Strom ausfallen sollte, dann werden Sie nicht auf dem Trockenen oder im Eiskeller sitzen. Denn es gibt sie noch: die gute „alte Tante" SPD – und die kämpft seit jeher gegen soziale Kälte, egal bei welchem Wetter! Spätestens nächstes Jahr, wenn wir Schwarz-Gelb endlich abgelöst haben, ist sowieso Schluss mit Heulen, Frieren und Zähneklappern. Dann heißt es „Beinfreiheit für alle!!!" – und im Ernstfall können wir ja immer noch die Kavallerie schicken."

Die Vulkanier applaudierten angesichts des Zuspruchs in so düsteren Zeiten und freuten sich über so viel hilfsbereite Prominenz, wenn bald Eiswinter, Stromausfall und – im schlimmsten Falle – noch der Weltuntergang am 21. Dezember kommen sollten.

Aber Herr Peer war noch nicht fertig: „Ach, und übrigens: Gagen und Vortragshonorare von all denen, die heute hier irgendeinen Pieps gesagt, gesungen oder gegrillt haben, werden natürlich gespendet. Und zwar an die Mister-Spock-Foundation für hörgeschädigte Vulkanier!"

Jan sah sich selbst in den Massen am Stausee stehen und irgendjemand rief wie verrückt und schallend laut seinen Namen.
„Jan, Jan, hier sind wir!!! Hiiiiiiiiii-hiiiii-hiiiiiiier!!!"
Auf einmal erschienen seine Mutter und Francesco auf der Bildfläche. Sie waren im Pferdeschlitten unterwegs, sahen aus wie Eskimos und brachten steifgefrorenen Fisch.
„Mien Jung', den haben wir direkt vom Hamburger Fischmarkt für dich mitgebracht." Seine Mutter umarmte ihn und schrie plötzlich auf: „Da, schau, da ist ja deine Lina!"
Und richtig. Jan traute seinen Augen nicht: im lackschwarzen, hautengen Domina-Outfit (was zugegebenermaßen ziemlich kühn war mit mehr als ein paar überflüssigen Pfündchen), peitscheschwingend und mit bitterbösem Blick stand sie auf der Seebühne, stieß den obersten Vulkanier, Peer, seinen Pitbull und Herrn Tukur barsch zur Seite, um dann lautstark zu verkünden: „Jan Johannsen, der blonde Jan von der Waterkant, der sogenannte *Van Gogh vom Keltenberg*, auf den alle ganz scharf sind, JETZT, nachdem ich ihn jahrelang durchgefüttert habe, den feingeistigen Künstler mit allerlei Wehwehchen. DER, genau DER, ist in Wirklichkeit nichts als ein mieser, kleiner Betrüger, ein Fremdgänger und ein Lügner erster Güte dazu… Herr Tukur, eine Bitte an Sie: Geben sie dem Schuft da hinten beim Pferdeschlitten bloß keinen Wüstenfuchspelz!!!"
„Jawoll, Frolleinsche! Als druff! Der Lüschebeudel unn Dummsöffer hat's nett annnersder verdient!!!", hallte es von irgendwo her.
Das Drebbehäusje also auch…

Schweißgebadet und vollkommen durcheinander wachte Jan aus diesem Albtraum auf. Was war DAS denn gewesen?
Der Wecker zeigte erst viertel nach drei.
Wie konnte er nur auf so eine schräge Szene kommen? Weiterschlafen war jetzt unmöglich. Also stand er kurzerhand auf und lief, so leise er konnte, die Treppen hinunter, nahm Asta, die sich tierisch über die

nächtliche Abwechslung freute, an die Leine und ging ein paar Schritte in der Altstadt auf und ab. Er musste erst einmal durchatmen.

Am besten eine kleine Gehmeditation à la Tonja. Einatmen bis vier, dann ausatmen bis acht… So langsam kam er wieder ins Hier und Jetzt. Der Zauber half immer noch. War wahrscheinlich nur ein ganz einfacher Trick. Aber egal. Fast wieder Zuhause angekommen, betrachtete er sich noch einmal das Haus von Opa Abbel ganz genau.

„Wie es wohl sein würde, wenn…"

Asta zog ihn mehrfach an der Leine hin zu ihrem alten Zuhause.

„Na, willst du hier etwa wieder einziehen?"

Irgendwann, gegen frühen Morgen, gelang es ihm dann doch wieder einzuschlafen. Und mit dem neuen Schlaf kam auch ein neuer Traum: Er sah sich in Opa Abbels altem Wohnzimmer, umgeben von seinen Bildern, Farben, Staffeleien, mit einem Glas Rotwein in der Hand. Er unterhielt sich mit Leuten, die sich anscheinend für seine Bilder begeisterten. Jan sah, dass er im Nebenzimmer, der ehemaligen Küche, ein kleines Weinlager errichtet hatte. Und von dort holte er immer wieder andere Flaschen. Er war vollkommen in seinem Element.

Kunst und Wein, das war es!

Asta lag auf den alten Dielen und schien ebenso zufrieden wie Jan.

Als er nach seinem zweiten Traum in dieser Nacht aufwachte, da wusste er plötzlich ganz genau, was er Tonja heute Abend antworten würde.

Rechtzeitig zum Weihnachtsmarkt in Bad Salzhausen am ersten Adventswochenende wollte Lina ihr „Café Klatsch & Tratsch" eröffnen. Es war ein Wetter, wie man es nicht besser hätte bestellen können. Die Landschaft wie mit Puderzucker bestäubt: ein Traum in Weiß. Zufrieden stellte Lina fest, dass es gelungen war, Mithilfe ihrer Eltern, der Schulfreunde ihres Vaters und – nicht zu vergessen – der Mädels von der Deutschlandflagge, das kleine, aber wunderschöne Café aus dem Dornröschenschlaf zu erwecken.

Alles erstrahlte in frischem, hellem Gelb, was die alten Möbel und Bilder erst richtig zur Geltung brachte.

Zwei junge Damen, Anette und Amelie, die sich während der Renovierungsphase spontan persönlich vorgestellt und Lina sofort begeistert hatten, gehörte jetzt fest zum Team. Ausgestattet mit ihren weißen

Spitzenschürzen zu und den Häubchen auf dem Kopf, à la Dienstmädchen von Anno Dazumal, bereute Lina es keinen Moment, die beiden engagiert zu haben. Und Papa Siebenborns Schulkameraden hatten sichtlich Spaß dabei gehabt, endlich mal wieder so richtig in Aktion zu kommen. Und günstiger als der Meierheinrich Junior waren sie allemal gewesen.

Natürlich durften die fleißigen Helfer auch bei der Eröffnungsfeier nicht fehlen. Susi Lustig hatte einen Musiker aus Frankfurt engagiert: Einen Neuseeländer mit dem klangvollen Namen Tilman Mollebusch. Über den hatte sie – wer hätte es gedacht? – mal irgendwann eine Reportage gemacht. Tilmann war ein schräger Vogel, der aussah, als wäre er seit Jahren jedem Frisör aus dem Weg gegangen.

Er hatte einen langen, geflochtenen Zopf, der unter seiner roten Nikolausmütze herausguckte. Und auf seiner Ukulele, einer kleinen hawaiianischen Gitarre, spielte er der Deutschen allerschönste Weihnachtslieder. Fröhliche Hawaiinachten!!!

Aus seinem Rucksack ragte ein Palmenzweig hervor. Eine Anspielung auf Ostern? „Auch mal was anderes!", fand Lina, die aus Zeitnot und Übernervosität Susi bei der Auswahl der musikalischen Begleitung völlig freie Hand gelassen hatte. Aber den Gästen schien es zu gefallen, das Ganze war unaufdringlich und klang beruhigend. Genau das Richtige für die gestressten Vorweihnachtszeitler. Auch wenn die Wirkung bei Lina und ihren Helfern nicht recht greifen wollte. Gegen das Adrenalin, was hier im Umlauf war, kam auch die hawaiianische Beruhigungsgitarre nicht an.

Und auch am Ukulelenspieler selbst heftete pure Nervosität. Ständig erzählte er von seinen neuen Verwandten und dass er jetzt Onkel von einer Emilia („Die ist in Bayern geboren!") und eines Nikolaus' („Ein richtiges Nordlicht!") sei. Das hatte ihn wohl vollends aus dem Häuschen gebracht.

Komischerweise war auch Susis Ex, der Jochen, mit zur Eröffnung gekommen, was Lina aber nur am Rande bemerkte, denn sie war absolut unter Strom bei dem Ansturm, der am Eröffnungstage zu verzeichnen war. Alle gratulierten, wollten ein bisschen Smalltalk mit der Chefin halten oder versuchten verzweifelt, einen Platz zu ergattern, was oftmals nicht gelang und dann dazu führte, dass Lina immer öfters den einen Satz hörte: „Wir kommen ein andermal, heute ist es einfach viel zu voll hier."

Dummerweise hatte sie falsch kalkuliert, was die Anzahl der Torten und Kuchen anging. Auch die Plätzchen, die ihr Vater auf einem Sonderstand draußen verkaufen wollte, waren schneller zur Neige gegangen als geplant. Kurzerhand begann Mama Siebenborn dann damit, unzählige Waffeln zu backen. Das war als absolute Notreserve geplant. „Wenn nichts mehr geht, Waffeln laufen immer!", sagte sie und war offensichtlich voll in ihrem Element.

Die Waffeleisen glühten regelrecht. Ines und ihr Siegbert, die beiden Frankfurter Turteltäubchen, waren ebenso zum Gratulieren gekommen wie Marie-Anne und ihr Göttergatte, der letzte Hetero der Frisörszene. In einem kurzen Geistesblitz registrierte Lina, dass offensichtlich sie die einzige der Mädelsrunde sein würde, die Weihnachten alleine verbringen würde. Doch die Zeit, sich jetzt darüber Gedanken zu machen, war nicht wirklich da.

Am späten Abend des Eröffnungstages, nachdem alle, zuletzt auch ihre Eltern, gegangen waren, saß Lina alleine in ihrem Café.

Die frischgebackene Kaffeehausbetreiberin.

Sie hatte es geschafft!

Nach allen Niederlagen, die das Jahr ihr bislang beschert hatten, war ihr jetzt einmal endlich etwas wirklich geglückt. Die Kasse war randvoll, das Kuchenbuffet komplett leer. Was wollte sie mehr? Dass die Wohnung noch nicht in dem Zustand war, den sie sich für ihr neues Heim vorgestellt hatte, war das einzige, was noch nicht perfekt war in ihrem neuen Leben als Kaffeehausbesitzerin. Und die paar Kilos, die sie während der heißen Phase bis zur Eröffnung wieder zugelegt hatte, würde sie sich bald wieder abtrainieren. Darauf ein Piccolöchen!

Auch in Schotten wurde Anfang Dezember kräftig renoviert.
Zuerst aber musste eine böse Schmiererei entfernt werden: denn kurz nach der Testamentseröffnung stand eines Morgens ein richtig fettes „ERBSCHLEICHERIN" an Tonjas Hauswand. Quer über das Fachwerk in greller, roter Farbe.

Von wem das wohl gekommen sein dürfte?

„Nicht schwer zu erraten", tippte Tonja.

Die Cousinen waren wohl unzufrieden, denn von dem Testamentsvollstrecker wusste Tonja, dass er alle Fotoalben aus Opa Abbels Häuschen geholt hatte. Das wäre anderweitig bestimmt, hatte er nur kurz gesagt. Da hatte der Opa einen letzten Coup gelandet und den gierigen Cousinchen einen Strich durch ihre Erbkalkulation gemacht.

Aber Jan, der morgens früh mit Asta unterwegs gewesen war und die Schmiererei zuerst entdeckt hatte, war Maler genug, um gleich das Gröbste zu übertünchen. Farbe muss man eben haben! Dann kann einen sowas nicht weiter belasten.

Tonja hatte Jan einige Helfer vermittelt, die ihr noch etwas schuldig waren. Leute, die mal hier was am Knie oder da was an der Hand gehabt hatten oder einfach nur „Rücken à la Horst Schlämmer".
Nach Behandlungsende jedoch unter einer Art Bezahl-Alzheimer litten.

Aber Tonja hatte noch die guten alten Karteikarten und da vermerkte sich so etwas dauerhaft bis zum Tage X, der just im Dezember 2012 gekommen war.

Somit konnte sie zwei Fliegen mit einer Klappe schlagen. Und froh wie sie war, dass Jan ihrem Vorschlag zugestimmt hatte, sponserte sie auch gleich das Material für die Grundrenovierung.

Alles für ihren neuen, alten Lieblingsmieter.

Weihnachten sollte er schon in seinem Domizil sein, denn Tonja erwartete Besuch. Zum ersten Mal seit ihrer Affäre mit Hellmuth Gutbein hatte der angekündigt, das Weihnachtsfest zusammen mit ihr verbringen zu wollen. In Schotten!

Nur Asta, die war wohl als einzige überhaupt nicht zufrieden mit der Gesamtsituation. Insbesondere seit Jan – wenn er denn schon einmal Zuhause war, ständig gegenüber nach dem Rechten sah und sie nicht mit durfte. Seitdem saß sie die meisten Zeit an der Haustür und kratzte. Sie wollte hinüber, in ihr altes Heim. Auch Tonja musste das irgendwann einsehen, nachdem keine Besserung des Zustandes eintreten wollte und Asta nur noch winselnd an der Türe war.

„Asta, du bist wirklich eine Nervensäge. Und jaaaaaaaa, du hast mich überredet. Wenn Jan einverstanden ist, dann ziehst du gegenüber ein, sobald alles fertig ist. Versprochen. Opa Abbel wird schon nix dagegen haben…"

Und als hätte die Hündin alles verstanden, legte sie sich sogleich seelenruhig in ihr Körbchen und schnaubte erst einmal tief durch.

„Da sage noch einer dummer Hund…", dachte Tonja und überlegte, ob sie vielleicht irgendwie doch mit einem gewissen Doktor Dolittle verwandt sein könnte…

„Es gibt Neuigkeiten, Mutter!" – „Jan, was für eine Überraschung, dass du gerade jetzt anrufst. Wir haben eben von dir gesprochen und überlegt, wie wir das Weihnachtsfest gestalten. Kommst du denn nach Hause?" – „Wenn du so fragst: Also, ich komme gerne!"

„Prima. Ich freu' mich jetzt schon. Wie geht es dir denn sonst so? Was gibt es Neues bei dir? Jetzt habe ich dich wieder überfallen und aus dem Konzept gebracht, nicht?", Gisela Johannsen war einfach überschwänglich in ihrer Art. Besonders, seitdem Francesco wieder Leben in ihr Leben gebracht hatte.

„Du, ich ziehe um. Aber nur nach gegenüber, nicht nach Hamburg." Eine kleine Pause entstand am anderen Ende. Das musste Gisela doch erst kurz verdauen, immerhin hatte sie inständig gehofft, dass ihr einziger Sohn doch wieder den Weg in seine wirkliche Heimat finden würde. Aber sie riss sich zusammen und verbarg ihre Enttäuschung so gut es ging. „Tonja hat ein Haus geerbt, so ein richtig gemütliches Fachwerkhäuschen. Und da ziehe ich noch vor Weihnachten ein. Was sagst du dazu?"

„Na, das sind doch prima Aussichten. Hast du dort auch wirklich genug Platz für ein ordentliches Atelier und deine ganzen Möbel? Du könntest noch Sachen von hier mitnehmen. Ich ersticke ja sozusagen an Antiquitäten, und du magst die doch so sehr…"

„Ja, ja. In dem Häuschen ist Platz genug. Ich schaue mir dann mal an, was ich noch so gebrauchen könnte. Ich habe mir überlegt, vielleicht Malkurse anzubieten, ab und zu Wochenendseminare für die Skiurlauber, wenn der Schnee mal ausgeblieben ist, oder für ihre nicht-ski-fahrenden Partner. Und eine andere Idee habe ich auch noch, aber das erzähle ich dir dann, wenn ich da bin."

„Hört sich gut an. Ich bin schon gespannt!" Wieder eine Pause auf beiden Seiten. „Kommst du denn schon Heiligabend oder erst am ersten Feiertag?" – „Ich denke, ich bin Heiligabend da."

„Ach, wie schön!"

Da hüpfte Bella Giselas Herz und auch Francesco freute sich, weil sie sich so freute.

„Übrigens, Mutter, nicht vergessen: Heute Abend kommt die Reportage im Hessenfunk, du weißt schon, die Geschichte von den Glückspilzen… Eine Freundin von Lina hat den Film gedreht, und ich komme eben auch drin vor."

„Oh, ja, da bin ich schon sehr gespannt, das sehen wir uns auf jeden Fall an. Wahrscheinlich wirst du danach noch mehr Aufträge bekommen. Ich rufe dich später noch einmal an, einverstanden?"
„Klar, also bis dann!"
Und dann ertönte ein beiderseitiges Hamburger „Tschü-hü-hüs!".

Francesco war inzwischen schon einen Schritt weiter: „Was gibt-eh an die Heilige Abend zu essen in Norde-Eh-Deutschland-eeeh?", wollte er schon einmal wissen.

„Ich dachte, *du* wärst hier der Spezialist für deutsche Gemütlichkeit?", scherzte seine Bella. „Nachdem dein Buch schon auf der Bestsellerliste steht..."

Tatsächlich hatte er auf dem italienischen Büchermarkt damit ins Schwarze getroffen. Alle Italiener interessierten sich offenbar neuerdings für Gemütlichkeit nach deutscher Art. Und in Florenz war soeben der Original Deutsche Weihnachtsmarkt eröffnet worden.

„Also, ich schlage vor, wir bleiben beim Traditionsgericht fast aller Deutschen an Heiligabend: Kartoffelsalat und Würstchen."

Dass es, als ihr Mann noch lebte, meist Karpfen gab, verschwieg Gisela vornehm. Sie wollte jetzt eine neue Tradition begründen.

Deutsch-italienische-Heiligabendgemütlichkeit!

„Und hinterher, Bella Gisella, vielleicht eine klitze-eeeh-kleine-eeeh Verlobung-eeeh?"

Er schaute sie mit seinem Dackelblick an und hoffte auf Erlösung.

„Verlobung geht klar. Hochzeit nicht."

„*Piano, piano...*"

So schnell wollte Francesco seine Träume auch nicht begraben.

„On Air"

Der Winter war in diesem Jahr noch früher gekommen als sonst. In den höheren Lagen war schon alles weiß. Der Hessenfunk vermeldete einen halben Meter Schnee auf dem Hoherodskopf – und das noch vor Weihnachten!

„Schaltjahr ist Kaltjahr" sagte Tonja dazu. „Gerade hab' ich die letzten Blätter weggefegt, schon muss ich wieder Schnee schippen!", schimpfte sie. Eigentlich war ihr das Wetter aber egal, sie hatte mehr als genug zu tun mit allem, was die Erbschaft mit sich brachte.
Viele Sachen von Opa Appel standen mittlerweile wetterfest verpackt unter einer Plane im Hinterhof und warteten auf ihr weiteres Schicksal. Aber für Hausflohmarkt oder ähnliche Aktivitäten war jetzt keine Zeit. Denn in Tonjas Praxis ging es auch hoch her. Die Patienten gaben sich die Klinke in die Hand. Husten, Schnupfen, Heiserkeit, jahreszeitlich bedingte Niedergeschlagenheit, Zukunftsangst, Apokalypse-Panik, beim Schneeräumen aufgefallene Knie oder das generationenübergreifende Oberthema: Rückenschmerzen. Es war also Hochsaison!
Und das war nur ein Teil dessen, was Jan so an Gesprächen aus dem Wartezimmer oder Flur aufgeschnappt hatte. Sozusagen auf der Durchreise von Tonjas Haus zu seinem neuen Domizil oder umgekehrt. Denn auch Jan befand sich im Jahresendspurt – und das in jeder Beziehung.
Herrn Thielmann von der Malschule hatte er endlich gekündigt. Begeistert war der gute Mann natürlich nicht, denn so volle Kurse hatte seine Schule selten gesehen.

„Herr Johannsen, also, mein lieber, verehrter Jan", hatte er versucht, das drohende Unheil doch noch abzuwenden, „nennen Sie mir doch einfach eine Zahl, die Ihnen gefallen würde, von mir aus schreiben Sie sie hier auf diesen Zettel, und ich bin überzeugt, einer weiteren erfolgreichen Zusammenarbeit dürfte doch nichts im Wege stehen…"
Aber da biss er bei Jan auf Granit. Hamburger Granit.
Hart wie die Backenzähne der Hafenjungs von St. Pauli.
Natürlich konnte Jan die Verzweiflung von Herrn Thielmann, der ihn insbesondere als sichere Einnahmequelle behalten wollte, verstehen. Woher sollte der gute Mann auch so schnell ein neues Zugpferd bekommen? Er konnte ja schlecht irgendeinen Mallehrer auf den Keltenberg schicken und vorher einen Blitz beim Universum bestellen…

Fast tat er ihm leid. Aber Jan hatte beschlossen, hart zu bleiben. Und so musste Herr Thielmann diese Kröte dann doch schlucken. Noch vor Weihnachten würde Jans letzter Unterrichtstag in der Malschule sein. Dann war endlich Ende mit der nervtötenden Pendelei nach Frankfurt. Und sein neues Leben konnte beginnen: ein Häuschen hoch droben auf dem Vulkan, ein eigenes Atelier mit angeschlossener Weinhandlung, richtig viel Platz – gegenüber seine liebe Freundin Tonja, nicht zu vergessen seine vierbeinige Gefährtin Asta. Und vor den Toren Schottens ein wunderbarer See, auf dem man segeln konnte – fast wie auf der Alster! Es gab schlechtere Perspektiven für eine Zukunft...

Und als Jan auf dem Rückweg nach Schotten so über alles nachdachte, auch über die verzweifelten Versuche von Herrn Thielmann, ihn doch noch von einer Kündigung abzuhalten, da kamen in ihm Erinnerungen hoch, wie er damals in der Malschule zu unterrichten begonnen hatte.

Immer wieder kamen ihm Schüler in den Sinn, die ganz besondere Begabungen hatten oder einfach nur wunderbare Kinder waren. Manche waren verängstigt und hatten Angst, alles falsch zu machen, andere strotzten nur so vor Selbstbewusstsein, konnten aber mit Müh' und Not einen Pinsel gerade halten.

Allen hatte er die für sie angemessene Dosis verabreicht, so dass die Schüchternen mit viel Glück etwas sicherer und selbstbewusster werden konnten, die vor Überheblichkeit strotzenden aber ganz sanft in ihre Schranken gewiesen werden konnten.

Das war der eigentliche Nebeneffekt in seinem Unterricht gewesen, er wollte es so weitergeben, wie er selbst es erfahren hatte.

„Was würde nun aus seinen Zöglingen werden? War es überhaupt in Ordnung, Herrn Thielmann so ad hoc den Laufpass zu geben?", fragte er sich, versuchte aber schnell wieder nach vorne zu denken. Nein, er musste kein schlechtes Gewissen haben. Und es brauchte auch nur zwei kleine Stichworte, um dieses nicht aufkommen zu lassen.

Ekatarina Tartakowskaja.

Im Wohnzimmer bei Siebenborns war eigentlich alles wie immer zur Vorweihnachtszeit. Es war liebevoll dekoriert. Der Adventskranz, in diesem Jahr gekauft, sah aber jetzt schon bläulich vertrocknet aus und war nicht wie sonst von Mama Siebenborn selbst gefertigt.

Tja, nicht nur ihre Tochter Lina, die frischgebackene Kaffeehausbetreiberin, hatte nun mehr als einen Vollzeitjob zu bewältigen, auch ihre Mutter war richtig im Stress. Kein Tag, an dem sie nicht mindestens fünf Kuchen gebacken hatte.

„Die Lina schafft das doch noch nicht alleine!", sagte sie zu ihrem Mann, der sich schon beschwerte, dass nicht alles nach seinem gewohnten Ablauf stattfand. Immer öfter gab es nur ein „Tütensüppchen", weil seine Frau nach ihrem täglichen Backmarathon keine Lust mehr hatte, irgendwas Aufwendiges zu kochen. Und er musste jeden Tag nach Bad Salzhausen fahren, um die Kuchen und Torten auch pünktlich auszuliefern. Bei Wind und Wetter und auch bei Dauerschnee. Er half ja gerne, aber diese Art von Tortenexpress als Rentnerglück sehen?

„Ich will ja nix sagen. Aber immer geht das nicht so weiter, Margot. Gerade jetzt, wo der Winter in die Gänge kommt und man eigentlich lieber das Auto stehen lassen würde", stellte Papa Siebenborn fest und schaltete wie immer von einem Programm ins andere.

„Das spielt sich alles noch ein. Wir helfen halt, so gut wir können. Und wenn das Café weiterhin so gut läuft, dann kann Lina noch jemanden zum Tortenbacken einstellen. Meine Meinung…"

Ihr Mann zappte sich derweil durch das Vorabendprogramm und war just beim Hessenfunk, dem Haussender, gelandet.

„Ich glaub's ja nett! Gucke-ma-da!!! De' Fischkopp!!!", rief Hubert seiner Margot zu. Und wie immer, wenn es emotional wurde, babbelte Papa Siebenborn gerade so, wie ihm der Schnabel gewachsen war. Seine Frau, die gerade noch in einem Buch nach neuen Rezepten gesucht hatte, blickte auf den Bildschirm, wo Jan Johannsen gerade von der Hessenfunk-Reporterin Susi Lustig als „Van-Gogh vom Keltenberg, der Mann, der den Blitzschlag in diesem Sommer überlebte", vorgestellt wurde.

„Maggodd, ruf' doch emaa schnell die Lina an. Dess muss die seen!!!" Mama Siebenborn griff gleich beherzt zum Telefon, wählte Lina an, um ihr brühwarm von dem Film, der gerade angefangen hatte, zu berichten. Aber sie bekam umgehend eine Abfuhr:

„Das interessiert mich nicht. Mit einem Jan Johannsen bin ich fertig, falls du das noch nicht gemerkt haben solltest. Von mir aus hätte der Blitz ruhig richtig zuschlagen können. Dann hätte seine rothaarige Sumpfkuh, die Wunderheilerin vom Vogelsberg, auch gleich richtig was zu tun gehabt…" Lina war mehr als nur sauer.

Sie war sogar so laut geworden, dass ihr Vater jedes Wort verstehen konnte. Wut, Enttäuschung und noch einiges mehr lag in ihrer Stimme. Sie wollte nicht mehr an ihn erinnert werden und schon gar keinen Filmbericht über ihn sehen. Klar, Susi hatte ihr davon erzählt. Aber sie hatte es nur zur Kenntnis genommen und nicht weiter nachgefragt. Jan war ein rotes Tuch für sie, nach wie vor.
Und diese Vogelsberger Rotbunte namens Tonja ebenso.

Papa Siebenborn hatte gleich seinen Standardspruch zum Besten gegeben, als der Name Tonja Naumann, die offensichtlich neueste Eroberung seines Ex-Fischkopp-Schwiegersohns, fiel: „Wodrann merkt mer, dass mer im Vogelsbersch iss'? Hä? Ei, wenn die Küh' schönner sinn als die Mädschen..., hihihi..."

Seine Frau fuchtelte derweil wild mit der freien Hand, er solle doch still sein, aber er amüsierte sich prächtig, wann immer er seine Lieblingsweisheit loswerden konnte. Ihrer Mutter tat es schon wieder leid, deshalb überhaupt angerufen zu haben. Lina schwenkte zu einem unverfänglicheren Thema um.

„Du, Mutti, wo du gerade dran bist: Kannst du für den zweiten Advent die Orangentorte gleich dreimal machen? Die Leute reißen mir das Zeug ja schneller aus den Händen als ich Nachschub besorgen kann, also... Ich schaff's einfach nicht."

„Na klar. Kein Problem."

Kleine Wiedergutmachung für den vergeigten Filmtipp...

„Danke, wenn ich dich nicht hätte..."

Papa Siebenborn war mittlerweile auf 180. Der Hessenfunk zeigte Jan nämlich gerade in seinem Dachjuchhee, zwischen all seinen – zugegebenermaßen wunderschönen – Gemälden, und Susi Lustig fragte ihn hemmungslos über sein Leben aus. Jan erzählte frei von der Leber weg, wie er überhaupt nach Schotten gekommen war.

„Eigentlich bin ich hier nur auf Durchgangsstation. Aber in nicht allzu ferner Zukunft wird sich entscheiden, wo ich mich auf Dauer niederlasse. Vielleicht gehe ich auch wieder zurück nach Hamburg. Und Frau Naumann, also meine Vermieterin, braucht die Zimmer eigentlich auch für ihre Patienten, die oft von weither anreisen und dann eine Übernachtungsmöglichkeit suchen."

„Hier, Maggodd, bass' uff!", Linas Vater war außer sich. „Stellt de' Fischkopp sich ins Fernseen und hat keinerlei Hemmunge'... Sacht der doch ohne rot zu werrn, er wohnt da nur zur Unnermiet' unn zieht eh' bald widder weider!!! Das glaubt ja wohl kei' Mensch. Der ist doch mit dere rote' Zora zusamme'! So e Hex'! Guckemaa, was das füre Walküre iss. Unn mit sowas hat der unser' arm' Linache betrooche'..."

„Und die Ärmste hat ihn jahrelang durchgefüttert...", gab Mama Siebenborn noch gleich zu Protokoll. Sowas verjährt schließlich nie.

„Unn jezz macht er's große Geld, iss reich und berühmt, unn wahrscheinlich zieht er bald in e dick' Villa am See!"

„Jetzt sei mal ruhig, Hubert, ich krieg' ja gar nix mit!"

Zur gleichen Zeit saßen in Hamburg Gisela und ihr Francesco auf dem schicken Kanapee, ein Gläschen rosafarbenen Champagner in der Hand und starrten gebannt auf den überdimensional großen Bildschirm. Frau Johannsen hielt ein Taschentuch in der Linken und schniefte schon verdächtig vor sich hin.

IHR Sohn im Fernsehen... Hach!

„Bella Gisella", säuselte Francesco ihr ins Ohr, „nicht-eeh weinen, isst-eeh doch alles gut-eh mit deine Jan!" Ihr standen die Tränchen weiterhin in den Augen. Und es wurde ihr noch einmal mehr bewusst, wie viel Glück er gehabt hatte.

„Das hätte doch auch alles ganz anders ausgehen können."

Sie schnäuzte sich. Francesco stellte sein Glas ab und nahm ihre Hand in seine. Auch sie hatte viel Glück gehabt.

Auch bei ihr hätte alles ganz anders ausgehen können.

In Bad Salzhausen liefen bei Lina ebenfalls die Tränen – allerdings eher vor Wut schäumend – und im Fernsehen liefen Susi und Jan auf dem Keltenberg herum. Kaum den Telefonhörer aufgelegt, hatte Lina ihren Fernsehapparat, der noch etwas verloren auf einem Campingtisch in ihrem provisorisch eingerichteten Wohnzimmer stand, eingeschaltet. Obwohl sie noch vor fünf Minuten außer sich gewesen war, als sie den Filmtipp von ihrer Mutter bekommen hatte.

Als sie Jan nach der langen Zeit das erste Mal wieder sah, war sie doch leicht geschockt. Er hatte ganz schön zugelegt, wirkte sogar etwas aufgedunsen, fand Lina.

„Vogelsberger Hausmannskost! So sah er aus. Sicher gab es jeden Abend fette Bratkartoffeln mit Spiegelei... Und dann der Bart! Ein Waldschrat erster Güte, vom feinen hanseatischen Künstlertyp keine

Spur mehr. Und nun sonnte er sich in Susis Aufmerksamkeit und war offensichtlich zur Rampensau mutiert.

„Pfui Deibel!", schimpfte Lina und konnte überhaupt nicht verstehen, wie sie es mit dieser komischen Erscheinung einmal fast sieben Jahre in der gleichen Wohnung ausgehalten hatte.

Und auch noch im selben Bett geschlafen. „Brrrr...", sie schüttelte sich demonstrativ beim Anblick dieses verkommenen und sicher ebenso versoffenen Genies.

Man sah ihn jetzt an genau der Stelle auf dem Keltenberg stehen, wo alles passiert war. Lina versuchte sich wieder zu konzentrieren, sie wollte hören, was er zu sagen hatte.

Vielleicht würde sie auch mal erwähnt werden?

„Herr Johannsen", Susi Lustig war wie immer in ihrem Element. Und professionell wie sie war, duzte sie ihn auch nicht vor der Kamera.

„Was bedeutet das denn jetzt für Sie, genau an der Stelle zu stehen, wo sie im Hochsommer der Blitz getroffen hat?"

„Also, so richtig viel Erinnerung habe ich nicht an diesen Moment. Es ging ja alles so rasend schnell, ich weiß nur noch, dass das Wetter erst wunderschön war, ein Bilderbuchsommertag, faszinierend, und auf einmal war alles schwarz und dann kam das Unwetter in Sekundenschnelle von dort her."

Er zeigte in Richtung Frankfurt, wo man zum Teil die Wolkenkratzer selbst aus dieser Entfernung noch erkennen konnte.

„Ich war zu der Zeit in einer Art kreativem Rausch, ein Flow, wie man heute so schön sagt. Raum und Zeit waren außer Kraft gesetzt. Ich habe nur noch gemalt, gemalt, gemalt. Wollte unbedingt die Stimmung dieser beiden Wetterphänomene auf die Leinwand bringen. Es war eine Art Meditation mit der Natur, in der Natur und der Versuch, den Moment festzuhalten. Aber dann kam alles ganz anders." Er machte einen Moment Pause und Susi Lustig wurde im Bild eingeblendet, wie sie versuchte, betroffen auszusehen, was ihr aber nicht wirklich gelang. „Der Blitz hätte mich leicht töten können. Aber da oben war wohl noch nicht für mich reserviert."

„Herr Johannsen, da kann ich nur sagen: das ist auch gut so! Bleiben Sie noch ein bisschen hier auf der guten alten Erde, bei uns im schönen Hessenland. Ich bedanke mich für das Gespräch und wünsche Ihnen weiterhin alles Gute, permanenten Sonnenschein, insbesondere beim Malen hier auf dem inzwischen berühmten Wetterauer Keltenberg."

Dann kam die nächste Story von einem Überlebenden. Diesmal war einer der Glückspilze versehentlich in einer Kältekammer für Rheumakranke vergessen worden und hatte es tatsächlich geschafft, mit dem Leben davonzukommen. Darauf hatte Lina aber jetzt überhaupt keine Lust. Noch so einer, den nicht einmal der Himmel haben wollte... Sie schaltete ab. Und begab sich in ihre Megaküche, in der sieben Rührgeräte wie die Soldaten nebeneinander in einer Linie standen und ergeben auf weitere Befehle warteten.

„Backen beruhigt die Nerven!", sagte sie zu sich selbst und wusste in dem Moment noch immer nicht genau, was sie über das gerade Gesehene überhaupt denken sollte.

Aber dann beschloss sie, überhaupt nicht mehr an Jan zu denken. Das führte sowieso zu nichts und blockierte nur ihre Energie.

Und die brauchte sie jetzt dringend zum Rühren...

Die Renovierungsarbeiten in Opa Abbels Häuschen waren zügig beendet. Alles erstrahlte nun in neuem Glanz und Jan war mit seinen Siebensachen innerhalb eines halben Tages umgezogen. Die restlichen Möbel würde er im neuen Jahr noch von Hamburg nachkommen lassen.

Das Angebot seiner Mutter, sich einige Antiquitäten auszusuchen, wollte er gerne annehmen. Und ein neues Schlafzimmer musste auch her. Aber momentan tat es erst einmal das geliehene Bett von Tonjas Dachjuchhee. Und die Küche von Opa Abbel war auch nicht für die Ewigkeit bestimmt. Naja, 2013 war noch Zeit genug.

Doch erst einmal war Jan Johannsen froh und stolz wie Bolle zugleich, in 2012 noch die Kurve gekriegt zu haben. Trotz allem...

Eigentlich fand er auch, für dieses Jahr vorerst genug erlebt zu haben. Dummerweise war jedoch am 21. Dezember der Weltuntergang als letzter Termin auf dem Kalender eingetragen. Also, zumindest auf dem Maya-Kalender. Sollte damit etwa das Ende der Welt besiegelt sein???

Das käme Jan denkbar ungelegen.

Denn gerade waren die Geschäfte so richtig gut angelaufen, und nach dem Filmbeitrag im Hessenfunk-TV hatte sogar die berühmte Talkmasterin Mantra Seichtberger angefragt, ob er wohl im neuen Jahr Gast in ihrer Sendung sein könnte. Frau Rothebaum hatte auch gleich zugesagt. Da passte so eine unvorhergesehene Apokalypse natürlich überhaupt nicht ins Konzept...

Außerdem war ja sein neues Häuschen eben erst neu renoviert worden!!! Irgendwie kam das Ende der Welt gerade jetzt völlig ungelegen.

Das ging anderen nicht anders: In Tonjas Praxis mehrten sich sogar die Fälle, wo Leute wegen des vermeintlichen Weltendes große Panik und massive Angstzustände bekommen hatten und diese jetzt mit einem möglichst schnell wirkenden Mittel gelindert haben wollten.
Einige musste Tonja tatsächlich an die nächstgelegene psychiatrische Notversorgungsstelle überweisen, denn hier half keine Gehmeditation mehr. Und auch keine kleinen Kügelchen.

Soweit hatten es die Weltuntergangspropheten also gebracht, dass Menschen, die bislang glimpflich durchs Leben gekommen waren, jetzt total abdrehten und fachärztlicher Hilfe bedurften.

Doch die meisten Endzeitgenossen machten eher Witze über die Panikmache. Jan war trotzdem beunruhigt...

„Was, wenn am kommenden Freitag wirklich die Welt untergeht?"

Er fragte sich, ob er eines dieser Notfallpakete bestellen sollte, wie sie mittlerweile nicht nur in einschlägigen Foren, sondern schon in ganz banalen Bücherkatalogen angeboten wurden.

Aber, wenn die Welt tatsächlich untergehen würde, was nützten ihm dann Dosenbrot oder Trinkwasser für ein paar Wochen? Und welche Radiosendung würde er noch über einen speziellen Empfänger, der garantiert weltuntergangstauglich war, empfangen können?

Susi Lustigs lustigste Endzeitshow?

Für eine mehr als erträgliche Endzeit in Bestlaune?

Seliges Äbbelwoi-Schunkeln zu Dosenbrot, gebunkertem Trinkwasser und ein paar Aspirintabletten... Hatte er nicht kürzlich irgendwo gelesen, dass der Mensch mit der Dreifachkombination aus Rotwein, Olivenöl und Trockenbrot mehrere Wochen überleben konnte?

Wenn schon Weltuntergang, dann nur mit dieser Kombipackung...

„Na, das sind ja schöne Aussichten für meine letzten Tage", sprach Jan laut vor sich hin und überlegte sodann, ob es nicht doch sinnvoller wäre, schon am Donnerstag, also einem Tag vor dem offiziell berechneten Weltuntergang, nach Hamburg zu fahren?

Dann könnte er zumindest noch einmal seine Mutter sehen und zu seinem Vater ans Grab gehen, um ihm vorsichtshalber schon einmal mitzuteilen, dass man sich wohl sehr, sehr bald wiedersehen würde...

Wenn alles planmäßig liefe.

Und, was ebenso ziemlich oben auf seiner Liste stand: noch einmal Pann-Fisch (mit Senfsauce, Nordseekrabben und knusprigen Bratkartoffeln + Salat!) direkt aus der guten alten gusseisernen Pfanne essen, dazu ein mit Liebe gezapftes kühles Blondes in der kultigen Bodega am Hamburger Hauptbahnhof! Stilvoll bis zum Schluss...
Auch wenn dort, zugegebenermaßen, schon an ganz normalen Tagen für manch einen Gast der Weltuntergang stattfand: Nämlich dann, wenn das Geld nicht mal mehr für ein weiteres klitzekleines Bierchen reichte...

„Vielleicht sollte ich einfach von Donnerstagabend bis Samstagmorgen in der Bodega sitzen bleiben, mir die letzten Stunden der Menschheitsgeschichte noch schön saufen und den armen und reichen Schluckern dort ein paar anständige Lokalrunden ausgeben, bis es dann endlich so weit ist. Das Ende der Welt. Joko und Klaas wollten doch auch eine Art Endzeitparty veranstalten... Also irgendwas muss doch an dem Thema dran sein."

Aber mit den verschiedenen Szenarien konnte sich Jan allesamt nicht anfreunden. Er musste sich schließlich erst einmal selbst mit seinem neuen Leben anfreunden. Und für den Weltuntergang war da gerade kein geeignetes Zeitfenster offen.

Alsdann nahm er sich vor, doch in Schotten zu bleiben, die Apokalypse endgültig und entgegen aller anderslautenden Prophezeiungen nicht anzuerkennen und planmäßig erst am Heiligen Abend nach Hamburg zu fahren.

Vielleicht sollte er aber kurz vor dem trauten Weihnachtsdinner bei Turteltäubchens doch noch auf ein Bierchen in die Bodega gehen?

Man konnte ja nie wissen...

In Südfrankreich saßen Jürgen Hein und seine attraktive Nachbarin Madame Durant am knisternden Kamin und tranken schweren Rotwein aus riesigen Gläsern.

Seit seine Frau zu ihrer mehrwöchigen Kur aufgebrochen war, hatte sich das nachbarschaftliche Verhältnis zwischen den beiden ziemlich vertieft. Fast kein Nachmittag verging ohne einen Café au Lait auf Madame Durants wunderbarer Terrasse. Und die Abende verbrachten sie fast immer damit, zusammen einen guten Tropfen zu genießen, dabei ins Feuer zu sehen, von alten Zeiten zu erzählen und sich gegenseitig zu versichern, wie gut es ihnen doch heutzutage ging.

Die Begrüßungsküsschen, wie sie inzwischen nicht nur Frankreich üblich waren, wurden jedes Mal ein bisschen intensiver, je länger Marlene in ihrer Kur verweilte. Ab und zu fragte sich Jürgen-Ronald, wie er die ganzen Jahre hatte übersehen können, welch attraktive ältere Dame doch in Madame Durant steckte.

Sie war genau der mütterliche Typ, den er sich in seinen geheimsten Träumen immer gewünscht hatte. Jemand, der ihn beschützte vor der großen, bösen Welt. Der immer für ihn da war und ihn bedingungslos liebte, was auch immer passieren möge. Jemanden, der weise war, ohne belehrend zu sein und jemanden, der das Leben kannte und keine Angst davor hatte.

So sehr er seine Marlene auch schätzte und verehrte, sie war dieser Jemand nicht. Immer schon hatte er gespürt, dass seine Frau nicht mit sich und ihrem ganzen Leben zufrieden war. Immer schon spielte in ihrem Leben *sein* Erfolg die erste Geige. Er war ihr ganzer Stolz, sie badete und sonnte sich in seinem Licht.

Aber Madame Durant, ihr war es ganz egal, wer er war. Sie war so mütterlich und fürsorgend. Manchmal schnappte sie sich eines der vielen Baby-Öle, die fast überall in der Villa Hein herumstanden und massierte ihrem strohverwitweten Nachbarn ganz sanft den Rücken. Was dieser fast so sehr genoss wie seine Spielchen, die er im Dark Paradise so gerne gespielt hatte. Bis eben jener verhängnisvolle Tag im Sommer alles beendet hatte.

Keine Schnullerspiele mehr, kein Herumkrabbeln in Strampelanzügen, keine Wiegenlieder mehr an weicher Mutterbrust…

Doch jetzt, wo er Madame Durant in seiner Nähe wusste und sich sicherlich auch nach der Rückkehr seiner Marlene immer mal eine zeitliche Lücke auftun würde, da war er innerlich wieder ruhiger geworden. Und, wenn er so überlegte: Was hätte ihm Besseres passieren können?

Bei Marlene Hein indessen war nicht alles so perfekt gelaufen wie ursprünglich erwartet. Die „Kur" musste zweimal verlängert werden, da die Schwellungen und Blutergüsse, die sich von den Oberschenkeln über den Bauch, den gesamten Brustbereich bis ins Gesicht erstreckten, eine Menge Durchhaltevermögen an den Tag gelegt hatten.

Hinzugekommen waren Schmerzen, wie sie Marlene bislang noch nicht gekannt hatte. Nun, ihre Reiterhosen war sie losgeworden.

Aber dafür konnte sie kaum noch laufen. Alles tat weh. Und das bei jeder Bewegung. Ihr Gesicht war wie mit dem Bügeleisen geglättet, straff und prall, aber jede Mimik war schmerzhaft. Doch sie hatte nichts bereut. Die Waage zeigte ein Minus von sechs Kilo!
Ganz so hart hatte sie sich die Prozedur jedoch nicht vorgestellt. Aber sie hoffte inständig auf eine Belohnung in Form eines überzeugenden Endergebnisses.
„Das wird schon, Frau Hein", hatte der Chefarzt ihr versichert.
„In drei Wochen sieht man von alledem nichts mehr und Sie werden sich fühlen wie ein übermütiges Fohlen auf der Weide. Glauben Sie mir." Und tatsächlich…
Geschlagene sechs Wochen nach ihrem „Kurbeginn" konnte sie die langersehnte Reise nach Südfrankreich zu ihrem geliebten Jürgen antreten.
Zuvor hatte sie noch einmal in der Friedrichsdorfer Villa nach dem Rechten gesehen. Fast wäre sie lieber hier geblieben.
Weihnachten am Meer war immer noch ein befremdlicher Gedanke für Marlene Hein. Doch als sie sich zum Abschied in ihrem großen Dielenspiegel betrachtete, da sprang ihr Herz vor Freude Salto.
Sie sah wieder aus wie sie selbst. Nur zehn Jahre jünger!
Sie freute sich auf ihren Jürgen.
Was würde er zu ihrem sensationellen Kurerfolg sagen?
Zu seiner *neuen Marlene*…

Die Schritte hin zu ihrem Wagen wurden schneller und schneller. Autsch! Ihre Beine, sie hatte nicht mehr daran gedacht. Sie biss die Zähne zusammen.
Aber eigentlich konnte sie es kaum noch erwarten, Weihnachten wieder bei ihrem Mann zu sein.

„Maya, der Kalender ist alle!"

Jans letzter Arbeitstag in der Malschule fiel auf den Tag des Weltuntergangs. Wie fast erwartet, war kein einziger Schüler zum Unterricht erschienen. Ob sich einige in irgendwelchen Bunkern eingemietet hatten oder schlichtweg unterwegs in die Wintersportgebiete waren, konnte man nicht nachvollziehen.

„Ja, mein lieber Jan", Herr Thielmann sah sichtlich gestresst aus an diesem Tag, „dann war's das wohl mit uns beiden." Er kramte in irgendwelchen Unterlagen und zog dann einen Umschlag hervor, der wohl für Jan bestimmt war.

„Hier sind Ihre Papiere. Das Zeugnis habe ich Ihnen schon mit dazu gelegt. Ich hoffe, Sie sind damit zufrieden, ansonsten, einfach melden."

Das hätte Jan so gar nicht erwartet. Anscheinend bereitete es dem älteren Herrn doch Kopfzerbrechen, dass sein bestes Zugpferd nun von dannen ziehen würde.

„Tja, da bleibt mir nur, Ihnen Danke zu sagen. Ich war gerne Lehrer in Ihrer Malschule. Und ein bisschen tut es mir ja auch leid, dass ich meine Schützlinge nun nicht mehr sehen soll." Er spürte einen Kloß im Hals anwachsen und bemühte sich, rasch an etwas anderes zu denken. Seine kleinen Picassos würden ihm wirklich fehlen. Fast war er froh, dass heute, am letzten Schultag niemand mehr zum Unterricht gekommen war.

„Nur der Form halber: Wenn Sie einmal wieder eine Anstellung suchen, und ich meine wirklich eine FESTE Anstellung. Dann sind Sie hier jederzeit wieder herzlich willkommen."

Der Kloß wurde spürbarer größer und Jan wusste nicht genau, wie er jetzt die Kurve kriegen sollte, ohne in Tränen auszubrechen. Hatte er es derart unterschätzt, was diese Kündigung und der Schritt in ein neues Leben bei ihm tatsächlich auslösen sollten?

„Danke, Herr Thielmann." Er musste sich schwer räuspern. „Ich weiß Ihr Angebot sehr zu schätzen."

„Dann bleibt mir nur, Ihnen heute Frohe Feiertage zu wünschen und für Ihre Zukunft alles, alles Gute und viel Erfolg mit Ihrer Malerei. Aber den haben Sie ja sowieso. Man hört und liest ja überall von Ihnen seit Sie diesen Blitzschlag überstanden haben. Sie werden Ihren Weg schon gehen, dessen bin ich mir ganz sicher."

Herr Thielmann drückte ihm die Hand zum Abschied richtig fest und lange. Auch er schien sichtlich bewegt.

Aber wohl aus ganz anderen Gründen.

Auf der Heimfahrt hörte Jan wie immer Radio. Es gab nur ein Thema an diesem nebligen Freitag: die Apokalypse. Um 12.12 Uhr Ortszeit im südfranzösischen Burgarach, mitten in den Pyrenäen, sollten die ersten Ufos auf dem Hausberg Pic landen, um rettungswillige Endzeitgenossen rechtzeitig in Sicherheit zu bringen. Bislang war jedoch noch kein Raumschiff gesichtet worden, vermeldete der Hessenfunk. Allerdings sagten die Berufsapokalyptiker vor Ort, dass diese aufgrund des dichten Nebels, der an diesem letzten Tag der Welt auch in den Pyrenäen herrschte, nicht hätten landen können.

„Naja, der Tag ist ja noch lange, vielleicht haben sich die grünen Männchen einfach etwas verspätet. Gibt es etwa auch in fernen Galaxien die akademische Viertelstunde?", Jan wusste tatsächlich nicht genau, was er davon halten sollte.

Schon die ganze Zeit wurden irgendwelche Experten und renommierte Wissenschaftler mit allerlei Titeln in den Nachrichten gezeigt. Unisono verkündeten sie, dass das Ende dieses berüchtigten Maya-Kalenders lediglich eine Art „Aufbruch in eine neue Zeit" sei oder wahlweise eine Falschinterpretation irgendwelcher Esoteriker, die Spaß an Endzeitszenarien hätten.

Die Massen sollten beruhigt werden, damit es nicht zu Paniken kommt, so deutete es Jan. In Russland gab es schon Hamsterkäufe und nicht wenige hatten sich ihren Vodkavorrat noch einmal tüchtig aufgestockt, um im Bunker nicht gleich zu verdursten.

In Stonehenge war wieder einmal Welt-Druiden-Treffen angesagt, und im Land der Maya selbst verbuchte die Tourismusbranche in den letzten Monaten ein Plus von satten siebzig Prozent, wie die Reporterin im Radio gerade berichtete.

Na, das war doch mal 'ne Hausnummer!

„Aber was, wenn wirklich was passiert?", fragte sich Jan. Immerhin war der Tag noch jung. Es war gerade mal Nachmittag…

Die kritische Stimme im Radio erinnerte bei der Gelegenheit noch einmal daran, wie viele Weltuntergänge in den letzten Jahrzehnten schon angekündigt waren. Nie hatte einer stattgefunden. Auch die Vogelgrippe, SARS und die Schweingrippe hätten wir bisher überlebt.

Und selbst das Waldsterben wäre ausgefallen, obwohl angeblich wissenschaftlich berechnet. Und nicht zuletzt könnten wir uns doch alle einfach daran halten, was der russische Oberbeauftragte für Weltuntergänge auf einer seiner recht seltenen internationalen Pressekonferenzen am Vortag zum Besten gegeben hatte: „Der Weltuntergang findet genau in viereinhalb Milliarden Jahren statt. Dann ist die Sonne nämlich verglüht und deshalb ist mit Weltuntergang auch nicht morgen, am 21. Dezember 2012, zu rechnen."

Gut, wenn der Experte aus Russland das sagt, dann muss es ja wohl stimmen... Darauf einen Putin auf Eis!

„Wir unterbrechen für eine kurze Verkehrsmeldung: die Straßen und Nebenstraßen nach Schotten und zum Hoherodskopf im Vogelsberg sind komplett dicht. Es ist kein Durchkommen mehr und alle, die glauben, vom Weltuntergang verschont zu werden, wenn sie zum Hoherodskopf fahren, werden dringend gebeten, von ihrem Vorhaben Abstand zu nehmen. Die Polizei hat das Gelände rund um den Taufstein schon großzügig abgesperrt."

Jan fühlte sich kurzerhand wie in Trance versetzt. Was war das denn jetzt gewesen? Hatte er irgendetwas nicht mitbekommen?

„Ja, liebe Zuhörerinnen und Zuhörer von Radio Hessenfunk. Die Apokalypse treibt merkwürdige Blüten. Und das nicht nur im fernen Burgarach oder sonstwo auf der weiten Welt. Nein, seit heute Morgen im Internet irgendjemand eine Seite eingerichtet hat, die als neuen „Verschonungsort vom Weltuntergang" unseren Hausvulkan, nämlich den Hoherodskopf im Vogelsberg, nennt, drängen Tausende von Menschen in unser beschauliches Oberhessen. Noch ist nicht bekannt, wer hinter dem ganzen Aufruhr steckt, aber die Polizei hat mit dem Massenauflauf und dem Verkehrschaos eine ganze Menge zu tun. Also, bitte, wer immer jetzt von Ihnen auf dem Weg zum Tanz auf den Vulkan ist: Kehren Sie bitte um! Wir halten Sie auf dem Laufenden. Das war Kira Boese von Ihrem Heimatsender, dem Hessenfunk."

Dann kam „We will survive". Schön. Aufmunternd schön...

Selbst in Nidda, dem kleinen Städtchen am gleichnamigen Fluss, merkte man schon, dass irgendwas im Busch war. Auch hier staute sich der Verkehr, die Kreisel waren völlig verstopft und Stillstand und Abgase beherrschten die Szene. Das roch wirklich nach Untergang!

Irgendetwas musste Jan jetzt unternehmen. Bei der Pizzeria am Kreisel parkte er kurz und rief Tonja an.

„Was ist denn bei Euch los? Ist da wirklich so ein Chaos in Schotten?"

„Chaos? Das ist gar kein Ausdruck. Anscheinend sind alle, die nicht mehr auf den Berg in den Pyrenäen kommen konnten, kurzerhand in den Vogelsberg gefahren. Hier wälzt sich eine Blechlawine durch den Ort, und überall sieht man Polizei und Feuerwehr. Die wussten ja nicht, was auf sie zukommt. Das war anscheinend eine Last-Minute-Geheimaktion. Du kannst jetzt jedenfalls nicht hierher kommen. Wo bist du denn genau?", wollte Tonja wissen.

„In Nidda. Aber hier ist auch alles dicht. Ich bin am letzten Kreisel einfach Richtung Gießen abgebogen. Aber da will ich ja eigentlich auch nicht hin."

„Also hier ist auch kein Durchkommen. Es wimmelt nur so von verkleideten Verrückten. Die einen sind ganz in weiß gekommen, andere haben sich als grüne Männchen verkleidet und fast alle haben einen Riesenrucksack auf dem Buckel. Wahrscheinlich wollen sie all ihre Lieblingssachen mit ins All nehmen, falls sie hier jemand abholen sollte."

„Ja, also, was soll ich jetzt mit mir anfangen? Vier Stunden irgendwo Kaffee trinken?" Er klang zu Recht schwer genervt. Jetzt sagte Tonja auch nichts. Sie überlegte.

„Kaffee? Das ist das Stichwort. Ich habe gelesen, dass in Bad Salzhausen ein neues Café eröffnet hat. Heißt irgendwas mit Klatsch und Tratsch, glaube ich, muss direkt am Kurpark sein. Also, du fährst jetzt einfach weiter Richtung Gießen und am Ortsende biegst du in einer scharfen Kurve links nach Bad Salzhausen ab. Ist ja ausgeschildert, das findest du easy, bist ja sozusagen schon dort. Und ich würde sagen, dass ich mich bei dir melde, sobald das Esoterikervolk und die ganze Blaulichtarmada hier abgezogen sind, okay? Und, lass' dein Handy auch wirklich an…"

„Alles klar. Was bleibt mir anderes übrig? Wenn der Weltuntergang hier die Regie übernommen hat… Dann gehe ich eben zur Zwangskaffeepause. Gibt ja auch Schlimmeres…"

Doch kurz später ärgerte sich Jan dann doch, dass er nicht schon vor dem planmäßigen Weltuntergang nach Hamburg aufgebrochen war. Dann wäre er nicht gefangen mitten in der Wetterau und müsste jetzt die Zeit totschlagen, bis die Apokalypse endlich vorbei sein würde. Wie von Tonja befohlen bog er also in die kleine Straße Richtung Bad Salzhausen ein.

Eine Allee von riesigen, uralten Bäumen mit knorrigen Stämmen säumte den Weg, auf der gegenüberliegenden Seite waren Felder und einige Koppeln zu sehen. Mit dem leichten Nebel und dem blassen Winterlicht bot sich ihm ein nahezu malerisches Bild. Hier hatte es ihn tatsächlich noch nie her verschlagen…

Schon nach dem Ortsschild begann eine andere Welt.

Und da hieß es: auf die Bremse treten! Denn gleich nach der 30er-Zone folgte ein verkehrsberuhigter Bereich mit gerade mal 7 (!) erlaubten Stundenkilometern, was nur mit Dauerbremsen zu erreichen war.

Einige der stattlichen Villen konnte Jan so im Vorbeischleichen erblicken. Dann nutzte er die erste Gelegenheit, sein Auto zu parken.

Parkplatz Ost!

Und tatsächlich: Hier war wohl kein Schonungsgebiet für Apokalyptiker ausgerufen worden. Der Großteil der Parkplätze war noch zu haben, was schon einmal für bessere Laune bei Jan sorgte, der mittlerweile eine Stinkwut auf den blöden Maya-Kalender hatte.

„Entschuldigung!", fragte er die erstbeste Dame im fortgeschrittenen Alter, die so aussah, als könnte sie sich mit Cafés auskennen, „wissen Sie, wo das neue Café hier zu finden ist?"

„Junger Mann, das kann ich Ihnen ganz genau erklären. Klatsch und Tratsch heißt die neue Attraktion im schönen Bad Salzhausen. Und Sie sind fast schon da."

Sie deutete mit ihren eleganten Handschuhen in Richtung Park und sagte: „Ganz einfach, da vorne am gelb-grünen Haus links, dann gleich wieder links und dann sehen Sie es schon. Es ist direkt am Park. Der Kuchen dort ist vorzüglich. Und ich kenne mich mit Torte aus!"

Jan verschluckte noch gerade ein „Das kann man ja unschwer erkennen" und bedankte sich indessen ganz artig für die schnelle Wegbeschreibung.

„Und Frohe Weihnachten!" rief die nette Dame ihm noch hinterher, was Jan erwiderte und noch einmal winkte.

Keine zehn Minuten später öffnete sich die Türe des Cafés und er erblickte ein wirklich sehr gemütlich eingerichtetes, mit vielen alten Gegenständen bestücktes Kaffeehäuschen, das ihm auf Anhieb gefiel.

„Na, wenn jetzt die Welt tatsächlich untergehen sollte, dann wäre ich mit dieser Location auch zufrieden", dachte er und ließ seinen Blick durch den übersichtlichen Gastraum schweifen.

Frauen waren hier deutlich in der Überzahl. Nur ein einziger Mini-Tisch war unbesetzt.

Zwei bezaubernde Bedienungen, die aussahen, als wären sie Teil der hochherrschaftlichen Dienerschaft aus dem *Haus am Eaton Place*, mit kleinen weißen Spitzenhäubchen auf dem sorgfältig zusammengesteckten Haar und schwarzen Kleidern, auf denen sich die blendend weißen Schürzen, ebenfalls in Spitzenoptik, adrett abhoben, rundeten das Bild perfekt ab.

So etwas hatte er hier keinesfalls erwartet, und schon war er fast entschädigt für den unliebsamen Weltuntergangsärger. Nach einem Riesenstück Orangentorte, die er grandios fand, entschied er sich, auch noch von dem Frankfurter Kranz zu probieren.

Wenn schon, denn schon! Falls ihm der alte Himmel heute doch noch auf den Kopf fallen sollte...

„Ist die Chefin heute gar nicht da?", wollte eine forsche Dame am Nebentisch von der einen der bezaubernden Dienstmädchen wissen.

„Doch, doch, die ist im Prinzip schon da, musste nur eben schnell mal weg in die Metro, Nachschub besorgen."

„Grüßen Sie die Frau Lina dann recht schön von mir und Frohe Weihnachten für Sie alle. Ich reise doch morgen in aller Herrgottsfrüh' schon ab, wissen Sie."

Jan horchte auf. Hier hieß die Chefin tatsächlich Lina.

Wirklich selten, dass er diesen Namen mal irgendwo gehört hatte.

„Was würde seine Ex-Lina heute wohl machen?", fragte er sich, spürte jedoch zugleich den Ärger darüber in sich hochsteigen. Er wollte doch nicht mehr über sie nachdenken. Sie war die größte Enttäuschung für ihn. Der Stachel der Verdächtigung saß noch immer tief.

Er, ausgerechnet ER, dem Fremdgehen so fremd war wie Geschichtszahlen...

Plötzlich vibrierte sein Handy.

News aus Schotten!

„Tonja, was gibt's Neues?", meldete er sich und war mit seinen Gedanken schon wieder ganz im Hier und Weltuntergang.

„Leider nichts Gutes. Hier ist noch immer alles blockiert, die Esoteriker wollen einfach nicht abziehen. Und *was* für Gestalten hier rumlaufen, da kriegt ja selbst die Asta Angst. Schlimmer können Marsmännchen auch nicht sein…"

Das begeisterte Jan nun überhaupt nicht.

Sollte er sich jetzt noch zwei, drei Stunden oder gar länger hier herumdrücken? Viel mehr Torte und noch mehr Kaffee würde selbst er heute nicht mehr schaffen.

„Und jetzt? Muss ich zum Dauerkaffeetrinker werden?"

„Nein! Hör' zu! Ich hab' noch eine Idee, wie du Zeit schinden kannst. Denn, ganz ehrlich, ich glaube, die haben echt Ausdauer, hier bewegt sich nichts, nur die Blaulichter auf den Polizeiwagen, die hier überall sind. Wahrscheinlich warten die bis zum bitteren Ende. Also, bis der Tag endgültig vorbei ist."

„Jetzt raus damit. Was soll ich tun? Am besten gleich nach Hamburg fahren?" – „Nein, du gehst ganz einfach in die Therme. Und bleibst dort bis zum späten Abend. Schwimmen im Solewasser, Sauna, Salzgrotte, alles da. Es wird dir gefallen."

„Aber ich habe doch gar nichts dabei, wie soll das denn gehen?"

„Du kannst dort alles leihen, ganz im Ernst. Also, mach' dir einen schönen Endzeitaufguss!!!"

„Mal sehen, ich überlege es mir noch. Bislang sitze ich hier ganz gut. Ist eine Superadresse, musst du auch mal hin. Die Orangentorte ist der absolute Traum. Ich bring' dir ein Stück mit, falls ich überhaupt wieder nach Hause komme."

„Nach Hause… Das klingt ja schon richtig gut."

Auf einmal wurde Jan klar, was er da gesagt hatte. „Zuhause", das musste er sich noch einmal in Ruhe durch den Kopf gehen lassen. Bislang war sein Zuhause immer Hamburg gewesen.

Nach einem Spaziergang im Kurpark, der an einen englischen Landschaftspark erinnerte und aussah, als wäre hier die Welt seit längerem einfach stehen geblieben, kam er direkt zu der Therme, von der Tonja gesprochen hatte. Die lag am anderen Ende des Badeortes.

Ein Bau aus den Siebzigern, an den wohl vor kurzer Zeit erst ein größerer Trakt angebaut worden war. Man hatte offensichtlich investiert. Naja, ein bisschen Moderne in diesem Kleinod konnte nicht schaden.

Und wenn schon Weltuntergang, warum dann nicht hier?

Obwohl Jan der Gedanke, dass er diesem finalen Ereignis unter Umständen dann splitterfasernackt entgegensehen müsste, gar nicht koscher war.

Aber er beruhigte sich selbst: „Ich bin nackt hier auf der Erde angekommen, aus welchem Grund sollte ich dann nicht auch nackt wieder abtreten?"

Mit komplett geliehener Bade- und Saunaausrüstung (das ging wirklich!) startete er in seinen Wellness-Weltuntergang und schwamm bei geradezu frühlingshaften Temperaturen draußen im warmen Außenbecken. Von dort konnte man in den Kurpark sehen, der gegen Abend dann mystisch im leichten Nebel lag… Ein stimmungsvolles Gemälde!

Jan schmeckte das salzige Wasser. Es war warm und weich. Er fühlte ganz sich in seinem Element…

Tatsächlich war wenig los in der Therme – und so langsam wurde ihm klar, dass der Verkehr wirklich das einzige war, was man hier in diesem beschaulichen Kurbad noch irgendwie beruhigen musste…
Der Rest war sowieso schon komplett tiefenentspannt.
Der ganze Kurort machte den Eindruck eines einzigartigen Freiluftsanatoriums.
Im Ruheraum der Saunaanlage schnarchte ein Mann im Tiefschlaf – er hatte sich wohl schon an die entschleunigte Stimmung hier angepasst.
Ein älteres Paar saß auf einer Empore im Innenhof und machte Fußbäder. In der Sauna war es fast menschenleer, die meisten Leute waren wohl alleine hier, hatten etwas zum Lesen dabei oder liefen in der Außenanlage herum, um sich ein bisschen abzukühlen.
Die Anderen wollten den Weltuntergang wohl doch lieber zuhause erleben. Oder in speziellen Bunkern.
Oder an sonstigen „auserwählten" Orten.
Wozu Schotten ja nun auch gehörte!!!
Die Bürgermeisterin würde bestimmt schon bald mit einem größeren Touristen-Ansturm rechnen müssen…
Schotten war ja jetzt sozusagen *weltberühmt!"*

Ihm konnte das nur recht sein. Sein Atelier und seine Weinhandlung konnten Publikum gut gebrauchen.
Nächstes Jahr würde er dann richtig durchstarten.
Doch zuerst musste mal diese Apokalypse überlebt werden!

Am späten Abend rief er Tonja noch einmal an und erhielt endlich Entwarnung. „Du kannst nach Hause kommen. Es gibt die reelle Chance, noch heute wieder in dein neues Häuschen zu gelangen. Asta wartet auch schon sehnsüchtig. Also, mach' dich auf die Socken. Der Weltuntergang ist anscheinend vorläufig ausgefallen."

Das ließ Jan sich nicht zweimal sagen.

Drei Saunagänge und null Weltuntergang waren genug…

Was für ein Tag!

„Die Rückkehr der Marlene H."

Marlene Hein fuhr unter Schmerzen, jedoch mit einer unbändigen Vorfreude nach Hause. Ja, sie hätte Weihnachten lieber in Deutschland gefeiert. Die Villa in Friedrichsdorf hätte sie wie jedes Jahr wieder stilvoll geschmückt, die Tanne im Vorgarten mit einer dezenten Lichterkette dekoriert. Überladene Weihnachtsdekorationen, wie man sie seit einigen Jahren auch in Deutschland vermehrt sehen konnten, fand sie grauenhaft.

Im Radio dudelten die üblichen Weihnachtslieder, die mittlerweile wirklich jeder Erdenbewohner mit entsprechendem Anschluss schon aus dem Effeff mitsingen konnte: Last Christmas, White Christmas, Driving home for Christmas, Christmas is all around, Have yourself a very Merry Christmas, Silent Night...

Deutsche Weihnachtslieder waren so ziemlich in der Minderheit, wie Marlene feststellen musste. Lediglich die „Weihnachtsbäckerei" ertönte zum x-ten Male, aber das Lied war weniger nach ihrem Geschmack.

Der Gedanke an südliche Weihnachten ebenfalls.

Sie tröstete sich damit, dass auch in Deutschland eher „Heiße Weihnachten" als „Weiße Weihnachten" zu erwarten waren.

In München rechneten die Meteorologen mit über zwanzig Grad. Wahrscheinlich würden einige Wirte sogar ihre Biergärten zum Heiligen Frühschoppen öffnen.

Gegen späten Nachmittag erreichte die rundumerneuerte Frau Hein St. Maxim und parkte wie gewohnt in der Einfahrt zu ihrem traumhaften Domizil. Von unterwegs hatte sie ihren Jürgen schon angerufen und ihm jeweils den aktuellen Standort durchgegeben. Sie konnte es kaum erwarten.

Er hatte gesagt, dass Madame Durant gerade zum Kaffee da sei.

Jedoch hoffte Marlene insgeheim, ihren Liebling nach all der langen Zeit schnellstmöglich für sich alleine zu haben. Das Ergebnis ihrer langwierigen und schmerzhaften Bemühungen musste doch gefeiert werden...

„Jüüüüüürgen! Ich bin daaaaaaaaaaa!", rief sie, sobald sie die schwere Haustüre geöffnet hatte. Umgehend ertönte ein: „Wir sind hier auf der Terrasse!!!" – „Aha, ein *„Wir*", dachte seine Frau und war etwas enttäuscht, dass die Nachbarin noch immer zum Nachmittagskaffee bei ihnen weilte. „Er hätte ja wenigstens mal zur Türe kommen können…" Innerlich schimpfte sie.

„Marlenchen, endlich!"

Er war ihr dann aber doch entgegengekommen. Sie nahm ihn gleich in Augenschein. Die sechs Kilo, die sie verloren hatte, waren offensichtlich direkt auf die Hüften ihres Gatten exportiert worden.

Sein Blick wanderte aber genauso an ihr herunter.

„Mensch, Marlenchen, was hab' ich dich vermisst."

Er drückte sie fest. Es schmerzte, aber sie biss sich auf die Zähne. Das hatte sie in den letzten Wochen geübt.

„Lass' dich mal anschauen, mein Liebling." Jetzt war wohl der große Moment gekommen. Auf genau diesen hatte sie doch schon seit Monaten hingearbeitet.

„Was würde er sagen? Würde er überhaupt bemerken, was an ihr anders war?", fragte sie sich zweifelnd. „Also zu essen gab's da wohl wenig. Teuer Geld für wenig auf dem Teller, ich sag's ja immer. Aber im Gesicht sieht man die ausgiebige Pflege. Die neuen Cremes polstern ja wirklich ein bisschen auf, zack, sind die Fältchen weg. Aber Gott sei Dank, es sind noch welche da. Ich finde die nämlich süß."

Dann drückte er sie noch einmal fest und sagte: „Komm, mein abgemagertes Marlenchen, wir trinken jetzt zusammen Kaffee. Madame Durant hat extra für dich Törtchen mitgebracht. Kommst du gleich auf die Terrasse? Ich hole nur kurz dein Gepäck."

Da stand sie nun. Ihre Beine zitterten. Alles tat ihr weh. Und nun sollte sie erst einmal Käffchen und Törtchen zu sich nehmen, um nach der vermeintlichen „Kur" wieder aufgepeppelt zu werden?

Das war ja wohl ein starkes Stück!!!
Immerhin lagen sechs lange Wochen voller Qual hinter ihr. Und davor die ganze Aufregung… Und nun bat ihr Liebling sie lapidar an den Kaffeetisch? Zusammen mit Madame Durant, die extra Törtchen organisiert hatte?
Ein bisschen fing der Boden an sich zu drehen.

Dann ging Marlene Hein ins Bad und machte sich frisch für die Kaffeetafel. Nach ein paar Minuten und viel kaltem Wasser, das sie sich über die Unterarme hatte laufen lassen, beschloss sie, Haltung zu bewahren und sich ihrem Mann noch einmal ganz neu zu präsentieren, wenn sie alleine waren. Später!

Sie schaute sich im Spiegel an. Eine Frau, die zwar ein bisschen blass und abgespannt wirkte, die aber deutlich jünger und attraktiver wirkte als noch vor zwei Monaten. Das konnte man nicht abstreiten.

Sie atmete dreimal tief ein und wieder aus und beruhigte sich selbst: „Was hätte er denn tun sollen? Über mich herfallen während die Witwe Durant noch kaffeetrinkend auf der Terrasse sitzt?"

Ihr Mann war eben ein Gentleman der alten Schule und das durch und durch.

Und nichts anderes hatte sie sich doch für ihr Leben gewünscht. Nichts anderes als ihn. Genau so, wie er war.

Und kein bisschen anders…

„Merry Christmas"

Datum: 25.12.2012 / 8.23 Uhr
Email an: Susi, Ines, Marie-Anne
Von: Lina
Betreff: Frohe Weihnachten und guten Rutsch!

Hallo und guten Morgen, meine lieben Flaggenmädels!

Dieses Jahr (mangels Zeitmasse) von mir nur einen Weihnachtsgruß per Mail. Ich wünsche euch und euren Herzallerliebsten ein wunderbares Fest und bedanke mich bei der Gelegenheit für eure schönen Weihnachtskarten.
Susi, dir und deinem Ex-Ex Jochen eine schöne Zeit auf der Hütte in den Bergen. Ich hoffe, Ihr habt Schnee satt und genießt die wiedergewonnene Zweisamkeit. Ich freue mich natürlich riesig für dich, auch wenn ich immer noch auf die Geschichte warte, wie es nun eigentlich zu der wundersamen Wiedervereinigung gekommen ist. Warst nicht *du* diejenige, die jahrelang den Spruch mit dem aufgewärmten Essen, das einfach nicht mehr schmeckt, verbreitet hat? Egal, was interessiert uns dein Geschwätz von vorgestern, Hauptsache, es geht dir gut so wie es momentan ist. Bei all den Vorbereitungen für die Café-Eröffnung ist eure Lovestory doch komplett an mir vorbeigegangen :-(((
Ines, auch du bist mit deinem Super-Siggi (sorry, aber so heißt der eben mal in Flaggenfachkreisen) on tour. Antrittsbesuch bei den künftigen Schwiegereltern in Norddeutschland? Und diesmal Grünkohl statt Kartoffelsalat? Ich bin schon gespannt auf deinen Bericht. Marie-Anne, dir und deinem Schatz wünsche ich einfach nur mal „Füße-hochlegen" – du glaubst gar nicht, wie gut ich dich verstehen kann, seit ich meinen Beruf auch vorwiegend im Stehen und Gehen ausübe. Sicherlich hast du in mir auch zukünftig eine regelmäßige Einnahmequelle ;-)))
Tja, ich will euch kurz berichten, wie es bei mir so gelaufen ist. Seit der Eröffnung war wirklich reger Betrieb hier, ich kann sogar schon einige Stammgäste verbuchen. Die meisten sind im besten Seniorenalter und schauen nicht aufs Geld. Und auch nicht auf die Kalorien. Am schlechtesten geht tatsächlich die Diättorte mit Joghurt. Kaum einer fragt danach. Aber ich wette, sobald ich sie aus meinen Programm

nehme, kommt am selben Tag der Diabetiker-Selbsthilfeverein zum Jahresabschlusstreffen in mein Café und fragt danach.

Apropos, vor ein paar Tagen bin ich mal außerplanmäßig in die Metro gefahren (die Kalkulation ist noch immer nicht meine Stärke), und als ich zurück kam, da haben mir meine beiden Perlen (Anette und Amelie) von einem äußerst attraktiven Mann berichtet, der hier zum Kaffeetrinken war und sich sogar längere Zeit hier aufgehalten hat. War wohl wegen des Verkehrschaos' am Weltuntergangstag in Bad Salzhausen hängen geblieben...

Nur, falls Ihr es in euren Liebesnestern nicht mitbekommen haben solltet. Der Vogelsberg ist jetzt weltberühmt! Angeblich sollten da ein paar Auserwählte von Ufos abgeholt werden, um die „Elite" noch vor dem Untergang ins All zu retten. Dadurch war hier überall Stau, ach, was sag' ich: Megastau! Sowas hat Oberhessen noch nicht gesehen, aber ein paar pfiffige Esoteriker haben sich wohl gesagt, wenn der Berg in Frankreich schon abgesperrt ist (und irgendwo müssen die mit ihren Raumschiffen ja landen...), dann suchen wir uns eben einfach einen anderen Berg. Und was lag da wohl näher als unser heimischer Vulkan? Was für ein Spektakel!!!

So, und was hört man jetzt noch von dem ausgefallenen Weltuntergang? Nix, aber auch gar nix – plötzlich sind alle Apokalyptiker und Ufo-Auswanderer von der Bildfläche verschwunden... Kein Ton mehr davon! Wahrscheinlich war das alles nur ein riesiger PR-Gag – und pfiffige Buchautoren, Notfallausstatter und Bunkerplatzvermieter haben sich eine goldene Nase verdient. Und überlegen sich nun, was sie als nächstes aushecken könnten, um die Menschheit gewinnbringend auf den endgültigen Endtermin vorzubereiten.

Naja, beim nächsten Mal backe ich jedenfalls entsprechende Untergangs-Törtchen mit Gravur...

Nun, was ich eigentlich sagen wollte: Der Mann, der an dem bewussten Tag bei mir im Café weilte, war wohl ein Promi. Ein Promi!!! Ist das nicht der Wahnsinn??? Jedenfalls haben die Perlen gesagt, sie würden den „100 pro" aus dem Fernsehen kennen. Nur – leider, leider, leider – sie könnten sich partout nicht mehr daran erinnern, *wer* es war...

Da ist man gerade auf dem besten Weg zum Promi-Treff (das Kampen der Wetterau!!!), und dann weiß man nicht mal, wer von den Stars und Sternchen letztendlich hier gewesen ist. Aber, wie immer: ausgerechnet da musste ich unterwegs sein. Und die Perlchen haben Blackout.

Heiligabend war dann der ungeplanteste, den ich je erlebt habe. Den ganzen Tag über habe ich Torten vorbereitet, die ich jetzt gleich noch fertig verzieren muss. Und Mutter hat in Büdingen ebenfalls die Rührgeräte heiß glühen lassen. Alles für die Weihnachtsfeiertage.
Heiligabend hatte ich das Café geschlossen, ich denke, da wäre sowieso niemand gekommen. Und an Sonn- und Feiertagen immer zu arbeiten, daran muss ich mich ja auch erst noch gewöhnen. Naja, die Perlen waren auch froh, dass sie Heiligabend frei hatten.
Jedenfalls gab es bei Siebenborns tatsächlich Pizza und Salat vom Lieferservice. Weil weder ich, noch meine liebe Mutter, die fleißige Bäckerin, Lust hatten, irgendetwas Essbares selbst zuzubereiten. Und Papa Siebenborn? Naja, der versteht unter einem Candlelight-Dinner auch nur, dass es irgendwas zu essen gibt – Hauptsache, es brennen zwei lange Tafelkerzen dabei ab. Und außer Grießklößchensuppe aus der Tüte kann er nur Kaffee kochen oder Ravioli-Dosen öffnen. Der fiel also als Koch schon mal aus. Es war aber trotzdem schön. Wenn auch etwas merkwürdig, so ohne den traditionellen Kartoffelsalat.
Wenn ich nur an die letzten Weihnachten denke... In Hamburg bei Gisela. Es gab Karpfen, wie immer. Aber die Zeiten sind ja nun endgültig vorbei. Mensch, Mädels, das ist Gott sei Dank schon richtig weit weg. Wie guuuuuuut!!!! So, und heute stehe ich als Chefin in meinem eigenen Café. Mit eigenen Perlen. Ist das nicht klasse? Das einzige, was nächstes Jahr wirklich abwärts gehen darf, ist mein Gewicht. Sonst kann ich nächstes Jahr mein Café „Zur rollenden Walze" nennen...
Und ansonsten halte ich mich von Hamburgern in Zukunft fern. Aber nun muss ich mich sputen. Ich habe ja noch so einiges in der Küche zu tun. Und gleich kommt noch Mama Siebenborn und hilft mir bei den letzten Vorbereitungen. Sicherlich wird die Hütte heute richtig voll. Hoffentlich die Kasse auch! Und das Kuchenbuffet richtig leer. Naja, zur Not gibt es dann wieder Waffeln, das ist mein bewährtes Katastrophenprogramm, falls sie mich blank essen... (die Planung lässt noch zu wünschen übrig, ich weiß). Weihnachtsgrüße und einen guten Rutsch ins Neue Jahr aus dem schnuckeligen Bad Salzhausen!

Seid geknutscht von eurer Lina

PS: Wir müssen unbedingt mal was ausmachen für einen kleinen Neujahrsumtrunk, gerne bei mir in „de Guud Stubb" – also im Klatsch und Tratsch!

„Endspurt"

„Unn?", Tonja blickte ihn fragend an. Inzwischen war Jan Oberhesse genug, diese drei Buchstaben einwandfrei übersetzen zu können.

Ein kurzes „*Unn*" mit angehobener Stimme am Ende hieß so viel wie „*Guten Tag! Wie geht's? Schön, dich zu sehen. Gibt's irgendwas Neues?*" Aus Zeitgründen (oder um Luft zu sparen) hatte der gemeine Hesse hier einfach das Wörtchen „und" (also „unn") zur Frage gemacht. Die richtige Antwort darauf wäre ein schlichtes „Geht!" oder wahlweise ein knappes „Muss!" gewesen.

Jan wählte jedoch die hanseatisch korrekte Variante: „Moin Moin, liebe Tonja. Bei mir soweit klar Schiff. Ruhige See und kein Sturm in Sicht."

„Kaffee?", ihre Stimme klang verändert, monoton. Jan sah, dass es ihr anscheinend nicht so prickelnd ging. Noch immer saß sie im Nachthemd beim Frühstück. So hatte er sie bislang noch nie gesehen. Zumindest nicht um diese Uhrzeit.

„Ja, sehr gerne." Er setzte sich auf seinen Stammplatz am urigen Küchentisch. Asta legte sich gleich zu seinen Füßen.

Diesmal gab es nur aufgelösten Schnellkaffee und keine frisch gemahlenen Kaffeebohnen, was nun wirklich ernsthaft darauf hindeutete, dass Tonja nicht in allerbester Silvesterlaune war.

„Wo ist eigentlich dein Hellmuth? Er wird doch nicht schon wieder gefahren sein?" wollte Jan von ihr wissen.

„Naja, gefahren ist er schon. Aber nur nach Frankfurt. Wollte in der Kleinmarkthalle Delikatessen für den großen Silvesterabend kaufen. Ihr Hamburger findet ja in einem normalen Supermarkt nichts Brauchbares, gell?" Jan grinste. Er konnte das sehr gut verstehen, die kleine Markthalle war auch einer seiner Lieblingsorte in Frankfurt.

„Wenn man aus Hamburg kommt und gewohnt ist, dass das Tor zur Welt einem Käuferherz wirklich alles bietet, was man sich nur vorstellen kann, dann ist das Binnenland nicht gerade ein Traum. Und beim Fisch macht der Hamburger ja ungern Kompromisse…"

„Hm." Tonjas Kommentar dazu war ausgesprochen knapp.

Irgendetwas schien wirklich nicht mit ihr zu stimmen.

„Sag' mal, was ist eigentlich los mit dir? Hat der Doc dir etwa so die Laune verhagelt?"

„Ach, irgendwie bräuchte ich mal wieder ein bisschen Zeit für mich allein. Seit Heilig Abend geht es ja nur noch um traute Zweisamkeit.

Ist doch verrückt, oder? Erst wünsche ich mir, endlich mal Weihnachten mit ihm zu verbringen und dann nervt es, wenn es wirklich mal so ist. Ich könnte mich selbst dafür ohrfeigen..."

So kannte Jan seine Vermieterin gar nicht. Bislang hatte er sie fast nie als launisch erlebt. Aber anscheinend tat ihr das Zuviel an Nähe wirklich nicht gut. Sie war eben eine starke Frau, die ihr Leben bislang vorwiegend im Alleingang gemeistert hatte. Musste sie ja auch.
Und die vergangenen Weihnachten und Silvester war ihr Hellmuth auch immer in Hamburg geblieben. Nie hatte Tonja gefragt, ob er zusammen mit seiner Frau feierte oder einfach nur nicht bei ihr in Schotten sein wollte. Doch an all diesen Weihnachtsfesten hatte sie nur eine Sehnsucht gehabt: einmal nur mit ihm zu sein – von Heiligabend bis zum Neujahrsmorgen. Und dieses „WIR" ausgiebig zu feiern...

„Tja, irgendeiner, ich glaube es war Oscar Wilde, hat es mal auf den Punkt gebracht: Sei vorsichtig mit deinen Wünschen, sie könnten in Erfüllung gehen!"

„Der hatte wohl wirklich den Durchblick. Ein echter Menschenversteher. Aber jetzt zu dir. Was machst du denn heute Abend? Willst du zum Essen herüberkommen zu uns, die traute Zweisamkeit ein bisschen stören? Wäre mir sehr recht... Es gibt auch frischen Fisch. Versprochen!"

„Du, Tonja, sei mir nicht böse, es ist wirklich ganz lieb gemeint von dir. Aber ich glaube, ich bleibe mit Asta besser drüben, genieße mein neues Zuhause und passe auf, dass kein Knaller ins Fachwerkhäuschen rauscht. Wahrscheinlich schlafe ich aber sowieso wieder ein. Wie letztes Jahr...", er wirkte nachdenklich und schaute aus dem Fenster. „Da fing der Ärger ja schon an – und danach wurde es auch nicht besser."

Zwei Jahresenddeprimierte am Küchentisch...

„Komm', schau' nach vorne. Das Thema Lina ist abgehakt. Neues Jahr, neues Glück! Vielleicht findest du ja eine attraktive Vulkanierin. Warte nur ab, bis dein Atelier und die Weinhandlung erst so richtig angelaufen sind. Dann werden dir die Mädels hier die Bude einrennen, aber unter Garantie!" – „Herzallerliebst! Aber vorerst kein Bedarf an Hessenmädchen. Und du bist ja anderweitig vergeben...", er zwinkerte ihr zu. „Sehen wir uns denn wenigstens mal um Mitternacht, zum Prosit Neujahr?"

„Wenn ich nicht gerade verschlafe..."

„Also, ich sehe schon, ein Silvesterknaller bist du ja nicht gerade."
„Sag' ich doch, gell Asta?", er schaute nach seiner liebgewonnenen Mitbewohnerin, die auch gleich aufsprang, bereit zu einem spontanen Rundgang um den Stausee: Jans Ersatz-Alster!

Er wollte sich einfach nicht für den Abend festlegen. Nicht mal zu einem kleinen Umtrunk auf der Schottener Altstadt-Gasse.

Jan hatte das turbulenteste Jahr seines Lebens hinter sich gebracht und brauchte nach dem Weihnachtfest mit den noch immer schwer verliebten Turteltäubchen in Hamburg ein bisschen Ruhe.
Seine Mutter zusammen mit Francesco, das war schon deutsch-italienische Gemütlichkeit in grenzwertiger Überdosierung gewesen...

„Bella Gisella", war jedenfalls glückselig über die zweite Geschäftsidee ihres Sohnemanns, in Zukunft auch erlesene Weine in seinem Atelier anzubieten und damit in die Fußstapfen seines Vaters zu treten. Das war wohl ihr allerschönstes Weihnachtsgeschenk gewesen...
Aber auch die Turteltäubchen hatten Pläne für 2013: so wollten sie die Wintersaison in Zukunft abwechselnd auf Rügen oder in Francescos Heimat verbringen. Nur das Frühjahr, der Sommer und die Weihnachtszeit waren in der Villa Johannsen geplant.

So die offizielle Ankündigung am Heiligabend...

„Du, hast du dir eigentlich etwas vorgenommen für das neue Jahr?", wollte Tonja von Jan wissen.

„Weniger Aufregung! Und dass alles, was ich vorhabe, ich meine das mit dem Atelier und dem Weinhandel, gut anläuft. Und auf meinem Van-Gogh-Ohr würde ich auch gerne mal wieder mehr hören... Da hat der Blitz nämlich ganze Arbeit geleistet." An das verformte Ohr war Tonja schon so gewöhnt, dass sie es fast vergessen hatte.

„Jan!", sie schaute ihn fast strafend an. „Wenn der Blitz ganze Arbeit geleistet hätte, dann säßest du jetzt wohl kaum hier."

„Ja, da hast du auch wieder recht. Wie sieht es denn bei der Frau Heilpraktikerin aus mit Neujahrsvorsätzen?"

„Auf keinen Fall heiraten! Lieber offiziell Geliebte ohne weitere Ambitionen bleiben. Das würde mir schon reichen fürs nächste Jahr."
„Aha, das war deutlich genug. Ich sag's ja, nicht immer ist es gut, wenn Träume in Erfüllung gehen. Denn nichts ist schöner als die Sehnsucht. *Saudade* sagt der Portugiese dazu. Die Lust an der Sehnsucht – ohne genau zu wissen, wonach es einen sehnt..."

Und es sah so aus, als rattere irgendein Rädchen hinter Tonjas rotem Schopf.

Asta legte ihre Pfote auf Jans Knie. Das bedeutete: Frischluftalarm! Sie wollte raus. Und zwar sofort!

„Tonja, ich glaube, ich muss mal Gassi gehen mit der jungen Dame, die baggert mich sonst noch zu Tode. Und außerdem will ich sie müde machen. Vielleicht habe ich dann Glück und sie verschläft das Silvesterfeuerwerk."

„Alles klar. Also keine Chance auf Fischessen heute Abend in Gesellschaft einer netten Oberhessin und eines waschechten Hamburgers? Hellmuth und ich würden uns wirklich freuen."

„Nein, meine Teuerste, besten Dank, aber die Kombination aus Hamburger und Oberhessin habe ich jahrelang selbst gehabt. Und davon absolut genug für mein Restleben! Aber ich wünsche euch viel Spaß und guten Rutsch, wer weiß, vielleicht sieht man sich noch *Heut' Nacht uff de Gass*!"

„Jan, du bist langsam echt eingemeindet. Das „Uff-de-Gass" klingt schon echt akzentfrei und ohne hanseatischen Migrationshintergrund."

„Und ob du's glaubst oder nicht: Ich habe im Kühlschrank sogar Fleischwurst... Und die mach' ich mir heute Abend heiß."

„Mit selbstgekochtem Kakao?"

„Was für 'ne Frage..." Jan verdrehte die Augen und lachte.

Dann zogen sie ab. Ihr Lieblingsmieter und Asta, seine neue Freundin.

Ja, er war ihr ans Herz gewachsen. Der halbe Hessekopp...

„Wahrscheinlich keltert er im nächsten Herbst sogar seinen eigenen Apfelwein. So eine kleine, feine Auflage als Ergänzung zu seinen Weinraritäten", dachte Tonja und schloss die Haustür.

Schnell noch einen Kaffee und einen ausgiebigen Blick in die Silvesterausgabe der Heimatzeitung, bevor Hellmuth zurück aus Frankfurt und es mit dem gemütlichen Jahresabschluss vorerst vorbei sein würde. Sie war sich sicher, bestimmt hatte er schon wieder Ideen, um ihre Zeit restlos zu verplanen...

„Heute ist ja absolut nichts los hier. Und das an Silvester!", schimpfte Lina. Anette und Amelie blickten auch schon ganz traurig aus der blitzsauberen Wäsche. Sie sahen sich an und zuckten ratlos mit ihren zierlichen Schultern. Ganze drei Gäste waren bislang zu verzeichnen gewesen. Und um zwei sollte Schluss sein für heute – und im Prinzip auch für 2012. Silvester war wohl kein wirklich guter Tag für ein Kaffeehaus in Bad Salzhausen...

„Die haben halt was besseres vor", stellte Lina fest und begann schon einmal mit dem Aufräumen.

Kurz darauf, als die beiden letzten Gäste dann auch noch gegangen waren, schickte sie ihre Perlchen nach Hause und schenkte einer jeden noch eine Flasche Sekt und eine Platte mit Torten und Kuchen. Zum Jahresabschluss...

„Für euch, Ihr vertragt das einfach viel besser als ich! Bei mir ist nämlich ab sofort wieder strenge Dauerdiät angesagt. Der ganze Stress hat mir einiges an Pfündchen vermacht – aber im neuen Jahr gebe ich die wieder postwendend zurück."

Die Perlen grinsten. Solche Probleme waren ihnen fremd!

Sie wünschten sich gegenseitig einen sogenannten *Guten Rutsch* – und zack, waren die beiden Süßperlen verschwunden.

„Wahrscheinlich hauen die sich schon auf dem Heimweg zwei, drei Stück Torte rein", dachte Lina neidisch... „Und das Allergemeinste ist, dass man es bei ihnen nicht mal sieht. Sie verdrücken Unmengen an allem, was ihnen in den Weg kommt, trinken dazu noch Cola (weil man ja nicht immer nur Wasser trinken kann!!!) – und dann haben sie beide maximal eine Größe 38. Die Welt ist einfach total ungerecht!"

Lina schaute auf die Uhr. Der Tag war noch jung. Aber ihr kam da so eine Idee: die guten Vorsätze schon am Silvestertag in die Tat umsetzen. Und das hieß: Pfunde abtrainieren! Ab Januar mindestens zweimal pro Woche joggen, Kaffeehaus hin oder her. Es musste sein...

Und gleich heute würde sie damit anfangen.

Man beachte, schon einen Tag *vor* Neujahr!

In Windeseile sprang sie in ihren alten Jogginganzug, wobei sie sich nicht ganz sicher war, ob er die Fahrt und das Aussteigen aus dem Auto nahttechnisch überhaupt überstehen würde, ignorierte ihre Befürchtung jedoch erfolgreich und nahm ihre Mütze, die oben auf der Garderobe lag, stieg ins Auto und gab Gas in Richtung Schotten.

Der Stausee war ideal für eine Joggingrunde. Alles flach und dazu eine grandiose Aussicht auf den See und den Vogelsberg.

„Fünf Kilometer reichen für den Wiedereinstieg!", befand Lina.

Nachdem es an Weihnachten fast dreizehn Grad gehabt hatte, war es zum Jahreswechsel wieder kühler geworden. So richtig weihnachtlich war diese Tristesse aber nicht. Fast alle Leute beschwerten sich über die viel zu grünen und allzu nassen Weihnachten. Aber das Wetter konnte es ja erfahrungsgemäß kaum jemandem recht machen.

Als Lina aus ihrem Auto ausstieg, blies ihr ein scharfer, kalter Wind ins Gesicht. „Typisch Vogelsberg!", stellte sie fest. In Bad Salzhausen war es deutlich milder gewesen.

Außer ihr war anscheinend niemand auf die Idee gekommen, den Mittag am Niddastausee zu verbringen, um zu joggen, Rad zu fahren oder einfach ein bisschen spazieren zu gehen.

„Naja, auch gut. Also los, Frau Siebenborn!"

Sie zog ihre Mütze tief ins Gesicht, die Haare hatte sie komplett darunter versteckt – aber trotz der trüben Lichtverhältnisse musste die Sonnenbrille sein. Ihre empfindlichen Augen...
Gott sei Dank lag noch einen älterer Schal (für Notfälle) im Kofferraum. Den konnte sie jetzt gut gebrauchen! So wickelte sie sich das bunt gestreifte Ungetüm aus den achtziger Jahren um den ehemaligen Schwanenhals. Ehemaligen...

„Na warte! Dich krieg' ich auch wieder in Form!", Lina war wild entschlossen und trabte hochmotiviert in Richtung Staumauer. Aber schon nach geschätzten drei Minuten Normaltempo musste sie eine längere Phase des Gehens einlegen.

Ihre Kondition im Tortenbacken war eindeutig ausgeprägter, wie sie unschwer feststellen konnte. Es musste Jahre her sein, seit sie das letzte Mal laufen war. Wenn sie so überlegte, dann waren die eher gemächlichen Sonntagsspaziergänge am Main das einzige an Frischluftaktivität gewesen. Sport? Das war für sie am liebsten Ritter Sport...

Lina schnaufte wie verrückt – nur um das Wort Dampflok zu vermeiden – und war froh, dass niemand hier war, der sie dabei hätte hören oder sehen können. Sie war ausreichend gut getarnt, selbst wenn sie jemanden treffen sollte, man würde sie nicht erkennen: Sonnenbrille, Mütze, übergroßer Schal. Man hätte meinen können, ein Weltstar wäre inkognito unterwegs... Madonna am Nidda-Stausee!

Der Himmel präsentierte sich aber nach wie vor grau in grau.
Triste Novemberstimmung pur. Nichts sah nach Neubeginn oder Aufbruch aus. Eigentlich ein trüber Abschluss für das Jahr, das so viel Veränderung in Linas Leben gebracht hatte.

Beim Laufen kamen ihr dann so allerlei Gedanken. „Nein, ich werde diesem Jan, dem ollen *Fischkopp*, da hat mein Papa schon recht gehabt, keine Träne mehr nachweinen. Nicht heute in der Silvesternacht – und schon gar nicht nächstes Jahr! Hoffentlich ist er wieder weit weg nach Hamburg gezogen. Da gehört er ja auch hin. Ein Hamburger in Oberhessen! Das war ja sowieso wie Handkäs' im Heringssalat..."

Nach dem Überqueren der Staumauer blieb sie stehen und schaute auf das Wasser. Die Schneeschmelze der letzten Tage hatte den Pegel hochgehen lassen, beinahe hätte es sogar Überschwemmungen gegeben. Doch seit zwei Tagen hatte der starke Regen aufgehört – und nun lag der See ruhig vor ihr. Genauso so ruhig sollte auch ihr nächstes Jahr werden.

„Bloß keine weiteren Aufregungen mehr!", sagte sie vor sich hin. Sie dachte an Jürgen-Roland Hein, den Peitschen-Heini. „Wo war er wohl abgeblieben?" Von Ines wusste sie, dass man in der Firma von einer Art „Flucht ins Ausland" gesprochen hatte. Und, dass die HansaFra alles daran gesetzt und keine Kosten und Mühen gescheut hatte, alles Brüskierende über ihren ehemaligen Vertriebsmanager aus dem Netz zu bekommen. Das Märchen vom Rücktritt aus gesundheitlichen Gründen hatte sowieso niemand geglaubt!
Und mittlerweile sprach kein Mensch mehr über Herrn Hein. Er war in Vergessenheit geraten. Ein Nobody war er geworden... Sicherlich das Allerschlimmste, was ihm, der sich zu gerne feiern ließ und den ganz großen Auftritt liebte, passieren konnte.

„Und was würde Marlene Hein wohl heute machen? War sie nach allem, was passiert ist, noch mit ihrem Mann zusammen? Und hatte sie ihren Traum von der allheilbringenden Schönheitschirurgie wahr gemacht? Wie würde sie jetzt wohl aussehen?", fragte sich Lina.

Fast hatte sie die Hälfte des Sees umrundet. Jetzt konnte sie auch den Campingplatz auf der gegenüberliegenden Seite und den Steg für die Seegelboote sehen. Seegelboote... Sie musste an die Alster denken. Weit, weit weg. Aber wahrscheinlich würde es hier bald so ähnlich aussehen. Im Sommer, wenn alle Boote auf dem See unterwegs waren. Und der Himmel ein bisschen freundlicher als heute...
Wie viele Jahre war sie schon nicht mehr hier oben gewesen?
Sie versuchte sich zu erinnern.

Das musste noch lange vor ihrer Frankfurter Zeit gewesen sein...

Bei dem Gedanken an Frankfurt musste sie an ihr kleines, buntes Bornheim denken – und an Frau Fieg, das Drebbehäusje!
Die ewige *Bernemer Babbelschnut*!
Sie hatte ihre Stimme noch genau im Ohr. „Ei, dess Frollein Siebenborn..."
Was würde *die* wohl sagen, wenn sie wüsste, dass Lina Siebenborn nun Kaffeehausbesitzerin mit eigenen Angestellten war? Eigenen Perlen, die aussahen, als wären sie direkt vom *Haus am Eaton Place* importiert...
Lina konnte sich lebhaft vorstellen, was das Drebbehäusje mit seinen exzellenten Englischkenntnissen dazu sagen würde:
„Die sinn ja wie vom Haus am Itzenblitz!!!"
Tja, wenn DIE wüsste: Das „Frolleinsche von Büdingen" residierte jetzt in einem noblen Kurort, der in absehbarer Zeit wohl so etwas wie das *Oberhessische Kampen* sein würde...
Gut, es war bislang nur ein einziger Prominenter in ihrem Café gelandet, von dem man nicht mal genau wusste, wer er eigentlich war.

Aber ein Anfang war das doch zumindest gewesen, das musste man zugeben! Und im ersten Monat nach der Eröffnung schon den roten Teppich für die Prominenz auszulegen. Wow!

Sie musste sich zum wiederholten Male die Nase putzen. Die kalte Luft, die Anstrengung. Es war nicht wegzureden: Ihr Konditionsstatus war auf bedenklichem Niedrigniveau angelangt.
„Lina Siebenborn, so geht das nicht weiter. Nicht mal fünfzig und schon schnaufen wie eine alte Dampflook!"
Leugnen half da wenig...

Eigentlich konnte sie schon jetzt nicht mehr, wenn sie ehrlich war. Und sie wollte doch ehrlich sein – und ganz besonders mit sich selbst! Aber das hier war ein klarer Fall von Schnappatmung...

Nach der gefühlten siebten (oder siebzehnten?) Pause schaute sie sich um: die gleiche Strecke zurückzulaufen war wohl nur wenig kürzer als jetzt einfach die Zähne zusammenzubeißen und den Rest-See auch noch zu umrunden. Was für eine Plackerei! Aber ein Taxi konnte sie sich ja schlecht bestellen...

Obwohl das eine super Sache gewesen wäre.

„Also, trab' weiter, *Frolleinsche*!" Selbstmotivation ist alles.

Mittlerweile waren noch andere Fitnessbegeisterte zum See gekommen, die allesamt einen wesentlich fitteren Eindruck als Lina machten. Manche liefen mit Stöcken, andere radelten – und auf der gegenüberliegenden Seite ging jemand mit einem Hund spazieren.

„Früher waren hier mehr Hunde", Lina dachte zurück an die Zeiten als sie noch ein Kind gewesen und mit ihren Eltern des Öfteren zum Sonntagsspaziergang am See war. Aber traurig war sie über die magere Hundeanzahl nicht, denn sie hatte ja ihre ganz speziellen Erfahrungen als Joggerin damit gemacht. Damals vor sieben Jahren…
„So hat alles angefangen…", sinnierte sie.
Ärgerlich darüber, dass sie schon wieder mit ihren Gedanken in der Vergangenheit angekommen war, verordnete sie sich ein höheres Lauftempo. Schließlich wurde es schon langsam dämmrig – und vor Anbruch der Dunkelheit wollte sie die Runde auf jeden Fall beendet haben!

Die letzte Kurve vor der Zielgeraden war schon einmal geschafft! Lina bereitete sich auf den Endspurt vor…
„Gar nicht so schlecht für den Anfang!", lobte sie sich schon einmal selbst und trabte beherzt weiter.
Der Hund, den sie jetzt genauer in Augenschein nehmen konnte, war ein mittelgroßes Exemplar. Dreifarbig und mit einem buschigen Schwanz, der lustig im Takt wippte. Sie nahm sich vor, ganz souverän an dem Vierbeiner vorbeizulaufen und ihn einfach mit Nichtachtung zu strafen. Wahrscheinlich war es dem Hund sowieso egal, wer gerade an ihm vorbei joggte. Immerhin lief er frei und ohne Leine.

„Und wer würde schon einen Hund frei laufen lassen, wenn der nicht mindestens ein Golddiplom aus der Hundeschule ums Halsband baumeln hätte?", beruhigte sie sich selbst.
Ein bisschen nervös war sie aber doch.

Der Mann, dem der Hund offensichtlich gehörte, lief total entspannt und recht langsam auf dem asphaltierten Weg. Der Hund, durch allerlei Duftspuren im Gras wohl abgelenkt, blieb stehen und schnüffelte vertieft vor sich hin. Lina trabte ganz cool an ihm vorbei.

„Mann, was für ein gewaltiges Hinterteil", dachte Jan als die Joggerin an ihm vorbeigelaufen war und sein Blick freie Bahn auf ihren Allerwertesten hatte. Doch dann lief plötzlich alles wie in Zeitlupe vor seinen Augen ab… Wie von der Tarantel gestochen rannte Asta der

Joggerin hinterher und – Jan konnte es kaum glauben – schnappte der sportlichen Lady direkt in ihren mehr als üppigen Po!

Ein beträchtliches Stück ihrer Jogginghose hing jetzt in ein paar erbärmlichen Fetzen an ihr herunter – und man konnte eine megadicke Unterhose darunter hervorleuchten sehen. „Bernemer Halblange…"
Die gab es wohl nicht nur in Bornheim oder bei Bridget Jones!

„Oh nein, wie oberpeinlich. Das macht sie doch sonst nie!"
Er pfiff sie scharf zurück. „Asta, Fuß!"
Erschrocken über die ebenso heftige wie laute Ansage, machte die Hündin auch prompt kehrt und lief brav zurück zu ihrem Herrchen, der sich schon jetzt aufs Schlimmste vorbereite.
Die Joggerin, vermummt mit Mütze, Schal – und man konnte es in dieser Tristesse kaum glauben – Sonnenbrille… kam wutschnaubend auf ihn zugerannt.

„Können Sie Ihren verdammten Köter nicht anbinden? Der ist doch nicht erst seit heute scharf auf Joggerärsche, oder?"
Vollkommen in Rage verpasste sie dem Vollbärtigen eine Backpfeife, die ihm seine Wollmütze gleich mit vom Kopf riss.
Zornerfüllt blickte sie ihn an. Ihre Augen funkelten gefährlich hinter ihrer Sonnenbrille.
Dann drehte sich der Boden um sie herum.
Und der ganze See, den sie im Augenwinkel so still da liegen sah, gleich mit. Ein Déjà-vu der ganz besonderen Art…
Denn hier vor ihr stand in Lebensgröße und live: Jan Johannsen!
Und diese blauen Augen gab es einmal auf der Welt…

Noch immer drehte sich alles um Lina herum.
Ihr war mehr als blümerant.
Das Blonde Gift war ad hoc zur *Adrenalina* geworden…

Und auch Jan war sich nicht ganz sicher, ob das wirklich wahr sein konnte, was er da eben erlebte. Genau so hatte er Lina vor sieben Jahren beim Joggen an der Alster kennengelernt.

„Kann einem sowas denn zweimal im Leben passieren?", fragte er sich ungläubig. Und dann hörte er sich plötzlich sagen: „Es tut mir furchtbar leid. Das hat sie wirklich noch nie gemacht. Normalerweise ist das der allerliebste Hund, den man sich nur vorstellen kann… Ich komme natürlich für den Schaden auf, selbstverständlich. Sind Sie denn verletzt?"

Irgendein grummeliges Gefühl in der Magengegend hatte er dabei aber doch. Die Stimme, selbst im schreienden Tonfall, leicht überschlagend, war ihm mehr als bekannt vorgekommen. Aber er konnte kein Gesicht sehen, da war nur Mütze bis in die Augen, eine dunkle Brille und ein fürchterlich altmodischer Schal, der auch noch die Hälfte ihres Gesichtes verdeckte.

„DAS kenn' ich! Das sagen nämlich alle Hundebesitzer. Alle!!! *Der macht nix, der will nur spielen.* Jetzt leinen Sie den Köter endlich an!", fauchte sie und ihre Stimme überschlug sich dabei wiederum.

„Ich muss nämlich los!"
Er band Asta an die Leine und war noch immer geschockt davon, wie wenig er seine neue Hündin denn kannte.
Lina tat weiterhin so, als wäre sie nicht die, die sie war.
Sie wollte nur weg und sich möglichst unauffällig aus der Affäre joggen. Alles andere war ihr egal!
Nur weit, weit weg von diesem Hanseaten und seiner bissigen Bestie…
Ihr war klar, dass sie jetzt die Gunst der Stunde nutzen musste, denn Jan hatte sie offenbar noch gar nicht erkannt.
Sie lief, was ihr geschundener Körper hergab, während Jan diesem dampfenden Etwas mit zerfetzter Jogginghose nur fassungslos hinterher sah.

„Jetzt warten Sie doch mal!", rief er ihr nach, „Und laufen Sie nicht einfach davon! Ich komme doch für den Schaden auf!" Aber sie reagierte nicht, sondern lief in beschleunigtem Tempo weiter. „Sie haben einen Schock, so bleiben Sie doch stehen, bitte!!!"
Doch die Joggerin ließ sich um nichts in der Welt aufhalten.

Es muss wohl ein Stein gewesen sein, den Lina übersehen hatte…
Jedenfalls war sie plötzlich gestolpert und lag im Bruchteil einer Sekunde flach in der matschigen Böschung, die – vollkommen aufgeweicht vom Dauerregen der letzten Tage – wie eine kalte Fangopackung an ihren Klamotten, ihren Händen und ihrem Gesicht klebte. Die Mütze war gleich mit weggeflogen, die Brille ebenso. Auch die Haare waren nass. Und braun – vom Matsch! Blondes Gift, aber mit einer ziemlich erdigen Note…

„Scheiße!" fluchte sie und heulte zugleich los. „So eine verdammte Scheiße!" Sie griff nach ihrer Brille. Aber die war vollkommen matschbeschmiert und konnte ihr keinerlei Dienste mehr leisten.

Zumindest war sie nicht zu Bruch gegangen. Das war aber auch das einzig Tröstliche in diesem Moment.

„Warum muss ausgerechnet mir so was passieren? Hätte ich nicht schlauer im Kurpark von Bad Salzhausen joggen könnte? Was hat mich nur geritten, ausgerechnet hierher zu kommen? Und jetzt noch das! Gleich wird Jan hier aufkreuzen", dachte sie und griff panisch nach ihrer Mütze.

Im gleichen Moment fasste eine Hand nach der ihren.

„Haben Sie sich weh getan? Kann ich Ihnen helfen?"

Und platsch!

Da lag er neben ihr. Vollkommen außer Gefecht und ebenso im Matsch wie sie.

Jetzt mussten beide lachen. Und er sah sie an. Ohne Brille, ohne Mütze. Da erst begriff er wirklich... Die Stimme war ihm schon vorher seltsam bekannt vorgekommen.

„Lina! Meine Güte, ich hab' dich einfach nicht erkannt."

Ihr blieb das Lachen schnell im Halse stecken. Sie wollte nur noch weg von hier, robbte die Böschung hoch und hangelte sich an einem Zaunpfahl empor. Aber Jan war schneller wieder auf den Beinen und versperrte ihr den Weg.

Da stand sie nun vor ihm: Lina Siebenborn in matschigen und viel zu engen Joggingklamotten, die nur noch vorne dicht hielten, die blonden Haare vollkommen zerzaust und mit ein paar bräunlich-grünen Grashalmen dekoriert. Aber ihre Augen hatten noch immer das Feuer, das ihn von Anfang an fasziniert hatte.

„Lass' mich sofort los, Jan Johannsen aus Hamburg! Wolltest du nicht längst wieder zurück in deiner Heimat sein?", fragte sie ihn wutentbrannt und heulte ungehemmt los. Vor Zorn über sich selbst, die Welt und diesen Mann, der zwar vor ihr stand, aber doch offiziell hier gar nichts verloren hatte. Das war *ihr* Revier!!!

„Meine Heimat ist jetzt hier. In Schotten. Da habe ich mein Atelier und bald auch noch eine Weinhandlung." Es blubberte nur so aus ihm heraus. „Und das ist Asta, meine neue Hündin. Sozusagen geerbt. Von Opa Abbel. Aber das ist eine lange Geschichte."

Asta war inzwischen wieder seelenruhig und saß wie ein Lämmchen neben ihrem Herrn. Keine Spur von bissiger Bestie mehr.

Lina schaute ihn ungläubig an.

„Halt mir bloß den Köter vom Leib, hörst du?"

„Linchen, jetzt beruhige dich doch. Willst du nicht mit zu mir nach Hause kommen, dich erst einmal waschen und umziehen – und vielleicht einen Kaffee trinken?" Lina schüttelte ungläubig ihren Kopf.

„Sag' mal, geht's noch, oder was? Du besitzt jetzt allen Ernstes die Frechheit, mich zu dir und deiner Tonja einzuladen? Soll ich mich etwa vor ihr ausziehen und duschen? Sag' mal, du spinnst ja jetzt noch mehr als vorher. Künstler, typisch völlig durchgeknallter Künstler…"

Empört zog sie die Augenbrauen hoch und drehte sich demonstrativ um, um weiterzulaufen.

„Linchen, jetzt warte doch! Und hör' mir endlich mal zu! Ich wohne *alleine*, wirklich, und ich hab' nie was mit Tonja gehabt, jetzt glaub' mir doch! Tonja hat seit Jahren einen festen Partner, sie ist nur eine gute Freundin, nicht mehr. Großes Hanseatenehrenwort!"

Mitten im Lauf blieb sie stehen.

Dann drehte sie sich noch einmal um und schaute ihn intensiv an.

„Und DAS soll ich ernsthaft glauben? Nach allem? Wieso sagst du erst jetzt, dass du nie etwas mit ihr hattest?"

Ihre Stimme zitterte. Jetzt heulte sie nicht mehr, aber dafür war sie unterm Matsch auch noch rot im Gesicht.

Wahrscheinlich ein schwerer Fall von Wuthochdruck…

„Mit dir war ja kein vernünftiges Wort mehr zu reden. Du wolltest alles nur so sehen, wie *du* es sehen wolltest. Und ich war mehr als gekränkt, dass du mir überhaupt zugetraut hast, dich zu betrügen. Dabei bin ich doch gar nicht nervenstark genug fürs Fremdgehen. Das hättest DU doch gerade wissen müssen. Ich bin doch nichts weiter als ein nervenschwaches…, wie sagtest du immer? Ach ja, *Mimöschen*…"

Er stand nahe genug vor ihr, so dass sie ihm richtig tief in seine Augen blicken konnte. Und Jan hielt ihrem Blick stand. Anscheinend meinte er es wirklich so, wie er es sagte.

In Lina lief alles durcheinander.

„War alles nur ein riesengroßes Missverständnis gewesen?", fragte sie sich. Plötzlich liefen ihr wieder Tränen über ihr Gesicht.

Alles, was sich in den letzten Monaten in ihr aufgestaut hatte, entlud sich nun.

Ein paar Jogger liefen jetzt an ihnen vorbei, doch Asta kümmerte sich nicht im Geringsten darum.

„Siehst du, sie hat nur nach *mir* gebissen!", Lina schluchzte und deutete auf die joggende Meute, die einfach so unbedarft an ihnen vorbeigezogen war. Asta hatte sie kaum eines Blickes gewürdigt…

„Sie beißt eben nur in wirklich verlockende Hinterteile!", er zwinkerte mit den Augen – und dann nahm er seine Lina fest in die Arme.

Zwei matschige Wangen rieben aneinander.

„So, mien' Deern, und jetzt kommst du ganz brav und artig mit zu mir nach Hause. Da bringen wir dich und mich erst einmal wieder auf Vordermann. So können wir ja schließlich nicht ins neue Jahr feiern." Lina gab sich geschlagen und schnäuzte in ihr Taschentuch. „Und übrigens", er machte eine kleine Pause und kratzte ihr ein bisschen getrocknete Erde von der Nase, „*Auld Lang Syne*, unser Silvesterlied, du weißt schon… Das kann man aber nicht hören, wenn man gerade so aussieht wie wir."

Lina schaute ihn aus der Nähe an.

JA, er war ihr Mr. Big-Johannsen! Auch mit Vollbart und einem unberechenbaren Vierbeiner an seiner Seite…

„Der alten Zeiten wegen?" Sie schmachtete ihn an. Fast so, als sei nichts, aber auch gar nichts gewesen im verflixten siebten Jahr, das bald hinter ihnen liegen sollte.

„Der alten Zeiten wegen, *Auld Lang Syne!*", antwortete er mit seiner warmen Stimme und strich ihr sanft eine zerzauste Strähne aus dem Gesicht.

Aber eines hatte er noch vergessen: „Übrigens, zum Aufwärmen gibt es jetzt erst mal eine schöne heiße Fleischwurst – und dazu eine Tasse selbstgekochten Kakao… Nach all der Aufregung, gelle?"

Sie schaute ihn ungläubig an.

Heiße Fleischwurst mit *Kakao*?

Und ein Hamburger, der am Satzende „gelle" sagt?

„Auf was habe ich mich da bloß wieder eingelassen?"

NACHWORT

Frankfurt, Hamburg und Oberhessen gibt es wirklich. Vogelsberg und Wetterau ebenso. Die Orte in diesem Roman sind nicht erfunden. Auch der Keltenfürst hat wahrscheinlich mal gelebt. Das Museum steht jedenfalls auf dem Glauberg...

Und ja, es gibt Menschen in Oberhessen, die heiße Fleischwurst essen und dazu tatsächlich heißen Kakao trinken. Ich selbst bin mehrfach Zeuge davon gewesen...

Ansonsten sind Figuren und Handlung dieses Romans frei erfunden. Ähnlichkeiten mit lebenden oder bereits verstorbenen Personen wären rein zufällig und nicht beabsichtigt.

Nur meine Oma Hermine (1910 - 1997) hat wirklich gelebt – und ihre Sprüche passen noch immer. Finde ich zumindest.

Ansonsten ist alles erstunken und erlogen...
Nur das Wetter stimmt haargenau. Großes Indianerehrenwort!

Carola van Daxx

Im Sommer 2012 + 1

Haftungsausschluss: Es handelt sich bei „Heiße Fleischwurst mit Kakao" um einen Roman. Dieses Buch ist keinerlei Ratgeber für Ernährung, Diät, Schmerzen oder Krankheiten jeglicher Art – auch ist dies keine Karriere-Anleitung für erfolglose oder frustrierte Künstler! Also, Vorsicht vor Unwettern und angekündigten Blitzschlägen... Besonders im Sommer!

Hilfe bei medizinischen Problemen sucht man am besten bei Ärzten, Fachärzten, Ernährungsmedizinern oder anderweitig geprüften Fachleuten und Beratern, die eine entsprechende Ausbildung absolviert haben. Die Autorin weist ausdrücklich darauf hin, dass die Krankheitsbilder, Therapien und Therapieverläufe in diesem Roman zum Teil frei erfunden sind. Auch wenn es vielleicht Ähnliches tatsächlich geben könnte, worüber die Autorin selbstverständlich keine Aussage treffen kann.

Insofern wird jegliche Haftung ausdrücklich ausgeschlossen.

Ebenso wird vom Ausprobieren der im Buch genannten Essens- und Getränkekombinationen abgeraten, sofern man einen empfindlichen Magen hat – oder einfach nur ein *Mimösjen* ist...

ÜBER DIE AUTORIN

Die unter dem Pseudonym Carola van Daxx schreibende Autorin wurde 1966 in Schotten, dem liebenswerten Vulkanstädtchen im Vogelsberg, geboren.
Zunächst lernte sie Kinderpflegerin, später ergriff sie einen kaufmännischen Beruf und arbeitete lange Zeit in verschiedenen Unternehmen im Rhein-Main-Gebiet. Außerdem hat sie über viele Jahre hobbymäßig in den unterschiedlichsten Formationen gesungen (Rock, Swing, Jazz, Barmusik).

Sie lebt heute mit ihrer Familie in Oberhessen und widmet sich vorwiegend der Kunst und dem Schreiben.
Oder der Kunst des Schreibens, je nachdem.
Und gesungen wird nur noch unter der Dusche…

Heiße Fleischwurst mit Kakao ist ihr erster Roman.
Er wurde in absoluter Echtzeit geschrieben und tatsächlich am Silvesterabend des Jahres 2012 um zehn vor zwölf beendet.
Allerdings, es gab danach Hawaii-Toast und Sekt.
Keine Fleischwurst…

Carola van Daxx arbeitet zurzeit an zwei neuen Romanen.

Stand: Oktober 2013

Printed in Germany
by Amazon Distribution
GmbH, Leipzig